Rumos culturais da constelação USA:
Um olhar verde e amarelo

Rumos culturais da constelação USA:
Um olhar verde e amarelo

VALDEREZ FERREIRA FRAGA

Manole

©2017 Editora Manole Ltda. por meio de contrato com a autora.
Minha Editora é um selo editorial Manole

EDITOR GESTOR: Walter Luiz Coutinho
EDITORAS: Juliana Morais e Cristiana Gonzaga S. Corrêa
PRODUÇÃO EDITORIAL: Lira Editorial
PROJETO GRÁFICO: Departamento de Arte da Editora Manole
EDITORAÇÃO ELETRÔNICA: Lira Editorial
CAPA: André Luiz F. Coelho

Dados Internacionais de Catalogação na Publicação (CIP)
(Câmara Brasileira do Livro, SP, Brasil)

Fraga, Valderez Ferreira
Rumos culturais da constelação USA: um olhar verde e amarelo/
Valderez Ferreira Fraga. -- Barueri, SP: Manole, 2017.

Bibliografia. ISBN 978-85-7868-252-1

1. Cultura - Estados Unidos 2. Estados Unidos - Aspectos políticos
3. Estados Unidos - Condições econômicas 4. Estados Unidos - Condições sociais I. Título.

16-02525   CDD-306.0973

Índices para catálogo sistemático:
1. Estados Unidos : Condições políticas, econômicas e sociais : Sociologia 306.0973

Todos os direitos reservados.
Nenhuma parte deste livro poderá ser reproduzida, por qualquer
processo, sem a permissão expressa dos editores.
É proibida a reprodução por xerox.
A Editora Manole é filiada à ABDR - Associação Brasileira de Direitos Reprográficos.

1ª edição - 2017

Editora Manole Ltda.
Avenida Ceci, 672 - Tamboré
06460-120 - Barueri - SP - Brasil
Tel.: (11) 4196-6000 - Fax: (11) 4196-6021
www.manole.com.br | info@manole.com.br
Impresso no Brasil | *Printed in Brazil*

Este livro contempla as regras do Acordo Ortográfico da
Língua Portuguesa de 1990, que entrou em vigor no Brasil em 2009.
São de responsabilidade da autora as informações contidas nesta obra.

Dedicatória

Ao meu marido, Flávio da Rocha Fraga, namoradinho desde os meus 13 anos de idade, mas que a morte levou após o companheirismo de 54 anos felizes. Aos meus filhos, Eduardo e Isis, pela presença dedicada de todas as horas, somadas ao afeto de meu genro, Carlos A. Segal, e ao meu neto, Bruno Fraga, no qual coloco minhas esperanças de sucesso.

Tributo
A Tércio Pacitti, cujo nome remete ao Núcleo de Computação Eletrônica da Universidade Federal do Rio de Janeiro (UFRJ), ao pioneirismo da Fortran no Brasil e à edição desde 1967, além de ter sido brigadeiro engenheiro, ex-
-aluno e reitor do Instituto Tecnológico de Aeronáutica (ITA), entusiasta deste livro, que considerava necessário, acompanhando sua evolução até seu falecimento, minha homenagem pela vida dedicada à educação em busca de alta tecnologia com ética.

Agradecimentos 15
Apresentação 17
Prefácio 19

PARTE I **PEGADAS DO RUMO DO LIVRO** 23
Palavras introdutórias 25
Opções para um mergulho na leitura 29

CAPÍTULO 1   Os *Old Colleges* e a alvorada de uma cultura 37
Introdução 37
Características dos *Colleges* das Denominações Protestantes: a Sombra da
    Idade Média europeia sobre o Ensino Colonial 42
Primórdios Curriculares. Evolução dessa postura tratada especialmente por
    Brubacher e Rudy 43
O impacto das Denominações Religiosas sobre a Educação e sobre a Organização Social e
    Política da Colônia 48
Os Valores e o seu exercício: Atitudes e "Virtudes" 56
Uma pausa para o termo *calling* 59
Contexto europeu e norte-americano na antiga relação Valores-
    -Educação-Trabalho 63
A missão das Denominações Religiosas e o desenvolvimento das
    Faculdades isoladas 65

CAPÍTULO 2   Os Primeiros Indícios de Industrialização e os Impactos sobre o Ensino nos
Colleges **Protestantes e sobre a Sociedade** 73
Trabalho na Europa *versus* trabalho na América do Norte 75
Formação de Artesão 77
Tendência norte-americana à industrialização e o momento europeu 78
A atração pela Máquina 78
Sobrevoando questões complexas, amplas e críticas: os Indígenas e os Negros 88

Cultura revelando diferentes posturas no trabalho: a Europeia e a Norte-Americana 93
Curiosa relação entre emprego da Máquina e formação Liberal: operariado letrado e
    consumidor 94
Magnas contribuições de Imigrantes: Introdução. 98
    A consistente presença dos Judeus. 99
    A forte presença chinesa nos USA 105
Uma inevitável necessidade de desvio para reflexão diante da realidade atual e a
    questão humana 110
Chinatown, invenção ou espontaneidade que deu certo nos USA. 112
Pausa para sugestões a interessados em Assuntos Militares: China/USA. 113
Encerrando: uma conversa pós-leitura histórico-cultural da contribuição chinesa 114

PARTE II   **BELICISMO COMO ESTRATÉGIA DE AUTODETERMINAÇÃO E UNIÃO** 117
CAPÍTULO 3   **A Influência das Guerras Internas sobre a Integração Nacional e os
Conceitos Educacionais** 127
Introdução. 127
    Guerras e integração: implicações na educação. 130
    Um Destaque Especial entre os Presbiterianos 132
    Uma breve retrospectiva à celeuma Ensino Público 140
Tempo transcorrido até 2010 e a escola pública nos EUA 145
Secessão, palavra que merece atenção 150
Ao menos algumas curiosidades sobre os Desafios dos Pioneiros em Saúde. 155
Sofrimento físico e ausência de Anestesia nas duas Revoluções 163

CAPÍTULO 4   **Guerras gerando um novo contexto social que se refletiu na educação** . . . 169
Introdução. 169
Ensino Militar, estratégias e características iniciais 170
Alistamento e Deserção 179
Final da Segunda Grande Guerra: marco da explosão da globalização 187
Uma cultura de Doações/Doadores 194

Doações para a causa das Guerras/doações para a Educação 197
A comunicação nos estilos e contextos de liderança 200
Lideranças. 206
Breve destaque a Sir Winston Churchill 216
A presença de Eisenhower: múltiplos desafios. 219
Ainda a comunicação 220
Repetição no papel de algumas instituições, independentemente de contextos:
   militares e religiosos. 222
Uma pausa para as mulheres 223
Retomando estilos e lideranças 224
Delimitado espaço do Catolicismo nos EUA e suas Grandes Causas 228

PARTE III **A INTRODUÇÃO DAS UNIVERSIDADES NO PANORAMA CULTURAL** 233

CAPÍTULO 5 **A religião cedendo significativo espaço à ciência e a novos valores** 239

CAPÍTULO 6 **A universidade pública: duas versões de utilitarismo, Jefferson e
Benjamin Franklin** 253
As universidades *land grant*. 254
Religião e Educação e a população negra norte-americana 257
Uma pausa para John Brown 260
Antiescravagismo e as presenças de Nietzsche e Freud 263
Catolicismo: pequeno espaço, mas marcante missão 268
Os indígenas sob o impacto das guerras internas e a sua educação 275

CAPÍTULO 7 **Thomas Jefferson, Benjamin Franklin e o século XX: viabilizando o
desenvolvimento científico, tecnológico e humanístico** 285
Livre-iniciativa também na Educação 288
Ideias jeffersonianas 288
Thomas Jefferson na Declaração da Independência e na Constituição 294

Notas sobre Thomas Jefferson 298

CAPÍTULO 8   **O processo de mudança nas ideias. A busca de equilíbrio entre humanismo e ciência** 301
Um breve parêntese para a formação das mulheres 301
Tradição Norte-americana. 305
Transcendentalistas e proposta transcendentalista na América do Norte 306
Busca de conciliação conceitual? 309
Fundamentos dos posicionamentos educacionais. 313
Alguns preceitos liberais e vestígios sobre intangíveis. 314
Equilíbrio/Avanço 316
Ciência Pura e Aplicada visando ao Bem Comum 318
Primeiras percepções da complexidade do Ensino e da Aprendizagem 320
Interesse pelas bibliotecas: papel das atividades extraclasse 326
Papel das atividades extraclasse no desenvolvimento literário 328
Universidade, Pesquisa, Retorno Econômico e Social 329
Universidade como instrumento de desenvolvimento Político e Social. 332

CAPÍTULO 9   **Os idealizadores da universidade nos Estados Unidos, ideias e ações reformistas: pluralismo e sentido comum.** 337
White em Cornell e Gilman em Johns Hopkins 338
Eliot em Harvard. 340
Angell em Michigan. 343

CAPÍTULO 10   **A presença do espírito crítico: um forte "traço" norte-americano** 347
Função da Universidade. 353
Posicionamentos ideológicos 354
Ecletismo integrando posições filosóficas e a questão da integração de bases
    culturais acadêmicas 362
Papel da Análise Crítica 369

PARTE IV **O DESENVOLVIMENTO DO SISTEMA EDUCACIONAL: IMPLICAÇÕES FILOSÓFICAS, POLÍTICO-ECONÔMICAS E PSICOSSOCIAIS** 379

CAPÍTULO 11 **Currículo como orientação para a vida** 381
Sociedade: Reflexos no Currículo *versus* Impactos do Currículo .... .381
Breves considerações sobre Currículo. 383

CAPÍTULO 12 **Arrancada para pós-graduação: possibilidades de especialização e presença de valores**. 391
Introdução. .... .391
Qualificação docente e de pesquisadores: possibilidades de pós-graduação 392
    Valores ontem e sempre: da Educação às Guerras 398
    Orientação e inspiração para a Universidade Pública. .... .412
    Trajetória das Eletivas: Impactos na Especialização e nos Valores 418
    Formalidade dos Diplomas: algumas considerações sobre a estrutura do ensino de ontem, hoje e amanhã. 425
Estudante – uma condição muito especial 430

CAPÍTULO 13 **Transição do 2º para o 3º grau: o crítico processo de seleção** 437
Seleção, testes, tendenciosidade, racismo. 440
Educar para o futuro, além do conhecimento: o Grandioso Desafio dos "DIFERENTES" ... 444
Vantagens do conhecimento das diferenças. 453
Seleção sempre atual e crítica: um desafio permanente 456
Diretrizes para ensino-educação na Escola Pública 459
Política Armamentista *versus* Responsabilidade Social da Universidade e a era atômica .. 463
Diagnóstico do oponente. 466
Um parêntese para um novo olhar ao consistente Russell Weigley com a obra:
    The american way of war, 1991. 469
Pesquisa em Defesa – investimentos: As guerras mundiais 474
Rápida passagem pelas "Flutuações" Cuba *versus* Estados Unidos 476

Retornando à pesquisa em Defesa 480
Pesquisa – Prioridade Saúde: não são questões científicas, mas políticas 485
Posição democrata de John F. Kennedy: algumas considerações 487

CAPÍTULO 14   **Pesquisa na universidade e nos laboratórios federais** 493
Pesquisa – Prioridade Defesa e Educação: lembrando George Bush 496
Espaço para o poder de associação: o exemplo do *Campus Compact* 501
    Assinaturas. 503

CAPÍTULO 15   **Relações educação/pesquisa: modernidade e nebulosa
pós-modernidade** 513
Pesquisa/Desenvolvimento – papel de quem?. 513
Atividades: ensino, pesquisa, desenvolvimento 517
Novos impactos da conjuntura externa sobre Educação-Pesquisa 518
Atitudes e Valores integrando Ciência, Tecnologia e Humanismo 519
O desenvolvimento da ciência e da tecnologia elevou o prestígio das Humanidades 520
Reflexos no Desenvolvimento de Recursos Humanos 522
Vocações institucionais no Ensino Superior 531
Community Junior Colleges: alternativa socioeconômica 535
Exemplos de Tendências Futuras na Educação 538
    Como a educação poderá:. 538
Parênteses para Karl Jaspers. 542
Outras interferências no Currículo 545
Interesses Federais no Ensino Superior 547
Impactos da explosão do Conhecimento. 549
Administrar questões socioculturais no mundo em ebulição 552

CAPÍTULO 16   **Universidade pública e a questão da autonomia** 555
Formas e Mecanismos de Apoio Financeiro 560
Espaço para as Humanidades 564

Implicações do provimento de fundos ... 564
Expectativa sobre comunicação-política na Educação ... 567
O papel das Comissões ... 572
Expectativas sobre a articulação política-educação ... 573

CAPÍTULO 17 **Posicionamento e ação política na educação norte-americana: impactos no desenvolvimento econômico, científico e tecnológico** ... 577
Diferentes Regimes de organização e tipos de benefícios individuais e institucionais ... 589
Educação como *Commodity versus* Educação para todos ... 596
Uma reflexão sobre individualismo – o que reporta à questão da missão e desvios ... 601
    Da leitura da referida matéria foi possível apreender o que se segue ... 602
Crescimento da população estudantil ... 605
Governo Reagan: alternativa Educação-Pesquisa ... 608
Exemplos de conteúdo do Relatório do NACAE ... 613
Contribuição dos *Community Junior Colleges* ... 614
Alternativas diante das dificuldades financeiras ... 617
Escolas Católicas e Escolas Públicas ... 618
Fundos para Educação e Pesquisa, tipos e opiniões ... 619
Peculiaridades dos *Grants* ... 623
Algumas peculiaridades das contribuições privadas ... 624
Soma de esforços Públicos e Privados ... 626
Eficiência Administrativa e Gerencial ... 627
Valor computado à formação empresarial ... 637
Não ignorando as artes: contribuições ... 640

CAPÍTULO 18 **Panorama resumido de uma cultura de educação, trabalho e pesquisa como estilo de vida** ... 647
Transição do Milênio: aspectos econômicos e sociais ... 647
Um breve olhar sobre Orçamento: cruzamento entre valores Econômico-Financeiros e Culturais ... 650

Parênteses para o impasse político: Obama *versus* Congresso em 2013 654

Resolvida a paralisação do governo Obama, enfrentarão o *olho do furacão:* o tamanho do governo e o nível de impostos federais 656

Breve retomada da década de 1980: situação acadêmica e profissional feminina 660

Conjuntura acadêmica e profissional das mulheres graduadas. 662

Outras recomendações 663

Estado da Ciência e da Tecnologia 664

Competição USA/Japão - retrospectiva a um período interessante 670

Como relegar a educação em algum ponto da discussão? 676

O sonho de resgatar o controle sobre seu próprio destino 681

Pontuando a postura deweyana 683

Kennedy: além do drama 688

Uma jornada permanente. 688

Interrompendo esta jornada em aberto. 690

Considerações finais 692

Tabelas

Tabela 1 Número de faculdades criadas antes da Guerra Civil e que permaneceram nos estados Norte-americanos. 67

Tabela 2 Mortalidade de faculdades fundadas antes da Guerra Civil em 16 estados da União (Estados Unidos) 68

Tabela 3 Dados estatísticos referentes a 1860 - igrejas e faculdades religiosas nos Estados Unidos 69

Tabela 4 Faculdades existentes nos Estados Unidos nas mesmas denominações: 1955. . . . 69

Tabela 5 Evolução temporal das faculdades católicas nos Estados Unidos 70

Tabela 6 Realidade do trabalhador inglês: panorama 75

Tabela 7 Dez anos de distribuição de níveis e controle 146

Tabela 8 Mais do que curiosidade 159

Tabela 9 Antes da Primeira Guerra Mundial 198

Tabela 10 Após a Primeira Guerra Mundial. 198

Tabela 11 197 USA membros da Association of Catholic Colleges and Universities (ACCU)
em 2014 229
Tabela 12 Aspirações e propósitos dos estudantes. 435
Tabela 13 Instituições técnico-profissionais *versus* importantes universidades privadas . . . 533
Tabela 14 Emprego de fundos 562
Tabela 15 PhD em ciências da computação 570
Tabela 16 Um primeiro comparativo internacional: áreas de conhecimento (Programme for
International Student Assessment – resultados dos testes [2009]). 587
Tabela 17 Rol de despesas 651
Tabela 18 Masculino *versus* feminino *versus* salário 663
Tabela 19 Educação superior: investimentos. 667

Gráficos

Gráfico 1 Breve olhar ao segundo grau – Taxas de graduação do ensino secundário (2011) –
Educação da Organisation for Economic Co-operation and Development (OECD)
em 2013 586
Gráfico 2 Um olhar sobre testes globais (Programme for International Student Assessment –
resultados dos testes [2009]). 588
Gráfico 3 Mapa de despesas. 651
Gráfico 4 Atualizando o mapa de despesas 652

Posfácio 697
Referências bibliográficas 699
Índice remissivo 721
Índice de nomes. 733
Sobre a autora 745

Agradecimentos

À Soninha Ashkenasi, minha inseparável colaboradora e amiga, pelos incansáveis reparos e formatações; à precisa professora Jaíra Ruas, pela dedicada revisão em parceria com a generosa Profa. Claudia R. Guimarães, e à Profa. Vera Vergara Esteves, pela paciência da leitura minuciosa, pois, sem elas, este livro não estaria disponível. Aos médicos Drs. Luiz Alfredo Jung, do Hospital Moinhos de Vento, e Gláucia Ruggeri Berreta, do Hospital Israelita Albert Einstein, pela leitura contributiva no que se refere à Medicina.

Apresentação

A sociedade norte-americana é complexa e ao mesmo tempo simples e transparente. Se recuarmos no tempo, seus alicerces estão baseados na ação esclarecida dos chamados *founding fathers*, personalidades políticas que, no século XVIII, quando as treze colônias decidiram formar um Estado único, destacaram-se pela visão do futuro do país, pelos valores que defendiam e pela defesa intransigente do interesse nacional.

O livro da profa. Valderez Ferreira Fraga, *Rumos culturais da constelação USA: um olhar verde e amarelo*, procura transmitir as impressões da autora, que viveu nos EUA em dois períodos, nas décadas de 1960 e 1970/80, combinadas com informações sobre o contexto socioeconômico, político e cultural do povo norte-americano. É dada muita atenção à educação e à capacidade empresarial, marcas registradas do país. Interessante é a descrição de um traço peculiar dos EUA: a estreita relação de apoio entre a sociedade civil, empresarial e a educação, o que lamentavelmente, até hoje não ocorre no Brasil na escala que seria necessária. A partir de seu olhar e das informações sobre diferentes aspectos dessa sociedade, a autora procura discutir os rumos da cultura norte-americana.

A combinação de fontes históricas e atuais com a vivência nos EUA fornece a oportunidade para um exame original de alguns dos principais aspectos da sociedade norte-americana. Essa sensibilidade explica os capítulos sobre a importância e as consequências da Guerra Civil sobre as relações humanas, políticas e culturais no país. Para entender os EUA, é preciso conhecer os graves acontecimentos dessa guerra fratricida que o dividiu.

Não são muitos os livros sobre os EUA escritos com o olhar brasileiro. É muito bem-vinda essa iniciativa que corresponderá ao interesse daqueles que tentam entender a evolução e as razões do sucesso do país mais poderoso do mundo.

Embaixador Rubens Barbosa
Ex-Embaixador. Consultor de negócios, ocupando, entre outros, os cargos de Presidente do Conselho Superior de Comércio Exterior da Federação das Indústrias do Estado de São Paulo (FIESP), Presidente do Conselho Deliberativo da Sociedade Brasileira de Estudos de Empresas Transnacionais e da Globalização Econômica (SOBEET) e, também, de outros Conselhos: da empresa CSU CardSystem S.A e da Associação de Comércio Exterior do Brasil (AEB). Membro do Grupo de Análise da Conjuntura Internacional (Gacint) da Universidade de São Paulo (USP). Presidente Emérito do Conselho Empresarial Brasil – Estados Unidos (CEBEU). Editor responsável da revista *Interesse Nacional*. Em abril de 2016, inaugurou o Instituto de Relações Internacionais e Comércio Exterior (IRICE). É autor de consistente e farta literatura relacionada a essa significativa área de conhecimento.

Prefácio

A compreensão de realidades socioeconômicas e político-culturais complexas, forjadas em múltiplas dimensões, requer esforços igualmente complexos nas diversas escolhas de focos, lentes e abordagens, conducentes ao exercício do competente talento analítico.

Esse processo, que necessariamente envolve o estudo bibliográfico e a pesquisa sistemática, é enriquecido de forma significativa quando o analista tem o privilégio de vivenciar, por imersão presencial, o cotidiano do seu objeto de estudo, por e em algum tempo, histórico. Esse é o caso deste *Rumos culturais da constelação USA: um olhar verde e amarelo*, da Profa. Valderez Ferreira Fraga. A douta autora nos brinda com uma interpretação aguda e essencial da projeção civilizatória renovadora que envolve a terra norte-americana. Não se contenta com a explicação da objetividade física e material do país. Privilegia a dimensão da subjetividade. Não se satisfaz em entender as habilidades do cidadão estadunidense como sujeito e objeto da construção social. Não se contenta em analisar seu comportamento face às incertezas do novo mundo em evolução histórica, nos quais passa a ocupar espaços globais fundamentais ao conquistar as condições objetivas para o exercício de papéis determinantes. Não se contenta em perscrutar o terreno das atitudes que predispõem à adoção dos comportamentos individuais e coletivos. A Profa. Valderez vai mais fundo ao penetrar, com vigor analítico, os níveis da formação e do desenvolvimento dos valores esposados. Explora, no terreno da subjetividade, as crenças fundamentais que geram as atitudes indutoras dos comportamentos capacitadores à ação, do posicionamento moral às habilidades individuais e coletivas. Subjacente ao estudo da Profa. Valderez está o teste de integridade entre valores, atitudes e comportamentos da sociedade estadunidense. Assim, por meio desta visão, busca explanar aquele país que despertou profundos interesses políticos e sociológicos do francês Alexis de Tocqueville e a análise comparativa do brasileiro Vianna Moog. Este, no esforço de melhor compreender seu próprio país, ao tomar o irmão federativo ao Norte como uma espécie de modelo ideal weberiano, para efeito de análise.

Os valores, porém, não se formam e internalizam no metafísico vácuo-espacial das elucubrações transcendentais do solitário indivíduo. São frutos compartilhados da existência histórico-social nas suas expressões institucionais mais significativas, porque fundamentais à sobrevivência contextualizada, tanto pelos desafios imediatos como pelos mais remotos, tanto pelo local e regional como pelo universal.

Nesse sentido, a autora foca o conjunto de base – religiosidade, ensino e guerra – a partir da dinâmica interativa das instituições que sustentam a formação, a transmissão, a defesa e a imposição dos valores fundamentais daquela sociedade. As igrejas, a escola e a universidade, assim como o dispositivo militar acionado interna e externamente, caminham juntos para explicar um segundo conjunto – trabalho, produção, desenvolvimento científico e inovação tecnológica – a partir de suas correspondentes plataformas institucionais. Este último conjunto, também sistemicamente interativo, retroalimenta o sistema de base, histórica e solidamente estabelecido, nos sucessivos ciclos da evolução socioeconômica e político-cultural do país. O elemento nuclear da integração nacional, responsável pela costura das demais instituições de razão substantiva citadas, são as instituições políticas, capazes de colocar os governos e o próprio Estado, cuja racionalidade é instrumental, "o mal necessário", a serviço da sociedade e esta a serviço dos cidadãos, estabelecendo-se, assim, em bases originais, a soberania do povo em prol do desenvolvimento material e espiritual do indivíduo.

A autora é rigorosa na conjunção do institucional com o indivíduo cidadão mediada por grandes líderes. Necessário se faz notar que os substratos dominantes da cultura religiosa, da cultura da guerra e da cultura da educação geraram lideranças expressivas através da história dos Estados Unidos. Mas, com propriedade, a Profa. Valderez recorre a Walt Whitman para concluir que, enquanto outros países se explicam a partir de seus notáveis representantes, a singularidade dos Estados Unidos não está tanto neles, mas, principalmente, no homem comum e em como se dá seu engajamento participativo no cotidiano daquela sociedade.

A mirada **verde e amarela** que qualifica o título da obra talvez tenha intencionado, contraditoriamente a um só tempo, justificar seu interessante diferencial e uma possível limitação nos resultados a que a autora se impôs. Não obstante tal qualificação e independentemente dela, a obra se sustenta em pertinência, qualidade e oportunidade dadas a extensão e a profundidade das informações passadas, das relações multidimensionais estabelecidas e das correspondentes reflexões tornadas disponíveis ao leitor, a partir do riquíssimo referencial bibliográfico, referenciado, apresentado e comentado.

Tudo, importante sublinhar, em uma perspectiva que foge ao lugar-comum da cedência alternativa à satanização dos poderosos irmãos do norte ou à sua idilicamente lírica adoração.

Em busca da resposta maior, de caráter moral e ético, com abrangência global e sentido universal, tendo em vista a dignidade do homem, a Profa. Valderez lança a questão: "(...) até que ponto nossos poderosos vizinhos do Norte poderão contribuir?" Caso seja considerada a importância analisada da guerra como cultura, interposta entre a religiosidade espiritual e a educação produtiva, não há resposta fácil para a questão. Principalmente, tomando em conta posicionamentos e resultados alcançados com a revolução libertária, a guerra da secessão unificadora e as duas guerras mundiais, e os episódios bélicos mais recentes, como os do Vietnã, do Afeganistão, do Iraque e da Síria.

Não se pode desconsiderar, no entanto, a contribuição da Educação norte-americana, foco principal da obra, e, por excelência, a ponte daquela sociedade para o futuro, na qualidade de fonte dos conhecimentos básicos e aplicados.

Este livro literalmente impede a eventual postura do *take for granted* em termos do conhecimento daquela "cultura", respeitando a complexidade de seus "rumos" sem desistir de buscá-los com olhar estrangeiro desejoso de compreensão e consciente das limitações, porém esperançoso de abrir algum espaço para que a nacionalidade USA, com seus atores e autores, "se mostre como ela realmente é".

Prof. Dr. Bianor Scelza Cavalcanti
Diretor Internacional da FGV – DINT/FGV. Presidente do Grupo Latino-Americano de Administração Pública (GLAP) do International Institute of Administrative Sciences (IIAS). Vice-Presidente Regional para América Latina e Caribe da International Association of Schools and Institutes of Administration (IASIA).

PARTE I
Pegadas do rumo do livro

Palavras introdutórias

A observação é uma valiosa habilidade que instrumentaliza para o exercício consciente da análise crítica. A qualidade desse exercício depende, especialmente, do âmbito de observação a que se esteja exposto, do estado de alerta diante dos entornos e do grau de conscientização sobre a própria problemática nessa atuação. Entretanto, a observação precisa combinar-se com a atitude de inserção no mundo do outro, acolhendo as diferenças encontradas sem tratá-las como barreiras, mas como possibilidades de início de diálogo e vivência multicultural.

Partindo desse pressuposto, alguns cuidados foram tomados na elaboração deste livro, em especial, o fato de centrá-lo no conteúdo e em autores prioritariamente lidos e discutidos durante o convívio intenso com norte-americanos. Esse convívio e o compartilhamento decorrente – com professores, colegas e amigos – foram considerados fundamentais durante a seleção de tópicos, a escolha da literatura para consulta e a tomada de decisão quanto à estrutura do texto, a fim de aproximá-lo da realidade concreta das pessoas daquela cultura.

Também foi levada em consideração a vivência presencial da autora tanto no período da tragédia Kennedy, naquele contexto, quanto, ainda, entre o mandato Jimmy Carter e o mandato Ronald Reagan; na verdade, dois períodos políticos fundamentais para tentar entender o dramático início de milênio para aquela nação e que foram lá vivenciados.

A partir de então, até a atualidade, a intensificação da leitura de nova produção literária, bem como o alerta a novos fatos e mídias, contribuiu para o entendimento de desastrosos e complexos acontecimentos mesmo em períodos confusos, levantando novas manifestações culturais a partir de problemas não somente recentes, mas em convulsão, e retomando as décadas de 1970/1980, sob os mesmos critérios.

Nesses termos, este livro destina-se a facilitar o contato do leitor com o contexto socioeconômico, político e cultural do povo norte-americano, com início na época colonial, revisitado pelo olhar verde e amarelo da autora misturado ao olhar vermelho, branco e azul do povo das *stars and stripes for ever*, durante um convívio presencial em épocas diferentes – no final da década de 1960, já em meados da década de 1970, prosseguindo pela década de 1980, no mandato presidencial de Reagan – avançando para uma rede de contatos antigos, e novos com o recurso da virtualidade, intensificando trocas e reflexões.

Essa opção teve por finalidade viabilizar o acompanhamento da evolução do processo educacional naquele país, não como uma leitura delimitada pela fronteira de uma análise educacional fechada a especialistas, mas, antes, para situar o leitor diante de implicações panorâmicas e muitas vezes preocupantes, mesmo com a interpretação de alguns resultados como manifestações concretas daquela cultura, seus debates e embates, articulando educação, trabalho, pesquisa, desenvolvimento, cidadania, liberdade.

A abordagem escolhida pretende envolver nessa discussão todos os leitores que de alguma forma participam do processo educacional em seus próprios países, seja como usuários, seja como profissionais da área – docência, gestão, liderança, treinamento, cultura, ações sociopolíticas –, representando um esforço para remover barreiras que vêm mantendo o assunto "educação superior" em um lamentável isolamento academicista, privando a população da necessária compreensão da íntima relação educação, qualidade de vida, renda, negócios, produtividade e o *mundo da vida* em sociedade, pois, se valores só existem na prática, propostas e ações educacionais são fortes manifestações culturais em qualquer época ou lugar, para avançar na justa expectativa por cidadania.

Com essa proposta, no que tange à educação, este livro pretende estimular a leitura crítica de beneficiários e promotores reais ou potenciais da *higher education*, por considerar o exercício crítico um fator indispensável à renovação e ao aprimoramento das múltiplas e complexas funções da educação. Sem estabelecer comparações, o estímulo à reflexão conta com a tendência do ser humano de reportar-se à sua própria história de vida, como pessoa, como profissional, gestor público, cidadão, a partir das vivências do outro.

Em continuidade, esta obra oferece ao setor da economia privada a possibilidade de observar a experiência norte-americana caracterizada pela intensa participação do empresariado em educação/pesquisa, visando à análise dos recíprocos impactos e/ou benefícios decorrentes, da mesma forma que apresenta as peculiaridades das relações entre educação e governo, segundo a tradição norte-americana, em primeira instância avessa à centralização federal.

Objetivando a leitura crítica de uma cultura mais complexa e ambígua do que possa parecer à primeira vista, o texto evita exortações e demonizações, sem ceder ao risco de cair em amenidades.

O tratamento dado ao assunto educação é de cunho cultural – amplo e desafiador por sua própria natureza –, está intencionalmente resumido e apresentado em linguagem simples e acessível à sociedade de leitores, em geral. Todavia, houve o devido cuidado de não excluir conteúdos que pudessem interessar a estudantes, pesquisadores e educadores de diversos níveis e tendências no sistema educacional, com assegurado embasamento teórico.

A narrativa dedica considerável espaço às denominações religiosas, em virtude da estruturação do sistema de valores e da atmosfera intelectual e emocional que vêm caracterizando o povo norte-americano, tornando inquestionável o papel desempenhado por essas instituições sobre aquela sociedade, em termos não somente culturais, mas políticos e sociais, sem esquecer a contribuição do catolicismo diante de questões críticas, como a das etnias negra e indígena.

São frequentes as sugestões para leituras complementares no decorrer do texto, quando se supõe serem do interesse de diferentes categorias de leitores, como empresários, profissionais em Comércio Exterior e em Relações Internacionais, Política, Religião, Assuntos Militares e Pesquisa.

Desse modo, convém esclarecer que o leitor enfocado não é o especialista, bem como o livro não está orientado apenas para a área acadêmica. Por essa razão, mesmo o tópico sobre o currículo no ensino superior é deliberadamente abordado com simplicidade e apresentado em sua íntima vinculação com o desenvolvimento socioeconômico, científico e tecnológico dos Estados Unidos. O objetivo é revelar a base cultural daquela nação, a partir de opções por diversos modelos e posturas diante da questão curricular, em especial buscando algumas respostas às seguintes questões: o que os norte-americanos desejam para seus jovens, em termos de papéis na sociedade, e, ainda, como vêm administrando as instituições de ensino superior, na expectativa de concretização de seus propósitos?

Fica aqui, ainda, um alerta aos leitores que possivelmente considerem que há demasiada ênfase sobre questões relativas à educação neste livro, que tenta discutir os rumos da cultura norte-americana. Por essa razão, é importante expor os cinco parágrafos, a seguir, visando a uma melhor compreensão da inspiração à postura adotada, na prática, por fundadores. Além daquele país, em decorrência da situação sociopolítica-religiosa sofrida por seus fundadores, que decidiram deixar o Velho Mundo em decorrência, justamente, de perseguições, especialmente religiosas, para criar um mundo novo e livre, trazendo consigo bases e propósitos fortemente ligados à educação como necessidade, é importante melhor compreender as razões que levaram a essa abordagem.

A legislação, logo colocada em vigor, fundada em tradições hebraicas e bíblicas, desde o primeiro reduto colonial, já exigia como responsabilidade individual que os pais ensinassem seus filhos a ler e a entender os básicos princípios religiosos e as leis capitais. Todas as cidades da Nova Inglaterra, com um mínimo de 50 famílias, teriam de, por lei, indicar professores, e havia controle para liberação de fundos referentes a 1/4 da arrecadação anual para educação pública. Harvard, a primeira, foi instituída em 1636 como uma escola de treinamento para ministros Puritanos quando muitos livros passaram a ser importados para disseminar a leitura.

Na verdade, a inspiração originara-se de um preceito baseado no filósofo judeu Maimônides do século XII, que teria prevenido sobre a significância de indicar professores a todas as crianças de qualquer país, província ou cidade, o que complementava nos seguintes termos: excomungue-se o povo da cidade até que contratem professores para as crianças. Com base nesses princípios, a Massachusetts Bay Colony publicou uma legislação exigindo que toda cidade na Nova Inglaterra, que tivesse até 50 famílias, era legalmente obrigada a abrir escolas e a indicar professores para nelas lecionar. Sobre o assunto, vê-se a tradução de um esclarecedor parágrafo extraído da obra de Lawrence Cremin, como durante a redação de todo este livro:

Educação para todos, portanto, é a marca singular da nascente América, e não somente em New England. Além de Harvard, muitos outros Colleges e universidades foram estabelecidos sob os auspícios de várias denominações protestantes: Yale, Willian and Mary, Rutgers, Princeton, Brown, Kings College (mais tarde Columbia), Johns Hopkins, Dartmouth, etc. A Bíblia desempenhou papel central no currículo de todas essas instituições de ensino superior; tanto estudos hebraicos quanto bíblicos eram oferecidos como disciplinas obrigatórias[1].

As condições do leitor para interagir com o texto reduzem-se à disposição para conhecer aquela realidade, para afastar alguns estereótipos e munir-se de flexibilidade para enfrentar exemplos de situações culturais curiosos. Em especial, exigirá do leitor uma considerável abertura para conviver com incongruências, porque cultura é um tecido que não se constrói em lógica linear. É repleta de contradições inerentes à riqueza de suas "verdades", o que a fenomenologia chamaria de polissêmica, isto é, cada um tendo o direito à sua singularidade diante das opções de vida e trabalho, porém mantendo a ética do respeito ao diferente.

Opções para um mergulho na leitura
A análise da troca de influências entre as primeiras faculdades protestantes e as comunidades coloniais é o ponto de partida apresentado ao leitor, estimulando-o a encontrar sua própria sintonia de interesse com algum aspecto do assunto "cultura norte-americana".

---

[1] Lawrence A. Cremin, *American education*: the colonial experience (1697-1783), p. 16.

Entre os tópicos abordados, encontram-se:
- o papel das primeiras instituições de ensino superior na construção da sociedade pré-industrial *sob as bênçãos divinas*;
- os fatores que contribuíram para a formação de atitudes, valores e comportamentos que caracterizam o povo norte-americano ainda hoje: a prosperidade financeira como resultado do trabalho;
- algumas motivações propulsoras de seu modelo de desenvolvimento econômico e social;
- os impactos das guerras internas e externas, sobre pensamento e ação na sociedade, na educação e na pesquisa; na visão militar e na expectativa sobre os subprodutos dos investimentos considerados de defesa;
- a evolução do sistema educacional e, especialmente, o surgimento das universidades enfatizando o papel do setor privado na educação;
- ideais e tendências no agir que fundamentaram a expansão do ensino superior com os debates entre os chamados moderados, em contraste com os tidos como radicais da ciência ou do humanismo;
- as influências de personalidades e grupos religiosos, políticos e empresariais, somadas à atuação de educadores, filósofos, sociólogos, psicólogos e economistas, sobre decisões para ensino e pesquisa encaminhando à produção;
- o compartilhamento da economia privada e do governo em decisões, ônus e retornos decorrentes do binômio ensino e pesquisa;
- a disputa entre democratas e republicanos e os impactos no convívio tecnologia *versus* humanismo;
- o espírito empresarial, o estilo gerencial e as raízes culturais na competição USA e Japão;
- o exercício do espírito crítico e a ênfase na ação e na verificação de resultados da educação pela sociedade participante;
- a expectativa em torno da educação e da pesquisa para a solução e a realização de tudo e de todos, por caminhos diferentes, mas sempre muito próprios da cultura norte-americana;
- a questão dos diferentes, com sua complexidade e seus desafios, e que se mostram permanentes.

Esta despretensiosa discussão, a partir da história da educação de nível superior nos Estados Unidos com os antigos *colleges* protestantes, não é ela própria um estudo histórico, mas um esforço para revelar, pela constante interação sociedade-universidade, algumas razões pelas quais os norte-americanos manifestam determinadas características que os tornam peculiares.

Datas e períodos frequentemente citados não objetivam uma cronologia histórica, porque o tempo para a cultura não é sequencial, é densidade. Desse modo, o tempo datado tem por finalidade situar fatos, movimentos, personalidades e ações em um contexto que ajude a compreender como a cultura se manifesta em determinado momento ou por longos períodos, em que o fenômeno cultural se mostra de modos diferentes. Emergindo de fortes raízes como o protestantismo, tanto surgiram empreendimentos dos quais os autoexigentes e pacifistas *quakers* se orgulhariam quanto ocorreram buscas por soluções definitivas baseadas em violência com o objetivo de extirpar incômodos – o racismo aí incluso.

Nessa busca pelas raízes culturais dos norte-americanos, é preciso destacar:

- o papel das denominações religiosas no sistema de valores;
- o trabalho: valor relacionado com o justo e o virtuoso, removendo o lucro do estigma de ser pecaminoso;
- a educação é central para a sociedade com debates permanentes, porque as razões que fundam o valor educação e suas escolhas se mostram diferentes entre si;
- o espírito empreendedor e as habilidades gerenciais fazem parte da academia, não apenas dos negócios;
- os empreendimentos são uma grande motivação;
- certa inabilidade relacional e avidez em solucionar problemas rápido e definitivamente, na busca por resultados – é tendência que preocupa a muitos, destacando-se John Dewey e sua obra, enfocando consequências;
- a presença recorrente de guerras se manifesta como traço cultural de busca por soluções ao estilo norte-americano, dentro ou fora de suas fronteiras;
- pano de fundo: embates entre grandes vertentes de pensamento – científico e humanista – e frentes de ação política – a republicana e a democrata;

- debates exercitados desde épocas remotas, mesmo que em exercício retórico para jovens acadêmicos;
- o heroísmo, em formas diversas, é um valor reverenciado, desde superação de vicissitudes e privações individuais a disputas desportivas, nobreza de caráter, até guerras.

De acordo com o que foi exposto inicialmente, o critério do convívio com a cultura norte-americana prevaleceu nas escolhas dos tópicos e da bibliografia, porque ocorreram acontecimentos de forte impacto social, político, religioso e educacional durante a estadia da autora naquele país.

Para ilustrar, é preciso citar pelo menos:

a. a chegada em Nova Iorque durante uma emocionada manifestação sobre o então recente e dramático desaparecimento de Martin Luther King Jr.;
b. a chocante constatação do assassinato do senador democrata Robert Kennedy discutida pela televisão em tempo real;
c. o tenso mandato de Jimmy Carter com os *hostages* no Irã e as contundentes críticas ao seu firme propósito de solução pacífica para o grave problema;
d. o afastamento do corpo diplomático iraniano de Washington DC – incluindo alguns colegas de universidade;
e. as desconfianças sobre os destinos da educação pública nos Estados Unidos, pelo menos durante os primeiros meses do mandato de Reagan;
f. a violência em alto estilo no assassinato do então presidente do Egito Anuar Sadat, em palanque festivo, a quem o presidente Carter havia recorrido em suas negociações para a liberação dos norte-americanos feitos reféns no Irã.

À imagem do simbolismo da bandeira daquele país, tão venerada e desfraldada em seu território, este livro ousa sugerir, desde seus primeiros passos, quais foram os caminhos mais percorridos pela complexa cultura de constelação norte-americana, em suas rotas vermelho, azul e branco, em sua história de trabalho, lutas e busca por conhecimento e liberdade, desde os seus primórdios.

São todos fatos e questões extremamente críticos que geraram um clima tenso e fervilhante nos mais diversos âmbitos e níveis de complexidade e que contribuíram para a decisão de escrever este livro.

A mensagem aqui deixada terá atingido sua finalidade se, a partir do contato com a experiência norte-americana, o leitor vier a se sentir estimulado a refletir e a compreender o próprio contexto social em que vive, para identificar necessidades e, principalmente, para assumir a sua parcela de responsabilidade pelos resultados e consequências de casos e descasos, propósitos e descaminhos da educação no Brasil: diante das acusações de mimetismo e de severas críticas de omissão que, por um lado, precisam ser feitas com responsabilidade, a fim de que sejam tomadas como alerta sobre possíveis consequências da desconsideração do que é próprio da cultura brasileira, em que simplesmente se copia, mesmo em ramos de atividade humana diferentes, sejam eles empresários, administradores públicos, educadores, políticos, alunos, cidadãos.

A dinâmica da instituição da cultura brasileira precisa manter-se singular para que as manifestações culturais sejam verdadeiras. No entanto, isolar-se no desconhecimento do outro é, também, um perigoso caminho nessa aldeia global, que ainda não merece ser descrita por esse conceito, a não ser em razão da avalanche das tecnologias de comunicação, pois falta ao mundo justamente o espírito esperado de uma autêntica aldeia, que é o compartilhamento.

Além disso, a expectativa deste livro é aproximar o leitor da realidade cultural norte-americana, de seus "pecados" e "virtudes", eliminando interpretações ingênuas, simplistas e polarizadas que possam levar ao culto de um "modelo" ideológico ou ao extremo da condenação do demônio.

Neste ponto, a presença de T. S. Eliot aparece como muito importante porque se está falando, e falar-se-á, de cultura. Nascido na cidade de St. Louis, Missouri, EUA, em 1888, de família inglesa, escreveu em 1921 o exaustivamente lido poema "The waste land" e recebeu *Order of Merit*, o Prêmio Nobel em Literatura, em 1948. Com relação à cultura, esse conceito complexo e desafiador de tratar, Eliot alerta que se atravessam muitos séculos de barbárie e que os leitores não verão uma Nova Cultura, nem mesmo seus tataranetos o conseguirão, já que cultura é um organismo vivo, com raízes que crescem enquanto vai reflorescendo. Ele enfatiza a herança cristã fundamental e que essa questão vai muito além da crença religiosa, lembrando a contribuição romana para o público e o privado, somada à herança literária grega. A descendência do cristianismo, diz ele, com essa unidade de elementos comuns, é muito forte e nenhuma organização política ou econômica suprirá as mentes engenhosas dessa união, que não exige lealdade única, possibilitando uma variedade de realizações. É uma riqueza cultural do ocidente, como devem ser as universidades, que não são privilégios para disputa entre nações com conhecimentos sob o poder de qualquer Estado, mas em busca da verdade e da sabedoria para todos. A cultura herdada do cristianismo mostra que a incapacidade está na falta de compartilhamento com o outro, concluindo que se pode "tentar salvar alguma coisa desses bens comuns, dos quais somos procuradores".[2]

O reconhecimento das peculiaridades culturais dos norte-americanos poderá tornar-se um valioso saber para contatos, análise de propostas no âmbito diplomático, dos negócios e das relações com aquela nação e suas instituições, em geral, em virtude das implicações da dimensão cultural que envolve a atualidade das Américas. Por exemplo, as negociações entre os países-membros ou candidatos ao Mercado Comum do Sul (Mercosul) e a polêmica e nebulosa questão da Área de Livre-Comércio das Américas (Alca), a retomada da questão cubana, para que se possam alcançar benefícios mútuos e aprendizados constantes. Na verdade, para uma mutualidade, como podem ser as relações na humanidade.

Contudo, falar de cultura é falar de origens e este livro não começa tão longe, porém reconhece, com a sabedoria de Franz Boas, que a etnografia prova que não apenas nosso conhecimento, mas também nossas emoções são resultado do nosso modo de vida social e da história do povo ao qual pertencemos: "se desejamos compreender o desenvolvimento da cultura humana, nós precisamos tentar nos libertar dessas correntes. Isso só é possível aos que forem desejosos de adaptar-se aos estranhos modos de pensar, e de sentir dos povos primitivos".[3] Todavia, este livro jamais teve a pretensão nem o propósito de ser uma obra antropológica em essência – o que cabe ao seu próprio povo que tem se empenhado em

---

2   Charles W. Eliot, *Educational reform*. (Englewood Cliffs, N.J.: Prentice-Hall, 1998), p. 152; e Charles W. Eliot, *Educational reform*: essays and addresses (New York: The Century Co., 1901).

3   Franz Boas, *Race, language and culture* (Toronto: Free Press, 1966), p. 636.

buscar suas entranhas –, embora seus expoentes pareçam ainda não ter respondido à grande questão formulada pela Carnegie Foundation: quem conhece a América?

Aqui, basta o esforço por respeitar as diferenças, procurar deixar que se mostrem, porém reconhecendo que o olhar verde e amarelo pode, quase inevitavelmente, esmaecer a tonalidade das cores vermelha e azul das rotas daquela constelação de 50 estados da grande federação em vários aspectos, quase uma confederação. Daí a busca histórica e cultural do povo e suas instituições, suas causas as mais diversas, desde os primórdios coloniais, visando à compreensão. Finalmente, ainda estimula uma reflexão sobre a cultura com história, suas manifestações, seus movimentos, tanto concretos quanto simbólicos, chegando ao final do mandato Obama.

Um olhar fenomenológico à cultura leva à busca do seu sentido próprio, dos rumos para os quais está orientada, encontrando-a simultaneamente em sua singularidade e, também, enredada na complexa família humana que teima em ser inconsequentemente apenas espécie, enquanto gera uma cascata de conhecimentos e produtos que vêm, com frequência, sendo empregados seletivamente para privilegiar ou para exterminar.

A estrutura deste livro apresenta quatro partes e 18 capítulos, iniciando a apresentação das 13 colônias originais da nação em linhas retas e bem definidas, coerentes com a cultura que ilustram: buscas diretas neste ponto; talvez, uma pausa para reflexão comece a estabelecer um primeiro contato com contextos, conquistas e problemática, com os quais o leitor vai se deparar.

"Um dos maiores males da humanidade e que ganha força na atualidade é que o conhecimento e o intelecto são autossuficientes."
JOHN DEWEY

Quando o descomprometimento ganha força, as fraquezas começam a emergir e, lamentavelmente, muitas vezes com argumentação tida como fundamentada.

CAPÍTULO 1   **Os *Old Colleges* e a alvorada de uma cultura**

Introdução

A história da sociedade norte-americana é intimamente relacionada com as denominações religiosas protestantes. O papel desempenhado pelas mais diversas denominações, desde os primeiros anos da colonização inglesa, foi preponderante. A atuação desses grupos foi eficaz na organização da sociedade, na estruturação de suas instituições, especialmente das educacionais, na formação do sistema de valores da população norte-americana, fazendo aparecer a sua cultura.

A atual condição de estabilidade do sistema educacional dos Estados Unidos deve muito aos chamados *colonial colleges*, pequenas faculdades criadas pelos protestantes durante o período colonial. E, ao abordar o tema, não se está tratando apenas da cultura erudita, esta certamente está inclusa, porém as denominações religiosas estiveram, desde os primeiros anos no Novo Mundo, enredadas na vida das comunidades que muito ajudaram a construir, sustentando suas bases culturais e recebendo as aspirações e as necessidades emergentes.

As lideranças que os *colleges* se propuseram a "formar" estimularam o desenvolvimento de atitudes e valores que contribuíram com tenacidade, espírito comunitário e empreendedor, tanto na estruturação do ensino superior quanto na determinação daquela sociedade na busca por um modelo próprio de desenvolvimento político, social e, mais tarde, industrial. Os colonos pretendiam manter-se o mais próximo possível da realidade europeia, pois acreditavam na necessidade da preservação de valores religiosos e culturais do Velho Mundo, para a educação de seus filhos, na América.[1]

Os Puritanos, por exemplo, pretendiam atingir os objetivos religiosos por meio da educação superior. Os *colonial colleges*, nesse caso, deveriam contribuir para trazer à terra selvagem a salvação, a verdade preciosa, a tradição cristã, a fé.[2]

Samuel Morison, em seu estimulante livro *The Oxford history of the American people*, é enfático ao apresentar o movimento Puritano na América do Norte como a forma mais legítima do Puritanismo trazida da Europa, em 1620, pelos pioneiros do navio Mayflower, no sentido de contestar qualquer interpretação que o tomasse como uma "máscara para interesses políticos e comerciais".[3] Em 1620, o Mayflower aportou em Cabo Cod, Massachusetts, com 101 colonos, que se organizaram administrativamente para que pouco mais de 40 deles assinassem um compromisso como colonizadores.

A história, porém, revela tantas questões que fazem aparecer a multiplicidade religiosa que, embora apresente poucas celeumas, não deixa de fora a discussão sobre a intolerância religiosa.

Desde a mais remota origem da colônia norte-americana, o que talvez seria mais preciso indicar como a colônia norte-americana do Nordeste, pois a colcha de retalhos estava longe de ser costurada, essa questão já emergia, e surpreendentemente, de forma avançada para a época, do rigor

---

1   John S. Brubacher e Willis Rudy, *Higher educational in transition* (New York: Harper and Row, 1976), pp. 5-11, 123.

2   John S. Brubacher e Willis Rudy, *Higher educational in transition*, pp. 5-6.

3   Samuel E. Morison, *Higher educational in transition*: prehistory to 1769 (New York: Meridian Book, 1994), p. 101.

das denominações. Por essa razão, cabe abordar, pelo menos rapidamente, neste ponto, a questão fundamental de: "a Colônia com uma Consciência".

Há quase quatro séculos e meio, anteriormente à época do lançamento deste texto, na verdade em 1657, já houve na colônia norte-americana uma reação em prol do que se chamou liberdade de consciência, isto é, tolerância à prática de diferentes crenças, com a contribuição da postura aberta dos holandeses a origens, religiões, idiomas, já que sua preocupação era com os negócios, um prenúncio da globalização com a Companhia das Índias Ocidentais.[4]

Quando os diretores daquela companhia se estabeleceram em Manhattan, consideraram que todos seriam bem-vindos, pois seus objetivos eram os negócios, e não a salvação de almas.[5]

Encerradas essas breves considerações, fica aberto um convite a retornar às diferenças das denominações na educação. Os anglicanos, além da preocupação com a manutenção das tradições e com os valores culturais de sua origem, mantinham um forte vínculo com a Coroa Inglesa, cuja soberania não deveria ser quebrada, na América. Assim, apenas 13 anos após o seu estabelecimento, na Virgínia, fundaram a primeira faculdade anglicana, o College of William and Mary, cujo nome homenageava a família real inglesa. Na atualidade, é a universidade pública colocada entre as de mais elevada qualidade do país. Sua fundação ocorreu em 1692, sendo a segunda mais antiga dos USA.

Em 1701, quando, em Connecticut, a organização que originou a atual Universidade de Yale foi fundada, o objetivo era prover a comunidade de um local em que a juventude pudesse ser instruída em Artes e Ciências[6], faculdade que "através das bênçãos do Todo Poderoso Deus" pudesse ser "ajustada para emprego Público, em ambas as instituições, a Igreja e o Estado".[7]

---

4   Kenneth T. Jackson. Disponível em: http://www.queensbp.org/remonstrance/documents/jackson_oped_nyt_071227.html. Acesso em: 4 nov. 2014.

5   Kenneth T. Jackson, professor de história em Columbia e editor-chefe da Enciclopédia da cidade de Nova Iorque. Contribuição aberta do editor aos 27 de dezembro de 2007.

6   Yale Faculty, "Original papers in relation to a course of liberal education", American Journal of Science and Arts. Vol. 15, 1829 (Jan.).

7   Frederick Rudolph, *Curriculum* (San Francisco: Jossey Bass, 1977), p. 27.

Neste ponto, um breve olhar retrospectivo à ciência na universidade parece oportuno.[8]

O equilíbrio entre essa questão "igreja e estado" esteve sempre no debate, mais discretamente ou em aberto. John Brubacher, por exemplo, aponta que, embora a universidade pareça estar assumindo algumas das responsabilidades da Igreja, não há razão para esperar que ela faça as duas coisas. A última ainda tem um importante papel a desempenhar e alguns veem o ensino superior como uma supercultura. A universidade, então, é a igreja da supercultura, mas não é uma igreja de todo satisfatória, porque a supercultura não provê os essenciais elementos para a formação da personalidade humana como família, estado e nação que está incorporada no folclore cultural comum[9]. "No século XVII, a tradição cristã foi a pedra fundamental de toda a estrutura intelectual que foi trazida para o novo mundo"[10].

Apesar dessas ressalvas, a associação ensino superior e igreja formou uma base consistente na cultura norte-americana. Na verdade, eles nem precisaram da antiga tradição europeia de a universidade haver nascido no claustro, uma vez que os *colleges* denominacionais foram fundamentais à construção de sua sociedade, no próprio território no Novo Mundo. Em decorrência da evolução, a universidade foi chamada de "igreja secular", a qual, de "forma elástica", tem contribuído para "democráticos ou humanísticos valores", "preocupação com o social" e uma "socialização mais flexível"[10].

É interessante observar, além da importância relacionada com conhecimento e formação, o *status* moral que a universidade gozava no âmbito social, segundo as palavras de Henry Steele Commager, que, em 1971, considerou-a da seguinte forma: "a universidade é a mais honorável e menos corrupta instituição na vida americana", referindo-se aos Estados Unidos da América do Norte.[11]

---

8   I. Bernard Cohen, *Some early tools of the American sciee* (Cambridge, Mass.: Harvard University, 1950).

9   John Brubacher, *On the philosophy of higher education* (San Francisco: Jossey-Bass, 1979), p. 123.

10   John Brubacher, *On the philosophy of higher education*, p. 6.

11   Henry Steele Commager, "The crisis of the university", S. Hook (eds.), *In defense of academic freedom* (New York: Pegasus, 1971), p. 105.

Os mesmos ideais de manutenção de suas práticas religiosas, de posicionamentos éticos e valores morais, se deram em outras denominações, como: presbiteriana, *quaker*, calvinista, congregacionalista, metodista, universalista e episcopal.

Diante dos objetivos amplos de formar tanto ministros religiosos quanto leigos, as faculdades isoladas funcionariam como seminários para a formação de clérigos e como instituições de ensino superior.

Os valores trabalhados pelos protestantes, especialmente por meio dos *colleges*, vêm se revelando presentes nas atitudes e características da maioria das personalidades norte-americanas, independentemente da área de atividade em que estejam engajadas.

John F. Kennedy, por exemplo, embora pertencente a uma família católica, descreve e discute esse traço entre os políticos de seu país, quer republicanos, quer democratas, no livro *Profiles in courage*, citado na bibliografia.

A influência dos *colonial colleges* é verificável não somente nas populações coloniais, nos signatários da Declaração da Independência[12] ou da Constituição dos Estados Unidos, mas também tem sido evidente nos educadores, nos filósofos, nos cientistas e ainda surgiu com a mesma intensidade entre grandes empresários, administradores públicos e privados, no passado e atualmente.

Nesse ponto, cabe esclarecer, com Horace Kallen, uma das claras distinções Europa/América do Norte, explicando que o documento da Declaração da Independência Norte-americana "não foi nem um pronunciamento de princípios abstratos nem um exercício formal de lógica", mas uma decisão em momento crucial, tanto em termos políticos quanto econômicos, para proteger a ordem social do engrandecimento de pessoas e, sob a égide do "direito natural", bloquear o recurso ao "direito divino", banindo quaisquer tentativas de superioridade que pudessem vir a cruzar o oceano, prejudicando os colonos[13].

---

12   Thomas Jefferson e John Adams, considerados os maiores responsáveis pela redação da Declaração da Independência de 4 de julho de 1776, por uma incrível casualidade, vieram a falecer exatamente 50 anos após, em 4 de julho de 1826. Lee M. White, *The American Revolution in notes, quotes and anecdotes* (Fairfax, VA: Sedgewick Archivers Book, L. B. Prince Lithograph Company, 1975), p. 66.

13   Horace Kallen, "Democracy versus the melting-pot. A Study of American Nationality Part I". Disponível em: http://www.expo98.msu.edu/people/kallen.htm. Acesso em: 28 mar. 2015.

Características dos *Colleges* das Denominações Protestantes: a Sombra da Idade Média europeia sobre o Ensino Colonial

Eu escrevo as maravilhas da Religião Cristã, voando da depravação da Europa, para o bloco da América; com o que sua Divina Providência tem irradiado uma indígena terra virgem.

COTTON MATHES

Antes de entrar na discussão sobre o currículo dos antigos *colleges* das diversas denominações religiosas ter ou não modificado a sociedade ou se a própria sociedade originou o currículo à sua imagem e semelhança, é necessário compreender o que e como era o ensino naquelas faculdades e quem compunha a camada social erudita, interessada em ensinar e administrar escolas.

Para facilitar a identificação do tipo de formação a que o norte-americano era submetido nos primeiros séculos da colonização, é necessário reportar à realidade europeia da Idade Média.

Durante o período colonial, as faculdades norte-americanas assemelhavam-se bastante às instituições europeias da época medieval: "Devoção e Razão" deveriam caminhar juntas. Kallen aspirava multiplicidade em unidade para a sociedade norte-americana, uma orquestração da espécie humana[14]. Religião era fundamental, mas filosofia e raciocínio também eram considerados necessários à espécie humana, especialmente no Novo Mundo, em que a expectativa em torno da atividade dos jovens ia desde ministrar ensino superior até atividades essencialmente práticas, como a cutelaria ou o comércio. Diante de

---

14   Kallen exorta a questão de terem deixado a Inglaterra em busca de um novo mundo para a liberdade religiosa. Enfatiza que Deus criou todos os homens iguais e os agraciou com direitos inalienáveis como a vida, a liberdade e a busca pela felicidade . Logo, a Declaração da Independência não seria uma peça abstrata, mas um instrumento de defesa baseado inclusive no Direito Divino. *The nation*, Horace M. Kallen part I. Democracy *versus* The melting pot. A study of american nationality, 1915:19;35. Disponível em: http://www.expo98.msu.edu/people/kallen.htm. Acesso em: 25 fev. 2016.

objetivos tão amplos, o tradicional currículo "Liberal Arts" era considerado muito adequado.[15]

Samuel Morison descreve a maioria dos movimentos religiosos na América, não somente cristãos, mas também judeus, como "uma verdadeira paixão pela retidão de caráter". O historiador apresenta o puritanismo como responsável pela colonização da Nova Inglaterra e explica que os congregacionalistas, presbiterianos, metodistas, batistas, unitaristas, *quakers* e outras denominações protestantes norte-americanas – que são braços do puritanismo inglês e escocês do século XVII – geraram uma cultura própria, um modo de pensar, agir e reagir característicos do Novo Mundo. A chamada ética protestante deve seus fundamentos a esses precursores[16].

Ainda convém lembrar a íntima relação entre educação formal e religião como uma constante entre essas organizações, inclusive Harvard, que considerava a importância de "cada um deverá considerar o bem final de sua vida e estudo, conhecer Deus e Jesus Cristo que é a vida eterna"[17].

Primórdios Curriculares. Evolução dessa postura tratada especialmente por Brubacher e Rudy[18]
As universidades medievais, na Europa, organizaram seus currículos pelos chamados *quadrivium* e *trivium*. O primeiro era constituído por Aritmética, Geometria, Astronomia e Música, enquanto o segundo, considerado superior ao primeiro, era formado por Lógica, Gramática e Retórica[19].

---

15   Frederick Rudolph, *Curriculum*, pp. 28, 30-39; Charles Homer Haskins, *The rise of universities* (New York: Cornell Paper Back, 1979), pp. 27-31.

16   Samuel E. Morison, *The Oxford history of the American people*: prehistory to 1769, p. 101.

17   John S. Brubacher e Willis Rudy, *Higher educational in transition*, p. 8.

18   Willis Rudy, *The evolving liberal arts curriculum*: a historical review of basic themes (New York: Teachers College Columbia University, 1960).

19   Charles Homer Haskins, *The rise of universities* (New York: Cornell University Press, 1957), pp. 7, 27-33; Frederick Rudolph, *Curriculum*, pp. 30-39.

A reunião *trivium* e *quadrivium* deu origem às chamadas "sete artes liberais que, sob esta forma escolar, sobrevieram a todo o esplendor da arte da cultura grega"[20].

Werner Jaeger comenta que a reunião da Gramática à Dialética e à Retórica fundamentou a educação do Ocidente e a esse conjunto corresponde o *trivium*. O autor enfatiza que, ainda na atualidade, o ensino superior dos liceus franceses conserva essa tradição grega que deu nome às disciplinas das escolas monásticas medievais[21].

O corpo de conhecimento, quando ainda nem podia se chamar currículo, tinha sido muito mais simples e foi tomando a forma mencionada por volta do século XII, para, depois, ser enriquecido pela astronomia de Ptolomeu, pelos trabalhos de Euclides e pela lógica aristotélica, a qual recebeu grande ênfase na Idade Média. A Lógica tornou-se um hábito também em leis e medicina, tanto quanto o era em Filosofia ou Teologia[22].

O *trivium* pretendia o domínio do latim, a fim de permitir ao estudante de nível superior, principalmente, o estudo da obra de Aristóteles, bem como de Física, Filosofia natural, Ética, Filosofia moral e Metafísica, Filosofia mental[23]. Vários tratados em ciências naturais, até 1254, foram proibidos aos estudantes por razões religiosas, inclusive na Universidade de Paris[24]. A intenção de levar o estudante a pensar era traduzida pela ênfase à presença da Teologia no currículo, como o advento da Contrarreforma[25].

Essa estrutura curricular sofreu, na Europa, influências renascentistas, bem como reformistas, e as primeiras instituições de ensino superior

---

20   Werner Jaeger, *Paideia, a formação do homem grego*. Trad. Artur M. Parreira (São Paulo: Martins Fontes, 1989), pp. 254-255.

21   Werner Jaeger, *Paideia, a formação do homem grego*, pp. 254-255.

22   Werner Jaeger, *Paideia, a formação do homem grego*, pp. 29-31.

23   Frederick Rudolph, *Curriculum*, p. 30.

24   Charles Homer Haskins, *The rise of universities* (New York: Cornell University Press, 1957), pp. 31-33.

25   Charles Homer Haskins, *The rise of universities*, p. 34

norte-americanas revelaram essas influências. Esse fato decorreu principalmente da imigração de puritanos para a Nova Inglaterra, dos quais pelo menos 130 tinham formação universitária, anteriormente a 1646[26].

A sólida postura religiosa dos colonizadores ingleses e sua condição de ascendência sobre os menos cultos, aliadas ao desejo de prosperar economicamente, foram fatores que influenciaram fortemente a educação formal e informal das primeiras gerações de norte-americanos. Esses dois aspectos, aliás, por terem interagido entre si em uma relação reciprocamente reforçadora, geraram um contexto socioeducacional, em alguns aspectos, homogêneo. Entretanto, é preciso alertar para o fato de que não foram somente os ingleses os primeiros colonizadores dos EUA. Vários países europeus fizeram suas incursões na América do Norte e alguns se estabeleceram ali por períodos significativos[27].

Movidas por objetivos religiosos e progressistas, as faculdades, sob várias denominações, começaram a multiplicar-se por meio da colônia e oito foram fundadas antes da Guerra Revolucionária[28].

Entre as diversas denominações religiosas, os *quakers* foram uma exceção, pelo fato de não terem ministros religiosos especificamente formados para suas atribuições e, consequentemente, não demonstrando interesse em criar suas próprias faculdades. A interpretação da palavra escrita feita por cada pessoa era válida. Assim, diferiam muito dos católicos e dos puritanos. Partiam do princípio de que cada pessoa tinha uma

---

26   Frederick Rudolph, *Curriculum*, pp. 30-31.

27   Sugestão de leitura sobre o tema: Justin Winsor (ed.), *French explorations and settlements in North America and those of the Portuguese, Dutch and Swedes, 1500-1700* (Boston: Houghton Mifflin, 1884).

28   Luta armada que precedeu a "American Revolution" e que visou à independência dos Estados Unidos. O confronto armado entre os colonos e as forças da Coroa Inglesa foi chamado de "Revolutionary War". Quando os ingleses foram expulsos, criaram-se câmaras em cada província. A American Revolution, por sua vez, transcorreu no período entre 1775 e 1783, logo prosseguiu após a Declaração da Independência, em 1776, a fim de solidificar a conquista.

luz interior que deveria ser buscada. Cada pessoa estaria apta a atingir a perfeição sob as bênçãos divinas: daí, serem chamados de professores da luz ou amigos. Os *quakers* foram considerados, por um lado, o grupo mais liberal dos praticantes religiosos na América, provavelmente sendo, por essa razão, de outro lado, alvo de acusações também – por exemplo: ensinariam a adorar o demônio no lugar de Deus. Segundo alguns, foi o mesmo erro que levou teólogos a considerarem necessariamente materialistas aqueles que aceitassem a teoria darwiniana[29].

Na profusão de denominações religiosas convivendo, há episódios com o envolvimento de *quakers*. O complexo cenário da época pode ajudar a esclarecer o tema religião no período e também algumas peculiaridades sobre os *quakers*.

Há 3 séculos e meio, mais precisamente em 1657, já havia na colônia norte-americana uma reação em prol do que se chamou "liberdade de consciência", isto é, tolerância à prática de diferentes crenças. Os holandeses eram os mais liberais nesse sentido, negociavam na Companhia das Índias Ocidentais e apoiavam os demais colonos sobre a questão de liberdade religiosa, estabelecendo, em 1576, que ninguém seria investigado ou punido por razões religiosas. Seu núcleo colonial já era multicultural, pois mais de 16 idiomas eram ali falados. Acolheram judeus e apoiaram o movimento contra a rigidez *quaker*, que puniu severamente um de seus sacerdotes, libertado pelo prefeito local sob a alegação de que alguém somente seria julgado se todos o fossem e que somente Deus pode julgar enquanto a ninguém é dado julgá-lo[30].

Os puritanos revelaram certa hostilidade à College of William and Mary, que foi criada em território considerado por eles sob seu controle político, em razão da relação com a coroa inglesa. Aquela faculdade apresentou-se, à época, como algo peculiar, por não ter sido criada por

---

29   Disponível em: http://www.megaessays.com/viewpaper/29859.html. Acesso em: 8 fev. 2015.

30   Kenneth T. Jackson, professor de história em Columbia e editor-chefe da Enciclopédia da cidade de Nova York. Contribuição aberta do editor aos 27 de dezembro de 2007. Disponível em: http://www.megaessays.com/viewpaper/29859.html. Acesso em: 8 fev. 2015.

uma instituição religiosa, de acordo com o disposto em sua Carta de Fundação[31]. Tal situação, porém, não perdurou por muito tempo, pois a faculdade passou às mãos dos anglicanos, não fugindo à regra de que as faculdades mantidas por denominações religiosas sobreviveram no período que antecedeu a Guerra Revolucionária[32]. Além disso, vale observar o comentário de Brubacher e Rudy se a falta de planejamento fracionando as organizações em inúmeras faculdades não estaria privando-as de serem universidades, como é o caso de 16 unidades de Yale antes da Guerra Civil, bem como de mais 123 faculdades sulistas que levaram a disputas. Entretanto, a preocupação era vencer distâncias para estudantes, o que só melhorou com a chegada das ferrovias, daí a opção de ser a solução local[33].

Diante desses fatos, é fácil compreender o impacto dos posicionamentos religiosos na formulação das proposições para a educação superior na América Colonial. Na verdade, naquela época, os grupos religiosos constituíam uma elite preparada a desempenhar tal papel na sociedade, uma vez que a classe intelectualizada, tanto em termos de professores quanto de alunos, era composta por religiosos em sua expressiva maioria.

Dessa forma, a Antiguidade Clássica esteve viva na educação superior norte-americana. Um currículo rigidamente preestabelecido, levando ao grau de bacharel, era a única chance. Essa única opção de grau desenvolvia-se em quatro anos de curso e a primeira legislação a tornar claro tal requisito foi a elaborada por Harvard, a partir de 1642[34]. Línguas e Literatura Clássica, Hebraico, Ética, Política, Física e Matemática, Botânica e Teologia eram oferecidos como um conhecido e estático conjunto de conhecimentos, a única e absoluta verdade.

Na literatura sobre o tema, é recorrente, entre diversos autores, o entendimento de que o currículo, até aquela época, nunca havia sido sub-

---

[31] John S. Brubacher e Willis Rudy, *Higher education in transition*, p. 4.

[32] John S. Brubacher e Willis Rudy, *Higher education in transition*, pp. 59-60. Vide "Guerra Revolucionária".

[33] John S. Brubacher e Willis Rudy, *Higher education in transition*, p. 60.

[34] John S. Brubacher e Willis Rudy, *Higher education in transition*, p. 20.

metido a questionamento, análise ou crítica. Era algo aceito como "sagrado", a ser inculcado pelo professor e absorvido pelo estudante.

O processo de aprendizagem era, até então, muito simples, rígido, elementar mesmo. Palavras como "inculcar" e "absorver" seriam suficientemente profundas para descrever o processo como um todo. A comprovação do aprendizado era feita por meio da recitação pelos alunos.

Logo, eram muito semelhantes os perfis dos professores das universidades medievais europeias e os das primeiras faculdades norte-americanas. Em ambos os contextos, liberdade ou não para "ensinar a verdade" dependia, exatamente, do que se tomava pela verdade: se entendida como algo a ser pesquisado, discutido, interpretado, não teria vez; se, porém, a verdade fosse concebida como algo conhecido e formulado pela autoridade, pronto a ser transmitido, a liberdade intelectual dos professores seria real[35].

À medida que o leitor percorrer as páginas correspondentes ao período colonial, irá perceber que o conceito de liberdade era estreitamente associado à autodisciplina, dentro de rigorosos princípios morais das Denominações. Esses princípios eram, em geral, comuns às diversas Denominações. As variações ocorriam muito mais em relação à ênfase dada a cada princípio do que propriamente quanto aos princípios em si.

Antes de passar ao tópico seguinte, vale ilustrar o peso da responsabilidade na elaboração de um currículo com a citação de um dos mais importantes estudiosos da postura envolvida e suas implicações na sociedade. Diz Brubacher que, para o avanço das decisões morais na construção do conhecimento, depende do estabelecido no currículo para os cursos alternativos em termos de ação e da clarificação de suas consequências[36].

O impacto das Denominações Religiosas sobre a Educação e sobre a Organização Social e Política da Colônia

À medida que as denominações protestantes foram cobrindo o território norte-americano com novas faculdades, os colonos desenvolveram o espí-

---

35   Charles Homer Haskins, *The rise of universities* (New York: Cornell University Press, 1957), p. 51.

36   John S. Brubacher, *On the philosophy of higher education* (London: Jossey-Bass, 1978).

rito de convivência pacífica entre os diversos posicionamentos religiosos, para o benefício de mais de 700 novas comunidades em desenvolvimento. Antagonismos, sem dúvida, comprometeriam o progresso e a prosperidade dessas comunidades e isso nenhuma denominação permitiria ocorrer[37]. Todas as denominações religiosas envolveram-se tenazmente na estruturação de comunidades, em um desejo inabalável de progresso e bem-estar. Alguma diferença, porém, pode ser colocada em relação a maior ou menor ênfase dada a aspectos doutrinário/religiosos, em comparação às preocupações políticas e econômicas. Quanto à ênfase ao último aspecto, os puritanos representaram um exemplo evidente.

Em primeiro lugar, eles próprios publicaram, em 1648, "Uma Plataforma da Disciplina da Igreja", que se tornou conhecida como "A Plataforma de Cambridge". Seus documentos fundamentais não eram credos, mas programas para a ação. Assim, os congregacionalistas anteciparam-se no seu tempo em, pelo menos, 200 anos, quando somente então surgiria o primeiro partido político norte-americano a colocar a sua plataforma própria. As congregações da Nova Inglaterra chamavam as suas igrejas de "casa de reunião", o que, para os puritanos, seria coerente com o objetivo de congregar os cristãos que buscavam uma melhor forma de vida. Eles enfatizavam as diferenças e peculiaridades da problemática de cada uma de suas comunidades e, por isso mesmo, o tamanho de cada congregação seria também decidido na prática. Nem muitos nem tão poucos cristãos deveriam formar congregações, mas tantos quantos necessários para um bom inter-relacionamento na solução de seus próprios problemas.

Lá, ministros eram, antes de tudo, líderes apontados pela comunidade. Esse posicionamento também apresentava-se bastante coerente com a maneira como utilizavam a Bíblia, cujo principal papel não era normativo ou dogmático, mas exemplificativo. Muitas narrações de fatos e personalidades da Bíblia serviam-lhes de exemplos para a interpretação de sua própria realidade[38]. Enquanto se condenava comumente o amor

---

37 John S. Brubacher e Willis Rudy, *Higher education in transition*, pp. 59-60.

38 Daniel J. Boorstin, The Americans. *The colonial experience. Presidente da Biblioteca do Congresso em Washington*, D.C. (New York: Random House, 1965), pp. 16-18.

pela riqueza, os puritanos o faziam enfatizando a importância da virtude na atividade econômica. Conforme a tradução de Gênesis 2 para o inglês por Tyndale, Clive Day apresenta uma frase que exemplifica essa posição: *And the Lord was with Joseph, and he was a lucky fellow*[39] ("E o Senhor estava com José e ele era um companheiro de sorte").

Danile Boorstin, por exemplo, é da opinião de que os puritanos, pelo fato de desenvolverem um posicionamento ortodoxo não dogmático, prepararam a sociedade norte-americana para uma futura legislação costumeira, com esquema de confederação e planos de governo assentados em plataformas partidárias[40].

A sociedade acostumou-se a relacionar o atingimento da prosperidade econômica com a capacidade de trabalho, a retidão de caráter e a lisura nas ações. Esses seriam, pois, os requisitos ao merecimento das bênçãos do Senhor sobre as atividades rotineiras e "mundanas" de cada cidadão.

Conforme mencionado, a contribuição das muitas ramificações reformistas revelou-se na preocupação comum com a formação moral do povo norte-americano desde os primeiros anos da experiência colonial.

Posicionamentos diante do trabalho, da riqueza e do poder surgiram de todas as denominações.

Tanto os puritanos quanto os calvinistas pregavam o trabalho e a renda. O ascetismo medieval não se constituía em um valor a ser abraçado na América, como fora na Europa Católica.

Para os calvinistas, atividades nos negócios mundanos eram necessárias e deveriam ser executadas com eficiência. Em Londres, em 1673, os puritanos pregavam que Deus mantinha as pessoas com habilidades para que elas agissem, enquanto viam no trabalho a moral e o fim natural do poder.

Nessa posição, porém, não deveria haver lugar para ambição social, e sim para uma melhor forma de louvar e servir a Deus, entre os metodis-

---

39   Clive Day, *Economic development in Europe* (New York: The Macmillan Company, 1948), p. 83.

40   Daniel J. Boorstin, *The Americans. The colonial experience*, vide "New England Way", Cap. 3.

tas. Em 1700, John Wesley, o fundador da igreja Metodista, já pregava na Inglaterra: "Ganhe tudo o que puder. Economize tudo o que puder: doe tudo o que puder"[41].

A multiplicação de faculdades não teria sido tão importante se essas instituições não estivessem, até hoje, entre as mais prestigiadas e respeitadas do país. Enquanto Harvard, Yale e Princeton foram criadas por calvinistas, William and Mary e Kings College surgiram do trabalho dos anglicanos[42]. Como esses significativos exemplos, muitos outros serão comentados a seguir.

Durante todo o desenvolvimento da história norte-americana, as instituições de ensino superior mantiveram-se em constante envolvimento com a realidade social de cada período, atuando direta ou indiretamente nesse contexto, recebendo impacto da vida social, em uma íntima interação. Dessa forma, elas sempre procuraram se acomodar às exigências da sociedade, independentemente de a origem de tais necessidades ser religiosa, política ou social, embora a motivação primordial, à época, fosse religiosa.

Esse é um tema abordado de forma ampla e bem estruturada por Patricia Bonomi[43], e pela consistência do livro de Jon Butler[44], que também merece uma leitura cuidadosa e cujas narrativas e conclusões são ricas para os interessados no contexto dessa época.

Um fato que poderia ilustrar o estreito inter-relacionamento entre a sociedade e o posicionamento das faculdades religiosas seria ao emprego de testes de seleção sobre religião[45]. Comparando as instituições norte-americanas às europeias, verifica-se uma diferença gritante entre os dois contextos.

---

41   Clive Day, *Economic development in Europe*, pp. 84-85.

42   Frederick Rudolph, *Curriculum*, p. 26.

43   Patricia U. Bonomi, *Under the cope of heaven*: religion, society, and politics in Colonial America (New York: Oxford University Press, 1988).

44   Jon Butler, *Religion in Colonial America* (New York: Oxford University Press, 2000).

45   John S. Brubacher e Willis Rudy, *Higher education in transition*, pp. 11-12.

Até a metade do século XVIII, o emprego de testes sobre conhecimentos religiosos constituiu-se em pré-requisito para o ingresso nas instituições de ensino superior na Inglaterra. Na América, porém, eles nunca gozaram do mesmo prestígio. Essa realidade foi uma consequência natural do isolamento de cada comunidade religiosa. O fato de estarem distribuídas na grande extensão territorial norte-americana contribuiu para fortalecer a homogeneidade interna de cada uma.

Assim, enquanto Oxford e Cambridge adotavam testes doutrinários específicos, a fim de selecionar seus candidatos, Harvard e Yale não sentiam necessidade de seguir tais procedimentos, simplesmente porque ambas as instituições eram fortemente apoiadas por comunidades essencialmente puritanas, logo em ambiente homogêneo[46].

Além disso, é claro, havia o afrouxamento na rigidez de procedimentos seletivos comparativamente à postura britânica em relação à seleção de candidatos. Ainda, a competição gerada entre as faculdades sob denominações diversas, na América do Norte – todas dispostas a crescer e prosperar –, permitiu que, muito cedo, tanto *quakers* quanto judeus também frequentassem as faculdades norte-americanas de várias denominações[47].

Conforme já explicado, os *quakers* não se envolveram com a criação dos *colleges*, mas consideraram importante a frequência a eles.

Retomando, em relação aos *quakers*, o ponto sobre as denominações religiosas mais voltadas aos credos ou ao progresso de suas comunidades, a história norte-americana revela uma clara diferença de postura entre puritanos e *quakers*. Esta última denominação também era conhecida como Sociedade de Amigos, *Society of Friends*. Enquanto os primeiros estavam mais preocupados com sua organização humana, suas lideranças, a integração e o bem-estar de suas comunidades, os segundos viviam intensamente envolvidos por princípios como autopurificação e aperfeiçoamento espiritual[48]. Mandamentos como "não matar" os tornaram re-

---

46   John S. Brubacher e Willis Rudy, *Higher education in transition*, p. 8.

47   John S. Brubacher e Willis Rudy, *Higher education in transition*, p. 9.

48   Daniel J. Boorstin, *The Americans. The colonial experience*, p. 63.

fratários à pena de morte, a qual em Pensilvânia, onde representavam um núcleo populacional significativo, ficou restrita a alguns raros crimes[49]. O pacifismo foi, consequentemente, uma característica *quaker*[50]. Por esse motivo, seus oponentes ingleses muitas vezes os acusaram de ser "perigosos anarquistas"[51]. Os *quakers* prefeririam perder a liberdade a envolver-se em guerras, mesmo contra índios, cujos ataques eram frequentes. Para um *quaker*, o importante era "manter-se sem mácula"[52]. Por isso, para os mais convictos *quakers*, como Israel Pemberton, até mesmo contribuir para a manutenção das milícias[53] voluntárias, cujos oficiais seriam eleitos de acordo com a proposta do partido de Benjamim Franklin – que era *quaker* –, seria ato pecaminoso[54].

As consequências dessa característica, aliadas à sua obstinação pela retidão de caráter, o que os obrigaria a dizer sempre a verdade, agindo com extremo escrúpulo, levaram os ingleses a questionar as habilidades políticas e viabilidades administrativas dos *quakers*. As palavras do próprio William Penn – que deu origem ao nome do atual estado da Pensilvânia –, justificando o posicionamento *quaker* contra a prática do juramento em nome de Deus ao, por exemplo, testemunhar, poderão revelar o impacto de tal comportamento diante daquela legislação e de atos legais decorrentes: "aquele que não está conscientizado em relação a uma lei que proíbe mentir", questionava ele, "estará conscientizado em termos de não cometer perjúrio?"[55].

---

49   Daniel J. Boorstin, *The Americans. The colonial experience*, p. 47.

50   Daniel J. Boorstin, *The Americans. The colonial experience*, p. 50.

51   Daniel J. Boorstin, The *The Americans. The colonial experience*, p. 47.

52   As milícias constituíam uma Força Pública encarregada de manter a ordem.

53   Daniel J. Boorstin, *The Americans. The colonial experience*, "as milícias contariam com 10.000 homens", p. 53.

54   Daniel J. Boorstin, *The Americans. The colonial experience*, p. 59.

55   Daniel J. Boorstin, *The Americans. The colonial experience*, p. 47.

Sob essa argumentação, os *quakers* não admitiram que nenhum deles precisasse agir sob juramento, pois interpretavam que tal procedimento levaria a concluir-se que, se um deles não jurasse, seria um mentiroso, fato que jamais seria concebido por um *quaker*. O valor de "solenemente prometer", desde 1682, "a dizer a verdade, toda a verdade, nada mais que a verdade"[56] foi instituído pelos *quakers*, e isso lhes bastava. Tal comportamento provocou muitos problemas, embora alternativas criativas para conciliar o posicionamento religioso com as necessidades políticas tivessem sido tentadas.

Esse ponto específico da oposição ao juramento não somente trouxe aos *quakers* conflitos de consciência, como conflitos políticos, em virtude da falta de fundamentação legal para tal comportamento. Enquanto Penn discutia que a liberação do juramento havia sido legada à comunidade *quaker* na América, as autoridades inglesas contra-argumentavam que, uma vez sendo o juramento, em alguns casos, previsto legalmente como pré-requisito para, por exemplo, exercer a função de jurado, nenhuma colônia teria o direito de modificar tal exigência[57].

O desenvolvimento da história política dos *quakers* na América do Norte chegou ao desfecho narrado em um resumo do Dr. John Fothergil, membro do London Yearly Meeting à época, como resultado da opinião de norte-americanos não *quakers* e de ingleses sobre o caso *quaker*:

O ponto substancial é que vocês não são talhados para o governo. Vocês aceitam a confiança pública da qual vocês – mesmo sabendo que não podem descartar-se, pois devem proteção ao povo – devolvem a ele a obrigação de autoproteger-se. Todo sangue que vem sendo derramado não estará diante de vossas portas?... e, nós ingleses, ficamos silenciosos, enquanto observamos a província prestes a render-se ao inimigo impiedoso, sem ao menos tentarmos a sua salvação[58].

56   Daniel J. Boorstin, *The Americans. The colonial experience*, p. 47.

57   Daniel J. Boorstin, *The Americans. The colonial experience*, p. 46.

58   Daniel J. Boorstin, *The Americans. The colonial experience*, p. 46.

Entretanto, é importante perceber que, até 1756, quando eles abdicaram do poder na Pensilvânia, e especialmente por volta de 1727, a prosperidade das comunidades *quakers* era evidente[59].

Entre os próprios *quakers*, o questionamento em termos de até que ponto seria prudente misturar governo com religião existiu tão claramente quanto ficaram evidentes os grupos de tendências extremistas ou democráticas entre eles. Desde cedo, o grande grupo compreendeu que "havia uma enorme distância entre a realidade de se viver sob os princípios *quakers* e as consequências de se legislar sobre eles"[60].

Talvez, os leitores tomem como uma incoerência o fato de, ao se pretender estabelecer vínculo entre as instituições de ensino superior nos Estados Unidos e as denominações religiosas responsáveis pela origem e desenvolvimento da maioria delas, abordar, também, os *quakers*, que não se empenharam na criação de faculdades. Mas o trabalho pretende justamente articular os diversos atores responsáveis por diferentes caminhos e tendências que embasaram o ensino superior. Assim, apesar de Benjamin Franklin ter sido um ilustre *amigo quaker*[61], seu posicionamento em educação foi tão avançado para sua época que poderia defender, por exemplo, a formação de tecnólogos[62], hoje, à comunidade *quaker* como um todo, além de contribuir com estudantes em outras comunidades coloniais. Percebe-se que, quanto menos eles conseguiam atuar politicamente, mais se dedicavam à sua própria formação. Por essa razão, parece necessário apresentar alguns fatos sobre os quais seja possível refletir quanto ao grau de influência de seus valores e comportamentos sobre a formação da população jovem na América.

---

59 Daniel J. Boorstin, *The Americans. The colonial experience*, p. 43.

60 Daniel J. Boorstin, *The Americans. The colonial experience*, p. 43.

61 *Friend* (amigo) era o tratamento que os *quakers* usavam entre os fiéis de sua denominação religiosa.

62 Valderez F. Fraga, *The Community Junior College Curriculum Adequacy* (Paper. Spring. The George Washington University, Washington, D.C., 1981).

Os Valores e o seu exercício: Atitudes e "Virtudes"
Os elevados objetivos de autodesenvolvimento do próprio Benjamin Franklin revelam a severidade dos padrões de autodisciplina almejados. Ele se considerava incorrigível em relação a algumas de suas proposições, em direção ao autodesenvolvimento. Compreendia que havia colocado propósitos bastante ambiciosos diante das limitações que considerava ter[63]. B. Franklin preparou uma lista de atitudes e valores que desejava perseguir e desenvolver. Organizou um caderno de controle no qual lançava o próprio acompanhamento[64] ao seu comportamento, segundo os princípios que propusera.

Da lista de "virtudes" de Franklin, constavam: sobriedade, ordem, resolução, frugalidade, trabalho, sinceridade, justiça, moderação, limpeza, tranquilidade, castidade[65]. Além dessas, ele preocupou-se com mais uma, a humildade. Impressionou-o o comentário de um "amigo" *friend*, como eram chamados os *quakers*, que o considerou orgulhoso ao falar, "até insolente, algumas vezes", o que ele, imediatamente, propôs-se a corrigir[66].

Em paralelo, vale observar as orientações formuladas por B. Franklin e selecionadas por Max Weber[67], que considera incluídas no chamado espírito do capitalismo, resumidas a seguir:

---

63   Benjamin Franklin, *The autobiography of Benjamin Franklin and selections from his other writings* (New York: The Modern Library, Random House, 1944, 1950), pp. 94-96, 101, 103-104; Daniel J. Boorstin, *The Americans. The colonial experience*, Livro I, Parte 2, pp. 43-48, caps. 7 e 11.

64   Benjamin Franklin, *The autobiography of Benjamin Franklin and selections from his other writings*, p. 96.

65   Benjamin Franklin, *The autobiography of Benjamin Franklin and selections from his other writings*, pp. 94-95.

66   Benjamin Franklin, *The autobiography of Benjamin Franklin and selections from his other writings*, pp. 103-104.

67   Max Weber, *A ética protestante e o espírito do capitalismo*, Trad. M. Irene de Q. F. Szmrecsanyi (São Paulo: Pioneira Thomson Learning, 2. ed., 1998).

1   Lembre-se de que tempo é dinheiro.
2   Dinheiro é de natureza prolífera e procriativa.
3   Lembre-se de que o bom pagador é dono da bolsa alheia. O que paga em dia pode contar com seus amigos.
4   As mais insignificantes ações que afetem o crédito de um homem, por exemplo, o ruído de seu martelo ou da mesa de bilhar, terão efeitos opostos sobre o seu crédito.
5   Mantenha controle não somente sobre as grandes despesas, as pequenas podem ser tão importantes quanto.
6   Aquele que gasta inutilmente uma moeda de prata (para os ingleses, a antiga moeda, o *groat*, à época valendo 4 *pence*) por dia desperdiça o relativo a cem libras por ano.
7   Aquele que desperdiça um *groat* de seu tempo por dia, rotineiramente, desperdiça o privilégio de gastar cem libras por dia.
8   Quem perde cinco *shillings* não perde somente esse valor, mas tudo o que poderia obter investindo[68].

Weber não ignora as sátiras a respeito desta e de outras leituras sobre a relação trabalho-dinheiro-religião-personalidades como a de Franklin e não nega que, nesses termos, a ideia do espírito capitalista está presente, mas reconhece que reduzir a interpretação das ações e Franklin e a análise da cultura norte-americana a essa superficialidade seria um grande erro. Mostra que as orientações de Franklin não são apenas uma crítica à "tolice" de não administrar bem, mas um alerta sobre "esquecer o dever", sobre uma maneira própria de viver, e não apenas a respeito do bom senso comercial. A análise desses detalhes revela essa questão em sua complexidade, o que evita surpresas diante de interpretações baseadas em reflexões insuficientes para as afirmações que fazem[69].

---

68   Max Weber, *A ética protestante e o espírito do capitalismo*, pp. 26-27.

69   O próprio Weber sugere a leitura da obra que considera satírica, da autoria de Ferdinand de Kürnberger, *Retrato da cultura americana*, cujo original é intitulado *Amerikanich Kunturbilde*.

Weber exemplifica a diferença entre transformar a vida em ganhar dinheiro pelo ganho em si, sem nenhuma preocupação com o outro, social ou eticamente – apresentando a reação de um comerciante que não queria se aposentar simplesmente para continuar ganhando dinheiro enquanto vivesse –, e a posição de Franklin. No caso do comerciante, observa apenas um interesse individual, neutro; porém, no caso de Franklin, encontra uma "máxima" de caráter ético orientador de sua vida. Justamente na preocupação por esse *ethos*, encontrado nessa discussão, é que se situa o motivo que norteou a investigação weberiana, segundo próprio autor, no sentido de estudar a questão do protestantismo e do espírito capitalista, para não simplificar a questão, o que poderia redundar em equívoco[70].

Nesse ponto, reporta a Michel Foucault, com base no consistente estudo de Souza[71], quando aborda a Grécia antiga, para discutir justamente a questão da honestidade, das "virtudes" em geral, de sua relação com o prestígio das pessoas e da decorrente possibilidade do poder político. Aquele livro mostra que essas qualidades tão apreciadas, essas "virtudes", somente reapareceram relacionadas com um dever religioso no cristianismo.

Assim, autopurificação, retidão de caráter, perfeccionismo, pacifismo *quaker*[72] – peculiaridades reforçadas pelo isolamento das comunidades e o espírito de grupo entre seus membros, mesmo em relação aos seus irmãos europeus –, autodisciplina rígida e aversão ao dogmatismo são, sem dúvida, valores que não podem ser omitidos na história da Pensilvânia e, consequentemente, de uma boa parcela do povo norte-americano[73], o que reapareceu em movimentos pacifistas modernos, em vários momentos da história daquele povo. A sua posição contrária à pena capital gerou sérias dificuldades quanto à sua participação em cargos públicos. Entretanto, as contribuições dos *quakers* às causas sociais eram de grande peso. Durante o século XVIII, eles se dedicaram crescentemente à causa da extinção

---

70   Max Weber, *A ética protestante e o espírito do capitalismo*, p. 27.

71   Suzana Coelho de Souza. *A ética de Michel Foucault*: verdade, o sujeito, a experiência (Belém: Editora Cejup, 2000).

72   Daniel J. Boorstin, *The Americans. The colonial experience*, Livro I, Parte 2, caps. 8 7 e 78.

73   Daniel J. Boorstin, *The Americans. The colonial experience*, cap. 11.

da escravidão, do tráfico de escravos, da construção de hospitais, de humanizar as prisões e favelas insalubres. Assim, é realmente difícil avaliar o que se chamou de inaptidão para a vida pública, quando, na realidade, contribuíram muito para o desenvolvimento do "Novo Mundo"[74].

As instituições de ensino superior começaram a tomar forma e personalidade próprias com o desenvolvimento e a multiplicação dos *colleges*.

Além dos elementos físicos essenciais e da criação de instituições de ensino superior tanto na Europa quanto na América, começou a nascer, em paralelo, uma terminologia própria da educação. Esses elementos, somados a aspectos estruturais do curso, como o currículo pretendido pelas denominações religiosas, foram delineando claramente as características e as funções dos *colleges*.

O termo *calling*, "vocação", por exemplo, inicialmente utilizado apenas com conotação religiosa, começou a ser empregado em educação, diante de novas condições e oportunidades para a atividade humana. Justamente o aspecto oportunidade, para desenvolver potencialidades diante de opções, foi a principal diferença entre as condições de atividades e trabalho na Europa e na América.

Uma pausa para o termo calling

A significância da expressão *calling*, para que se consiga uma leitura mais aproximada da cultura norte-americana, justifica esta inserção no texto sobre o termo, ainda que breve.

A ideia de *calling* (vocação) e do seu correspondente em alemão *Beruf*, segundo Max Weber, apresentava uma conotação religiosa, isto é, uma tarefa ordenada ou, pelo menos, sugerida por Deus. Weber enfatiza que o uso do termo atualmente empregado mais para designar um plano de vida ou uma profissão apareceu anteriormente entre os povos eminentemente protestantes. Na Bíblia, a palavra foi inserida com a tradução feita por Lutero, mas não se deve esquecer de que não era totalmente desconhecida na Idade Média, conotando certa valorização do trabalho, e também na antiguidade helenística, ainda que, em ambos os casos, tenha emergido

---

[74] Daniel J. Boorstin, *The Americans. The colonial experience*, pp. 62-63.

muito raramente. A valorização do trabalho como dever teve início com o protestantismo, daí a conotação religiosa do termo surgir mais fortemente, a ponto de vocação aparecer como um dogma de todos os ramos do protestantismo. O cumprimento das tarefas cotidianas, impostas pela situação das pessoas no mundo, passou a ser mais importante do que uma superação da moralidade secular pela "ascese monástica"[75].

A ideia de que o cumprimento dos deveres seculares seria o que satisfaria a Deus tornou-se fundamental na vida dos seguidores das denominações protestantes em geral. Em contraste, o trabalho secular, para o catolicismo, conforme apresentado por Tomás de Aquino, seria bem visto por Deus, mas, em termos éticos, era considerado uma ação neutra.

Nesse ponto, começa a emergir alguma discussão sobre o capitalismo – é quando o livro de R. H. Tawney[76] pode contribuir para a discussão do tema.

Max Weber argumenta ser um erro confundir protestantismo com espírito do capitalismo, da mesma forma que seria simplista acreditar em uma homogeneidade na concepção protestante de vocação; ao contrário, ele considera que vocação foi assumindo os mais diversos significados à medida que o protestantismo foi se redividindo. O foco do movimento reformista sobre a questão do trabalho, todavia, contrastou com o catolicismo porque "após a Reforma, aumentaram a ênfase moral e o prêmio religioso para o trabalho secular e profissional"[77].

Também é importante ressaltar que, mesmo com a profundidade dos estudos de Max Weber apontando para o caráter religioso do interesse pelo trabalho no protestantismo, é difícil concluir que o rumo enfático das atividades sociais em direção ao valor **trabalho** não tenha contribuído substancialmente para a opção capitalista.

---

75   Max Weber, *A ética protestante e o espírito do capitalismo*, Trad. Irene Szmrecsanyi (São Paulo: Thomson Learning, 2001), p. 42.

76   R. H. Tawney, *Religion and rise capitalism* (New Brunswick, NJ: Hard Court Brace Co., 1998).

77   R. H. Tawney, *Religion and rise capitalism*, p. 45.

O estudo weberiano é profundo, revelando a complexidade do tema que o termo *calling* suscita. Se, por um lado, Max Weber procura afastar o leitor do equívoco de considerar o chamado espírito do capitalismo como produto da reforma protestante, incluindo personalidades como George Fox[78] e Wesley, de outro, procura investigar a quais aspectos concretos da cultura capitalista essa reforma poderia estar relacionada. Weber insiste que os nomes citados para exemplificar denominações e seus líderes religiosos não teriam tido a intenção de "fundar sociedades para uma cultura ética", tampouco teriam sido movidos por ideais humanitários ou culturais, mas orientados para a salvação da alma[79].

Todavia, intencionalmente ou como mera consequência não esperada, os impactos são difíceis de negar.

Contudo, é igualmente importante ressaltar a posição de Daniel Boorstin sobre a complexidade do contexto religioso e social das colônias norte-americanas, em especial a Nova Inglaterra – o que reforça a teoria weberiana no mesmo sentido –, no qual o contraste entre puritanos e *quakers* fica mais evidente.

Boorstin apresenta algumas características da postura puritana como possíveis raízes do atual *american way of life*. Um traço cultural destacado pelo autor como comum à época e à atualidade é o interesse pelo prático, expressando-se da seguinte maneira: ontem e hoje, a cultura norte-americana se manifesta muito mais no "interesse pelo que funciona do que pelo que brilha". O autor também apresenta depoimentos de meados de 1600, diante dos quais se observa como as questões religiosas e da vida cotidiana se relacionavam entre os puritanos na Nova

---

[78] George Fox foi um brilhante pregador *quaker*, muito criticado pelos puritanos da Nova Inglaterra em decorrência das diferenças dos protestantes, em geral, quanto à concepção religiosa, resumidas neste livro. Disponível em: http://www.worldspirituality.org/persecution-quakers.html. Acesso em: 4 nov. 2014. Uma sugestão para o leitor que deseje realizar a própria leitura sobre a questão "protestantismo e empreendedorismo" é o livro de Emmet Fox – de grande repercussão no EUA – *The sermon of the mount* (San Francisco: Harper Collins, 1989).

[79] Max Weber, *A ética protestante e o espírito do capitalismo*, p. 49.

Inglaterra. Por exemplo, um deles afirmava: "mudamos de clima, mas não mudamos nossas mentes" e, toda vez que os puritanos se reuniam, proclamavam-se ortodoxos, isso em virtude de sua base teológica, mas sempre voltados à ação, enquanto se diziam professar a mesma doutrina que haviam trazido da Inglaterra[80].

Boorstin compara a posição puritana a um *iceberg*, no qual o que estava submerso era uma densa teologia protestante e o que estavam aparentes eram o estilo de vida e a ideia congregacionalista, segundo a qual era preferível falar em igrejas em vez de igreja, no singular. O argumento que sustentava essa posição era o seguinte: a igreja propriamente cristã é aquela que se adapta às circunstâncias e a grupos definidos de cristãos; além disso, o culto também seria realizado de acordo com as circunstâncias. Por essa razão, o uso da Bíblia era intenso, mas, nela, cada um deveria encontrar seu próprio caminho. Ainda, o que constituiria uma igreja não era predeterminado, mas acordado com a participação de personalidades de destaque, em razão de uma formidável experiência de conversão[81].

Boorstin enfatiza a significância desse *way of life* inclusive para as práticas políticas que construíram a história norte-americana, em sua primorosa leitura crítica do povo norte-americano, na trilogia *The Americans* (1958), recorrentemente citada neste livro.

Os estudos que redundaram na realização deste livro, porém, podem indicar, ainda, algumas importantes manifestações da cultura norte-americana cujos primeiros indícios parecem estar atrelados a ideias e ações puritanas:

- o individualismo manifesto na interpretação da Bíblia em busca da solução própria a cada um, simultaneamente à opção por acordos sob lideranças, um conceito tão caro à cultura norte-americana, tanto na literatura em administração quanto na prática, conforme muitas passagens deste livro revelam;

---

80 Daniel Boorstin, *The Americans. The colonial experience*, p. 16.

81 Daniel Boorstin, *The Americans. The colonial experience*, pp. 15-18.

- os fundamentos protestantes "aclimatados" – apesar de mantidas as fortes raízes teológicas – inspirando soluções singulares, uma peculiaridade que vai se manifestando como um forte cultural bem delineado, sobre o qual recaem muitas críticas públicas que o interpretam como provincianismo e que, na verdade, apareceu mais como um localismo decorrente do isolamento das colônia espalhadas por um vasto território, enfrentando diferenças consideráveis em termos de região, circunstâncias e cultura local;
- no lugar de registros escritos, a preferência pela palavra e pela prática, dando origem à tendência a menos legislação e a tribunais mais ativos, uma realidade apontada atualmente pelo juiz Weiner e apresentada mais adiante;
- a liberdade para reflexão individual e administração de problemas pessoais cotidianos, a partir de exemplos bíblicos – já que a Bíblia não representava um credo nem uma codificação –, e, em paralelo, a possibilidade de recorrer à congregação de uma das igrejas puritanas;
- um estilo de vida reforçado culturalmente nos EUA: um comportamento dual, isto é, individualismo e comunidade, simultaneamente, até a atualidade. O individualismo costuma acabar, no cotidiano social, quando há problemas comuns a serem resolvidos e que requerem poder de associação para se obter sucesso.

**Contexto europeu e norte-americano na antiga relação Valores-
-Educação-Trabalho**
No Velho Mundo, as oportunidades eram escassas e as pessoas não tinham a mesma liberdade de escolher o que fazer. Na Europa, era tradicionalmente previsto que os jovens se dedicassem às ocupações de suas famílias. Assim, respeitar a vocação de um homem na Europa significava reverenciar sua eficiência em uma ocupação tradicional. Já na América, não havia preestabelecimento para ocupações. O importante era que cada um se preparasse para o imprevisível[82], para os desafios que a nova terra apresentava a cada dia.

---

82 Daniel Boorstin, The Americans. *The colonial experience*, Livro II, Parte 5, cap. 24.

Independentemente da época, a troca de influências entre as comunidades norte-americanas emergentes e as suas instituições de ensino superior foi sempre evidente.

Entre as muitas conclusões que podem ser tiradas de fatos que envolveram a época colonial norte-americana e a formação de seus jovens, mais um ponto que se apresenta bastante claro é, pois, a missão do ensino superior.

O posicionamento das faculdades era claramente estabelecido, mas, quanto aos objetivos e metas a serem atingidos em relação ao que era pretendido, poderia ser questionado, sem dúvida. Tal questionamento, envolvendo o mérito dos posicionamentos e ensinamentos oferecidos, também ocorreu a seu tempo. Em 1703, por exemplo, houve uma crítica mordaz contra a possível futilidade dos ensinamentos até mesmo da respeitada Harvard: "não vale a pena pessoas serem enviadas à Faculdade para aprender a cumprimentar homens e cortejar mulheres, as pessoas precisam ser enviadas para lá com o objetivo de preparar-se para o serviço público". Na verdade, a primeira colocação não representou objetivo de ensino em Harvard, mas pareceu assim aos olhos de alguns estudantes da época[83].

Na América colonial, a constante exposição ao inesperado[84], a grandes desafios e infindáveis oportunidades para o trabalho criativo na solução de problemas, em aliança à escassez de mão de obra, desenvolveu nos colonos protestantes uma visão bastante diferente da dos católicos europeus, em termos de ocupações das pessoas.

Segundo esse raciocínio e com a finalidade de "preservar a pureza e continuar a propagação de sua fé", os calvinistas não conformistas fundaram Harvard, em 1636[85], e sua exclusão de Oxford e Cambridge os incentivaram a não somente criar Harvard, mas a prosseguir, fundando, mais tarde, Yale e Princeton[86].

---

83 Frederick Rudolph, *Curriculum*, p. 27.

84 Daniel Boorstin, *The Americans. The colonial experience*, p. 192.

85 Frederick Rudolph, *Curriculum*, p. 29.

86 Frederick Rudolph, *Curriculum*, pp. 26-27.

Em *The national experience*, Boorstin compara a contribuição cultural da comunidade de Nova Inglaterra à de virginianos como Thomas Jefferson para com a pátria norte-americana[87].

O que os historiadores procuram demonstrar é a eficácia das lideranças religiosas, em paralelo às políticas, nas decisões educacionais. Os fatos revelam a evidência desse impacto na formação do sistema de valores daquela sociedade.

A missão das Denominações Religiosas e o desenvolvimento das Faculdades isoladas

Independentemente de sob que denominação religiosa determinada faculdade era fundada, a expectativa em torno de sua missão era bastante ampla. Além de propagar a fé e cuidar do desenvolvimento do caráter, era esperado das faculdades eficiência na formação de líderes para o desempenho de várias funções, atribuições e papéis na estrutura social e política das comunidades. A diversificação de contribuições dos jovens saídos das faculdades norte-americanas cobria, pois, desde os serviços religiosos até a magistratura, a saúde, a economia, a política, o comércio e, mais tarde, a industrialização. Muito poderia ser narrado e analisado ainda em termos de contribuições para com o ensino superior até a Guerra Revolucionária. Muitas outras denominações religiosas, bem como seus posicionamentos e realizações, poderiam ser mencionadas a respeito das primeiras faculdades da história norte-americana. Por essa razão, e em virtude da limitação deste trabalho, parece necessária, pelo menos, uma complementação sobre a realidade daquelas instituições e o seu impacto na formação do povo norte-americano.

Embora a intenção dos colonos fosse preservar suas tradições e valores, quando se empenhavam no desenvolvimento de instituições de ensino superior, as faculdades dos tempos coloniais na América não representavam mera cópia dos modelos ingleses, apesar de baseados na realidade que haviam vivenciado na Europa. A semelhança assentava-se

---

87 Daniel Boorstin, *The Americans, The national experience* (New York: Random House, 1965), p. 4.

essencialmente no currículo, sobre o qual já falamos. O exemplo de faculdades isoladas fisicamente, onde os alunos residiam, também chegou à América. Essa é uma tradição surgida na Alemanha, que já diferira dos modelos franceses e italianos. Nestes dois últimos países, as universidades situavam-se dentro das cidades.

A ênfase no conhecimento preestabelecido e estático, em vez de fazê-lo por meio de pesquisa, também caracterizou as faculdades norte-americanas. Somente mais tarde a influência do espírito científico surgido na Alemanha[88] atingiu a América do Norte. A partir daí, as faculdades passaram a ter um funcionamento menos rígido e uma postura menos ortodoxa do que suas similares europeias.

Contudo, a atmosfera arejada, livre das perseguições da igreja oficial na Inglaterra[89], possibilitou o desenvolvimento menos tenso de cada denominação. Isso gerou um convívio de competição mais sadio entre os *colleges*, mesmo daqueles fundados pelos anglicanos, como o tradicional William and Mary e os demais sob outras denominações consideradas dissidentes[90] na Inglaterra.

O importante é a constatação de que os pequenos *colleges* prestaram serviços inestimáveis dentro dos objetivos a que se propuseram – a formação do caráter e de liderança –, pois enquanto não precisaram compartilhar espaço, não houve envolvimento com a pesquisa[91].

O número de alunos selecionados, por ano, para cada faculdade, não ultrapassava 40, o que aconteceu desde a fundação das primeiras instituições

---

88   Sobre esse tema, a abordagem de Jurgen Herbst, *The german historical school in Amerce scholarship*: a study in the transference of culture (New York: Cornell University Press, 1965), é esclarecedora.

89   Flávio Q. Linhares, "Educação colonial – síntese comparativa a Brasil e Estados Unidos". *Ciência e Cultura*, v. 35, n. 9, setembro de 1983, pp. 1309-1311. [Tese de Mestrado, UNB]

90   Flávio Q. Linhares, "Educação colonial – síntese comparativa a Brasil e Estados Unidos", pp. 1309-1311.

91   John S. Brubacher e Willis Rudy, *Higher education in transition*, p. 22.

até 1769, quando esse número, em alguns casos, subiu para 100 novos alunos/ano. Por um período de aproximadamente 200 anos, desde os primórdios coloniais, seus bacharéis serviram como juízes, ministros, legisladores, mercantilistas e fundadores de escolas, por todo o território norte-americano[92].

Assim, o papel de formar líderes para as comunidades emergentes foi levado a termo. As tabelas, a seguir, oferecem um panorama mais objetivo dos antigos *colleges*[93].

TABELA 1 Número de faculdades criadas antes da Guerra Civil e que permaneceram nos estados norte-americanos

Estado	Faculdades	Estado	Faculdades
OHIO	17	MICHIGAN	6
PENSILVÂNIA	16	CAROLINA DO NORTE	6
NOVA IORQUE	15	WISCONSIN	6
ILLINOIS	12	MARYLAND	5
INDIANA	9	ALABAMA	4
VIRGÍNIA	9	CALIFÓRNIA	4
MISSOURI	8	MASSACHUSETTS	4
TENNESSEE	8	CONNECTICUT	3
CAROLINA DO SUL	7	LOUISIANA	3
GEÓRGIA	6	NOVA JERSEY	3
IOWA	6	VERMONT	3
KENTUCKY	6	MAINE	2
MINNESOTA	2	MISSISSIPPI	2
OREGON	2	TEXAS	2
DELAWARE	1	KANSAS	1
NOVA HAMPSHIRE	1	RHODE ISLAND	1

(Continua)

92 John S. Brubacher e Willis Rudy, *Higher education in transition*, p. 22.

93 Material estatístico apresentado pelo Professor Richard Frankie. Curso "High Education in America" (The George Washington University, Washington, D.C., U.S.A. Fall semester, 1980).

TABELA 1 (Cont.) Número de faculdades criadas antes da Guerra Civil e que permaneceram nos estados norte-americanos

Estado	Faculdades	Estado	Faculdades
ARKANSAS	0	FLÓRIDA	0
DISTRITO DE COLÚMBIA	2		
Subtotal	127		55
Total		182	

Fonte: Richard, Frankie J. "Higher Education in America." Curso. Departamento de Educação, GWU. Washington, D.C., USA. Primavera; 1980.

TABELA 2 Mortalidade de faculdades fundadas antes da Guerra Civil em 16 estados da União (Estados Unidos)

Estado	Faculdades	Faculdades existentes	Faculdades extintas	Índice de mortalidade (%)
PENSILVÂNIA	31	16	15	48
NOVA IORQUE	36	15	21	58
OHIO	43	17	26	60
VIRGÍNIA	32	10	22	69
CAROLINA DO NORTE	26	7	19	73
MARYLAND	23	5	18	78
ALABAMA	23	4	19	83
TENNESSEE	46	7	39	84
GEÓRGIA	51	7	44	86
LOUISIANA	26	3	23	88
MISSOURI	85	8	77	90
MISSISSIPPI	29	2	27	93
TEXAS	40	2	38	95
KANSAS	20	1	19	95
FLÓRIDA	2	0	2	100
ARKANSAS	3	0	3	100
Total	516	104	412	

Fonte: Richard, Frankie J. "Higher Education in America." Curso. Departamento de Educação, GWU. Washington, D.C., USA. Primavera; 1980.

TABELA 3 Dados estatísticos referentes a 1860 – igrejas e faculdades religiosas nos Estados Unidos

Denominações religiosas	N° de igrejas	Faculdades
Metodista	19.816	34
Batista	12.139	25
Presbiteriana	6.379	49
Católica Romana	2.422	14
Congregacional	2.230	21
Episcopal	2.129	11
Luterana	2.123	6
Discípulos de Cristo	2.066	5
Amigos (*Society of Friends*)	725	2
Alemã Reformada	676	4
Universalistas	664	4
Holandesa Reformada	440	1
Unitária	263	2
Outros grupos	2.653	2
Total	54.725	180

Fonte: Richard, Frankie J. "Higher Education in America." Curso. Departamento de Educação, GWU. Washington, D.C., USA. Primavera; 1980.

TABELA 4 Faculdades existentes nos Estados Unidos nas mesmas denominações: 1955

Batista	28
Batista nacional	4
Batista sulista	29
Congregacional	20
Discípulos de Cristo	15
Luterano (todos os grupos)	30
Hebreu	2
Metodista	77
Metodista (5 denominações)	15
Presbiterianos	40

Fonte: Richard, Frankie J. "Higher Education in America." Curso. Departamento de Educação, GWU. Washington, D.C., USA. Primavera; 1980.

Os dados a seguir, apresentam o elevado índice de mortalidade das faculdades católicas, desde a primeira fundada em 1781 até 1956.

TABELA 5 Evolução temporal das faculdades católicas nos Estados Unidos

N° de faculdades fundadas	Ano	Faculdades existentes - ano 1956
2	1781-1800	1
6	1801-1820	2
15	1821-1840	0
62	1841-1860	21
62	1861-1880	12
55	1881-1900	14
40	1901-1920	8
12	1921-1940	5
16	1941-1960	4
Total: 260		70

Fonte: Richard, Frankie J. "Higher Education in America." Curso. Departamento de Educação, GWU. Washington, D.C., USA. Primavera; 1980.

Quanto às faculdades católicas, é interessante observar que tanto ofereceram oportunidade para a educação superior às mulheres, fundando 116 Women's Colleges (instituições de ensino superior exclusivamente para mulheres) quanto investiram na alternativa das faculdades mistas, em uma época em que era muito rara a existência dessas instituições naquele país.

Há mais alguns dados que podem facilitar a compreensão da proporcionalidade em que se desenvolveram as faculdades protestantes e as católicas nos Estados Unidos, de meados de 1800 a 1900.

De 1860 a 1880, as instituições protestantes somavam 129 *colleges*, enquanto as instituições católicas eram 14, segundo Donald Tewksbury[94].

---

94 Donald Tewksbury, *Founding of colleges and universities before the Civil War* (Teachers College, Columbia University, 1932).

Em 1900, o quadro que Kenneth S. Latourette apresenta em seu livro *The great century, 1800-1914*[95] revela a seguinte distribuição das faculdades norte-americanas:
- 403 protestantes;
- 63 católicas.

Há autores, como Albea Godbold, que procuram esclarecer as diferenças na política e na filosofia entre as faculdades protestantes. Em sua obra *Church colleges of the Old Youth*, editada em 1944 pela Universidade Duke, por exemplo, Albea Godbold explica que, enquanto os metodistas, os batistas e os discípulos de Cristo exercitavam o conceito de "educação para todos", e não apenas para os que desejavam se tornar ministros religiosos, os congregacionalistas e os presbiterianos dedicavam-se com muita energia à formação de religiosos, embora não exclusivamente[96].

É interessante, também, conhecer a posição das faculdades católicas em meados de 1800, a partir de obras como *History of Houston College*, de David R. Dunigan[97], ou de Edward J. Power[98], que tratam de aspectos como a intenção de aceitar somente alunos católicos ou das dificuldades daquelas instituições para obtenção de carta de reconhecimento do Estado. Era considerada perceptível certa reserva em relação a essas organizações, mais por razões religiosas, dificultando o apoio dos governos ao avanço de suas atividades[99].

Ficaria uma lacuna neste início de leitura a respeito da cultura e educação dos primórdios norte-americanos se não se apresentasse pelo

---

95   Kenneth S. Latourette, *The great century*, 1800-1914 (London: Eyre and Spottiswoode, 1941).

96   Detalhes em Kenneth S. Latourette, *The great century*, 1800-1914, pp. 107, 148 e 220.

97   David R. Dunigan, *History of Boston College* (Milwaukee: Bruce Pub, 1962).

98   Edgar J. Power, "Formative years of catholic colleges". *Records of the American Catholic Historical Society*, v. LXV, Dec. 1954.

99   Vale conferir: Edward J. Power, *Education for American democracy* (New York: McGraw-Hill, 1958).

menos uma pista do sentimento inglês sobre a colônia, então, para isso, escolheu-se uma obra que a Universidade de Cornell disponibiliza *online*, denominada *The United States an outline of political history, 1492-1871*[100], por tratar-se de um documento precioso cujo conteúdo situa o leitor em período remoto, com seus fatos, reflexões e sentimentos.

Aliás, a referida universidade dispõe de outras preciosidades, resguardadas em sua biblioteca, comentadas por leitores e pela mídia escrita, como a *Times*, tratando desde a Grécia antiga, as guerras e revoluções na antiga Europa, especialmente Inglaterra, França e Espanha, até, ainda, a conquista do Canadá, além de questões relativas a trabalho, finanças e relações internacionais para leitores, quer educadores, quer sociólogos, economistas ou cientistas políticos e militares, interessados no que a história norte-americana pode fazer ver de sua realidade cultural[101].

---

100 Disponível em: https://archive.org/details/cu31924006203651. Acesso em: 31 jul. 2015.

101 Goldwin Smith, *The United States an outline of political history*, 1492-1871 (D.C.L Copyright, 1893, por Macmillan and Co. Set up and electrotyped August, 1893). Reimpresso em setembro. Disponível em: http://www.archive.org/details/cu31924006203651. Acesso em: 28 mar. 2014.

CAPÍTULO 2

Os Primeiros Indícios de Industrialização e os Impactos sobre o Ensino nos *Colleges* Protestantes e sobre a Sociedade

O advento da Era Industrial norte-americana revolucionou o velho conceito de trabalho conhecido até a metade do século XVII. Paradoxalmente, o surgimento de uma sociedade industrializada reforçou o ideal da educação liberal[1], ao mesmo tempo em que descartou o posicionamento europeu que enfatizava habilidades específicas para o trabalho[2].

Na sociedade europeia, essas habilidades eram transmitidas para as crianças da família como uma herança. Assim, o tipo de atividade de cada família tendia a perpetuar-se, por tradição.

Já entre os norte-americanos, a tradição do trabalho artesanal era muito pouco significativa. Os desafios impostos pela diversificação e

---

1   *Old colleges* é a expressão mais usada para nomear as antigas faculdades do período colonial norte-americano, criadas e administradas pelas denominações religiosas protestantes.

2   Daniel J. Boorstin, *The Americans. The national experience*, p. 130.

imprevisibilidade de problemas que enfrentavam ao desenvolver suas comunidades no Novo Mundo levaram-os a uma evidente flexibilidade diante da necessidade de enfrentar situações novas.

Assim, as reações dos trabalhadores europeus, tradicionalmente habituados a condições de trabalho mais estáveis, tornaram-nos bastante inseguros diante do início do processo da industrialização e do surgimento da máquina.

Boorstin apresenta, em *The national experience*, uma interessante discussão sobre este ponto, quando compara não somente a realidade norte-americana com a inglesa, mas a realidade de subculturas, por exemplo, entre Filadélfia e Nova Inglaterra. Ele comenta que a cidade de Filadélfia ficou famosa por oferecer muitos produtos sofisticados, pois contava com os melhores artesãos da época, como alfaiates, chapeleiros e confeccionadores de calçados[3]. A comunidade da Nova Inglaterra, porém, era composta de navegantes mercantilistas, por isso não contava com o privilégio de mão de obra especializada. Segundo o autor, isso os levou ao empenho em desenvolver a máquina, visando à produção que permitisse qualidade e quantidade que não obteriam pela intervenção direta da mão humana.

Por mais paradoxal que possa parecer, esse contexto haveria de oferecer um lugar ao sol para a emergente educação liberal. A inteligência passou a ser enfatizada durante as primeiras décadas do desenvolvimento industrial; raciocínio, em vez de destreza e alfabetização, e adaptabilidade, no lugar de habilidade manual, eram os requisitos considerados vitais à classe trabalhadora da América. O interesse do empresariado norte-americano pela educação variou muito mais em termos de tipos de formação, no decorrer de sua história, do que quanto à intensidade. As últimas tendências têm evidenciado aumento na intensidade desse interesse. Mudam os motivos, mas permanece o princípio.

---

3   Em sua grande maioria, esses artesãos vieram da Europa, especialmente da Alemanha, no século XVIII; Daniel J. Boorstin, The americans. *The national experience* (New York: Random House, 1985), p. 26.

Trabalho na Europa *versus* trabalho na América do Norte

As cidades da antiga Europa, entre 1100 e 1300, especialmente na Alemanha e na França, tinham uma vigorosa força de trabalho de jovens, e o trabalho artesanal era o gerador da subsistência daquelas populações[4].

A organização de trabalho começou a tomar forma nas corporações, nas quais o treinamento tornou-se mais formal, sendo, inclusive, vinculado a promoções. O treinamento de crianças deu origem a abusos que começaram a ser debatidos e julgados pelas cortes europeias[5]. O panorama europeu era hostil quanto à questão do trabalho para o povo, e o livro de Clive Day é imprescindível para um bom entendimento dessa pesada questão[6].

Na organização hierárquica da qualificação do trabalho, estavam, em primeiro lugar, os artesãos (mestres), seguidos dos trabalhadores e dos aprendizes. Um aprendiz poderia tornar-se um mestre se as condições conjunturais viessem a permitir o crescimento de uma corporação, o que passou a ser difícil de ocorrer a partir de 1300[7].

A tabela de autoria de Clive, além de oportunizar ao leitor o contato com curiosos dados da época – embora em uma estimativa ainda rudimentar –, oferece condições para a análise da situação das classes trabalhadoras na Inglaterra de 1450 a 1700[8].

TABELA 6 Realidade do trabalhador inglês: panorama

Época	Custo/vida	Salário financeiro	Salário real
1451-1500	100	100	100
1501-1520	104	87	88
1521-1550	110	74	70

(Continua)

---

4   Wolfgang Abendroth, *A história social do movimento trabalhista europeu*, Trad. de Iná de Mendonça (Rio de Janeiro: Paz e Terra, 1977), p. 13.

5   Clive Day, *Economic development in modern Europe* (New York: Macmillan, 1948), pp. 43-45.

6   Clive Day, *Economic development in modern Europe*.

7   Clive Day, *Economic development in modern Europe*.

8   Clive Day, *Economic development in modern Europe*, p. 73.

TABELA 6 (Cont.) Realidade do trabalhador inglês: panorama

Época	Custo/vida	Salário financeiro	Salário real
1551-1570	167	95	57
1571-1602	242	121	47
1603-1652	360	152	40
1653-1702	399	192	47

Fonte: Extraída de Clive Day[8].

Outro quadro bastante interessante de Clive está assentado em dados estimados por Gregory King, um pouco antes de 1700, na Inglaterra, que são comparados a dados dos Estados Unidos correspondentes a 1918[9].

A partir desses dados, merece comentários, por exemplo, a manutenção na distribuição populacional por classes em realidades e épocas tão diferentes. Também vale observar a tendência norte-americana de

9 Distribuição da renda nacional entre as diferentes classes sociais, conforme Clive Day:

Grupo social	Constituição	Inglaterra (1696) Porcentagem populacional	Inglaterra (1696) Porcentagem da renda	Estados Unidos (1918) Porcentagem populacional	Estados Unidos (1918) Porcentagem da renda
I	Nobreza	1	14	1	15
II	Clérigos, juristas, altos postos governamentais, comerciantes internacionais	5	17	5	13
III	Pequenos proprietários de terras e casas comerciais, empregadores de trabalho artesanal	32	47	33	38
IV	Soldados, pescadores Trabalhadores artesanais e agricultores	62	22	61	34

engrossar a faixa do pequeno empresário, com a descida do grupo II e a elevação do operariado. Já na realidade inglesa[10], o operariado detinha menos de 50% da renda do grupo II, cuja densidade girava em torno de 50% mais baixa do que no grupo maior, o dos operários, soldados, pescadores e agricultores.

A questão da distribuição da renda tem sido amplamente discutida por economistas das mais diversas escolas e épocas, tanto pré quanto pós-keynesianas. Distribuição de renda, em paralelo à distribuição da riqueza, também é uma questão polêmica que não perde a atualidade, permanecendo na pauta de discussão de governos das mais diversas realidades e tendências nesta era global, tanto no Terceiro Mundo quanto nas grandes potências, quer por socialistas, quer por capitalistas – se é que essa distinção é ainda tão simples.

A identificação da ineficiência da distribuição igualitária da renda é comum aos sistemas em geral. A fundamentação desse aspecto assemelha-se à da discussão norte-americana sobre os conceitos de democracia *versus* meritocracia na educação. Em ambos os casos, distribuição igualitária da renda gera diferentes oportunidades educacionais, que envolvem motivação, condições de progredir e de produzir para o bem comum, e, ainda, causa diferentes impactos no crítico fator justiça social.

Resumindo essas discussões, a distribuição de renda vem revelando acentuada concentração em uma minoria privilegiada, no caso dos países subdesenvolvidos, em contraposição ao panorama da distribuição mais equitativa nos países mais industrializados. Todavia, mesmo naquela realidade, a situação das pessoas ainda está longe de um ideal igualitário.

Formação de Artesão
Voltando à discussão do trabalho e da produção artesanal, é interessante observar as primeiras tentativas de sistematização de avaliação de desempenho no Velho Mundo. Na Europa continental, especialmente na França e na Alemanha, criou-se uma forma de testar a competência dos

---

10   G. D. H. Cole, *A short history of the British working class movements* (1789-1947) (London: George Allen & Unwin, 1952).

artesãos, uma vez que o seu trabalho deveria realmente atender a requisitos e padrões de qualidade bastante exigentes. Tal exame, embora não tenha sido utilizado na Inglaterra, chamou-se em inglês *Masterpiece*, em francês *Chef d'oeuvre*, em alemão *Meisterstllck*. Aliás, a história demonstra que, enquanto no continente europeu as corporações já apresentavam indícios das organizações dos trabalhadores modernos, como espírito de classe estimulado pela igreja, por acordos coletivos, fixação de salários, horas de trabalho delimitadas e greves, na Inglaterra, as corporações não tinham a mesma força, nem a mesma estabilidade e integração[11].

Tendência norte-americana à industrialização e o momento europeu

O interesse do governo norte-americano pela fabricação em série é bastante antigo e, mesmo na primeira metade do século XVIII, parecia maior do que o revelado pela França e pela Inglaterra, apesar de os franceses terem demonstrado capacidade inovadora já naquele século, criando os primeiros tornos mecânicos, plainas e moinhos.

Fatos históricos revelam, porém, o fraco interesse dos franceses pelas suas próprias condições de desenvolver equipamentos de produção.

Enquanto os franceses, no início da industrialização, destacaram-se pelas habilidades mentais, os trabalhadores ingleses eram tidos como os de mais aprimoradas habilidades manuais e os mais produtivos. Na disputa com os franceses, eles recebiam salários mais elevados, em virtude justamente de sua produtividade[12].

A atração pela Máquina

O interesse norte-americano pela utilização da máquina torna-se evidente na narração de Boorstin sobre a atitude de Eli Whitney, em 1798, quando o então presidente dos Estados Unidos, John Adams, alertou a nação em relação ao perigo que as conquistas napoleônicas poderiam representar para a América, que, à época, se encontrava desgastada em decorrência dos

---

11   Wolfgang Abendroth, *A história social do movimento trabalhista europeu*, p. 46.

12   Clive Day, *Economic development in modern Europe*, p. 310.

vários anos de revolução. No momento em que o presidente declarou que uma simples ameaça poderia transformar-se em guerra, o pioneirismo de Whitney levou-o a oferecer um Sistema Uniforme de Fabricação de Armas[13].

O entusiasmo do governo, especialmente do vice-presidente Thomas Jefferson, em relação a Whitney foi intenso. Explicado pelo próprio Whitney, o objetivo de seu sistema era substituir, na América, a habilidade talentosa dos artesãos europeus por corretas e efetivas operações mecânicas. Uma vez que os norte-americanos não estavam preparados para o artesanato, a sua meta seria transferir aquelas operações para máquinas. Boorstin comenta que a experiência de Whitney resumia-se a máquinas para abrir pesados fardos de algodão (*cotton gins*). Até hoje, não ficou muito claro como esse fabricante, sem experiência em armamento, conseguiu desenvolver um admirável sistema de produção, para a sua época[14].

Embora essa ideia de transferir para a máquina a quantidade e a padronização da produção pareça, hoje, bastante simples, o fato é que gerou uma verdadeira revolução socioeconômica e cultural naquele país[15]. A sociedade industrializada, a sociedade de consumo e a profissionalização são decorrências daquele fato. Em continuidade, a necessidade de profissionalização estimulou um estreito relacionamento entre empresa e escola, que passou a ser um traço cultural atemporal.

Em consequência, observam-se influências recíprocas entre os dois setores. Um bom exemplo da influência dos valores preconizados pelos industriais para o comportamento dos indivíduos, que se tornou evidente na escola, diz respeito ao fator tempo. Este passou a ser trabalhado junto aos estudantes, segundo Michael Katz[16].

Com objetivos direcionados à formação para o trabalho industrial, isso teria intensificado a diferença entre o ritmo de vida do trabalhador

---

13 Daniel J. Boorstin, *The Americans, The national experience*, p. 32.

14 Daniel J. Boorstin, *The Americans, The national experience*, pp. 30-31.

15 Daniel J. Boorstin, *The Americans, The national experience*, p. 30, ênfase adicionada.

16 Michael Katz, *Class bureaucracy and schools. The illusion of educational change in America* (New York: Holt Rinehart and Winston, 1975).

do campo e o da cidade, além de haver contribuído para a importância crescente da pontualidade nas atividades profissionais[17].

Embora alguns autores sejam de opinião que apenas a experiência empresarial tenha penetrado nas escolas, especialmente na sua administração, outros tantos ressaltam, também, a influência de instituições educacionais e dos educadores sobre o empresariado.

Hoje, embora as queixas dos entraves burocráticos não sejam privilégio dos países latino-americanos, os norte-americanos ainda demonstram maior habilidade em criar mecanismos e técnicas administrativas e gerenciais para tornar o setor público mais flexível e produtivo. A intensa interação empresa-escola naquele país parece haver desempenhado um importante papel para reforçar essa relação. Novamente, atitudes e valores foram enfatizados na educação para o desenvolvimento econômico, como na época áurea dos antigos *colleges*. Disciplina e organização encontravam-se entre os mais enfatizados. Em paralelo, novos valores também surgiram, anunciando a era tecnológica, entre eles a profissionalização, que ocupou uma posição de especial destaque[18].

Nesse ponto, vale uma pausa para a questão do desenvolvimento econômico-cultural e da religião, segundo W. W. Rostow[19].

Voltando à criatividade dos franceses, no início da industrialização, Day menciona que Thomas Jefferson, em 1785, relatou, na França, o plano de um inventor francês para a fabricação de detonadores de arcabuzes (*locks of muskets*) e que este revelou até haver testado a eficiência, montando e desmontando vários conjuntos que se encaixavam com perfeição. Segundo o autor, os franceses não teriam se sensibilizado com tal apresentação. Mais tarde, literalmente, pagaram por isso, pois tiveram de importar dos Estados Unidos máquinas e métodos de fabricação cujo conhecimento haviam gerado.

---

17 Michael Katz, *Class bureaucracy and schools. The illusion of educational change in America*, p. 32.

18 Michael Katz, *Class bureaucracy and schools. The illusion of educational change in America*, p. 36.

19 W. W. Rostow, *Etapas do desenvolvimento econômico* (Rio de Janeiro, 6. ed., Zahar, 1978).

Boorstin enfatiza várias características que marcaram os colonos norte-americanos, entre elas a importância dada à inteligência e à alfabetização no lugar de habilidades manuais. Os líderes religiosos incentivaram não somente isso, mas também a ideia de conseguir uma força de trabalho não permanente, no sentido de não cristalizada em atribuições fixas por muito tempo. Por meio desse modelo, pretendiam que as pessoas ascendessem a condições de vida e de trabalho sempre melhores. Sem dúvida, essas ideias influíram nos valores do povo[20] e causaram impacto nas decisões educacionais.

Os norte-americanos, segundo Boorstin, diferentemente dos franceses, destacaram-se sempre pelo espírito voltado aos experimentos, e não pela genialidade criativa. O comércio internacional, completa o autor, deu aos habitantes da Nova Inglaterra não somente a prosperidade que possibilitou a construção de riquezas, mas também, principalmente, flexibilidade e amplidão de visão para encarar o desenvolvimento socioeconômico de suas comunidades. Boorstin lembra que, embora muitos incentivos tenham sido estabelecidos por meio de prêmios a inventores, poucas foram as contribuições desse tipo[21], porém muitas as demonstrações de habilidade na aplicação e na execução de inovações. A característica da praticidade foi forte, desde a colônia, na intenção e na ação.

Personalidades especiais, como o jovem inglês Samuel Slater, contribuíram para o desenvolvimento da maquinaria industrial norte-americana ainda no século XVII. Dotado de extraordinária memória, fugiu da Inglaterra para os Estados Unidos atraído por um anúncio de jornal, a fim de levar *know-how* sobre fiação e tecelagem de algodão. O jovem obteve sucesso trabalhando com o negociante Moses Brown, o qual, aliás, foi homenageado com o nome da Universidade Brown[22]. Slater, impossibilitado de levar ao Novo Mundo informações escritas, carregou todos os dados em sua privilegiada memória[23].

---

20 Daniel J. Boorstin, *The Americans. The national experience*, p. 27.

21 Esse tema é retomado em outro momento.

22 Daniel J. Boorstin, *The Americans. The national experience*, pp. 27, 52.

23 Daniel J. Boorstin, *The Americans. The national experience*, pp. 27, 52.

A atração pela máquina, pois, foi sempre muito grande, representando perspectivas para o povo norte-americano que não desejava que seu desenvolvimento custasse tão caro ao homem, quanto observava ocorrer na Europa. Aos norte-americanos interessavam condições saudáveis de trabalho, prosperidade e bem-estar social[24]. Nesse ponto, o exemplo de Whitney é bastante ilustrativo, pois a verdade é que, copiando e criando, ele apresentou o seu audacioso plano e lutou bravamente por sua execução.

Whitney assinou um contrato nos seguintes termos: ele fabricaria dez mil arcabuzes (*muskets*) em 28 meses, pelos quais receberia US$ 130.000 do governo: cada *musket* custaria apenas alguns dólares a mais do que os importados[25]. Embora o fator tempo tenha demonstrado a falta de vivência de Whitney, em termos de prospecção e planejamento, pois, após 28 meses, nenhuma arma havia sido produzida, o pioneiro, mesmo sendo acusado de "charlatanismo" e sofrendo pressões de toda a espécie, concentrou-se no desenvolvimento de seu sistema[26]. Em 1801, realizou em Washington, para o presidente John Adams e para o vice-presidente Thomas Jefferson uma impressionante e convincente demonstração da eficiência de seu trabalho.

O fator tempo transformou-se no ponto vulnerável de seu plano, pois, na verdade, seu contrato levou aproximadamente dez anos para ser cumprido na íntegra.

Apesar disso, Thomas Jefferson e seu gabinete fizeram declarações que revelaram a criatividade e a precisão do trabalho de Whitney. Ele havia obtido com seu molde peças tão absolutamente idênticas, que, mesmo depois de desmontar um conjunto de *muskets*, em um total de cem peças, e remisturá-las, elas se encaixariam perfeitamente, para remontar o mesmo número de *muskets*, com peças de qualquer deles[27].

---

[24] Daniel J. Boorstin, *The Americans, The national experience*, pp. 28-29.

[25] Daniel J. Boorstin, *The Americans, The national experience*, p. 32.

[26] O sistema de fabricação de Whitney ficou conhecido como "Whitney's Uniformity System".

[27] Daniel J. Boorstin, *The Americans. The national experience*, p. 32.

A partir daquele momento, surgiram as primeiras esperanças de realização do "sonho americano". A produção em massa iniciaria, para aquele povo, a geração de condições de desenvolvimento econômico e social ainda inconcebíveis naquela época. Na verdade, isso foi possível em razão de dois fatores primordiais: a atitude de pesquisa e desenvolvimento assumida por Whitney; e a visão antecipadora do governo da época, que apoiou e investiu em uma tentativa cuja possibilidade de retorno imediato não ocorreu. Esse é um dos exemplos dos impactos da visão de futuro e confiança no trabalho do homem e que norte-americanos como Thomas Jefferson[28] assumiram em situações consideradas não ideais à época.

A história de Harpers Ferry, cidade do estado da Virgínia Ocidental que abrigava o chamado John Brown Fort, localizada às margens do Rio Shenandoah, quase na confluência com o Rio Potomac, que banha Washington, D.C., tornou-se importante por volta de 1848[29].

Aquele local anteriormente servia ao reparo de armas e, em 1803, o Secretário da Guerra determinou que ali se reproduzisse o Modelo de Rifle 1803, que muito se parecia com o modelo chamado Pennsylvania-Kentucky. Em 1810, a produção já atingia, anualmente, os dez mil *muskets*. O museu daquela cidade revela que a produção tornou-se organizada, tanto pelo trabalho de muitos aprendizes quanto pelo controle financeiro de um guarda-livros. Os documentos do museu registram que, em 1819, sob contrato governamental, iniciou-se o sistema de produção em massa, nos Estados Unidos, que se originou da pequena fabricação de rifles, cujas partes eram perfeitamente intercambiáveis.

O sistema de fabricação representou uma inovação tão importante para o estilo de vida dos norte-americanos que, em poucos anos, a nova e industrializada sociedade foi amplamente comentada na Europa. A emergente comunidade industrial, resguardadas algumas exceções, não

---

28   Marvin Barret, em seu livro *Meet Thomas Jefferson* (New York, Random House, 2001, Landmark Books), oferece uma leitura ampla e rica em detalhes sobre as posições jeffersonianas.

29   Fotos, na página seguinte, pelo autor, de 1980, revelam ainda aspectos históricos.

Harpers Ferry, cidade histórica que traz a atmosfera dos anos 1850. Localizada na confluência de dois rios estreitamente relacionados à história do país: Shenadoah e Potomack. O último banha, inclusive, o quintal da casa de George Washington. Situa-se no Estado de Virgínia Ocidental, mais precisamente no Condado de Jefferson. Guarda a memória da época em suas preservadas ruelas, casarões admiráveis, muitos cobertos de hera, boticas, armazéns e as demais edificações que compõem o seu complexo. Serviu de palco à última rebelião do abolicionista calvinista John Brown e de seus filhos, após inúmeras investidas em outros sítios pelo país e, dessa feita, visando ao Arsenal Militar dos Estados Unidos, à época. Brown foi executado, em 1859, deixando uma nota considerada profética: "Os pecados desta terra culpada nunca serão expiados senão com sangue", que adveio a longa e violenta Guerra Civil ou da Secessão. Foi defendido por muitos norte-americanos, como o transcendentalista escritor Henry Thoreau, que o chama de "Capitão John Brown".

se assemelhava em nada ao modelo europeu[30], que deprimiu o observador norte-americano quando em visita às fábricas inglesas. A respeito disso, o economista francês Michel Chevalier, em 1830, fez um comentário bastante otimista sobre o panorama norte-americano. Disse ele: "as fábricas americanas têm a aparência nova e fresca de uma cena de ópera"[31].

Em 1984, Harold Geneen, o renomado presidente da gigantesca International Telephone and Telegraph Company (ITT), comentou as condições das fábricas japonesas do século XX, com impressão muito similar a de Chevalier sobre as norte-americanas nos idos de 1800. "Fábricas modernas e instalações novas e eficientes que contribuem para a redução de custos de fabricação e para a qualidade de vida dos operários"[32].

Na Inglaterra, a situação parecia assustadora também para a população. Em contraste aos norte-americanos, os operários tiveram reações violentas contra a presença da máquina, a partir do século XVIII. Isso porque, nas palavras de Wolfgang Abendroth, "a máquina trouxe consigo, inexoravelmente, a prolongação da jornada de trabalho e a intensificação do próprio trabalho"[33].

Aos norte-americanos, preocupava a possibilidade de que as condições de vida do operário europeu pudessem repetir-se entre eles[34]; por

---

30   Para uma visão ampla e profunda sobre o tema: Clive Day, *Economic development in Europe*.

31   Daniel J. Boorstin, *The Americans. The national experience*, pp. 27-28.

32   Harold Geneen, *Managing* (New York: Doubleday Company Ind., 1984), p. 23.

33   Wolfgang Abendroth, *A história social do movimento trabalhista europeu*, p. 14.

34   Entre esses norte-americanos, Daniel J. Boorstin, em *The national experiente*, pp. 28-29, cita Francis Cabot Lowell, ao visitar a Inglaterra, entre 1810-1812; Nathan Appleton, apavorado com o que chamou de deterioração do caráter, da moral e da inteligência entre os trabalhadores ingleses; e, ainda, John A. Lowell, que defendia a liberdade de escolha dos trabalhadores em se manterem engajados em determinado trabalho ou não. Principalmente no caso de mulheres, em que o engajamento na força de trabalho poderia atender a necessidades individuais, temporárias ou eventuais.

esse motivo, empenharam-se em desenvolver uma nova realidade de classe trabalhadora, a qual fosse peculiar à indústria norte-americana[35].

Sobre a situação da Inglaterra e da Europa, nesse tema, sugere-se novamente a ampla e consistente obra de Clive Day[36].

Uma análise mais abrangente, cobrindo a evolução histórica da classe trabalhadora na Europa, desde a fase anterior às Corporações de Artesãos, pode levar à interpretação mais realista dos comportamentos do operariado no início da industrialização.

Experiências anteriores dos trabalhadores europeus, em virtude da presença do Feudalismo, devem ter influenciado as atitudes desses trabalhadores, pois foram anos de submissão, do fardo da inferioridade financeira e social, somados ao hábito de receber e transmitir a profissão de pai para filho, levando à obrigação de aceitar o exercício de tais atividades como uma fatalidade. O sentimento de dependência e de aprisionamento dos trabalhadores europeus a determinado tipo e local de trabalho parece ter sido um dos impactos mais evidentes. Contudo, os patrões haviam exercitado intensamente a condição de superioridade, de mando e de abusos.

Os problemas dos operários e das pequenas empresas, na América, tiveram outras causas e a interpretação do que, na verdade, tenha ocorrido não é simples.

Quanto ao pequeno empresário, a questão parece estar fundada no direito de propriedade. Quando as atividades dos detentores de um pequeno espaço de terra com uma simples construção em cima se tornaram conhecidas da sociedade, não faltaram homens públicos preocupados com as condições de vida e de trabalho dessas famílias, tentando proibir as atividades que não ofereciam um mínimo de condições de saúde. Contudo, surgiram os protestos dos que precisavam produzir e dos que usufruíam dos maiores lucros daquela produção, usando como argumento o direito de utilização de sua propriedade. Entre essas atividades, as mais discutidas foram as tabacarias de

---

35 Esses norte-americanos defendiam o modelo de força de trabalho definido como uma "corrente circulante", em contraposição ao de uma população operária aprisionada a um tipo de trabalho de forma estática. Boorstin, *The National*, pp. 26-29.

36 Clive Day, *Economic development in modern Europe*.

pequenas empresas familiares, nas quais o casal e seus filhos, especialmente os menores, trabalhavam, segundo alguns historiadores, exaustivamente[37].

Quanto ao problema da jornada de trabalho para os operários, a questão não é menos complexa e merece ser mais profundamente analisada do que este texto permite. A primeira legislação limitadora da jornada de trabalho nos Estados Unidos determinou, em Massachusetts, em 1874, um máximo de 10 horas para mulheres e crianças[38].

Da mesma forma que no caso dos microprodutores, a interferência sobre o trabalho nas fábricas de cigarro, quanto ao número de horas de trabalho, foi considerada anticonstitucional, mesmo que em nome da proteção do indivíduo.

Esses fatos contribuíram para evidenciar a influência da teoria do inglês Herbert Spencer sobre os norte-americanos. Ele não somente pregou o *laissez-faire* nos negócios, como acreditava no princípio biológico darwiniano da "seleção natural dos mais adequados", no caso da competição acirrada daquela época[39].

Nesse ponto, convém uma breve pausa para atualização sobre a questão darwiniana, ainda viva em pesquisas e artigos de jornais de alta circulação. O Pew Research Center divulgou uma pesquisa realizada entre 2009 e 2013 sobre a questão evolucionista, e há um fenômeno novo conferido pela Gallup. O resultado é um desvio de 48% de republicanos contrários à evolução. Fica no ar se os republicanos seriam de repente, a tal ponto, antidarwinianos. Na verdade, o tipo de pessoas que se dizem republicanas – um grupo com 86% na faixa etária entre 60 e 65 anos de idade – tende a constituir um estreito grupo conservador formado por brancos, que interpreta a Bíblia literalmente e a evolução como questão política, e frequenta o templo toda semana. Enquanto os republicanos estariam se tornando mais religiosos, os democratas se tornariam mais seculares e multirraciais[40].

---

37   Samuel E. Morison, *The Oxford history of the American people*, v. 3, 1869-1963, p. 84.

38   Samuel E. Morison, *The Oxford history of the American people*, v. 3, 1869-1963, p. 84.

39   Samuel E. Morison, *The Oxford history of the American people*, v. 3, 1869-1963, pp. 132-33.

40   Dana Milbank, "The GOP's Darwinism". Disponível em: http://www.washingtonpost.

Os tipos de experiência da América do Norte, na mesma época da experiência europeia, não tiveram o suporte da institucionalização, nem o exercício generalizado, como ocorreu na Europa. Essas experiências negativas parecem ter se concentrado contra dois tipos específicos de populações, cujos hábitos, tradições, costumes e características pareciam estranhos e inferiores: os negros e os índios.

Sem dúvida, as reações imprevisíveis e soberanas das tribos indígenas, habituadas à liberdade, devem ter acirrado os conflitos e exacerbado a violência recíproca. Consequentemente, a reciprocidade em termos de determinação na luta levou a verdadeiras atrocidades, muito mais abaladoras à existência das nações indígenas do que à presença dos brancos.

Nos capítulos iniciais do primeiro volume de sua obra sobre a cultura do povo norte-americano[41], Samuel E. Morison comenta a descoberta da América, por Colombo, explicitando, da mesma forma que os historiadores latinos, o fato de chamarem-se os nativos encontrados na América de índios, em virtude da proposta do navegador genovês, apoiado pala coroa espanhola, de aportar na Índia[42].

Morison discorre de maneira cativante sobre os primeiros momentos da chegada ao Novo Mundo. Ao abordá-los, já revela valores culturais ao enfatizar características de Colombo, como: o significado de seu nome Cristóvão ("suporte de Deus"); o fato de ser um autodidata, na verdade, um navegador *self-made*; e, ainda, a sua "vontade férrea e persistência indizível"[43].

Sobrevoando questões complexas, amplas e críticas: os Indígenas e os Negros

Retomando, muito brevemente, a questão dos negros nos EUA, a institucionalização da escravatura sulista e os movimentos radicais da Klu-Klux-Klan

---

com/opinions/dana-milbank-the-gops-darwinism/2013dez.31/60c86524-7264-11e3-8def-a33011492df2_story.html. Acesso em: 17 mar. 2014.

41   Samuel E. Morison, *The Oxford history of the American people*: prehistory to 1789 (New York: Penguin Books, 1994).

42   Samuel E. Morison, *The Oxford history of the American people*: prehistory to 1789.

43   Samuel E. Morison, *The Oxford history of the American people*: prehistory to 1789, cap II.

ilustram o exercício da prepotência, da selvageria de grande parte da população branca que se considerava civilizada, diante das minorias, cujos registros escritos e documentados em livros e filmes sobre a época são estarrecedores[44].

Para ilustrar o que se pode chamar, no mínimo, de hipócrita, a leitura do texto legal da política educacional de "igual, porém separados", a seguir, pode ser útil para melhor compreensão do que, na verdade, se tratava. No mês de maio de 1954, uma decisão, por unanimidade da corte, foi redigida e publicamente proferida pelo chefe de justiça Earl Warren:

Chegamos à questão apresentada: A segregação de crianças nas escolas públicas somente com base em raça, mesmo que as facilidades físicas e tangíveis fatores oferecidos possam ser iguais, priva as crianças dos grupos minoritários de oportunidades iguais de educação? Nós acreditamos que sim e concluímos que, no campo da educação pública, doutrina de separados, porém iguais, não tem mais lugar. Facilidades educacionais separadas são inerentemente desiguais. Portanto, nós asseguramos que reclamações e outras similares postas por quem encaminhou ações à corte, por razões de segregação e privação de proteção igual das leis, estão garantidas pela emenda quatorze[45,46].

A suprema corte derrubou a decisão de "separados, porém iguais" e requereu a dessegregação das escolas no país. Entretanto, valeria apenas

---

44   Em especial, porque não se trata de história remota, mas da década de 1960, por exemplo, com as reações do Pastor Martin Luther King e de J. F. Kennedy.

45   No original: *We come then to the question presented: Does segregation of children in public schools solely on the basis of race, even though the physical facilities and other "tangible" factors may be equal, deprive the children of the minority group of equal educational opportunities? We believe that it does... We conclude that in the field of public education the doctrine of 'separate but equal' has no place. Separate educational facilities are inherently unequal. Therefore, we hold that the plaintiffs and others similarly situated for whom the actions have been brought are, by reason of the segregation complained of, deprived of the equal protection of the laws guaranteed by the Fourteenth Amendment.* Ibd, p. 12.

46   Disponível em: http://www.watson.org/~lisa/blackhistory/early-civilrights/brown.html, http://www.watson.org. African America History Brown v. Board of Education. Acesso em: 5 set. 2013.

para a questão educacional, ao âmbito das escolas, e não para os demais locais públicos, como restaurantes e toaletes, nem definiu data para os 21 estados; mesmo assim, foi considerado um grande passo para a situação deplorável daquele momento[47,48].

Em 1954, as escolas públicas do condado (prefeitura) de Prince George funcionavam em sistema dual desde 1872: educação para os brancos e educação para os negros. Os ônibus escolares trafegavam nas mesmas rotas, porém professores eram alocados nas turmas segundo suas etnias, o mesmo para os demais funcionários, e as reuniões para professores das duas etnias também eram separadas[49].

Sem a mínima pretensão de haver abordado o tema, vamos tomá-lo como um brevíssimo sobrevoo, apenas com a finalidade de evidenciar que ele fica à espera de retomada específica por estudiosos e conhecedores profundos. O que se espera é que estejam motivados os pesquisadores para evitar desrespeito a ambos os lados, o lamentável e o conquistado posteriormente, nessa dramática etapa da história da

---

47   A literatura recomendada sugere dados e posições sobre o tema (a questão dos negros): Perry A. Zirkel (ed.), *A digest of Supreme Court decisions affecting education* (Bloomington, IN: Phi Delta Kappa, 1978), p. 79; Benjamin Fine, "Southern educators study the implications of supreme court rulings on segregation", *Education U.S.A.*, James Cass (ed.) (New York: Arno Press, 1973), p. 212; Benjamin Fine, "Southern educators study the implications of supreme court rulings on segregation", *Class*, p. 212; Edward W. Knappman (ed.), *Great American trials* (Detroit: Visible Ink, 1994), p. 467; Benjamin Munn Ziegler (ed.), *Desegregation and the Supreme Court* (Boston: D.C. Heath and Company, 1958), p. 78; Luther A. Huston, "High court bans school segregation; 9-to-0 decision grants time to comply", *Cass*, p. 214; Juan Williams, *Eyes on the prize*: America's civil rights years, 1954-1965 (New York: Viking Penguin Inc., 1987), p. 44.

48   Thomas J. Jones, "Recent progress in negro education". *U.S.Bureau of Ed. Bulletin*, n. 27 (Washington, D.C., Government Printing Office, 1919), p. 16.

49   Lisa Cozzens, "Brown v. Board of Education". *African American History*. Disponível em: http://fledge.watson.org/~lisa/blackhistory/early-ivilrights/brown.html (25 May 1998). Acesso em: 5 set. 2013.

nação norte-americana. Vale, ainda, um breve olhar para a relação com o continente africano[50].

Além disso, ao tratar, mesmo que apenas brevemente, a ampla, complexa e sensível questão das pessoas de etnia negra nos primeiros anos de vida dos Estados Unidos, não é possível ignorar percepções e sentimentos que redundaram em ações que podem surpreender.

Na verdade, com a libertação de escravos, emergiu, também, um novo olhar sobre as características daquele povo. Em muitas colônias, inclusive no Sul e mesmo na opinião de personalidades relevantes na política da época, isto é, entre 1815 e 1848, os negros eram interpretados como difíceis de adaptar-se e conseguir render em produtividade na sociedade livre, enquanto portadores de atitudes e hábitos difíceis de controlar, pois seriam rebeldes, irascíveis.

Diante dessa percepção, que se espalhou pelos estados, surgiu a ideia de que a liberdade seria proveitosa se os negros retornassem à sua origem: a África.

Fundou-se a American Colonization Society, apoiada inclusive por figuras importantes, como Bushrod Washington e, mais tarde, pelo ex-presidente James Madison, a fim de concretizar o projeto que se iniciou interpretado como de colonização, com apoio de estados como Maryland, Kentucky, vários virginianos e, também, de denominações religiosas, como presbiterianos, metodistas, batistas e da igreja episcopal[51].

Daniel Walter Howe relata detalhadamente em seu livro o movimento desenvolvido nesse sentido, que se formalizou e tomou vulto – o

---

50   O artigo, a seguir, pode desempenhar um papel interessante nessa reflexão: Bartley McSwine, Chicago State University, "African centered education as a response to cultural hegemony: toward a template for African American and human liberation", p. 279; Lu Stephens, Lamar University, "School administration and educational practices affected". Disponível em: http://www.journalofphilosophyandhistoryofeducation.com/jophe60.pdf. Acesso em: 12 out. 2013.

51   Daniel Walker Howe. "What hath God wrought: the transformation of America, 1815-1848" (Oxford History of the United States) (New York: Oxford University Press, 2007), pp. 260-263. Disponível em: http://www.barnesandnoble.com/w/what-hath-god-wrought-daniel-walker-howe/1103427826?ean=9780195078947. Acesso em: 6 mar. 2015.

período Monroe –, até que os recursos começaram a escassear à época de Andrew Jackson.

Parece surpreendente que, em tal extensão territorial como a dos USA e com a importância do papel da agricultura naquela cultura, esse problema comportamental fosse percebido como tão grave a ponto de abrir mão dessa mão de obra, inclusive gerando custos, pelo menos, a curto prazo.

Na verdade, essa solução também fora adotada pela Inglaterra, anteriormente chegando um filantropista a fundar a colônia de Serra Leoa, uma opção para não manter os negros no Reino Unido. Uma vez encerrada a Guerra Civil nos Estados Unidos, a ideia era a oportunidade de as pessoas de etnia negra colonizarem as adjacências de Serra Leoa, na Libéria, criando a Monróvia, em homenagem ao presidente. Entretanto, não era o propósito norte-americano manter uma colônia, e o episódio encerrou-se.

Os Estados Unidos, porém, não parecem haver optado pelo estabelecimento dos negros em colônias, mas apenas levá-los de volta às suas origens. Esse ponto é revelador sobre o que diferenças culturais profundas, agravadas por diferenças de contextos locais, quer em razão da natureza, quer em virtude do desenvolvimento estrutural em vilas e cidades organizadas, podem causar na percepção de mundo e na interpretação de ações e reações das pessoas. As diferenças entre africanos e norte-americanos, à época da abolição da escravidão e que sugeriam a alternativa de os primeiros retornarem à África, só poderiam ser gritantes, mas a interpretação recaiu sobre a cor da pele, as diferenças étnicas, provavelmente em decorrência do impacto visual mais rápido de perceber.

As diferenças, pois, entre discriminações na Europa e nos Estados Unidos situam-se na abrangência, mais restrita na América do Norte – delimitada por índios e brancos –, mas não menos violenta, embora a institucionalização da escravidão não tenha sido duradoura. A leitura de Clive Day, sugerida neste livro, esclarece melhor essa posição. Os lavradores, por exemplo, não eram considerados escravos, porém viviam uma realidade escravizadora e, da mesma forma, no início da industrialização, quando horário de trabalho era algo impensado para os que necessitavam produzir para sobreviver.

Cultura revelando diferentes posturas no trabalho: a Europeia e a Norte-Americana

As classes trabalhadoras norte-americanas, envolvidas por contexto mais dinâmico, em que as classes sociais não se cristalizaram como em muitos países da Europa no início da industrialização, embora não tenham sido inertes, não apresentaram reações violentas. A expectativa na educação liberal no currículo de *arts and sciences* para a sociedade aliada ao orgulho pelo *self-made man* também é considerada fator que minimiza reações preconceituosas em relação ao trabalho industrial, embora tenha dado origem à expressão *blue collars* – colarinho azul dos operários –, distinta de "colarinho branco" na hierarquia do trabalho industrial *versus* chefias e burocratas.

Dois aspectos de origem econômica também contribuíram para distinguir o comportamento dos trabalhadores europeus daquele dos norte-americanos. O primeiro deles refere-se ao fato de que a remuneração do trabalho na América era mais elevada do que na Inglaterra, país diretamente relacionado com os fundadores dos EUA. O segundo está ligado ao fato de o processo de trabalho não mais artesanal surgir como gerador da expansão dos bens de consumo, em quantidade e variedade, o que, aliado ao poder aquisitivo do operariado, levou os norte-americanos a novos padrões de conforto e estilo de vida muito apreciados. Os primeiros passos para o desenvolvimento de uma sociedade de consumo foram dados pela realimentação recíproca entre produtividade *versus* poder aquisitivo[52].

A partir de então, o novo conceito de classe trabalhadora, aproximando-se de princípios da educação liberal, revolucionou o próprio significado de trabalho na América do Norte.

É imperativo ressaltar aqui o poder da presença de grandes indústrias, como a General Electric, já no caminho para a tecnologia, questão que Carlson aborda com habilidade em "Technology in world history and innovation as a social process: Elihu Thomson and the rise of General Electric, 1870-1900 Cambridge: University of Cambridge Press, 1991", na economia do país, no ensino, no trabalho e na vida em sociedade.

---

52 Samuel E. Morison, *The Oxford history of the American people*: prehistory to 1789, pp. 30-31.

Curiosa relação entre emprego da Máquina e formação Liberal: operariado letrado e consumidor

Na Idade Média europeia, o trabalho que envolvia habilidade manual era considerado uma atividade para os menos dotados e os analfabetos. Habilidades específicas, mesmo assim, eram reconhecidas como de extrema importância para a qualidade do produto, o que até permitia que um artesão viesse a beneficiar-se financeiramente de seu talento. Por sua vez, o trabalho intelectual era o que possibilitava *status* socialmente elevado e ficava restrito a poucos indivíduos privilegiados: os homens livres das classes dominantes[53].

Pode-se então concluir o quanto o papel do trabalhador e seu *status* foram diferenciados na América, pois não somente a formação desejável aos trabalhadores era mais apurada, como as suas condições de trabalho e de vida tornaram-se mais promissoras para eles próprios.

Na América do Norte, as organizações fabris declaravam depender de inteligência e desejo de aprender, tornando obsoleta a antiga formação baseada na habilidade manual do indivíduo.

No momento em que se tornou evidente na América a eficiência de um sistema de produção em série, diante do qual as expectativas sobre tarefas específicas e repetitivas foram colocadas sobre a máquina, e não sobre o homem, o *status* da educação geral foi amplamente reforçado. Nesse ponto, parece estar a grande diferença entre os objetivos e as funções da educação para os norte-americanos e para os europeus à época[54].

Até 1828, no ambiente acadêmico, o significativo *Yale Report* formalmente declarava o grande objetivo do ensino superior: "dar expansão e equilíbrio às forças mentais, uma visão abrangente e liberal, amplas proporções à formação de caráter, o que não poderá ser encontrado nos que forem confinados a particularidades"[55]. Entretanto, os debates sobre quem

---

[53] Clive Day, *Economic development in Europe*, pp. 100-101; John S. Brubacher. *On the philosophy of Higher Education* (New York: Jossey Bass, 1978), p. 70.

[54] Daniel J. Boorstin, *The Americans. The national experience*, pp. 28, 29, 34.

[55] Hugh Awkins, *The emerging, university and industrial America* (Lexington: D. C. Heath and Company, 1970), Introduction, p. VII.

deveria frequentar o ensino superior naquele período foram constantes, e o que Frederick Rudolph[56] disse no polêmico episódio do *Yale Report* merece leitura pelos educadores interessados na postura educacional do período[57].

Por volta de 1840, Horace Mann – senador por Massachusetts, o estado que criou o primeiro *board of education* no país, atuante na universidade de Brown e forte incentivador de causas sociais, em especial do ensino público de qualidade – e George Boutwell (1818-1905) – atuante em sua época, senador por Massachusetts e governador do mesmo estado, secretário do Tesouro norte-americano, além de ter tido outros cargos importantes – receberam declarações de vários industriais sobre a utilidade da educação para o setor industrial. Tais documentos defendiam a posição de que a ignorância gerava tumulto e vários tipos de problemas, enquanto a educação facilitava a organização, a moralidade, a obediência aos regulamentos e a docilidade[58].

Vale observar que Max Weber indica a existência de estatísticas que atestam a produtividade das mulheres nos primórdios da industrialização, cuja formação era religiosa, sobretudo "pietista", em razão da "concentração mental e de um sentimento de obrigação em relação ao trabalho"[59].

No entanto, a educação geral e a formação de atitudes continuaram a ser prioridade também em razão do retorno de qualidade e produtividade esperadas pelos novos empresários. Sobre essas reações e postura, Katz comenta que o início da atividade industrial e da urbanização contribuiu para a diluição das influências da família, da comunidade e da religião no comportamento e nas atitudes das pessoas[60]. As críticas desse autor sobre a expectativa de um

---

56   Frederick Rudolph, *Curriculum*: a history of American Undergraduate Course of Studies since 1636 (San Francisco: Jossey-Bass, 1977).

57   Melvin I. Urofsky, "Reform and response The Yale Report of 1928", *History of education quarterly* (Spring), 1975, pp. 111-17.

58   Michael Katz, *Class bureaucracy and schools. The illusion of educational change in America*, p. 33. O termo "docilidade" foi fortemente criticado por Katz, que o interpretava como uma forma de dominação maquilada dos patrões sobre os empregados.

59   Max Weber, *A ética protestante e o espírito do capitalismo*, p.33.

60   Max Weber, *A ética protestante e o espírito do capitalismo*, pp. 180-1.

grupo de empresários no sentido de subordinar a educação aos seus interesses de domínio sobre as pessoas é contundente, e John Dewey foi um ardoroso defensor do direito a uma educação "verdadeira", que, segundo ele, a nada deveria subordinar-se, conforme também argumenta Brubacher[61], para poder oferecer perspectivas de uma constante elevação do patamar de educação a todas as pessoas. Essa realidade contribuiu para acumular sobre o setor educacional maior responsabilidade pela formação integral do indivíduo.

Correspondeu ao ano de 1840 também o momento em que surgiram as primeiras tentativas de organização sindical em diversos pontos do país[62]. Trinta e sete anos mais tarde, ocorreu uma grande greve, resultando em conflitos entre grevistas e milícias, o que foi interpretado como agitação internacional, pelo fato de socialistas alemães e franceses estarem participando[63].

A favorável conjuntura econômica do país em 1886 apresentava elevadas taxas de emprego e a organização de lideranças sindicais tornou-se eficiente, fundando o primeiro sindicato de âmbito nacional e essencialmente norte-americano[64].

Em 1886, o incitamento de um anarquista inglês resultou em graves incidentes em Chicago, culminando na morte de oito policiais e no ferimento de quase 70. Oito dos "baderneiros" foram condenados à morte, quatro foram executados e três, perdoados pelo governador, que, embora estimulado a tomar essa decisão por personalidades norte-americanas, arruinou inteiramente a sua carreira com esse ato. Na verdade, nunca se soube quem causou aquelas mortes[65].

Esse fato vem corroborar a opinião de Boorstin sobre as "badernas" no início da mineração: "os crimes ocorriam, mas as punições eram certas".

Entretanto, o que ocorreu no início da industrialização norte-americana foi o revigoramento dos mesmos valores que geraram as primei-

---

61   John Brubacher, *Dez equívocos a respeito da filosofia de Dewey. Conferência* (Brasília; Arquivos do INEP, S/D (195?).

62   Samuel E. Morison, *The history of the American people*, v. 3, 1869-1963, p. 80.

63   Samuel E. Morison, *The history of the American people*, v. 3, 1869-1963, p. 81.

64   Samuel E. Morison, *The history of the American people*, v. 3, 1869-1963, pp. 82-83.

65   Samuel E. Morison, *The history of the American people*, v. 3, 1869-1963, p. 82.

ras comunidades rurais. Valores como autodisciplina e tenacidade, tidos como requisitos para prosperidade, reforçaram três princípios essenciais da cultura norte-americana:
- quantidade, qualidade de trabalho, empenho e dedicação, relacionados com a prosperidade;
- autodisciplina, tenacidade, retidão de caráter, relacionados com a religião;
- trabalho, prosperidade e contribuição para o bem-estar da comunidade, especialmente por meio da educação e da geração de empregos, relacionados com a melhor maneira de servir a Deus.

Além disso, a educação geral[66] foi a única forma considerada coerente com a necessidade de se enfrentar vários tipos de situações novas, relacionadas com a industrialização. Assim, o advento da revolução industrial e as significativas mudanças sociais e políticas que caracterizaram a transição para a industrialização conseguiram, no máximo, enfraquecer alguns valores tradicionais.

Essas relações vieram a facilitar a elevação do *status* do "trabalho". Qualquer trabalho parecia digno daqueles bacharéis em *liberal arts*, e esse currículo, interpretado em outros contextos como elitista e nada prático, foi considerado útil e também adequado à sociedade dessa nova era[67] na América.

Nesse ponto, é necessário não relegar o tratamento de segunda linha aos "diferentes" em etnia, origem, etc., o que este livro não deixa de recorrentemente fundamentar até o início do milênio com os empenhos de reformas na legislação e práticas relativas à situação de imigrantes.

Neste ponto é interessante lembrar o governo Roosevelt. O *New Deal* não incluiu nenhum prejuízo específico a imigrantes, a palavra mais próxima ao contexto criado talvez seja a neutralidade. O que foi considerado uma fragilidade da postura de Roosevelt, porém, foi não haver direciona-

---

66 Em 1984, Harold Geneen, o norte-americano conhecido como "Michelangelo do gerenciamento", revelou-se grato pela educação geral que recebeu e reconheceu a importância de haver compreendido que sucesso ocorre como resultado do esforço de cada um. Geneen, *Managing*, pp. 54-55.

67 Daniel J. Boorstin, *The Americans. The national experience*, p. 34.

do esforços especiais diante da tragédia de imigração gerada por Hitler, segundo expõem Roger Daniels e Otis L. Graham em sua obrar *Debating American Immigration*, 1882-present, publicado em 2001.

O chamado *New Deal* pode ser resumido da seguinte forma: Novo Acordo, um conjunto de medidas econômicas e sociais tomadas pelo governo Roosevelt, entre os anos de 1933 e 1937, com o objetivo de recuperar a economia dos Estados Unidos da crise de 1929.

O que gerou celeuma foi justamente a postura nada familiar à cultura norte-americana: o princípio básico de forte intervenção do Estado na economia.

Convém, ainda, complementar sobre as organizações de trabalhadores, que, com certa aversão por decisões governamentais federais, eram, segundo Morison, "congenitamente" vistas como suspeitas. Essa atitude recorrente presente no pensar e agir norte-americano é uma manifestação cultural bem característica. Por exemplo, apesar de Roosevelt haver promovido o poder estatal com sua liderança governamental, grandes corporações, como General Motors e United States Steve, apoiaram opositores ferrenhos ao *New Deal*, suspeitando que, com ele, se estivesse imitando a Rússia. Entretanto, com o advento da guerra, tudo se acomodou. É importante ainda observar a posição de James Madison diante do que entendia como "a flexibilidade da Constituição", o que permitiria mitigar qualquer conflito entre governo federal e os interesses econômicos – e o transcurso do tempo demonstrou que ele tinha razão[68].

Magnas contribuições de Imigrantes: Introdução

Os Estados Unidos são um país essencialmente de imigrantes, desde os primeiros séculos até a atualidade. Durante o desenvolvimento deste livro, muitas vezes essa questão aparecerá em vários tons de discussão/narrativas, porém sempre tentando esclarecer a significância do papel desses protagonistas na história socioeconômica e político-cultural daquele país.

A diversidade, pois, é uma base na construção da nação e as diferenças de origens naquele país são das mais abrangentes do mundo; por essa

---

[68] Samuel E. Morison, *The history of the American people*, v. 3, 1869-1963, p. 340.

razão, o tema emerge frequentemente em pontos os mais diversos desta jornada sobre os rumos da cultura norte-americana.

Entretanto, o volume, a recorrência e os impactos de duas origens em especial não podem ser ignorados, principalmente porque não se trata de aproximação física um fator facilitador, como no caso dos povos latinos. Ao contrário, os judeus, vindos de países diversos, em decorrência da dispersão de suas gerações pelo mundo, imigraram para a América do Norte, bem como os chineses o fizeram, porém partindo de seu extremo oriente.

Destacar esses dois grupos em termos de imigração pode resultar em uma contribuição para a melhor compreensão de quem e como são os norte-americanos, até a atualidade.

A consistente presença dos Judeus

Embora resumidamente, seguindo o projeto deste livro, inclui-se, neste ponto em que se partiu dos primeiros habitantes para começar a pensar nas denominações religiosas e na educação atrelada, um breve espaço para os judeus. Isso, em decorrência de sua presença, mesmo quando indireta, fosse através do convívio com os mesmos, ainda que na Inglaterra, ou apenas a partir de suas ideias e escrituras, bem anteriormente à chegada dos primeiros europeus à América do Norte, porque sua influência é inquestionável:

Hoje em dia, a comunidade judaica nos Estados Unidos é amplamente de origem Ashkenasi, *o que significa oriundos da Alemanha e do leste europeu. Porém, os primeiros judeus a chegarem na América do Norte eram de origem* Sephardic, *o que significa oriundos da Espanha e de Portugal*[69].

Para um melhor entendimento da influência judaica na origem dos Estados Unidos, é importante ter em mente o fato de os judeus terem frequentado

---

69 Joellyn Zollman, "Jewish immigration to America: three waves Sephardic, German, and Eastern European immigrants each contributed to the formation of American Jewry". Disponível em: http://www.myjewishlearning.com/article/jewish-immigration-to-america-three-waves. Acesso em: 20 abr. 2015.

Oxford, na Inglaterra de 1080, pois a universidade oferecia acomodações a estudantes[70]. De início, cerca de cem judeus frequentavam a instituição e gozavam de bom relacionamento com os cristãos. No século XIII, porém, o antissemitismo cresceu e, em 1290, 17 mil judeus foram expulsos pelo Rei Eduardo I. É possível perceber que no período de disputas religiosas na Inglaterra, quando os puritanos resolveram deixar sua terra no *Mayflower*, decididos a recomeçar a vida no Novo Mundo, judeus também conviviam tanto com esses movimentos radicais como os cristãos, além de também contribuírem com a presença das escrituras hebraicas do Velho Testamento.

Entre os raros judeus ainda encontrados em Oxford entre o final de 1200 e meados de 1600, destaca-se Jacob Wolfgang, que se converteu a fim de se tornar o primeiro membro judeu de Oxford, por vezes visto com restrições por não dominar o Latim e as Humanidades pelo fato de ser hebreu.

Como o retorno de judeus a Oxford incluía negociantes, eles introduziram o café, além de outros produtos. Casamentos entre cristãos e judeus, porém, eram mal vistos e alguns procuravam esconder suas origens.

Com o decorrer da Primeira Guerra, o número de judeus na Inglaterra expandiu-se e entre 7 e 9% dos estudantes de Oxford eram judeus, incluindo, Albert Einstein.

Em 2001, foi inaugurada uma organização chamada Oxford Chabad House e fundada uma instituição educacional denominada Oxford University Chabad Society, de onde surgiram nomes significativos, alguns dos quais foram mortos em Auschwitz no período da Segunda Guerra Mundial.

Esse pequeno preâmbulo possibilita perceber como as ideias da cultura hebraica influenciariam os primeiros habitantes dos EUA, em especial os puritanos.

Após esse parêntese para uma realidade mais remota, prossegue-se com um resumo do movimento de judeus para os EUA, já no período de plena imigração-colonização.

---

70   OxfordChabad.org "Jewish Heritage". A Brief History of Jews of Oxford. Disponível em: http://www.oxfordchabad.org/templates/articlecco_cdo/aid/450812/jewish/A-Brief--History-of-Jews-of-Oxford.htm. Acesso em: 19 abr. 2015.

Os primeiros judeus chegaram à América do Norte, na condição de imigrantes, a partir de 1820; entre 1820 e 1924, um fluxo crescente de judeus ocorreu e culminou em permanente e significativo movimento de imigração, em especial diante das perseguições em ambiente europeu sufocante, em contraste com a industrialização norte-americana com movimento comercial crescendo em vigor e abrindo espaço para imigrantes como um Eldorado[71].

Todavia, os norte-americanos não tinham uma política específica de apoio à imigração de judeus até 1944 e as posições sobre recebê-los em grandes grupos diferiam – desde a plena receptividade até o antissemitismo – durante a depressão econômica e mesmo logo depois de os Estados Unidos entrarem na Segunda Guerra Mundial, por temor à possibilidade de espionagem. Entretanto, a situação ficou mais clara durante a presidência de Franklin Roosevelt, que, sob pressão de profissionais de seu governo e da comunidade judaica, além de ser reconhecedor das mortes em larga escala, definiu que o Forte de Ontário, em Nova York, seria transformado em **porto livre** para refugiados, justamente, em 1944.

O maior fluxo de judeus ocorreu durante a presidência de Harry Truman, quando uma legislação definiu claramente a abertura do país a esses imigrantes após o reconhecimento de discriminações. Contudo, essa medida veio quase em paralelo à criação do Estado de Israel, o que levou muitos a se dirigirem para a Palestina, em 1948. Mesmo com a alternativa, o número de judeus que se estabeleceu nos EUA, nesse período, foi sem precedentes[72].

É interessante conhecer, da mesma fonte, o seguinte fato: judeus alemães, austríacos e poloneses imigraram para Shangai, uma cidade que não solicitava visto de entrada. A organização Shanghai's International

---

71   *From haven to home*: 350 years of Jewish life in America. A century of immigration, 1820-1924. Disponível em: http://www.loc.gov/exhibits/haventohome/haven-century.html. Acesso em: 5 abr. 2015.

72   Disponível em: http://www.ushmm.org/wlc/en/article.php?ModuleId=10005139. Acesso em: 5 abr. 2015.

Settlements Quarter, sob controle e administração japonesa, admitiu 17 mil imigrantes judeus[73].

Nesse ponto, cabem perguntas simples e diretas que serviram de rumo para os estudos sobre a imigração de judeus aos Estados Unidos: *When and why did Jews immigrate to America? What historians think?* A primeira parte da pesquisa deste livro, embora muito resumidamente, aborda, cabendo algum comentário adicional ao menos, essas questões importantes na vida das duas nacionalidades. Os primeiros judeus eram portugueses e espanhóis, muitos dizendo-se católicos, mas privadamente mantinham seu judaísmo. Em geral, saíram de vários pontos da Europa em virtude da depressão, muitos não detinham condições financeiras dos originados da Espanha e eram esperançosos das condições no Novo Mundo. Dispersos no grande território, alguns mendigaram, mas judeus da classe média começaram negócios vendendo manufaturados nas comunidades rurais, como mascates, e alguns estabelecendo pequenos negócios. Com o tempo e muito talento para negócios, geraram grandes marcas nos USA. Para ilustrar esse sucesso, é possível citar The Gimbel Brothers, The Macy (family) e Levi Strauss[74].

Uma nova leva de judeus veio da Polônia e da Rússia, fugindo do antissemitismo e das restrições das leis europeias, tornando-se o maior movimento de imigração da história judaica[75].

Referente a esse período, há o que se poderia chamar de relíquias, por exemplo, na Biblioteca do Congresso, como o chamado pequeno

---

73   Aos leitores que desejarem ampliar suas leituras sobre o tema imigração de judeus, ficam duas sugestões: Richard Breitman e Alan M. Kraut, *American refugee policy and European Jewry*, 1933-1945 (Bloomington: Indiana University Press, 1987); Haim Genizi, *America's fair share*: the admission and resettlement of displaced persons, 1945-1952 (Detroit: Wayne State University Press, 1993).

74   Disponível em: http://userpages.umbc.edu/~jonfeng1/thesisproject/ellieginsburg/questions/historians_jewishimmigration.html. Acesso em: 5 abr. 2015. Abba Eban, *Heritage divilization and the jews* (New York: Summit Books, 1984), p. 269.

75   Gildea, Robert, *Barricades and borders*: Europe 1800-1914 (New York: Oxford University Press, 1989), pp. 360-361.

livro de orações, que era preparado para os que viajaram para os Estados Unidos[76].

Curioso, ainda, é o livro *What every woman should know about citizenship. The Immigration Assistance Section of the National Council of Jewish Women*, um guia para cidadania feminina, publicado em ídiche e em inglês em 1893, orientando as mulheres a aprender inglês, assegurar a cidadania e encontrar emprego[77].

Além disso, há o inspirado soneto da autoria de Emma Lazarus (1849-1887) intitulado "The New Colossus", considerado uma obra-prima, de 1883. Trata-se de um poema manuscrito, cujo original foi preservado na American Jewish Historical Society, New York and Newton Centre, Massachusetts, do qual o seguinte trecho foi afixado à Estátua da Liberdade, em Nova Iorque: *Give me your tired, your poor, your huddled masses yearning to breathe free.*

Esse grandioso monumento foi um presente dos franceses, esculpido pelo francês Frédéric Auguste Bartholdi, aos norte-americanos após a guerra, viajando de navio desmontada e sendo remontada no local, onde se encontra hoje, recebendo, mais tarde, o atual pedestal. Foi inaugurada em 28 de outubro de 1886.

É imperativo, nesse ponto em que se apresenta brevemente a presença ampla e marcante de judeus na América como ativa e laboriosa, men-

---

76 *Tefilah mi-kol ha-shanah: Minhah Ketanah* [*Prayers of the Entire Year: Minor Offering*]. Furth: Zurndorffer & Sommer, 1842. Hebraic Section, Library of Congress (40). No sentido de *becoming american*, publicações tentavam contribuir para a adaptação dos imigrantes, podendo ser consideradas uma antecipação à formação intercultural, tão praticada e reconhecida na atualidade, na academia e nos negócios, com a globalização e mesmo no caso das imigrações que continuam a aportar nos Estados Unidos da América, inclusive do Oriente e do Extremo Oriente, especialmente da China, como comprovam as estatísticas citadas neste livro. Publicações eram redigidas em ídiche, inglês e ladino (judeu-espanhol) visando à adaptação. Tornou-se muito popular um guia escrito por Alexander Harkavy's: *English-Yiddish* em inúmeras edições.

77 Cecilia Razovsky (1891-1968), *Vos Yede Froy Darf Visen Vegen Birgershaft, What every woman should know about citizenship* (New York: Department of Immigrant Aid, National Council of Jewish Women, 1926. Hebraic Section, Library of Congress).

cionar as personalidades de porte universal. Albert Einstein, que assinou sua intenção de cidadania norte-americana em janeiro de 1936[78], tornou-se professor de Teoria Física em Princeton, em 1940, completando sua cidadania. Quando Adolf Hitler assumiu o poder, abdicou da cidadania alemã e foi para os EUA. Descartando seu primeiro trabalho científico em Física, realizado em 1905, escreveu, publicou e registrou sua teoria da Relatividade na Biblioteca do Congresso e a liberou para venda como bônus de guerra[79].

Outra personalidade que não poderia ser esquecida nesse momento é Hannah Arendt, uma fenomenóloga, parceira de Martin Heidegger, dedicada à Educação e à Filosofia Política, de família judaico-alemã, que, depois de ser presa em 1933, conseguiu sair de Berlim para Paris e de lá para a América do Norte. Teve uma atividade intelectual fértil, com vários livros editados e ficando muito conhecida, à época, com a obra *Origins of totalitarianism*, do acervo da Biblioteca do Congresso[80].

O que pode ter valido conferir aqui é uma presença antiga das mais variadas formas, com os mais distintos modos de influência e/ou contribuição, remota ou mais recentemente, porém merecendo atenção tanto pelas dificuldades enfrentadas quanto pelo desempenho alcançado entre os cidadãos, no grandioso território, com uma cultura que alguns chamariam de pluralista, enquanto outros complementariam que se trata de

---

78   Disponível em: http://www.loc.gov/exhibits/haventohome/haven-century.html#obj25. Acesso em: 17 abr. 2015.

79   Disponível em: http://www.loc.gov/exhibits/haventohome/haven-century.html#obj26. Acesso em: 17 abr. 2015.

80   Sugestão aos interessados: "Introduction to the Third Edition" [Corrected draft of The Origins of Totalitarianism], 1966. Typescript with author's. Disponível em: https://www.google.com.br/search?q=Introduction+to+the+Third+ Edition%E2%80%9D+[-Corrected+draft+of+The+Origins+of+Totalitarianism],+1966.+Typescript+with+author%27s+alterations.+Hannah+Arendt+Papers.+Manuscript+Division,+Library+of+-Congress+%28104%29+&ie=utf-8&oe=utf- 8&gws_rd=cr&ei=_jMxVYJswduwBM_VgLAO. Acesso em: 17 abr. 2015.

uma estrutura social muito própria de entidade como articulada, mas de modo norte-americano.

A forte presença chinesa nos USA

A aproximação entre chineses e norte-americanos, por ser historicamente antiga e permanentemente mantida, embora com incidentes críticos, vai avançando socioeconômica e politicamente, destacando-se as peculiares relações culturais; daí, merecer a atenção de diversos autores chineses, sino-americanos e norte-americanos também.

A relação China e USA é intensa desde 1882 a 1943; atual, é também complexa, especialmente em decorrência de grande número de imigrantes e de momentos da história em que a legislação restritiva foi estabelecida, por motivos diversos – por exemplo, no caso de construção de extensa ferrovia para o Oeste americano, quando, por um lado, era necessário um número elevado de trabalhadores e, por outro, a presença numerosa dos chineses acabava sendo considerada uma concorrência para os trabalhadores norte-americanos. Cabe observar que reduzir essas relações a períodos de restrições, que podem ser descritos como episódios, seria uma incongruência, pois eles foram diversos, mas apenas parte da história. Há farta documentação oficial, em sua grande maioria disponível a pesquisadores que desejem aprofundar-se no tema, como a página "Chinese Immigration and the Chinese in the United States"[81].

Além de páginas importantes disponíveis virtualmente, há a valiosa contribuição de Suchen Chang, professora PhD emérita da Universidade da Califórnia, em Santa Bárbara, e professora em Berkeley, especialmente no que se refere ao livro escrito em parceria com Spencer Olin, intitulado *Major problems in California history*, o qual merece grande

---

81 Fartos dados podem ser obtidos com o seguinte roteiro: Introduction. District Courts of the United States (Record Group 21). Bureau of the Census (RG 29). U.S. Customs Service (RG 36). Immigration and Naturalization Service (RG 85). Public Health Service (RG 90). United States Attorneys (RG 118). U.S. Courts of Appeals (RG 276) United States Marshals Service (RG 527). Disponível em: http://www.archives.gov/research/chinese-americans/guide.html. Acesso em: 23 abr. 2015.

destaque tanto por suas especificidades temáticas variadas quanto pela farta e minuciosamente selecionada documentação, e, ainda, pelos ensaios que oferece. Nesse ponto em que se abordam pelo menos alguns aspectos da presença chinesa, em especial na Califórnia, um forte reduto de imigrantes daquela origem, torna-se oportuna a sua leitura. Trata-se de uma fonte valiosa sobre a história de desenvolvimento da Califórnia com menções a imigrantes chineses (a referência completa do livro encontra-se na bibliografia)[82].

É interessante observar que os autores não esqueceram a questão feminina no início do século XX, pois, no Capítulo 8, ofereceram documento de Mary S. Gibson, *Explains why progressive women should up left women* (1914). Outro tema que revela o pioneirismo da época é apresentado por A. H. Giannini – *Explains why he decided to finance film industry* (1926). Além de tantos outros temas importantes, o livro trata de questões agrárias naquele Estado, dos impactos da guerra na Califórnia, por exemplo, a necessidade de mão de obra para a indústria aeronáutica em 1943. O livro conclui com um capítulo (16º) fundamental ao tema central da imigração nos Estados Unidos – a complexidade racial –, focando essa multiculturalidade na cidade de Los Angeles, com a contribuição de um membro de uma família ex-imigrante chinesa[83].

---

82 São sugestões de documentos a serem pesquisados na referida obra por estudiosos de diversos temas relacionados tanto à presença chinesa quanto ao desenvolvimento daquele importante estado da nação: Cap 5, *Conflict over land in the New State*, 1850-1870, incluindo os seguintes documentos: B. Buffum Exults in Gold's Discovery, 1850. ID Borthwick Observes Chinese Gold Miners, 1850. Henry George Expresses Skepticism about Rail Roads, 1868. Leland George Extols the Public Benefit of Rail Roads Construction, 1887. Henry Slenkiewiccz Appraises Chinese labor in California. 1880. The American Federation of Labor opposes Chinese Immigration, 1902.

83 Uma segunda fonte disponível é: Book Review: G. Hoskins At America's Gates: Chinese Immigration during the Exclusion Era, 1882-1943 [A book review from: Journal of Historical Geography] [HTML] [Digital]. Disponível em: http://www.amazon.com/Book-Review-Immigration-Exclusion-Historical/dp/B000RR49DA. Acesso em: 28 abr. 2015.

A realidade de uma família de imigrantes com a qual Iris Chang conviveu desde sua juventude levou-a a se interessar pelo tema imigração. Com trabalhos jornalísticos e acadêmicos, foi abordando tanto temas de relações mútuas quanto de um ou outro desses dois povos, a cerca de suas peculiaridades culturais, cujo contato tem sido extenso e intenso, conforme este livro citou, incluindo dados estatísticos indicando que os chineses fazem parte do povo que, nos últimos anos, mais imigra para os USA.

Dada a temática, cuja seriedade dos fatos é marcante especialmente em duas de suas publicações, é interessante situar-se sobre quem foi Iris Shun-Ru Chang, pelo menos a partir de alguns dados de sua origem e formação educacional. Filha de chineses – seu pai era físico e sua mãe, uma microbiologista, professora na Universidade de Illinois, I. Chang nasceu em Princeton. Graduou-se em Jornalismo em Illinois, trabalhou algum tempo para a *The Associated Press* e a *The Chicago Tribune,* obtendo o grau de mestre na Johns Hopkins University, em 1991.

Na verdade, essa aproximação tem sido tratada como uma história épica, desde que os chineses buscaram melhores condições de vida nos anos da estruturação norte-americana, ou, em contraste, passando por extradições, conforme já apresentado.

O referido livro de I. Chang é considerado interessante porque a autora vai percorrendo desde a história até a realidade vivenciada, não somente por seus familiares, mas por muitos compatriotas de seus país, convivendo com a labuta de ser imigrante chinês, na América do Norte; segundo bons articulistas, ela consegue mostrar não unicamente o que significa ser chinês na América, mas também ser americano-chinês[84]. Além disso, ela foi a corajosa autora do dramático livro histórico que se chamou *The rape of Nanking,* que lhe valeu o *status* de *best-seller*[85].

Sobre essa obra impactante, pela crueza com que exibe a realidade, apresenta-se, a seguir, um breve resumo tentando oferecer o indispensável

---

84 Iris Chang, *The Chinese in America*: a narrative history (New York: Penguin Books, 2004).

85 Iris Chang, *The rape of nanking*: the forgotten Holocaust of World War II (New York, Basic Books, 1997).

ao entendimento no que se refere ao tema polêmico tratado pela autora sino-americana, respeitando as diversas naturezas de limites deste livro.

Visando a otimizar um resumo da obra citada, recorre-se a um trabalho da referida autora, em parceria de revisão com Robert E. Entenmann, no Departamento de História de St. Olaf College, procurando favorecer a apreensão, pelo leitor, do episódio em questão, em sua dramaticidade histórica[86].

Para tornar o livro possível e dominando o mandarim, I. Chang dirigiu-se à antiga Nanking, a fim de pesquisar minuciosamente arquivos e entrevistar sobreviventes, em sua grande maioria, idosos.

Em breve resumo do chocante episódio e resumindo as fartas informações da autora I. Chang, após a invasão e o recuo das tropas chinesas em seu próprio território, durante a Guerra do Pacífico, a disciplina dos soldados japoneses entrou em colapso, e estes passaram a matar civis, inclusive crianças e mulheres, além de praticar rapto, castrações e mutilações as mais violentas, impostas aos nativos, retalhando, por exemplo, especialmente unhas e seios das mulheres, chegando à barbárie de dependurar pessoas pela língua em ganchos de ferro. O número de vítimas apresentado pelo *Tokyo War Crimes Trials* foi de 42 mil mortos na cidade e mais de 100 mil nas redondezas, por cerca de seis semanas. Houve, também, uma estimativa em Nanking que alcançou 190 mil mortos, sendo que as pesquisas de I. Chang elevaram esse número para 300 mil. De acordo com o *Tokyo War Crimes Trails*, soldados japoneses raptaram pelo menos 20 mil mulheres chinesas, muitas das quais foram assassinadas posteriormente. O massacre teria começado com prisioneiros e, depois, estendido à população em geral[87].

A autora do *best-seller* revela sua perplexidade diante do escasso conhecimento de tais fatos de atrocidades, quando os crimes da Segunda

---

[86] Iris Chang, "The rape of nanking: the forgotten Holocaust of World War II". Revisto por Robert E. Entenmann, Department of History, St. Olaf College, Published on H-Asia (October, 1998). Disponível em: https://networks.h-net.org/node/22055/reviews/22093/entenmann-chang-rape-nanking-forgotten-holocaust-world-war-. Acesso em: 26 abr. 2015.

[87] Iris Chang, "The rape of nanking: the forgotten Holocaust of World War II".

Guerra Mundial foram tão pesquisados. Revela, porém, que foi convidada a escrever vários artigos a respeito, inclusive para o Japão[88]. Ela ainda comenta sobre seu texto "Nanking incident", quando o *staff* editorial que trabalhava com ela incluiu, junto a vitórias japonesas, esse episódio de sua narrativa, embora discretamente. Segundo a autora, pode ser verificado que na *The Cambridge History of Japan*, volume VI, na qual uma nota no *The China Quagmire*, em uma tradução do inglês para o japonês, consta a Guerra no Pacífico, mas não menciona o incidente.

Diante desses fatos, a autora revela que suas primeiras leituras foram de Ienaga Saburo's "The Pacific War", originalmente publicado em japonês, 30 anos atrás, e reconhece que, ultimamente, outros japoneses, como Hora Tomio, Honda Katsuichi e Tanaka Yuki, têm publicado significativas obras sobre o episódio do *rape of Nanking*. O que ela percebe é que a questão é tanto dramática quanto polêmica e ainda lembra a posição de John Rabe, o negociante alemão que ajudou a proteger civis na zona de segurança de Nanking, o qual seria um *best-seller* no Japão.

Em 1944, 80% dos respondentes a um *pull* realizado no Japão acreditavam que o seu governo não havia compensado devidamente vítimas dos países que o Japão invadiu ou colonizou, o que John Dower chamou de *"people suffering from acute historical amnesia"*[89].

Embora "The rape of Nanking" tenha se mantido por 10 semanas no *The New York Times* como *best-seller* e cerca de meio milhão de cópias tenham sido vendidas, a autora, ainda antes de falecer, diz haver escrito afastada de qualquer sentimento de raiva, tampouco para ganhar fama ou dinheiro, mas desejava apenas que o mundo conhecesse o episódio ocorrido em 1937 em Nanking.

Criticada ou acatada a obra de I. Chang, permanece a polêmica sempre que novos leitores se debruçam sobre a obra, contudo, no que

---

88   Kodansha Encyclopedia of Japan (9 vols., Tokyo: Kodansha, 1983).

89   John W. Dower, "Three narratives of our humanity", Edward T. Linenthal e Tom Engelhardt (eds.), *History wars*: the Enola Gay and other battles for the American past (New York: Henry Holt, 1996), p. 71.

foi possível observar, ela é capaz de contribuir para a reflexão profunda e ampla do humano no mundo, em qualquer época ou lugar, pois, apreciando a ideia ou não, os maiores problemas encontram-se não somente com o homem, mas também em suas atitudes, ideias e ações, energias com as quais ele terá que contar para enfrentar avalanches naturais avassaladoras que trazem sofrimento e morte dolorosa. Entretanto, não um sentimento sobrecarregado pela vergonha do que o ser humano pratica contra o outro que é, na verdade, um outro nós mesmos, esperando tratamento justo e digno, como cada um sobre a Terra – "... no trabalho quanto na vida, o dever ser ético não necessita de grandes feitos, mas de um permanente cuidado em direção a uma consciência desse dever ser cotidiano diante do outro, em todas as dimensões" sociais ou profissionais, "no sentido de ser como outro". Aqui, "não se trata, pois, de fazer algo para o outro, nem de apenas pelo dever, nem tampouco somente como se fosse o outro, mas como uma possibilidade do ser, orientado para o dever ser: a co-humanidade"[90].

Uma inevitável necessidade de desvio para reflexão diante da realidade atual e a questão humana
O que choca diante de episódios sobre os quais se lê, se escuta, com os quais convive, enfim, se revive, mesmo que a longa distância física ou temporal, é que a violência – muitas vezes intencional e friamente organizada, que até mesmo escolhe vítimas, como tem acontecido com organizações que hoje destroem o patrimônio da humanidade intencional e ordenadamente, sem guerras ou revoluções para justificar –, ainda toma vidas humanas, fazendo uso da tecnologia da informação para "ilustrar" a barbárie inimaginável, da qual seres humanos são capazes em pleno ano de 2016. Ostentando com orgulho suas vítimas a caminho da morte imposta por esses senhores das trevas que ainda exibem com orgulho suas armas primitivas ou tecnológicas, e isso não em momentos de ira, mas planejadamente teatralizados, como se estivessem em um palco.

---

90   Valderez Ferreira Fraga, *Gestão pela formação humana: uma abordagem fenomenológica* (São Paulo: Manole, 2009).

Neste ponto, reforço minha postura fenomenológica diante dessa abaladora realidade, refletindo sobre a possibilidade de nossa humanidade não nos ser dada com o nascimento, mas algo a ser permanentemente conquistado e cujos custos do fracasso "intencional" significam a perda do direito à vida de inocentes.

Alentador é perceber alguns sinais da jornada "multicultural" que, evidenciando diferenças no mundo, percebe a necessidade de um olhar crítico e cuidadoso para dentro de cada grupo humano, país, organização de trabalho, público ou privado, escolas e famílias, a "intraculturalidade" que as move para críticas e autocríticas, em trocas sobre as diferenças, sempre no sentido da ética. Isso no caminho da travessia *cross-cultural*, para contribuições sobre o pensar, o agir e o reagir com o outro, visando à "transculturalidade", esse andar "harmonioso do mútuo respeito à dignidade do humano, no trânsito livre entre as diferenças", em qualquer tempo, situação ou lugar[91].

É, pois, o fato de reações não assumirem posturas meramente condenatórias e, o mais perigoso, generalizadoras, embora severas e extremamente críticas, por mais notórias que sejam essas possibilidades de reação diante da narrativa. É importante ressaltar o digno esforço de universitários, como é o caso da dissertação de Chie Muroga Jex, "Social conformity and nationalism in Japan", em Antropologia, pela Universidade West Florida, em 2005[92], no sentido de procurar bases para tais comportamentos, aprofundando-se na história do Japão, para pensar em termos de educação e cultura e alertar para a significância da abertura educacional para cultura como necessidade de compreensão de diferenças internacionalmente, sem estar fechada no tradicionalismo, por mais honroso que possa ser considerado e por maior que seja o respeito às peculiaridades e ao passado de qualquer povo. Fundamentado em referências amplas e consistentes, o estudo merece leitura e reflexão, pois

---

[91] Valderez F. Fraga e Vera V. Esteves, *Air transport challenges*: importance of cross cultural education and research. Gbata Reading Book (Cape Town, South Africa, 2004), pp. 274-284.

[92] Disponível em: http://etd.fcla.edu/WF/WFE0000155/Jex_Chie_Muroga_200905_MA.pdf. Acesso em: 18 maio 2015.

nada é banalizado. Além desse exemplo mais modesto, porém não menos interessante, há o de Andras Riedlmayer, sobre o assunto *the forgotten holocaust*, agradecendo a Peter Hall por postar o trabalho de Iris Chang com a revisão de Robert Entenmann, publicado na H-Asia, quando J. G. Ballard, do *Sunday Times*, comentaria a polêmica em torno do livro de autoria de I. Chang: explicações para o comportamento dos soldados japoneses deveriam focar na sua brutalização, no treinamento, bem como em uma visão de guerra e em uma cultura militar que os encorajaram a ver o inimigo como animais, e não como seres humanos. Este não seria um tratamento exclusivo do exército japonês, certamente, mas levado a extremos por lá. Condições específicas de um período e local particulares, não de um caráter nacional, o que levou ao massacre. O estupro de Nanking foi uma das maiores atrocidades dos tempos modernos e o livro de I. Chang procura ajudar a preservar a memória dessa atrocidade, mas, como tentativa de explicá-la, é muito superficial[93].

Nesse ponto, cabe reportar a relação entre risco e cultura, discussão estabelecida por Mary Douglas e Aaron Wildavsky (2012), no livro *Risk and culture*, o qual, embora mais especificamente relacionado com a tecnologia e o meio ambiente, não deixa de levantar a questão dos valores mais amplamente, favorecendo a reflexão sobre educação e conhecimento e educação e cultura, em busca de compreensão de fenômenos sociais, quando a postura diante da educação é crucial.

Com esforço, recobrando o rumo do tema central sobre o qual se está debruçado, buscando energia na tradição norte-americana de trabalho, somada ao enorme esforço chinês no mesmo sentido, é necessário tentar reencontrar o concreto sentido do compartilhamento intercultural no que se sugere a seguir.

Chinatown, invenção ou espontaneidade que deu certo nos USA
O pluriculturalismo norte-americano, por vezes harmônico, levou à redistribuição das chamadas Chinatown a dez grandes cidades do país,

---

[93] Disponível em: https://listserv.buffalo.edu/cgi-bin/wa?A2=justwatch-l;cf80b90b.9902. Acesso em: 30 abr. 2015.

com suas particularidades gastronômicas de sabores e odores peculiares, espalhando coloridos culturais próprios e movimentos distintos às ruas desses redutos atraentes, dos quais ambas as origens se beneficiam em trocas. Disponíveis a turistas curiosos ou ansiosos por (re)conviver com o clima singular desses bairros, nasceram nos velhos períodos imigratórios intensos – emergindo até Honolulu, não se sabe bem se tentando chegar perto do coração oriental, para olhar de outro ângulo a nova pátria norte-americana, ou expandindo-se para dar a volta ao mundo, como já acontece com a presença de Chinatown em capitais pelo globo.

Certo é que o valor trabalho, elo das relações entre os dois povos, cujas diferenças culturais são gritantes, agrega valores que possibilitam o fenômeno do "em comum" entre diferentes, enriquecendo os dois mundos em muitos sentidos, mutuamente positivos, da criatividade arquitetônica ao comércio interno e exterior, literatura histórico-cultural, etc.; os chineses constituem, nos últimos anos, até 2016, o maior grupo de imigrantes na terra do Tio Sam.

Pausa para sugestões a interessados em Assuntos Militares: China/USA

Pelo fato de questões militares não estarem inclusas em suas áreas de estudo, a autora deste livro não assume o tema neste resumo que aborda as relações cultuais e políticas China/USA, inevitáveis ao se tratar de imigração. A decisão foi deixar pelo menos registradas algumas leituras feitas de passagem pelo foco central, as quais são direcionadas a questões militares, tentando evitar total lacuna diante de duas grandes potências mundiais e suas posturas em políticas internacionais e em defesa. Procurou-se selecionar especialmente entre aquelas disponíveis virtualmente, inclusive algumas passíveis de copiar integralmente. As sugestões, apresentadas cronologicamente, depois de selecionadas, encontram-se disponíveis em um espaço especial ao final das referências bibliográficas, sob o nome de Sugestões específicas.

Não se poderiam considerar tais sugestões aceitáveis caso se incluísse o tema *Triângulo USA-China-Japão*, dada a significância para a economia mundial envolvida, somada à inevitável polêmica a partir do *best-seller* de I. Chang e, ainda, diante do fato da simbólica visita do primeiro-ministro japonês aos Estados Unidos, de acordo com o *Washington Post* de

28 de abril de 2015. Segundo o artigo de David Nakamura e Anna Fifield, na edição matutina, a visita de Shinzo Abe a Barack Obama, 70 anos após o término da Segunda Guerra Mundial, visaria a parcerias em defesa e economia em relações duradouras.

Diante desses fatos, mantêm-se as Sugestões específicas a possíveis interessados em estudar e pesquisar em continuidade ao que foi exposto.

Encerrando: uma conversa pós-leitura histórico-cultural da contribuição chinesa

Entre as motivações que atraíram os primeiros chineses aos USA, a mais forte foi a busca por trabalho remunerado que os permitisse enviar recursos financeiros aos parentes em seu país de origem e, depois, a expectativa de melhores condições de vida. As primeiras imigrações aconteceram no período da chamada corrida do ouro, quando os trabalhos de extração lhes foi oferecido na Califórnia, entre 1849 e 1882, além da epopeia da The Central Pacific Railroad Company, que empregou cerca de 15 mil chineses na construção da Transcontinental Railroad. Na verdade, eles contribuíram em muitas outras construções de ferrovias norte-americanas, daí o argumento de tirarem postos de trabalho dos nativos. Em seguida, ocorreu a legislação de exclusão, um período solidamente documentado e historiado[94].

Além da extração de metal e da epopeia da construção de extensa ferrovia, os chineses trabalharam em projetos de irrigação, agrícolas, de desenvolvimento da indústria pesqueira e indústrias manufatureiras. Na agricultura, contribuíram com seu conhecimento na cultura de vegetais, ajudando no avanço desse conhecimento agrário, já quando começaram a substituir os escravos nas lavouras após a libertação. Suas habilidades na lavoura chegaram a ser imitadas por proprietários norte-americanos.

A mão de obra chinesa era barata e tudo começou na Califórnia, quando a população chinesa imigrante à época era estimada em 100 mil, gerando preocupação do legislador no sentido de proteger a mão de obra local.

---

94   Vale consultar, inclusive como sugestão de importantes acessos: *Museums, parks, and historic sites, archives, digital resources, film and video rental sources book*. Disponível em: http://chineseamerican.nyhistory.org/resources/. Acesso em: 30 abr. 2015.

Já no chamado segundo período imigratório, entre 1882 e 1965, o perfil da população imigrante alterou-se para diplomatas, comerciantes, estudantes e seus familiares, quando começaram a se formar as atuais admiradas Chinatowns. A legislação favorável atraiu muitos chineses não somente da China, mas de seus nativos, que passavam por dificuldades em outros países asiáticos. Quando essas indústrias enfraqueceram, as alternativas dos chineses foram no sentido de pequenos negócios de importação/exportação e manufaturas. Espalhando-se por grandes centros, bem cedo no século XX, geraram os embriões da era das Chinatowns.

Assimilação nunca foi fácil e, em vários períodos, a cultura forte e com diferenças no pensar, no estilo de vida, na religiosidade e na diversão ligada às suas tradições os tornava muito diferentes, levando-os a organizarem suas próprias associações e escolas.

Divididos entre acatar a nova cultura e abandonar suas raízes, alguns começaram a "americanizar-se" em termos de hábitos sociais, leitura de jornais e alguns até mesmo se converteram ao cristianismo, embora os sino-americanos seguissem o budismo ou o taoísmo, entre outros. Mantiveram-se respeitosos a seus ancestrais da mesma forma como respeitam as diferentes crenças dos habitantes do país que os recebeu.

Além disso, foram surgindo interesses mútuos de conhecimento, sendo um dos mais importantes a atração exercida pela alimentação chinesa, com pratos especiais, temperos e chás que, nos anos 1960, eram apreciados em larga escala pelos norte-americanos. Em complementação, os chineses passaram a usar seus trajes típicos em ocasiões especiais, revelando o clima de respeito e de apreciação de diferenças culturais em avanços de ambas as partes, trazendo tradições como as referentes ao Ano Novo, começando a celebrá-los com satisfação e apreciação das diferenças.

Na verdade, os desafios aos chineses começavam entre eles próprios com os inúmeros dialetos de sua colcha de retalhos subculturais, como cantonês, *putonghua, min nan, chaozhou, shanghai (shanghainese)* e *kejia (hakka)*. Com o tempo, as escolas e as aulas de línguas estrangeiras, adicionadas pelo apoio da mídia, favoreceram as relações e a comunicação. Os universitários e professores chineses, inclusive PhD, lecionam em universidades norte-americanas. Todavia, não se pode ignorar que os primeiros anos tenham sido árduos.

A mão de obra chinesa causou impacto considerável na economia ao final do século XIX, em especial na indústria em desenvolvimento durante a Guerra Civil. O trabalho em tecelagem, com cigarros, sapatos e componentes industriais lhes ofereceu oportunidades para montarem seus próprios negócios, considerados concorrentes dos empresários norte-americanos, muito especialmente durante o período da Grande Depressão.

Contudo, é impossível ignorar a contribuição da cultura chinesa à norte-americana, embora seu *exotismo* para a constituição do pluralismo que alguns estudiosos, mas simplificadores, chamaram de, já citados, *melting pot*, ou, outros mais cautelosos, preferiram a metáfora da *salad bowl*; restando, na verdade, mais um convívio pacífico, com trocas e relações mutuamente produtivas, porém ainda muito distantes de assimilação em profundidade.

Interessante é observar, nesta segunda década do século XXI, os avanços econômicos dos países asiáticos, após o contato com os Estados Unidos e o reencontro político e econômico de grande impacto no cenário mundial com o chamado triângulo China-Japão-USA.

PARTE II
Belicismo como estratégia de autodeterminação e união

As guerras no território norte-americano, desde a época colonial, modificaram a realidade socioeconômica e político-cultural daquele povo. Consequentemente, aqueles conflitos também causaram um significativo impacto sobre a educação.

Na verdade, não seria exagero dizer que a religião e as guerras foram as maiores geradoras de mudança na educação, desde os primeiros anos da história daquela nação. Se, por um lado, há uma forte cultura religiosa e uma cultura de trabalho, de outro, existe uma cultura de guerra presente nas raízes das opções, decisões e ações. Aliás, além de a praticidade dos norte-americanos os mover para soluções definitivas, as guerras lhes trouxeram sempre muitos e diversificados aprendizados, como a necessidade de maior união entre as colônias, a liderança, a mobilização e os inúmeros subprodutos, por exemplo, atualmente, a tecnologia de ponta. Historicamente, as necessidades militares, em geral, geram produtos com subprodutos extremamente inovadores, como a internet. Esse sucesso, lamentavelmente, é o que conta.

Com a Revolutionary War, iniciou-se a quebra do isolamento das colônias, pois a também chamada Guerra da Independência conseguiu o rompimento definitivo com o domínio da Inglaterra[1,2].

Lee M. White comenta que não é fácil compreender como uma revolução que começou antes da Declaração da Independência continuou a acirrar as lutas após a declaração. Isso, na verdade, ocorreu com a Revolução Americana, iniciada em 1775 e intensificada após 4 de julho de 1776, data da Declaração da Independência dos Estados Unidos[3]. John Adams – reconhecido como diplomata, advogado e filósofo, mais do que um político e, antes de tudo, um patriota, foi amado pelos norte-americanos, ocupando a vice-presidência com George Washington, eleito o segundo presidente, na verdade, quase reeleito, quando perdeu para Jefferson, por poucos votos, que acreditava afastada de uma vez a considerada irritante presença da França nos Estados Unidos, fazendo a guerra acabar no mar[4] –, sobre a revolução norte-americana, considerava

---

[1] O ainda tênue vínculo entre as colônias tornou-se evidente e gerou uma sensação ambígua, nada confortável para a cultura dos norte-americanos. A tão disputada vitória contra a Coroa lhes trouxe a novidade da insegurança – um vocábulo que não existe no idioma inglês –, uma situação que surpreendeu os ex-colonos com a consequência natural da independência, isto é, a necessidade de integração política. A primeira e menos contrastante solução, considerando-se a divisão em colônias bastante isoladas e quase autônomas, foi constituir uma Confederação, a fim de não interferir muito fortemente em um número significativo de estados, com interesses bastante diversificados e, em alguns casos, até mesmo conflitantes.

[2] Sobre a Guerra da Independência, sugerem-se: Perry Miller, *The life of the mind in America from the Revolution to the Civil War* (New York: Harcourt Brace and World, 1965); Perry Miller, *The New England mind: from colony to province* (Cambridge, Mass.: Belknap Press of Harvard University Press, 1953).

[3] Lee M. White, *The American Revolution in notes, quotes and anecdotes* (Fairfax: LB Prince Lithograph Co. Inc., 1975), pp. 22-23.

[4] The Presidential biographies on WhiteHouse.gov are from "The Presidents of the United States of America" by Michael Beschloss and Hugh Sidney. Copyright 2009 by the

que ela "se efetivou antes da guerra, começou na mente e no coração do povo", o que Lee White chamou de "uma nova raça, em novo continente, onde eles fizeram normas e foram em frente"[5].

É importante alertar sobre essa leitura e White quanto a uma unidade racial, o que não encontra base lógica em um país aberto à imigração contendo, literalmente, o mundo dentro de si próprio. Sem, porém, chegar à fantasia da metáfora do *melting pot*, a ser tratada mais adiante, a ideia da *salad bowl*, segundo estudiosos, é bastante atraente à compreensão desse complexo país, no qual as pessoas afrodescendentes foram aprendendo com os nativos a ter voz ativa, veementemente, reivindicando espaço e condições dignas de vida e trabalho no transcorrer de muitas décadas de dramas.

Retomando a discussão anterior, as reações dos ingleses, ao serem derrotados pelas forças norte-americanas, tomaram diversas formas, até mesmo com a intenção de enfraquecer a ex-colônia, em especial nas taxações, como a elevação de impostos de todo tipo e o estabelecimento de novas taxas sobre produtos através de iniciativas como o *stamp act* e privilégios à Companhia das Índias Ocidentais quanto à venda taxada do chá.

A resposta dos norte-americanos a essas medidas foi imediata, forte e crescente, fortalecendo a união entre as colônias, estimulando passeatas e boicotes. Não era fácil aos europeus entender porque a primeira colônia a se tornar independente na América ainda se rebelava, mas, para os norte-americanos, eram bem claras as pressões à época de Jorge III para controlar ao máximo as colônias. O estilo de reações rápidas e de soluções tentadas como definitivas – uma característica marcante na cultura desse povo – ainda encontra manifestações na atualidade. Após a independência, mensagens como a *Circular Letter* percorreram o território nacional estimulando a unificação das colônias[6]. Pelo fato de essas iniciativas terem sido rotuladas pelos ingleses de rebeliões declaradas, as lutas tornaram-se violentas.

White House Historical Association. Disponível em: http://educacao.uol.com.br/biografias/john-adams.jhtma. Acesso em: 21 fev. 2013.

5   Lee M. White, *The American Revolution in notes, quotes and anecdotes*, p. 5.

6   Lee M. White, *The American Revolution in notes, quotes and anecdotes*, pp. 6-8.

As guerras no território norte-americano já haviam causado devastação com grandes danos ao patrimônio da sociedade durante a expulsão dos franceses e as lutas contra os indígenas, mas muitas ainda ocorreriam após a independência, tomando muitas vidas. Apenas entre EUA e Inglaterra, White computa 25.188 perdas entre os norte-americanos e estima 43.633 entre os ingleses[7]. Contudo, modificaram-se algumas características tradicionais daquelas comunidades, especialmente quebrando o isolamento dos estados, estimulando a interação e originando os primeiros indícios do espírito nacional.

O isolamento geográfico das colônias, aliado a diferentes convicções religiosas de cada denominação e o ritmo de trabalho intensivo que cada comunidade empreendia ao seu próprio progresso, parece ter fortalecido nos norte-americanos o interesse pelas causas locais – de forma oposta aos europeus, que dificilmente se motivaram por causas amplas e, quando foi necessário lutar para esse fim, seus exércitos tinham apenas a duração do atingimento daqueles objetivos específicos. Esse subtema é retomado, neste livro, a partir do conceito de secessão apresentado mais adiante, quando a posição sulista é comentada especialmente por Donald Livingston.

Por essas razões, James Madison, o quarto presidente dos Estados Unidos, em 1781, manifestou sua dúvida de que a União perdurasse após o término da Guerra da Independência. Ele reconhecia que, para o estilo de vida das comunidades, um governo centralizado representaria um terrível desconforto. A tendência norte-americana à liberdade individual estimulava a valorização da autonomia de cada agregação colonial e dos grupos denominacionais, em lugar da possibilidade de um grande país sob um governo centralizado, dotado de uma posição.

Embora a grande causa comum constituída pelo desejo de independência da Coroa Inglesa tenha oferecido os primeiros indicadores de integração das colônias, o sentimento de autonomia delas ainda era bastante forte, mesmo após a independência. Por essa razão, embora com a contribuição das treze colônias para a constituição do *Continental*

---

[7] Lee M. White, *The American Revolution in notes, quotes and anecdotes*, p. 30.

Army[8], alguns historiadores norte-americanos têm comparado os artigos da Constituição, criando os Estados Unidos, à Carta criando as Nações Unidas, em 1945. Segundo muitos, a autonomia era tal que o documento parecia criar treze nações, e não apenas uma. Finalmente, a Guerra Civil veio consolidar a União, sedimentando a federação democrática dos Estados Unidos da América do Norte. Para o general George Washington, foi um desafio manter os soldados comprometidos quando chegava próximo o fim de seu alistamento. O espírito da liberdade civil era forte. As diferenças de postura entre as colônias também eram evidentes ao ponto de Virgínia haver declarado sua independência da coroa inglesa antes da Declaração da Independência[9].

O fato de os Estados Unidos terem pensado em uma confederação, após sua independência, poderia ser interpretado como um indício que, somado ao argumento anterior, gerasse a independência entre as antigas colônias, e não um estado único. Entretanto, Morison aponta para a consistente experiência política de norte-americanos à época, concluindo que não podia ter sido diferente. O escritor Ralph Waldo Emerson apresenta os princípios que nortearam decisões governamentais, após a independência, dizendo "nós começamos com liberdade" e, em segundo lugar, "consideramos as instituições políticas a principal forma de assegurar a democracia". Reforçando, Morison compara a experiência política dos líderes norte-americanos no período que antecedeu a independência e logo após a sua declaração com os franceses, para concluir que estes últimos praticamente não tinham experiência política ao término de sua revolução, ao contrário dos norte-americanos, sobre os quais declarou John Dickinson na Convenção Federal: "A experiência deve ser nosso único guia, a razão pode nos desencaminhar"[10].

---

8 Lee M. White, *The American Revolution in notes, quotes and anecdotes*, p. 29.

9 Lee M. White, *The American Revolution in notes, quotes and anecdotes*, pp. 46, 72.

10 Samuel E. Morison, *The Oxford history of the American people*: prehistory to 1769, pp. 454-255.

Declarações como essas e as diferentes maneiras de estruturar o governo que foi surgindo nos estados confirmam a autoconfiança, a determinação e a experiência política dos norte-americanos, apesar de algumas dificuldades. Por exemplo, enquanto havia modelos unicamerais, como o da Pensilvânia, e os mistos, como o de Massachusetts, alguns cometeram o erro de seguir o exemplo virginiano, em razão do evidente prestígio que desfrutava. Esse modelo optava pela supremacia do legislativo, exatamente o problema que os norte-americanos sofreram a partir dos "arrogantes governadores reais, durante a guerra da independência"[11].

A par das mudanças na estrutura e na evolução do pensamento político, surgiram evidentes mudanças econômicas e sociais: a intensificação do comércio internacional; o início da industrialização; a ascendência de classes sociais; a prosperidade financeira dos industriais; o aumento do poder aquisitivo das classes trabalhadoras; as aspirações de bem-estar social; a busca de uma educação que atendesse às necessidades do povo norte-americano; e, ainda, um novo cenário de lideranças, de início nitidamente religiosas, passando a agregar heróis militares e, mais tarde, ampliando-se para eminentes figuras políticas e empresariais.

As guerras contribuíam para que o povo norte-americano estivesse constantemente envolvido em um processo de análise para a adequação do ensino e da educação de seu povo, em cada uma de suas fases conflituosas, desde a Revolutionary War até a Guerra Civil. As guerras mundiais e as guerras no Oriente também dinamizaram as instituições educacionais e até mesmo os currículos, especialmente no terceiro grau, incluindo a pesquisa. Dificilmente alguém concorde que aprender com guerras seja uma boa alternativa, mas isso parece ter sido uma tendência em grande parte de norte-americanos até mesmo em relação à experiência política.

O que se evidencia é que, iniciados internamente em busca de autodeterminação em relação à presença europeia no país e em busca de soluções para questões internas, o espírito bélico madrugou na nação à qual o mundo também tem recorrido historicamente para reforçar as mais diversas manifestações bélicas, não somente nas guerras mundiais.

---

11 Samuel E. Morison, *The Oxford history of the American people*: prehistory to 1769, p. 358.

A guerra pela independência, por exemplo, deixou uma grande lição. Thomas Jefferson argumentou em favor de muito trabalho para elaborar uma constituição própria do povo norte-americano, para que nunca mais precisasse ser regido por leis que viessem do outro lado do oceano. Gerar as próprias leis passou a ser o grande significado da palavra "liberdade"[12].

---

12   Samuel E. Morison, *The Oxford history of the American people*: prehistory to 1769, p. 355.

CAPÍTULO 3   **A Influência das Guerras Internas sobre a Integração Nacional e os Conceitos Educacionais**

Introdução

Antes de discutir o tema do título, consideram-se oportunos, embora resumidos, alguns aspectos sugeridos pela citação frequentemente empregada por diferentes atores da nação, quando o tema é guerra e que é central à abordagem deste livro: *war is a cultural endeavor*.

Trata-se da relação guerra e cultura, questão que, na verdade, caberia a um tratado antropológico. Entretanto, não seria coerente deixá-lo passar despercebido aqui, sob o argumento de complexidade e amplitude, optando-se então por, pelo menos, enunciá-lo.

Às vésperas da Segunda Guerra Mundial, a antropóloga Margaret Mead publicou um livro para explicar ao povo norte-americano que "guerra é uma diligência cultural" e cultura pode ser uma força ou uma fraqueza que influencia os resultados da guerra. Em seguida, referindo-se àquele livro de sua autoria, ela escreve:

Este livro é baseado na premissa de que, na guerra total, de caráter nacional que os americanos estão agora, hoje, em 1940 é um dos nossos principais compromissos e, pode embora nossa principal habilidade, não ser sabiamente adminis-

trada... Se nós fizermos planos de guerra para os quais invocarmos um tipo de coragem que não tivermos, e negligenciarmos o tipo de coragem que nós temos, nós perderemos. Se nós deixarmos nossos generais e políticos nos envolverem em ameaças internacionais e retaliações que falharem em desabrochar forças em nosso caráter, nós poderemos perder[1].

Essa tão empregada citação de Margaret Mead reforça os que se reportam à guerra como uma questão cultual e concordam com suas afirmações de que, se uma nação entra em guerra sem entender sua cultura, isso se torna um feito impossível.

Assim, Adrian Lewis complementa a ideia para a atualidade com o pensamento de que "a guerra é uma entidade cultural; o Estado é uma entidade política". Ele explica que as nações atuais combinam essas entidades em uma única, reforçando enormemente seu poder. Para o leitor interessado em continuar no rumo da antropologia, Lewis recorre a Malinowski – o antropólogo que explica tribos, suas constituições e papéis – e continua apresentando os estudos de Cliford Geertz, autor de, por exemplo, *A interpretação das culturas*, sobre a complexidade que caracteriza o conceito e as características da cultura[2]. Nessa conversa, Adrian Lewis procura familiarizar seus leitores, a partir de Geertz, quanto a discussões conceituais sobre aspectos como herança cultural, abordando, inclusive, categorias como cultura estratégica e cultura política, duas fundamentais bases para o estudo da guerra, pois se trata de estratégias em razão da estrutura social, de um conjunto de sistemas de normas e pensamentos com um contexto histórico; Lewis também recomenda a leitura de Pierre Bourdieu[3] sobre a questão do indivíduo ser, ele próprio, um agente.

---

1   Adrian R. Lewis, *The American culture of war. A history of US Military Force from World War II to operation in Iraqi Freedom* (New York: Routledge, 2007), p. 1.

2   Adrian R. Lewis, *The American culture of war. A history of US Military Force from World War II to operation in Iraqi Freedom*, p. 1.

3   Pierre Bourdieu, *Outline of a theory of ractice*, Ernest Geller e Jack Godoy (eds.); Trad. R. Nice (Cambridge; Cambridge University Press, 2002), p. 3.

Quando Lewis se reporta a Mead para alertar seu povo sobre largar sobre os ombros de generais e políticos toda a responsabilidade em relação a guerras e seus impactos, bem como fala de Bourdieu sobre ação individual, é inevitável lembrar-se do premiado John W. Dower e de seu provocante livro *Cultures of war Pearl Harbor, Hiroshima, 9-11, Iraqi*, que fala das lamentáveis atrocidades nas Filipinas, onde vilas foram incendiadas e seus moradores, *slatered*, e sobre eventos no Iraque. E, ainda, comenta que "independentemente da autopercepção de retidão, nações com uma cultura de guerra, na verdade, batalham a guerra", prosseguindo com *"This may lead readers to ask: Are these lessons from which the modern world is willing to learn?"*[4].

Mais adiante, na mesma linguagem dura de Lewis, Dower declara: "as decisões da administração de George Bush de invadir o Afeganistão e o Iraque foram guerras por escolha", isto é, literalmente *wars of choice*[5]. O autor compara essas ações às de Pearl Harbor, para, então, enfatizar que, em ambos os casos, os planejadores não avaliaram o que poderia acontecer depois[6].

Apesar de todo o drama, em toda parte há jornalistas que ainda fazem uso do humor e, na América, não é diferente: uma charge de Brad Bannon diz que os republicanos estariam perdendo a guerra internamente, nos seguintes termos: *"These aren't your father's culture wars"*, ilustrando-a com homens das cavernas[7].

---

4   Revisão de livro: Scott Martelle, "Cultures of War's by John W. Dower. The writer connects wars old and new in this study of the reasons countries go to war and how they make mistakes that can haunt them for years", 24 de outubro de 2010. Especial para o *Los Angeles Times*. Disponível em: http://articles.latimes.com/2010/oct/24/entertainment/la-ca-john-dower-20101024. Acesso em: 25 out. 2013.

5   Scott Martelle, "Cultures of War's by John W. Dower. The writer connects wars old and new in this study of the reasons countries go to war and how they make mistakes that can haunt them for years".

6   Sugestão para leitura: Max Boot, "The new American way of war", *Foreign Affairs*, v. 82, n. 4, 2003, p. 42.

7   *US New*. Disponível em: http://www.usnews.com/opinion/blogs/brad-bannon/2013abr.01/republicans-are-losing. Acesso em: 25 out. 2013.

Suspendendo essa breve discussão sobre tema denso e crítico, mas que possibilitará iluminar a categoria guerra como cultural, apresenta-se a forte relação guerra e cultura percebida entre os norte-americanos civis ou militares. Vale aqui conferir o que Richard Swain escolheu para citar Lewis, como "*a governing conclusion*" no capítulo intitulado "The New American way of war". Segundo Swain, Lewis escreveu: "*The most significant transformation in the American conduct of war, since World War II and the invention of the atomic bomb, was not technological, but cultural, social, and political – the removal of the American people from the conduct of war*"[8].

O que todos os autores abordam, cada um a seu estilo, porém com as mesmas preocupações e o mesmo alerta, é que o povo estaria ficando excluído das decisões de guerra. Os desconfiados de um governo federal no passado remoto e de um só governante para as duas metades, após a tentativa de secessão com guerra do mesmo nome, também chamada civil, parecem haver antecipado essa grave questão, se é que a tradição cultural norte-americana é considerada. E, quando se fala sobre o período George Bush, estudos poderiam olhar, igualmente, para a Inglaterra, que, à época, também teve o seu Tony Blair no poder.

Guerras e integração: implicações na educação

Os dois períodos de conflitos, Guerra da Independência e Guerra Civil, causaram significativo impacto na evolução da educação superior nos Estados Unidos e geraram certa consciência de agregação nacional, pois, por mais incongruente que possa parecer, contribuíram para a interação entre as colônias, até então julgadas isoladas e imaginadas homogêneas. Aos poucos, a heterogeneidade de valores e posicionamentos diante da vida tornou-se uma nova realidade na sociedade norte-americana e isso causou impacto no posicionamento filosófico e na política educacional das faculdades, em especial depois de 1750. A percepção corrente era que,

---

8   Richard Swain, "The American culture of war: the history of U.S. Military Force from World War II to operation Iraqi Freedom" (review). *The Journal of Military History*, v. 71, n. 4, outubro de 2007.

a partir de então, dogmas religiosos não deveriam criar conflitos entre os homens, mas deveriam ser analisados, explicados e estudados livremente, em uma viva e mais liberada atmosfera intelectual.

Para se ter uma ideia da expansão do ensino superior, basta verificar que, entre 1746 e 1769, o dobro de faculdades foi fundado, em relação aos 20 anos anteriores. Essa mesma proporção repetiu-se entre 1769 e 1789. O presidente Ezra Stiles, de Yale, chamou essa fase de *College Enthusiasm*. Esse movimento coincidiu, em meados do século XVIII, com o surgimento do chamado *Great Awakening*[9]. Como consequência dessa nova e menos rígida realidade, surgiu outra classe de fundadores de faculdades, a do proeminente leigo[10].

Antes das organizações acadêmicas passarem às mãos de leigos, é interessante observar que elas começaram a agregar diferentes denominações religiosas. À época da revolução, a maioria das denominações religiosas tinha a sua própria faculdade:
- Novos presbiterianos – Princeton;
- Revividos batistas – Brown;
- Alemães *revivalists reformists* – Rutgers.

Os congregacionalistas transformaram uma missão indígena em Dartmouth, instituição que, por sua característica, merece uma pausa: é a nona instituição educacional mais antiga dos EUA, fundada em 1769, pelo reverendo Eleazar Wheelock, um clérigo congregacionalista que havia criado a Moor's Charity School em Lebanon, Connecticut, visando à educação dos indígenas. Para transformar a escola em *college*, Wheelock a realocou em Hannover, Província Real de New Hampshire. Conseguiu terra com o governador e construiu Dartmouth, em 1769, com o apoio do Rei George III, visando à educação de jovens indígenas, ingleses e quaisquer outros interessados[11].

---

9   Daniel J. Boorstin, *The Americans. The colonial experience*, p. 179.

10   John S. Brubacher e Willis Rudy, *Higher education in transition*, p. 9.

11   Disponível em: http://www.dartmouth.edu/home/about/history.html. Acesso em: 13 fev. 2013.

Dando continuidade às já citadas:
- Anglicanos e presbiterianos – *Kings College* (mais tarde, *Columbia*);
- College of Philadelphia (mais tarde, *University of Pennsylvania*).

Um Destaque Especial entre os Presbiterianos

Além de nomes que marcaram a história da futura Universidade de Princeton, por motivos os mais diversos, ela teve como seu presidente aquele que seria um presidente reeleito dos Estados Unidos, Woodrow Wilson. Aliás, Princeton foi bem agraciada de personalidades, pois contou, ainda, com Aaron Burr – um presidente da instituição que se tornou primeiro-ministro do país e foi responsável pelo sucesso de sua estruturação. Teve um filho com o mesmo nome, cuja personalidade foi polêmica. Aaron Burr filho concorreu à presidência do país com Thomas Jefferson e, praticamente empatando, submeteu-se à decisão do Congresso que apoiou seu concorrente[12].

Seu pai deixou um legado de reenergização em Princeton, contribuindo fortemente para sua história de sucesso.

Princeton nasceu no período colonial, em meados de 1700, com Jonathan Dickinson, contando com apenas dez alunos. Após o falecimento de Dickinson, assumiu Aaron Burr por cerca de dez anos. Este era um clérigo amante do currículo de *Arts and Sciences*, cujo pronunciamento em aula inaugural foi proferido em latim. Seguiram-se Jonathan Edwards, Samuel Davies, Samuel Finley, todos até meados de 1700, e Finley, já no início da Guerra Civil e em um período movimentado na vida religiosa protestante, o *Great Awakening*, quando se dizia pretender acordar os afastados e confortar os homens de fé. A população de alunos cresceu consideravelmente

---

12 Burr, Aaron, Sr. (1715/6-1757) was Princeton's second president, but because his predecessor, Jonathan Dickinson, died the year he took office, it was Burr who did most of the work of organizing the College and making it a reality. Burr's work was also cut short by death, but during the ten years he served, the curriculum was devised, the student body enlarged tenfold, new friends made for the College, substantial gifts obtained, and a permanent home found in Princeton. Disponível em: http://etcweb.princeton.edu/CampusWWW/Companion/burr_aaron_sr.html. Acesso em: 4 abr. 2015.

durante seu mandato. Era reconhecido como um bom homem e apresentava rigor acadêmico necessário a um bom termo. O presidente seguinte foi John Witherspoon, que avançou na contratação de novos professores de Matemática, Filosofia e Inglês, entre outras disciplinas, criando laboratórios e implementando bibliotecas. Considerado proeminente, foi o único clérigo e presidente de universidade a assinar o documento de Declaração de Independência dos Estados Unidos, ao final da guerra. Segue-se então a presidência de Woodrow Wilson, um expansionista não somente em termos de aspectos físicos da organização, mas de conhecimento. Admirado e aberto, incluiu no corpo docente católicos e judeus. Após sua jornada bem-sucedida em Princeton, durante sua presidência do país, enfrentou dramas do início da Primeira Guerra Mundial, conseguiu apoio no exterior para a constituição da Liga das Nações, mas perdeu a maioria no Congresso em seu país, vindo a fazer esforço excessivo e abalando sua saúde com hemorragia cerebral, em consequência da qual veio a falecer[13].

Percebe-se que a contribuição presbiteriana mostrou-se significativa. Princeton sempre ocupou espaço importante na religião, na educação e na política nacional.

O seguinte pronunciamento de Woodrow Wilson vale a pena ser relembrado:

Eu acredito em democracia, porque ela libera a energia de cada ser humano. A dinâmica da democracia é o poder e o propósito do indivíduo e da política desta administração é dar ao indivíduo a oportunidade de realizar suas mais elevadas possibilidades[14].

Após a Revolução, esse panorama fracionado começou a mudar Brown; por exemplo, não era mais representado unicamente por batistas, pois

---

13 Disponível em: http://www.princeton.edu/pub/presidents/ http://www.princeton.edu/pub/presidents/Last up date: July 18. http://press.princeton.edu/titles/9941.html;http://www.princeton.edu/pub/presidents/witherspoon/ e //www.nobelprize.org/nobel_prizes/peace/laureates/1919/wilson-bio.html. Acesso em: 22 ago. 2013.

14 J. F. Kennedy, *The burden and the glory* (New York: Harper and Row, 1964), p. 10.

reunia um considerável número de congregacionalistas, anglicanos e *quakers* em seus conselhos. Outro exemplo interessante é o da Universidade de Pensilvânia, que incluía em seu *board* inclusive católicos romanos. A partir da análise desses fatos, Boorstin comenta que os norte-americanos começaram a encontrar segurança na diversidade[15].

Por meio das ações de novos idealizadores, fundadores e administradores de instituições de ensino superior, a educação apresentou os primeiros indicadores de que havia novos tipos de colaboradores: a dos líderes políticos e, um pouco mais adiante, a dos empresários.

Os clérigos, depois da independência, tiveram de ser tolerantes diante das ideias avançadas emergentes, uma vez que eles não representavam mais a liderança majoritária nas faculdades. Algumas instituições de ensino superior, como as Faculdades de Rhode Island e Philadelphia, apresentaram rápidas mudanças de postura diante da liberdade. A finalidade daquelas instituições estava assentada na preparação de jovens para servir à comunidade em prol do que chamavam de "bem comum", não mais enfatizando a formação de ministros religiosos[16].

Isso resultou em uma considerável queda no percentual de estudantes que optaram pela carreira religiosa, a partir de 1761. Do elevado contingente de 50% dos estudantes, a opção religiosa baixou para 22%, em 1801, continuando a declinar para 11%, em 1861, até atingir um mínimo de 0,5%, em 1900[17].

De forma lenta e gradual, porém efetiva, ocorreu a transformação do ensino superior norte-americano a partir da Guerra Revolucionária. Exemplos de mudanças na política, procedimentos e posicionamentos diante das funções do ensino superior espalharam-se por todo o território daquele país.

Por volta de 1770, a Faculdade William and Mary, fundada por anglicanos, decidiu que, além de preparar ministros religiosos, bem como para

---

15   Daniel Boorstin, *The Americans. The colonial experience*, p. 180.

16   Daniel Boorstin, *The Americans. The colonial experience*, p. 8

17   John S. Brubacher e Willis Rudy, *Higher education in transition*, p. 10.

mais duas profissões tradicionais – advogados e médicos –, deveria formar *gentlemens*, como eram chamados os líderes que a aristocrática sociedade do Estado de Virgínia desejava, para funcionarem como representantes do poder atento ao pensamento da comunidade. A liderança era vista pela elite da terra de Jefferson como uma verdadeira profissão[18]. A formação de *gentlemen* ainda é apresentada na literatura recente sobre gestão intercultural como atual e prestigiada na Inglaterra. O livro *Global management*, de autoria de Mendenhall, Ricks e Punnett, aborda claramente essa questão[19].

A ideia de liderança política desenvolveu-se nitidamente durante a Guerra Revolucionária, crescendo na Revolução Americana pela Independência, para fortalecer-se após a Guerra Civil. A interação entre os valores desenvolvidos na sociedade e as instituições de ensino superior veio, novamente, influir na dinâmica do desenvolvimento social norte-americano[20]. A partir daquela época, o posicionamento educacional assentado no currículo *Liberal Arts*, embora muito significativo, já não era considerado suficiente e, por isso mesmo, foi enriquecido com valores e conteúdos que deveriam atender às necessidades da época. O estudo da Língua e da Literatura Inglesa, bem como de outras línguas modernas, foi introduzido no currículo[21]. As ideias de Descartes, experiências científicas, a nova física de Newton e a utilização de laboratórios e de telescópios[22] vieram sacudir a rígida e tradicional estrutura do ensino superior[23] baseada na recitação.

18 John S. Brubacher e Willis Rudy, *Higher education in transition*, p. 10.

19 Mark E. Mendenhall, Betty Jane Punnett, David A. Ricks, *Global management* (Cambridge, Mass.: Blackwell Inc, 1995).

20 Frederick Rudolph, Curriculum, pp. 48-49. A Guerra Civil ocorreu entre 1861 e 1865, dividindo o país em duas seções, os unionistas, tradicionais agricultores do Sul, onde o trabalho escravo, especialmente nas plantações de algodão, era importante, e os comerciantes do norte, que defendiam a Confederação.

21 John S. Brubacher e Willis Rudy, *Higher education in transition*, p. 18.

22 John S. Brubacher e Willis Rudy, *Higher education in transition*, p. 17.

23 John S. Brubacher e Willis Rudy, *Higher education in transition*, pp. 13-14.

Inicialmente, Harvard, em 1730, e, cerca de 30 anos mais tarde, Yale abriram suas portas à tendência científica da época, mas aquilo foi realizado de forma bastante peculiar, especialmente pela última universidade.

Como exemplo daquela situação de transição para a reflexão e a pesquisa, será importante salientar que contradições lógicas resultantes de conflitos entre conceitos filosóficos e científicos não se constituíam em ameaça à integridade do pensamento do corpo docente, porque o método de aprendizagem não sofreu mudanças. Os estudantes eram estimulados somente a aprender, isto é, a absorver o máximo de informações possível, novos conhecimentos científicos, pois a possibilidade de discutir, comparar e questionar tais conhecimentos não foi a eles mencionada[24].

Paralelamente à mudança curricular, a sociedade colonial como um todo também sofreu o impacto da mudança, passando, pouco a pouco, de uma estrutura elementar, estável, tradicional, formada de comunidades homogêneas a uma nova dinâmica de organização, mais complexa e de realidade ambígua, depois da independência.

As guerras também causaram impacto na educação informal das mulheres, cujas circunstâncias levaram-nas a desempenhar papéis bem diferentes dos tradicionais na sociedade norte-americana.

Embora poucos nomes tenham ficado registrados, a história norte-americana relata muitos fatos que comprovam isso. Os textos de L. M. White[25] narram a participação de mulheres nos campos de batalha, mesmo empunhando armas, a partir da Guerra da Independência. Apresenta, também, vários exemplos de atribuições das mulheres relacionados com as guerras, quer confeccionando uniformes e bandeiras, quer substituindo seus maridos nas mais diversas atividades, quando eles se encontravam engajados nas tropas ou eram mortos em batalha. Entre essas atividades, o autor cita a administração de vários tipos de empreendimentos, desde fazendas até gráficas. Além disso, há registros do engajamento das mulhe-

---

24   John S. Brubacher e Willis Rudy, *Higher education in transition*, pp. 13-14.

25   L. M. White, *The American Revolution in notes quotes and anecdotes* (Fairfax, Virginia: L.B.Prince Co., 1975).

res no serviço de espionagem, durante as lutas internas[26]. Lord[27] também ilustra fartamente em seu elaborado livro, *Civil War Collector's Encyclopedia*, desde os mais sofisticados artefatos para a época até os mais simples armamentos, utensílios e fardamentos, insígnias, bandeiras e documentos, além de veículos e material de abrigo e acampamentos, revelando o papel das mulheres nessas verdadeiras fábricas de aparatos de guerra.

O historiador Samuel E. Morison comenta os danos da Guerra Civil sobre os princípios éticos e morais da sociedade norte-americana. As mulheres, segundo ele, ainda teriam preservado sua moral puritana, mas os homens estariam motivados a lucros fáceis, incentivo à prostituição e negócios com bebida[28]. Morison justifica a depressão econômica ocorrida entre 1873 e 1876 com a especulação[29], o que seria uma consequência desses novos hábitos do panorama estabelecido.

Parece importante refletir, a esta altura, sobre o vínculo entre educação e utilidade. Ele sempre esteve presente nos posicionamentos educacionais na América, independentemente da época ou do tipo de resposta à questão "Educação para quê?".

Independentemente de a resposta ser para a fé, para a liderança, para a cidadania, para o desenvolvimento industrial, econômico e social, científico e tecnológico e/ou para a autorrealização, o princípio de utilidade era permanente.

Talvez, o mais interessante seja observar, diante da educação como fator de desenvolvimento industrial, o modelo escolhido – a educação liberal em vez de uma educação que buscasse efeitos mais imediatos, restrito a funções e atribuições menores. Em consequência a esse posicionamento, o treinamento foi um papel desempenhado, em grande parte, pelo empresário, desde o início da industrialização naquele país.

---

26   Lee M. White, *The American Revolution in notes quotes and anecdotes*, pp. 47-51.

27   Francis A. Lord, *Civil War Collector's Encyclopedia* (Secaucus, New Jersey: Castel Books, 1979).

28   Samuel E. Morison, *The Oxford History of the American people*. v. 3, 1869-1963, p. 36.

29   Samuel E. Morison, *The Oxford History of the American people*. v. 3, 1869-1963, p. 37.

Além disso, o conceito de educação para a vida esteve vivamente presente no posicionamento do povo norte-americano, alterando-se apenas as formas de abordagem, de acordo com as necessidades de cada época: o **preparar-se** para o imprevisível no período colonial surge como uma preparação para o conceito de educar para o futuro, tão discutido nos dias de hoje. De certa forma, divididas ou acomodadas entre si, as ideias de prazer do estudo – significando o prazer do estudo em si – eram somadas às utilidades – entre elas a agricultura – e, ainda, à religião. Tais princípios aparecem desde o período colonial, norteando e justificando os ideais do ensino do Plano para o Estabelecimento da Escola Pública na Pensilvânia, elaborado por Benjamin Rush, resumido por Casement, a seguir[30]:

- É amistoso em relação à religião e remove a superstição.
- É favorável à liberdade, e o governo só pode existir com a difusão da leitura, em que a leitura é confinada a poucos, bem como há aristocracia e escravidão.
- Promove justas ideias sobre lei e governo.
- É amistoso e com boas maneiras. Aprendizagem promove convívio.
- Promove a agricultura, uma grande base para a prosperidade nacional e a felicidade.
- As manufaturas de qualquer tipo devem seu sucesso, em grande parte, ao ensino[31].

Os argumentos pró-ensino e aprendizagem não variaram muito de uma época para outra, mais importante do que isso, porém, é a constatação da importância que lhe foi atribuída em qualquer parte do território nacional. Nesse ponto, vale lembrar das primeiras iniciativas em engenharia que

---

30   William Casement, "Learning and pleasure: early American perspectives". Educational Theory, v. 40, n. 3 (Summer, 1990), pp. 343-349.

31   Benjamin Rush, "Letters of Benjamin Rush", In: L.H. Butterfield (ed.), Princeton: *The American philosophical society*, 1951, v. I, p. 414, *To the citizens of Philadelphia: a plan for free schools*, 1787 (March 28); William Casement, "Learning and pleasure: early American perspectives", pp. 343-349.

Calvert introduz com *Mechanical engineer in America 1830-1910. Professional culture in conflict*, que ilustra movimentos da época e está disponível na bibliografia.

Um estudo de Janet Cornelius sobre a educação dos negros no Sul[32] revela que, desde os tempos da escravidão, os negros mantiveram a educação como um dos valores mais elevados em sua comunidade, ensinando às crianças suas tradições e preceitos. Além disso, os estudos demonstram que os escravos também apreciavam a leitura, mais do que os antigos estudos revelaram, e a consideravam um caminho para a liberdade.

As guerras internas, indubitavelmente, causaram os mais diversos impactos na sociedade, não somente pelas causas defendidas ou pelas desastrosas consequências inerentes a um sério conflito, como também pelo fato de afetarem a educação. A própria dinâmica das guerras abriu novos canais e formas de comunicação entre as colônias, removendo-as de seu isolacionismo e localismo. A expectativa nos "benefícios" das guerras, o hábito de procurá-los, observá-los, considerá-los, deve ter contribuído para a tendência norte-americana às soluções bélicas.

De acordo com alguns historiadores, as guerras têm se constituído no mais significativo fator de mudança socioeconômico, incluindo no setor educacional. No caso da Guerra da Independência e da Guerra Civil – Guerra da Secessão –, as instituições educacionais, especialmente de 3º grau, prepararam-se para atender às novas necessidades e aos interesses da sociedade como um todo.

Além disso, embora essa seja uma abordagem recorrente, mas não homogênea entre os autores norte-americanos, o convívio com aquela realidade leva a perceber o desenvolvimento de uma cultura que incluiu a guerra, pois a busca na solução de problemas incluindo a guerra é um traço cultural visível não somente da época colonial, mas presente no século XX e no início do novo milênio. Mesmo fora de seu território, vem dando continuidade à história daquela nação.

---

32 Janet D. Cornelius, "The education of blacks in the South". *Educational Theory*, v. 40, n. 3, pp. 407-4014 (Summer), 1900.

Uma breve retrospectiva à celeuma Ensino Público

A literatura sobre a escola pública nos Estados Unidos a partir do período anterior às guerras internas é farta e as questões envolvidas são muitas e imbricadas. A seguir, são citados nomes de importantes autores e atores nessa celeuma, favorecendo a opção aos interessados em aprofundar-se no tema[33].

Muitos e respeitados autores escreveram sobre o que alguns chamaram *Common School Movement* – escola pública e períodos como o colonial e o republicano, panorama no período anterior às guerras, alterações de visão e missão pós-guerra, o desabrochar das ideias de uma escola realmente comum, recebendo até mesmo filhos de estrangeiros, de imigran-

---

33   Julian P. Boyd (1950), *The papers of Thomas Jefferson*; L. H. Butterfield (1951), *Letters of Benjamin Rush*; R. Freeman Butts (1978), *Public education in the United States*: from revolution to reform; Frank Tracy Carlton (1965), *Economic influences upon educational progress in the United States, 1820-1850*; Lawrence A. Cremin (1957), *The Republic and the school*: Horace Mann on the education of free men; Lawrence A. Cremin (1970), *American education*: the colonial experience, 1607-1783; Lawrence A. Cremin (1980), *American education*: the national experience, 1783-1876; Paul L. Ford (1892-1899), *The writings of Thomas Jefferson*, v. 10; James W. Fraser (1999), *Between church and state*: religion and public education in a multicultural America; Carl F. Kaestle (1973), *The evolution of an urban school system*: New York city, 1750-1850; Carl F. Kaestle (1976), "Conflict and consensus revisited: notes toward a reinterpretation of American educational history"; Carl F. Kaestle (1983), *Pillars of the republic*: common schools and American society, 1780-1860; Michael B. Katz (1971), *Class, bureaucracy, and schools*: the illusion of educational change in America; Vincent P. Lannie (1968), *Public money and parochial educational*: bishop hughes, governor seward, and the New York school controversy; Kenneth A. Lockridge (1974), *Literacy in Colonial New England*: an enquiry into the social context of literacy in the Early Modern West; Keith E. Medler (1972), "Woman's high calling: the teaching profession in America"; Sarah Mondale e Sarah Patton (eds.) (2001), *School: the story of American public education*; Edward Pessen (1967), *Most uncommon Jacksonians*: the radical leaders of the early labor movement; Frederick Rudolph (ed.) (1965), *Essays on education in the early republic*; Peter Schrag (1970), "End of the impossible dream"; David Tyack (1974), *The one best system*: a history of American urban education; Wayne J. Urban e Jennings L. Wagoner Jr. (2000), *American education*: a history; Rush Welter (1962), *Popular education and democratic thought in America*.

tes e crianças de etnia negra, visando à dignidade de todos, despertam a necessidade de, pelo menos, rever sobre essas questões e períodos, chegando a um *flash* sobre a atualidade.

As dificuldades de um lugar comum para o interesse educacional em um sistema de escola pública único, no território, foram intensamente discutidas mesmo antes de seu estabelecimento, intensificando-se a partir de 1830, especialmente no Nordeste e Meio-Oeste. A ideia de pública como sinônimo de livre levava os favoráveis a essa posição a acreditar que seria um avanço moral, social, além de ser de interesse vital ao país. Essa ideia trouxe ao debate se a escola pública seria para os pobres ou para as crianças em geral, ignorando gênero, religião, situação socioeconômica ou origem estrangeira. A intenção de expansão desse sistema ao território como um todo tornou-se emblemática ao estilo de vida norte-americano, mas não foi um movimento pacífico e os debates eram intensos.

As razões eram muitas, porém a preocupação de ensinar as crianças de uma forma ou outra era maior e algumas escolas eram pagas, outras não.

Lawrence Cremin explica que os puritanos buscavam professores que educassem à maneira religiosa da opção denominacional mais forte da Nova Inglaterra; em 1635, era isso que significava: ensinar e guiar as crianças segundo os princípios da denominação. Além disso, Cremin cita a criação da Escola de Gramática Latina de Boston no ano seguinte, 1970, e, em paralelo, a criação do Harvard College[34].

As autoridades, à época, exigiam o estudo das crianças com orientações direcionadas a comunidades. No caso de mais de 50 famílias, deveriam ser providenciadas formas de ensino de leitura e escrita e, nas localidades com mais de ccm famílias, esperava-se o estabelecimento de escolas. Apesar de as orientações legais serem de certa forma homogêneas, os modos de atender foram bastante locais. Virginianos, por exemplo, diziam seguir a Inglaterra, "cada um de acordo com suas habilidades"[35].

---

34 Lawrence A. Cremin (1970), *American education*: the colonial experience, 1607-1783, p. 180.

35 Wayne J. Urban e Jennings L. Wagoner Jr. (2000), *American education*: a history, pp. 22-23.

Benjamin Rush representou uma presença firme na questão dos primórdios da escola pública, iniciando com um chamamento à população de seu estado com *To the citizens of Philadelphia*, no qual apresentava "A Plan for Free Schools", em 28 e março de 1787[36]. Esse estudo inspirou atividades em várias regiões do país.

Em decorrência da Guerra Civil e do Iluminismo europeu, o panorama foi mudando e o papel de Thomas Jefferson foi importante, embora ele não tivesse muitos adeptos quanto à ideia de que isso seria de grande interesse para a nação; vale lembrar também o papel de Benjamim Rush quando se fala em ensino escolar, pois sua religiosidade mesclada ao patriotismo, no que se referia à educação das crianças, era uma postura bastante clara. Era uma declaração de que o único fundamento para uma educação útil em uma república estaria baseado na religião. Sem religião, dizia ele em seu ensaio, não há virtude, e sem virtude não há liberdade[37].

Junto a Jefferson, Rush Noah Webster, professor e fundador do Amherst College, muito ajudou nas decisões sobre a escola pública, desde a formulação de seus dicionários da língua inglesa, segundo a cultura da nova América, até a definição das necessidades educacionais, visando ao que ele considerava *o mais importante papel da nova sociedade civil: um governo livre*[38].

Segundo alguns autores, Rush teria sido pouco lido na América, porém, além da contribuição para a rede pública de ensino, sua proeminência pode ser resumidamente registrada como presente entre os pais da nação norte-americana ao lado de Ben Franklin, George Washington, John Adams e Thomas Jefferson[39].

---

[36] L. H. Butterfield (ed.), *Letters of Benjamin Rush* (Princeton: The American Philosophical Society, 1951), v. I, p. 414, "To the citizens of Philadelphia: a plan for free schools", março 28, 1787.

[37] Benjamin Rush, *Essays, literary, moral, and philosophical* (Philadelphia: Thomas & William Bradford, 1806), ver "Of the Mode of Education Proper in a Republic", pp. 57-73.

[38] Recomenda-se a leitura do texto disponível em: //www.jesusuncensored.com/benjamin_rush.html. Acesso em: 9 nov. 2013.

[39] Disponível em: http://www.ushistory.org/declaration/signers/rush.htm. Acesso em: 10 nov. 2013.

Seu surpreendente currículo cobre, além da preocupação com o ensino público, sua atividade como médico, chamado de pai da medicina na América, em virtude das suas descobertas em medicamentos e, ainda, "pai da psiquiatria norte-americana", o que se encontra gravado em sua lápide, segundo Barton[40]. Formou-se em várias áreas nos Estados Unidos e estudou Medicina na Europa. Embora extremamente admirado e respeitado, não ficou livre de polêmicas quanto a algumas de suas posições e práticas.

Reforçando o que foi dito sobre sua ligação com a ideia de escola pública, escreveu muitos livros-texto e inseriu a leitura da Bíblia nas escolas. Também foi considerado pai da escola pública sob a constituição, em razão de sua postura em busca de uma escola livre e ações nesse sentido. Entre suas iniciativas pioneiras, está o apoio à mulher de John Adams ao lançar a Academia Feminina na Filadélfia, uma das primeiras instituições para mulheres na América[41].

Nesse ponto em que a peculiaridade da situação feminina emerge, pode ser oportuna a leitura de Thomas Woody, "History of Women's Education in the United States", visando a uma melhor compreensão daquela realidade.

Neste capítulo, sobre esse fundamental tema da escola pública norte-americana, trazendo, pelo menos, uma ideia de seus preâmbulos, sua instituição e expansão, sugere-se a matéria disponível na bibliografia, pois oferece rico material para aprofundamento deste breve resumo sobre essa essencial área de conhecimento em qualquer estudo que busque bases culturais[42].

---

40 David Barton, *Benjamin Rush* (Wallbuilders, Aledo, TX. 1999), p. 35.

41 David Barton, *Benjamin Rush*, p. 35. Para a elaboração das notas, contou-se muito com o site: http://www.jesusuncensored.com/benjamin_rush.html. Acesso em: 9 nov. 2013.

42 Common School Movement – Colonial and Republican Schooling, Changes in the Antebellum Era, The Rise of the Common School – StateUniversity.com. Disponível em: http://education.stateuniversity.com/pages/1871/Common-School-Movement.html#ixzz2k5sX7eXC. Acesso em: 09 nov. 2013.

Butterfield escreveu sobre essas suas preocupações, pois, sendo um dos signatários da Declaração da Independência, passados dez anos, considerava a necessidade de muita evolução pós-guerra, percebia mudanças formalísticas, mas nem tanto em princípios e posturas coerentes com a forma de governo adotada[43].

Quanto à expansão das ideias de seu estado da Filadélfia para a nação, dizia que as escolas requereriam um sistema repressivo de taxas, o que, somado às ideias jeffersonianas, levaria a um sistema comum de escolas. Ele argumentava no seguinte sentido: 1) os solteiros para poderem dormir com menos cadeados nas portas; 2) os órfãos serão beneficiados porque serão protegidos de pessoas sem princípios; e 3) as crianças de pais abastados ficarão livres de más companhias e as taxas acabarão menos necessárias, no futuro, se as pessoas forem educadas[44].

Essa rápida retrospectiva já possibilita perceber o florescimento da cultura norte-americana articulando religião, educação, política e gestão pública, em um tecido que vai acompanhando toda a trajetória da nação, nunca em tranquilo horizonte, mas em debates acirrados e movimentados por lideranças fortes e reconhecidas.

Não é possível desarticular esses elementos e simultaneamente fazer aparecer a cultura nacional, independentemente da época, mesmo em relação ao ensino e às escolas públicas por meio dos tempos. A cada momento conjuntural, a cada mudança de governo, a discussão é retomada, tanto por personalidades independentes na sociedade quanto pelos governantes e candidatos, bem como pelo povo diante das opções das plataformas que lhes são apresentadas.

Não se deve considerar não ter havido discussões em paralelo entre as denominações religiosas, incluindo os católicos-romanos. Todos

---

43   L. H. Butterfield. Ed. Letters of Benjamin Rush (Princeton, NJ: Princeton University Press. 1951), pp. 388-389.

44   Frederick Rudolph, *Essays on education in the early republic* (Cambridge, MA: Harvard University Press, 1965), pp. 6-7.

apresentam suas posições e as debatem favorecendo decisões e escolhas das famílias entre o grande sistema público escolar e algumas alternativas privadas.

Tempo transcorrido até 2010 e a escola pública nos EUA

O Departamento de Educação dos USA informa que a tendência do século passado foi no sentido de consolidar pequenas instituições, o que trouxe um declínio no número total de escolas públicas de aproximadamente 248 mil entre 1929 e 1930 para 99 mil. Entretanto, novo aumento de aproximadamente 6.800 escolas começou a ocorrer em 1970 e seu perfil tem mudado no sentido de avançar para a 7ª e a 9ª séries. Por essa razão, o número de escolas com segundo grau aumentou em 454% entre 1999 e 2000. Esses são apenas exemplos de reestruturação, combinando níveis escolares que modificam os dados estatísticos[45].

Reforçando o propósito de não se tratar da atualidade neste livro, porém sem deixar de colocar alguma luz sobre o que tem sido vivenciado, a tabela a seguir pode trazer informações úteis para ilustrar os movimentos esboçados neste tópico e situar melhor como se apresenta a estrutura da escola pública naquela nação, pelo menos até 2011, segundo fontes oficiais.

---

45   U.S. Department of Education, National Center for Education Statistics (2012). Digest of Education Statistics, 2011 (NCES 2012-001; Disponível em: http://nces.ed.gov/fastfacts/display.asp?id=84. Acesso em: 10 nov. 2013.

TABELA 7 Dez anos de distribuição de níveis e controle

Número de instituições educacionais, por nível e controle institucional: anos selecionados – 1980-1981 até 2009-2010

Nível e controle da instituição	1980-81	1990-91	1999-00	2000-01	2001-02	2002-03	2003-04	2004-05	2005-06	2006-07	2007-08	2008-09	2009-10
Escolas públicas	**85,982**	**84,538**	**92,012**	**93,273**	**94,112**	**95,615**	**95,726**	**96,513**	**97,382**	**98,793**	**98,916**	**98,706**	**98,817**
Elementares	59,326	59,015	64,131	64,601	65,228	65,718	65,758	65,984	66,026	66,458	67,112	67,148	67,140
Secundárias	22,619	21,135	22,365	21,994	22,180	22,599	22,782	23,445	23,998	23,920	24,643	24,348	24,651
Combinadas	1,743	2,325	4,042	5,096	5,288	5,552	5,437	5,572	5,707	5,984	5,899	5,623	5,730
Outras[1]	2,294	2,063	1,474	1,582	1,416	1,746	1,749	1,512	1,651	2,431	1,262	1,587	1,296
Escolas privadas[2]	**20,764**	**24,690**	**32,995**	–	**35,895**	–	**34,681**	–	**35,054**	–	**33,740**	–	**33,366**
Pós-secundárias Título institucional nível IV	–	–	6,407	6,479	6,458	6,354	6,412	6,383	6,463	6,536	6,551	6,632	6,742
Instituições que titulam 2	3,231	3,559	4,084	4,182	4,197	4,168	4,236	4,216	4,276	4,314	4,352	4,409	4,495
Colleges de 2 anos	1,274	1,418	1,721	1,732	1,710	1,702	1,706	1,683	1,694	1,685	1,677	1,690	1,721
Colleges de 4 anos	1,957	2,141	2,363	2,450	2,487	2,466	2,530	2,533	2,582	2,629	2,675	2,719	2,774
Sem diplomação	–	–	2,323	2,297	2,261	2,186	2,176	2,167	2,187	2,222	2,199	2,223	2,247

– Não disponível no site.
[1] Inclui a alternativa de educação especial e outras escolas não classificadas por período.
[2] Dados de 1980-1981 e 1990-1991 incluem escolas com primeiro grau ou mais elevados.
Fonte: U.S. Department of Education, National Center for Education Statistics (2012). Digest of Education Statistics, 2011 (NCES 2012-001).

As referências para acesso aos dados em detalhes, visando a favorecer leitores especialistas e interessados no tema, encontram-se na bibliografia[46], com mais alguns recursos à consulta[47].

Interessante, também, é observar, mesmo que rapidamente, a questão orçamentária e seu gerenciamento. Nesse sentido, antes de iniciar cada ano, as escolas respondem às seguintes questões[48]:

46   Tabelas e figuras relatadas: (listado por Release Date) 2012, Digest of Education Statistics 2011, Table 103. Escolas públicas de primeiro e segundo grau por nível, tipo e estado ou jurisdição: 1990-1991, 2000-2001, and 2009-2010. 2012, Digest of Education Statistics 2011, Tabela 63. Distribuição de número e porcentagem de estudantes, professores e escolas em escolas privadas de primeiro e segundo grau por orientação da escola e seleção das características dos alunos e dos estudantes: queda 1999, queda 2007 e queda 2009. 2012, Digest of Education Statistics 2011, Tabela 64. Matrículas em escolas privadas de primeiro e segundo grau, número de escolas e mensalidade média, por nível escolar, orientação e ensino: 1999-2000, 2003-2004 e 2007-2008 >2012, Digest of Education Statistics 2011, Tabela 91. Número de distritos escolares e escolas públicas e privadas de primeiro e segundo grau: anos selecionados, 1869-1970 até 2009-2010 >2012, Digest of Education Statistics 2011, Tabela 98. Escolas públicas de primeiro e segundo grau, por nível da escola: anos selecionados, 1967-1968 até 2009-2010>2012, Digest of Education Statistics 2011, Tabela 99. Distribuição de número e porcentagem de matrículas em escolas públicas de primeiro e segundo grau, por nível, tipo e tamanho da escola: 2007-2008, 2008-2009 e 2009-2010.

47   (Listado por Release Date) 2011, Common Core of Data (CCD) School and Agency Reports: este site fornece relatórios anuais descrevendo escolas públicas e suas características (*tipo; capítulo e status do título I; urbanístico; tamanho*) e as contagens de estudantes >2009, Integrated Postsecondary Education Data System (IPEDS) Compendium Tables: este site fornece links para tabelas de dados, incluindo contagens de instuições de nível superior >2009, IPEDS College Navigator >2009, Private School Universe Survey (PSS): este site fornece acesso à informação do PSS, bem como links para relatórios e tabelas usando datas PSS>2009, Search for Private Schools – PSS School Locator >2009, Search for Public Schools – CCD School Locator.

48   ASA White Paper: School Budgets. Preparado por Noelle Ellerson, Policy Analyst, American Association of School Administrators. Disponível em: http://www.aasa.org/uploadedFiles/Policy_and_Advocacy/files/ SchoolBudgetBriefFINAL.pdf. Acesso em: 03 nov. 2013.

- Quem está envolvido no orçamento da escola?
- Quais o papel e o propósito do orçamento escolar?
- Quais as maiores categorias do orçamento para as escolas distritais?
- De onde vêm os recursos para o orçamento da escola?
- Como é gasto o orçamento?
- Como essa informação é relacionada com a corrente proposta do Orçamento Federal e à realidade econômica, no nível local?

O fato de a fórmula de participação orçamentária ser composta pelo governo federal, pelos estados e pelo município torna essa gestão complexa, sob controle rígido, com procedimentos previstos e rigorosos, além do enfrentamento das disputas ideológicas que envolvem a questão da educação em qualquer parte do mundo e, tradicionalmente, na comunidade norte-americana. A questão da gestão é uma preocupação presente, de longa data, entre os norte-americanos; em relação à educação, o empenho na participação da sociedade sobre as discussões orçamentárias e verbas para a educação, em especial quando envolvem impostos, é recorrente.

A distribuição dos compromissos com o provimento de fundos nos três níveis da administração – federal, estadual e municipal – é reveladora da cultura da participação forte. Quanto mais próxima do cidadão comum, qualquer decisão sobre educação é entendida como melhor.

Um exemplo recente ocorreu no Colorado, quando os eleitores rejeitaram a emenda 66 que destinaria 1 bilhão de dólares para a educação, o que foi considerado um desperdício para escolas públicas ineficientes, mas que contava com apoios importantes, como o sindicato de professores, o governador, além de outros políticos de alto *status* somados à Fundação Gates. Foi considerado fundamental o poder dos cidadãos nessa disputa, porém sob o temor da Corte, uma vez que os juízes tendiam a apoiar essas deliberações governamentais, usando táticas julgadas como antidireitos de cidadania em relação a decisões sobre educação[49].

---

49   Jason Richwine, Voters Defeat Amendment 66, But What If Judges Get the Final Say on Education Spending? Disponível em: http://www.nationalreview.com/corner/363458/

Esse está longe de ser o único caso recente, pois o estado de Nova Jersey passou por situação semelhante, sendo considerado uma situação famosa sobre o papel da Corte. Nos USA, o que restam de interessante nessas considerações são a cultura da busca por participação da população e a presença histórica da educação nas polêmicas discussões e disputas.

Esse olhar mais atual inevitavelmente traz visibilidade ao pilar educação, enredado nos valores culturais, constituindo-se em um valor dos mais originários e robustos, delineando um perfil da comunidade nacional.

A complexidade do contexto nacional e global em termos de sua constituição, de atores individuais e institucionais, públicos e privados, neste milênio de avanços diários em ciência e tecnologia, os desafios das decisões educacionais, inclui rapidez sobre possíveis consequências com as quais John Dewey já se preocupava em meados do século passado, quanto a rumos, suas implicações e decisões, algumas certamente irreversíveis. Essa questão que nascia com outras raízes, mas brotava naquele solo desde as denominações religiosas com seus *colleges* coloniais, tomou feições complexas de se interpretar e de alta responsabilidade em se definir. É possível esperar que o sentido fenomenológico da ética que a obra de Merleau-Ponty já provocava em termos de valor aos debates naquele país continuasse presente hoje, com um bom número de fenomenólogos alerta, quer com a clareza didática de Sokolowski, quer com a busca de diálogo de Reynolds[50], que levasse a Constelação Norte-Americana para um horizonte comum, nesta era global, porque isso não impediria o sentido de sua singularidade, ao contrário, a destacaria para melhor e mais ampla autocompreensão do outro, e pelo outro.

Além disso, Dewey discutia o papel da imaginação e da experiência social, considerando a primeira importante como geradora de ideias, porém a coisa concreta do mundo físico e da experiência social é o que realizaria

---

voters-defeat-amendment-66-what-if-judges-get-final-say-education-spending-jason. Acesso em: 10 nov. 2013.

50   Robert Sokolowski, *Introduction to phenomenology* (Cambridge: University of Cambridge, Press, 2000); Jack Reynolds. *Merleau-Ponty and Derrida*: intertwining embodiment and alterity (Ohio: Ohio University Press, 2004).

nossas expectativas e ideais. E exemplificava: "a locomotiva não existia antes de Stevenson e o telégrafo não existia antes de Morse, mas a condição para essa existência estava na matéria física, na energia, na capacidade humana"[51].

Essa etapa da discussão se iniciou tocando no ponto crítico do período vindouro: as guerras, o período bélico da expulsão dos ingleses e dos franceses e a Guerra Civil, que tantas alterações trouxeram às colônias, à educação e à nação; e a Guerra da Secessão, por sua extensão de impactos, memórias e implicações de muitas ordens, inevitavelmente, é retomada durante diversos períodos e temáticas deste livro.

Secessão, palavra que merece atenção
Cabe aqui uma breve retomada histórica em relação às guerras, especificamente da Guerra Civil norte-americana, a Secession Revolution, abordando-a na consistente e profunda posição de Donald W. Livingston[52].

Após trazer questões linguísticas sobre a origem do termo, do latim *seced 'se-dere'* (desistência), Livingston explica que a conotação política do termo, na atualidade, não tem nenhum vínculo com aquele conceito que, na verdade, apresentou uma conotação política específica até o século XIX, quando a palavra só existia na língua inglesa. Livingston apresenta inúmeros exemplos de seu emprego na conjuntura política inglesa e norte-americana, utilizada até mesmo por Thomas Jefferson, em 1825 – as colônias *seceded* (separaram-se) da Inglaterra. Para ele, essa conotação de secessão teria sido uma "invenção" norte-americana[53].

---

51   John Dewey, *Intelligence in the modern world. John Dewey Philosophy* (New York Modern Library Random House, 1939), p. 1023.

52   Quando ele se reporta aos direitos de livre-determinação dos povos, segundo a Organização das Nações Unidas, dizendo o que se pretendeu à época da Guerra da Secessão, não se pode comparar a ideia atual de secessão no vocabulário político dos Estados Unidos da América. Sugestão para leitura: Ron Miller e Rob Williams (eds.), *Most likely to secede*: what the Vermont independence movement can teach us (Waitsfield: Vermont Independent Press, 2013).

53   Donald W. Livingston, "Secession: a specifically American principle". *Mises Daily*: Tuesday, January 15, 2013. Disponível em: http://mises.org/daily/6344/. Acesso em: 28 set. 2013.

Além da curiosidade linguística para especialistas, o que conta aqui é o significado do termo em relação às ideias confederadas que moveram os sulistas durante a guerra, cujo termo a denomina. Livingston comenta que, quando se tem em mente autodeterminação, não se trata apenas de unir, mas também da possibilidade de separar-se, caso esse seja o desejo de uma comunidade em seu território; tal fato não teria ligação com o descontentamento com governos, com possível deposição, muito menos com luta armada, e sim com o direito de realmente se autodeterminarem por serem diferentes em valores, estilos de vida, aspirações e intenções futuras.

Segundo ele, a visão patriótica de Lincoln, no sentido de considerar sulistas e nortistas irmãos, é "metafísica", isto é, que *todos são criados iguais* – com isso, ele acaba por permitir manipulação na leitura do texto que se torna profundamente nacionalista (a concepção que Lincoln teria de constituição era de base francesa), enquanto a de futuro para os USA era diferente da dos sulistas que não estavam interessados em comércio internacional nem como grande potência mundial[54]. Após discutir ideias lockeanas, hobbeanas, hegelianas, jacobinas e marxistas, o que estaria em jogo, segundo D. Livingston, não era relacionado com essas posições dominadas por ideias revolucionárias[55]. Apenas David Hume[56] teria aprovado a secessão de cada uma das colônias, desde 1768 – uma voz solitária entre os pensadores ingleses sobre a ideia que deve ter concebido antes de as próprias colônias existirem e que manteve até sua morte, em 1776[57]. O que Livingston apreende das ideias igualitárias da constituição não seria a ênfase no indivíduo, mas no povo, nos estados, com toda a possibilidade de autodeterminação, autogestão. Daí a tendência ao modelo de uma confederação, em lugar de uma federação.

Ele denuncia o exagero de se interpretar que a União tenha criado as colônias que sempre existiram separadas. Talvez, a ideia unionista tenha

---

54 Donald W. Livingston, "Secession: a specifically American principle", p. 9.

55 Donald W. Livingston, "Secession: a specifically American principle", p. 9.

56 David Hume era uma das especialidades do Prof. D. Livingston na Emory University Print. Disponível em: http://mises.org/daily/6344/. Acesso em: 28 set. 2012.

57 op. cit.

sido mais forte desde a Constituição, porque ela considerava os norte-americanos em estado de agregação. Livingston discute ao final que unir costuma ser considerado possível e separar sempre inadequado ou proibido.

Livingston deixa um texto que merece leitura completa, mas, para entender bem o sentido desse *ponto de corte*, serão precisos esforços de muitos nativos sulistas para clarificar. Daí a importância de institutos para estudos específicos sobre a área (estudos sulistas), incluindo-se a polêmica questão da secessão.

Além disso, é oportuno tomar conhecimento do livro editado por Livingston[58].

A significância e a abrangência dessa discussão não são temas que este livro – seria uma lacuna inaceitável – poderia abarcar, pelo menos, e em especial, artigos que mostram a polêmica na interpretação desse grande episódio, a secessão e as posições que a contornam.

Além desses aspectos mais políticos, econômicos e sociais, havia implicações com personalidades dos senhores da guerra, seus estilos e posturas assumidas, trazendo polêmicas que frequentemente chegavam a Lincoln. Por exemplo, em que pesem a emoção e a paixão sulista por sua cultura e seu desejo de independência, não são descabidas as narrações de muitos depoimentos indicando o general William Tecumseh Sherman como feroz. Seu estilo analisado por estudiosos da área revela aspectos que justificam várias dessas declarações. Em *The American way of war*, Russels Weigley comenta que a estratégia do general era semear a destruição de tudo, por onde passasse, abalando o moral do adversário, e chegando a dizer que se, à época, ele tivesse aviões, não hesitaria em destruir tudo que pudesse servir à sobrevivência do inimigo. Se a guerra, para o general Ulysses Grant, era confronto direto, para Sherman era mental. Aterrorizar o povo era considerado por ele a estratégia mais eficiente[59].

---

58   Donald Livingston (ed.), *Rethinking the American Union for the twenty-first century* (Pelican Publishing Company, 2012). Sete ensaios são introduzidos no referido livro que emergiu de uma conferência pelo Abbeville Institute no ano de 2010.

59   Russell F. Weigley, *The American way of war*: a history of the United States military strategy and policy (Indiana University Press New York: Macmillan Publishing Co., 1977).

Quando se lê sobre as consequências das guerras norte-americanas em aproximar as populações, pelo menos algumas iniciativas parecem ter lógica. Por exemplo: sobre a logística elétrica que o *Civil War Hand Book* literalmente retrata, o Corpo Telegráfico da União Militar colocou mais de 15 mil milhas de fios durante a guerra. Em um ano, o exército nortista captou, ao vivo, mais de 1,8 milhão de mensagens, utilizando baterias galvânicas que, transportadas por vagões, forneciam a eletricidade[60].

Esses avanços reportam a dois fatos pelo menos curiosos que marcaram esforços inovadores inusitados, no período da American Revolution no território.

Embora não se considerem os norte-americanos grandes inventores ou filósofos, mas homens de ação, há muitos exemplos em contrário, sobre a inventividade no período, como duas curiosidades, as quais vale a pena indicar como "inovações".

A primeira, um artefato para emprego naval – a chamada "Tartaruga Americana" –, foi, talvez, o primeiro submarino, construído por David Bushnell. O invento acomodava somente um navegante. Tratava-se de um dispositivo galvânico e um suprimento de pólvora. Ficava submerso, longe da visibilidade, logo em segurança quanto ao inimigo, bem como tinha hélices horizontais e verticais para deslocamento. O objetivo era mergulhar por baixo do navio inimigo, fixando a carga explosiva no navio, para detoná-la. Como o inventor, na data, não estava disponível para o teste, este foi realizado por outra pessoa. Para surpresa de todos, o marinheiro substituto exigiu uma porção de tabaco fresco, o que, à época, era mascado até mesmo para fins medicinais – "má digestão, dor de dente,

---

60   William H. Price, *Civil war hand book* (Fairfax, Va: Prince Lithograph Co. Inc., 1961), p. 51. O livro contém fotos de armamento nortista mais sofisticado e fardamentos bem montados em contraste com os de voluntários sulistas aguardando participação, aparentando despreparo (p. 22). Entretanto, também mostra mansões de sulistas abastados em volta das quais generais montavam suas tendas (p. 24). Fotos surpreendentes revelam experimentos utilizados, como o emprego de balões para averiguar posições inimigas (p. 52).

prevenir infecções..."[61]. Como não havia tabaco disponível no momento, ele ficou nervoso, quando o parafuso que estava usando para fixar o compartimento de guardar pólvora e explosivos ao chão do navio bateu contra um pedaço de ferro. Seu submarino, então, subiu à superfície e foi visto pelos ingleses, que começaram a atirar contra o estranho objeto[62].

O segundo feito, segundo White[63], coube a um homem negro, Benjamin Banker, perto de Baltimore. O jovem, com a idade de apenas 23 anos, usou como ferramenta um simples canivete e tinha visto anteriormente apenas "a *sun dial*" e um relógio de bolso, mas confeccionou um relógio inteiramente em madeira que "marcou as horas por 20 anos consecutivos".

Na verdade, percebe-se que os norte-americanos conseguiram muitos bons resultados em testar invenções e descobertas em várias áreas, em especial no século XX, e também obtiveram sucesso em trabalhos práticos anteriores, como o desenvolvimento de uma caixa registradora que permitia o controle pelos comerciantes, o que, antes da Guerra Civil, era um grande problema. Um imigrante da Alsácia, em 1879, foi o criador. Não foi um trabalho rápido, de imediato sucesso, mas, com algum aperfeiçoamento, tornou-se um equipamento eficiente e de alta utilidade[64].

Além de artefatos, a criatividade alcançou a gestão pública envolvendo negócios e lucro. Inicialmente, era algo muito discreto e rudimentar. Algumas pessoas eram taxadas de acordo com algumas atividades, porém longe da concepção de imposto de renda. Na verdade, assemelhava-se ao que existia na Idade Média; não se tratava de considerar perdas e ganhos e valia apenas para certos tipos de receitas e as taxas eram muito baixas.

O sistema foi gradativamente evoluindo depois da Guerra Civil. No momento, o consumo é que foi taxado, mas a propriedade não foi afetada. Com o passar dos anos, veio a legislação do imposto de renda

---

61 Lee. M. White, *The American revolution in notes, quotes and anecdotes*, p. 54.

62 Lee. M. White, *The American revolution in notes, quotes and anecdotes*, p. 62.

63 Lee M. White, *The American revolution in notes, quotes and anecdotes*, p. 66.

64 Daniel J. Boorstin, *The Americans. The democratic experience* (New York: Random House, 1973), p. 200.

em busca de uma aproximação quantitativa do bem-estar social com a grande ajuda da estatística, especialmente a partir de 1915; à medida que as atividades da sociedade foram se sofisticando, os estudos e as aplicações do imposto de renda procuraram acompanhar, sob muitos debates, sugestões e busca por *well fare*[65].

Nesse ponto, é importante lembrar que a "postura protestante somada ao capitalismo moderno de alguma forma transformou em virtude certos requisitos para se tornarem ricos". Havia a concepção da pobreza merecida, bem como aquela gerada por condições adversas sobre as quais era esperada a ação governamental. Benjamin Franklin dizia que "a melhor maneira de lidar com os pobres não é tornar a pobreza fácil para eles, mas ajudá-los a sair dela"[66].

Ao menos algumas curiosidades sobre os Desafios dos Pioneiros em Saúde

Textos dedicados à história dos primeiros anos da colônia norte-americana, como é o caso do estudo de D. A. Cline, revelam que o Mayflower já trouxe com os pioneiros profissionais em Medicina uma ainda difusa formação que oscilava entre prática e base teórica, começando pelos que eram considerados médicos-cirurgiões. Certamente, tripulantes e passageiros de navios em viagens longas, como as que trouxeram os colonos à América, teriam necessidade de tais profissionais a bordo, o que era compreendido e aprovado pelos navegadores da época. Esses profissionais eram definidos por categorias, por exemplo: havia os cirurgiões internos e os externos, de acordo com o grau de invasividade das intervenções e sua consequente complexidade, risco e exigência de habilidades.

Acreditam os autores de textos sobre o tema que, por exemplo, Giles Heale, um cirurgião da referida tripulação, pertencesse à categoria mais simples, mas que provavelmente trouxe consigo o livro *The surgeon's mate*, publicado em 1617, de autoria de John Woodall, o qual havia sido o cirurgião-chefe na prestigiosa Companhia das Índias Ocidentais, no qual

---

[65] Daniel J. Boorstin, *The Americans. The democratic experience*, pp. 206-213.

[66] Daniel J. Boorstin, *The Americans. The democratic experience*, p. 214.

descreve cerca de 36 tipos de instrumentos médicos, indicando que a maleta de um desses profissionais deveria conter cerca de cem utensílios/instrumentos e materiais, como agulhas, lâminas, serra, espátulas, potes de metal e de madeira, fios diversos, para citar alguns[67].

Enquanto Cline fala sobre Giles Heale, um texto intitulado *The history of medicine in America: the settlers arrive*, publicado eletronicamente pela Minnesota Wellness Publications Inc., uma organização sem fins lucrativos[68], afirma que havia dois médicos no Mayflower, porém cita Milles Standish, o próprio comandante do navio, que teria sido oficial do Exército Britânico, cuja formação e experiência diversificada cobririam Engenharia, habilidades de intérprete e prática da Medicina, com aprendizado obtido observando outros médicos.

Esses dois aspectos, a origem militar dos médicos e a questão de aprender Medicina com *experts* da época, persistiram por ainda muito tempo, sendo rotineiros, conforme narra Eugene Boisaubin, professor de Medicina da University of Texas Medical School at Houston no período da Guerra Civil Norte-americana, mais conhecida no Brasil como Guerra da Secessão, explicando que, quando a "Guerra Civil começou, em 1861, havia noventa e quatro médicos cirurgiões da União disponíveis no exército e, no Sul, eram vinte e quatro. Ao final da Guerra, 1865, eles somavam cerca de 10.000"[69]. O palestrante é membro da Society of Civil War Surgeons and the Society of Civil War Programming, bem como da Houston Civil War Roundtable, cujas produções são publicadas em *newsletter*. Quando se confere que 23 mil homens foram mortos ou feridos em um confronto

---

67   Duane A. Cline, *Medical arts on the Mayflower*. The Pilgrims & Plymouth Colony: 1620. Atualizado em 2000. Parágrafos 1-5. Disponível em: http://www.rootsweb.ancestry.com/~mosmd/medart.htm. Acesso em: 11 maio 2015.

68   Disponível em: http://www.mnwelldir.org/docs/history/history01.htm. Acesso em: 13 maio 2015.

69   Eugene Boisaubin, *Medical care and learning during the American Civil War*: the horror and the hope. Houston History of Medicine Society (Lecture), pp. 3, 5. Disponível em: http://hhom.org/abstracts.htm. Acesso em: 15 maio 2015.

em Maryland, um número mais elevado do que o ataque na Normandia na Segunda Guerra Mundial[70], pode-se ter uma melhor dimensão da necessidade de médicos nas batalhas. O relato sobre a histórica Batalha de Gettysburg, incluindo a do respeitado Jonathan Letterman, reconhecido pela literatura histórica em virtude de sua habilidade e organização, confere que havia 650 cirurgiões disponíveis para as primeiras 24 horas de luta, quando 50 mil homens se engajaram por três dias consecutivos, resultando em 40 mil feridos. O surpreendente é que, pelo menos, os soldados do Norte "foram retirados do campo de batalha e, em menos de vinte quatro horas, a maioria das cirurgias já haviam sido realizadas". Fica evidente "a monumental mudança nas condições de atendimento cirúrgico" ao final da guerra em relação aos primeiros anos[71].

Retornando ao período remoto do Mayflower, ambos os artigos, o de Cline e o da organização pró-saúde citada, oferecem a mesma abordagem quanto ao médico Dr. Fuller. Cline refere-se à presença a bordo do médico Samuel Fuller, sobre o qual não se conheceria a origem da formação, da mesma forma que comenta o segundo artigo. Cline narra detalhes que revelariam a competência de Fuller, em virtude de o líder de Salem, em Boston, ter lhe chamado para atender puritanos e somando essa informação à presença de inúmeras cartas preservadas revelando o sucesso de sua atuação. Daí cogitar-se que ele tenha adquirido conhecimentos com o prestigiado Dr. William Brewster, que estudou em Cambridge. Além desses, haveria outros profissionais com formação aprimorada, à época, entre os passageiros do referido navio, além de familiares que carregavam consigo medicamentos considerados confiáveis, especialmente por parte das mulheres[72]. O autor não deixa de comentar a presença de

---

[70] Eugene Boisaubin, *Medical care and learning during the American Civil War*: the horror and the hope, p. 6.

[71] Eugene Boisaubin, *Medical care and learning during the American Civil War*: the horror and the hope, p. 3.

[72] Eugene Boisaubin, *Medical care and learning during the American Civil War*: the horror and the hope, pp. 6, 10.

clérigos que praticavam tratamentos espirituais aos que necessitassem, os chamados *healings*.

Explorando um documento de 92 páginas sobre "Medicina Colonial nos Estados Unidos", é possível ter uma rápida ideia do primarismo da época, contrastando com os desafios e a coragem dos pioneiros no que se refere a cuidados em saúde[73].

É oportuno lembrar que, quando a América do Norte nascia, em 1700, o mundo do conhecimento era não apenas muito diferente, mas limitado. Em termos de Astronomia, por exemplo, ciência na qual os Estados Unidos tanto avançaram, até mesmo popularizando-a com Carl Sagan e disponibilizando imagens do Hubble na atualidade virtual, o país não sabia da existência de Netuno e Plutão. Mais severa, ainda, era a situação de não terem encontrado a forma de usar sequer a eletricidade. Biologia e Química eram conhecimentos misturados e, em 1800, raras organizações de ensino superior ofereciam algum curso em Ciência nos USA – conhecimento que era buscado nos chamados "clubes privados" com o apoio da The Royal Society of London[74].

A Medicina de então era destituída do conhecimento de bactérias, germes, que dirá vírus. A forma de questionar a realidade foi evoluindo com o passar dos séculos, partindo do "por que" as coisas são como são para "porque" elas são de tal ou qual forma.[75]

Seguindo o rumo dos quatro elementos dos gregos para Newton, Galileu e William Harvey, que reescreviam as leis da natureza, pesos e medidas, temperatura, uma visão microscópica ia sendo implementada. A Tabela 8, extraída do capítulo "Science and Medicine in Colonial America", faz remissão aos expoentes das ciências em evolução[76].

---

73   Colonial Medicine – Jamestown – Yorktown Foundation Medicine Settlement. Williamsburg, Virginia. Post Office Box 1607. USA. Disponível em: http://www.historyisfun.org/pdfbooks/colonial_medicine.pdf. Acesso em: 11 e 12 maio 2015.

74   Colonial Medicine – Jamestown – Yorktown Foundation Medicine Settlement, p. 2.

75   Colonial Medicine – Jamestown – Yorktown Foundation Medicine Settlement, p. 20.

76   Colonial Medicine – Jamestown – Yorktown Foundation Medicine Settlement, p. 4.

TABELA 8 Mais do que curiosidade

Grandes mentes da ciência no "anos da Revolução Científica": século XVII		
René Descartes	França (1596-1650)	Escreveu o *Discurso sobre o Método* (1637) A Filosofia deu suporte a um método matemático. Ele argumentou que todos os objetos eram máquinas governadas por leis da mecânica
Francis Bacon	Inglaterra (1561-1626)	Era favorável à experimentação e coleta de fatos. Uma vez coletados, então uma teoria teria de ser formulada para encaixar os fatos
Jan Baptist van Helmont	Bélgica (1577-1644)	Conduziu experiências que levaram à conclusão de que o ar era composto por mais de um gás
Robert Boyle	Irlanda (1627-1691)	Mais conhecido por mostrar a relação inversa entre pressão e gás
Galileu Galilei	Itália (1564-1642)	Formulou as leis de movimento da Terra
Isaac Newton	Inglaterra (1642-1727)	Formulou as leis do movimento no céu sob a influência da gravidade
Santorio Santorio	Itália (1561-1636)	Construiu termômetros para mensurar a temperatura
Antonie van Leeuwenhoek	Holanda (1633-1723)	Melhorou as lentes para microscópio
William Harvey	Inglaterra (1578-1657)	Provou que o sangue circula dentro do corpo
Carolus Linnaeus	Suécia (1707-1778)	Desenvolveu um sistema para classificar plantas ainda usado atualmente
Edward Jenner	Inglaterra (1749-1823)	Desenvolveu a vacina contra a varíola

Fonte: Colonial Medicine – Jamestown – Yorktown Foundation Medicine Settlement, p. 4[77].

O período da Revolutionary War (1775-1783) exigiu muita dedicação e coragem dos poucos médicos do período, que se dividiam em três categorias: os realmente formados em Medicina; os aprendizes; e, ainda, os denominados *quakers*, pretendentes ao *status* de médico. A questão social das mulheres e dos indígenas, para que pudessem praticar Medicina, tornava isso pratica-

---

[77] Colonial Medicine – Jamestown – Yorktown Foundation Medicine Settlement.

mente impossível. Os pacientes eram os doentes, em especial com varíola, que grassava à época, e os feridos da guerra. Os cirurgiões não contavam com anestesia, não havia cuidados com esterilização e cada um deles, em geral, ficava responsável por cerca de 600 soldados. Plantas medicinais eram largamente utilizadas e o conhecimento dos indígenas muito lhes valeu, o que estimulou o cultivo herbário. Muitas ervas eram, porém, importadas, em especial, chás da Índia, bem como alguns instrumentos e livros ainda simples vindos de Veneza, na Itália, da Inglaterra, da França e da Espanha. Os equipamentos médicos eram reduzidos, em geral, a um pote de mármore para macerar, balança, microscópios precários, lâminas diversas e afiadas, segundo a tecnologia da época, se é que se pode chamar assim. Sangria era uma técnica muito empregada na busca de aliviar problemas de saúde[78].

Além da questão dos militares na Guerra Revolucionária e a Medicina, é importante não esquecer a questão dos afro-americanos, mesmo durante a escravidão na América. Eles tinham suas próprias tradições e crenças sobre saúde e curas e também faziam uso de ervas. Costumavam rejeitar os tratamentos oferecidos pelos patrões, que, por sua vez, não queriam ter prejuízo perdendo escravos, daí os africanos procurarem resolver seus problemas conforme o que acreditavam ser eficaz[79].

Obras como as de Clarence Mayer, *American Folk Medicine*, de 1973, de Joseph Mayer, *The herbalist*, bem como o popular *Fevers, guess and cures*, da autoria de Todd L. Savitt, editado pela Virginia Historical Society, 1990, são leituras que ilustram a realidade da época, na verdade, o "Everyday life in America 1607-1699", como propõe o livro da autoria de David Freeman Hawke[80]. Todos são curiosos escritos que remetem a situações distintas de período remoto, cujos desafios do que era considerado Medicina, na Nova Terra, eram imensos.

---

78 Colonial Medicine – Jamestown – Yorktown Foundation Medicine Settlement, pp. 26, 17, 13, 20, 23.

79 Colonial Medicine – Jamestown – Yorktown Foundation Medicine Settlement, p. 6.

80 David Hawke, *Everyday life in America 1607-1699*. Richard Balkin (ed.) (New York; Harperand Row, 1988).

No transcorrer da duradoura luta armada no território norte-americano, a Guerra Civil, além do grandioso avanço em termos de número de praticantes em Medicina, a evolução qualitativa não foi desprezível, pois, segundo Boisaubin, a situação da Medicina no início da luta era "profundamente primitiva" nos USA – não havia noção de assepsia, os médicos "não usavam luvas" para cirurgias e, em algumas vezes tentando desalojar balas presas em alguma área do corpo, as extrações eram tentadas "sem lavar as mãos"[81].

Além de problemas como "gangrena e tétano", os pacientes ficavam vulneráveis à contaminação pela água, o que levava à diarreia. Sobre isso, os nortistas levavam vantagem, pois "adoravam café, consumindo galões por dia"[82].

Quando se cita gangrena, a questão da dor está presente, e o tratamento perigoso com "ópio e também com morfina, podendo causar dependência para o resto de suas vidas" era a arriscada e solitária alternativa[83].

Os avanços na artilharia com as balas de canhão, somadas às chamadas *miniballs* e outras cápsulas mortíferas, desafiavam as habilidades dos cirurgiões da época. "As amputações eram feitas ao ar livre", (...) "cercadas de insetos", inevitavelmente, com o emprego da serra de ossos e não podia demorar mais de 90 segundos ou riscos à vida eram certos, em decorrência de hemorragia e choque. Quando alguém tinha sorte, "os vasos eram retirados com seda", mas, na falta desta, "com crina de cavalo, sendo o paciente removido e logo substituído pelo seguinte", explica Boisaubin. Minimamente anestesiados, eram necessários três ou quatro homens para segurar os pacientes. A técnica de intubação não era ainda conhecida, mas, em 1846, a anestesia foi demonstrada a médicos norte-americanos e praticada em Massachusetts, sendo o clorofórmio utilizado nas amputações. Dada a falta de procedimento e equipamento adequados, segundo narra Boisaubin, a anestesia se restringia a:

---

81 David Hawke, *Everyday life in America 1607-1699*, p. 1.

82 David Hawke, *Everyday life in America 1607-1699*, p. 12.

83 David Hawke, *Everyday life in America 1607-1699*, p. 14.

colocar um pedaço de pano sobre a face, no nariz do paciente, sobre o qual o clorofórmio era pingado. O paciente lentamente ficava sonolento e, talvez, menos suscetível à dor. Ele não poderia ser submetido profundamente, pois poderia não retornar. O anestesiologista, assim, precisava ser muito cauteloso na aplicação[84].

É sensato dizer que seria incongruente abordar, mesmo que em um brevíssimo relance, a história da medicina nos EUA descolada das guerras internas; nesse ponto, a sabedoria da cultura popular do país tem um "ditado" que emerge imediatamente: "a necessidade é mãe da criatividade", pois, além da experiência quantitativa, diante do estarrecedor número de norte-americanos envolvidos e feridos em cada grande batalha, seguiram-se avanços qualitativos estruturais, como passar da utilização de casas de família como hospitais para organizações em busca de qualidade. Em 1861, foi inaugurado o Bellevue Hospital, em Nova Iorque, pois o Sul ficou devastado em razão de "oitenta e cinco por cento da guerra haver ocorrido em solo sulista", enquanto a grande parcela do território nortista manteve-se preservada[85].

"A única escola de medicina sulista em Richmond, em 1838, procurando ensinar e desenvolver algum material médico que pudesse contribuir para amenizar as necessidades, não conseguiu manter-se em atividade, devido ao ambiente perturbador da guerra[86]."

Havia cirurgiões graduados, mas, conforme apresenta o Dr. Boisaubin, isso era de pouca valia para a atuação na guerra, em razão do ensino teórico frágil, constituído por aulas e palestras contratadas avulsas, horário integral por cerca de dois anos, sem uma consistente base anterior e nenhum contato com a realidade de pacientes, sem sequer terem assistido à uma amputação, que dirá executado uma. Significativo era o fato de cirurgiões e médicos atenderem feridos "em ambos

---

84   David Hawke, *Everyday life in America 1607-1699*, p. 11.

85   David Hawke, *Everyday life in America 1607-1699*, p. 8.

86   David Hawke, *Everyday life in America 1607-1699*, p. 8.

os lados" nos casos de necessidade. Esses profissionais "usavam uma braçadeira verde, porque era associada à atividade médica" e tratavam o inimigo sempre que necessário, retornando às suas unidades ao acabarem os trabalhos[87].

"Avanços cirúrgicos vieram em relação à cirurgia ortopédica, praticamente inexistente antes da Guerra Civil", período que também apresentou os primórdios da "cirurgia plástica" e outras tantas áreas[88].

Sofrimento físico e ausência de Anestesia nas duas Revoluções
A opção pela obra a seguir, como referência neste livro, deveu-se ao fato de os editores, segundo suas próprias palavras introdutórias, não terem pretendido ensinar a especialidade a estudantes, mas fazer aparecer história e estórias vividas por eles e outros, revelando a face humana que se mostra na especialidade "anestesia".

A molécula orgânica do éter foi criada em 1275 por um químico espanhol. Muito trabalho foi desenvolvido com o chamado vitriol e doce vitriol, sem mencionar nenhuma possibilidade anestésica. Em 1540, um cientista alemão e o suíço Paracelsus brevemente comentam sobre os efeitos psicóticos do éter, em 1730. Além disso, o chamado gás hilariante surge em 1772, e o estudo do químico inglês J. Priestly, que havia descoberto nitrogênio e oxigênio, se deu sem a devida importância no momento, da mesma forma como ocorre hoje, com outras descobertas, que, ao serem retomadas posteriormente, geram produtos e nova compreensão da realidade. Os editores de *The wondrous story of anesthesia* (2014), os médicos Eger, Saidman e Westhorpe, descrevem detalhadamente, em seu Capítulo 2, um período de meio século anterior ao éter[89].

---

87   David Hawke, *Everyday life in America 1607-1699*, p. 8.

88   Eugene Boisaubin, *Medical care and learning during the American Civil War*: the horror and the hope.

89   Edmond I Eger II, Lawrence Saidman e Rod Westhorpe (eds.), *The wondrous story of anesthesia* (New York: Springer, 2014).

O médico e palestrante Adam Blatner[90], por sua vez, contribuiu para o enriquecimento da narrativa de acontecimentos precursores da anestesia, como o de 1775, com Lavoisier, em relação à respiração, ao oxigênio e ao dióxido de carbono. Além disso, apontou para 1799, indicando que H. Davy, da instituição T. Bedddoes, descobriu propriedades anestésicas no N_2O, conhecido como gás hilariante, o qual entre 1760 e 1808 passou a ser cogitado para usos terapêuticos pela inalação. A partir de então, experiências com animais, e mesmo com o próprio descobridor, levaram à literatura sobre o tema, o que foi satirizado por caricaturistas na primeira década de 1800. Logo, o que viria a ser tratamento estava apenas em uma fase recreacional e até mesmo ilegal, em certos lugares.

Tanto o autor quanto os editores citados enfatizam o lento desenvolvimento da anestesia. Em meados de 1800, começaram a aparecer as primeiras tentativas de anestesia nos Estados Unidos e na França, reconhecendo riscos, e, após muitas tentativas, Horace Wells obteve sucesso e agradecimentos de vários pacientes, porém formalizou-se o reconhecimento a partir do nome de William Thomas Green Morton (1819-1868). Contudo, a partir das conquistas, problemas ocorreram, como no caso do cirurgião norte-americano William Stewart Halstead (1852-1922), que, testando o procedimento em si próprio, tornou-se dependente.

Três personalidades precursoras precisam ser citadas para pelo menos indicar as primeiras tentativas e avanços na luta contra a dor, especialmente durante atos cirúrgicos.

Humphry Davy, que ainda muito jovem procurava cura para tuberculose, verificando que os gases estudados não trariam efeito benéfico, realizou experiência em si próprio e em amigos, estudou o chamado gás hilariante, abrindo espaço para a anestesia, quando experimentou-a durante uma dor de dente. Embora seus amplos e complexos conhecimentos para a época, da Filosofia a sete idiomas, Ciências, em especial Química, deixando trabalhos respeitados, ele não foi levado muito a sério quanto ao uso do gás, em 1779,

---

90 Adam Blatner, "The discovery and invention of anesthesia" (Stories in the History of Medicine). Disponível em: http://www.blatner.com/adam/consctransf/historyofmedicine/4-anesthesia/hxanesthes.html. Acesso em: 10 jun. 2015.

por cirurgiões que ainda consideravam a dor algo saudável, enquanto ele argumentava sobre os efeitos agradáveis da inalação do gás.

Somente 40 anos depois, cirurgiões aceitaram a ideia da dor como algo nocivo; assim, embora não tenha resolvido o tratamento da doença pulmonar com a referida química, Sir Humphry Davy veio a ser considerado um dos pioneiros do uso da anestesia[91].

Os primórdios da anestesia nos Estados Unidos, na verdade no mundo, trazem uma carga emocional grande, pois, além de sua personalidade central apresentar-se como errante, em busca de uma carreira com permanentes buscas e instabilidades, o final foi um sucesso dramático, só reconhecido muito após sua morte, pois seu conhecimento pelo Congresso foi oficialmente creditado a seu professor, o qual faleceu insano, e não a ele próprio, inventor.

Trata-se do já citado William Thomas Green Morton, dentista, médico e químico, que desenvolveu seus estudos formais com desistências e retomadas, sendo, porém, o grande vitorioso da realização da cirurgia sem dor, já com o emprego de inalador *"letheon"*, que ele buscava patentear. Generoso, ofereceu suas habilidades e seus direitos a instituições de caridade, atendeu a numerosos feridos da Guerra Civil e nunca buscou lucro. Seu feito foi registrado por Bigelow H. J., em 1646[92].

Em meados de 1800, o médico norte-americano Crawford Williamson Long (1815-1878) fez uso de éter sulfúrico em anestesia para remoção de tumores ainda de forma primitiva: colocando uma toalha embebida nessa química sobre o nariz de pacientes. Além da extração de tumor, foi utilizado o mesmo procedimento para remoção de cistos em dedos e pé[93].

---

[91] Disponível em: http://www.chemheritage.org/discover/online-resources/chemistry-in-history/themes/electrochemistry/davy.aspx. Acesso em: 20 maio 2015.

[92] Sobre o tema, sugerem-se: http://www.general-anaesthesia.com/images/william-morton.html. Acesso em: 6 maio 2015; e "Insensibility during surgical operations produced by inhalation", disponível em: http://www.nejm.org/doi/full/10.1056/NEJM184611180351601. Acesso em: 6 maio 2015.

[93] Disponível em: http://www.general-anaesthesia.com/images/crawford-long.html. Acesso em: 24 maio 2015.

Três tipos de anestesia avançaram – inalação de certos gases, a hipodermia e a intravenosa – para aperfeiçoamentos a partir de 1900, não sem consequências, como os riscos de dependência da morfina. Além disso, a heroína alarma e, em 1946, o uso do demerol acabou revelando fraca eficácia e considerável risco de dependência.

Essa longa jornada, resumida neste trecho, pretende favorecer a compreensão das razões pelas quais o critério agilidade dos cirurgiões, especialmente durante as guerras internas nos EUA, era considerado essencial em qualidade, pois, com anestesia, pelo menos, reduzia-se o tempo de extremo sofrimento dos pacientes, os quais, nos períodos bélicos, eram atendidos às centenas.

Outro ponto interessante que os editores abordam é a presença feminina, impensável na Medicina até a Secessão, situação atualizada em capítulo por Eger ll, BS, DR, Saidman e Westhorpe sobre "A história das mulheres na anestesia"[94]. O livro faz uma cobertura abrangente tanto das especialidades médicas na área quanto da contribuição da indústria nos avanços, resumindo o andamento do conhecimento e a aplicação da atividade profissional dos especialistas em inúmeros países do mundo, incluindo o Oriente.

Um olhar mais direcionado a questões educacionais e de gestão educacional leva a crer que, talvez, o maior avanço tenha ocorrido na mentalidade sobre o quanto seria possível aprimorar o ensino, discutindo fortemente a formação em Medicina, desde o segundo grau, chegando à graduação *pre-medical* e desenvolvendo laboratórios e equipamentos, bem como promovendo eventos com trocas e debates. Partindo dos avanços ocorridos na Europa dos anos 1930, os norte-americanos foram procurando, nas instituições daquele continente, o conhecimento desenvolvido na área e, aprimorando-se, seguiram em frente.

Experientes de duras vivências e com sua cultural disposição para a ação, chegaram a um patamar de explosão em pesquisa que, felizmente, os norte-americanos não param de oferecer ao mundo.

---

94 Disponível em: http://www.general-anaesthesia.com/images/crawford-long.html. Acesso em: 24 maio 2015, cap. 16.

Após esse brevíssimo retorno a um passado dramático e desafiador, e lembrando do *The first medical book published in the American colonies*, com suas 94 páginas, da autoria de Culpeper Nicholas, em 1708, intitulado *The English physician*, oferecer informações do panorama da atualidade traz algum alento à *saúde* no mundo.

O gigantesco avanço em saúde nos USA, incluindo a presença do National Institutes of Health (NIH)[95], aparece, segundo a avaliação de 2015, em Medicina de ponta em pesquisa e em primeiros-socorros, indicando, entre tantas respeitáveis organizações, as seguintes universidades norte-americanas como as dez mais do país, segundo as duas categorias citadas.

Dez Escolas de Medicina especializadas em pesquisa de acordo com a avaliação em 2015:
1 Harvard University;
2 Stanford University;
3 Johns Hopkins University;
4 University of California – São Francisco;
5 The University of Pennsylvania's Perelman School of Medicine (empatada em quarto lugar com a University of California);
6 Washington University – St. Louis;
7 Yale University;
8 Columbia University;
9 Duke University (empatada em oitavo lugar com a Columbia University);
10 The University of Washington.

---

95 A sugestão da leitura referenciada a seguir situa o leitor nos rumos da pesquisa em saúde e estimula o acompanhamento de divulgações atualizadas no gênero, possibilitando acompanhar o movimento de busca por resultados para a saúde da população mundial. The US Commitment to Global Health: Recommendations for the Public and Private Sectors. Institute of Medicine (US) Committee on the US Commitment to Global Health.Washington (DC): National Academies Press (US); 2009. Disponível em: http://www.ncbi.nlm.nih.gov/books/NBK23801 http://www.ncbi.nlm.nih.gov/books/NBK23801/pdf/Bookshelf_NBK23801.pdf. Acesso em: 1 ago. 2015.

Dez Escolas de Medicina em primeiros-socorros de acordo com a avaliação em 2015:

1. University of Washington;
2. University of North Carolina – Chapel Hill;
3. Oregon Health and Science University;
4. University of California – São Francisco;
5. University of Massachusetts – Worcester;
6. University of Minnesota;
7. University of Nebraska Medical Center (empatada em sexto lugar com a University of Minnesota);
8. University of Michigan – Ann Arbor;
9. Michigan State University's College of Osteopathic Medicine;
10. University of Wisconsin – Madison[96].

---

96 U.S. News Best Medical School Rankings For 2015. Disponível em: http://www.huffingtonpost.com/2014/03/11/best-medical-schools-2015_n_4935490.html. Acesso em: 11 maio 2015.

CAPÍTULO 4

Guerras gerando um novo contexto social que se refletiu na educação

Introdução

Este capítulo é uma tentativa de introduzir o leitor no impacto das guerras sobre o contexto social norte-americano desde a Revolutionary War e as consequentes mudanças educacionais, especialmente após a Guerra Civil, o que culminou na vitória do movimento em prol da universidade norte-americana. Para isso, alguns dados sobre a formação militar nos Estados Unidos, estilos de liderança, atitudes e valores de seus líderes também serão aqui resumidamente apresentados e discutidos.

A prosperidade vivida pela jovem democracia com o arranco industrial, após a Guerra Civil, e as vultosas contribuições dos abastados industriais norte-americanos à causa da universidade completam informações que permitem alguma reflexão sobre o papel especialmente de dois grupos sociais na educação de 3º grau naquele país: os religiosos e os militares. Quanto ao papel do empresariado na educação, será retomado neste livro, em diversas situações, sobretudo na sua relação com invenções, pesquisa, profissionalização e iniciativas internacionais, quer sobre as atuais pontuais e específicas, como é o caso de atores de sucesso que abraçam causas sociais[1], quer o trabalho de conscientização e iniciativas, incluindo doações. Como o fez John D. Rockefeller, no sentido global, revigorando o traço dos norte-americanos afortunados, recorrente e aparente, desde o período colonial, Bill Gates prosseguiu, internamente, em tempos da mundialização da tecnologia.

Ensino Militar, estratégias e características iniciais

Mesmo na Europa, a formação militar profissional começou a desenvolver-se de forma sistemática, apenas a partir da época napoleônica. O novo estilo de estratégias militares de Napoleão Bonaparte tornara as atividades bélicas muito mais sofisticadas. Desde a forma de utilização das Forças, a identificação da importância do moral das tropas, a verificação das consequências deixadas sobre os exércitos por ele vencidos até o impacto da utilização de novas tecnologias na guerra formam alguns dos componentes dessa sofisticação.

As ações napoleônicas tornaram a análise dos ingredientes de uma vitória algo bem mais complexo. Consequentemente, a partir da experiência napoleônica, a ciência e a arte da guerra começaram a exigir profissionais especializados[2].

As técnicas napoleônicas inspiraram o ensino na pioneira Academia Militar de West Point, pois, como a América dependia da literatura europeia, os princípios de doutrina estratégica foram buscados lá, especialmente, nas obras francesas[3].

Em 1817, foi superintendente de "West Point" Sylvanus Thayer, do qual foram discípulos os instrutores Dennis Hart Mahan[4] e Henry

---

[1] A visibilidade de Brad Pitt e Angelina Jolie são suficientes, para exemplificar.

[2] Russell F. Weigley, *The American way of war*: a history of the United States military strategy and policy.

[3] Russell F. Weigley, *The American way of war*: a history of the United States military strategy and policy, p. 81.

[4] Russell F. Weigley, *The American way of war*: a history of the United States military strategy and policy, pp. 81-82.

W. Halleck[5]. Brubacher e Rudy comentam que Thayer foi encaminhado, intencionalmente, para formação na França. Eles explicam que o treinamento, tanto em termos técnicos quanto militares, feito na França, estaria mais afinado com a nova república norte-americana do que "a rigidez alemã ou a aristocracia britânica"[6].

Aos leitores que estiverem interessados em conhecer melhor o assunto formação militar nos Estados Unidos, uma consulta a Brubacher e Rudy será valiosa em termos de referências bibliográficas[7].

Mahan[8] também estudou na França, sendo o primeiro aluno de sua turma de graduação. Quando concluiu a pós-graduação, ensinou na academia tanto estratégias de guerra quanto Engenharia. Halleck foi *expert* em estratégia ao estilo napoleônico e sua ênfase encontrava-se no ataque. Entretanto, em relação aos Estados Unidos como um todo, Halleck vislumbrava necessidade imperiosa de um bom sistema de defesa, como consequência da evidente prosperidade econômica, por volta de 1820[9]. Esse termo vem sendo usado recorrentemente para justificar o ingresso dos EUA em guerras no mundo inteiro. Após a batalha de Pearl Harbor

---

5   O general Halleck formou-se em West Point, em 1839, e foi indicado para o Corpo de Engenheiros, passando a professor-assistente daquela academia. Halleck lutou pela causa sulista e o general Grant desconfiava da praticidade das ideias desses "professores" para operações de guerra. Williams G. Forrester, *The memorial war book* (New York: Lowell Bros, 1979), pp. 109-110.

6   John S. Brubacher e Willis Rudy, *Higher education in transition*, p. 470, nota 22.

7   John S. Brubacher e Willis Rudy, *Higher education in transition*, p. 470.

8   Mahan foi professor de Halleck. Ambos escreveram tratados sobre Engenharia e Estratégia. Segundo Weigley, os estudos de Engenharia tanto justificaram a existência de West Point em tempos de paz quanto ajudaram a sistematizar os estudos estratégicos e dar embasamento de Engenharia aos militares. John S. Brubacher e Willis Rudy, *Higher education in transition*n, pp. 81-82, 87-88.

9   Russell F. Weigley, *The American way of war*: a history of the United States military strategy and policy, p. 85

com os japoneses, e especialmente após 11 de setembro de 2001, com o terrorismo catastrófico em Nova Iorque, esse vocábulo assumiu um significado dramático. Atualmente, aparece como um conceito confuso tanto quanto o próprio conceito de guerra, merecendo muita reflexão.

Durante a Guerra Civil, especialmente em virtude da consequência da substituição dos antigos *muskets* por rifles de maior e mais eficiente alcance, as táticas napoleônicas de ataque foram consideradas inefetivas[10]. Logo após ferrenha luta em Bull Run, um novo estilo estratégico foi proposto pelo general Scott[11], a ser empregado contra os confederados na costa Sul, que comprovou que a teoria de Halleck sobre defesa costeira e fortificação precisava ser revista[12]. O interesse do então presidente Lincoln pelas ideias de Scott tornou-se uma realidade.

Contudo, no Sul, o general Lee[13] mantinha percepção apurada sobre o que seria uma eficiente defesa, por isso deu bastante trabalho às forças unionistas. Para ele, a defesa somente seria eficiente se levasse o inimi-

---

10 Russell F. Weigley, *The American way of war*: a history of the United States military strategy and policy, pp. 89-90.

11 Ao contrário dos generais Mahan e Halleck, Scott não era formado por West Point. Foi, antes, um autodidata com ideias bastante aproximadas às dos estrategistas europeus do século XVIII. Seus conhecimentos, porém, estavam distantes da simples teoria. Além de ter vasta biblioteca sobre arte e ciência da guerra, havia servido como capitão de artilharia, em 1808. Durante a guerra contra o México, foi promovido à mais elevada patente militar, somente concedida a George Washington, na Guerra pela Independência – o posto de tenente-general. Russell F. Weigley, *The American way of war*: a history of the United States military strategy and policy, p. 66.

12 Russell F. Weigley, *The American way of war*: a history of the United States military strategy and policy, pp. 98-99.

13 Durante a guerra contra o México, fez parte do *staff* do general Scott o próprio Lee, que mais tarde tornou-se figura proeminente das forças sulistas na guerra da Secessão. Essa Guerra Civil norte-americana separou os dois companheiros, pois Lee, por ser virginiano, abraçou a causa confederada, enquanto Scott era um unionista. Russell F. Weigley, *The American way* of war: a history of the United States military strategy and policy, p. 97.

go a enfraquecer-se nos pontos mais estratégicos e a dispersar-se. Então, o ideal seria um sistema que combinasse táticas ofensivas e defensivas[14]. Não desprezando a tradição napoleônica, procurou concentrar esforços também na defesa. Em razão desse equilíbrio, as expectativas de sucesso eram bastante fortes. Entre os fatores que teriam contribuído para a derrota do general Lee, encontra-se a sua própria personalidade. Segundo alguns, o ponto vulnerável do famoso general sulista parece ter sido sua atitude descrita como "um excesso de generosidade", o que o impedia de exigir muito de seus comandados[15].

Apesar dos esforços de Lincoln, revelados por uma postura integradora e diplomática, as lutas entre as forças Norte/Sul foram sangrentas.

Em seus discursos, o presidente Lincoln pregava: "Não somos inimigos, mas amigos". Enquanto isso, declarava-se contrário à opção por "punições e destruições desnecessárias". "Devemos", dizia ele, "evitar devastações e interferências ou distúrbios contra a prosperidade dos pacíficos cidadãos espalhados por nosso território"[16].

A história, porém, relata que se não foram muitas as vitórias "napoleônicas" durante a Guerra Civil, a paz foi consequência da exaustão de ambos os lados[17].

Tanto o general Grant quanto seu opositor, o general Sherman, concebiam a guerra de forma bastante diferente dos ideais políticos do presidente Lincoln.

Grant acreditava em uma estratégia direta, de constante luta, não somente pela aniquilação durante as batalhas, mas também quebrando o

---

14   Russell F. Weigley, *The American way of war*: a history of the United States military strategy and policy, p. 104.

15   Russell F. Weigley, *The American way of war*: a history of the United States military strategy and policy, p. 98.

16   Russell F. Weigley, *The American way of war*: a history of the United States military strategy and policy, p. 133.

17   Russell F. Weigley, *The American way of war*: a history of the United States military strategy and policy, pp. 128, 144-45.

apoio de infraestrutura de seus opositores. Segundo ele, seria necessário conquistar também o povo em uma Guerra Civil, e não somente o exército, pois cada cidadão disposto a colaborar com o inimigo com víveres, roupas ou munições representava um desastroso retardamento da vitória nortista.

Sherman, por sua vez, acreditava na estratégia napoleônica da chamada marcha devastadora, segundo a qual Napoleão espalhava destruição física e emocional. São palavras de Sherman: "guerra é crueldade e não se pode refinar isto"[18].

Napoleão considerava tão importante a infraestrutura de apoio às tropas que costumava dizer que o exército se deslocava de acordo com seu estômago[19].

Não somente estilos pessoais e profissionais diferentes foram registrados na Revolução Americana, mas também a postura de alguns gerou polêmicas e impactos que se mantêm na temática de autores na atualidade. Em 1999, por exemplo, o Institute for the Study of Southern History Culture and Governance publicou e mantém em seus arquivos o trabalho de Patsy M. Boyette sobre o general Sherman das forças unionistas, cujo comportamento pareceu fugir dos padrões militares tidos como aceitáveis, inclusive "escravidão de mulheres, separando-as de seus familiares e as enviando para o Norte de onde nunca mais se teve notícia". Inúmeros artigos, livros e palestras sobre o tema acompanham esse movimento de análise e severas críticas. São inúmeros os artigos arquivados no referido instituto, porém as abordagens diferem em temas e tons, alguns sendo muito austeros em relação aos nortistas, outros moderados, e analisando, com referências, suas posições. O que se pode resumir do que foi possível pesquisar do acervo, sem a pretensão de aprofundamento, é que a polêmica Norte-Sul continua na mente dos que conhecem história e certamente também estórias que vão sendo retransmitidas, em especial o que se mostra por si mesmo, como o fato de os sulistas parecerem ser mesmo diferentes dos nortistas em muitos sentidos, como origens na Inglaterra,

---

18   Russell F. Weigley, *The American way of war*: a history of the United States military strategy and policy, pp. 141, 150

19   Daniel J. Boorstin, *The Americans. The colonial experience*, p. 368.

trabalho, interesses comerciais e políticos, estilo de vida, para citar alguns. As reações mostram que essas diferenças lhes eram caras, era assim que eles queriam continuar vivendo, pensando, agindo. Eles queriam preservar o direito de continuar a ser diferentes, e a separação, segundo grande parte dos sulistas, seria a única solução.

Além das características de personalidade contrastantes dos comandantes das forças do Norte e do Sul, as próprias tropas apresentavam comportamentos peculiares, embora também revelassem características comuns. A falta de profissionalismo militar, por exemplo, era uma delas.

Por volta de 1775, antes da formação do Continental Army, durante as lutas pela declaração e pela manutenção da Independência, tanto George Washington quanto o general Montgomery preocupavam-se com a falta de confiabilidade e o "apaisanamento" das forças norte-americanas. Em 1775, Montgomery temeu que o prazo de alistamento, que se encerraria à meia-noite de 31 de dezembro, não permitisse que ele contasse, durante o assalto a Quebec, com a ajuda de que precisava, se não agisse com rapidez. Segundo ele, os homens não permaneceriam na tropa além do prazo mínimo previsto[20].

Em 1778, apesar de todos os esforços de George Washington para profissionalizar os militares, ocorreram fatos que revelaram a falta de administração, organização e formalização do exército. O título de farrapos, para as forças da revolução ocorrida no Sul do Brasil em 1835, também seria adequado aos norte-americanos, porém não por falta de recursos, mas de organização.

Samuel E. Morison narra que um coronel de Rhode Island escreveu ao governador de seu estado solicitando roupas para seus homens, argumentando que a situação era tão precária que estavam sendo chamados de pertencentes ao "regimento nu"[21].

Para grande número de voluntários, assim que uma batalha era vencida, seria normal voltar para casa, pois consideravam que seus serviços já não seriam mais necessários. Por isso, quando eram presos como

---

20   Samuel E. Morison. *The Oxford history of the American people*: prehistory to 1769, p. 368.

21   Samuel E. Morison. *The Oxford history of the American people*, prehistory to 1769, p. 304.

desertores, não compreendiam a razão[22]. Atividades militares não eram encaradas com profissionalismo pela grande maioria dos homens. Cada batalha era percebida como um fato independente, e não como um episódio de uma longa jornada de guerra. Mesmo bem mais tarde, durante a Guerra Civil, essa ideia persistiu. Embora de forma bem mais sofisticada, os próprios generais norte-americanos também tinham uma visão fracionada da Guerra da Secessão. Cada batalha era um episódio tão importante que parecia valer por si só. A derrota em uma única batalha deixava os comandos desnorteados e, se saíam vitoriosos em cada uma em particular, também se sentiam vacilantes sobre que novos objetivos perseguir[23].

Aliás, a fragilidade disciplinar e a temporariedade das tropas norte-americanas não foram privilégio da primeira guerra interna, a Revolutionary War, que ocorreu entre 1754 e 1763, que reuniu tropas de colonos norte-americanos e o exército inglês para expulsar os franceses do território e acabar com as investidas dos indígenas, mas também da Guerra da Independência. Entre 1763 e 1776, muitos atos de pressão do reinado inglês sobre as colônias com taxações e proibições foram acirrando os ânimos, especialmente em 1774, muitas iniciativas foram denominadas *intolerable acts*, gerando passeatas, boicotes, distribuição de panfletos, dando início à Guerra da Independência Americana, embora a assinatura tenha ocorrido em 4 de julho de 1776; na verdade, os ingleses só se renderam em outubro de 1781, em Yorktown[24,25,26].

---

22   Williams G. Forrester, *The memorial war book*, p. 65.

23   Russell F. Weigley, *The American way of war*: a history of the United States military strategy and policy, p. 135.

24   Lee M. White, *The American Revolution in notes*, quotes and anecdotes, p. 12.

25   Dois livros de John Ferlin, especialista em história norte-americana, mormente sobre as guerras naquele território, são sugeridos na nota 26.

26   O primeiro, *Setting the world ablaze*: Washington, Adams, Jefferson, and the American Revolution (New York: Oxford University Press, 2000), além de apresentar as personalidades

A guerra Norte/Sul é mais conhecida entre os brasileiros por Guerra da Secessão – corte, separação, divisão – de 1861/1865, isso porque "os homens lembravam apenas das campanhas e batalhas marcando um período de hostilidades", mas as lutas entre nortistas e sulistas duraram [...] "amargos e estafantes quatro anos!"[27].

Lord Lowdown, encarregado pelo império britânico, antes da Revolução de 1765, de comandar um exército regular de aproximadamente 14 mil homens, já havia compreendido que a parcela de soldados norte-americanos não era profissional.

O recrutamento obtido nos primeiros dois anos compunha-se de 7.500 norte-americanos e 4.500 ingleses. Já no ano seguinte, o número de norte-americanos baixou para 1.200, quando, então, 11 mil militares vieram da Inglaterra[28].

Além da falta de disciplina profissional, Lowdown ficou "horrorizado com as unidades que visitou", em virtude do fato de tê-las considerado com "sujeira e desorganização"[29].

O próprio George Washington, que comandou as tropas na guerra da Independência, inúmeras vezes declarou-se contrário ao sistema de milícias temporárias. Os alistamentos de curta duração, segundo ele, eram ineficazes. A verificação dessa ineficiência levou-o a apelar para o Congresso no sentido de formar uma força regular[30].

---

desses norte-americanos ilustres, aborda fortemente a chamada Guerra da Independência. O segundo, também da autoria de John Ferling, *A wilderness of miseries*: war and warriors in Early America (Westport, Conn., Greenwood Press, 1980), descreve os ingleses que colonizaram os Estados Unidos como pessoas dispostas a colonizar e experientes em guerrear ao estilo europeu de táticas e armas, mas que logo criaram novas formas de defesa e ataques.

27 Major George F. Williams, *The memorial war book* (New York: Lovell and Brothers Co., 1970).

28 Daniel J. Boorstin, *The Americans. The colonial experience*, p. 364.

29 Daniel J. Boorstin, *The Americans. The colonial experience*, p. 365.

30 Daniel J. Boorstin, *The Americans. The colonial experience*, p. 368; e Lee M. White, *The American Revolution in notes, quotes and anecdotes*, p. 15.

O período em que a luta era para expulsar os franceses que receberam ajuda antecipada de Luís XVI e que continuaram a receber mais recursos para permanecer ali serve para verificar o esforço e a produtividade dos colonos norte-americanos em termos de armas e munição. Reunidos em um bloqueio com os ingleses, extremamente organizados e mais experientes, os norte-americanos expulsaram os franceses do território[31].

Já durante a Revolução Americana, George Washington enfrentou graves dificuldades com as tropas, como problemas ligados à escassez de recursos de todos os tipos, que se complicavam à medida que o rigor de cada inverno agravava as dificuldades materiais e desafiava o moral das tropas. Esses fatores, aliados à falta de profissionalismo, testaram a capacidade de liderança e a habilidade do general. Entre os problemas de recursos, provavelmente os mais graves eram víveres e munição[32].

White estima que, apenas no período do inverno de 1777-1778, cerca de 3 mil homens tenham morrido de fome e doenças, além de cerca de 10 mil terem perecido nos campos de batalha. Esses números permitem uma noção da extensão das dificuldades da guerra[33].

A escassez de munição, aliada à falta de formação profissional, levou à alternativa de treinar os soldados para atirarem, por economia, apenas a curtas distâncias[34].

Após o afastamento dos franceses, Benjamin Franklin acabou como emissário norte-americano, indo à Europa, em especial à França, tentando ser ouvido quanto às abusivas pressões dos ingleses sobre a colônia já independente, mas não conseguiu seu intento[35].

A situação de precária profissionalização das roupas começou a reverter-se após a constituição do Continental Army, a primeira força re-

---

31 Samuel E. Morison. *The Oxford history of the American people*: prehistory to 1769, p. 305.

32 Lee M. White, *The American Revolution in notes, quotes and anecdotes*, pp. 12-15.

33 Lee M. White, *The American Revolution in notes, quotes and anecdotes*, p. 31.

34 Lee M. White, *The American Revolution in notes, quotes and anecdotes*, pp. 12-15.

35 Lee M. White, *The American Revolution in notes, quotes and anecdotes*, p. 6.

gular norte-americana. O Exército Continental foi organizado para lutar contra os ingleses pela independência da colônia norte-americana. Tanto a qualidade do treinamento militar quanto a infraestrutura de apoio às tropas passaram por um processo de aperfeiçoamento, como na Primeira e na Segunda Guerra Mundial.

O treinamento nesses duradouros períodos de lutas fez com que a preparação se tornasse sistematizada e eficiente, como será percebido no Capítulo 6, além de o item "Universidades Land Grant" revelar o papel das universidades, especialmente as públicas, como muito importante. O moral das tropas foi considerado muito elevado e nenhum soldado norte-americano admitia perder a guerra. A Força Aérea tornou-se altamente especializada e os equipamentos de guerra se desenvolveram rapidamente, em um grande esforço conjunto, incluindo pesquisa, educação formal, estratégias políticas e militares. As baixas nas tropas, causadas por doenças e infecções em ferimentos, foram comparáveis às da população civil em tempo de paz, em virtude das favoráveis condições de alimentação, agasalho, atendimento médico e medicamentos, especialmente na Segunda Guerra Mundial[36].

Retornando à colônia, George Washington comandou o chamado Continental Army, que, em 1776, somou 90 mil homens, o que representou, à época, quatro vezes o número de soldados ingleses engajados na luta. Em 1781, com grande esforço, o número de soldados ingleses aumentou para 42 mil homens[37].

Alistamento e Deserção

Os desertores também foram muitos, tanto durante a Guerra da Independência, American Revolution, quanto durante a Guerra Civil, também chamada de Secessão.

As perdas reais, após as batalhas, eram difíceis de levantar, pois, além de mortos e feridos, havia sempre um número incontável de desertores.

---

36 Samuel E. Morison, *The Oxford history of the American people*: prehistory to 1769.

37 Lee M. White, *The American Revolution in notes, quotes and anecdotes*, p. 29.

Antes da Batalha de Bennington em 1777, por exemplo, o número de desertores elevou-se a mais de 400[38].

Embora as baixas tenham atingido 9% da população da época, durante a Revolução Americana, por volta de 1976, a Guerra Civil iniciada em meados de 1800 apresentou percentuais muito mais elevados[39].

Sobre a passagem efêmera pelos pelotões de guerra, Boorstin comenta que nada é mais norte-americano do que a seguinte constatação: "a duração do exército era, no máximo, a mesma da guerra"[40].

A história narrada por vários autores norte-americanos levou a concluir que inúmeros fatores contribuíram para a manutenção das reações contra a institucionalização de uma força armada no país. Entre os fatores mais significativos, estariam a falta de sintonia entre os valores dos colonizadores e a postura tradicionalista e aristocrática dos profissionais militares ingleses, cuja imagem levava os colonos à preocupação com o desenvolvimento de uma casta militar na América; o considerado "perigo da centralização", com a possibilidade de reforçar condições de intervenção do governo federal nos estados e de enfatizar causas federais em detrimento das locais. Tudo isso, a partir da possibilidade de institucionalização de entidades federais fortes, independentemente de serem civis ou militares, com o desconforto de ter de arcar com custos de uma força federal, quando habitualmente problemas de segurança eram interpretados como de responsabilidade local ou, se mais abrangentes, como no caso da luta pela independência, apenas uma integração temporária de forças locais.

O espírito do povo em sua simplicidade, diante dos compromissos com organizações e rituais militares e causas maiores do que a vista pudesse alcançar, é ilustrado pelo trecho a seguir.

Um diálogo reproduzido pelo Major C. F. Williams, em seu *The memorial war book*, aqui traduzido e transcrito, revela a realidade da população

---

38 Daniel J. Boorstin, *The Americans. The colonial experience*, p. 369.

39 Lee M. White, *The American Revolution in notes, quotes and anecdotes*, p. 31.

40 Daniel J. Boorstin, *The Americans. The colonial experience*, pp. 379-371.

de soldados e a habilidade dos historiadores em registrar com precisão o que ouviram[41].

Em um inglês bastante rudimentar, um soldado perguntou a um militar que descia a Broadway com um pelotão de recrutas:

– Onde eu posso pegar o trem para Albany?
– O que você vai fazer lá?
– Tô indo pra casa, é claro.
– Para casa? Você está doente ou ferido?
– Doente é o que eu sou. Tive nesta tal de batalha de Bull Run e estou doente mesmo, isto eu garanto.
– Como você chegou a Nova Iorque?
– De trem, claro. Tive de caminhar até Washington e só.
– Mas não lhe pediram um passe?
– Sim, um cara com uma arma que embarcou em Washington me disse: Você tem um passe? E eu disse, tenho. Ele foi embora e eu não tinha passe nenhum.
– Bem, você vem comigo e nós vamos acomodar você direitinho.

Obedeceu amavelmente. Foi levado então ao Tenente Coronel Elis, enquanto os recrutas do seu interlocutor passavam por exame médico. O coronel riu da explicação que lhe foi dada sobre o recruta e perguntou a ele:
– A que regimento dos meus homens você pertenceu?
– Segundo Vermont.
– Então você esteve em Bull Run?
– Sim, um inferno que nós tivemos lá também.
– Você sabe que é um desertor?
– Desertor? O senhor quer dizer que eu fugi?
– Eu quero dizer que, tendo desertado de seu Regimento, você desertou suas cores, quebrou seu compromisso de fervorosamente servir ao governo dos Estados Unidos e que você pode ser morto por crime. Esta é a norma da guerra.

---

41   Major George F. Williams, *The memorial war book*: as drawn from historical narratives of men who served in the great struggle (New York: ARNO Press, 1970). Esse livro poderá levar o leitor a compreender o despreparo e a ingenuidade dos recrutas voluntários, mesmo bem mais tarde, a partir de 1861, com o início da Guerra Civil, além de apreciar a perspicácia do historiador em retratar a realidade.

– Olhe aqui, coronel, eu não sou desertor. O regimento é que me desertou. Muitas vezes, nós ficamos atrapalhados e, na confusão, ninguém sabe de ninguém. Então alguém diz que a ordem é ir para Washington e eu só fui embora com o resto. Assim que eu vir minha mãe e que ela veja que eu não morri, volto outra vez.
– Mas isto não será correto, nem honesto. Você vê, se cada homem em seu regimento for para casa como você, não haverá mais o segundo Vermont para lutar contra os rebeldes.
– Isto é fato. Eu não tinha pensado. Olhe aqui, vou voltar a Washington e me juntar aos rapazes. Talvez eles estejam metidos noutra batalha antes que eu volte e eu não vou gostar nada disto.
– Quantos rapazes vieram com você no trem?
– Acho que doze, ou por aí...
– Você sabe onde eles estão?
– Bom, eles disseram que estavam indo para a estrada de ferro Rio Hudson, mas nós nos dispersamos e eu fiquei perdido.
– Bem, agora, se este cabo for com você, você dirá aos rapazes que eles estão errados, para depois vocês poderem juntar-se ao Regimento? E você sabe que pode escrever à sua mãe?
– Eu posso. Agradeço muito por ter me ensinado como são as coisas. Quando me alistei como voluntário em Burlington, eu queria cumprir o meu dever, mas o senhor sabe, este negócio de soldado é meio novo para mim e eu não sei ainda como levar esta coisa[42].

Após a apresentação dessa admirável reconstrução de diálogo, o autor Forrester Williams ainda relata as circunstâncias em que se encerrou o episódio, que, muito provavelmente, era bem rotineiro à época.

Naquela mesma tarde, o recruta e o cabo encontraram dez dos colegas dele, aliás, tão ignorantes quanto ele, mas também obedientes e leais como ele. "Após entenderem o que explicamos, imediatamente apanharam as armas e nos seguiram." O recruta então recebeu uma insígnia de

---

42   George F. Williams, *The memorial war book*, pp. 65-67. Fica a sugestão da leitura dessa obra aos interessados do tema, por ser considerada uma das mais interessantes que a autora deste livro encontrou.

cabo do Ten. Cel. Elis, ordem de transporte e rações, para que o grupo pudesse voltar a Washington. Assim o fizeram, viajando sem escolta[43].

A Guerra Civil, além de sangrenta, foi muito dispendiosa. Williams calcula o seu custo médio diário em 1 milhão de dólares[44]. Por isso, tanto envolveu atos de coragem e exemplos de liderança quanto levou a muito desprendimento de bens materiais.

As tropas eram constituídas de elementos bastante heterogêneos. Até mesmo ministros religiosos abraçaram as causas da guerra. O bispo Leonidas Polk, da Igreja Episcopal, por exemplo, tirou a batina e entrou para o exército confederado, invadindo Kentucky. O Dr. Francis Vinton, reitor da Igreja "Trinity", também aderiu à causa, mas, embora ansioso por combater, foi persuadido a manter-se em suas funções religiosas[45].

Muitas vezes, bravura e desprendimento caracterizaram a participação de militares, como o general Lyon. Abalado por ferimentos graves em campo de batalha, ao ouvir a preocupação de seus subordinados no "2º Kansas" sobre quem assumiria o comando, levantou-se e disse que ele mesmo ainda os lideraria. Após poucos minutos de reengajamento na luta, levou um certeiro tiro do inimigo, morrendo instantaneamente[46]. Ele próprio doou 30 mil dólares à sua causa, quantia considerada vultosa na época. Em virtude, porém, do elevado custo da Guerra Civil, não financiaria com aquela soma mais do que 30 minutos de luta[47].

Partindo para um breve olhar sobre as duas guerras mundiais, uma rápida comparação entre os custos dessas guerras para os Estados Unidos com recursos envolvidos, infraestrutura e pessoal poderá facilitar a compreensão da evolução socioeconômica do país e a observação das atitudes dos norte-americanos na solução de seus problemas.

---

43 George F. Williams, *The memorial war book*, p. 75.

44 George F. Williams, *The memorial war book*, p. 275.

45 George F. Williams, *The memorial war book*, pp. 75-76.

46 George F. Williams, *The memorial war book*, pp. 274-275.

47 George F. Williams, *The memorial war book*, p. 275.

A origem dos recursos financeiros dos Estados Unidos para a Primeira e a Segunda Guerra Mundial foi obtida por meio de impostos e empréstimos, nas seguintes proporções:
- 1ª Guerra – um terço em impostos, o restante em empréstimos; 18,5 bilhões de dólares em bônus, com juros entre 3,5 e 4,25%[48];
- 2ª Guerra – 40% em impostos e o restante em empréstimos feitos livremente nos bancos, com juros em 1 e 1,5%; 98 bilhões de dólares em bônus[49].

Morison considerou fácil a venda dos bônus para "a liberdade e a vitória". Enquanto o custo diário da Guerra Civil foi calculado em 1 milhão de dólares, o custo diário, ao final da Primeira Guerra Mundial para os Estados Unidos, foi calculado em 44 milhões de dólares[50].

Certamente, o custo da guerra tecnológica da atualidade seja breve, precisamente apresentado, e tudo indica que seja muito elevado. O conflito com o Iraque, considerado quase virtual, em razão de poucas baixas em comparação com os embates tradicionais e a permanente exposição de imagens, revela a nova face da violência: uma teoria, que desmantela o próprio conceito de guerra, e outro concreto, com o rastro de destruição ao estilo napoleônico.

O ônus financeiro após a Primeira Guerra Mundial, para os Estados Unidos, foi dez vezes menor do que o da Segunda. A soma de pensões, juros e do Plano Marshall, em meados de 1940, chegou a 350 bilhões de dólares[51].

Durante a Segunda Guerra, o Tesouro norte-americano funcionou no vermelho, com cerca de 40 bilhões de dólares anualmente e o débito chegou a 250 bilhões de dólares[52]. Essas cifras elevadas não foram causadas por es-

---

48 Samuel E. Morison, *The Oxford history of the American people*: prehistory to 1769, p. 207.

49 Samuel E. Morison, *The Oxford history of the American people*: prehistory to 1769, p. 369.

50 Samuel E. Morison, *The Oxford history of the American people*: prehistory to 1769, p. 207.

51 Samuel E. Morison, *The Oxford history of the American people*: prehistory to 1769, p. 369.

52 Samuel E. Morison, *The Oxford history of the American people*: prehistory to 1769, p. 369.

banjamento; ao contrário, a Segunda Guerra foi considerada austera desde a alimentação das tropas até a ausência de despedidas festivas e de bandas. Apesar de todas as implicações econômicas das guerras, a inflação foi mantida em níveis mínimos na Primeira Guerra Mundial[53] e, na Segunda, os preços dos produtos essenciais foram mantidos baixos e o nível de vida subiu[54].

Na Primeira Guerra Mundial, a ação do Estado sobre a economia foi determinada em duas direções: por um lado, estimulando a produção de alimentos, e, por outro, incentivando a austeridade no consumo. Os combustíveis também foram poupados com a colaboração da população[55]. Houve controle de preços, coordenação da distribuição de alimentos, supervisão nas exportações. Com a colaboração do povo, essas medidas permitiram que, já em 1918, os Estados Unidos triplicassem suas exportações de grãos, carne e açúcar[56]. A receptividade a essas medidas é considerada por historiadores uma reação comum aos norte-americanos, quando não são empurrados pela força, mas movidos pela argumentação. O que se observa nas mais diversas situações da história norte-americana em que havia necessidade de agregação é a cultura da população em sua crença no "nós", como solução para as liberdades individuais e superação de grandes revezes, o que tornava a administração pública menos crítica.

Durante a Segunda Guerra Mundial, a posição administrativa diferiu das características democratas. Não houve controle sobre a mão de obra nem limitações no lucro ou nos salários, e os preços se mantiveram. Não houve tampouco recrutamento de mulheres ou direcionamento evidente no trabalho especializado. Foi um modelo econômico mais afinado aos republicanos, mas a produção, em 1942, aumentou vertiginosamente e as taxas de emprego ficaram elevadíssimas[57].

---

53   Samuel E. Morison, *The Oxford history of the American people*: prehistory to 1769, p. 207.

54   Samuel E. Morison, *The Oxford history of the American people*: prehistory to 1769, p. 369.

55   Samuel E. Morison, *The Oxford history of the American people*: prehistory to 1769, p. 206.

56   Samuel E. Morison, *The Oxford history of the American people*: prehistory to 1769, p. 207.

57   Samuel E. Morison, *The Oxford history of the American people*: prehistory to 1769, p. 369.

Apesar de ser comum a reação que considera nada jamais justificar uma guerra, nem poder rotular alguns de seus impactos como positivos, algumas situações peculiares, mesmo dramáticas como as de uma guerra, também desenvolvem habilidades e desafiam a criatividade e a potencialidade dos indivíduos e dos governantes. Esse ponto parece ter estimulado a expectativa de que tudo pode acabar bem, levando a uma leitura egocêntrica da realidade e reforçando o isolacionismo dos norte-americanos.

O fato de a América do Norte nunca ter sido invadida pelo inimigo permitiu que o contexto de guerra gerasse um fabuloso desenvolvimento científico e tecnológico, além do desenvolvimento de atitudes e de comportamentos que revigoraram o país.

Nesse ponto, surge a possibilidade de se compreender o significado do dramático marco histórico que a batalha de Pearl Harbor assumiu para os norte-americanos e, ultimamente, a dramaticidade da catástrofe de 11 de setembro de 2001.

Da mesma forma que a Guerra da Independência propiciou um início de integração entre as colônias, a Guerra Civil revelou a necessidade do conhecimento e da compreensão das diferenças subculturais entre sulistas e nortistas, diante de argumentos e valores de ambas as populações, com a ressalva de que essa divisão é considerada simplista, na verdade, possível, porém a grosso modo. As guerras mundiais, por sua vez, especialmente a Segunda, permitiram perceber a necessidade do conhecimento e da compreensão das diferenças culturais entre as nações, o que, somadas à tendência a intensificar a globalização dos negócios, levaram à criação da área de educação internacional.

Não seria, pois, inadequado dizer que a educação internacional é, em especial, um subproduto das vicissitudes da guerra, mas também de conhecimentos mútuos trazidos pela guerra.

Naquele período dramático, embora não tenha ocorrido a convocação de mão de obra especializada em geral, a mobilização de cientistas foi intensa. Especialmente por essa razão, a guerra também foi responsável pelo grande impulso do desenvolvimento científico e tecnológico a partir de 1940, com a Segunda Guerra Mundial[58].

---

58 Samuel E. Morison, *The Oxford history of the American people*: prehistory to 1769, p. 363.

Final da Segunda Grande Guerra: marco da explosão da globalização

Não se está inferindo, em absoluto, que a presença da globalização tenha sido um momento marcante, com nascimento datado, nem que esse fenômeno seja simples consequência de guerra, pois vários foram os seus prenúncios com características próprias, a cada época, entre as quais se inclui a colônia norte-americana, em virtude de a Companhia das Índias negociar as primeiras transações em Manhattan com os pioneiros. Entretanto, cedendo à tentação de dar um parecimento mais claro a esse fenômeno que implica o mundo inteiro, provavelmente o final da Segunda Guerra Mundial seja o momento mais próximo.

Segundo Mattew Hirschland, os primeiros esforços pela regulamentação do que parecia haver chegado para causar grande impacto ao mundo e aos negócios internacionais iniciaram-se tanto um pouco antes quanto logo após o final da Segunda Guerra Mundial, durante os trabalhos em Bretton Woods, e de 1970 para a frente, com preocupações relativas aos negócios e ao ambiente social[59].

Esse movimento, que cresceu dramaticamente em extensão e complexidade, passou a desafiar os governos quanto ao seu papel no sentido de regulamentar legalmente os movimentos com suas implicações desde a vida de cada cidadão até as atividades do próprio governo, tentando acompanhar as operações dos negociantes com relação à formação de grandes organizações, hoje, poderosas, visando a ordenar e dinamizar, internacionalmente, o literal mundo dos negócios.

Maceus, um ex-aluno da Universidade da Flórida, de Harvard e da GWU, W.DC, advogado e oficial de justiça, escreveu um artigo, em estilo jornalístico, afirmando que a globalização já é um fenômeno histórico que, de modo bem informal, poderia ser descrito como uma crescente desintegração das fronteiras nacionais em favor de uma economia global, uma cultura compartilhada e uma integração política mundial que parece ser inevitável, impossível de ser barrada em sua progressão, impactos e

---

[59] Mattew J. Hirschland, *Corporate responsibility and shaping of global public policy* (New York: Palgrave Macmillan, 2006), p. 117.

consequências em debate[60]. Esse referencial foi considerado interessante, justamente por sua origem não ser acadêmica, mas de um profissional bem preparado, de um típico cidadão norte-americano cujo pai é pastor e que, além de seus compromissos profissionais, desenvolve muitas atividades voluntárias, inclusive com idosos. Seria uma mínima, porém significativa e clássica, posição de cidadão, em artigo muito bem referenciado.

Nesse ponto, é óbvio esperar implicações de grande porte para os Estados Unidos, com suas decisões e considerações, especialmente decorrentes de seu cultural modo de administrar questões de amplo espectro.

Sobre esse tema, um capítulo da autoria de Bruce Moon é de inestimável valia para esta breve análise, quando é oportuno esclarecer que, desde então, a literatura a respeito foi se expandindo de forma vertiginosa, tanto envolvendo organizações globais privadas quanto questões governamentais, incluindo temas os mais diversos, inclusive a educação[61].

O referido acordo reconhecia as dificuldades do momento pós-guerra e o peso das implicações decorrentes.

Com o avanço dos movimentos globais, o Acordo-Geral de Tarifas e Comércio (GATT) liberou as nações de procedimentos de exportação e importação, visando a amenizar o momento difícil e a promover cobertura política para os governos abalados, a fim de suportarem pressões protecionistas e criarem condições domésticas para equilibrá-las. O Fundo Monetário Internacional (FMI) prescreveu taxas de câmbio estáveis e ofereceu recursos para a manutenção dos seus membros. Além disso, o Banco Mundial (*World Bank*) ofereceu fundos a longo prazo para reconstrução econômica, a fim de que pudessem suportar a competição internacional, especialmente o Plano Marshall e as políticas unilaterais e, também, bi-

---

60   Nick D. Maceus, *Globalization and the United States:* positive and negative impacts on American domestic policies. Disponível em: http://nickmaceus.hubpages.com/hub/Globalization-and-the-United-States-Positive-and-Negative-Impacts-on-American. Acesso em: 4 nov. 2014.

61   Bruce E. Moon, "The United States and globalization", cap. 28 (Parte: Response to Globalization); Lehigh University, USA. Richard Stubbs e Geoffrey R.D. Underhill (eds.), *Political economy and the changing global order* (Oxford University Press, 1998).

laterais dos Estados Unidos. A temporária tolerância do protecionismo europeu minimizou a problemática, deixando o sistema mais realista: cada país de acordo com seu ritmo. Contudo, diz Bruce Moon, citando Ruggie, "inventar uma forma de multilateralismo" não era considerado "algo volátil, mas um requisito essencial"[62,63].

O papel de Breton Woods, embora nem tenha ocorrido um segundo encontro, deu legitimidade política aos acordos econômicos, considerando à época tudo necessário, até mesmo a cidadania. Nesses termos, há que se concordar com Moon e os autores aos quais recorre para afirmar que, apesar da fragilidade do obtido, o resultado já trazia consigo um primeiro esquema de sistema que veio a se transmutar no que se chama hoje de globalização.

Muita celeuma ainda ocorreu no ambiente político norte-americano em decorrência de organizações supranacionais e muitas discussões no Congresso, que, algumas vezes, bloquearam coalizões. O GATT e em especial a International Trade Organization (ITO) trouxeram acaloradas discussões sobre, por um lado, incursões internas à economia norte-americana e, por outro, permitindo às nações grande liberdade em adoção de medidas protecionistas; mesmo assim, muitas vezes o Congresso não acatou. Ao final, a ITO restringiu-se a operações co-

---

62   John Ruggie, "International Regimes, Transactions, and Change: Embedded Liberalism in the Postwar Economic Order", *International Organization* 36: 382.

63   Sobre o estilo de regulação anglo-saxônica, ver Madsen Pirie, "The Anglo-Saxon model of capitalism": "When we look over the attributes of the Anglo-Saxon model of capitalism, armed with these twin insights, we can see why it comes to have the characteristics which distinguish it from other models, and which give it a distinctive identity. Its approach always is to maintain competition where it can, and to keep its operation flexible. The two principles keep its outcome spontaneous and unplanned". O autor é "President of the Adam Smith Institute, the free market think tank which researches policy proposals that work towards a free economy and a free society, one of its founders". Disponível em: //madsen-pirie.com/the-things-that-i-do/communicating/the-anglo-saxon-model-of-capitalism/. Acesso em: 4 nov. 2013. Além disso, ver James Fallows, "How the world works", The Atlantic Monthly, December 1993, pp. 61-87.

merciais. Na verdade, os Estados Unidos viram a globalização, à época, como minimamente envolvida com a gestão[64].

Espera-se que essa complementação, embora muito resumida, tenha favorecido o entendimento de que a ligação entre Bretton Woods e o desenrolar do processo da globalização, conforme ele se apresenta na atualidade, não seja desprezível. Contudo, as discussões da atualidade voltam-se mais para a atuação das poderosas organizações privadas internacionais e o papel dos governos, em especial sobre suas ações concretas como tal, regulando, legislando e mesmo, segundo as organizações privadas que reclamam dos governos, devendo favorecer ambientes mais seguros para aquelas poderem trabalhar no exterior; nesse ponto, diz Hirschland: os governos são pouco atuantes. Por isso, quando se fala em evidentes envolvimentos dos governos nesses movimentos, a chave recai sobre a história, com Bretton Woods, quando, apesar de tudo parecer embrionário e difuso, a expectativa era de que fossem contatos respeitáveis.

Os EUA continuam comprometidos com a globalização, embora não sem sofrer alguns danos. Autores como Rodrik, citado por Moon, por exemplo, ainda no final do século passado, apontavam como o maior desafio da economia mundial tornar a globalização compatível com estabilidade doméstica, em termos políticos e sociais, pois já se percebiam mudanças implicando emprego, classe trabalhadora, tensões sociais, desigualdades de renda – uma vez que ela acaba afetando normas internas que levam a uma baixa nos padrões de trabalho e meio ambiente[65].

Maceus, fundamentado em Brubacher, revela não somente o compartilhamento na economia global por nações pobres buscando liberdade política e avanços na cidadania, quebra de barreiras e interação cultural, além de integração econômica, como também que isso significaria

---

64 Bruce E. Moon, "The United States and globalization"; "Globalization and the United States: positive and negative impacts on American domestic policies" (2008). Disponível em: http://nickmaceus.hubpages.com/hub/Globalization-and-the-United-States-Positive-and-Negative-Impacts-on-American-Domestic-Policies. Acesso em: 20 nov. 2013.

65 Dani Rodrik, Has globalization gone too far? (Washington: Institute for International Economics, 1997), p. 2.

oportunidades para crescimento das economias saudáveis, como é o caso dos EUA e o Leste Europeu, lembrando que aos impactos negativos correspondem também os positivos, inclusive para a política interna, no caso dos EUA, pois resultados e consequências caminhariam juntos. Em decorrência, o articulista comenta que, como nação e cultura, os norte-americanos abdicam de boa parte de sua soberania e esperam que haja benefícios advindos da globalização, e não apenas barreiras. Por essa razão, sugere análise cautelosa para que o impacto sobre as políticas domésticas não as destrua sem haver retorno anterior. A globalização mostra que o estado-nação com sua abertura precisa pesar suas responsabilidades e o nacionalismo dotado de identidade cultural deve analisar o bem-estar de sua população. Daí esses dois conceitos surgirem como paradigmas com certo grau de competição. Comenta, ainda, que o poder do controle de recursos e o desenvolvimento tecnológico, como a exploração espacial e a inovação, também poderiam ser alvos de futuros e acirrados embates.

Para os EUA, esse contexto ambíguo parece indicar que, se é possível ainda optar, a perplexidade vem de todos os ângulos e a dúvida sobre déficits ou superávits é uma balança cujo equilíbrio é surpresa.

Suspendendo aqui este trecho da discussão entre leigos com Maceus para ir às reflexões de Geoffrey Garret, percebe-se claramente o forte empenho dos *experts* em pesquisas e a dificuldade em se chegar a algum resultado comum, quando se trata de questões de política econômica relacionadas com a globalização. Pouco é confirmado e muitas surpresas ocorrem nas hipóteses sobre países avançados e em desenvolvimento, bem como sobre as atividades governamentais relacionadas com perdas, compensações e segurança econômica.

O que estudos analisados por G. Garrett, como os realizados por Drezner em 2000, revelam é que o impacto da tecnologia na globalização diz respeito muito mais fortemente às finanças internacionais do que à produção e ao comércio, porque, com a possibilidade de movimentações 24 horas, permanentemente os arranjos financeiros não têm limites, logo pensar em controle pelos governos seria uma fantasia. Contudo, as mesmas facilidades da tecnologia da informação favorecem a regulamentação governamental sobre as movimentações de bens físicos. Um número considerável de economistas que G. Garret exemplifica com Yergin e Stanislaw e, ainda, segundo o informativo *Washington Consensus*, o ganho em eficiência com a integração internacional teria crescido substancialmente com a tecnologia nas últimas décadas e, sob essa visão, os governos poderiam optar pelo fechamento ao mercado global, porém a custos extremamente elevados em comparação com a liberalização[66].

Garret comenta, ainda, sobre a postura dos cientistas políticos em torno da globalização como muito crítica, talvez por não se reportarem mais fortemente a estudos econômicos para a análise política; além disso, eles seriam tendenciosos tanto em creditar efeitos reais das políticas governamentais quanto no sentido de que as escolhas fossem políticas.

O autor ainda indica a opinião de estudiosos sobre a tendência quanto à integração do mercado sobre a qual seria importante considerar duas possibilidades: dos deterministas tecnológicos, que têm em conta as políticas governamentais irrelevantes e que os governos teriam liberalizado suas economias simplesmente porque era o que restava a fazer no mercado; e uma corrente que enfatiza o papel de organizações internacionais como o FMI, a World Trade Organization (WTO), etc. Em sua posição, diz o autor, embora considerando a importância dessas variáveis, "uma boa porção da variação da integração internacional" é explicada por aspectos inalterados das nações, como seu tamanho e sua posição geográfica, além do impacto da estrutura econômica, seu impacto na sociedade e sindicatos, segundo já citavam Frieden e Rogowski (1996). Além disso, o autor considera importantes a democracia e o balanceamento do poder[67]. Ele ainda verifica que as diferenças de crescimento econômico no transcorrer do tempo e as diferenças de integração tenderiam a diminuir, porém, nos últimos anos, elas têm persistido.

O mundo dividido em duas partes, os países da Organization for Economic Co-Operation and Development (OECD) e os Least Developed Countries (LDC), pode, aos poucos, ir se mostrando como realidade mais clara. Por exemplo, percebe-se bem que os chamados LDC têm seus maio-

---

66   J. Geoffrey Garrett, "The causes of globalization". Yale University 942, 943. Disponível em: http://bev.berkeley.edu/ipe/readings/The%20Causes%20of%20Globalization.pdf. Acesso em: 22 nov. 2013.

67   J. Geoffrey Garrett, "The causes of globalization", p. 945.

res problemas, muitas vezes, mais fortemente relacionados com questões internas, como clima, território, recursos naturais, falta do que os técnicos gostam de denominar de capital humano – aspectos considerados pouco relacionados com questões-chave nas organizações pró-globalização. Se esses dois blocos, em separado, sem falar nas questões domésticas de cada um, na atualidade mundial, com a globalização, ainda passam por situações complexas, imagine-se quando aproximados. Nesses momentos, é possível dizer que globalização é sinônimo de desafio, senão de risco e ameaça[68].

Os temas "globalização" e "meio ambiente" emergem, também, em duas situações contrastantes: a dos países pobres e com deficiências na própria natureza que cerca sua população, como aridez do terreno, clima adverso somado à falta de recursos, até mesmo impedindo-os do desenvolvimento pretendido; em contraste com os emergentes, que não deixam de todo de comportar essas adversidades, mas que são grandes e detêm bom nível de conhecimento, alguns tenazes, fortes em tradições e valores, como a China, mas acabam falhando ou, pelo menos, reconhecendo o risco de falhar no controle dos impactos resultantes de seu próprio empenho por trabalho duro. O caso da China é um exemplo, segundo a fala de seu ministro do Meio Ambiente, Pan Yue[69].

Doações de empresas e fundações[70] também são de uma diversificação considerável, favorecidas pelas facilidades dos contatos globais, e costumam ser consideradas fundamentais para as suas causas, como acontece com o Center on Law and Globalization, cuja informação ostensiva sobre contatos e doações oferece e-mail e telefone da administração, confirmando que é associada à Fundação da Ordem dos Advogados da Universidade de Illinois – College of Law[71].

---

68   J. Geoffrey Garrett, "The causes of globalization", p. 946.

69   Mattew J. Hirschland, Corporate responsibility and the shaping of global public policy (New York, Palgrave: Macmillan Company 2006), pp. 16-17.

70   Mattew J. Hirschland, Corporate responsibility and the shaping of global public policy, p. 18.

71   Disponível em: http://www.lexglobal.org/?q=node/8&tid=8. Acesso em: 3 nov. 2014.

Uma cultura de Doações/Doadores

"É uma desgraça um homem morrer rico."
WILLIAM EWART GLADSTONE

A palavra *grant* é um ícone na cultura norte-americana, mas isso não significa que doações sejam uma de suas invenções, em absoluto. O conceito e a sua prática são muito antigos, com nuanças muito próprias desde a China milenar, o Egito dos Faraós, bem como a Grécia antiga, na qual as práticas eram mais delimitadas, quase reservadas ao apoio a familiares.

Virginia White, em sua obra *Grants* (1979), narra usos interessantes dessa possibilidade de colaboração e filantropia distribuídos na história do mundo, até embrenhar-se no tema nos Estados Unidos, desde os seus primórdios até a atualidade, com formalizações e modalidades as mais variadas. Ela explica que na Europa, durante a Idade Média, em modalidades como concessão, um tipo mais parecido com *franchise* do que doação.

Nos Estados Unidos, começou a ficar mais clara a doação durante as inserções de "companhias como: East India, London Company, The Massachusetts and Hudson Bay Companies, concedendo terras e poder soberano a cidadãos em retorno ao esperado desenvolvimento do território para o bem da terra mãe"[72].

Interessante é o fato de que a legislação norte-americana, bem como as pesquisas e formas de administração e controle de *grants*, à medida que foram se tornando uma instituição nacional, aproximaram-se mais de sua origem linguística histórica. Com raízes lídoatinas em *credere*, implicando fé e obrigação, e, mais tarde, *creantare*, isto é, prometer, levando a concepção de *grants* a uma mutualidade de compromisso entre doador e receptor, no sentido de que quem recebesse o benefício estaria comprometido a desenvolver uma atividade, pois isso é o que daria ao doador um retorno em termos de satisfação como benfeitor[73].

---

[72] Rogers Brubacher, *Citizenship and nationhood in France and Germany* (Cambridge, MA: Harvard University Press, 1992.); Virginia White, *Grants*: how to find out about them and what to do next (New York. Plenum Press, 1979), pp. 1-3.

[73] Virginia White, *Grants*: how to find out about them and what to do next, p. 3.

Com o passar do tempo, o envolvimento governamental tornou-se significativo e começaram os incentivos à participação das corporações no compartilhamento do peso, surgindo, então, além da filantropia privada, as fundações.

Millet, ao tratar de universidades públicas em *Politics and higher education*, em geral universidades de cada estado da federação, aborda a intrincada relação de fundos públicos e privados, das mais diversas origens, além da diversificação de *boards*, um tipo de congregação que administra e presta contas aos envolvidos sobre o que recebem e que políticas adotam para aplicar as somas obtidas. Ao conferir autoridade aos *boards*, o estado, por meio do estatuto, também os orientava a trabalhar em "próxima cooperação" com o diretor de finanças em tudo o que se referisse aos gastos dos fundos para as universidades públicas, chamadas de *state assisted*[74]. A própria cultura de doação é que torna as relações minuciosas e complexas[75]. Exemplos e pesquisas são muitos e antigos, como o desenvolvimento do código Morse para o telégrafo sem fio, em 1842.

Com o passar de anos de experiências diversas, White recorda que *grants* foram se desenvolvendo em inumeráveis sentidos: conferências, viagens, pesquisa, treinamento, saúde, bem-estar social, projetos criativos, incluindo artes, para citar os mais comuns. É interessante observar que as fundações revelam uma história de se apresentarem muito à frente das iniciativas governamentais quanto ao apoio a ques-

---

[74] Virginia White, *Grants*: how to find out about them and what to do next, pp. 87-88. Especialmente a parte 4 do referido livro descreve esse emaranhado e, citando comitês no Senado e a postura que Millett percebeu ao conviver com republicanos e democratas, durante sua intensa vivência com o tema, revela não ser muito clara a divisão do público e do privado em termos de *grants*, embora a legislação fosse bem trabalhada, os controles bem estabelecidos e os gestores atentos.

[75] John D. Millett, *Politics and higher education* (Alabama: The University of Alabama Press, 1974).

tões sociais e de tecnologia[76]. O que se percebe é que a ética puritana parece ter impregnado os norte-americanos com seus princípios. Por exemplo, Andrew Carnegie, da famosa Carnegie Foundation, teria dito a William Edward Gladstone: "é uma desgraça um homem morrer rico", o que tudo indica ser o que ele realmente pensava diante de sua iniciativa de fundação[77]. W. E. Gladstone foi político liberal britânico, de amplo destaque, deputado no Parlamento, e ocupou vários cargos no governo, sendo líder do Partido Liberal e primeiro-ministro do Reino Unido por quatro vezes.

A Fundação Carnegie tornou-se tão ampla e complexa que passou a ser difícil analisá-la e avaliá-la. Por vezes, foi comentada como apologista da esquerda, outras vezes acusada de participar de movimentos críticos, como a esterilização de pessoas com problemas graves e diversos, mas também grandemente aplaudida e reconhecida por sua obra grandiosa e atuante pelo mundo[78].

Retornando à questão do conceito de universidade, é interessante a proposta feita por Brubacher e Rudy, quando analisam o que seria mesmo uma universidade no momento em que as escolas públicas que não desejavam ser sectárias começaram a surgir na América, como a de Pensilvânia, Virgínia e Nova Iorque, pois explicam que, na verdade, não passaram de planos interessantes, utópicos, sem ação. Além disso, explicam que um número de universidades estaduais foi construído no Sul e que se intitularam universidades, porém nem sempre com a devida destinação, como se observa na atualidade. Contudo, despertaram orgulho e houve até certa disputa para estar entre elas.

---

76   John D. Millett, *Politics and higher education*, p. 7.

77   John D. Millett, *Politics and higher education*, p. 5.

78   Para uma leitura bastante abrangente e esclarecedora nesse sentido, embora nos limites de um artigo: The Carnegie Corporation of New York: From building libraries to undermining American Society. *CRC Staff* | April 3, 2013. Disponível em: http://capitalresearch.org/2013abr.the-carnegie-corporation-of-new-york-from-building-libraries-to-undermining-american-society/. Acesso em: 25 fev. 2015.

Os autores consideram não ser fácil, por essas razões, conhecer com clareza qual teria sido a primeira universidade pública norte-americana. Muitas surgiram, como North Carolina, Geórgia, Vermont, Ohio, Tennessee, Maryland e Transylvania University of Kentucky. Idiossincrasias acompanharam esses feitos: nenhuma delas oferecia trabalho universitário como se esperava e não era muito clara a relação público-privada nos dois sentidos, isto é, enquanto pretendiam ser públicas e recebiam fundos privados, Yale e Harvard, consideradas privadas, também recebiam fundos públicos[79].

Conforme se percebe, fundos têm muito de cultural, envolvendo indivíduos, organizações igreja e governo, a população; o importante era que existissem e que se fizesse bom uso deles. Os mecanismos de administração e controle lembram a tradição de John Wesley, o clérigo teólogo, cristão e britânico cujas ideias metodistas muito influenciaram organizações de ensino nos Estados Unidos, com procedimentos rigorosos, enquanto sugeria ganhar tudo o que fosse possível e doar tudo o que pudesse.

A lista de categorias de *grants* oferecida por Virginia White torna precisas as tipologias que poderão ser compreendidas nas páginas citadas: *Block*; *Capitation*; *Categorical*; *Conference*; *Consortium, Construction*; *Demonstration*; *Discretionary*; *Formula*; *Planning*; *Project*; *Research*; *Service*; *Staffing Study and Development*; e *Training*[80].

Doações para a causa das Guerras/doações para a Educação

Os exemplos de doações na Guerra Civil não foram esporádicos. Os doadores eram muitos e as doações eram feitas tanto pelos confederados quanto pelos unionistas. Encerrado o período de conflitos, o hábito de fazer doações intensificou-se e foi transferido de forma especial à causa pró-universidade. O impacto daquelas doações no desenvolvimento do ensino superior foi evidente.

Para que se tenha uma ideia do contraste no montante das doações ao ensino superior antes e depois da Guerra Civil, alguns dados podem ser vistos nas Tabelas 9 e 10.

---

79 John S. Brubacher e Willis Rudy, *Higher education in transition*: a history of American and colleges universities, 1636-1976 (New York: Harper and Row, 1976), p. 145.

80 John S. Brubacher e Willis Rudy, *Higher education in transition*: a history of American and colleges universities, pp. 293-294.

TABELA 9 Antes da Primeira Guerra Mundial

Quantias doadas (U$)	Doadores	Faculdades
100.000,00	Ex-alunos	Princeton
20.000,00	Doação individual	Columbia
14.000,00	Fundo de doações	Williams College
50.000,00	Várias pequenas doações	Amherst
300.000,00	Origens diversas desde sua fundação até 1924	Yale
50.000,00	Abbot Lawrence	Harvard

TABELA 10 Após a Primeira Guerra Mundial

Quantias doadas (U$)	Doadores	Faculdades
500.000,00	Ezra Cornell	Cornell
3.500.000,00	Comerciantes e capitalistas de Baltimore	Johns Hopkins
24.000.000,00	Empresário da Companhia da Estrada de Ferro da Califórnia	Stanford
4.000.000,00	Standard Oil Company	Chicago

Fonte: Richard Hofstadter, "The transition from College to University", The emerging university and industrial America (P.A.C. Series, Heath, Massachusetts: DC Heath and Company, 1970), pp. 2-3; Walter P. Metzger, "Two historical interpretations of University and Business", The emerging university and industrial America, Hugh Hawkins (ed.) (Lexington, Mass: Dc heath and Company, 1970), pp. 69-70.

A partir de 1900, as doações para o ensino superior continuaram a crescer e vários fundos de apoio foram criados, como o *General Education Board*, fundado por John D. Rockefeller, cuja contribuição somou 46 milhões de dólares. Muitos poderiam ser os exemplos a se mencionar, entre esses a Carnegie Corporation, que, após sua fundação, em 1911, contribuiu com 151 milhões de dólares, e, ainda, o Commonwealth Fund, criado pela Sra. Harkness, que ofereceu 43 milhões de dólares. O historiador Walter Metzger comenta a respeito dos doadores norte-americanos: "os novos homens prósperos organizavam suas filantropias tão grandiosamente quanto seus negócios"[81].

---

81   Walter P. Metzger, "Two historical interpretations of university and business", The emerging university and industrial America, Hugh Hawkins (ed.) (Lexington, Mass: Dc Heath and Company, 1970), pp. 69-70.

Vários dos mais significativos doadores vieram a se tornar empresários também no campo do ensino superior. A história revela o sucesso da maioria, tanto em relação à prosperidade das instituições que administraram quanto pela contribuição dessas instituições para o ensino, a educação, a pesquisa, a economia do país e o desenvolvimento social para norte-americanos, em especial a geração de empregos.

Voltando à questão das guerras no território dos Estados Unidos, elas ofereceram oportunidades às isoladas e autônomas comunidades norte-americanas, em termos de treinar-se para um convívio mais integrado e harmonioso, apesar das perdas e sofrimentos. Também testaram a coragem e o exercício do apoio financeiro das famílias e dos empresários a causas menos restritas a regionalismos. Partindo de causas locais defendidas pelas milícias de cada comunidade colonial, desenvolveram-se as forças de cada estado, daí a força confederada e a unionista para, finalmente, atingir a integração das forças da União.

A mesma visão, mais abrangente e integrada, que gerou o *Continental Army* na Revolução Americana, foi lentamente tomando forma no setor educacional. O sentimento nacional e os primeiros indícios de solução de problemas de modo mais abrangente incluíram o ideal da universidade pública. Ela cobriria interesses e necessidades não atendidas pelas instituições privadas.

Esses interesses já não se referiam a localidades especificamente, mas a certas classes. O exemplo mais evidente é o da população agrária, independentemente de qual localidade do território nacional. Por sua vez, os objetivos do governo federal, quanto a políticas de desenvolvimento econômico, vieram corroborar com essas aspirações. Assim, a agricultura passou a receber a atenção das universidades que foram se instalando nas terras doadas pela União.

Após essa rápida discussão sobre os impactos da Guerra Civil, o tema "doações para a educação" será retomado novamente, abordando a conjuntura e os mecanismos mais recentes de doações. O leitor perceberá, então, a institucionalização desse costume, as várias formas que assumiu, procedimentos, administração e gerenciamento dos fundos.

A qualidade do gerenciamento desses fundos vem beneficiando provedores e beneficiários, quer institucionais, quer individuais, com poucos riscos.

Não se deve concluir ingenuamente que tanto eficiência quanto deslizes sejam privilégio de alguns grupos sociais ou culturais. Mas vale observar os fatos históricos e o estilo gerencial norte-americano, especialmente quanto ao equilíbrio entre controle e flexibilidade, dentro de escassa margem de risco.

A comunicação nos estilos e contextos de liderança

Além de demonstrações de colaboração e de indicadores de integração entre as colônias, as guerras geraram atitudes e reações heroicas. O exemplo do general Lyon não constituiu um fato isolado.

Quando os historiadores norte-americanos comentam a falta de profissionalismo das forças na Guerra Revolucionária, na Guerra da Independência ou da Secessão, não querem, com isso, significar falta de dedicação a tais causas, mas falta de formação específica para atribuições militares daquele tipo, que só podem ser esperadas de uma força regular, em decorrência de formação especializada.

Muitos exemplos de nítida liderança, enérgica ação ou profunda reflexão são encontrados nas memórias da Guerra Civil.

O general Ambrose E. Burnside, por exemplo, ao assumir as forças unionistas do Potomac, que banha Washington D.C., falou aos seus homens: "com pouca confiança em mim, mas com orgulho e muita confiança na inabalável lealdade e determinação do galante exército agora a mim confiado, aceito o seu controle"[82].

Os estilos de comunicação diferiam bastante, mas palavras de estímulo à coragem e à ação não faltaram aos comandantes militares da época.

Coragem e vontade são indubitavelmente duas características amplas e intensamente cultuadas nos Estados Unidos. Elas fizeram parte dos valores das denominações religiosas à época colonial, da educação formal e informal, de postulados militares, filosóficos e políticos das mais diversas origens, desde Benjamin Franklin até John F. Kennedy, que era de tradição católica[83].

---

82   George F. Williams, The memorial war book (traduzido com grifos adicionais), pp. 274-275.

83   Ver a obra Profiles in courage, de John F. Kennedy, citada na bibliografia.

Mas os norte-americanos também puderam avaliar as consequências desastrosas do culto à coragem e à vontade, quando levados às raias do fanatismo, durante sua participação na Segunda Guerra Mundial, justamente no caso da Alemanha que admiravam, em especial pela erudição e pelas universidades, mas que revelou ao mundo o terror do heroísmo fanatizado. O fascínio que Hitler exerceu sobre seus seguidores parece ter fundamento na confiança irracional que ele depositava nos poderes miraculosos da vontade[84].

Retornando às guerras, em território norte-americano, manifestações de liderança em movimentos bélicos são dramáticas e cruas. Os dois depoimentos, a seguir, são exemplares. Demonstrando seu peculiar estilo de liderança, o Boletim do General Pope, na Guerra Civil aos seus comandados, dizia:

Vamos esquecer certas expressões como manter posições, linha de retirada ou base de suprimentos... Vamos estudar prováveis linhas de retirada de nossos inimigos e deixar que as nossas tropas tomem conta de si mesmas. Vamos olhar para a frente, e não para trás. Sucesso e glória estão no avanço, desastre, vergonha e covardia, na retaguarda... Os nomes de vocês serão venerados para sempre, por seus compatriotas[85].

Adiante, a confissão do admirado general George G. Mead, das forças confederadas, a um amigo, durante a campanha, demonstra o elevado grau de conscientização de suas responsabilidades no comando: "não é o sacrifício da vida humana o que mais choca um general, mas, sim, o medo das consequências de não ser bem-sucedido, por compreender que o fracasso significará a perda de milhares de novas vidas"[86].

---

84   John S. D. Eisenhower, Florestas amargas – Tomo I (Rio de Janeiro: Biblioteca do Exército Editora, 1972), pp. 148-149.

85   George F. Williams, The memorial war book, p. 396.

86   George F. Williams, The memorial war book, p. 361.

Já as palavras de ordem do general Burnside aos seus subordinados, diante da cidade de Friedericksburg, demonstraram a força e a consciência da ação destruidora caracterizando ordens de ataque. "Arrasem o lugar, se necessário. Silenciem aqueles precisos atiradores e acabem com as pontes." Narra o historiador que o cumprimento daquela ordem não levou mais de 20 minutos para concretizar-se[87].

Boorstin, em *The colonial experience*, comenta que a vitória de "uma força doente em seleção, disciplina e suprimento" contra o profissional exército inglês, na guerra pela Independência, foi surpreendente. O autor coloca como uma das possíveis causas de vitória justamente as atitudes dos norte-americanos manifestas em atos de bravura, sacrifício e criatividade, em contraste com a rigidez tradicionalista e elitizada dos profissionais militares britânicos[88].

Entretanto, os ingleses deram amostras de uma interpretação elitista diante do despreparo e da simplicidade dos *minute made men*; narra Lee M. White à reação de um soldado inglês em 1777:

É um perigo para um gentleman, *bravo soldado inglês, cair nas mãos de lamentáveis e miseráveis que compõem a bandidagem do país, entre os quais não há a mínima pretensão de serem chamados* gentleman. *Eles são da mais rude, depravada e degenerada raça e é uma mortificação para nós que eles falem inglês e possam tratar-se a si mesmos como instrumentos de punição*[89].

Provavelmente, a impaciência dos norte-americanos diante do insucesso de seus militares também tenha contribuído para tantas vitórias. Mesmo mais tarde, durante a Guerra da Secessão, os norte-americanos não foram nada condescendentes com seus soldados. Generais ou recrutas não podiam cometer erros[90]. A frouxidão da disciplina fora do campo

---

87   George F. Williams, *The memorial war book*, p. 64.

88   Daniel J. Boorstin, *The Americans. The colonial experience*, p. 370.

89   Lee M. White, *The American Revolution in notes, quotes and anecdotes*, p. 21.

90   Lee M. White, *The American Revolution in notes, quotes and anecdotes*, pp. 365-367.

de batalha era aceita tranquilamente, mas não as derrotas[91]. Mesmo generais famosos não foram poupados e o próprio presidente Lincoln, durante a Guerra Civil, foi muitas vezes chamado a decidir atritos, pedidos de demissão e de expulsão. Essas solicitações também ocorreram com George Washington, durante seu comando da Continental Army, na guerra pela Independência[92].

O general Halleck, por exemplo, foi severamente criticado por sua atuação no exército nortista, da mesma forma que Burnside, seu correligionário. Este último fez acusações de insubordinação de vários generais, entre eles Brooks, Cockrane e Newton. Pediu afastamento dos generais Ferres, Franklin, Smith e Sturgis. Como Lincoln negou-se a assinar tais ordens, Burnside demitiu-se[93].

Estudos sobre a atuação de vários presidentes dos Estados Unidos, especialmente quanto à postura democrática, ao prestígio e aos estilos de liderança, revelaram diferentes desempenhos dos presidentes que conviveram com as guerras, tanto dentro do próprio território norte-americano como externas. Entre esses, são citados especialmente Lincoln, Andrew Jackson, Woodrow Wilson, Theodore e Franklin D. Roosevelt, Eisenhower e Kennedy.

Esses estudos revelam Lincoln como[94] um presidente que não cometeu excessos, mantendo uma liderança política em estilo democrático, muito embora muitas vezes tivesse de agir para depois buscar a ratificação do Congresso. Quanto à sua atuação mais direta sobre as pessoas, Carleton comenta que o carismático presidente não hesitou em remover de seu caminho insubordinados, mesmo colegas e aliados, sempre que in-

---

[91] Daniel J. Boorstin, *The Americans. The colonial experience*, pp. 370-371; e George F. Williams, *The memorial war book*, p. 506.

[92] Daniel J. Boorstin, *The Americans. The colonial experience*, pp. 366-367.

[93] George F. Williams, *The memorial war book*, pp. 505-507.

[94] Recomendam-se os ensaios de William G. Carleton em *Technology and humanism* (Nashville, Tennessee, Wanderbilt University Press, 1970), obra citada na bibliografia.

terferissem em sua carreira ou no interesse público[95]. Lincoln revelou-se diplomático, mas firme e determinado – talvez, bem mais independente do que os democratas de hoje viessem a apreciar[96]. Suas mensagens durante a Guerra Civil revelaram essa firmeza.

Em seu histórico *The Gettysburg Address*, em 19 de novembro de 1883, o presidente Lincoln lembra dramaticamente aos seus compatriotas, diante das destruições da guerra, que os seus antepassados lhes haviam legado uma nova nação, concebida na liberdade e dedicada ao propósito de que todos os homens fossem criados iguais. Fazia, então, um grave apelo à integração nacional, lembrando que não se permitisse que tantos compatriotas tivessem morrido em vão. Conclamou a todos que cuidassem do renascimento nacional, para que "o governo do povo, pelo povo e para o povo nunca viesse a perecer".

Ao concluir o Capítulo 56 de *Colonial Experience*, intitulado "O soldado não profissional", o ex-presidente da Biblioteca Nacional, Library of Congress, Boorstin apresenta uma conclusão sobre a qual cabe uma reflexão. Para Boorstin, a ideia do "cidadão armado" contrapôs-se à do soldado profissional, por muitos séculos, nos Estados Unidos. Esse fato levou-o a concluir que é surpreendente que, apesar disso, o povo

OBSERVANDO O LOCAL onde ocorreu a batalha de Gettysburg.

95 William G. Carleton, *Technology and humanism*, p. 124.
96 William G. Carleton, *Technology and humanism*, p. 124.

VISTA DO CEMITÉRIO DE GETTYSBURG obtida do alto da torre que fica no local onde se realizou a batalha do mesmo nome.

norte-americano tenha entregado, por tantas vezes, suas lideranças políticas a militares profissionais, como George Washington, Andrew Jackson ou Eisenhower[97]. Segundo o autor, esses militares foram vistos, antes de tudo, como cidadãos. Consequentemente, a expectativa de sucesso também em seus empreendimentos políticos era grande[98].

Não seria um resumo aceitável das guerras internas e suas batalhas nos Estados Unidos sem que, pelo menos, se fizesse menção a Gettysburg, porque lá se travou a batalha que praticamente marcou o final da Guerra Civil ou da Secessão: vencida pelos federalistas, sob o comando do gene-

---

97   Daniel J. Boorstin, *The Americans. The colonial experience*, p. 372.

98   Daniel J. Boorstin, *The Americans. The colonial experience*, p. 371.

ral Hancock, cuja personalidade se tornou admirada durante a guerra, na referida batalha e até após sua morte. Seu estilo ativo e firme influenciava suas tropas em quaisquer circunstâncias, em virtude de sua "bravura" e "magnetismo pessoal" somados a seu sorriso[99].

Para Gettysburg, Lincoln dirigiu seu memorável discurso "The Gettysburg Address", uma peça que merece ser conhecida para compreender melhor a real posição do presidente diante das ideias separatistas em seu país.

Não seria coerente discutir as guerras, em especial a Guerra Civil norte-americana ou a Guerra da Secessão, sem mencionar o final dos conflitos. George Williams, em seu admirável livro *The memorial war book*, retrata as cenas finais da seguinte forma. Em meio à fumaça densa, o general Lee sai do campo de batalha para encontrar-se com o general Grant que o aguardava "[...] para o cerimonial de rendição, com apenas 800 homens", pois muitos não quiseram passar pelo que consideravam uma humilhação. Após encontrar-se com o general Grant, o general Lee deu adeus aos veteranos: "homens, nós lutamos uma guerra juntos. Eu fiz o melhor que pude por vocês e saio com o coração partido". Williams relata que os veteranos que lutaram tantos anos juntos "choravam como crianças". A rendição ocorreu em 12 de abril de 1865; no dia 14, dois dias depois, Lincoln era assassinado no teatro Ford por um ator e seccionista, John W. Booth[100].

As baixas foram muito significativas de ambos os lados. Estima-se que mais de 1 milhão e 600 mil homens de todas as patentes perderam a vida em combate e cerca de mais de 1 milhão morreu de ferimentos logo depois, além de total incapacitação para qualquer tipo de trabalho para um número também elevado, segundo Williams[101].

Lideranças

No decorrer deste livro, o leitor vem se deparando com estilos de liderança bem distintos e que já surgiam desde a Revolutionary War. Alguns

---

99   George F. Williams, *The memorial war book*, pp. 429-440.

100 George F. Williams, *The memorial war book*, pp. 606-608.

101 George F. Williams, *The memorial war book*, p. 608.

ARTE GRÁFICA de Christian Andersen para este livro, inspirada na histórica foto de Abraham Lincoln, em geral veiculada junto ao citado discurso: *The Gettysburg Address*.

percebidos e aplaudidos dentro do país, outros internacionalmente. Entre esses exemplos, além dos abordados desde 1700, estarão certamente Lincoln, Woodrow Wilson, John Kennedy e o presidente Ronald Reagan, já em seu segundo mandato. Assim como, mais recentemente, Bill Clinton, já que, apesar de toda a celeuma na mídia – uma trama em escândalo rentável em muitos sentidos –, é indiscutível o sucesso socioeconômico da liderança por ele exercida no país e a visibilidade dos Estados Unidos projetada no exterior durante o seu mandato. Ultimamente, segundo alguns, a surpreendente acolhida e o apoio político a Barack Obama trouxeram um novo tom às lideranças nacionais, um sucesso que, de acordo com Thomas E. Mann e Norman J. Ornstein, teria representado uma terrível derrota para os republicanos[102].

---

102   Thomas E. Mann e Norman J. Ornstein, It's even worse than it looks (New York: Basic Books, 2012).

GETTYSBURG A Batalha de Gettysburg é encenada anualmente, ao ar livre, no terreno onde ocorreu, contando com armamento pesado, original do período, empunhado por centenas de atores ostentando vestimentas da época. O espetáculo acontece nos arredores da cidade do mesmo nome, no Estado da Pennsylvania, condado de Adams – *Anniversary of the Battle of Gettysburg* – 1863, com denso calendário, e o discurso do presidente Lincoln, *The Gettysburg Address*, é rememorado. As fotos, obtidas no local, trazem a atmosfera de 1863 com atores circulando entre os visitantes durante o evento dessa cativante encenação.

A FIGURANTE, lanchando em intervalo do espetáculo da Batalha de Gettysburg, revela a presença católica nos serviços de apoio aos feridos no local.

GETTYSBURG Local histórico com seus documentos ampliados em monumentos que enriquecem a passagem dos visitantes no evento comemorativo.

Independentemente do tipo de impacto da habilidade e do estilo de comunicação de cada um dos líderes sobre as pessoas, a consistente formação da opinião pública a respeito de cada um parece indiscutível.

Enquanto Carleton[103] explica os prejuízos da excessiva discrição de Woodrow Wilson, que teria bloqueado o contato do povo com a sua personalidade, na verdade com a dimensão humana desse estadista, Samuel Kernell reforça, na quarta edição de *Going public: new strategies for presidential leadership*[104], o papel da comunicação para o sucesso dos mandatos.

O presidente Wilson não teria sido bem compreendido em seu tempo. Mas foi, certamente, o primeiro presidente dos Estados Unidos a projetar o seu país no cenário internacional. O terreno fértil em que o presidente Kennedy trabalhou deveu-se, em maior parcela, ao trabalho de base realizado pelo presidente Wilson, opina William Carleton.

As primeiras páginas do livro de Kernell contêm citações que refletem, senão o retorno, pelo menos o revigoramento do poder da oratória nos dias de hoje. Independentemente das diferenças de posicionamento diante da comunicação para o homem público, é pacífica a opinião da importância desse instrumento. Em um misto de verificação dos poderes da oratória e de humor, diante da origem profissional de Ronald Reagan, Kernell cita: "um pensamento que vem recebendo ampla aceitação é o de que o político do futuro precisará tornar-se um ator"[105].

Contudo, o autor ilustra, com outra citação, o risco da inversão de valores na comunicação. "Um número elevado demais de boas pessoas tem sido derrotado por haver tentado substituir substâncias por estilo"[106] na comunicação, mas essa não é opinião generalizada. Dificilmente a descon-

---

103   William G. Carleton, *Technology and humanism*.

104   Samuel Kernell, *Going public. New strategies of presidential leadership* (Washington, D.C.: C. Q. Press, 1986).

105   Samuel Kernell, *Going public. New strategies of presidential leadership*, traduzido da página introdutória.

106   Samuel Kernell, citando Jack Gould, *New York Times*, 25 de junho de 1951, *Going public. New strategies of presidential leadership*, página introdutória.

certante realidade da comunicação hoje seja privilégio do homem público norte-americano. Kernell volta ao Império Romano para verificar que Cícero já afirmava: "Nada é tão inacreditável que a oratória não possa tornar aceitável"[107]. Talvez, as principais funções da habilidade de comunicação sejam a sensibilização do povo, o desenvolvimento do sentimento de identificação na população e, consequentemente, a conquista do apoio da comunidade. Essa habilidade foi valiosa a Lincoln em tempos difíceis e vazio em termos de meios de comunicação.

Segundo Matlin, conforme se verificará mais adiante, o prestígio decorrente do apoio popular permitiu que algumas decisões desafiadoras para a manutenção da aceitação do presidente Kennedy fossem acatadas, da mesma forma que Kernell vem demonstrando que a aprovação pública que o presidente Ronald Reagan recebeu, apesar de todos os fatos críticos gerados pela Casa Branca, especialmente em seu segundo mandato, possibilitou a viabilização de seus projetos.

Para Kernell, o sucesso dos planos presidenciais em Washington depende, fundamentalmente, do respaldo da opinião pública[108]. E a opinião do autor aparece, evidentemente, em qualquer período da história da nação, com maior ou menor vigor.

Estilos os mais diversos de liderar, expressar-se, conduzir e ser ouvido marcaram as passagens de presidentes em qualquer época. O presidencialismo, embora o pouco entusiasmo daquele grande grupo cultural por um poder central, parecia dissociar-se diante da figura marcante de muitos presidentes.

Certamente, a conjuntura de certos períodos, como pós-Grande Depressão, o recomeço do desenvolvimento já voltado a uma industrialização e as guerras mundiais, levou presidentes, a partir de suas atuações e declarações, a se destacar porque foram bem-sucedidos, tanto em períodos críticos na batalha do trabalho quanto frente à luta armada.

---

107 Samuel Kernell, *Going public. New strategies of presidential leadership*, página introdutória.

108 Samuel Kernell, *Going public. New strategies of presidential leadership*, pp. 18-21.

Os dois Roosevelts são bons exemplos. A Theodore Roosevelt, considerada a vasta bibliografia sobre seu período governamental e sua personalidade, quer como estadista, quer como cidadão, desde sua infância, passando por sua grande família, casamento e filhos, caberia um volume para cobrir parte de sua história e percepção pela população, da mídia norte-americana e dos republicanos diante de sua sempre crescente popularidade. De família ilustre, porém, desprivilegiado em termos de saúde, desde a infância, conseguiu superar não somente essa vicissitude, mas também possíveis preconceitos em virtude de sua origem destacada e financeiramente privilegiada. Sua formação aprimorada e sua educação em termos de postura e percepção do outro, fosse ele indivíduo ou organização, o destacaram fortemente[109]. Administrou com equilíbrio a questão dos grandes negócios que considerava "terem vindo para ficar", porém ativo quanto a possíveis abusos, dizendo acreditar que negociantes poderiam ser cidadãos pouco ou muito confiáveis em qualquer lugar do mundo. Não via incompatibilidade entre grandes negócios, pequenos fazendeiros, trabalhadores e pequenos negociantes, evitando que fossem esmagados pelo grande poder privado[110]. O *Anti-trust Act* e o *Transportation Act* foram peças importantes à economia e à sociedade da época, incluindo os *stakeholders* e os empregados. Além disso, nas questões militares internas, ele conseguiu modernizar o Exército e a Marinha, mas os empregou pacificamente, evitando controvérsias inclusive com o Japão[111]. Além dessas posições internas, conseguiu manter-se "olhando para a frente" e sua visão da América como um papel a desempenhar no mundo permite que seja visto no mesmo sentido da postura de Wilson, Franklin Delano Roosevelt e Kennedy[112].

No início de 1900, o vasto e vigoroso desenvolvimento de grandes organizações e o considerável número de pequenos negociantes, seja da

---

109   Samuel E. Morison, *The Oxford history of the American people: prehistory to 1769*, pp. 140-142.

110   Samuel E. Morison, *The Oxford history of the American people*: prehistory to 1769, p. 137.

111   Samuel E. Morison, *The Oxford history of the American people*: prehistory to 1769, pp. 144-145.

112   Samuel E. Morison, *The Oxford history of the American people*, v. 3, 1869-1963, p. 138.

área rural, seja de comerciantes, além da já significativa classe de trabalhadores na indústria, geraram, nesse período de explosivo desenvolvimento – chamado por Wilson de *New Freedom* e por T. Roosevelt de *Square Deal* –, a *era progressista*, desafiando o governo em termos de controle pela justiça social, no sentido de assegurar os direitos de todos, igualitariamente.

Já por volta de 1870, a movimentação produtiva destacava-se e os primeiros movimentos sindicais surgiram, alguns envolvendo violência, pois, após as guerras internas, iniciou-se grande desenvolvimento social e cultural.

O historiador norte-americano Morison considera especificamente o período entre 1870 e 1900 aquele que abriu horizontes para o povo norte-americano e favoreceu a organização do trabalho, um aspecto literalmente vital para aquele povo.

Sem a pretensão de resumir seus estudos apurados, mas procurando não mutilar a base de seus achados, sublinha-se que esse período corresponde a altas taxas de imigração, especialmente de italianos e russos, e coincidiu com o início da sindicalização, a qual foi tumultuada, ocorrendo casos de violência até que o sindicato se fortalecesse. Antes de 1870, ocorreram incidentes marcantes na Pensilvânia, necessitando de envolvimento judicial e punições severas. Quase simultaneamente, incidentes também ocorreram em São Francisco, segundo Morison, desencadeados por um demagogo contra imigração chinesa que fez crescer 17% da população ativa. Além disso, problemas nas construções de ferrovias geraram pesados conflitos, envolvendo "desempregados famintos e desesperados". Segundo o autor, a população norte-americana ainda não teria percebido a mudança no desenvolvimento do país, implicando seu bem inestimável, o trabalho, até a grande greve de 1877, criando uma batalha entre capital e trabalho de grandes proporções[113].

Segundo Morison, Theodore Roosevelt foi o presidente que começou a entender as grandes modificações pelas quais passava a nação, em especial em relação ao trabalho – palavra emblemática para os norte-americanos e tornada mais complexa com a chegada de grandes negócios e a presença sindical nascente, após a grande depressão.

---

113 Samuel E. Morison, *The Oxford history of the American people*, v. 3, 1869-1963, pp. 80-81.

Nesse ponto, é fundamental, ainda, introduzir pelo menos algum conteúdo ao nome de Franklin Delano Roosevelt, visto entre os mais habilidosos dos presidentes, ao falar e relacionar-se em situações desafiadoras e considerado por historiadores renomados o mais efetivo presidente entre os conservadores e, simultaneamente, o mais bem-sucedido entre os democratas desde Lincoln. Ele considerava o povo norte-americano capaz de manter as instituições democráticas, e a essa posição se dedicou com energia, porque acreditava ser a maior força da permanente liberdade: "o governo forte para proteger os interesses do povo e um povo suficientemente bem informado para manter seu soberano controle sobre seu governo", o que foi considerado o que liberou o capitalismo norte-americano do século 20 de abusos, empunhando a causa da acomodação entre interesses do grande público[114].

Aconteceu com Franklin D. Roosevelt exatamente o que James Madison, com sua autoridade, anteviu: a flexibilidade da Constituição Federal permitiria a conciliação de interesses econômicos e subordinaria o privado ao *welfare* público, o que a história veio confirmar, em especial, em períodos de crescente complexidade na gestão do país, incluindo os períodos de Franklin D. Roosevelt na presidência[115], porém ele não ficou livre de polêmicas e da mídia, imputando a ele de ditadura a fascismo, comunismo, etc., apesar de suas ações se manterem estritamente dentro da Constituição[116].

Muito foi registrado sobre diálogos com Churchill, durante a Segunda Guerra e após o impacto de Pearl Harbor, em 7 de dezembro de 1941, que, embora chocante, não se limitou à surpresa dramática imposta aos norte-americanos no Havaí, pois cobriu imensa área no Pacífico, por mar e terra, incluindo Borncu, Célebes, Belikpapun, Bali, o estreito de Bandung, o Mar de Java, Singapura, Rangoon e o porto de Burma, controlando o leste da Ásia. Em decorrência, a Índia e a Austrália sentiram-se tremendamente ameaçadas. Historiadores consideram que nunca houve tão extensa e

---

114 Samuel E. Morison, *The Oxford history of the American people*, v. 3, 1869-1963, p. 341.

115 Samuel E. Morison, *The Oxford history of the American people*, v. 3, 1869-1963, p. 340.

116 Samuel E. Morison, *The Oxford history of the American people*, v. 3, 1869-1963, p. 340.

rápida conquista quanto essa pelos japoneses na Segunda Guerra e que "nem Hitler havia conseguido tamanha façanha"[117].

Para ter uma ideia da dimensão do ataque, cerca de 2.500 pessoas, entre civis e militares, foram mortas, cerca de 1.700 feridas e quase 150 aeronaves destruídas[118].

Breve destaque a Sir Winston Churchill

Para ilustrar o relacionamento entre Inglaterra e EUA nesse período, bem como aquele entre Roosevelt e Churchill, propõe-se a pausa a seguir. Com base em fragmentos de seus pronunciamentos[119] habilidosos, durante a Segunda Guerra, em dado momento, conta que Franklin D. Roosevelt escreveu-lhe à mão uma carta memorável. Churchill costumava falar da relação de países de língua inglesa como "democracias de língua inglesa". Admirado com o tom da referida carta, procurava a forma de responder às palavras de estímulo e apoio do presidente dos Estados Unidos e conta que retornou: *"put your courage on us, your blessings, and we will not fail, we will never rest when we are tired, give us the tools and we will finish the job"*.

Churchill fala da reunião dos dois presidentes no furor da Guerra, em algum lugar no oceano Atlântico para organizar a campanha.

Quando Hitler surgia no domínio aéreo, ele estimulava sua aviação e confiava nos norte-americanos. Quando foi ameaçado por foguetes,

---

117   Samuel E. Morison, *The Oxford history of the American people*, v. 3, 1869-1963, p. 361.

118   Samuel E. Morison, *The Oxford history of the American people*, v. 3, 1869-1963, p. 359.

119   The voice of Winston Churchill. London LLG 1L009 True High Fidelity FF rr. Autorizado por Sir Winston Churchill. O documento gravado contém: lado I. 1. Você pergunta qual é a nossa política. 2. Presidente Kennedy. 3. Corporal Hitler. Hiroshima e Nagasaki. 4. Ribbentrop. War september 1939. 5. Fall of the government prime minister. Whatever happen at Dunkirk. Never in the field of human conflict. 6. Invasion of Britain. lado II. 1. Victory Broadcasts. To Italian People. To Polish People. To French People. 2. Hitler's corroding finguers. 3. Meeting with Roosevelt. [...] Unconditional surrender. 4. The atomic bomb. 5. This is your victory.

respondeu *"we can play rockets too"* – *"on crimes by Germany under Hitler who says nothing will stop him [...] nothing will stop us"*. Churchill falava do comando de Hitler como criminoso, dirigindo-se:

to the Italian People: we have not been opposed on you, but one man, to one man alone [...], 'a barbarian' [...]. We send you hope to encourage, never enter into despair and you will remain unconquerable. To France I repeat from here in London, which Hitler said will fall into ashes: 'Dieu protégé la France'. Side by side, Britain and France fight not for the purpose of nations but for human kind. [...] Through dark ages and darkest nights [...] the hard and longest may be, we have to gain Victory, [...] we will never surrender[120].

Além da tensão pré-bélica e dos impactos da Segunda Guerra, Franklin D. Roosevelt enfrentou um drama pessoal – atacado pela poliomielite, superou-a com grande esforço e espírito voltado ao social, pois conviveu com os dramas das famílias cujos membros também foram afetados e procurou promover facilidades de atendimento aos vitimados, apoiando estudos e práticas para aliviar o sofrimento em todo o país. Autores dedicaram-se a discutir esse período de sua vida, como James Tobins, em *The men he became* (2013), e Doris Goodwin, que relata o compartilhamento do enfrentamento da doença do presidente com sua esposa Eleanor, recebendo o Prêmio Pulitzer por essa obra, editada em 1994, ambos bons exemplos da literatura disponível a respeito.

O que se pode claramente observar é que raros líderes mundiais foram tão citados quanto Churchill – são centenas as citações sobre sua personalidade, declarações e ações admiradas, porém tanto por respeitáveis lideranças em momentos considerados adequados quanto por algumas personalidades polêmicas em termos de postura, como o primeiro-ministro Tony Blair sobre o Iraque ou em termos de habilidade como o estilo de Benjamin Netanyahu.

Sua atuação na Segunda Guerra Mundial e suas ações e posturas diante do nazismo são consideradas inquestionáveis. Há, porém, a res-

---

120   The voice of Winston Churchill, lado II.

peito dele, uma reação que pode parecer surpreendente e lamentável quando se busca pelo prazer de encontrar um inquestionável herói. Ele teria dito textualmente: "*I hate Indians*" e "*they are a beastly people with a beastly religion*"[121]. Todavia, dificilmente uma personalidade mundialmente influente consegue passar a vida sem deixar uma sombra escura revelando sua fraqueza humana.

Boorstin também aponta que o trágico episódio de Pearl Harbor, que coincidiu com a presidência de Franklin D. Roosevelt, foi o estopim para que as pesquisas em equipamentos bélicos assumissem proporções inéditas, inclusive questões sobre urânio e tecnologia nuclear, quando físicos europeus refugiados de guerra começaram a trabalhar com cientistas norte-americanos e os experimentos físicos entraram, também, nas universidades, como foi o caso da Universidade da Califórnia, em Berkeley, e também Princeton. Preocupados que os alemães estivessem com essa pesquisa em estágio mais avançado, concentraram-se e, depois de muito trabalho sob a direção de Enrico Ferne, na Universidade de Chicago, conseguiram "a primeira fissão nuclear" para esse laboratório, em dezembro de 1942, considerado seguro o experimento desenvolvido em área tão populosa: exatamente um ano após Pearl Harbor[122].

Embora inúmeros experimentos tenham ocorrido paralelamente em organização controlada e altíssimos custos previstos, o projeto nuclear foi considerado sustentável e andando em paralelo aos projetos de construção da bomba em si, lançadas em agosto de 1945 em Hiroshima e, três dias depois, em Nagasaki, durante a presidência de Harry Truman. No dia seguinte ao bombardeio, o Japão apresentou sua rendição, posteriormente à Alemanha, que já havia assumido a rendição três meses antes[123].

---

121 Ishaan Tharoor, "The dark side of Winston Churchill's legacy no one should forget". Disponível em: http://www.washingtonpost.com/blogs/worldviews/wp/2015/02mar.the--dark-side-of-winston-churchills-legacy-no-one-should-forget/. Acesso em: 4 fev. 2015.

122 Daniel J. Boorstin, *The Americans. The democratic experience*, pp. 584-585.

123 Daniel J. Boorstin, *The Americans. The democratic experience*, p. 586.

A presença de Eisenhower: múltiplos desafios

Para situar a movimentação presidencial nos EUA no período bélico, na fase anterior, durante e imediatamente posterior, cabe complementar com a presença de Dwight D. Eisenhower, o Comandante Supremo das Forças Aliadas na Segunda Guerra Mundial, Presidente da Universidade de Columbia com eficiência, habilidade e equilíbrio em tão diferentes designações e que sucedeu Trumann na presidência. Eisenhower não foi considerado um especial preservador de recursos do país, mas não se envolveu em corrupção; em termos de direitos civis, foi muito ativo e conviveu com um período de reivindicações e injustiças aos negros, movimentos violentos no Sul, em especial no âmbito escolar. Empenhou-se diante das decisões das Cortes, mas não conseguiu tanto quanto desejava. Contudo, alcançou a dessegregação completa nas Forças Armadas, abrindo espaços para altos postos e pesquisadores. Entre 1940 e 1957, o número de profissionais de alto nível mais que dobrou. Além disso, sua postura humanitária foi reconhecida como a de "um homem de paz", recebendo refugiados da Guerra, por vezes além da cota esperada, e estimulando pesquisa atômica para fins pacíficos, sobre a qual obteve os primeiros resultados em 1954[124]. O que a história nos mostra é que mesmo omissões têm voz em um governo, bem como atitudes altruístas são muito eloquentes partindo, em especial, de personalidades públicas.

Retomando a finalização do projeto da bomba nuclear, seu teste final foi realizado no deserto do Novo México, algo que teria sido tão fantástico que o *New York Times* comentou como "o mundo ficou parado", lembrando a ideia da "criação do mundo", do "faça-se a luz"[125].

A partir desse período, o avanço da ciência e da tecnologia nos laboratórios das universidades estabeleceu um clima de entusiasmo enquanto dividia a população entre o orgulho e o medo. O risco da paixão por descobertas leva novamente a John Dewey, sempre alertando sobre as consequências, certo de resultados e da tendência norte-americana à iniciativa, à ação, o que se pode ilustrar com a pergunta que estava no ar

---

124 Samuel E. Morison, *The Oxford history of the American people*, v. 3, 1869-1963, pp. 458-459.

125 Samuel E. Morison, *The Oxford history of the American people*, v. 3, 1869-1963, pp. 458-459.

à época, pensavam alguns pesquisadores, e que Boorstin retoma: após a bomba nuclear, por que não a de hidrogênio? Mas a ideia foi posta de lado, logo em seguida à conquista da paz.

No período da Segunda Guerra Mundial, a comunicação assumiu papel fundamental em artefatos e técnicas que se desenvolveram com avanços no telégrafo, na telefonia, no rádio, no futuro da IBM, tudo a caminho da ciência e da tecnologia. Mas comunicação é um termo muito amplo, um conceito complexo e que não se separa da ação, em resultados ou omissões e consequências. Assim, as formalidades das rendições, por exemplo, foram consequências de mensagens inesquecíveis ao mundo: a imagem do cogumelo nuclear e a explosão do "faça-se a luz" mortal no Japão.

Ainda a comunicação

Retomando-a em período remoto, isto é, nos Estados Unidos colonial, o poder da comunicação, tanto no sentido das lideranças e governos como da publicidade, foi eficaz e empregado para denunciar, por exemplo, uma série de atos dos ingleses, como passeatas e circulares, embora com meios improvisados, o que não poderia ser diferente à época. Essas iniciativas acabaram por apressar a Declaração da Independência. Sam Adams, um ativista bostoniano, começou a publicar documentos contra as arbitrariedades da Coroa Inglesa, na América, por volta de 1770[126]. Assim, é possível reforçar a compreensão de que os norte-americanos, caracterizados por iniciativas rápidas e ações bem direcionadas, também acreditavam na força da comunicação como fator não somente de informação, mas de articulação. Liberdade era, nessa época, a maior aspiração, segundo John Adams, mais tarde eleito presidente dos Estados Unidos, formulando essa aspiração nos seguintes termos: "uma liberdade mais igualitária do que as que têm prevalecido em outras partes da terra precisa ser estabelecida na América"[127].

Tanto norte-americanos patriotas do peso de Samuel quanto os de John Adams foram signatários da Declaração da Independência, em 1776;

---

[126] Lee M. White, *The American Revolution in notes, quotes and anecdotes*, pp. 9, 23.

[127] Lee M. White, *The American Revolution in notes, quotes and anecdotes*, p. 7.

trata-se de duas personalidades bem diferentes, mas que valem a leitura de uma biografia. Samuel com maior visibilidade, mas ambos apaixonados por sua terra. John, avesso à vida social, lia muito em Latim e Grego, dizia-se cristão e um pensador livre sem ver nenhuma incongruência nisso; não veio de família rica nem de ambientes elegantes, ficava à vontade nos debates e não tinha medo de opinar abertamente.

Os relatos históricos vêm revelando que a energia e o espírito de liderança transmitidos por meio de mensagens especiais independem de contextos e de áreas da atividade humana. Eles dependem mais da qualidade e da adequação de seu conteúdo e do grau de sintonia que cada estilo de comunicação venha possibilitar dentro e fora da comunidade.

Neste espaço em que se fala em estilos, posições, contextos diversos de comunicação e liderança, poderia estar faltando uma dose de humor, que, para surpresa, é fato de guerra – na verdade da Guerra Civil. Foi dada ao general Thomas Francis Meagers uma missão quase impossível frente aos adversários e ele apressou-se a assumir e movimentar sua tropa. Sacando a espada, em tom de bravura, falou como bom descendente irlandês:

now byes, here you've been grumbling all Day, because ye hadn't a dacint chance for a foigh.
By the Lord Harry! you are loikely to get your belly full of it now.
Move forward, me darlings, and give'em a taste of your quality for the sake of dear old Ireland!!![128]

Traduzindo o inglês com sotaque:

Agora, garotos, aqui vocês estiveram murmurando o dia inteiro, porque vocês não tiveram a mínima chance para uma luta.
Por Lord Harry! Vocês estão com jeito de quem vai apanhar suas armas carregadas para guerra agora.
Mexam-se em frente, meus queridinhos, e mostrem a eles o gosto de suas qualidades, pelo amor de nossa querida velha Irlanda!!!

---

128   George F. Williams, *The memorial war book*, pp. 234-235.

Os soldados riram da fala folclórica de seu general e, com um grito selvagem, a famosa brigada irlandesa saiu em um estrondo mortal, como garotos em uma partida de jogos na escola[129].

Seria uma imaturidade não considerar a criatividade de uma liderança carismática, porém liderança também se aprende com o aprofundamento do autoconhecimento, o conhecimento do ser humano, somado ao empenho em aguçar a percepção do quanto as pessoas precisam de nosso estímulo, não apenas para as questões técnicas, mas humanas.

Repetição no papel de algumas instituições, independentemente de contextos: militares e religiosos

Não é intenção deste livro uma análise em educação comparada, mas abordar especialmente atitudes e valores do indivíduo e da sociedade, seus impactos na Educação Superior e a troca de influências no processo de desenvolvimento socioeconômico, político e cultural. Assim, uma breve reflexão sobre papéis e ações das instituições religiosas e militares complementará esta linha de raciocínio. Em decorrência, surge a verificação da similaridade das atuações de religiosos e militares no panorama de desenvolvimento dos países da América em geral.

Quando historiadores, sociólogos, educadores ou especialistas em Teoria do Desenvolvimento Econômico se deparam com a atuação de alguns grupos sociais, especialmente os militares e os religiosos, estes são vistos nos países subdesenvolvidos como promovedores naturais e obrigatórios do desenvolvimento social. A eles tocaram as ações de educar, treinar, desbravar, agrupar, integrar e apoiar as populações em termos de saúde e segurança contra intempéries, especialmente as mais carentes, das periferias ou de zonas rurais distantes e precárias em muitos e diferentes países.

As denominações religiosas, nos Estados Unidos, pela liderança de seus ministros e convicção de seus seguidores, foram tão efetivas e eficientes na direção das instituições de ensino quanto na própria estruturação das comunidades e vilas.

---

[129] George F. Williams, *The memorial war book*, pp. 234-235.

Lá, durante o período colonial, principalmente grupos religiosos, os mais diversos, cumpriram a missão de colonizar, fixar comunidades, instruir e formar líderes, e, nos países sul-americanos, sintetizavam a expressão "A Igreja" por conta da supremacia do catolicismo. A intensidade daquelas contribuições foi diminuindo à medida que o desenvolvimento econômico e cultural foi florescendo. Desse modo, tanto quanto nos países do Terceiro Mundo, os religiosos nos Estados Unidos desempenharam o papel de promotores de desenvolvimento.

Uma pausa para as mulheres

Da mesma forma, as lideranças militares surgidas durante os conflitos internos norte-americanos desempenharam importante papel na formação de valores, iniciativa, grupos de opinião, solidariedade, determinação e desprendimento, incluindo as mulheres. Elas faziam parte dos ambientes de combate ou apoio de muitas formas, lavando, alimentando, curando, matando a sede e, muitas vezes, usando água não somente para os soldados, mas para fins bélicos: cada vez que um canhão era descarregado, era preciso jogar água para poder receber nova munição.

Mulheres cujos maridos lutavam, e mesmo muitas que ficaram viúvas, tomaram conta dos negócios da família. Bandeiras foram confeccionadas por elas tanto por generosidade quanto por pequenos negócios. Além de atividades tidas como femininas, à época, exerceram outras atribuições, inclusive as de editoras de jornais. Ainda, eram trabalhadoras da confecção e limpeza de fardas militares. Muitas treinaram o uso de armas e cumpriram missões tipicamente masculinas. Elas também estavam entre os personagens da espionagem, usando tinta invisível e agindo com codinomes[130].

Entre protestantes, o rigor do comportamento masculino em relação às jovens mulheres, em especial durante a guerra, era muitas vezes surpreendente, principalmente entre os puritanos. Aconteciam situações em que um rapaz e uma moça acabavam dormindo na mesma cama, vestidos e com absoluto respeito. Com os avanços e as perdas nos costumes, no envolvimento com franceses e indígenas nas guerras, o comportamento

---

130   Lee M. White, *The American Revolution in notes, quotes and anecdotes*, pp. 45-51.

começou a mudar: poderia acontecer de os guerreiros acabarem tirando proveito da presença das moças em várias situações[131].

As mulheres do Nordeste, especialmente durante a Guerra Civil, tiveram atuações mais variadas, pois, com as guerras, a mineração avançou, bem como a construção de ferrovias, o que deixou muita gente rica. Fábricas foram abertas nas quais mulheres podiam trabalhar com boa remuneração. Também se destacaram na enfermagem; além das atividades de saúde, produziam materiais para os feridos, como bandagens em quantidade considerável. Com treinamento de qualidade, criaram a Cruz Vermelha Americana[132]. O Nordeste dos Estados Unidos teve relevo historicamente no país, desde os primeiros imigrantes. Destacaram-se na organização, nos negócios, na política nacional, na educação e na cultura. Esse crescimento intelectual e administrativo refletiu-se na economia do Nordeste. Na região, os protestantes buscaram liberdade religiosa. Praticavam reuniões com a comunidade para a solução de problemas de interesse geral[133].

Retomando estilos e lideranças

Os excessos ocorridos entre alguns chefes temperamentais, irascíveis e discriminadores levaram os norte-americanos a dolorosas constatações de violência e chacinas, como estudos sobre o general Custer vêm relatando. Entre as realidades lamentadas pelos norte-americanos, existe, em contrapartida, a interpretação de que muitos aspectos foram positivos, como o fato de que a própria atmosfera consequente dos conflitos armados, apesar de todo o sofrimento e destruição, teria contribuído para a integração das colônias e para o surgimento de mais sólidos sentimentos de nacionalidade. Além disso, a experiência integradora do Continental Army foi considerada um importante passo para a viabilização da Federação.

---

131   Lee M White, *The American Revolution in notes, quotes and anecdotes*, p. 64.

132   "The Northern homefront". Disponível em: http://www.ushistory.org/us/34c.asp. Acesso em: 01 mar. 2013.

133   New World Encyclopedia Northeastern United States. Disponível em: http://www.newworldencyclopedia.org/entry/Northeastern_United_States. Acesso em: 1 mar. 2013.

A herança das denominações religiosas e das guerras é inconteste. O histórico aprendizado sobre resultados e a profissionalização militar, somados à produção bélica, iniciaram o poderio armamentista que a tecnologia veio implementar[134].

Os estudos em desenvolvimento humano sobre organizações industriais vêm não apenas demonstrando a importância das atitudes e dos valores nos empreendimentos do homem, como também responsabilizando a fraqueza ou a ausência desses fatores pela maioria dos insucessos, até mesmo sinistros, decorrentes das mais diversas atividades sociais ou profissionais[135]. Paralelamente, há indicações de que lideranças efetivas e elevado grau de alcance de objetivos individuais e coletivos dependem, em larga escala, de atitudes e valores dos indivíduos envolvidos. Motivação, tenacidade, autodisciplina, respeito mútuo, responsabilidade e dedicação, coragem para ousar e criar seriam, entre outros, elementos vitais que, somados à capacidade técnica e/ou científica, permitiriam o sucesso de empreendimentos de quaisquer origens.

Assim, talvez, a conclusão recaia sobre os impactos da liderança e da eficiência das ações humanas, independentemente de conotações locais ou temporais, de classes ou da área de formação profissional.

Observando-se os papéis desempenhados, por exemplo, por organizações religiosas ou militares em determinadas fases da história do desenvolvimento das mais diversas nações[136], uma conclusão não apenas restrita

---

134 Nesse ponto, cabe uma breve referência ao papel de duas importantes instituições – a religiosa e a militar. Na América do Sul, a função de ambas também vem historicamente desenvolvendo um trabalho desbravador e integrador. As missões de ambas, especialmente em fronteiras distantes e isoladas, vêm assumindo um papel social inegável. Não faltam, porém, também na América Latina, exemplos de abusos, especialmente de poder. Talvez a conclusão a ser tirada desses fatos históricos possa ser mais ampla e abranger, oportunamente, a realidade sul-americana.

135 Leonard Nadler, *International education and training*. Curso/Palestra. Prof. Angus Reynolds (GWU, Washington, D. C., Primavera, 1981).

136 Aos leitores que desejarem refletir sobre influências dos diferentes posicionamentos religiosos no desenvolvimento econômico e social, recomendam-se duas obras bastante

a conjunturas específicas, peculiaridades regionais ou temporais pode ser tirada: a liderança exercida pelo homem independe de classe social ou área de atividade humana. Ela depende, sim, da adequação das atitudes e da eficácia da atuação dos indivíduos com os quais ela interage. A troca de experiência entre indivíduos e sociedade vem desenvolvendo as lideranças necessárias ao atingimento de objetivos e metas de alcance social.

Esta lição parece ter sido aprendida pelos norte-americanos desde o período colonial, tanto por meio dos ministros das igrejas protestantes quanto por seus heróis militares, desde a época da Revolutionary War.

Líderes têm sido indivíduos especiais, tanto sendo *quakers*, como Benjamin Franklin, quanto pertencendo à Igreja Episcopal, como o bispo e general Polk, representantes das elites, como os virginianos Jefferson e George Washington, tão populares quanto Andrew Jackson, ou como general ou presidente, habilidosos para constituir e administrar equipes de trabalho, como Lincoln e Franklin D. Roosevelt[137], admirados como Eisenhower na guerra ou na liderança do ensino superior ou, ainda, quando eleito para a presidência dos Estados Unidos; Martin Luther King, por exemplo, com sua indignação pacifista e ativa, que o levou à morte, devolveu ao país autoestima, sobretudo à população de etnia negra.

Líderes têm sido aqueles que vêm somando à sua capacidade profissional uma significativa contribuição à sociedade a que pertencem, pelo exercício consciente de sua responsabilidade como indivíduos na sociedade reforçada pela autenticidade de sua dimensão humana e de seus esforços empregados, deliberada e determinantemente, na busca de soluções para a problemática dos povos em qualquer época ou lugar.

Nesse ponto, é oportuno enfatizar a posição de Max Weber sobre a personalidade, as intenções e os propósitos de Benjamin Franklin e, ainda, a questão da cultura norte-americana e o protestantismo.

Weber acredita que, apesar da presença inegável do utilitarismo, é equivocada "a impressão de muitos alemães de que as 'virtudes' professadas

---

conhecidas em nosso país, *Teoria do desenvolvimento econômico*, de Arthur Lewis, e *Etapas do desenvolvimento econômico*, de W. W. Rostow.

137   Samuel E. Morison, *The Oxford history of the American people*, v. 3, 1869-1963, p. 301.

pelo 'americanismo' sejam pura hipocrisia", pois essa não é uma questão simples, como pode parecer. Segundo ele, "o caráter de Benjamin Franklin, como aparece na franqueza realmente fora do comum de sua autobiografia, desvirtua essa suspeita". Em sua vida, havia algo mais do que egocentrismo[138].

Ganhar dinheiro, para Franklin, considerado por Weber um deísta "pouco entusiasta", era apenas a consequência da devoção pelo trabalho digno. Prossegue Weber argumentando que Franklin justifica sua postura citando a Bíblia, conforme aprendera com seu pai, um rígido calvinista, nos seguintes termos: "Viste um homem diligente em seu trabalho? Ele estará com os Reis" (Provérbio, XXII, 29).

Max Weber instiga seu leitor com a ambiguidade e a complexidade que encontra na cultura colonial norte-americana e que descreve da seguinte forma: o espírito capitalista teria surgido anteriormente ao próprio capitalismo, na Nova Inglaterra – onde "já havia queixas contra o lucro calculista" –, colonizada por pregadores e por graduados ajudados por pequenos burgueses; em contraste, era quase ausente nas colônias sulistas, colonizadas por grandes capitalistas por razões comerciais[139]. O que Weber procura mostrar é que tal espírito teve que lutar contra forças de todo tipo e que uma posição como a de Benjamin Franklin, tão aprovada pelo seu povo, teria sido proscrita como avareza na Antiguidade ou na Idade Média. Além disso, mostra que falta de escrúpulo nos negócios não escolhe local nem época e que em atividades simples, na Ásia ou entre artesãos do Sul da Europa, essa postura pode ter sido até maior do que a de um inglês em circunstâncias semelhantes, pois considerava que a atitude aventureira era natural em todos os tipos de negócios[140] – o que ele quer dizer é que o impulso por quanto mais dinheiro melhor, independentemente da situação ou atividade, não tem nada a ver com o capitalismo. Em continuidade, considera que o desejo de ganho ilimitado não é sinônimo de

---

138 Charles L. Stanford, *Benjamin Franklin and the American character* (Massachusetts, D.C Heath and Company, 1955).

139 Max Weber, *A ética protestante e o espírito do capitalismo*, p. 29.

140 Max Weber, *A ética protestante e o espírito do capitalismo*, pp. 29-30.

capitalismo[141]. No capitalismo, entra o conceito de balanço, não importa se de forma sofisticada ou primária, mas que seja uma troca sistemática. Dessa forma, empresas capitalistas existiram em toda parte e em qualquer época, Babilônia, China, Índia, Egito, vindo com isso os impostos, os empréstimos, a escravidão, a exploração, a apropriação pela força, a guerra.

O que se observa na atualidade é que essas formas de domínio se sofisticaram, expandindo-se e tornando-se cada vez mais irracionais na modernidade, e pesquisas futuras certamente esclarecerão até que ponto a cultura norte-americana luta hoje, ou não, para sobreviver em suas características mais tradicionais, como lutou o capitalismo para sair vitorioso diante da miscelânea de forças hostis à época colonial.

Delimitado espaço do Catolicismo nos EUA e suas Grandes Causas
Além da ênfase do livro de Weber no acompanhamento às ações educacionais das denominações religiosas, por meio de um breve relato histórico dos antigos *colleges*, é importante conferir a presença do catolicismo na América do Norte, por suas faculdades. Da mesma forma que se destacou resumidamente a missão dessas instituições em relação às minorias, especialmente aos indígenas e negros, é indispensável indicar pelo menos suas tendências curriculares, em especial culturais.

Segundo Rudolph, as instituições católicas de ensino superior não se encontravam entre as inovadoras, pelo contrário, teriam resistido muito a mudanças curriculares. Como exemplo, cita que, em 1905, o currículo de "Holy Cross" assemelhava-se muito ao formulado por Yale, em 1828[142]. Quanto aos valores, Brubacher e Rudy comentam a dedicação das instituições católicas às minorias desprivilegiadas, à causa dos pobres e dos negros, tornando claro que aquelas ensinaram valores pelo exemplo.

Em 1889, no mesmo ano em que Clark abriu a sua prestigiada instituição, apesar de algumas oposições, a Catholic University of America foi inaugurada como instituição, com apoio do papa Leão XIII, começando

---

141   Max Weber, *A ética protestante e o espírito do capitalismo*, p. 9.

142   Frederick Rudolph, *Curriculum*: a history of the American undergraduate course study since 1636 (San Francisco: Jossey-Bass, 1978), p. 16.

com ensino teológico e, bem mais adiante, de ensino superior. Contribui muito nesse caso o bispo John J. Keane, que havia estudado profundamente o trabalho realizado na admirada Johns Hopkins, por Gilman. Por algum tempo, a instituição manteve-se muito tradicional[143]. Por volta de 1866, cerca de 60 faculdades católicas ofereciam uma versão da "Ratio Studiorum", o currículo jesuíta, constando de três anos preparatórios e mais três de um tradicional curso de humanidades. Com a devastação da guerra, tornaram-se claras as necessidades de cursos mais "práticos" ao estudo do Grego e do Latim. Tanto as faculdades católicas quanto as protestantes perceberam isso, pois os estudantes queriam "substituir as línguas mortas por idiomas modernos, ciências e história"[144].

Rudolph comenta que muitos dos mais antigos *colleges* católicos, nos Estados Unidos, foram, antes de tudo, irlandeses muito tradicionais. Entretanto, mesmo em 1890, em Nova Iorque, em paralelo à postura tradicionalista, ofereceram disciplinas, como Pesquisa, Engenharia Elétrica, Fotografia, Química Analítica e Línguas Modernas, as quais, segundo Rudolph, eram chamadas por puro eufemismo "estudos especiais". O autor considera essa 'liberalidade' resultante da troca de direção de um padre francês, especialmente em Fordham, NY, por uma nova geração de imaginativos jesuítas[145].

TABELA 11 197 USA membros da Association of Catholic Colleges and Universities (ACCU) em 2014

Organização	Número de universidades	Número de *colleges**	Número de *schools***
Adorers of the Blood of Christ	1		
Augustiniana	1	1	
Augustinians of the Assumption		1	

(*Continua*)

---

143 John S. Brubacher e Willis Rudy, *Higher education in transition*, pp. 1984-1985.

144 John S. Brubacher e Willis Rudy, *Higher education in transition*, pp. 106-109.

145 Frederik Rudolph, *Curriculum*: a history of the American undergraduate course study since 1636, pp. 170-171.

TABELA 11 197 USA membros da Association of Catholic Colleges and Universities (ACCU) em 2014 (*continuação*)

Organização	Número de universidades	Número de *colleges**	Número de *schools***
Basilian	1		
Benedictina	6	7	
Catholic Engineering Schools			20
Catholic Law Schools			29
Catholic Schools of Medicine			6
Catholic Schools of Professional Psychology			1
Congregation of the Holy Spirit	1		
Diocesanos	7	5	
Dominicana	6	12	
Franciscanos Ordem Primeira e Ordem Terceira	11	8	
Holy Cross	3	4	
Independentes (fora da associação)	11	15	
Irmãs da Divina Providência	1	1	
Irmãs da Sagrada Família	1		
Irmãs de Caridade	5	2	
Irmãs de São José		4	
Irmãs Dominicanas	1	1	
Irmãs Missionárias do Sagrado Coração de Jesus (Cabrini)		1	
Jesuítas	23	4	
La Salle	4	2	
Missionaries of the Precious Blood		2	
Norbertine (Order of Canons Regular of Prémontré)		1	
Notre Dame	2		
Oblates of St. Francis de Sales	1		
Opus Dei		1	
Pontifícia	2		
Sisters of Mercy	9	6	

(*Continua*)

TABELA 11 197 USA membros da Association of Catholic Colleges and Universities (ACCU) em 2014 (*continuação*)

Organização	Número de universidades	Número de *colleges**	Número de *schools***
Sisters of Notre Dame de Namur	2	1	
Sisters of Providence		1	
Sisters of Saint Anne		1	
Sisters of the Holy Names of Jesus and Mary	2		
Sisters of the Presentation of Mary	1		
Sisters Servants of the Immaculate Heart of Mary	1		
Society of Mary	3		
Society of the Holy Child Jesus		1	
Ursuline	1		
Vicentina	3		

Fonte: Elaborada pela autora. * *Colleges*: organizações de ensino superior com vários cursos, mas que não constituem universidade. ** *Schools*: faculdades isoladas.

Nota: Além dessas, 15 universidades e *colleges* católicos, com o tempo, transformaram-se em organizações leigas. Daniel Boorstin é de opinião que, a partir da Guerra Revolucionária, as faculdades norte-americanas estariam mais preocupadas em difundir conhecimento do que com seu avanço ou sua preservação.

PARTE III
A introdução das universidades no panorama cultural

Ao analisar os primeiros indícios do declínio das faculdades isoladas dirigidas por religiosos, verifica-se que ocorreram, em paralelo, os primeiros passos em prol do ideal da universidade norte-americana. Nesse momento, torna-se importante verificar que os mesmos motivos que impulsionaram o desenvolvimento das faculdades isoladas incrementaram o ideal da universidade. Entre os mais importantes, estão serviço à comunidade, estruturação de novos núcleos populacionais, dedicação a uma causa, participação no desenvolvimento comunitário, evoluindo, mais tarde, para participação nacional, sendo as mais evidentes a liderança e a busca de mobilidade social.

Contrastando com as similaridades entre as causas que incentivaram tanto a fundação das antigas faculdades quanto o contexto em que essas instituições foram geradas, transformações de todo os tipos ocorreram na América do Norte entre 1763 e 1783.

Entre as mudanças ocorridas, encontram-se as seguintes[1]: a) as comunidades tornando-se vilas e cidades em pleno desenvolvimento, alian-

---

1   John S. Brubacher, *On the philosophy of higher education* (California: Jossey-Bass, Inc., 1978), p. 57; e Frederick Rudolph, *Curriculum*: a history of the American undergraduate course of study since 1636, pp. 100-102.

do-se aos primeiros esforços para a industrialização; b) os danosos efeitos da guerra pela independência[2], abalando as velhas definições de utilidade curricular no ensino superior; c) os líderes religiosos dividindo seu *status* com líderes políticos e empresariais; d) a colônia tornando-se independente, os ideais de fé misturando-se aos ideais democráticos; e) a mobilidade social dinamizando-se com a industrialização e com a nova fase de criação de instituições de ensino contando, além das novas faculdades, com universidades privadas; e f) com a universidade pública norte-americana.

Esse contexto contribuiu fortemente para revigorar a cultura norte-americana com novas aspirações de uma sociedade em ebulição e que começava a vislumbrar conquistas por meio da universidade.

Dificuldades surgidas no passado, como o esforço pelas faculdades em agricultura, trouxeram frustrações aos fazendeiros porque os professores não pareciam dispostos a sair do ensino tradicional e a ingressar na ciência. Para agravar, o descuido com o ensino de segundo grau não permitiu que melhorassem as condições de conhecimento dos estudantes que ingressassem em cursos naquela área, os quais eram oferecidos, em geral, pelos *land grant colleges*. Somente por volta de 1900, essas instituições e programas começaram a avançar em qualidade de ensino. Mas esses percalços não deveriam se repetir com as universidades[3].

O ideal da universidade norte-americana, pois, guardava esperanças de corrigir muitas das distorções verificadas no ensino ministrado pelas primeiras faculdades isoladas. O excesso de tradicionalismo, seu estreito vínculo com a religião, o conceito de educação baseado em um desenvolvimento intelectual aliado ao espiritual, deixariam lugar a uma educação mais prática, centrada na nova comunidade e caracterizada por um dinamismo que viabilizaria o atendimento dos anseios dessa comunidade.

Richard Hofstadter, respeitável historiador norte-americano, comenta, porém, que, no início da universidade, a comunidade teria sido

---

2   A chamada Revolutionary War iniciou-se em 1763, repudiando o domínio inglês, transformando-se na Guerra da Independência ou American Revolution, que perdurou além da Declaração da Independência, em virtude da necessidade de assegurar essa conquista.

3   Richard Hofstadter, "The transition from college to university", pp. 6-7.

analisada de forma restrita a dois aspectos bem nítidos: o comércio e a tecnologia[4]. Com essa colocação, o autor pretende demonstrar que nem sempre a interação universidade/sociedade atingiu a amplidão das aspirações dessa sociedade.

A secularização do ensino superior foi gradual e se fortaleceu após a Guerra Civil, estabilizando-se no século XX. Os primeiros passos para mudanças nos conteúdos educacionais foram dados pelas obras de Darwin e Spencer. Os intensos debates entre os adeptos do humanismo e os inovadores defensores da ciência não somente facilitaram o enriquecimento curricular, como também possibilitaram vislumbrar diferentes alternativas para os usuários do ensino superior.

Entre as primeiras instituições de ensino superior a demonstrar tendência à secularização, Hofstadter cita: Cornell, Columbia, Harvard e Princeton. Não se deve, porém, esquecer as investidas de Jefferson no College William and Mary muitos anos antes.

Embora com inegáveis diferenças e implicações, especialmente para o desenvolvimento da ciência, Frederick Rudolph não considera de suma importância, para o ensino superior, a mudança passando para o leigo o domínio originalmente da esfera religiosa, isto é, para a administração pelo leigo. O que ele indica como realmente relevante para aquela fase de transição é a definição das funções do ensino superior e o traçado de diretrizes para o funcionamento do currículo universitário em seu país. Nesse ponto, as manifestações culturais norte-americanas são claras e fortes. A reorientação do ensino superior com a novidade das universidades revela valores, princípios e ações lastreados pela cultura.

Aos que desejarem conhecer melhor esse ponto de vista, sugere-se o capítulo "Crisis and redefinitions" em *Curriculum*, de F. Rudolph, especialmente a partir da página 100.

Nessa reconhecida redefinição, o conhecimento científico passou a receber, a partir do ideal universitário, um peso, se não prioritário, pelo menos de grande impacto.

---

[4] Richard Hofstadter, "The transition from college to university", p. 4.

CAPÍTULO 5   **A religião cedendo significativo espaço à ciência e a novos valores**

A ideia da fundação de universidades sob novos valores e fundamentos científicos levou a comunidade religiosa a observar a novidade com muita cautela. Um grande número de professores voltados à ciência tornou-se presidente das primeiras universidades, o que foi visto como uma ameaça ao tradicionalismo religioso[1].

Assumiram posições de destaque no ensino superior que eram até então ocupadas pelos clérigos nas faculdades isoladas: Daniel Gilman, na Universidade de Johns Hopkins, professor de Geografia Política e Física da Sheffield Scientific School de Yale; Charles W. Eliot, que se tornou presidente de Harvard, vindo da função de professor de Química do MIT; Hall, que presidiu Clark University e era psicólogo, ex-aluno de Heemheltz e Wundt; David Jordan, o presidente de Stanford, que era biólogo; Barnard, primeiro presidente de Columbia, era professor de Química, Matemática

---

[1] Richard Hofstadter, "The transition from college to university", pp. 3-4.

e História Natural, tornando-se também presidente da Associação Americana para o Avanço da Ciência; e o famoso presidente da Universidade de Cornell, Andrew D. White, muito bem-sucedido e apoiado por Ezra Cornell.

O passado estudantil do então respeitado presidente daquela universidade, Andrew D. White, despertou especial cautela na comunidade religiosa à época. White rebelou-se contra a obrigatoriedade de o corpo discente frequentar a igreja e, como agravante, foi o autor da combatida obra *History of warfare of science with theology christendom*[2]. Além desses fatos, as preocupações dos religiosos cresceram diante da entrega da presidência da tradicional Universidade de Yale ao economista Arthur Hadley, em 1889, e da Universidade de Princeton ao cientista político Woodrow Wilson[3], em 1902. W. Wilson veio a tornar-se presidente dos Estados Unidos, no início da Primeira Guerra Mundial. Muito admirado na academia, foi visto, porém, com algumas restrições na vida política.

---

2   Richard Hofstadter, "The transition from college to university", pp. 3-4.

3   Woodrow Wilson foi eleito presidente dos Estados Unidos pelo Partido Democrata, no período entre 1913 e 1921. Vem sendo considerado, por alguns cientistas políticos e sociais, um incompreendido pelo público e pela imprensa. Carleton dedica um brilhante ensaio à presidência de W. Wilson, apresentando aspectos altamente positivos de sua atuação política, como a obtenção de uma abrangente coalisão democrática; a habilidade em lidar com o Congresso; a remoção dos Estados Unidos de sua situação de isolamento da política internacional e visão provinciana; a preparação de terreno para seus sucessores democratas, até mesmo Kennedy, e, ainda, apoiando legislações trabalhistas justas. Entre as suas infelicidades, cita: o mal-estar gerado pela posição dos Estados Unidos em uma guerra contra a Alemanha, diante da estabelecida tradição de admiração por aquele país; a nítida separação de sua vida pública e particular, o que teria desagradado à imprensa e oferecido ao público apenas dados a partir de pronunciamentos formais. Entre outras tantas, ainda o fato de não pertencer a nenhuma das categorias profissionais mais comuns aos presidentes norte-americanos, como advogados, plantadores, generais ou políticos profissionais. Além disso, W. Wilson era representante da comunidade acadêmica, levando, muitas vezes, o rótulo de excessivamente teórico. Vide Willian G. Carleton, "The ungenerous approach to Woodrow", *Technology and humanism* (Nashville, Tennessee: Wanderbilt University Press, 1970).

Esses fatos, que representaram a possibilidade de uma revolução cultural, provocaram inegáveis temores, mas a tradição de discussões acirradas manteve os norte-americanos na permanente busca por equilíbrio de forças em momentos críticos, nem sempre obtidos, mas historicamente procurados, desde os debates coloniais entre os mais próximos da Coroa Inglesa e os mais dispostos à independência, passando pela disputa bélica entre unionistas e confederados, até as diferentes posições da frente republicana e da democrata – hoje, tão claras com a posição herdada do governo Reagan pelo governo Bush, em contraposição à postura pessoalmente assumida pelo governo Jimmy Carter, durante a crise com o Iraque.

Como esses dados demonstram, muitas eram as razões para que os líderes religiosos mais tradicionais temessem que os estudantes da Universidade de Cornell, por exemplo, se tornassem "recrutas de Satã"[4]. A sensação de insegurança dos líderes religiosos foi fortalecida pela imagem que o iluminismo francês recebeu na América. Tal movimento foi associado à Revolução Francesa, que, para muitos norte-americanos, não passava de assassinatos em massa e de demonstração de ateísmo, segundo as percepções correntes à época e descritas por Brubacher e Rudy. Esses fatores contribuíram para equilibrar as forças entre os idealistas da universidade, que desejavam a separação entre a religião e o Estado[5], e os que pretendiam a manutenção das faculdades religiosas, reforçando-as. As instituições que não pertencessem a denominações eram tidas como ateístas por muitos cidadãos[6], mas especialmente pelos próprios religiosos.

Um exemplo de máxima ofensa à comunidade religiosa naquele tempo foi o convite a T. H. Huxley[7] para ser orador na inauguração da Universidade de Johns Hopkins. Hofstadter narra que um pastor presbiteriano de Baltimore, em carta a um colega em Nova Iorque, comentou que teria

---

[4] Richard Hofstadter, "The transition from college to university", p. 3.

[5] John S. Brubacher e Willis Rudy, *Higher education in transition*, p. 145.

[6] John S. Brubacher e Willis Rudy, *Higher education in transition*, p. 145.

[7] Thomas Henry Huxley viveu entre 1825 e 1895. O biólogo foi escritor e avô de dois outros escritores famosos, Julian e Aldous Huxley.

sido melhor que se tivesse convidado Deus para a cerimônia, mas que o absurdo teria sido convidar os dois[8], ou seja, Huxley e Deus.

Trata-se de uma dinâmica de avanços e retrocessos, característicos das fases de transição à qual Edward Schaffer dedica um denso artigo, em 1990, discutindo questões como: a) as posições (secular e espiritual); b) a busca por perfeição neste mundo; c) a ciência e a atividade acadêmica, os novos papéis com a Sociologia, a Psicologia, as disciplinas eletivas; d) as mudanças na sociedade com novos membros não europeus; e) o crescimento de favelas industriais e a corrupta política étnica; f) as ideias modernistas e as novas bases para a democracia; e g) os riscos de uma universidade a serviço da tecnocracia, para citar alguns pontos-chave. Soma-se a esses "a expectativa na cooperativa solidariedade social para substituir o extremo individualismo da sociedade norte-americana"[9].

Assim, nesse alvoroço reformista, as antigas faculdades foram cedendo lugar às universidades. As dúvidas, as críticas e os protestos não se constituíram em privilégio de grupos religiosos; na verdade, o período traz a questão da postura religiosa à tona por ser considerada quase esquecida, cedendo o lugar da inspiração calvinista de "criar o céu na terra" ao domínio do interesse por riqueza e fortuna muito além do necessário. Schaffer pondera no artigo "The university in service of technocracy"[10] que a empresa deve se dedicar menos a produtos e mais à reflexão e pesquisa, estendendo essas ideias à academia, a seus estudantes e aos professores, o que mostra o esforço diante do legado secular para implantar uma agenda com um currículo mais socialmente relevante. Foi um período complexo, sobre o qual Schaffer sugere David Noble, *The progressive mind*[11], porque mostra os para-

---

8   Richard Hofstadter, "The transition from college to university", p. 4.

9   Edward Schaffer, "The protestant ideology of the American university: past and future prospects", *Educational Theory*, v. 40, n. 1 (Board of Trustees of the University of Illinois, 1990).

10 Edward Schaffer, "The university in service of technocracy", Educational Theory, v. 30 (winter 1980), pp. 47-53.

11 David Noble, *The progressive mind* (1890-1917) (Chicago: Rand McNally, 1917).

doxos que cercaram a era progressista, bem como as consequências de sua aplicação, subvertendo seus propósitos reformistas, inclusive as tensões da busca liberal protestante por ordem e progresso, que acabaram subvertendo sua visão de reconstrução de uma nova sociedade[12].

Não se pode falar de educação e universidade sem falar em professores, e Mark Beach faz menção a professores que, como F. W. Clarke, da Universidade de Cincinnati, protestavam contra o espírito das velhas faculdades que ainda dominava o currículo da universidade[13].

O fortalecimento do ideal da universidade na América surgiu de fatos e pessoas que, por sua significância, foram ganhando a confiança da comunidade em torno daquela ideia. Foi contestada por alguns, mas também defendida, formulada por vários líderes políticos e viabilizada pelas novas fortunas surgidas com o início da industrialização. Além disso, a universidade pública foi tomando forma a partir dos que professavam acreditar em objetivos nacionais. Foi um período em que a ideia de pluralismo parecia adequada, embora considerada passageira, como aconteceu com os clérigos que foram substituídos por cientistas de várias áreas em Harvard, tendo assumido a presidência um químico industrial, Charles Elliot, filósofos como Dewey e educadores como Charles Elliot, que travavam debates com Leo Strauss, Alan Bloom e E. D. Hirsch, entre outros[14]. Nessa ebulição, alguns, especialmente estudantes, ainda se mantiveram neutros. No entanto, muitos deixavam claro seu "compromisso de protestar com os que quisessem destruir a vida mental, limitar o espírito humano e impedir o movimento no sentido de uma sociedade mais justa"[15].

A situação colonial que avançou até a criação das primeiras universidades foi descrita por Brubacher como: "a Universidade como a Igreja [...]

---

12   Nesse período, o Brasil sofreu influências das ideias que deveriam ter sido reformistas com a ordem em progresso incluída em sua bandeira.

13   Mark Beach, "The professional versus the professorial control", *The emerging university and industrial America* (Massachusetts: DC Heat and Company, 1970), p. 99.

14   Edward Schaffer, "The university in service of technocracy", pp. 20-21.

15   Edward Schaffer, "The university in service of technocracy", p. 33.

educação superior como estilo de vida [...] trabalho escolar como serviço a Deus", o que começou a mudar no final do século XIX para o século XX, realizando um tipo de ecumenismo com o conhecimento, o que as organizações protestantes não fizeram com a religião no período colonial[16].

Entre os fatores que impulsionaram o surgimento da universidade norte-americana, destacaram-se, como já foi citado, os efeitos da Guerra Civil[17] sobre o sistema de valores da sociedade. Um forte sentimento nacionalista envolveu os norte-americanos, inspirando motivações para o desenvolvimento econômico e social. Um segundo fator somou-se ao primeiro. Trata-se do início do desenvolvimento industrial, viabilizando a realização de sonhos e expectativas. Novas condições econômico-financeiras de uma parcela significativa do povo norte-americano permitiram a doação de vultosas somas para a causa do ensino superior. O ideal nacionalista e desenvolvimentista da classe abastada levou à fundação de várias faculdades e universidades, dando ênfase a oportunidades para todos e a muitas opções de formação para os estudantes. Ezra Cornell, por exemplo, disse: "fundarei uma instituição na qual qualquer pessoa possa encontrar instrução em qualquer área"[18]. Não significa, porém, que a expressão "qualquer pessoa" tenha sido levada à risca. Além das dificuldades relacionadas com diferenças étnicas, a atenção às mulheres foi ainda por muito tempo bastante precária.

Dois importantes fatores impulsionaram o estabelecimento da universidade nos EUA, após a Guerra Civil.

O primeiro refere-se ao ideal da universidade pública da qual a chamada ideia de Wisconsin, *"Wisconsin idea"*[19], originou-se. Esse posicionamento era claro e pode ser resumido como identificação das funções do ensino superior com o desenvolvimento econômico e social do estado democrático. Na atualidade, a University of Wisconsin-Madison está

---

16   John S. Brubacher, *On the philosophy of higher education*, pp. 116-117, 121.

17   Frederick Rudolph, *Curriculum*, pp. 48-49.

18   Richard Hofstadter, "The transition from college to university", p. 4.

19   John S. Brubacher e Willis Rudy, *Higher education in transition*, pp. 164-168.

entre as dez mais importantes universidades públicas do país e se destaca em pós-graduação em diversas áreas, como Educação, Engenharia, Negócios, Medicina, Saúde Pública, Negócios do Estado e Direito[20]. Aos leitores interessados na evolução da Engenharia Mecânica na universidade, sugere-se a leitura de Calvert[21]. Uma nova classe média teria sido burocraticamente inclusa na sociedade cuja preparação cabia à universidade. Muitos debates envolveram nomes como Dewey, Leo Strauss, Allan Bloom e vários outros[22].

O segundo fator importante para essa transformação refere-se às legislações federais que dispuseram sobre a doação de terras públicas, para fins de construção de novas instituições de ensino superior. O convívio entre a sociedade norte-americana em cada localidade e os seus *colleges* da época colonial, em razão da proximidade física e intensidade de contatos, propiciou uma troca de influências muito significativa. Ambas as partes se tornaram aptas à recepção de impactos recíprocos sem o perigo de abalos danosos às suas estruturas. Após a Guerra Civil, esse relacionamento facilitou a gradual reestruturação do conceito de ensino superior, a partir das antigas faculdades em direção às grandes universidades norte-americanas.

A característica social de pluralidade de posicionamento diante das mudanças, revelada na época colonial por meio das posições das inúmeras denominações religiosas, repetiu-se na formação da universidade norte-americana, por diversas correntes de pensamento científico e filosófico. O ponto de contato era sempre o cristianismo – a presença simbólica ou

---

[20] Os currículos na educação norte-americana inspirados em progressistas, como os de John Dewey e Charles Elliot, entre outros, foram reavaliados segundo novos princípios, quando as universidades em conjunto com o governo e os administradores privados coordenariam a reforma da cidade, do estado e do sistema nacional de servidões, criando uma cultura favorável a uma classe profissional de administradores, cientistas, técnicos e trabalhadores sociais.

[21] Monte A. Calvert, *The Mechanical Engineer in America*, 1830-1910 – professional culture in conflict (Baltimore, Md., Johns Hopkins Press, 1967).

[22] Monte A. Calvert, *The Mechanical Engineer in America*, 1830-1910 – professional culture in conflict.

não do divino, em suas mais diversas formas, que continuou desde a colônia até a independência e, a partir de então, a democracia.

Tais correntes contribuíram para uma riqueza de alternativas oferecidas à sociedade, o que produziu desde ortodoxos defensores do humanismo até os mais radicais advogados da ciência pura. Do extremismo ao ecletismo, pontos de equilíbrio foram encontrados, porém mantendo o convívio entre as mais diversas tendências e posicionamentos diante da educação universitária, de acordo com o perfil de cada uma dessas instituições. Logo, por mais que se discuta aplaudindo ou criticando a questão do pluralismo é difícil dizer que não esteja presente na cultura da nação.

Da mesma forma que ocorreu à época colonial, alguns valores básicos comuns facilitaram a caracterização daquelas instituições como manifestações da cultura norte-americana, também no período após a independência. Para exemplificar, enquanto a chamada retidão de caráter na colônia devia andar de mãos dadas com a prosperidade financeira e com a liderança comunitária, após a independência, era esperado dos frequentadores de faculdades e universidades que se tornassem úteis à sociedade. Mas em que se traduziria essa utilidade é que, novamente, confirmou a multiplicidade de interesses e necessidades defendida e exercitada pela própria sociedade norte-americana. O palco das discussões e experiências em torno de tais aspirações foi constituído pelas instituições de ensino superior.

Nesse ponto, é quase impossível não reportar à "prova" rígida calvinista do serviço a Deus, e outras formas dessa expectativa em todas as demais denominações, para reencontrá-la na base da ideia de democracia, do progressivismo às tendências mais discretas à esquerda, que também fazem parte da história.

É importante recorrer, nesse momento, a Edwin Slosson, um estudioso dos primeiros anos da universidade norte-americana, em especial, com visitas e observações de campo em inúmeras universidades em 1909, criticando o fato de serem muito parecidas entre si e enfatizando que o idealismo humanista e utilitarismo eram um retrato da realidade que as universidades precisavam compreender melhor[23].

---

23   Hugh Hawkins (ed.), *The emerging university and industrial America* (Lexington, Massachusetts: DC Heath, 1970), pp. 60-68. Trata-se de um texto inspirado e crítico, não

Durante incansáveis trabalhos de reconhecimento em cada unidade universitária, ele apresentou dois momentos com resultados diferentes, em especial na publicação de artigos em uma revista da chamada era progressista, muito questionada à época.

Em um primeiro momento, Slosson manifesta um considerável desencanto por interpretar as práticas e posturas dessas instituições como parecidas demais, segundo ele "muito mais semelhantes umas às outras do que se diziam e muito mais do que deveriam"[24].

Suas críticas não se restringiram a questões educacionais. Na verdade, foi contundente sobre a administração também. Como consequência do que considerou de "inefetiva máquina administrativa", comentou que "toda a responsabilidade era jogada em cima do presidente". Incomodado com essa situação, sugeriu o seguinte rol de procedimentos, a fim de minimizar as deficiências na gestão:

- apresentação da moção;
- passá-la;
- discuti-la;
- reconsiderá-la;
- emendá-la;
- emendar a emenda;
- colocá-la à mesa;
- discuti-la;
- referenciá-la a um comitê com poder para agir;
- discuti-la;
- incorporá-la;
- discuti-la[25].

---

somente à sua época, mas alertando para a realidade, por exemplo, do "talento" docente, em qualquer país.

24   Edwin E. Slosson, "Great American universities", *The emerging university and the industrial America* (Lexington, Mass., D. C. Heath and Company, 1970), pp. 60, 66.

25   Edwin E. Slosson, "Great American universities", p. 66.

Em um segundo momento, Slosson começou a interpretar as atividades das universidades independentemente de seu tamanho ou do local em que estavam situadas, quando percebeu alguma orientação para a ciência, em especial, a Engenharia. Entre as universidades que indicou como progressistas, cada uma à sua própria maneira, estavam Johns Hopkins surpreendendo como universidade nova que já disputava *status* em pesquisa com Harvard e Yale, apesar de ter um "departamento de pós-graduação ainda insignificante", Princeton, eminentemente científica, como a que busca equilíbrio entre o novo e o tradicional, e, ainda, grandes universidades estatais, como Michigan, Illinois e Minnesota, mais voltadas à Engenharia e à Agricultura, além de citar as universidades da Califórnia e a de Cornell, comentando sobre pontos comuns, apesar da distância física, como a presença de alunos da Ásia e da América do Sul e a ênfase na Engenharia e na Agricultura. Chicago e Columbia não foram esquecidas: a primeira considerada articulada ao ritmo e às necessidades da sociedade local e a segunda desenvolvendo-se em ritmo acelerado e oferecendo estudos em tópicos especiais[26].

Os discursos de posse dos presidentes das universidades representam ricas fontes de consulta para os que desejarem checar essa afirmação. Tais documentos são preservados com extremo cuidado pela maioria das universidades, sendo em grande parte publicados.

Apesar das fervilhantes discussões, a tendência norte-americana não se aproximou da filosofia, mas da ação. Os norte-americanos sempre estiveram "mais inclinados a elaborar a experiência à verdade"[27].

Durante a Guerra Civil, a população jovem norte-americana causou um drástico decréscimo nas matrículas para os cursos superiores, aderindo às forças do Norte unionistas ou sulistas.

É compreensível a expectativa de revigoramento social com a ideia da universidade, pois o povo começou a concluir que não somente os prédios vinham sendo destruídos pela artilharia ou pelos incêndios, durante a guerra, mas percebeu, principalmente, os impactos que abalaram estruturas ainda mais profundas do *colleges* coloniais, isto é, diante

---

26 Edwin E. Slosson, "Great American universities", pp. 60, 67.

27 Daniel J. Boorstin, The Americans. *The colonial experience*, p. 150.

das mudanças sociais, não apenas a estrutura física desmoronava, mas a obsolescência das finalidades e dos objetivos das antigas instituições que revelavam a marginalização delas.

Os velhos valores colocados nas profissões tradicionais começaram a ceder lugar à formação para o comércio e a indústria. Ao final da guerra, o desejo de reconstrução levou ao interesse e empenho pelos negócios cujo sucesso dependeria da qualidade de vida das pessoas. Daí o argumento em prol de uma formação mais prática, iniciando a profissionalização, pois a opinião pública começou a interpretar a educação superior existente como muito abstrata para atender à nova realidade social.

Após a independência, as ideias de igualdade entre os homens e "fé no cidadão comum" pregadas pelo presidente dos Estados Unidos, Andrew Jackson – ele próprio um homem do povo –, também contribuíram para que as críticas às tradicionais instituições de ensino superior se agravassem, pois elas passaram a ser vistas por muitos como destinadas a puro diletantismo, o que só interessaria aos estudantes ricos.

A educação teve protagonistas de origens e posturas as mais diversas. Um exemplo interessante é o do general Jackson, uma figura muito controvertida no cenário político norte-americano quando exercia sua presidência. De origem simples, tornou-se herói popular durante a guerra pela independência. Eleito presidente, foi alvo de opiniões as mais contrastantes, desde acusações de espalhar vulgaridade pelo país até o elogio de ser um dos maiores incentivadores do ensino superior na América. Sua preocupação com o terceiro grau assentava-se no conceito de educação como um direito e como veículo para a mobilidade social.

Livros como os de Parton, de Rosencrance e de Rozvenc[28] narram e comentam fatos, atos e ideias envolvendo o general Jackson que revelam características bastante peculiares da personalidade do sétimo presidente dos Estados Unidos. No ensaio em que Carleton tenta fazer justiça ao desempenho do presidente W. Wilson, faz críticas ao temperamento vin-

---

28 Francis C. Rosencrance, *The American college and its teachers* (New York: Macmillan, 1962); Edwin C. Rozvenc, *The meaning of jacksonian democracy* (Lexington, Massachusetts: Heath and Company, 1963).

gativo de Jackson, comentando que nem por isso fora chamado de neurótico[29]. Deixando a presidência em 1837, bastante enfraquecido fisicamente, "Jackson continuou a receber provas de que ainda era o ídolo do povo. A eloquência da oposição não teria conseguido diminuir a popularidade do general, nem um pouquinho"[30].

Veysey, com sua autoridade em assuntos educacionais, analisa o declínio dos antigos *colleges*, considerando-os desatualizados a partir da Guerra Civil e, depois, desprestigiados diante das ideias igualitárias ao estilo jacksoniano, que acusava aquelas instituições de serem aristocráticas[31].

O desenvolvimento industrial, que trouxe consigo o interesse pela tecnologia, levou líderes industriais a fazerem declarações desprestigiosas ao ensino ministrado naquelas instituições. "Tal conhecimento", declarou um deles, "parece adaptar-se à vida em algum outro planeta, que não este"[32].

O desinteresse pelo ensino superior da época parece ter sido generalizado, a não ser por raras exceções. Harvard, por exemplo, experimentou um aumento de, pelo menos, 50% nas matrículas. A causa parece encontrar-se na deliberada disposição em atender aos interesses e às necessidades mais imediatos da sociedade.

O eclipse das faculdades coloniais, porém, não significou a destruição do ensino superior, apenas o seu direcionamento para culminar com o sucesso da universidade norte-americana, em diversos pontos do país.

Diante desse novo panorama, Brubacher, em seu livro "On the philosophy of higher education"[33], interpreta a universidade norte-america-

---

29   William G. Carleton, *Technology and humanism*, p. 121.

30   James Parton, *The presidency of Andrew Jackson* (New York: Harper and Row, 1967), p. 158.

31   Laurence Veysey, "Stability and experiment in American undergraduate curriculum", Carl Hansen (ed.), Content and context (New York: McGraw-Hill, 1973).

32   Laurence Veysey, The emergence of the American university (Chicago: University of Chicago Press, 1968), p. 13. Hugh Hawkins, ao editar The emerging University and industrial america, à página 79, considera essa obra de Veysey um brilhante estudo da universidade norte-americana, cobrindo o período entre 1865 e 1910.

33   John S. Brubacher, *On the philosophy of higher education*, pp. 116-119.

na como a substituta da igreja. Para o autor, o conhecimento objetivando "glorificar a Deus" passou a valer por si próprio e discussões éticas, nas verdades morais, passaram a ser esperadas, da universidade.

Embora destituída das características da igreja, a sociedade transferiu para a universidade a necessidade de respostas a questões filosóficas e sociais, além da expectativa antiga no papel de celeiro de conhecimento, uma nova atitude disseminadora e geradora de conhecimento.

Ao encerrar esta parte deste livro, um recorte do discurso do respeitado presidente Charles W. Eliot da Universidade de Harvard, ao final de 1800, possibilita perceber a significância do papel da Universidade Johns Hopkins no panorama do desenvolvimento desse novo cenário a caminho da pós-graduação e início de abertura à pesquisa. Ele declarou:

Eu quero atestar que a Escola de Pós-Graduação da Universidade de Harvard, iniciada fragilmente em 1870 a 1871, não prosperou até o que a exemplo da Johns Hopkins forçasse nosso Corpo Docente a colocar a sua força no desenvolvimento de nosso ensino para a pós-graduação. E o que foi verdadeiro para Harvard foi verdadeiro em toda a parte na terra na qual se aspirou criar uma avançada escola de Arts and Sciences[34].

Embora destituída das características da igreja, a sociedade transferiu para a universidade a necessidade de respostas para questões filosóficas e sociais, além de manter a forte e antiga expectativa de desempenho do papel de celeiro de conhecimento, lentamente passando a uma nova atitude de disseminadora e de geradora de conhecimento.

Um traço cultural que marcou fortemente o desenvolvimento da sociedade norte-americana foi sua "fé" no papel da educação, desde os primeiros *colleges* denominacionais até a criação das grandes universidades sobre suas atividades e sua postura, em que os debates estiveram sempre presentes.

---

34 John S. Brubacher e Willis Rudy, *Higher education in transition*: a history of the American colleges and universities, 1636-1976 (New York: Harper and Row, 1976), p. 182.

CAPÍTULO 6 # A universidade pública: duas versões de utilitarismo, Jefferson e Benjamin Franklin

Será oportuno comentar, aqui, dois fatores impulsionadores da reforma do ensino superior em prol da universidade na América – o ideal da universidade pública e a sua legislação centralizadora –, bem como duas diferentes abordagens interpretadas como utilitárias ao ensino superior naquele país: as ideias de Jefferson e as de Benjamin Franklin.

O ideal de um ensino superior acessível ao povo recebeu grande ênfase com Jefferson. É importante recordar que Jefferson, considerado tradicional em termos de propósitos educacionais, um dos expoentes favoráveis à formação do *gentleman*, não se afastou do engajamento em prol da educação para o povo. A conscientização do ideal das universidades voltadas ao atendimento às aspirações do povo e às necessidades nacionais ocorreu após a assinatura do chamado *Morrill Act*, 1º e 2º, datados de 1862 e 1890.

A primeira etapa dessa legislação foi assinada pelo presidente Lincoln e só foi possível naquela época, quando as delegações sulistas puderam comparecer ao Congresso, após ausências causadas pela Guerra Civil. No entanto, houve antecedentes, pois, na Convenção Constitucional em 1787, alguns delegados propuseram um documento habilitando o Congresso a criar uma universidade nacional[1].

As universidades *land grant*

A ideia de doar terras públicas não era nova, mas a forma de realimentar as instituições fundadas nessas terras é que representou inovação. Criada durante a Guerra Civil, a legislação em discussão gerou muita celeuma no Congresso e nos estados. Os norte-americanos perceberam nela um início de interferência federal nos estados, por meio da educação superior. Legislações subsequentes apoiaram cursos em Agricultura, Mecânica e Pesquisa aplicada à Agricultura (*Hatch Act*, 1887), cursos de extensão universitária e, mais tarde, cursos profissionalizantes. O apoio financeiro do governo federal cresceu e as interferências eram vistas como anticonstitucionais[2].

Entre os protestos e os ataques à legislação de âmbito federal, criticando o envolvimento do Congresso na causa do bem-estar social em vários estados, encontram-se exemplos como o veto do presidente Franklin Pierce, em 1854, quanto à doação de terras que beneficiaria indigentes e doentes mentais e, ainda, as acusações do presidente James Buchanan, em 1859, contra o envolvimento do Congresso em causas educacionais nos estados. Apesar desses e de outros tantos incidentes, somas elevadas foram movimentadas no âmbito federal, incluindo os estados. O apoio cobriu a formação superior em Agricultura e Mecânica, diversos cursos profissionalizantes e de extensão universitária para atender a necessidades imediatas. Além disso, surgiram estações experimentais em agricultura, já mais no final do século XIX, e foram criados projetos de pesquisa agrícola, sobre a qual o controle federal tornou-se evidente. O chamado "Adams Act", de 1906, por exemplo, submetia a maior parte desse tipo de pesquisa ao secretário da Agricultura[3].

---

1   John S. Brubacher e Willis Rudy, *Higher education in transition*: a history of the American colleges and universities, pp. 62-64, 76, 220.

2   John S. Brubacher e Willis Rudy, *Higher education in transition*: a history of the American colleges and universities, pp. 227-232.

3   John S. Brubacher e Willis Rudy, *Higher education in transition*: a history of the American colleges and universities, pp. 20, 228.

Apesar das discussões políticas e da inicial cautela na aceitação da universidade pública, em razão da falta de tradição federal e das dificuldades em formular e desenvolver currículos considerados realistas e úteis às novas e imediatas necessidades, essas universidades cresceram[4].

Nesse ponto, vale retornar a meados de 1700, na colônia norte-americana, para demonstrar a evolução da percepção da população em torno da agricultura, que, no período colonial, foi considerada estagnada. Boorstin cita um episódio envolvendo George Washington bem ilustrativo, pois ele próprio havia agido como um fazendeiro conservador, já que os norte-americanos não contavam com técnicas que estavam em desenvolvimento na Europa, onde, por sua vez, os trabalhadores eram explorados e os lucros dos patrões eram altos, conforme relata com maestria Clive Day[5].

Em uma carta escrita em 1791, G. Washington comenta:

... o espírito do fazendeiro, neste país, se é que ele pode chamar-se fazendeiro, não é fazer o máximo que puder com a terra que é, ou tem sido, barata, mas o máximo de proveito do trabalho que é custoso; a consequência dessa maneira é que muito desse solo tem sido estragado e nada cultivado e melhorado, conforme deveria; enquanto um agricultor, na Inglaterra, na qual a terra é preciosa e o trabalho é barato, encontra interesse em melhorar e cultivar o melhor possível, tirando grande colheita de um pequeno espaço de solo[6].

Certamente, George Washington não aprovaria, como foi com os pioneiros, o espírito do trabalho semeando indignidade entre os plantadores, no Velho Mundo, mas apenas já antecipava possibilidades de um uso mais racional e avançado para com o plantio, e essa natureza de conhecimento também começou a florescer nos EUA com as universidades, conforme será visto a seguir, como áreas escolhidas para conhecimento.

---

4   John S. Brubacher e Willis Rudy, *Higher education in transition*: a history of the American colleges and universities, pp. 226-229.

5   Clive Day, *Economic development in Europe*.

6   Daniel J. Boorstin, *The Americans. The colonial experience*, p. 260.

Boorstin comenta que a inexperiência e a falta de técnica dos primeiros lavradores faziam-nos desperdiçar a terra e devastar o solo.

Ficaram evidentes os benefícios com a profissionalização, especialmente na área de Agricultura, por meio das universidades criadas pela legislação federal. O apoio às faculdades para aqueles de etnia negra e o desenvolvimento das academias militares[7] também se tornaram evidentes a partir das ações federais. O temor de uma interferência do governo federal, nos Estados Unidos, por meio das universidades *land grant*, não era infundado.

Na verdade, surgiram restrições à liberdade de dispor sobre as terras doadas. Principalmente, o segundo *Morrill Act* colocou, à época, várias orientações sobre o que poderia ou não ser feito nessas terras. A ênfase das decisões do congresso assentava-se na educação profissionalizante, para instituições em terras doadas pelo governo federal.

Por volta da Primeira Guerra Mundial, essas instituições também foram solicitadas a participar da causa do governo, isto é, deveriam oferecer instrução militar, qualificando oficiais do exército. Durante essa fase, muitas outras faculdades e universidades – não criadas pela legislação Morrill – solicitaram ao Departamento de Guerra apoio para ministrar instrução militar, nos mesmos moldes das primeiras instituições, e aquele órgão foi receptivo à ideia. Em consequência, por volta de 1914, cerca de 30 mil estudantes universitários estavam recebendo treinamento militar. Para se ter uma ideia da eficiência das instituições originadas do *Morrill Act*, em termos de formação militar, em 1914, elas já haviam superado três vezes os números de West Point. Elas formaram, à época, 50 oficiais generais, 2 mil oficiais superiores e 25 mil capitães e tenentes, em 1916, e uma legislação de emergência estendeu esses programas aos vários tipos de instituições de ensino na América.

Com o declínio do conflito mundial, as demonstrações de ataque à manutenção da instrução militar nas faculdades e universidades começaram a receber apoio de presidentes e alunos da maioria daquelas instituições[8].

---

7   Daniel J. Boorstin, *The Americans. The colonial experience*, pp. 76-83.

8   John S. Brubacher e Willis Rudy, *Higher education in transition*: a history of the American colleges and universities, pp. 222-227.

Hoje, mais um importante aspecto relacionado com a arrancada para a pesquisa é creditado, em especial, às instituições criadas pela legislação *Land Grant*. Trata-se do papel dessas faculdades e universidades nos primeiros anos de vida quanto ao desenvolvimento da pesquisa nos Estados Unidos, em especial à compreensão da importância do elo entre pesquisa universitária e aplicação econômica.

Religião e Educação e a população negra norte-americana

A legislação *Morrill Act* trouxe aos estudantes de etnia negra as primeiras esperanças de profissionalização desde que, segundo o History Place[9], 20 africanos foram levados por holandeses aos EUA para serem vendidos, dando início à escravidão na América colonial, em 1619.

O ensino para os indivíduos de etnia negra mereceria um trabalho específico e profundo. Seria simplismo tentar analisar a situação dos negros na educação norte-americana sucintamente, em razão da agudeza dessa problemática.

Partir-se-á de uma perspectiva mais geral para, posteriormente, o leitor buscar abordagens mais específicas[10].

É fundamental pelo menos reconhecer que a situação dos negros foi, por anos, ignorada. As denominações religiosas e a igreja católica iniciaram o trabalho de educação dos negros, com a ajuda do Exército e do Bureau dos Homens Libertados[11].

São escassos os dados existentes sobre o número de negros trazidos aos Estados Unidos, para trabalhar especialmente na agricultura. Eles não eram tidos como imigrantes, uma vez que eram "importados" ilegal-

---

9 Disponível em: http://www.historyplace.com/unitedstates/revolution/rev-early.htm. Acesso em: 04 nov. 2014.

10 Para começar, sugere-se a leitura de Zyla Wolodymyr T. e Wendell M. Aycock (eds.), *Ethnic literatures since 1776*: the many voices of America, v. 2 (Lubbock, T X r: Texas Tech University, 1978).

11 John S. Brubacher e Willis Rudy, *Higher education in transition*: a history of the American colleges and universities, pp. 74-76.

mente. Mesmo as estatísticas já bastante confiáveis, realizadas no século XIX, omitiam a população dessa etnia dos Estados Unidos. Em relação aos imigrantes brancos, os dados da época os especificam por origem, mas a história da imigração, até 1940, não apresenta dados sobre as pessoas de etnia negra[12].

As pesquisas revelam que a condição e o rótulo de escravo não existiam na América, no início da colonização. No século XVII, em Virgínia, os termos para qualificar o estado das pessoas eram "livres" e "não livres". Entre os "não livres", explica Boorstin, encontravam-se os delinquentes, os detidos para trabalhos forçados, os vagabundos, os órfãos e bastardos, obrigados ao trabalho público em troca de alimento e moradia. Quanto àqueles de etnia negra, gozavam de condições similares às dos últimos, por volta de 1675[13].

George F. William mostra em seu meticuloso livro sobre a Guerra da Secessão que a grande base das ideias e posturas diferentes Norte *versus* Sul estavam assentadas, em boa parte na escravidão, com suas inúmeras implicações financeiras, sociais, políticas e estratégicas. Isso era válido tanto para os negócios quanto para questões políticas decorrentes de atividades originalmente diferentes. O Norte, que já dava os primeiros indícios da atual globalização, e o Sul, com seu apego à terra e sobrevivência agrícola de pobres e ricos, não teriam como não discutir o tema sem aspereza, o que, lamentavelmente, levou a muito derramamento de sangue e discriminações violentas.

Quanto à escravidão, as opiniões diferiam, por isso não faltaram abolicionistas, em geral muito religiosos. Um exemplo significativo é o de John Brown, que viveu entre 1800 e 1859. Religioso, segundo alguns, às raias do fanatismo, dedicou-se à luta pela libertação dos negros, liderando o movimento radical de 1855 a 1856, em Kansas. Suas lutas espalharam-se por Maryland e Virgínia. Terminou seus dias preso, tendo sido julgado culpado por insurreição e aliciamento dos negros que defendiam movimentos violentos. Foi finalmente enforcado em Charles Town. Deixou uma mensagem considerada profética que dizia: "Eu, John Brown, estou

---

12   Daniel J. Boorstin, *The Americans. The national experience*, pp. 180-181.

13   Daniel J. Boorstin, *The Americans. The national experience*, p. 181.

agora quase certo de que crimes desta terra culpada jamais serão espiados, senão com sangue. Eu havia, como sei agora, vaidosamente me vangloriado de que sem muito derramamento de sangue isto poderia ser feito".

Menos de dois anos após sua morte, a guerra começou no Fort Sumter, em Charleston Harbour, no estado de Carolina do Sul[14].

A causa abolicionista levou até mesmo os adeptos da filosofia transcendentalista do porte de Thoreau a reações extremadas, dificultando-lhe a conciliação de seus ideais filosóficos com a realidade que observava. Thoreau começou a verificar a inviabilidade da abolição da escravatura sem violência. Passou, então, a justificar o emprego da força, que, transplantada para a energia espiritual, daria ao homem coragem para atingir causas morais transcendentais. Essas causas, segundo ele, seriam ditadas pela consciência interior de cada um. A partir dessa posição, referiu-se às ações de John Brown como um "sublime espetáculo"[15].

Independentemente da celeuma em torno desse nome, vale lembrar que uma atual instituição, indicada como de alta qualidade na educação, inclusive pela *Forbes*, é denominada John Brown University U.S. News Rank: Regional Colleges (South) Tier 1, localizada em Siloam Springs, Arkansas, e é interdenominacional.

Há estudos realizados por sulistas, inclusive do acervo do The Institute for the Study of Southern History Culture and Governance, já citado, que interpretam John Brown como um fanático. Há outras fontes com significativos autores críticos dos transcendentalistas, incluindo Thoreau. Na atualidade, é possível perceber certa aproximação entre aquela corrente de pensamento e os ecologistas, o que valeria pesquisar com cuidado.

O radicalismo não ocorreu apenas por envolvimento religioso ou como resultado de emoção, mas de estudos acadêmicos. Thomas R. Dew, presidente da William and Mary, por exemplo, também professor, escreveu sobre escravatura/emancipação, assumindo posição que foi considerada, por muitos, brilhante. Segundo ele, os negros não poderiam ser

---

14 Harpers Ferry, *National Park Service*, U.S. Department of the Interior (Superintendent of Documents Printing Office. Washington, D.C., 1980).

15 William G. Carleton, *Technology and humanism*, p. 286.

emancipados[16]. Boorstin também comenta que não eram considerados imigrantes na América colonial, o que corresponde a dizer que lhes era negada cidadania.

Uma pausa para John Brown

Muito foi dito e escrito sobre John Brown sempre de forma polêmica, pois ele, literalmente, acabou dando a sua vida pela causa antiescravidão, sendo até mesmo considerado por muitos mártir, mesmo após lutas, inclusive armadas.

Em razão de suas iniciativas e combatividade, Menand comenta que "enquanto Dred Scott e Bleeding Kansas [eram] atuantes personalidades que transformaram conservadores em ativistas, John Brown transformou pacifista em guerreiros"[17], relatando-o como "um pesadelo" tanto para sulistas quanto nortistas separados pela guerra, e revela que Herman Melville o havia denominado "meteoro de guerra"[18].

Muitos o admiraram ainda mais, enquanto outros, inclusive nortistas contrários à escravatura, o criticaram por haver optado por violência. Em investidas armadas com seus filhos, foi suprido de armamento pelos chamados Seis Secretos, o que incluía Theodore Parker, que morreu de tuberculose na Itália, mas que o apoiou com o médico Samuel Gridley Howe, articulado a muitas personalidades da época, sobre a tentativa em Harpers Ferry. Além disso, recebeu apoios de muitas naturezas. Amos Lorence, por exemplo, pagou pela defesa de J. Brown, que, após enforcado, teve seu corpo levado pelo abolicionista Richard Hallowell ao seu próprio lar, no estado de Nova Iorque, para posterior cremação.

Um clima espiritual formou-se em torno do episódio de J. Brown. Ralph Waldo Emerson, nascido em 1803 e falecido em 1882, considerou-o um transcendentalista. Disse que ele era um "idealista" e comentou: "o

---

16   Daniel J. Boorstin, *The Americans. The national experience*, pp. 189-190.

17   Louis Menand, *The metaphysical club. A story of ideas in America* (New York: Ferrar, Straus and Giroux, 2002), p. 28.

18   Louis Menand, *The metaphysical club. A story of ideas in America*.

quanto as coisas são decepcionantes". Em contraste, J. Brown também foi considerado um kamikaze e um matador, o qual teria contribuído para transformar o movimento antiescravagista – tido como pacifista – em violência. O que Menand revela é que os pacifistas e transcendentalistas chegaram à conclusão de que conflito armado seria a única lamentável saída, e os alistamentos no Norte foram se sucedendo. Até mesmo *"quakers*, historicamente declarados pacifistas, como Wendell Holmes, os chamados *hallowells*, correram ao alistamento", indica Menand, e Emerson, avesso a armas, chegou a dizer que "o cheiro de pólvora, em certos momentos, cheira bem"[19].

Parece oportuno revelar também que Vermont foi o estado mais abolicionista à época e, em 1777, já considerou a escravidão ilegal. Além disso, dos 37 mil homens disponíveis para a guerra, apenas 34 mil foram às batalhas, dos quais 5.244 morreram.

A família de John Dewey também teve um alistado e, ao acabar a guerra, deixou sua cidade natal de Burlington e mudou-se para Virgínia, onde J. Dewey foi criado sob uma orientação "pelo social"[20].

Diversos episódios quase independentes envolveram o caso John Brown e todos foram fatos de peso.

Esse período controverso e sofrido evocou nas pessoas reações antagônicas, buscando soluções que se mostravam inviáveis. Menand ainda narra que a questão, para muitos, não era entendida como política, mas como moral, daí alguns partirem para as armas enquanto outros desanimavam-se por não conseguir avanços.

Exemplos seriam os respeitados Dr. Holmes e John Motley, que refletiam sobre a ideia de civilização e morte, pois a civilização seria violenta. Todavia, "quando se pega em armas, a fim de se impor a própria ideia de civilidade sobre outros, a ideia moral é sacrificada", pois seria apenas outra forma de opressão, segundo interpretação de ambos. O destino de Holmes foi muita luta e sofrimento até o final, dizendo aos seus amados parentes que as cartas eram, "naquele horror", seu único

---

19   Louis Menand, *The metaphysical club. A story of ideas in America*, pp. 31-32.

20   Louis Menand, *The metaphysical club. A story of ideas in America*, p. 250.

bem. Revelando certo desencantamento diante da causa que estava em processo de perda, disse que "não seria mais possível pensar da forma como pensava na juventude antes da guerra, o mundo era mais resistente", pois, lembrando as palavras de Abbott em Friedericksburg, acreditava textualmente que "em nossa juventude, nossos corações são movidos por fogo [...]" e, dirigindo-se ao seu amigo Einstein, que seguiu caminho diferente, comentou ser: "a melhor alma que conheci e que me deu o primeiro impulso adulto". Sua ligação intelectual com Emerson também nunca esmoreceu e o emocionava... Einstein relatou que, ao final, ele teria dito que, "acabada a Guerra Civil, o mundo nunca mais pareceria certo"[21].

Fica claro que os abolicionistas e os transcendentalistas deixaram um legado para profunda reflexão na América, pois, embora agrupados e simultaneamente bem diferentes entre si em suas próprias vidas, todos falam linguagens marcantes.

Foram, também, inúmeras as discussões no cenário norte-americano, especialmente após a Guerra Civil, quanto aos possíveis efeitos do cristianismo sobre o comportamento e os sentimentos dos negros. Para alguns, a doutrina cristã aumentaria o sofrimento deles; para outros, porém, o fato de visualizarem a vida eterna "como possibilidade de justiça e realização de suas aspirações impossíveis neste mundo" traria àqueles de etnia negra sentimentos de tranquilidade e esperança. Alguns dos cânticos religiosos dessa etnia, os apreciados *gospels* bem como os *blues*, revelaram essa última opinião[22]. Na verdade, os negros acabaram por apresentar sua própria interpretação de religião, organizando-se e praticando-a segundo fortes características de suas culturas, independentemente de terem sido instruídos por metodistas, batistas, presbiterianos ou por outras denominações[23] ou mesmo pela igreja católica, inclusive com clérigos da etnia negra dirigindo os rituais.

---

21 Louis Menand, *The metaphysical club. A story of ideas in America*, pp. 45, 48, 55, 68, 60.

22 Louis Menand, *The metaphysical club. A story of ideas in America*, pp. 194-199.

23 Louis Menand, *The metaphysical club. A story of ideas in America*, pp. 195-196.

Antiescravagismo e as presenças de Nietzsche e Freud

Embora sejam esperadas influências sempre vindas do Velho Continente para a América, o contrário aconteceu muito especialmente com Emerson, quanto a Nietzsche, cujo nascimento e morte ocorreram em 1844 e 1900, respectivamente. O polêmico pensador europeu recebeu influência impactante do transcendentalista norte-americano, que lia vorazmente já aos 17 anos, conforme detalha Jennifer Ratner-Rosenhagen no livro *American Nietzsche: a history of an icon and his ideas*, publicado em 2012 pela universidade de Chicago, incluso nas referências. Considerada pertencente a uma nova geração de *americanists*, a autora discute, em especial, impactos nietzschianos, nos Estados Unidos, considerando a cultura da sociedade, o que teria oscilado entre receptividade e choque.

Nietzsche, imortalizado, continua fortemente presente na literatura mundial, quer com suas próprias e inúmeras obras, como *Acima do bem e do mal*, *Ecce Homo*, *O anticristo*, *Genealogia da moralidade*, etc., quer em novas obras sobre seus escritos e ideias, bem como pelo primordial *Assim falava Zaratustra*, cuja leitura por um professor dinamarquês propiciou a sua divulgação pela Europa. A partir de então, começou a fazer parte da leitura de norte-americanos, quer na academia, quer na sociedade, em geral, e Jennifer Ratner-Rosenhagen o retoma com propriedade, favorecendo a abertura por novos leitores no país.

Emerson, por sua vez, teve uma vida rica em ideais, obras e causas, em especial a da escravidão. Graduado em Harvard e posteriormente preparado intelectual e religiosamente, consagrou-se pastor da igreja unitária. Perdeu a esposa em decorrência de tuberculose, depois de apenas três anos de matrimônio. Posteriormente, dizendo-se em novos rumos espirituais, e muitas dúvidas, deixou a congregação. Foi o grande articulador transcendentalista, a nova filosofia norte-americana, movimento que valorizava a intuição e acolheu nomes famosos, como os dos escritores Nathaniel Hawthorne, Henry Wadsworth Longfellow, Walt Whitman e George Ripley (também graduado em Harvard e pastor de igreja unitária), além de, muito especialmente, Henry David Thoreau.

Dentre esses significativos nomes, o movimento incluía a feminista Margaret Fuller, autora da conhecida *The Dial*, revista literária, filosófica e religiosa, criada em 1840, em Boston, em frequência quadrimestral[24], e do tratado feminista "Woman in the Nineteenth Century"[25], de grande impacto na academia e na sociedade.

Ripley, por sua vez, foi o transcendentalista idealizador da chamada *Brook Farm Community*, ou *Brooks Farm Community*, em 1840, buscando novos rumos para a vida em sociedade, diante das decepções com a realidade da época, cogitando ideias socialistas. Sobre essa tentativa, escreveu a Emerson explicando os objetivos que andavam no sentido de assegurar uma união natural entre trabalho intelectual e manual, garantindo maior liberdade mental, oferecendo trabalho de diversas naturezas e promovendo um viver mais simples e completo, livre de pressões e competições. A localização geográfica da comunidade a colocava próxima a Boston[26].

Ligando, no âmbito da realidade cultural norte-americana, a postura antiescravagista de Emerson ao movimento de antissegregação no país, especialmente a partir de 1920, a figura de Freud emerge em acolhimento muito peculiar, levando-o para além da leitura acadêmica e médica em Psicanálise, para a literatura e a cultura artística do país, em especial o teatro, isso em virtude de um foco antiescravagista de teatrólogos, atores e músicos, novelistas e outros escritores, fundamentando-se e inspirando-se nas ideias do psicanalista alemão. Nesses termos, um exemplo atual e significativo é o livro de Harlem Renaissance, intitulado *Freud upside down: African American literature and psychoanalytic culture*, o qual, embora algumas breves críticas de literatos em termos da estrutura do livro e do grau de defesa de alguns pontos de vista, se trata de uma obra interessante de uma já considerada nova *americanist in black studies*, que traz a presença freudiana em novelistas, músicos e teatrólogos em *black culture*, a partir de descrições e discussões contributivas.

---

24   O site contém imagens, fotos e trechos de textos. https://www.google.com.br/search?q=Margaret+Fuller,+++'The+Dial'&biw=1280&bih=891&tbm=isch&tbo=u&source=u

25   Disponível *online*, gratuitamente, pelo Facebook.

26   Disponível em: http://www.age-of-the-sage.org/transcendentalism/brook_farm.html. Acesso em: 17 maio 2015.

Badia Sahar Ahad cita, sobre a influência freudiana, importantes nomes da literatura e arte afro-americana, como Nella Larsen (novelista), Richard Wright (tecladista, um dos fundadores do grupo Pink Floyd) e Jean Toomer (escritor branco, dedicado ao tema *Black Studies* e autor do famoso *Cane*[27], que, após haver sido diretor de escola na Geórgia, inspirando-se, em 1923, e cobrindo poesia e emoções da experiência afro-americana, tornou-se o precursor da era *Harlem Renaissance*, sendo considerado um exemplo de literatura modernista). Suas ideias evoluíram no sentido da expectativa de as diferentes etnias formarem uma etnia norte-americana. Além desse exemplo, Ahad indica Ralph Ellison e Adrienne Kennedy, escritora para dramas teatrais, além dos chamados dramas líricos não lineares e expressões do feminismo contemporâneo das mulheres negras. Ela se dizia olhando o horizonte, a fim de uma conexão com o mundo, em vez de lugares. A autora trazia a exploração de temas em condições trágicas, quando a violência podia acontecer a qualquer instante. A escritora nasceu em Hawkins, Pittsburg, em 1931, e passou sua infância em Cleveland, mas, frequentemente, visitava sua avó em Montezuma, na Geórgia, fonte de inspiração e reflexão colocadas em sua obra.

O livro de Ahad cumpre seu papel quanto a alertar para o fato de que, além de incontestes exemplos de programas sociais em saúde, nos quais expectativas de possibilidades de melhoria de condições de vida, em especial direcionada à saúde mental e emocional, apresentam os redutos de população negra, como o Harlem, a partir de princípios freudianos. Um exemplo foi o caso do "An underground extension of democracy: the lafargue clinic and the promise of antiracist psychiatry"[28]. Artes também estiveram significativamente envolvidas. Vários gêneros de literatura e artes posicionam-se a partir de algo decorrente da postura e do pensa-

---

27 Cane (New Edition) [Kindle Edition] com prefácios de Rudolph P. Byrd e de Henry Louis Gates Jr.

28 Gabriel Mendes, "An underground extension of democracy: the lafargue clinic and the promise of antiracist psychiatry", Transition, n. 115, Mad (2014), (Indiana University Press on behalf of the W.E.B. Du Bois Institute Stable), pp. 4-22. Disponível em: http://www.jstor.org/stable/10.2979/transition.115.4. Acesso em: 25 set. 2014.

mento freudiano, incluindo autores negros ou brancos, embrenhados na causa da antirracial.

Sigmund Freud (1856-1939), foi um médico neurologista e criador da Psicanálise, nascido de família judaica, em Freiberg, Mähren, hoje República Tcheca, à época pertencente ao Império Austríaco, que teve seus estudos acolhidos na América e praticados ampla, mas, também, muito peculiarmente, como a atenção especial recebida, por exemplo, de Nathan G. Hale em "Freud and the Americans: the origin & foundation of the psychoanalytic movement in America, 1876-1918"[29]. E, ainda, do mesmo Nathan G. Hale, "The rise and crisis of psychoanalysis in the United States: 1917-1985" (Freud and the Americans, v. 2.), obra publicada em janeiro de 1995, considerada um "eloquente, iluminador estudo", segundo a crítica literária de peso, explica como os psicanalistas norte-americanos trataram, a partir de Freud, os veteranos após as duas grandes guerras mundiais, além do emprego do conhecimento em trabalho social, em educação, criminologia e higiene mental, gerando, ainda, a considerada otimista ideologia de reforma sexual e cultural, simultaneamente vista como uma visão trágica de um conflito interminável.

Além das fontes literárias, Hale, em sua obra, utilizou entrevistas com personalidades como Walter Lippmann, Margaret Mead, Franz Alexander, recorrendo a inúmeras teses de doutorado, sempre procurando apresentar o que chamou de ascensão e declínio da Psicanálise nos Estados Unidos, entre 1920 e 1985. Buscando consistência, produziu estudos muito recomendados por bibliotecas públicas e pela Escola de Medicina da George Washington University (GWU) em Washington D.C. Entusiasta de psiquiatria e professor nessa universidade foi Otto Rank, da Harvard School of Public Health, Boston, 1963, professor emérito da GWU, W. DC.

Hale acabou popularizando as ideias psicanalíticas em novelas, filmes e na imprensa entre os artistas. Entretanto, o período também gerou abordagens alternativas, incluindo ataques de comportamentalistas e feministas, *gays* e dos próprios psicanalistas de outras linhas de trabalho, como os comportamentalistas.

---

29   Oxford Univ. Pr., 1971, v. 1.

Retomando *Freud upside down*, de Badia Sahar Ahad, é interessante atentar para a leitura de George Sheldon, sobre a origem do título do referido livro, o qual informa que foi originado de uma matéria de Richard Wright[30] ao promover a Lafargue Mental Hygiene Clinic, aberta em 1946, para atender a comunidade do Harlem, o bairro negro mais conhecido de Nova Iorque, com Ralph Ellison e o analista médico Frederic Wertham. Tratou-se de uma primeira organização para atendimento psiquiátrico radicalmente fundamentado no trabalho de Freud, com aplicação de psicanálise visando ao alívio social, enfrentando as complexidades relacionadas com a identidade dos afro-americanos.

Segundo G. Sheldon (*vide* referências), o livro de Ahad, embora algumas pequenas fragilidades, traz uma realmente crítica questão à reflexão, expandindo-a pelos anos 1990.

Ao articular ideias norte-americanas, provindas do transcendentalismo, às personalidades europeias posteriores, cujas ideias e obras percorreram o mundo, como foi o caso de Nietzsche e Freud, percebe-se a questão tempo-espaço mostrando-se no sentido de um horizonte, conforme a concepção husserliana em fenomenologia, algo que Adrienne Kennedy parece haver percebido ao encaminhar suas obras: uma possibilidade de encontros considerados impossíveis de ocorrer – entre brancos e negros, quando a perspectiva do horizonte pode trazer esperanças.

A discussão aqui empreendida, além de sucinta, jamais pretendeu reduzir o impacto nietzschiano ou o freudiano à questão antirracial, com seus movimentos e ideólogos, porque a leitura de ambos no território norte-americano é parte integrante de buscas culturais, em geral, quer fossem para aplaudir, quer para rejeitar. Contudo, não se pode ignorar o que foi dito ao início desta "conversa": a presença de ambos, das mais diferentes formas, é inegavelmente relacionada com as questões antirraciais, na academia, na sociedade e, quanto a Freud na área da saúde mental, nas sofridas comunidades negras, em especial.

---

30   George Sheldon symploke,Volume 19, Numbers 1-2, 2011, pp. 402-404. Disponível em: https://muse.jhu.edu/login?auth=0&type=summary&url=/journals/symploke/v019/19.1-2.george.pdf. Acesso em: 21 mai. 2015.

Catolicismo: pequeno espaço, mas marcante missão

Vale recorrer à memória dos pioneiros da minoria católica na América, em termos de educação, para lembrar um missionário jesuíta vindo da Irlanda, em 1742, Father Charles Sewall. Trabalhou em Baltimore e foi eleito por unanimidade procurador-geral da Companhia de Jesus e, em 1788, indicado para administrar o George Town College – a atual universidade de mesmo nome –, cujos deveres cumpriu com dedicação integral[31]. Em 1863, surgiu a Universidade La Salle, em Filadélfia, Pensilvânia, com vários *colleges*, hoje, contando com aproximadamente 5 mil alunos, e, em 1911, a Loyola Marymount University, atualmente com cerca de 6 mil alunos.

A labuta por espaço para as instituições católicas de ensino superior não foi nada fácil em um país eminentemente protestante. Mesmo assim, o número de *colleges* foi significativo até meados de século XIX, mas, ao seu final e início do século XX, adveio um período funesto com a postura progressivista adotada pelas instituições educacionais protestantes, a orientação humanista, o modernismo, a atração pela ciência e pela máquina. Somou-se a isso o nascimento de grandes universidades, não liberando mais aos *colleges* isolados o antigo *status*. Muitos alunos de organizações de ensino superior católicas passaram a frequentar escolas protestantes, suas universidades. Os jesuítas ficaram em situação de desvantagem por grande período, porém as organizações católicas sobreviveram advindo também universidades.

Católicos de origem irlandesa contribuíram para minimizar esse período de ostracismo. O livro de Katleen Mahoney é exemplar no sentido de apresentar esse período sombrio para as escolas de ensino superior ao final de 1800, até as primeiras décadas de 1900[32].

Relativo à minoria católica, também se destacou John Henry Cardinal Newman, com "A ideia de uma universidade", obra que contém os conhecidos discursos, as reflexões e as declarações com questões instigantes,

---

31   Disponível em: http://www.newadvent.org/cathen/01776e.htmn. Acesso em: 22 fev. 2014. (Regnery Publishing: Washington C D., Regnery publishing, 1999.)

32   Katleen Mahoney, *Catholic higher education in protestant America*: the jesuits and Harvard in the age of the university (Baltimore: The Johns Hopkins University Press, 2003).

como "o que significa uma pessoa educada?", "Até que ponto se pode esperar que a educação consiga não somente pessoas sábias, mas melhores?" Textos considerados testemunhos de iluminação e sabedoria. Alerta-se para não confundir com a *Wisconsin idea, the university's service to the state*[33].

A presença do catolicismo é muito discreta. Casualmente, a caminho para Gettysburg, a imagem de uma freirinha, com sua veste branca ao vento na tranquila estrada, despertou a atenção da autora deste livro para a possibilidade de alguma antiga escola católica no local. Ao procurar, foi encontrado o local apresentado nas fotos a seguir. No muro, à entrada principal, havia um grande e belo mural de Nossa Senhora de Guadalupe, a padroeira do México. Muitas imagens brancas, frondosas árvores e a bela placa colocada no jardim, construído ao alto, dão uma ideia da época dessa construção – o sítio como um pequeno paraíso.

Esse local foi o cenário do início do heroísmo forte e discreto do arcebispo John Hughes (entre 1797 e 1864). Nascido na Irlanda do Norte, onde o clima com os católicos era opressivo, a ponto de, no momento em que perdeu sua irmã, ser proibido de visitá-la no cemitério, começou sua vida na América como jardineiro daquele local paradisíaco, onde lhe

PELAS ESTRADAS, uma freirinha nos leva a um convento do século XVIII.

---

33   John Henry Newman, "The idea of a university (rethinking the western tradition)" (New York: Vail-Ballou Press, 1996).

PITORESCOS Jardins do convento com várias imagens e capelinha.

PLACA DIZ: "*We are half in the sky, the height of our situation is almost incredible*" – "estamos quase no céu, a altitude de nossa situação é inacreditável." Elisabeth Ann Seton, descrevendo este lugar, 25 de junho de 1809 (montanha à beira da estrada, à caminho de Gettysburg).

foi negado ingressar no seminário em razão da falta de instrução. Sua humildade e sua tenacidade o levaram à vida de clérigo de grande atividade cristã em causas nobres, como enfrentar epidemias cuidando dos doentes quando todos se afastavam. Além disso, tornou-se um grande pregador de visibilidade nacional e, em momentos tensos entre radicais protestantes, não temeu ameaças e dispôs-se a proteger a organização católica com bravura em Nova Iorque[34]. Ainda, realizou grandes transformações nas escolas católicas em que atuou, visando a melhorar a qualidade do ensino por acreditar que seria o único caminho para dimunuir a pobreza[35]. Tornou-se conhecido e respeitado também como conselheiro do presidente sobre as causas católicas.

Retomando a crítica da questão racial, muitas décadas transcorreram em violência física e moral sobre os negros. Mais recentemente, as ações de grupos liderados especialmente por Martin Luther King e apoiadas pelo presidente J. F. Kennedy vieram integrar-se aos esforços dos *black colleges*, visando a obter espaço educacional, no mercado de trabalho e na política do país, para os indivíduos dessa etnia.

Evidenciou-se por si mesma a força da união da posição protestante e católica em favor da cidadania da população de etnia negra nos Estados Unidos com a personalidade do pastor Martin Luther King, reconhecido pela clareza de propósito em seus sermões e discursos – como o aclamado "I have a dream" –, somado à postura do candidato e, depois, presidente católico J. F. Kennedy, cuja dedicação e empenho corajoso os uniram no cristianismo realmente religioso, no sentido de *religare*, vital ao respeito às diferenças de qualquer origem, não apenas no território norte-americano, mas no planeta.

O catolicismo é bastante ligado à história de vicissitudes da etnia negra nos Estados Unidos e, apesar de muitos fatos altamente positivos, há exemplos lamentáveis de discriminação praticada, também, por católicos.

Em se tratando de pessoas negras católicas e a questão da escravidão, confere-se que cerca de 100 mil emancipados eram católicos e 60 mil

---

[34] John Henry Newman, "The idea of a university (rethinking the western tradition)", p. 3.

[35] John Henry Newman, "The idea of a university (rethinking the western tradition)", p. 4.

converteram-se ao catolicismo evangelizados por jesuítas, especialmente em Maryland e Louisiana.

Missionários da congregação Holy Ghost chegaram da Inglaterra, em 1870, a fim de trabalhar com os negros libertados. Além disso, duas comunidades de irmãs dessa etnia se estabeleceram com tranquilidade na província de Baltimore em 1829, bem como de irmãs da Holy Family, em New Orleans, e muitas outras prestaram os mais diversos serviços antes e depois da Guerra Civil, inclusive de enfermagem na guerra, tanto entre sulistas quanto entre nortistas, e dedicação a causas civis, como abertura de escolas para crianças dessa etnia. Lamentavelmente, algumas tiveram que fechar as portas em razão das hostilidades.

Aconteceu de mesmo padres ordenados, de etnia negra, serem discriminados em seminários católicos. Um dos casos foi o de Augustus Tolton, que teve de ir a Roma para treinamento e ordenação em meados de 1800, havendo casos ainda até 1950. Essa situação não perdurou e eles começaram a vencer essas vicissitudes, tornando-se ativos pregadores pela causa étnica e por justiça social na igreja...

Embora o papa Gregório XVI tenha condenado a escravidão, havia famílias católicas poderosas que discriminavam negros[36].

Passada a Guerra Civil, após um colóquio no sentido de evangelizar os negros, os esforços de um número considerável de bispos mostravam que alguns ainda estavam temerosos ou ocupados com a quantidade de imigrantes europeus a atender, pois as diferenças culturais deles também implicavam as práticas católicas e, mesmo com os esforços de Leão XIII, essas distinções amainaram muito pouco as arestas das raízes.

Muito colaborou com o papa nesse período mais um padre, filho de imigrantes irlandeses, o posteriormente famoso cardial James Gibbons (1834-1921). Ele presidiu o importante Terceiro Plenário de Council of Baltimore em 1884, produzindo o famoso *Baltimore Catechism* para as escolas católicas. Muito diplomático em situações incômodas, persuadiu Leão XIII a proteger os direitos do povo e "ganhou os corações dos trabalhadores católicos na América".

---

36 "Catholicism in the United States 1830-1900. Part two: the immigrant church". Disponível em: http://www.ascensioncatholic.net/history/history_17.pdf. Acesso em: 5 set. 2014.

Tornou-se tão admirado que, aos 25 anos de ordenação, atraiu cerca de 20 mil pessoas, incluindo o presidente Theodore Roosevelt, que o parabenizou pela sua vida de dedicação e o tornou respeitado cidadão norte-americano, venerado e útil à nação[37].

Muito editadas, as falas de Martin Luther King estão disponíveis à escolha dos leitores, em ampla divulgação virtual.

Os autores dedicados à análise dos *Community Junior Colleges*, citados neste livro, também os apresentam como oportunidades às minorias, em virtude da duração menor do que a dos cursos formais de graduação, atendendo a demandas do mercado de trabalho, vindo ao encontro dos que buscam oportunidades rapidamente, e mostram a comentada modalidade que oferece oportunidade de transferência de créditos a cursos universitários plenos.

Segundo Peter F. Drucker, os sentimentos dos negros norte-americanos ainda continuam negativistas. Se, por um lado, são evidentes a partir da década de 1960, as conquistas socioeconômicas, políticas e culturais de pelo menos 2/3 dessa minoria, por outro, 1/3 dessa população ainda vive em condições precárias, pelo menos até 20 anos atrás. Drucker interpreta a posição da comunidade negra como menos disposta a festejar as conquistas por reagir com rancor e frustração pelo que ainda não foi conseguido.

Vale retornar à força moral e coragem determinada de J. F. Kennedy, quando se dirige à nação norte-americana sobre o tema: "cem anos se passaram desde que o presidente Lincoln libertou os escravos, porém seus descendentes e netos não estão totalmente livres. Eles não foram libertados dos grilhões da injustiça. Eles não estão ainda livres da opressão socioeconômica, e esta Nação, por todas as suas esperanças e habilidades, não estará plenamente livre enquanto todos os seus cidadãos não o estiverem"[38].

---

37   "Catholicism in the United States 1830-1900. Part two: the immigrant church", p. 4.

38   John F. Kennedy, *The burden and the glory*, Allan Nevins (ed.) (New York: Harper and Row, 1964), p. 183.

A primeira vitória do movimento pacifista inspirado na postura exemplar de Gandhi foi conseguida quando o prefeito de Nashville declarou, em ato público, que considerava injusto discriminar pessoas da etnia negra. A partir de então, os que assumiram essas causas começaram a identificar resultados positivos. Em 1912, uma doação significativa foi feita por Carnegie à biblioteca e a NBT Nashville of Board of Negroes que imediatamente deu voz às causas da etnia negra em termos de negócios, profissão e indústria. Essa cidade[39] sempre fora progressista em termos de biblioteca pública, ampliada e modernizada, constantemente prestando serviços ao público com alta qualidade, inclusive recursos sonoros para cada época, ainda bem cedo na história.

Peter Drucker, em sua maneira própria de ler a situação, comenta que o melhor indicador das conquistas da etnia negra está justamente no fato de dispensarem o apoio dos brancos e de partirem até mesmo para a hostilidade[40].

Morison destaca o que considerou a principal diferença entre a atitude da maioria dos integrantes das etnias negra e indígena, durante os conflitos com os brancos: enquanto os índios preferiam ser deixados em paz, isto é, viver segundo suas próprias tradições e culturas, os negros desejavam a integração à sociedade dos brancos. Essa atitude, indubitavelmente, forçou a conquista do espaço dessa população no mercado de trabalho, na escola, na universidade e na política do país, em contraste com o que ocorreu com os indígenas. A presença de líderes negros é, hoje, evidente em contraste com os índios.

Ao interromper este texto, intencionalmente breve, para não banalizar uma questão tão dramática, polêmica e delicada, este livro deixa na nota algumas sugestões aos leitores que quiserem se sintonizar com o tema da questão dos negros nos EUA, em especial dados do livro da escritora Wilma

---

39   Disponível em: http://www.library.nashville.org/about/abt_libhistory.asp. Acesso em: 4 nov. 2014.

40   Peter F. Drucker, *Inovação e espírito empreendedor (entrepreneurship)*: prática e princípios. Trad. Carlos J. Malferrari (São Paulo: Pioneira, 1986), pp. 140-141.

Dykeman, conhecida como grande novelista, pesquisadora e historiadora e que se associou a James Stokely para uma experiência literária bem-sucedida: uma reflexão sobre um esforço por desagregação, ocorrido em 1954[41].

Os indígenas sob o impacto das guerras internas e a sua educação
Com a autoridade que suas análises detêm, Brubacher e Rudy falam das lamentáveis condições em que se arrastaram, por anos, os problemas da educação dessas etnias (negros e índios) nos Estados Unidos. Quanto aos últimos, dizem eles, em termos de "ensino formal, eram praticamente esquecidos, em todos os sentidos"[42].

Além das diferenças culturais apresentadas pelos dois grupos – um desafio para os educadores –, a discriminação violenta tornou essas duas páginas da história norte-americana, sombrias e sangrentas.

Os episódios da Guerra Civil, provavelmente considerados os mais lamentáveis pelo povo norte-americano, referem-se às tentativas de extermínio de nações de etnia indígena, como Cheyenne, Comanche, Cherokee, Kiowa e Sioux, entre outras. A extrema intolerância de alguns generais, como Sheridan, Sherman e Custer, diante da presença em território norte-americano de homens de "hábitos inferiores" cujas tentativas de civilidade pareciam ridículas, levou a lutas intermináveis, trágicos massacres e reações de vingança muito cruéis de ambos os lados[43].

Algumas nações indígenas, como Cheyenne, Cherokee e Seminole, lutaram e resistiram com determinação e organização surpreendentes.

De acordo com Morison, embora com muitas desvantagens, os indígenas apresentavam desempenho surpreendente, tornaram-se exímios

---

41 Wilma Dykeman e James Stokely, *Neither black nor white* (New York: Rinehart, 1957), obra premiada com o Hillman Award, pela contribuição à paz, aos direitos civis e ao relacionamento entre as raças. Sugere-se também visitar: http://www.watson.org.

42 John S. Brubacher e Willis Rudy, *Higher education in transition*: a history of the American colleges and universities, p. 82.

43 Russell F. Weigley, *The American way of war*: a history of the United States military strategy and policy, pp. 153, 159-160, 163.

atiradores, estavam aptos a emboscar e a fazer uso da cavalaria e não tinham problemas de logística[44]. Alguns líderes dessas nações são lembrados até hoje por sua bravura. Exemplos seriam: *Two Moons* ("Duas Luas"), da nação Cheyenne; *Crazy Horse* e *Red Cloud* ("Cavalo Louco" e "Nuvem Vermelha"), da nação Sioux; e *Sitting Bull* ("Touro Sentado"), da nação Hunkpapas[45].

Não se imagina que os indígenas eram apenas temerosos submissos diante do conhecimento do homem branco com seus recursos bélicos – eles eram em sua maioria guerreiros fortes e destemidos para defesa de suas terras e sua gente, até mesmo muitas vezes considerados dizimadores, pois escalpavam e matavam prisioneiros. Lee M. White narra que Tory Col. Butler e mil índios e patrulheiros – *"Rangers"* – surpreenderam uma força patriota e 306 elementos das milícias, matando a maioria e tomando 200 escalpos. Os sobreviventes foram torturados e mortos[46].

Tentativas de negociação, somadas à corrida para minas de ouro, abertura de ferrovias, conquistas de novas terras férteis e guerras, misturaram ações governamentais com interesses privados, mantendo brancos e indígenas por longos anos em dolorosos embates de permanente violência.

Em 1850, 10 anos após a grande imigração para o Oeste norte-americano, no estado da Califórnia, viviam cerca de 100 mil indígenas que, 10 anos mais tarde, estavam reduzidos a 35 mil, em virtude de grandes conflitos com mineiros e construtores de ferrovias.

As atrocidades foram recíprocas e, em 1961, as tribos Sioux e Dakotas capturaram e mataram mil homens brancos[47].

O que se percebe claramente é que as políticas governamentais influíram muito nesses episódios em razão de suas implicações na prática. Havia o grupo de generais mais radicalmente opostos a um convívio com

---

44 Samuel E. Morison, *The Oxford history of the American people*, v. 3, 1869-1963, p. 59.

45 Russell F. Weigley, *The American way of war*: a history of the United States military strategy and policy (Part two, chapter 8), p. 162.

46 Lee M. White, *The American Revolution in notes, quotes and anecdotes*, p. 21.

47 Samuel E. Morison, *The Oxford history of the American people*, v. 3, 1869-1963, p. 59.

os indígenas e alguns que revelavam tendências a extermínio ou abandono. O departamento de questões indígenas desempenhava sempre um importante papel, porém tanto favorável quanto contrário à situação dos integrantes dessa etnia. Em 1849, esse departamento foi transferido para um novo departamento do interior, geralmente administrado por nortistas menos interessados em causas indígenas do que o Departamento da Guerra. Em consequência da posição das personalidades que ocuparam essas funções durante esse período, muitos problemas desfavoráveis às nações indígenas começaram a ser definidos. Por exemplo, com o interesse súbito em terras já destinadas às reservas, estas começaram a ser ocupadas pelo homem branco, deixando os Sioux, em Minnesota, restritos a uma área, ao longo do rio Minnesota, de 150 milhas de extensão por apenas 10 milhas de largura.

Dificuldades na educação dessas duas etnias baseadas em grandes diferenças culturais dos brancos, agravadas pelas inúmeras diferenças entre nações daqueles dois grandes grupos, tanto foram citadas para reivindicar o quanto necessitaria ser feito como serviram de argumento para justificar os radicais que não admitiam sequer tratar dessas causas.

As tentativas de solucionar o problema das terras e da educação da etnia indígena ocorreram pelo Congresso que, em 1867, instituiu uma Comissão da Paz Indígena, mas os resultados foram desanimadores e os relatórios, frustrantes. O general Francis A. Walker, por exemplo, relatou o contraste entre o enriquecimento e as conquistas territoriais dos homens brancos norte-americanos, em favor da nação, e a ruína dos povos e da cultura da etnia indígena no país[48].

Até o surgimento da Guerra Civil nos EUA, a postura do governo norte-americano em relação às nações indígenas não era de eliminá-las, mas de deslocá-las para territórios fora dos interesses do homem branco, por temor de enfrentar a natureza ou por considerar sem valor para assentamento. Algumas batalhas ocorreram durante a revolução para afastar os

---

48   Lee M. White, *The American Revolution in notes, quotes and anecdotes*, p. 60.

ingleses que tinham nações indígenas como aliadas. Com as mudanças populacionais, após esse período, o crescimento da presença de homens brancos foi expressivo, impactando locais de antigo domínio indígena. Tribos lideradas por Black Hawk, por exemplo, Sioux e Fox, tiveram que abandonar o Mississipi e retornar a Illinois. Apesar da alta diferença pró-forças regulares, ainda lutaram e causaram muitas mortes durante a debandada. Em 1825, ficou decidido no governo que os indígenas habitariam o que veio a chamar-se "o grande deserto norte-americano", com terras impróprias para a agricultura. Andrew Jackson, o presidente pouco favorável à causa indígena, ordenou retiradas quando houve batalhas sangrentas, envolvendo especialmente os valentes Cherokee e Seminole. Muitas tribos, porém, foram escoltadas com intenso sofrimento e perda de muitas vidas[49].

Após a estratégia de dar um mínimo de infraestrutura, como escolas e agências governamentais, a ideia de permanência da *Indian country*, *The Indian Intercourse Act*, de 1834, as fronteiras eram como as internacionais e o papel do exército, em relação aos indígenas, limitou-se a guardar as fronteiras, nas quais, nenhum homem branco era permitido atravessá-las sem ser autorizado. Contudo, a ideia do "grande deserto" durou pouco e o interesse econômico do homem branco se fez presente. A ecologia e a economia indígenas começaram a se alterar e a corrida do ouro para a Califórnia aumentou a presença de imigrantes. Em 1955, as reservas tiveram seus territórios reduzidos. Tribos como Sioux, Cheyenne, Kiowa, depois de muitas dificuldades e lutas, foram sendo removidas para mais distantes territórios, e quem olhasse para as chamadas terras indígenas via brancos, e não indígenas[50].

Cada vez mais afastados, os indígenas tornavam as trilhas perigosas durante a Guerra Civil, pois eram exímios atiradores. Entre essas tribos, estavam Cheyenne, Comanche e Kiowa Sioux. Havia generais a

---

49   Russell F. Weigley, *The American way of war*: a history of the United States military strategy and policy, p. 154.

50   Russell F. Weigley, *The American way of war*: a history of the United States military strategy and policy, pp. 157-158.

favor do extermínio, que comentavam entre si como no seguinte exemplo, em que Sheridam, o imediato superior do general Sherman, disse ao seu irmão: "Quanto mais nós matarmos, este ano, menos seremos mortos no próximo ano, [...] estou convencido que ou devem ser mortos ou mantidos como espécies paupérrimas"[51]; e Sherman complementa: "muito satisfeito com o ataque de Custer... eu desejo que todos vocês continuem em frente, matem e punam os hostis, recuperem mulheres e crianças cativas e destruam bens, em geral. Os amistosos terão que ficar em pontos demarcados até que se arranjem por si mesmos"[52]. Depois de muitas lutas, os indígenas, especialmente os Sioux, acabaram em reservas, mas as planícies indígenas aos poucos também foram, em boa parte, sendo ocupadas por colonos.

O último levante Sioux foi em 1890. A décima sétima cavalaria terminou em massacre de índios em Wounded Knee Creek. Na virada daquele século, com esse massacre, toda uma cultura de indígenas pareceu estar extinta, segundo a maneira de aniquilação prevista pelo governo com o exército, sobre as nações indígenas[53].

Em 1901, cerca de 51 mil indígenas pertencentes a cinco tribos "civilizadas" receberam a cidadania norte-americana. Nesse período, algumas indenizações foram pagas a esses indígenas[54], e, em 1924, a cidadania foi conferida a todos os índios nascidos no país. Anteriormente, porém, precisamente em 1901, quando o território indígena foi considerado parte do estado de Oklahoma, já se compreendeu o impacto da significativa

---

51 Russell F. Weigley, *The American way of war*: a history of the United States military strategy and policy, p. 156.

52 Russell F. Weigley, *The American way of war*: a history of the United States military strategy and policy, p. 160.

53 Russell F. Weigley, *The American way of war*: a history of the United States military strategy and policy.

54 Russell F. Weigley, *The American way of war*: a history of the United States military strategy and policy, p. 64.

presença indígena no eleitorado. Todavia, estados como Novo México e Arizona só permitiram o voto dos indígenas em 1948[55].

Na verdade, o estado de pobreza e desajustamento dos índios foi novamente reportado em 1928. Considerações foram feitas, também, sobre a inadequação das escolas e do currículo oferecido às crianças indígenas. Durante a presidência de Coolidge, os Estados Unidos começaram a providenciar escolas para os índios, junto de seus familiares, que ofereciam as alternativas de civilizar-se ou de se manter com "saúde e decência" dentro de suas próprias culturas[56].

Vale expor aqui exemplos de universidades, algumas recentemente interessadas no estudo das questões indígenas[57], outras já tradicionalmente dedicadas a elas, para abrir um panorama das possibilidades aos possíveis interessados: universidades de South Dakota (1955), North Dakota (1977), Indiana University, Walden University, San Francisco University, University of Arizona, University of North Carolina, California University Long Beach. Além disso, há o consórcio Newberry na América, com 13 comitês – Cornell, Harvard, Michigan, Princeton, British Columbia, Colorado, Illinois, Minessota, Montana, Nevada, New Mexico, North Carolina Chapplel Hill, Vanderbilt, Yale. Os programas são diversificados, oferecidos a nativos ou estrangeiros e muitos conseguem bolsas de estudo.

Conforme dito inicialmente, o tratamento dado a esses dois importantes grupos humanos subculturais norte-americanos, as etnias negra e indígena apresentam complexas e dramáticas trajetórias e páginas marcantes de sua história. Por essa razão, intencionalmente, neste trabalho, aparecem apenas como breves narrativas e um alerta para deixar claro o risco de simplificar e até mesmo de banalizar questões extremamente

---

55   Russell F. Weigley, *The American way of war*: a history of the United States military strategy and policy, p. 337.

56   Samuel E. Morison, *The Oxford history of the American people*, v. 3, 1869-1963, p. 337.

57   Sugere-se, para ampliar conhecimentos sobre o tema indígena nos USA, a bibliografia presente na nota 62. R. S. Cotterill, *The Southern Indians*: the story of the civilized tribes before removal (Norman, OK: University of Oklahoma Press, 1954).

críticas, no caso de serem abordadas resumidamente. Os dois temas oferecem questões que necessitam de estudos muito mais extensos e aprofundados do que este livro poderia oferecer.

É importante lembrar, neste ponto, que mais ao final do século XX, a etnia negra, mais do que a indígena, atrairia para sua causa lideranças protestantes e católicas, simultaneamente. Quando o pastor Martin Luther King iniciou a sua jornada e recebeu apoio dos políticos da família Kennedy, à época, o protestantismo apareceu dividido diante da questão, mas os grupos incluídos foram fortes.

É importante apontar aqui que as posturas dessas etnias diante da cultura do homem branco eram e continuam a ser bem diferentes entre si. A cultura dos nativos, primeiros habitantes daquela terra, já era bem estruturada, o que vale para a maioria das muitas nações diferentes. As tradições, os costumes, os valores, os avanços nos modos de sobrevivência, os artefatos, a organização tribal, etc. eram bastante definidos e esses povos não demonstraram desejo de viver segundo o estilo do homem branco. Os indígenas prezavam suas tradições e, embora os muitos atrativos das condições do colonizador, não desejavam despojar-se de seu estilo de vida e independência. Foram acontecendo casos de aproximação com a educação, mas, mesmo assim, para a maioria, seu saber nativo era considerado um patrimônio não somente a ser preservado, mas vivido e praticado.

Para algumas nações, à medida que os avanços no país foram acontecendo mesmo até a atualidade, isso levou a casos de dificuldades de sobrevivência entre indígenas, incluindo povos de grandes nações, como a Sioux, em termos de qualidade de vida fragilizada pelo isolamento, pela falta de condições de trabalho, pelos casos de suicídio de menores, conforme frequentemente revelam artigos na mídia de ampla circulação, como é o caso de Chris Mcgreal, o respeitado correspondente de Washington do *The Guardian's*. Ela revela depoimentos de um indígena sobre essa situação, comprovando que as dificuldades ainda não foram superadas no início deste milênio e apresentando problemas nos seguintes termos: *"just taking care of our people in a better way than they have been"*, e mais:

Obama understands, but then there's Congress. If we can get enough of our tribal leaders – and I'm talking 500 tribes coming together and flooding the halls of

Congress – and just say to them that it's time to take a good look at Indian tribes. We were the first Americans – and I know it'd have an impact. (MEGREAL, 2010)[58].

Se a força da cultura traz um forte sentimento de pertencimento, também carrega consigo a reação ao diferente e às diferenças no pensar, agir, viver, o que inspirou o musical "América América" em Nova Iorque na década de 1980, em que, ao final, o indígena usa aquela expressão muito conhecida para encerrar o diálogo diante da postura que considerou prepotente do colonizador, o que o levou a questionar: *Americano quem? CARA PÁLIDA!*

Com as pessoas de etnia negra, porém, as reações foram bem distintas; para uma melhor percepção dessa específica diferença, é fundamental reconhecer que, à época, sua situação em relação ao continente norte-americano, bem como à sua condição na realidade africana, era muito diferente da do indígena norte-americano autóctone. Os africanos e afrodescendentes desejavam e lutavam para conseguir as condições de vida ao estilo do colonizador, em especial na educação e religião. Entretanto, mantinham admirável orgulho de sua etnia apesar dos revezes e, com a criação de escolas e a conquista dos *black colleges*, bem como de suas instituições, além dos talentos, especialmente os desportivos nas universidades, continuam oferecendo ao país muita visibilidade nos esportes e, em algumas modalidades, quase inigualavelmente.

Até mesmo em questões bélicas, como aconteceu na Segunda Guerra Mundial, ocorreram reações interessantes, destacando-se o caso do esquadrão 332º, composto por pilotos norte-americanos, todos negros[59]. Esse fato ocorreu diante do fechamento das forças armadas altamente segregadoras em relação aos afro-descendentes, à época. Finalmente, por volta dos anos 1930, eles foram admitidos como cadetes na U.S. Army

---

58   *The Guardian*, Monday 11 January 2010, "Obama's Indian problem". Disponível em: http://www.theguardian.com/global/2010/jannov.native-americans-reservations-poverty-obama15-102014. Acesso em: 15 out. 2014.

59   Disponível em http://www.history.com/topics/world-war-ii/tuskegee-airmen. Acesso em: 3 nov. 2014.

Air Corps (USAAC), sendo extremamente dedicados e exigidos. Em um movimento em prol de sua inclusão na preparação para a guerra e com o apoio do então presidente F. D. Roosevelt, batalhas aéreas se sucederam em grandes desafios e vitórias. O orgulho do pertencimento era óbvio e o esquadrão acabou respeitado por sua bravura. Sua história, inclusive, inspirou um filme – os chamados *Tustegee Airmen*[60].

Sobre a problemática indígena, sugerem-se leituras adicionais arroladas em nota[61]. A esperança na solução de muitos problemas sociais dos EUA poderá estar em futuras associações suprapartidárias e acima das igrejas, em uma mobilização em favor de causas humanas.

Neste ponto da jornada, cabe absoluta humildade diante do pouco que foi possível escrever, após muitos anos de leitura e constatação da riqueza de conhecimento produzido pelos escritores norte-americanos, diante de três questões grandiosas que envolvem fortemente a Guerra Civil – a questão da participação da população de etnia negra; o desdito; e, também, a participação dos integrantes da etnia indígena, nos dois sentidos – e sobre a *Civil War* em si.

A decisão que pareceu mais sensata, diante da realidade do tempo que resta de vida para escrever e a certeza do quase inevitável interesse de pesquisadores civis e militares pelas três grandes questões, foi a de selecionar obras e sugeri-las para futura leitura à população de jovens

---

60   *The tuskegee airmen*. Filme de Robert Markowitz e Laurence Fishburne. Dir. Robert Marcowitz. Título da versão em português: Prova de Fogo.

61   Ficam, aqui, anotações a título de sugestões de leituras sobre a cultura indígena no território que se tornou os Estados Unidos: Gregory F. Michno, *Encyclopedia of Indian wars*: Western battles and skirmishes, 1850-1890; Dee Brown, *Bury my heart at Wounded Knee*: *an Indian history of the American West* (Arena Books); John H. Monett, *Where a hundred soldiers were killed*: the struggle for the power river country in 1866 and the making of the fetterman myth; James Donovan, *A terrible glory*: Custer and the little bighorn – the last great battle of the American West; Win Blevins, *Give your heart to the hawks*: a tribute to the mountain men; William M. Osborn, *The wild frontier*: atrocities during the American-Indian war from Jamestown colony to Wounded Knee; John Frost, *Indian Wars of The United States* (Biblio Bazaar, 2008).

pesquisadores, sempre ávidos por releituras e produção para clarificar o mundo em que se vive.

O livro deixa, na nota 62, mais uma sugestão sobre esse tema crítico e complexo dos indígenas "donos das terras", cuja abordagem busca, nas origens, fundamentos para apreensão e tentativa de melhor compreensão daquela realidade e seus problemas, de forma bem fundamentada[62].

---

62   Alden T. Vaughan, *Roots of American racism: essays on the colonial experience* (New York: Oxford University Press, 1995).

CAPÍTULO 7   **Thomas Jefferson, Benjamin Franklin e o século XX: viabilizando o desenvolvimento científico, tecnológico e humanístico**

Duas personalidades precisam ser retomadas, ainda que brevemente, neste repasse sobre o ensino superior naquele país: Thomas Jefferson[1] e Benjamin Franklin[2]. Ambos anteviram rumos, objetivos e metas educacionais, que seriam mais bem compreendidos cem anos mais tarde, quando os posicionamentos dos dois ilustres norte-americanos foram reafirmados, para caracterizar o ensino superior, a partir de 1900[3].

---

1   Henry C. Dethloff, *Thomas Jefferson and the American democracy* (Massachusetts: DC Heath and Company, PAC).

2   Charles L. Sandford, *Benjamin Franklin and the American character* (Massachusetts: DC Heath and Company, PAC).

3   O capítulo "The American Public University", especialmente o tópico "The all purpose university", em *Higher education in transition*, de Brubacher e Rudy, revela essa realidade, pp. 153-155.

As ideias de Thomas Jefferson e de Benjamin Franklin representavam duas diferenciadas análises que, por sua intercomplementariedade, muito contribuíram para dar à sociedade norte-americana soluções intercomplementares e coerentes com a diversificação de valores, interesses e necessidades que aquela sociedade que se considera pluralista vem apresentando.

Enquanto Jefferson enfatizava que o homem precisava estar preparado para legislar-se e para suas instituições democráticas, Benjamin Franklin advogava o conceito de utilidade na formação do cidadão, a aplicação prática e imediata de habilidades, aprendizados e descobertas a serviço do bem comum. Assim, enquanto, para Franklin, o maior peso da utilidade na educação seria encontrado no ensino técnico, na formação para o trabalho – *mechanical arts* –, Jefferson a fundamentava na necessidade de participação e no desenvolvimento da nação, por meio de uma preparação para as lideranças.

Apesar do amplo reconhecimento do vanguardismo das ideias de ambos, Karier critica os que, segundo ele, não contribuíram para incrementar os benefícios da morte do tradicionalismo clássico nos Estados Unidos, pois teriam dificultado o desaparecimento da consciência voltada a uma aristocrática hierarquia social. Dessa posição, Karier acusa, além de Jefferson, Horace Mann, Charles Eliot e David Starr Jordan, quando presidente da Universidade de Stanford. Em relação a este último, o autor exemplifica, com a seguinte declaração de Jordan: "se *Collective Actions* precisam ser asseguradas, os melhores pensamentos dos melhores homens precisam controlá-las"[4]. Essa posição é considerada por Karier elitista e discriminadora.

Tanto Jefferson quanto Franklin interpretaram a função da educação como potencial de solução para problemas sociais, no atendimento às aspirações e necessidades da comunidade. Suas diferentes abordagens permitiriam cobrir a diversificação de anseios da população. Um cidadão profundamente conscientizado de suas responsabilidades sociais,

---

4   Clarence Karier, *Shaping the American educational state, from 1900 to the present* (New York: The Free Press, 1975), p. 6.

preparado para assumir funções e atribuições as mais diversas, desde as lideranças políticas até específicas atividades técnicas, deveria ser o produto gerado pelos institutos técnicos e universidades do Estado. Tais instituições, segundo Franklin e Jefferson, construiriam, inevitavelmente, o ensino democrático no país.

Apesar dos grandes esforços de Jefferson em criar um novo tipo de instituição de ensino superior na América, a Universidade do Estado, nem mesmo em seu estado natal de Virgínia o modelo prosperou em sua época.

Foram inúmeras as causas que retardaram o surgimento da universidade pública entre 1750 e 1850, sendo algumas delas sucintamente comentadas a seguir.

Em primeiro lugar, o povo norte-americano não tinha tradição em faculdades públicas. As instituições de ensino superior haviam sido, até então, privadas. Por essa razão, membros de colegiados responsáveis pela administração financeira não admitiriam ser tratados como funcionários do Estado. Em segundo lugar, a ausência de exemplos que pudessem levar a crer que a ideia era viável aumentava a desconfiança das pessoas. Para complicar ainda mais a situação, apesar dos belos e ambiciosos planos que caracterizariam as universidades públicas em Virgínia, Pensilvânia e Nova Iorque, a concretização dos projetos não alcançou sucesso.

A ideia de universidades públicas, no final do século XVIII, não passou de tentativa, porquanto em algumas instituições o ensino não atingia o nível adequado e a maioria delas, que se intitulavam de públicas, era, na verdade, mais privadas[5]. O norte-americano percebia claramente que a provisão de fundos para a universidade implicaria controle pelo poder público, o que era visto como uma interferência que não valeria a pena. Logo, a própria ideia de Universidade do Estado dividia a sociedade, ainda bastante presa ao sentimento de liberdade de cada colônia quanto ao que seria acertado a cada uma, em lugar de uma norma nacional. Esta não foi uma tradição na América. As colônias com muita independência e as iniciativas privadas com as denominações religiosas, na origem, não desenvolveram a tendência do

---

5   John S. Brubacher e Willis Rudy, *Higher education in transition:* a history of the American colleges and universities, pp. 145-147.

apelo ao público para decidir sobre como educar os norte-americanos. O caso do Dartmouth College, ocorrido em 1819, foi encerrado com uma decisão judicial que reforçou a ideia de liberdade e autonomia das faculdades, liberando-as de qualquer interferência estatal[6].

Livre-iniciativa também na Educação

A proporção de fundos públicos sempre foi relacionada com a inevitável contrapartida de interferência governamental. Em uma sociedade em que era manifesto o desejo de manter o poder de decisão de cada indivíduo sobre seus próprios interesses, bem como de assegurar a participação da comunidade local nas decisões sobre suas obras, instituições e serviços, o fortalecimento do setor da iniciativa privada foi tradicionalmente tido como a saída mais adequada para a realização dessas aspirações. Os dados referentes a finanças no século XX revelam a presença de fundos públicos para instituições privadas, e vice-versa, os quais tomam formas e proporções as mais diversas. As consequências dessas relações, porém, parecem ser muito bem compreendidas e ocorrem intencionalmente sob vigilância de ambas as partes.

Em geral, não se observa, na América do Norte, uma situação de confronto público/privado, mas, sim, a conscientização da necessidade de colaboração recíproca, cuja condição de suportar determinada dose de interferências de um e de outro lado tem sido prevista e acompanhada como um traço cultural definido.

No entanto, tendências à livre-iniciativa na América sempre foram muito fortes e as instituições de ensino superior não fugiram à regra. Contudo, a ideia de universidades públicas era mais compreendida no âmbito de cada estado. O conceito de poder federal sobre os interesses locais era considerado ameaçador à autonomia e à liberdade de iniciativa.

Ideias jeffersonianas

O posicionamento filosófico de Jefferson, embora não tendo obtido respaldo suficiente em seu tempo, apresentou características que, mais

---

6   John S. Brubacher e Willis Rudy, *Higher education in transition:* a history of the American colleges and universities, pp. 154-155.

tarde, se identificariam com a universidade naquele país: ensino livre de denominações religiosas, reforma curricular para aproximá-lo da pesquisa científica, sistema de disciplinas eletivas[7] e novas opções ao se responder à questão: "universidade para que e para quem?"[8]. Esses foram pontos assumidos totalmente pelas universidades, porém bem mais tarde.

O conceito de universidade para Jefferson, mais abrangente do que o de Franklin, floresceu e fortificou-se somente na república. Muitos dos pontos advogados por Jefferson foram retomados por Charles Williams Eliot ao ser escolhido presidente de Harvard, principalmente em relação ao sistema de disciplinas eletivas e critérios para seleção de candidatos, com base em inteligência e desejo de aprender, e não na origem da família do estudante[9]. Suas ideias serviram de inspiração a muitos educadores significativos à história norte-americana. A vocação democrática de Jefferson preparou o espírito da república e das instituições de ensino que a nova sociedade aspirava.

Muitos líderes políticos e educadores sofreram influências das ideias jeffersonianas. O ideal democrático da "educação para todos" fundamentava o argumento de que somente oportunidades à educação tornariam uma sociedade igualitária. Como Horace Mann e Rousseau, ao defenderem a tese de que o que diferencia os homens é a educação[10], Wayland, também, em 1854, em sua fala, ao reassumir a presidência da Universidade de Brown, voltou a enfatizar a sua ideia de uma reforma curricular que atendesse às

---

7   Frederick Rudolph, *Curriculum*, p. 81; John S. Brubacher e Willis Rudy, *Higher education in transition:* a history of the American colleges and universities, p. 148.

8   Frederick Rudolph, *Curriculum*, p. 83.

9   John S. Brubacher, *On the philosophy of higher education*, p. 56.

10 John S. Brubacher, *On the philosophy of higher education*, pp. 60-64. Ver, também, as críticas de Karier às posições de Eliot, Horace Mann, Jefferson, à meritocracia e ao que ele chama de tradição humanística: Clarence Karier, *Shaping the American education state* (New York: Free Press, 1975), pp. 90-91. Ver, ainda, à página 303, deste livro, sobre a tradição americana.

reais necessidades do povo norte-americano[11]. Francis Wayland, à frente da promissora Brown, posicionou-se favoravelmente a um esforço educacional que promovesse a mobilidade social[12]. Tanto os educadores que apoiaram a universidade pública quanto os que advogavam a mobilidade social, por meio da educação, revelaram influência das ideias jeffersonianas.

Com sua proposta curricular, Wayland ganhou a admiração da classe de comerciantes e de industriais em ascensão, pois incluiu no currículo matérias como Engenharia Civil e Química para Agricultura[13], entre outras alternativas que sensibilizaram tais classes.

O início da industrialização reforçou as ideias de Wayland. Para ele, um treinamento formal permitiria que os norte-americanos substituíssem a força física na produção por força mecânica, possibilitando-lhes melhores condições de trabalho e produtividade. Ele traduziu a função de ensino superior como a melhor forma de ajudar o povo norte-americano a elevar a classe média, preparando-a para a profissionalização. Isso, porém, seria realizado sem esquecer "o cultivo do intelecto" em cada indivíduo[14]. Mas Waylan foi tido por muitos como um visionário. Sua ideia de que os *colleges* precisavam sair de seu isolamento e partir para o atendimento aos apelos da sociedade não foi muito bem compreendida, à época[15].

Os postulados da educação superior tornaram Jefferson conhecido em vida e admirado após a morte. O ensino superior, porém, não se constituiu

---

11 John S. Brubacher, *On the philosophy of higher education*, p. 61.

12 Frederick Rudolph, *Curriculum*, pp. 109-111; John S. Brubacher, *On the philosophy of higher education*, p. 57.

13 Frederick Rudolph, *Curriculum*, pp. 109-111; John S. Brubacher, *On the philosophy of higher education*, p. 57.

14 Frederick Rudolph, *Curriculum*, pp. 109-111; John S. Brubacher, *On the philosophy of higher education*, p. 57.

15 Frederick Rudolph, *Curriculum*, pp. 108-113. Aos interessados nas ideias de Wayland, sugere-se o seu livro *The education demanded by the people of the United States*, listado nas "Referências bibliográficas".

no único interesse dele pela educação. Era também sua grande preocupação o ensino fundamental. Se tivesse que escolher entre este e o ensino superior como prioridade do Estado, explicara ele, "ficaria com o primeiro"[16].

Quanto ao segundo grau, declarou inúmeras vezes que aquele nível de ensino se encontrava em boas condições, nas mãos de "academias" privadas. Ele explicava que os cofres públicos não estavam preparados para assumir os três níveis educacionais e que um grande número de famílias poderia pagar pelo segundo grau que considerava bem ministrado por instituições privadas. Havia, ainda, uma aspiração política no sonho de Jefferson pela universidade pública. Ele desejava ardentemente quebrar a dependência educacional que, segundo ele, o Sul e o Oeste ainda mantinham em relação ao Norte do país[17].

Essas declarações de Jefferson confirmaram a interpretação dos historiadores sobre as condições intelectuais e a capacidade de organização dos primeiros colonizadores do Nordeste dos Estados Unidos.

A partir de 1850, surgiu uma nova mentalidade, em que os ideais de Jefferson e Benjamin Franklin reapareceram integralmente, nos posicionamentos de educadores famosos e de outros grupos representativos da sociedade. Um bom exemplo disso está no pronunciamento do Comitê da Corte Geral de Massachusetts, em 1850, quando definiu os termos por meio dos quais uma sociedade democrática esperava o desempenho de Harvard. Esse pronunciamento referia-se à constituição curricular desejada: "pensar em coerência com as expectativas do povo, oferecer um currículo que cobrisse desde a preparação de uma elite profissional e de uma virtuosa classe governante até a formação técnica de mecânicos, comerciantes e agricultores"[18] – estes foram os principais aspectos citados pela próspera, ambiciosa e vigilante população do Nordeste norte-americano.

---

16 Frederick Rudolph, *Curriculum*, pp. 87-88.

17 John S. Brubacher e Willis Rudy, *Higher education in transition*: a history of the American colleges and universities, p. 151.

18 John S. Brubacher e Willis Rudy, *Higher education in transition*: a history of the American colleges and universities, p. 150.

Enquanto tais ideias começaram a ser postas em prática, mantiveram-se, em paralelo, disposições de não romper totalmente com os valores tradicionais das velhas faculdades coloniais. Assim, enquanto, por exemplo, a mensagem de Massachusetts assemelhava-se à de Iowa, ambas direcionadas a soluções práticas, para atender aos anseios da comunidade, havia alertas sobre cuidados para não afastar o povo da nova causa, evitando gerar desconfiança diante de ideias utilitárias que pudessem assumir conotações materialistas e "bárbaras". Seria, pois, necessário manter vivo o conceito de dever devocional[19]. A ação de abraçar as ciências aplicadas assustou mais as faculdades tradicionais do que o povo, e o eclipse daquelas instituições ajudou a fortalecer as universidades[20] emergentes.

Por essas razões e várias outras que aguardam tratamento futuro, Jefferson e Franklin representaram épocas de transição de valores, posicionamentos e alternativas para educação e desenvolvimento social que, somente visões abrangentes e antecipadoras da missão do ensino superior norte-americano, poderiam revelar.

Conforme já se comentou, ambos não ficaram imunes a incompreensões e críticas. Jefferson foi, muitas vezes, acusado de ambíguo por, a um só tempo, apresentar-se como igualitário na Declaração da Independência: "todos os homens foram criados iguais" e, simultaneamente, advogar a seleção de candidatos à universidade[21], por exemplo.

Os debates educacionais nos EUA nunca foram leves. Karier, em termos severos ao seu estilo, por exemplo, coloca que o sistema educacional, em 1900, na América, não era um fracasso, mas um "sucesso assustador", resultante de uma época em que a interação entre os reais interesses da sociedade e as instituições educacionais "poderia ser representada por uma grande engrenagem de fricção". Para ele, as ideias de Jefferson foram responsáveis pela deturpação dos ideais democráticos do povo norte-a-

---

19   Frederick Rudolph, *Curriculum*, pp. 102-103.

20   Frederick Rudolph, *Curriculum*, p. 103.

21   John S. Brubacher, *On the philosophy of higher education*, p. 61.

mericano na educação. No entendimento do autor, o posicionamento democrático de Jefferson não era mais do que uma ação deliberada para manter a aristocrática hierarquia social, baseada em "humanismo clássico e elitista"[22].

O posicionamento de Jefferson parece coerente com a época de transição em que viveu, quando o país se preparava para uma nova estrutura, a república[23].

Analisando Platão[24] em comparação a Rousseau e Horace Mann, chega-se à meritocracia[25] de Jefferson, diante da seleção de estudantes[26]. Em última instância, a democracia pretendia o bem comum, e o melhor para a sociedade seria, então, gerado pelos melhores[27]. Jefferson, além do mais, reconhecia que limitações econômicas também existiam na nova nação. Por suas declarações, percebe-se que seus interesses seguiam a massa popular.

O certo é que Jefferson foi, indiscutivelmente, versátil e eficiente. Tanto na política quanto na educação, destacou-se por sua contribuição,

---

[22] Clarence Karier, *Shaping the American educational state, from 1900 to the present*, pp. 89-90.

[23] Clarence Karier, *Shaping the American educational state, from 1900 to the present*, p. 61; e John S. Brubacher e Willis Rudy, *Higher education in transition*: a history of the American colleges and universities, pp. 147-148.

[24] *Plato's Republic*, Trad. GMA Grube (Indianapolis. Indiana, Hackett Publishing Company, 1980).

[25] Frederick Rudolph, *Curriculum*, pp. 49-50.

[26] John S. Brubacher e Willis Rudy, *Higher education in transition*: a history of the American colleges and universities, p. 262.

[27] Michael S. Schudson, "Organizing the meritocracy: a history of the college entrance examinations board", *Howard Education Review*, 1972, n. 42 (February), pp. 54-59; e Harold S. Wechsler, *The qualified student*: a history of selective college admission in America (New York: Wiley, 1977).

seu conhecimento da realidade norte-americana, sua habilidade de negociação e sua visão de estadista.

A própria visão antecipadora do conhecimento, da política e da sociedade leva a críticas e a ataques. Mas a capacidade de antecipação abriu nítidas diretrizes para o futuro dos Estados Unidos.

Thomas Jefferson na Declaração da Independência e na Constituição

Tanto da formulação da Declaração da Independência quanto da elaboração do texto constitucional participaram norte-americanos considerados representativos de lideranças sociais, da intelectualidade, da experiência e dos clamores do povo daquele país.

A Declaração da Independência, escrita em 1776, é considerada o melhor dos documentos redigidos por Thomas Jefferson. Essencialmente fundada em direitos naturais, pregando igualdade entre os homens, refere-se aos direitos inalienáveis do homem e ao respeito às suas opiniões.

Após o posicionamento político-filosófico, o documento lista fatos e atos que geraram a separação da Inglaterra e conclui com a libertação dos Estados Unidos do jugo da Coroa Inglesa. Essa libertação indica claramente seus termos: a não submissão; a dissolução do vínculo político; poder para declarar guerra; acordar a paz; fazer alianças; contratar negócios; enfim, poder para praticar quaisquer atos comuns a Estados independentes.

Por essa causa, compromissaram suas vidas, fortunas e honrarias aqueles que, "sob a ivina Providência", assinaram o documento, entre eles Samuel e John Adams – este último foi o segundo presidente dos Estados Unidos – e Benjamin Franklin.

A Constituição dos Estados Unidos, redigida pela Convenção Federal de 1787, foi qualificada, em 1987, pelo juiz federal norte-americano Charles R. Weiner como uma carta formulada em termos amplos e ambiciosos, adequada à interpretação de legisladores e juízes[28].

---

28 Charles R. Weiner, *A Constituição Norte-Americana:* sua permanente atualidade. Palestra. Brasília: Casa Thomas Jefferson, 9 de março, 1987.

Tais características devem ter contribuído para sua tão conhecida condição de permanente atualidade. O exercício do princípio da igualdade perante a lei, mesmo contando com advogados autodidatas e com juízes leigos, pelo menos até a Declaração da Independência[29], deve ter gerado o peculiar comportamento do povo norte-americano diante do sistema legal, uma alternativa que o juiz Weiner definiu como "a transformação dos tribunais em lei", em virtude da confiança depositada, pelo povo, na ação rápida e concreta da justiça[30], aliás, dois critérios de julgamento de valor que a cultura norte-americana preza em qualquer circunstância: rapidez e ações concretas.

A educação formal para o Judiciário veio mais tarde e iniciou-se na dinâmica Nova Inglaterra. A influência dos puritanos com sua crença na palavra, sua antecipação federalista e a permanente necessidade de comprovação da legalidade de seus atos, diante das exigências da Coroa Inglesa, incentivaram o ensino e a prática do Direito[31].

Para o Juiz Weiner, a "Constituição de um país reflete o seu povo e a capacidade de fazer cumprir as leis é consequência de vontade forte, determinação e compromissamento"[32]. Essa explicação revela, ela própria, o sentido da cultura norte-americana de zelo pela legislação em geral e da "fé na vontade".

O empenho pela participação popular nas decisões sobre o mérito das questões que a comporiam foi fortemente advogado por John Adams, à época da elaboração da Carta Magna e das constituições dos estados. A *preocupação* com as consequências possíveis do fato de grande parte das constituições estaduais ter sido discutida e elaborada por um corpo legislativo, sem a participação popular mais directa, estimulou-o a manter essa sua posição no Congresso, reivindicando a absoluta necessidade de "o povo construir a constituição com suas próprias mãos e sobre os mais

---

29 Daniel J. Boorstin, *The Americans. The national experience*, p. 36.

30 Daniel J. Boorstin, *The Americans. The national experience*, p. 36.

31 Daniel J. Boorstin, *The Americans. The national experience*, pp. 36-37.

32 Charles R. Weiner, *A Constituição Norte-Americana*: sua permanente atualidade.

amplos fundamentos... através de representantes eleitos pelo povo". Contudo, explica Morison, o primeiro estado onde ele conseguiu seu intento foi em seu próprio[33]. A síntese que a constituinte norte-americana conseguiu produzir reforça a opinião dos que consideram capacidade administrativa e habilidade gerencial e o poder de síntese características preponderantes daquele povo.

No caso da Constituinte, a capacidade administrativa evidenciou-se na visão antecipadora que possibilitou a permanente atualidade dos princípios constitucionais. Eles viabilizaram tanto governos *whigs*[34] quanto republicanos e democratas.

Todavia, Boorstin adverte sobre a gritante diferença cultural entre Europa e Estados Unidos e de como se constituíram em uma nação e alerta sobre o que considera certa inabilidade política das colônias. Ele explica que, enquanto os países europeus se formaram via unificação, os norte-americanos partiram para a adição, a junção de novos territórios. Além disso, comenta que a Europa praticava ajustes sobre antigas entidades, a política nacional norte-americana, durante os seus três primeiros quartos de século, consistiu-se de criação, ajustes e inter-relações entre novas entidades[35].

O autor ainda comenta que essa inabilidade era aparente, também, na redação dos textos legais, cuja estrutura era mais uma montagem a partir de trechos colhidos em outros já elaborados por colônias pares do que algo original[36].

---

33 Samuel E. Morison, *The Oxford history of the American people*: prehistory to 1769, p. 353.

34 *Whig* foi nome de partido político na Inglaterra e nos Estados Unidos. Na primeira, representou a corrente mais tradicional do liberalismo e, no segundo, foi o partido que antecedeu o partido Republicano, funcionando entre 1836 e 1856. Os *whigs* se opuseram aos democratas, advogando proteção à indústria e limitações aos poderes do Executivo, nos USA.

35 Daniel Boorstin, *The America. The democratic experience*, p. 424.

36 Daniel Boorstin, *The America. The democratic experience*, p. 424.

Já a habilidade gerencial revelou-se na condução das discussões entre os posicionamentos e as experiências bastante diversificadas dos constituintes, permitindo a representatividade das minorias. A qualidade do gerenciamento na Constituinte, embora conflitada, facilitou a opção pela formulação de diretrizes significativas a todos há 200 anos. Para isso, o texto constitucional liberou-se das rígidas prescrições da época colonial para tratar de amplos princípios que os representantes do Novo Estado decidiram consagrar, em nome do povo.

Acreditar na formação acadêmica para participar de decisões políticas no momento da estruturação do novo país foi considerada fundamental para um início de governo democrático e com fundamentos legais consistentes. Além de Jefferson, nomes ilustres, como George Mason, James Madison, John Adams e James Bowdoin, são citados pela história norte-americana como leitores de "Aristóteles, Platão, Cícero, Políbius e outros clássicos que lhes forneceram estofo para a formulação de bases políticas"[37].

Além da questão da educação formal, a mentalidade ilustrada por Morison com citações históricas também parece ter sido muito importante para a construção dos EUA como nação soberana. Um bom exemplo apontado pelo autor citado é a reação de John Dickinson declarando: "a experiência deve ser nosso único guia, a razão pode nos desencaminhar"[38].

A questão da experiência, um ponto fundamental na cultura norte-americana, ganhou amplas e profundas dimensões com John Dewey quando articulou o compromisso com os resultados do conhecimento e do método científico às consequências dos atos humanos.

Além dessa forte tendência cultural norte-americana para a valorização da experiência[39], o autor cita Emerson para revelar um valor e um princípio referentes às origens norte-americanas diferentes do palco eu-

---

37   O texto refere-se a Samuel Morison, *The Oxford history of the American people: prehistory to 1789*, p. 355.

38   Samuel Morison, *The Oxford history of the American people: prehistory to 1789*, p. 355.

39   Samuel Morison, *The Oxford history of the American people: prehistory to 1789*, p. 355.

ropeu, o que ele aponta não como uma vantagem, mas com o significado de um compromisso: "nós começamos livres"[40].

As atitudes e as ações, em especial neste início de milênio, podem continuar representando um risco na disputa entre o passado remoto e um presente que está constituindo um novo passado. Nesse ponto, a filosofia fenomenológica vem alertar: o passado, por ser passado, não deixa de existir[41].

Notas sobre Thomas Jefferson

O historiador norte-americano Marlone narra um episódio que, apesar de simples, ilustra a versatilidade de Jefferson, facilitando a compreensão de sua atuação nos destinos do ensino superior na América, especialmente quanto aos cursos de pós-graduação.

Roger Sherman, representante de Connecticut no Congresso, enviou uma carta ao famoso presidente da Universidade de Yale, Ezra Stiles, apresentando Jefferson, o qual o procuraria. Jefferson não somente fez jus, mas superou em muito os elogios contidos na carta. Revelou-se apto a conversar sobre educação, bibliotecas, extração de ouro, equipamento elétrico, tudo com conhecimento técnico, político e profundidade filosófica, somados à polidez de um *gentleman*, durante sua estada em Yale[42]. Na verdade, Jefferson exercitava o tipo de liderança que ele próprio pregava: atuação abrangente e eficaz na educação e na política, visando ao atendimento aos interesses da sociedade.

O presidente Kennedy, apreciado pelo povo norte-americano especialmente em virtude de sua postura de estadista, suas habilidades diplomáticas e refinamento de *gentleman*, revelou sua admiração por Thomas Jefferson, cujas "virtudes" parecia perseguir. No jantar que ofereceu a

---

40   Samuel Morison, *The Oxford history of the American people*: prehistory to 1789, p. 354.

41   Valderez F. Fraga, *Gestão pela formação humana*: uma abordagem fenomenológica (Niterói: Ímpetus, 2003), pp. 18, 171.

42   Jefferson Dumas Malone, *The Virginian*, v. 1 (Boston: Little Brown Company, 1948), pp. 441-442.

personalidades norte-americanas destacadas no mundo das Letras, Artes e Ciências, inclusive as recebedoras do Prêmio Nobel, saudou esses convidados ilustres dizendo-lhes que "a Casa Branca jamais havia reunido tanto talento a não ser quando Thomas Jefferson jantava ali sozinho"[43].

A versatilidade de Jefferson, seus amplos conhecimentos sobre a problemática socioeconômica de seu país e sua antecipadora visão de estadista permitiram sua insubstituível contribuição. Thomas Jefferson tanto vislumbrou a importância da atuação de especialistas pós-graduados, para o bem comum, quanto ajudou a formular princípios constitucionais que não somente norteiam os destinos de sua pátria há mais de 200 anos, como vêm servindo de exemplo aos povos que anseiam por igualdade e liberdade, nem sempre respeitados em sua pátria.

Durante a Convenção redatora da Constituição, Jefferson, da França, incentivava os participantes com sua lucidez e visão avançada.

---

[43] Samuel E. Morison, *The Oxford History of The American people*, v. 3, 1869-1963, p. 497.

CAPÍTULO 8

O processo de mudança nas ideias. A busca de equilíbrio entre humanismo e ciência

> A educação das mulheres! Esse imenso tema há tanto tempo pesa sobre mim que eu estou me sentindo feliz em encontrar uma oportunidade, mesmo que incidental e breve, para levantar a minha voz em seu merecido favor. Esse suposto cavalheirismo, essa ridícula modéstia, esse pretenso cuidado que um sexo assume sobre o outro, ocorre enquanto toneladas de podridão prejudicial pesam sobre o pescoço da mulher. Fora com tudo isso, deixando o escudo da equidade ser a proteção reinante na humanidade.
>
> JAMES W. THORNTON JR.
> Declaração feita na The Community Junior College, 1972.

Um breve parêntese para a formação das mulheres

Mesmo que o interesse por pesquisa científica nos Estados Unidos tenha se intensificado grandemente após a declaração da independência, não se pode dizer que foi uma novidade, pois ele já existia, especialmente em Ciências Naturais. Nesse sentido, o papel de Benjamin Franklin como incentivador da pesquisa foi inestimável.

O trabalho científico iniciou-se com ingleses na América do Norte e, após a independência, continuou com norte-americanos, como David Rittenhouse na Astronomia – um conhecimento muito respeitado à época em que as chamadas ciências práticas estavam em alta[1]. Além disso, a flora norte-americana começou a ser pesquisada por um ministro religioso do estado de Nova Inglaterra.

As atividades em favor da saúde pública também surgiram no panorama pós-independência, com o Dr. Benjamin Rush, que deu as primeiras

---

[1] Samuel E. Morison, *The Oxford history of the American people*: prehistory to 1789, p. 378.

aulas de Medicina na Universidade de Pensilvânia, na Filadélfia. "Seis anos mais tarde, criou o primeiro hospital público dos Estados Unidos." O Dr. Rush teve seu nome ligado a duas grandes causas, para as quais dedicou sua vida e utilizou sua fortuna: a abolição da escravatura e a educação para mulheres[2]. Ele foi o fundador e presidente da Sociedade da Pensilvânia pela Promoção da Abolição da Escravidão[3].

A fase de transição do ensino superior na América, passando das pequenas faculdades isoladas para as grandes universidades, não se constituiu em um período de mudanças apenas na estrutura física e administrativa daquelas instituições. Mudanças profundas surgiram em consequência de uma época borbulhante em ideias e aspirações. Todo e qualquer aspecto do ensino superior parecia estar aberto à discussão – as funções do ensino e a educação, os docentes, os alunos, os currículos –, aos interesses e às necessidades sociais, também já nacionais.

As discussões em torno do ensino superior, partindo de diferentes posicionamentos filosóficos em educação, da tradição dos antigos *colleges*, passando por Benjamin Franklin, Jefferson e seus seguidores, envolviam também ideias importadas, em especial da Alemanha. Em um verdadeiro emaranhado de ideias e de ideais, às vezes bastante radicais, o ecletismo foi engenhosamente tentado e praticado, para evitar a dicotomia entre pensamento científico e humanístico. O ideal de um pacote bem apresentado, reunindo as duas posturas, foi perseguido tanto pelos adeptos da educação liberal quanto da científica, mas essa tentativa não foi nada fácil.

Na verdade, a realidade do pensamento filosófico da época era muito complexa. Aliás, tão complexa quanto a própria realidade social do período pós-Guerra Civil, início da industrialização, nova organização política, ascensão de novas classes sociais, euforia econômica, descobertas científicas e, depois, a iminência de conflito mundial.

---

2   Samuel E. Morison, *The Oxford history of the American people*: prehistory to 1789, p. 378.

3   Segundo David Barton, *Original intent*, 2000, Wallbuilders, Aledo, TX, p. 419, de acordo com a nota n. 10 no site http://www.jesusuncensored.com/benjamin_rush.html. Acesso em: 11 nov. 2013.

Naquele contexto, ideias importadas da Alemanha, da França e da Inglaterra, representadas por inúmeras teorias filosóficas, interesse pela ciência pura, ideais igualitários e novas abordagens políticas, receberam logo a roupagem norte-americana. Assim, passaram a circular livremente no cenário do país, com linguagem caracterizada por forte sotaque nacional.

Este livro facilitará, embora não com a profundidade desejada, porém possível ao seu escopo e proposta, a observação das várias conotações humanísticas e científicas do pensamento da época aqui considerada, os inúmeros direcionamentos e concepções em torno de ideias e ideais, oferecendo, pelo menos, uma visão panorâmica da riqueza intelectual na qual a universidade germinou.

Os adeptos do posicionamento humanístico eram poucos, mas militantes. Há autores que enfatizam: "a qualidade dos humanistas não exigia quantidade". Suas vozes eram sonoras e suas mensagens sempre presentes e disponíveis ao público, nos grandes eventos que envolvessem tanto os frequentadores e usuários das universidades quanto os que lhes davam suporte financeiro[4].

Um exemplo expressivo daquela militância era o de Irving Babbitt, o qual, após graduar-se em Harvard, em 1889, se tornou um eminente membro da docência. Ironicamente, criticava as tendências do posicionamento universitário que, segundo ele, "era de se esperar de pessoas que não viam diferença entre o homem e a máquina"[5]. Para tais pessoas, comentava ele, abandonar a reflexão sobre os problemas do homem por dinheiro só poderia ser considerado norma. Melhor do que ninguém, traçava claras diferenças entre os dois posicionamentos extremos da época: destacou os opositores do humanismo, dos adeptos do utilitarismo, bem como estes dos radicais da Ciência. Falta equilíbrio, dizia ele, nem o mero utilitarismo é suficiente ao homem, como também não o será apenas a ciência pura. Contudo, per-

---

4   Irving Babbitt, "The humanities", *The emerging university and industrial America*, Hugh Hawkins (ed.). (Lexington, Mass: D. C. Heath and Company, 1970), p. 59.

5   Edwin Slosson, "Great American universities", *The emerging university and industrial America*, Hugh Hawkins (ed.). (Lexington, Mass: D. C. Heath and Company, 1970), pp. 61-62.

cebia claramente as inúmeras nuanças dos advogados da educação liberal, ponto em que também encontrava lugar para radicalismo. Slosson concorda com Irving Babbitt, em que pesem grandes diferenças – preocupou-se com a corrupção na universidade tanto quanto Thorstein Veblen, sociólogo que observava as universidades como preocupadas em lucro[6] quanto à postura de falta de equilíbrio, tanto da parte de alguns delegados do humanismo quanto de outros tantos representantes do pensamento científico[7].

Babbitt alertava quanto ao exagero do pensamento científico que acabava esquecendo o homem como um ser complexo, analisando-o apenas como um ser biológico. Quanto a "estudos que deveriam levar a refletir sobre a realidade do contexto humano", como a Sociologia, ele os encontrava "envolvidos num mar de estatística"[8] e a "literatura transformada em coleção de fatos que meramente a relacionavam com a natureza"[9]. Costumava dizer que, "enquanto La Fontaine humanizava seus animais, Zola bestializava o homem"[10], e Rousseau não conseguia diferenciar "a natureza" da "natureza do homem". Alertava contra o perigo de inverter valores na educação: envolver-se com equipamentos de laboratório a tal ponto de "esquecer o principal trabalho universitário e o ato de pensar"[11].

Cabe aqui, porém, fazer menção às palavras críticas de Rousseau, que, ainda no século XVIII, pregava: "o raciocinador mais preciso, se não tiver imaginação não irá longe... Ao invés de nos fazerem encontrar as demonstrações, ditam-nas, ao invés de nos ensinar a raciocinar, o professor raciocina por nós e só exercita nossa memória"[12].

6   Hugh Hawkins (ed.), *The emerging university and industrial America*, p. 45.

7   Frederick Rudolph, *Curriculum*, p. 175.

8   Irving Babbitt, "The humanities", pp. 53-54, foi um respeitado professor, em Harvard, durante 39 anos.

9   Irving Babbitt, "The humanities", p. 55.

10   Irving Babbitt, "The humanities", p. 55.

11   Irving Babbitt, "The humanities", pp. 56-57.

12   Jean-Jacques Rousseau, *Emílio, ou Da educação*, Trad. Sérgio Milliet (São Paulo: Difusão Europeia do Livro, 1973), pp. 147-148.

É difícil avaliar até que ponto Rousseau tenha influenciado os educadores norte-americanos e até onde as posições dos norte-americanos decorrem de sua própria experiência. De qualquer forma, as semelhanças não se reduzem a algumas citadas aqui.

Os movimentos filosóficos europeus causaram impacto no idealismo norte-americano, enquanto os transcendentalistas, após a Guerra Civil, também receberam direta influência do espírito científico alemão.

Seria, pois, ingenuidade negar a influência do pensamento europeu sobre os norte-americanos. Por sua vez, seria falta de fidelidade à realidade histórica ignorar valores gerados do próprio contexto interno da nação, na constituição da chamada tradição norte-americana; na verdade, uma dinâmica cultura em permanentes embates e evolução.

Tradição Norte-americana

Carleton procurava demonstrar que tanto Rousseau quanto Locke, por exemplo, deixaram raízes no posicionamento norte-americano, mas que a experiência do povo teria ajudado a reforçar muitas ideias europeias na América, bem como gerado valores e desenvolvido características bastante peculiares àquela cultura.

Carleton identifica a constituição da tradição norte-americana nos seguintes elementos: otimismo; racionalidade; democracia; pragmatismo; experimentalidade; determinação em moldar suas próprias instituições; e valor do prestígio obtido com esforço individual, em contraposição a privilégios hereditários. Além desses, os valores liberdade e dignidade humana faziam parte do inventário[13]. Isso, excetuando-se os violentos episódios racistas que o autor não esquece, especialmente em relação aos negros.

Em complementação às bases indicadas por Carleton, Boorstin destaca a tendência à ação, à iniciativa, à execução, à aplicação e à criatividade na aplicação "ao invés de na genialidade inventiva"[14].

Carleton, em *Technology and humanism*, ainda cita, entre as experiências do próprio povo, somadas às condições daquele contexto social

---

13   William G. Carleton, *Technology and humanism*, p. 237.

14   Daniel J. Boorstin, *The Americans. The national experience*, cap. 4.

que teriam facilitado a formação de tais características e valores, a inexistência do regime feudal, a ausência de uma aristocracia, a ambiciosa formulação de igualdade entre os homens no texto da revolucionária e permanentemente atual Constituição dos Estados Unidos[15]. Boorstin, por sua vez, explica que

> *Mesmo o Colégio eleitoral que formatou a Constituição Federal, designada para eleger o Presidente dos Estados Unidos [...] ao contrário das expectativas dos elaboradores, não delibera para escolher um presidente, o que faz é tornar o vencedor dos núcleos separados dos votos dos estados individualmente, o único caminho para a presidência. Assim, nos Estados Unidos, mesmo a Tribuna do Povo, a única representativa do povo como um todo, foi conseguida pelo peso do desejo popular em unidades estaduais separadas. O mais elevado posto eleito não é o presidente, mas o governador do estado. Esse fato deu um peso adicional à organização dos partidos, que, mesmo no século XIX, tornou-se um 'tecido conectivo' da nação*[16].

Neste início de milênio, mais do que nunca, esses princípios se tornaram fundamentais ao mundo, não apenas para serem considerados internamente, mas, em virtude do poder e da penetração das ações norte-americanas, em todos os continentes. As reações e a postura do governo George Bush, em especial diante da Organização das Nações Unidas (ONU), em pareceres à época, estariam colocando esses princípios em agudo risco.

Transcendentalistas e proposta transcendentalista na América do Norte

O transcendentalismo europeu era representado especialmente pelos filósofos Kant (1724-1804), Hegel (1770-1831) e Fichte (1762-1814). A proposta filosófica transcendentalista pregava a descoberta da natureza da realidade pela investigação do processo do pensamento, em vez do caminho da experiência sensível. No século XIX, Ralph Emerson representou,

---

15 William G. Carleton, *Technology and humanism*, p. 237.

16 Daniel J. Boorstin, *The Americans. The national experience*, p. 430.

na América do Norte, o transcendentalismo e reuniu pensadores que propunham o conhecimento da realidade por meio da intuição.

Boston, capital da Nova Inglaterra, foi considerada a cidade dos "ismos", literários e filosóficos. O movimento transcendentalista também foi forte naquele local. Para alguns, os transcendentalistas eram considerados vagos, quase etéreos em suas ideias. Para outros, apenas seus objetivos pareciam muito amplos. Dois bons exemplos seriam Horace Mann e Henry Barnard, tidos como pioneiros no ensino público, ao qual deram uma abordagem muito realista.

Professores integrados a movimentos pioneiros naquela área dedicaram-se à educação dos deficientes físicos, especialmente surdos-mudos e cegos, e dos doentes mentais. A região da Nova Inglaterra destacou-se pelas reformas sociais, e os transcendentalistas marcaram sua presença com ideias, obras literárias, educacionais e sociais, em geral[17].

Uma boa ilustração ao comentário anteriormente feito quanto aos movimentos filosóficos e literários europeus na América passarem a circular com sotaque local está nos transcendentalistas. Eles também mantiveram o tradicional ecletismo norte-americano e apresentaram uma boa dose de praticidade, assumindo uma postura bastante peculiar. Acreditando em uma verdade *a priori*, partiram determinadamente para transformá-la em realidade[18]. A reação de Thoreau aos movimentos abolicionistas, também destacada neste livro, é uma prova contundente dessa situação.

Aos estudantes interessados em compreender as mensagens da obra de Immanuel Kant, a leitura de *Prolegomena to any future metaphysics* é quase uma obrigação[19]. Lewis White Beck, que editou esse livro, explica em sua introdução que a principal utilidade da "prolegômena" para o estudante de filosofia estará, provavelmente, no fato de ir além e contra os pontos de vista do positivismo da época. Assim, complementa que o livro é um desa-

---

17   Daniel J. Boorstin, *The Americans. The national experience*, pp. 43-45.

18   William G. Carleton, *Technology and humanism*, p. 237.

19   Immanuel Kant, *Prolegomena to any future metaphysics* (Indianapolis, The Library of Liberal Arts, Bobbs Merril Educational Publishing, 1980).

fio tanto aos que concebem o conhecimento metafísico da última natureza das coisas como possível quanto aos que visualizam a metafísica como compromissada unicamente com "pios desejos e racionalizações", "poesia", "falta de bom senso" e "pseudoproblemas". Esse autor compara a lucidez da "prolegômena" ao obscurantismo da crítica da razão pura, explicando que, enquanto esta última anda por caminhos tortuosos, a primeira contribui para a compreensão de importantes problemas filosóficos. Alguns trechos dessa obra, sintetizados a seguir, poderão revelar aos interessados alguns pontos muito representativos do posicionamento de Kant. À página 13, por exemplo, comenta: "existe, na mente humana, uma necessidade pelas respostas finais esperadas da metafísica, sobre causa, natureza, início e fim das coisas, já que este desejo não é satisfeito pelo resultado negativo da antinomia de Hume". Kant achava que havia uma predisposição natural da mente humana para a metafísica e que, por isso mesmo, nunca desistiria daquelas pesquisas. Aliás, ele achava que isso seria tão pouco provável de ocorrer quanto o seria "deixar de respirar".

"Eu tive então", complementa à página 11, "que negar o conhecimento para ceder espaço à fé". O dogmatismo da metafísica é a fonte de todo aquele descrédito, sempre muito dogmático, o qual briga contra a moralidade. Para ele, essa posição ameaçava a liberdade requerida para a responsabilidade moral. Assim, questionava no que aquela metafísica racionalista contribuiria para a ética. Para completar sua visão da metafísica, afirma que está muito distante de ser uma ciência racional, pois não é sequer um real conhecimento. Para demonstrar esta sua polêmica posição, dedicou-se, por uma década, às obras "Crítica da Razão Pura" e "Prolegômena".

Entre os transcendentalistas norte-americanos, Alcott não pode deixar de ser citado, porque suas ideias sobre como conciliar educação formal com ausência de rituais e de pelo menos alguma definição de papel para o professor deixaram alguns de seus leitores perplexos. Isso porque "a capacidade intuitiva da verdade e do conhecimento eram consideradas inerentes ao homem", na forma pela qual Alcott estava trabalhando em sua teoria educacional transcendentalista.

Thomas Pietras dedica um artigo ao estudo de Alcott, justamente para esclarecer o que, à primeira vista, pode parecer uma incongruência.

A postura espiritual dos transcendentalistas é explícita e, em Alcott, é enfática, porém não dogmática, muito menos, educacionalmente diretiva. Segundo eles, o homem nasce com todas as condições de se desenvolver e o papel do educador é mais facilitar o progresso do que orientar ou dirigir o aprendizado. Certamente, esses dois pontos foram vistos com muita estranheza, à época e, com eles, o caminho da possibilidade da não diretividade na educação já estava iniciado.

Emerson concordava com essa tese e expressou sua posição da seguinte maneira:

A natureza, quando envia uma nova mente a este mundo, a preenche antecipadamente com uma inspiração, através da qual ela deseja saber e fazer. Vamos aguardar para saber o que é essa criação, de que novo órgão o grande espírito estava precisando quando ele encarnou esta nova vontade[20].

Alcott preocupou-se com a formação de professores, sobretudo em relação ao caráter. Tanto ele quanto Emerson consideravam cada ser humano único – percepção que a ciência, na virada do milênio, tornou indiscutível – e questionavam quem teria ensinado a personalidades respeitadas, como Franklin, Washington, Newton ou Bacon. Para concluir, Emerson argumentava que um Shakespeare nunca seria feito por meio do estudo de Shakespeare[21]. Entretanto, essa não diretividade não passava de aspiração, pois o próprio Alcott exigia plena atenção de seus alunos e a obediência ao absoluto silêncio enquanto ele falava; na verdade, "ele não os deixava livres para intuir, mas os encaminhava passo a passo"[22].

Busca de conciliação conceitual?

O movimento intelectual no início do século XX, já complexo na Europa, tornou-se um tanto confuso na América.

---

20 Thomas Pietras, "Amos Bronson Alcott: a philosophy of education", *Transcendental. Educational theory*, p. 106.

21 Thomas Pietras, "Amos Bronson Alcott: a philosophy of education", p. 111.

22 Thomas Pietras, "Amos Bronson Alcott: a philosophy of education", p. 110.

Esta complexidade pode ser observada no tipo de interação entre os diversos posicionamentos humanísticos. Bons exemplos seriam os de educadores como Irving Babbitt e Veblen, ou ainda Edwin Slosson, contemporâneos na primeira década de 1900, diante dos valores da cultura norte-americana, manifestos na educação, por meio de suas interpretações humanistas.

Babbitt parecia antever, com angústia, a morte do bacharelado em *Liberal Arts*, cujo currículo percebia como necessário "à preservação do próprio espírito da universidade", como "uma reflexão sobre o homem e seus problemas"[23]. Enquanto isso, Veblen preocupava-se com o que chamava de quebra de propósitos da educação superior na América, "pervertida pelos negócios"[24]. Ele denunciava a inversão de valores na universidade, onde, segundo sua leitura crítica, o sucesso "passou a ser medido pela prosperidade financeira"[25] das instituições educacionais.

Veysey, um *expert* em educação, em meados de 1900, narra que o próprio Eliot, em Harvard, ao receber dinheiro para laboratórios, prometeu à empresa doadora que as atividades a serem ali desenvolvidas beneficiariam esses doadores[26]. Esta declaração revela que Eliot também foi contestado, embora respeitado e aplaudido. Eliot antecipou-se ao movimento de integração empresa-escola, tão apreciado durante todo o século e mantido na atualidade, em razão da expectativa de retorno que beneficiasse as partes envolvidas.

Irving Babbitt comentava em suas críticas que teria sido um desperdício se os norte-americanos tivessem usado o método experimental alemão, justamente para esquecer a diferença entre mera erudição e um trabalho acadêmico sério[27].

23   Thomas Pietras, "Amos Bronson Alcott: a philosophy of education", pp. 57-59.

24   Laurence Veysey, "The price of structure", *The emerging university and industrial America*, pp. 82-83.

25   Irving Babbitt, "The humanities", p. 57.

26   Laurence Veysey, "The price of structure", p. 84.

27   Irving Babbitt, "The humanities", p. 57.

Já para Slosson[28] – reconhecido professor de Química e estudioso da universidade norte-americana –, depois de numerosas visitas à maioria das grandes universidades, no ano de 1909, a situação do ensino superior não parecia tão obscura. Enquanto comentava aspectos negativos comuns a várias universidades, independentemente de sua localização, apresentava muitos pontos que considerava altamente positivos naquelas instituições. Para ele, as universidades norte-americanas estavam cumprindo suas missões[29], porém de formas menos diferentes do que poderiam fazê-lo. Apontava as "virtudes e fraquezas" dos representantes do humanismo na América, bem como reconhecia nos cientistas tanto força racional como "radical impertinência". Sua posição analítica os colocava no mesmo nível de Josiah Royce[30], embora tivessem vivido em épocas diferentes. Para ambos, o conflito não parecia estar colocado em termos de humanismo contra a ciência, mas de alguns humanistas contra alguns cientistas, e vice-versa.

Lamentando que a velha dicotomia Ciências/Humanidades ainda existisse no século XX, Brubacher lembra que alguns percebem a repetição da antítese entre ambas diante de educação profissional e liberal. "A função do empirismo", comenta ele, "está em colocar a teoria no teste experimental". Assim, o autor vê esta antítese como falsa. Para ele, simplesmente, a ciência enfatiza o empírico, o aspecto profissional e tecnológico da educação, enquanto o aspecto intelectual é enfatizado pelas Humanidades[31].

A ideia arquitetônica de um currículo é considerada muito nova na história da educação. Pois, falando em Comte, John Brubacher diz que

---

28   Edwin Slosson, "Great American universities", pp. 60-63.

29   Edwin Slosson, "Great American universities", pp. 60-63.

30   Josiah Royce foi um dos mais antigos alunos da Universidade Johns Hopkins, em Baltimore, da qual falava com entusiasmo. Foi professor de Filosofia em Harvard a partir de 1882. Obteve o título de PhD em 1878, conforme Josiah Royce, "Present ideals of American universities life", *The Emerging University and Industrial America*, pp. 10-22.

31   John S. Brubacher, *On the philosophy of higher education*, p. 76.

nos primeiros anos de 1900 havia, ainda, uma hierarquia bem estabelecida das ciências, cuja base era uma dependência serial:
- Sociologia;
- Biologia;
- Química;
- Física;
- Matemática.

Sendo a Matemática considerada a "rainha" das ciências, da qual as demais dependiam em termos de fundamentos. Lentamente, essa hierarquia cedeu lugar à interdisciplinariedade[32].

Slosson não via nenhuma incompatibilidade no convívio do idealismo humanista com o utilitarismo[33], e Josiah Royce ainda enfatizava a necessidade tanto do currículo de *liberal arts* quanto de estudos científicos, para alunos de graduação e de pós-graduação.

Desde o período aristotélico, a tendência em priorizar teoria sobre a prática foi uma rotina que John Dewey, com grande esforço, não apenas questionou teoricamente, como praticou. Com o desenvolvimento do conhecimento, a ideia inicial de que as teorias chamadas disciplinas mentais seriam recomendadas por desenvolver poder mental a ser transferido a outras disciplinas e atividades começou a perder a força, porque os estudantes, com o apoio da flexibilidade do instrutor, começaram a experimentar um corpo de conhecimento sistemático e consistentemente fundamentado. Sobre o que Brubacher chamou de "aberração"[34], Burnner acreditava na possibilidade de transferência pela análise de uma disciplina em seu corpo de proposições inter-relacionadas[35].

Contudo, Dewey teve sua doutrina muitas vezes "pervertida". Muitos foram os que desmontaram a posição deweyana sob o argumento de que o

---

32 John S. Brubacher, *On the philosophy of higher education*, p. 94.

33 Edwin Slosson, "Great American universities", pp. 60-63.

34 John S. Brubacher, *On the philosophy of higher education*, p. 92.

35 John S. Brubacher, *On the philosophy of higher education*, p. 93

professor não teria que conhecer profundamente a matéria, uma vez que tivesse competência sociológica e psicológica para guiar os estudantes[36].

O currículo conhecido como *liberal arts* refere-se às artes do intelecto, que, segundo a cultura greco-romana, eram sete. Esta classificação originou o *trivium* e o *quadrivium*, já citados no início deste livro. Gramática, Lógica e Retórica compunham o primeiro, enquanto o segundo envolvia Aritmética, Geometria, Astronomia e Música. Pode-se dizer que o *trivium* corresponde ao estável na educação, e o *quadrivium* à sua expansão[37].

A evolução curricular dependeu, além dos impactos das necessidades sociais, da própria evolução de teorias educacionais e de estudos da mente humana.

Fundamentos dos posicionamentos educacionais

O Prof. Anthony Marinaccio dedica o Capítulo 4 de seu livro sobre relações humanas a didáticas explicações sobre conceitos de mente e teorias educacionais decorrentes.

Da teoria "substantiva da mente", segundo a qual o homem seria constituído de dois elementos distintos – a mente e o corpo –, decorre um significado para a educação. Segundo essa teoria, a finalidade da educação seria a de preparar o indivíduo para as "verdades eternas". Assim, os clérigos eram os recomendáveis responsáveis pela educação. Os capítulos anteriores deste livro, tratando da Idade Média europeia e dos *old colleges* na América, revelam essa fase.

Já a teoria dos estados mentais seria representada por uma pirâmide e concebida como se composta de faculdades mentais a serem treinadas formalmente. A transferência de conhecimento e habilidades aos diversos "compartimentos da mente" fixaria os primeiros. Esse aprendizado seria, então, aplicado na liderança religiosa, política ou na vida do tradicional *gentleman*. A pirâmide representativa dos estados mentais correspondia ao *trivium* e ao *quadrivium*, discutidos anteriormente. Tal teoria fundamentava a maioria dos modelos curriculares nos séculos XVIII e XIX na América.

---

36   John S. Brubacher, *On the philosophy of higher education*, p. 92.

37   John S. Brubacher, *On the philosophy of higher education*, p. 72.

Mais tarde, a teoria dos estados cerebrais surgiu com Pavlow, Thorndike e alguns psicólogos alemães. A partir daí, os pragmáticos estudos científicos tenderam a transformar a psicologia no estudo do comportamento, dando forma ao behaviorismo. A evolução dos estudos da mente acelerou e várias posições fundamentadas na ciência passaram a ser definidas. Essa fase corresponde ao início da vida das primeiras universidades norte-americanas, a partir de meados do século XIX ao século XX.

A teoria da mente como uma função do organismo apresenta a mente humana com as seguintes características:
- compreende significados em novas situações, em termos de suas próprias experiências;
- organiza e reorganiza experiências passadas, para recriar novos significados, sobre velhas experiências;
- cria configurações totalmente novas, relacionadas ou não com velhas ou novas experiências.

Marinaccio esclarece que os objetivos da educação, sob essa perspectiva, são o autodesenvolvimento, a autorrealização e a autoatualização. Essa teoria transferiu a expectativa de encontrar o "reino dos céus em outra vida" para uma possibilidade dentro de cada indivíduo – esta fase corresponde ao século XX[38].

Alguns preceitos liberais e vestígios sobre intangíveis

Voltando à educação liberal, será importante esclarecer que ela pretende, mais do que conteúdo, informação e memorização. Para que a educação seja considerada coerente com a escola liberal, é necessário acrescentar pelo menos dois elementos: abrangência e compreensão – esta no sentido de assimilar, de processar os conteúdos, "dar espaço às aspirações do indivíduo e suas potencialidades"[39].

---

38   Anthony Marinaccio e Maxime Marinaccio, *Human relations in education, administrations and management* (Dubuque, Kendall Hunt Publishing Company, 1978), cap. 4.

39   Anthony Marinaccio e Maxime Marinaccio, *Human relations in education, administrations and management*, cap. 4.

Outro aspecto que pode ser considerado lugar-comum entre os liberais é a "ênfase à racionalidade". John Brubacher cita as obras de Hutckins, Hirst, Hocking, Cardinal Newman e J. E. Smith sobre esse ponto. A busca da "verdade como conhecimento universalmente válido" seria o objetivo da educação liberal[40].

Tanto a Universidade de Cornell quanto a de Yale abraçaram as ideias liberais, com ênfase, à época, dos presidentes White e Porter, respectivamente, embora as populações de ambas fossem diferentes. Cornell atendia à classe média e Yale, às elites. Ambas as instituições acreditavam que nenhuma escola permitiria a amplidão de alternativas que a posição liberal poderia oferecer. Avançados estudos literários e condições para pesquisa científica dependeriam de uma sólida formação liberal[41], afirmavam[42].

Frederick Rudolph, um especialista em currículo, concebeu a escola liberal como um estilo de abordagem, com uma postura peculiar, em vez de entendê-la como uma simples questão de seleção de conteúdos[43]. Nessa linha, também o Swarthmore College não considerava a escola liberal uma mera fórmula, mas um ponto de vista. Em continuidade a esses exemplos, Stanley Hall, o primeiro presidente da Universidade de Clark, um admirador da Psicologia, solicitava que se deixasse espaço curricular para "os ideais", especialmente para o que ele definiu como "algo

---

40 John S. Brubacher, *On the philosophy of higher education*, pp. 71-74.

41 Frederick Rudolph, *Curriculum*, p. 133.

42 Ficam aqui as sugestões de dois filmes norte-americanos – Night and Day, de 1946 e "The Lovely:" vida e amores de Cole Porter, sobre uma personalidade interessante: o compositor Cole Porter, ex-aluno de Yale, considerado rebelde à sua época e que projetou suas inspiradas canções no mundo inteiro, especialmente para o exigente público francês. Nascido em família de elite, compôs a famosa canção "Night and day", na qual fala de saudades durante o ruído dos canhões, pois consta haver-se alistado pela França durante a guerra. Muito depois de retornar do *front*, com a saúde debilitada pela doença, teve seu talento reconhecido por aquela universidade tradicional no USA, da qual recebeu menção honrosa por sua arte e talento.

43 Frederick Rudolph, *Curriculum*, p. 181.

mais sutil do que os exames pudessem avaliar"[44]. Dessa forma, é possível perceber que a orientação liberal para a educação também apresentava características singulares a cada contexto, sem perder, contudo, o foco central que possibilitasse identificar um centro comum.

Equilíbrio/Avanço

Segundo Slosson, a obsolescência curricular era uma decorrência natural do **estágio** do desenvolvimento da sociedade. Por isso, referia-se ao currículo das primeiras faculdades como uma "boa memória", válida em seu tempo, "não mais que isso"[45].

Royce, a partir de meados de 1800, percebia a necessária evolução do ensino, mas criticava severamente a atitude dos que pretendiam colocar em seus estudos "a mente separada do corpo". Criticava e ironizava os adeptos de novos métodos de ensino que se definiam como preocupados em estudar "coisas", e não com as "palavras". Isso, dizia ele, levava-os a falar de "liberdade" ou, por exemplo, de "dinheiro" como se essas "palavras" não tivessem nenhuma conexão com fatos sociais, como se fossem meras abstrações, e, então, alertava para os resultados de tal método. Assim, comentava ele, poder-se-ia arbitrariamente decidir estudar palavras ou coisas, ou o que alguém preferiria ter, se dinheiro ou crédito, leis ou liberdade, e, ironizando, se "no caso de reencarnarem, prefeririam ter um dedão ou um rabo". O que o angustiava era a possibilidade de esquecer que palavras continham conceitos, ensinamentos sobre o mundo, sobre a própria história da humanidade[46]. A preocupação de Royce aparece voltada para o homem concreto, que, mais tarde, veio a preocupar John Dewey com a questão da consequência, bem como fundamenta a orientação fenomenológica, fazendo aparecer conceitos como abstrações, a aceitação da representação em lugar da coisa mesma.

Royce tinha uma visão bastante avançada para a sua época em relação ao ensino de graduação. Acreditava que o estudante de graduação deve-

---

44 Frederick Rudolph, *Curriculum*, p. 231.

45 Frederick Rudolph, *Curriculum*, p. 242.

46 Frederick Rudolph, *Curriculum*, p. 14.

ria ser visto como uma "noviça" que se preparava para enfrentar estudos de pós-graduação. Isso, porém, não se aplicaria a todos, argumentava ele. Seria então necessário oferecer alternativas para os que tivessem outras aptidões e desejassem enfrentar "o mundo lá fora", preparando-os para atividades práticas[47]. Ele achava que os estudantes de graduação necessitavam imbuir-se do espírito de pós-graduação porque isso abriria as suas mentes e os desenvolveria em todos os sentidos. Para ele, a universidade deveria abrir as portas de todos os seus departamentos a seus estudantes, a fim de oferecer-lhes amplas opções e "contagiá-los" com ambos os currículos *liberal arts* e *sciences*[48].

Estudos mais recentes, iniciados em 1982, visaram a definir um currículo que assegurasse os princípios de *liberal education*, *general education*. As comissões universitárias concluíram que o mais importante não seria definir quais as disciplinas que comporiam um currículo de educação geral, mas como integrar conhecimentos coerentemente, para produzir o efeito de educação geral. Além disso, essas comissões consideraram vital a vinculação das humanidades com "as reais necessidades e preocupações atuais da humanidade"[49].

Nesses termos, educação liberal foi conceituada como aquela que estimula a realização do indivíduo e, simultaneamente, o conscientiza sobre a problemática do homem e os destinos da humanidade. Seu objetivo é claro: trazer significado a qualquer área de conhecimento, visando ao "bem comum"[50].

Nesse ponto, as discussões recomeçam, pois é inevitável a questão do que é considerado bem comum.

---

47 Josiah Royce, "Present ideals of American universities life", pp. 22-23. Essa expressão "o mundo lá fora" significava o mundo fora dos muros da universidade, lembrando o modelo alemão em que as instituições eram fisicamente isoladas. Na Europa, as instituições mais antigas surgiam no claustro.

48 Josiah Royce, "Present ideals of American universities life", pp. 22-23.

49 Ernest L. Boyer, *College* (New York: Harper and Row Publishers, 1987), pp. 88-91.

50 Ernest L. Boyer, *College*, pp. 100-101.

Liberalismo, no panorama norte-americano, é uma presença constante, embora sujeito a altos e baixos; dependendo das circunstâncias, é uma posição que manifesta uma de suas bases culturais.

Diferentes nuanças de posicionamento não foram privilégio dos humanistas da América. Os norte-americanos defensores dos estudos científicos também tinham suas divergências e diferentes concepções de formação científica. A análise de Babbitt parece descrever, com boa margem de precisão, a realidade daquele grupo. Segundo ele, três posições pareciam bastante claras: os seguidores da ciência pura, os utilitaristas e os ecléticos.

Ciência Pura e Aplicada visando ao Bem Comum

A versão norte-americana do fervor pela ciência pura surgiu sob influência alemã, por volta de 1850.

Um bom número de estudantes norte-americanos decidiu-se por estudar na Europa, por inúmeras razões. Entre elas, o *status* das universidades europeias, o valor que a sociedade norte-americana dava aos graduados; a confiança na qualidade do ensino naquelas universidades; e, ainda, o custo reduzido daquele ensino, em comparação ao norte-americano. A diferença da despesa do estudante em uma universidade alemã representava menos de 1/3 do que ele despenderia em Harvard, Johns Hopkins ou Cornell. Diante de tantas vantagens, reunindo prestígio à economia, o número de norte-americanos estudando na Europa, especialmente na Alemanha, tornou-se significativo[51]. Consequentemente, o impacto do pensamento filosófico e científico alemão na sociedade acadêmica e empresarial norte-americana foi evidente.

Para alguns historiadores, as ideias dos cientistas alemães teriam atingido mais profundamente o povo norte-americano ao alemão, em virtude da forte tendência para uma ação deliberada de aplicação do conhecimento científico ao desenvolvimento nacional reconhecido como um forte traço cultural dos norte-americanos. Percebe-se que essa orientação para a aplicação caracterizou decisões e ações do povo norte-americano, especial-

---

51   Josiah Royce, "Present ideals of American universities life", p. 17.

mente durante a explosiva arrancada para a industrialização. No decorrer da experiência acadêmica e industrial, a observação da realidade parece haver ensinado àquela população a importância da fase anterior à aplicação. A partir daí, o apoio aos estudos avançados e ao desenvolvimento de profissionais e acadêmicos de alto nível começou a fluir mais naturalmente.

A memória de fatos e depoimentos registra discussões internas tanto entre o grupo humanista quanto entre os defensores da ciência e, ainda, entre os dois grupos entre si. Esses debates revelaram, simultaneamente, diferenças fundamentais e surpreendentes similaridades. Um bom exemplo é o de Slosson que, 20 anos mais tarde, relembra Royce declarando concordar com humanistas que afirmam que "o mais importante objeto de estudo da humanidade é o 'homem', mas considera inaceitável a posição dos que afirmam ser a palavra". Segundo ele, essa posição humanista seria tão radical quanto a dos adeptos da ciência, que trabalhariam sobre a suposição de que "o ideal mais elevado da humanidade se resume a uma fórmula matemática"[52].

O ecletismo de Royce pode ser sintetizado segundo suas próprias palavras: a Ciência Política seria útil ao povo, ajudando-o a enfrentar graves problemas sociais que rondavam a sociedade; as Ciências Naturais estariam abrindo novos horizontes para a Indústria; e a Filosofia supriria o homem quanto às suas necessidades espirituais, em uma fase crítica em termos de religião. O posicionamento de Royce está mais relacionado com uma tentativa para abordar a complexidade abrangente da realidade do que com mero desejo de conciliar ideias. Ainda no início do século XX, Slosson já antevia o futuro dos institutos técnicos sobre o tema homem e máquina, vislumbrando a ameaça da robotização à classe operária e o interesse da classe média pelo ensino técnico. Para ele, as ciências aplicadas estavam em sua infância, representavam um potencial enorme e bastante desconhecido. O engenheiro, para Slosson, era o profissional entre o cientista e o mecânico, para o qual a indústria já acenava com elevados salários e a sociedade já guardava lugar de mesmo destaque das outras profissões mais tradicionais.

---

52   Edwin Slosson, "Great American universities", p. 61.

Preocupava-o o futuro das classes trabalhadoras, uma vez que, já naquela época, o trabalho de 20 operários na indústria metalúrgica poderia ser realizado por dois ou três se a fábrica estivesse bem equipada. Não necessitariam mais de força física, pois seria suficiente apenas atenção para observar mostradores e apertar botões. Alertou as universidades para o que ele chamou "esta nossa civilização comercial e científica", a qual, segundo ele "a universidade não deveria nem se opor nem tampouco alhear-se, mas, sim, penetrar nela, transformá-la, cultivá-la, idealizá-la". Deveria levá-la ao desenvolvimento de novo ideal, de acordo com o espírito dos novos tempos[53].

Primeiras percepções da complexidade do Ensino e da Aprendizagem

Além de desenvolver nos norte-americanos o gosto pela pesquisa científica, a universidade alemã também os levou à verificação da importância de estudos avançados, de técnicas de ensino, de seminários, de monografias, das experiências de laboratório, de aulas expositivas e palestras que levassem à reflexão. Na verdade, a situação do ensino superior clamava por mudança de mentalidade, por novos recursos, quer físicos, quer metodológicos.

Para se ter uma ideia da falta de organização da situação de ensino e aprendizagem de nível superior na América, até 1825, em Yale, por exemplo, antes do famoso *Yale Report*, de 1828, os professores não mantinham anotação que demonstrasse acompanhamento ao desempenho do aluno. Anos mais tarde, eles vieram a adotar "um caderno preto", em que alguns lançamentos, bastante assistemáticos, começaram a ser feitos[54]. Essa suposta liberdade era, na verdade, consequência de uma formação de professores incipiente. A preocupação das organizações de ensino à época colonial sobre os professores era com a moral e a fé, daí a importância do papel dos clérigos no ensino.

O desconhecimento da estrutura psicológica dos alunos era tanta que, em Princeton, 1846, o professor E. M. Toppin sentiu-se gratificado ao descobrir que, fazendo comentários sobre literatura grega, incentivava seus alunos a estudar o idioma grego. A abordagem daquele professor es-

---

53 Frederick Rudolph, *Curriculum*, p. 89.

54 Frederick Rudolph, *Curriculum*, p. 90.

candalizou tanto a conservadora comunidade acadêmica de sua época que lhe custou a assinatura de sua demissão[55]. Motivação e "estímulo externo" ao estudante, por não serem reconhecidos, eram tidos como "sacrilégios".

As justificativas para o desinteresse das organizações e dos professores por ações que servissem de estímulo ao estudo e à aprendizagem eram as mais diversas. O aprendizado era para fins práticos, e não para lazer. Contudo, o entendimento era que Deus havia concedido ao homem inteligência e sensibilidade para compreender que a leitura e o estudo poderiam ser um prazer que seria revertido em um benefício para a comunidade.

Além disso, pesquisas revelam que personalidades como John Adams e Thomas Jefferson comentavam com amigos, em correspondências particulares, a gratificação pessoal que sentiam com a leitura de originais em grego e em latim, bem como expressavam sua gratidão aos mestres que lhes proporcionaram tal oportunidade de aprender[56].

Cabe aqui uma breve pausa para reflexão sobre até que ponto a leitura dos clássicos poderia ter contribuído para uma interpretação não unicamente religiosa, mas filosófica da realidade convivida. Horace Kallen, ao examinar questões críticas da realidade norte-americana, em sua obra datada de 1933, *Individualism: an American way of life*, em que se observa a aproximação da tradição cristã a uma postura filosófica firmada na ideia de que princípios só têm sentido quando praticados. Reportando-se a John Quincy Adams, o sexto presidente dos Estados Unidos, retoma as palavras de Adams[57], apresentando-as na seguinte postura:

A recente extinção da escravidão, através da terra, foi o grandioso transcendente objeto terrestre da missão do Redentor... a Declaração da Independência foi o evento líder no progresso da propagação do Evangelho... seus princípios orientam-se diretamente à abolição da escravidão e da guerra... é o dever de

---

[55] Jean-Jacques Rousseau, *Emílio, ou Da educação*, p. 126.

[56] William Casement. "Learning and pleasure: early American perspective", *Educational Theory*, v. 40, n. 3 (Summer, 1990), pp. 343-349.

[57] Extraídas de *The degradation of democratic dogma*, editada por Brooks Adams (1919), p. 29.

cada Americano contribuir para a máxima expansão de seu poder para o prático estabelecimento desses princípios...[58].

Rousseau, em seu projeto para educar o filho de um nobre de Lyon (1757-1760), o qual deu origem à obra *Emílio, ou Da educação*, já percebia a função do professor de forma muito mais complexa do que o mero ato de informar. Na América, as denominações religiosas com seus *colleges* não somente proclamavam, mas procuravam ultrapassar a mera recitação.

Para Rousseau, era óbvia a necessidade de o educador proporcionar ao aluno oportunidades para habituar-se a situações novas e pouco confortáveis. Essa posição foi manifestada em suas palavras: "em geral, a vida dura, uma vez transformada em hábito, multiplica as sensações agradáveis; a vida fácil prepara quantidades desagradáveis delas"[59]. Rousseau demonstrou compreender a necessidade de o professor conhecer as motivações dos alunos, nem sempre em sintonia com o que deveria ser ensinado em dado momento. O trecho a seguir, da tradução desta obra, demonstra claramente este ponto.

A paixão com que está preocupado não lhe permite mais entregar-se, como antes, à conversação de puro raciocínio, é preciso interessá-lo com essa mesma paixão, em se tornar atento às minhas lições. Foi o que fiz com esse terrível preâmbulo; tenho certeza agora de que me ouvirá[60].

Na América, porém, havia algumas instituições que não se opunham aos novos conceitos e às técnicas de ensino e aceitavam as inovações de abordagens mais abertamente, o que, aliás, era mais fácil quando "o inovador" coincidia ser o próprio presidente da instituição.

---

58   Kallen (1933), p. 74. Há uma edição disponível atualmente que mantém algumas precariedades, segundo o editor, porém originada e com o prefácio da edição de 1919. Henry Adams, *The degradation of the democratic dogma* (Nabu Press: 2011); Orace Kallen, *Individualism*: an American way of life (New York: Liveright Inc, 1933).

59   Jean-Jacques Rousseau, *Emílio, ou Da educação*, p. 522.

60   Jean-Jacques Rousseau, *Emílio, ou Da educação*, (tradução nossa), p. 93.

Um bom exemplo seria o professor Mark Hopkins, presidente do Williams College, que, em 1836, definia claramente as qualidades de um bom professor da seguinte forma:

É fácil verificar qual é a primeira qualidade de um professor. Não é a quantidade de conhecimento adquirido, nem a sua facilidade de comunicação, embora ambos sejam importantes, mas, sim, o seu poder de incentivar as mentes de seus alunos, levando-os ao trabalho. Para este propósito, nada é tão necessário quanto o amor ao trabalho e uma certa dose de entusiasmo. O professor pode atuar, por simples simpatia, sobre as mentes dos jovens[61].

Mark Hopkins foi amado e respeitado como professor, mas tido como um lamentável fracasso na presidência daquela instituição[62], por falta de experiência administrativa. Exemplos como este têm levado alguns analistas ainda hoje a visualizarem habilidades pedagógicas e administrativas como incompatíveis.

Nos primeiros anos do século 20, Edwin Slosson – professor de Química muito respeitado e pesquisador profundo da problemática da universidade norte-americana – reconhecia a importância da atuação de um professor e identificava a validade do recurso da ilustração experimental que o ensino científico poderia dispor. Mas se os professores utilizavam bem tal recurso, para ele, era questionável. A confusão existente entre simplicidade e simplismo, segundo ele, levaria o professor a falhar. Simplicidade seria poder de síntese, e simplismo era falta de relevância, primarismo. A simplicidade de um experimento poderia tornar a complexidade de um fenômeno fato ou teoria inteligíveis, enquanto o simplismo não esclareceria nada[63].

O fenômeno da motivação já começava a ser identificado por educadores em 1900. Um professor de Matemática comentava com seu colega que en-

---

61 Frederick Rudolph, *Curriculum*, pp. 92-93. Dificilmente este parágrafo não leve o leitor a perceber na posição intuitiva de Mark Hopkins fortes indícios da escola rogeriana, em que o espaço para o autodesenvolvimento do aluno, para a ação estimuladora do orientador e para o estabelecimento da empatia, ocupa posição de destaque.

62 Edwin Slosson, "Great American universities", p. 64.

63 Edwin Slosson, "Great American universities", p. 65.

sinava Química: "o problema com o ensino de Matemática", dizia ele, é que nunca acontece nada, "se uma equação resolvida explodisse e causasse mau cheiro, eu, provavelmente, teria tantos alunos interessados quanto você tem"[64].

Nessa mesma época, iniciou-se, também, um movimento lento em prol da organização do ensino, já com indícios de produtivo interesse pela reciprocidade ensino/aprendizagem. Surgiram as primeiras ações metodológicas, como qualidade e funções da aula expositiva, o hábito de oferecer aos alunos um roteiro de curso[65], preocupação com significância[66] ou aplicabilidade dos conteúdos[67].

Influenciados pela educação europeia, especialmente alemã, no final de 1800, vários professores norte-americanos começaram a preocupar-se com metodologia de pesquisa e técnicas de ensino. O ideal da pesquisa científica começou a constituir-se em uma diretriz para as universidades na América. Termos como dados e precisão começaram a tomar lugar de destaque no diálogo acadêmico. Seminários, discussões acadêmicas e laboratórios passaram a fazer parte da aspiração de muitos profissionais universitários.

Na Universidade de Michigan, por exemplo, Charles Kendell Adams iniciou estudos avançados em História em 1869. Um ano mais tarde, em Harvard, Henry Adams também se esforçou por desenvolver seminários. Na verdade, eles só se tornaram rotineiros após a criação da Universidade de Johns Hopkins. Nessa universidade, Herbert B. Adams desenvolveu um seminário que obteve ampla repercussão, em História e Ciências Sociais.

A partir daí, outros eventos de sucesso se repetiram em outras universidades, como na Universidade de Clark. Da mesma forma, a preocupação com a qualidade dos trabalhos em laboratório, como acuidade e precisão, tornou-se habitual[68].

---

[64] Edwin Slosson, "Great American universities"; Frederick Rudolph, *Curriculum*, pp. 92-93.

[65] Frederick Rudolph, *Curriculum*, p. 118.

[66] Frederick Rudolph, *Curriculum*, 125.

[67] Frederick Rudolph, *Curriculum*, pp. 95-96.

[68] Além da qualidade do acervo, tanto em relação a periódicos quanto a livros, documentos microfilmados, filmes e videoteipes, a prestação de serviços das bibliotecas das

Uma vez posta a questão das atividades e da formação universitária, à época, dentro dos limites e limitações deste estudo, cabe retomar a questão da postura diante da realidade em geral, a qual revela o sentido da cultura à medida que os avanços do conhecimento ocorriam.

Retomando a obra de Kallen[69], sua habilidade em passar as preocupações que o ocupavam possibilita um panorama revelador de uma dissociação do progresso em relação à filosofia diante do outro cidadão, na expectativa de compartilhamento democrático. Contundente e até mesmo amargo, Kallen não admitia práticas contraditórias aos princípios da Declaração da Independência, como a igualdade em termos de complexos e inalienáveis direitos, bem como é o caso da liberdade. Igualdade sendo violada pela usurpação a qual alienou o inalienável e, isso, tendo que ser prevenido dali por diante, segundo ele.

A inapropriada terra do continente disponível à apropriação foi a feliz e inesperada circunstância a qual, mesmo face à Constituição, validada a um grau de grandes intenções da Declaração. Mas agora que toda a terra foi apropriada, liberdade e igualdade, conforme designado pela Declaração e conforme garantida pelas emendas à Constituição, foram usadas para impor e fixar desigualdades, cujas causas e implicações os Pais Fundadores não poderiam ter antevisto, e isso

---

universidades norte-americanas, hoje, é de valor inestimável. Os horários de funcionamento e as facilidades oferecidas ao público, não necessariamente restrito à comunidade estudantil, demonstram a preocupação com a filosofia de atendimento a interesses e necessidades da sociedade. Em Washington D.C., especialmente as universidades não isoladas em *campus* universitários prestam esses serviços permanentemente. Um exemplo fácil de verificar é o complexo de bibliotecas da The George Washington University, por meio de sua biblioteca geral, de Ciências Médicas e de Administração e Negócios. Os investimentos em acervo, por serem vultosos, são gerenciados de modo a justificar seu custo por serviços intensos e extensivos à comunidade em geral.

69   KALLEN HORACE, Bourne Randolph; ADAMIC, Louis; COVELLO, Leonard. *The Cultural pluralist response to Americanization*. Disponível em: http://sdonline.org/48/the-cultural-pluralist-response-to-americanization-horace-kallen-randolph-bourne-louis-adamic-and-leonard-covello/. Acesso em: 8 fev. 2015.

anula as intenções de ambos os seus instrumentos de fundação. [...] *As regras de iniciativas individuais, autoajuda, livre-competição* [...] *forma empregada para tirania* [...] *pior do que a tirania sobre a qual os Pais Fundadores haviam se rebelado. Ela glorifica o trabalho e deprecia o lazer, mas aceita os ideais de lazer para uma classe social tradicional* [...] *abortando a igualdade social Americana, em favor da estática classe social europeia*[70].

Percepções de perigos com a industrialização geraram reações muito fortes, em esforço heroico para manter as aspirações originárias, ao ponto de Kallen poder citar Thorstein Veblen, intensamente dedicado ao ensino superior nos Estados Unidos no período de industrialização, que procurava equilibrar a modernização com a qualidade dos resultados, da ética tanto na gestão acadêmica quanto na qualidade dos resultados da aprendizagem. Entretanto, não parece ter sido fácil. Segundo Kallen, Thorstein Weblen, certa feita, reagiu nos seguintes termos: "o homem de negócio é um animal pecuniário[71]".

Interesse pelas bibliotecas: papel das atividades extraclasse

Além de mudanças na metodologia do ensino superior na América, os alemães influíram no entusiasmo norte-americano pelas boas bibliotecas. Tanto a preparação de professores quanto o interesse pela leitura ajudaram a desenvolver o ensino de pós-graduação nos Estados Unidos.

Não seria justo falar de bibliotecas e literatura quando se trata do desenrolar ou, se o leitor preferir, do constituir-se da cultura norte-americana, se não se retornasse pelo menos a 1700 para uma rápida tomada de consciência sobre a jornada do livro e da leitura na colônia. Para essa finalidade e com a necessidade de resumir algo tão rico e curioso, buscou-se fundamentação, para tentar essa "aventura", no justamente admirado e premiado Daniel Boorstin, mais precisamente no primeiro livro de sua trilogia *The Americans, The colonial experience*.

---

70 Kallen, Orace M. *Individualism: an American way of life*. New York: Liveright Inc, 1933. pp. 76-78.

71 Kallen, Orace M. *Individualism: an American way of life*. New York: Liveright Inc, 1933. p. 79.

Depois da revolução, Franklin considerava sua companhia de livros a mãe dessas organizações e acreditava que boa leitura fazia parte da vida de homens de negócios e fazendeiros da mesma forma que de *gentlemen* de outros países[72].

Fica claro que as denominações religiosas também assumiram importante papel quanto a livros e leitura. No século XVIII, na Filadélfia, reuniam-se seguidores de diversas denominações e trocavam ideias sobre livros, bem como os próprios livros adquiridos em sociedades com encontro mensal – algo que foi considerado um início de atividades, como o Rotary da atualidade. Ali, ideias de credos diferentes eram discutidas tolerantemente. A troca de livros acabou caracterizando a Filadélfia e, logo em seguida, veio Boston. Em meados daquele século, os vendedores de livros já exercitavam algumas disputas e os jornais foram incentivados com as propagandas de comerciantes[73].

Boorstin ainda explica que, em 1720, uma instituição obteve sucesso com livros – a chamada *social library* – e o andamento dos "clubes do livro". Os membros eram essencialmente do sexo masculino. Mais tarde, os importadores de mais de 8 mil títulos já traziam "ficção *wit e humor*"[74].

Nova Iorque não foi pioneira no movimento livreiro, porém Boston e Filadélfia tinham importadores de livros que os deixavam no nível de Newcastle, Liverpool. O Sul era abastado e mais aristocrático em relação ao lazer, com concertos, dança, corrida de cavalos, jogos de cartas e mulheres bem trajadas, mas eles não gastariam muito em livros até 1754, quando foi inaugurada a livraria de Charleston[75].

Boorstin também revela uma face importante do perfil cultural da colônia norte-americana quando enfatiza a prioridade trabalho/produção/negócios, quando a produção literária era francamente considerada lazer. "Não temos uma classe literária na América", disse Thomas Jefferson, em

---

72   Daniel J. Boorstin, *The Americans. The colonial experience*, p. 312.

73   Daniel J. Boorstin, *The Americans. The colonial experience*, pp. 308-310.

74   Daniel J. Boorstin, *The Americans. The colonial experience*, pp. 310-311.

75   Daniel J. Boorstin, *The Americans. The colonial experience*, p. 312.

1813. Afirmava que cada homem estava engajado em alguma meta produtiva, enquanto a científica ficava em segundo plano diante dos negócios. Autores profissionais raramente existiam, o que era justificado pelo fato de a língua inglesa favorecer a leitura importada da Inglaterra, mesmo no caso de pessoas de importância, como o presidente de Yale, T. Dwight. Apenas panfletos e colunas em jornais resumiam a literatura produzida. As primeiras revistas custaram a surgir e eram muito simples. O papel era matéria-prima difícil de obter. Os primeiros livros falavam muito sobre ataques indígenas a famílias de colonos, sendo descritos literalmente como selvagens. O conservadorismo estava presente na literatura. Começou em Boston sem censura em 1638, porém, quando a censura, em 1695, estava extinta na Inglaterra, permaneceu na América. Em geral, a censura vinha depois da publicação do livro, e Boston era o centro mais forte de publicações[76].

Papel das atividades extraclasse no desenvolvimento literário
Atividades extracurriculares não apareceram somente em termos de esporte e arte, como foi comentado, mas cobriram também estudos literários.

As primeiras experiências, em termos de desenvolver sociedades literárias, datam de 1728, em Harvard, e de 1753, em Yale. Somente mais tarde o movimento prosperou e cobriu várias universidades norte-americanas. Nomes de escritores famosos, como de Dickens, Scott, Cooper, Thoureau, Emerson e Hawborne, reuniam-se em torno daquelas novas instituições[77].

Embora alguns escritores, como Ralph Waldo Emerson, fossem amplamente aceitos, solicitados e festejados, as sociedades literárias mantinham algum regionalismo, que refletia diferentes correntes de pensamento. Na Carolina do Norte, por exemplo, eram aplaudidos Cooper, Scott, Dickens e Irving, enquanto Emerson, Hawborne e Thoureau não eram bem aceitos. Em algumas universidades, havia rivalidade entre as correntes literárias, o que levava a se decidirem pela consagração de no-

---

76   Daniel J. Boorstin, *The Americans. The colonial experience*, pp. 328-330.

77   Frederick Rudolph, *Curriculum*, p. 96.

mes muitas vezes desconhecidos, como ocorreu em Miami, em relação ao poeta Hiran Powers, em que se propôs a construção de um busto, bem no início de sua carreira[78].

Essas considerações levam a perceber as diferenças regionais do grande país, não apenas geograficamente recortado, mas apresentando subculturas cujas leituras da realidade, opções por métodos e posições filosóficas e valores podiam ser bem distintos.

Universidade, Pesquisa, Retorno Econômico e Social
Voltando à posição filosófica dos homens da geração científica norte-americana, do início da universidade, e analisando-os diante da recorrente questão "universidade para quê" verifica-se que cada um, em sua posição, contribuiu para transformar o panorama do ensino superior norte-americano em uma fase fervilhante, em termos de novas teorias, ideias e descobertas.

Gilman, liderando a Universidade Johns Hopkins, um típico exemplo do modelo universitário alemão, esforçou-se por manter princípios *quakers* sobre a formação de caráter dos jovens. Mais tarde, o corpo docente pressionou o direcionamento daquela instituição à formação eminentemente científica, isto é, liberada de interferências religiosas.

Gilman seria um bom exemplo para ilustrar o comentário de Veysey: "não havia uma separação nítida entre os seguidores da ciência pura e os advogados do utilitarismo", dizia ele. Para Brubacher e Rudy, Gilman conseguiu desenvolver "um elevado grau de produtivo ecletismo"[79].

Gilman acreditava que a universidade deveria ser socialmente responsável, necessitaria trabalhar por "menos miséria entre os pobres, menos sofrimento nos hospitais, menos intolerância nos templos, menos fraude nos negócios e menos falsidade na política"[80].

---

78   John S. Brubacher e Willis Rudy, *Higher educational in transition*, pp. 179-181.

79   John S. Brubacher e Willis Rudy, *Higher educational in transition*, p. 180.

80   John S. Brubacher e Willis Rudy, *Higher educational in transition*, pp. 181-184.

As características do ecletismo de Gilman também lembram Royce e Slosson, por meio da busca de soluções para a problemática do homem em toda a sua abrangência.

Suas palavras, longe de revelarem isolamento em ciência pura, incentivavam a aplicação do conhecimento, realizando o fim social da educação superior. Além disso, ainda representavam uma proposta de reflexão sobre os problemas concretos não somente do povo norte-americano, mas de qualquer povo, em qualquer lugar. A importância do exemplo da Universidade de Johns Hopkins para a estruturação da universidade norte-americana foi sem precedentes[81]. Os norte-americanos do Norte também enfrentaram dificuldades financeiras ao iniciar suas atividades científicas na universidade. Esses são dois significativos exemplos, mas não foram os únicos.

O que indubitavelmente viabilizou a pesquisa, cujo retorno, em termos de benefícios socioeconômicos ou mesmo político-culturais, tanto faz se em curto, médio ou longo prazo, foi a interação investidor-pesquisador-administrador do ensino superior.

A partir da fase iniciada na época de Benjamin Franklin, até o desabrochar da era industrial, os cientistas e administradores de ensino/pesquisa exercitaram sua tenacidade nas atividades de pesquisa e em um permanente trabalho sobre o potencial de investidores leigos, tanto no setor privado quanto no público, visando a motivá-los e esclarecê-los sobre produtos e subprodutos das atividades de pesquisa.

Esse diálogo permanente vem se refletindo, hoje, em aspectos mais sutis da compreensão da problemática pesquisa-retorno. Um ponto que interessa especialmente aos pesquisadores refere-se à compreensão de que toda pesquisa que mereça essa classificação entre as atividades humanas traz retorno. Esse entendimento vem se revelando verdadeiro, desde projetos de mais longo prazo, mas fundamentais à própria possibilidade de pesquisar desde o desenvolvimento de recursos humanos, até o subproduto inesperado ou mesmo inusitado, decorrente de sofisticados estudos, na Medicina ou Aeronáutica e Espaço, por exemplo.

---

81   Edwin Slosson, "Great American universities", p. 62.

Um dos indicadores de que esse diálogo começa a fluir mais naturalmente é o reconhecimento de que a divisão ciência básica, pura e aplicada é mais didática do que real, mas que isso não pode servir de pretexto para a ausência de planejamento, cronogramas, previsões e gerenciamento, para qualquer tipo de projeto.

Apesar disso, tanto a Universidade Johns Hopkins quanto a de Clark constituíram-se quase em exceções, pois foram predominantemente voltadas à pesquisa científica, buscando, especialmente, a chamada ciência pura. Isso lhes custou algumas dificuldades em obter fundos para manutenção, no início de suas atividades.

O ideal da função social da educação superior, sempre presente desde a colônia como manifestação cultural norte-americana, variou de universidade para universidade apenas quanto ao objeto de valor em que tal função deveria ser colocada. Contudo, não faltaram renomadas universidades que compreendessem a significância vital da ciência pura.

Na primeira década do século XX, Slosson reforçava esta visão dos primeiros educadores envolvidos com ciência e suas aplicações nas faculdades norte-americanas. Com sabedoria, sintetizou o pensamento de todos, com a seguinte colocação: "o Idealismo Estético é o ideal do produto perfeito. Utilitarismo é a democracia do idealismo"[82]. A partir de então, os ideais de Benjamin Franklin concretizaram-se em muitas realizações.

Posições extremistas ocorreram na fase de estruturação do novo ensino superior quanto às suas funções, causando situações conflitantes. A preocupação dos educadores norte-americanos na época pode ser sintetizada da seguinte forma: enquanto a dedicação extremada à ciência pura alienaria a universidade da realidade social ou, pelo menos, envolveria uma significativa minoria ao seu redor, o mero utilitarismo esvaziaria o ensino superior de conhecimento filosófico e científico, transformando as universidades em simples comércio, o que é sintetizado pela expressão *service stations*[83].

---

82   Josiah Royce, "Introduction", *The Emerging University and Industrial America*, Hugh Hawkins (ed.), p. X.

83   Josiah Royce, "Introduction", *The emerging university and industrial America*, Hugh Hawkins (ed.), p. 22.

Essas colocações novamente demonstram a tentativa de cobrir os mais diversos interesses e necessidades, partindo para a conciliação, não exatamente harmônica, mas a busca do atendimento a objetivos em curto, médio e longo prazo, por meio da educação e da pesquisa.

Essa foi a forma conciliatória, sempre momentânea, que possibilitaria retornos financeiros, econômicos e sociais, pois os debates vêm sendo permanentes.

Universidade como instrumento de desenvolvimento Político e Social

Sobre o tema, a declaração, a seguir, revela a cultura norte-americana formalmente manifesta: "a ignorância é inimiga da Democracia; a inteligência não desenvolvida é uma tragédia para a Nação, além de representar a catastrófica negação das possibilidades individuais"[84].

Em um clima rico de ideias e práticas, mas não isento de extremismos e confrontos, a universidade foi tomando a forma que a sociedade, direta ou indiretamente, ajudou a forjar, e isto à sua própria semelhança.

Nada mais revelador dessa constante interação do que as palavras de Royce em seu idealismo. Tanto quanto John Dewey desejava transformar a universidade em um instrumento de desenvolvimento nacional: "[...] a consciência real que a universidade deve treinar", dizia ele, "é a consciência nacional; esta mente concretamente social, da qual todos nós somos ministros e instrumentos". Continuava, "o negócio diário da Universidade é, antes de tudo, a criação e os estudos avançados, como meios através dos quais a mente nacional pode ser treinada"[85].

A posição equilibrada de Royce, somada à concepção deweyana de democracia – que não se reduz a uma forma de governo e não pode ser entendida simplisticamente como a "vontade da maioria" –, contribuiu para a formação de uma base aberta à compreensão mútua entre as pessoas. Na verdade, Royce não procurava a mera conciliação, mas o espaço

---

84 National Commission on the Role and Future of State Colleges and Universities. *To Secure the Blessing of Liberty*. ASCU (Washington, D.C., November, 1986), pp. 16-17.

85 Josiah Royce, "Introduction", *The Emerging University and Industrial America*, pp. 23, 32-33.

necessário ao desenvolvimento das mais diversas correntes de pensamento, para o benefício da sociedade.

Aliás, foram justamente os chamados ecléticos que lideraram o movimento em prol da universidade pública. Entre esses, o próprio Van Hise que, como presidente da Universidade de Wisconsin, tornou-a internacionalmente conhecida por meio da chamada "Wisconsin Idea". Esse conceito englobava tanto a dedicação à ciência quanto o serviço social. Embora essa postura tenha caracterizado o espírito da maioria das universidades públicas em seu nascimento nos primeiros anos de 1900, há peculiaridades na proposta de Van Hise. Para ele, uma universidade devia apresentar-se nos seguintes termos: pesquisa pura e educação aplicada, abertura democrática e um estilo próprio de vida na academia pautado pela equidade e pela excelência[86].

Esse conceito integrava o ideal da pesquisa como o ideal de servir à comunidade nacional e essas atividades não deveriam ser restritas a algumas áreas, mas a tantas atividades humanas quanto pudessem realizar[87].

O posicionamento conciliador norte-americano possibilitou o convívio saudável entre instituições de ensino superior, tanto públicas quanto privadas. A determinação em atender às mais diversas necessidades e aspirações da sociedade estimulou a diversificação de vocações institucionais, abrindo espaço para os setores público e privado. O esforço pela formulação, compreensão e realização das vocações e missões de cada tipo de instituição de ensino superior, nos Estados Unidos, vem permitindo, desde a época dos antigos *colleges*, que a sociedade norte-americana conte com o desenvolvimento de recursos humanos compatíveis com o crescimento, com a diversificação de alternativas e de sofisticação crescentes de sua industrialização, bem como com a estrutura socioeconômica, política e cultural do país. As necessidades de formação e prestações de serviço os mais diversos, por meio do ensino superior, são cada vez maiores. A liderança, a capacidade intelectual, os valores, o espírito

---

86   Charles R. Van Hise, "Inaugural address", *The emerging university and the industrial America*, Hugh Hawkins (ed.), p. 23.

87   Charles R. Van Hise, "Inaugural address", p. 33.

de investigação e o exercício permanente do pensamento analítico e crítico vêm sendo considerados indispensáveis não somente ao desenvolvimento, mas à própria viabilidade de uma sociedade que acompanhe a avançada industrialização[88].

A cultura de debates em busca de conciliação afastou o perigo da dicotomia "pensamento científico *versus* pensamento humanista", não optou pela exclusão de um ou de outro, mas se transformou, em grande parte, em uma produtiva discussão, respeitando as vocações institucionais. Não seria realista, porém, a interpretação de que a disputa ciência e humanidade esteja encerrada.

Talvez um interessante indicador da existência, ainda hoje, da rivalidade ciência e humanismo seja a necessidade de escritores da significância de Carleton serem motivados a explicar a complementariedade Ciência/Tecnologia e Humanidades, bem como suas vantagens. O autor cita um estudo com mais de mil generalizações sobre o comportamento humano, baseadas em pesquisa científica, e "não na intuição ou em Teologia". No entanto, Carleton ressalta a antecipação dos estudos humanistas constituindo-se a base que vem permitindo o desenvolvimento da grande maioria das realizações científicas. Carleton ainda aconselha a leitura dos humanistas, visando à própria revitalização da ciência, evitando a sua cristalização e abrindo-lhe novas fronteiras. Ele conclama os educadores à utilização da tecnologia na disseminação das obras humanistas, tornando acessíveis aos estudantes todo o conhecimento disponível, em qualquer cultura, para o próprio desenvolvimento das artes e das ciências[89].

O elo ciências-humanidades foi representado pelo ideal de servir à comunidade, e a resposta sobre como realizar essa tarefa gerou a riqueza de alternativas que o panorama universitário vem apresentando a partir de 1900.

Um dos fatores mais frequentes nas ideias e ações dos educadores, nos Estados Unidos da América, independentemente de pertencerem ao

---

88 National Commission on the Role and Future of State Colleges and Universities. *To Secure the Blessing of Liberty*, pp. 16-17.

89 William G. Carleton, *Technology and humanism*, pp. 7, 266.

grupo humanista, científico ou tecnológico, tem sido a antecipação e a capacidade de prospecção. A preocupação de projetar para o futuro, a fim de trabalhar o presente com direcionamento definido, não ocorreu apenas com os exemplos apresentados. Ao contrário, além de outros tantos exemplos passados, a prospecção vem sendo exercitada rotineiramente no ensino superior na América. A forte ligação entre empresa e instituições educacionais vem trazendo troca de aprendizados, e a questão da antecipação a interesses e necessidades da sociedade, tão importante no mundo dos negócios, parece ser uma delas.

O que não tem sido relegado a segundo plano é a antecipação na formação de pessoas em todos os níveis. Essa antecipação, porém, tem sido viabilizada por dois fatores principais: a consciência da indispensabilidade de recursos humanos ao sucesso de qualquer projeto e os estudos que vêm analisando as tendências futuras da ciência e da economia, das necessidades sociais e das prioridades governamentais.

O espírito da Wisconsin Idea: a combination university, a multiversity.
Antecipo com confiança no futuro e com profunda convicção que o espírito da visão que possibilita essa Instituição crescer de um modesto começo à sua presente magnitude continuará a guiar o Estado, até que a universidade esteja construída como um amplo empreendimento humano, tão elevado quanto as aspirações humanas.
Charles R. Van Hise

CAPÍTULO 9   **Os idealizadores da universidade nos Estados Unidos, ideias e ações reformistas: pluralismo e sentido comum**

Por volta de 1890, educadores de espírito progressista, ideias avançadas e reformistas com posicionamentos filosóficos em educação muito heterogêneos quanto à estrutura da sociedade a qual pertenciam realizaram significativa parcela da mais importante das reformas do ensino superior nos Estados Unidos.

Suas diferentes versões quanto à abordagem utilitária da educação e às diferenças em conceituar a educação democrática não enfraqueceram a clara influência de homens como Andrew D. White[1], Charles W. Elliot[2]

---

[1] Um significativo documento a ser consultado pelos que desejam conhecer a atuação de White é o "Report of the Comite in Organization, Presented to the Trustees of the University of Cornell", datado de 21 de outubro de 1866.

[2] Quanto a Eliot, o documento "Remarks Made to the Trustees of the Johns Hopkins University" representa fonte valiosa para consulta. Encontra-se nos arquivos daquela universidade.

ou James B. Angell e Daniel Gilman[3] sobre os destinos do ensino superior após a Guerra Civil[4].

O impacto das ideias e ações daqueles reformadores não se restringiu apenas à fase de estruturação da universidade norte-americana, muito pelo contrário, seus ideais serviram de inspiração, exemplo e diretrizes para um grande número de educadores no século XX.

White em Cornell e Gilman em Johns Hopkins

Andrew D. White, o homem sobre o qual Ezra Cornell depositou "confiança e fé" ao fundar a sua universidade, em 1868, pode ser considerado um autêntico representante dos promotores do novo ensino superior daquela época, caracterizada por transição e mudança[5]. Enquanto se declarava contrário às ideias humanistas, comportava-se e falava como um esteta. Certa vez, ao transmitir a Gilman, o então presidente da Johns Hopkins, sua opinião sobre aquela universidade, criticou o "seco e frio aspecto dos prédios e de seu *campus*" em geral. Para ele, "o estilo dos edifícios, a atmosfera das bibliotecas e as atividades artísticas", como recitais, eram pontos vitais ao desenvolvimento do "espírito da universidade". Ao comentar que Gilman parecia haver esquecido tais aspectos, ele enfatizou a necessidade de se estabelecer equilíbrio entre ciência, estética e o lado prático da vida de uma universidade, caso se pretendesse realmente desenvolver a instituição. A aparência de Johns Hopkins não fora "esquecida" por Gilman; a sobriedade e o despojamento eram intencionais. Gilman, ao contrário de White, declarava que "preferia investir em homens, e não em alvenaria e cimento"[6].

---

3 As ideias de Gilman e Angell também encontram-se disponíveis nos arquivos das universidades de Michigan e Johns Hopkins, respectivamente. Na primeira "Gilman to James B. Angell", *Angell Papers*, de 26 de outubro de 1885, e, na segunda, "Gilman's diary", de 9 de dezembro de 1882.

4 Mark Beach, "Professional *versus* professional control of higher education", *The emerging university and industrial Americans*, Hugh Hawkins (ed.).

5 Mark Beach, "Professional *versus* professional control of higher education", p. 163.

6 John S. Brubacher, *On the philosophy of higher education*, pp. 64, 79, 158.

Esse é um dos claros exemplos de priorização dos recursos humanos recebendo investimento. De educadores que adotaram essa postura, dependeu, em grande parte, o sucesso da pós-graduação e da pesquisa nas universidades norte-americanas.

Apesar de acusações por suas ideias tidas por muitos como elitistas, talvez por manter um estilo de vida requintado, White foi um defensor da universidade democraticamente acessível a qualquer etnia, religião ou classe social. Na verdade, seria muito importante, segundo ele, que um eficiente sistema de seleção pudesse levantar a "elite intelectual" para cursar a universidade na América.[7] Nessas palavras, ressoa novamente a cultura norte-americana, cuja tendência é não confundir democracia com liberalidade. A seleção pelo mérito do conhecimento é uma postura recorrente e, até hoje, encontra raríssimas exceções.

Suas aspirações para os objetivos de Cornell incluíam aspectos formativos, somados ao atendimento a reais necessidades e interesses do povo norte-americano. Para isso, ele afirmava que Cornell "substituiria Datas por História, Palavras por Leis e Fórmulas por Ciência"[8]. Novamente, a tendência cultural voltada ao concreto aparece diante dessa nova questão.

Seu posicionamento colocaria sobre o aluno a liberdade e a responsabilidade por sua própria formação. Em uma de suas falas ao corpo discente, levou a seguinte mensagem: "Vocês não estão aqui para serem feitos, mas para fazerem a si próprios. Vocês não estão aqui para acomodar-se a uma universidade, mas para continuar a construí-la"[9]. A posição de White revela as raízes de confiança no *self made man*, na orientação para a autogestão e na expectativa do engajamento, do comprometimento com a contribuição.

Paralelamente, foi um entusiástico defensor da teoria darwiniana[10]. A personalidade de White revela-se, ela própria, como uma das manifestações culturais mais representativas de sua nação. "God ought to obey

---

7   John S. Brubacher e Willis Rudy, *Higher educational in transition*, pp. 162-63.

8   John S. Brubacher e Willis Rudy, *Higher educational in transition*, p. 163.

9   Frederick Rudolph, *Curriculum*, pp. 67, 122, 129.

10 Apesar de seu fraco interesse pela pesquisa científica.

the Devil; and they are not altogether unlike the assumptions of some modern theologians who take it for granted that any writer who accepts the Darwinian theory must be a materialist"[11].

Eliot em Harvard

Fundada em 1636, no estado de Massachusetts, é a mais antiga universidade norte-americana e continua colocada entre as qualitativamente mais significativas da atualidade, no país e no mundo. Ao retomar a evolução da educação colonial, é fundamental entender um pouco da mentalidade das personalidades que orientam, à cada época, os destinos dessas organizações, dali para a frente.

Em 1869, Charles W. Eliot, já bastante experiente, deixou o ensino de Química no MIT para iniciar seu árduo trabalho em Harvard. Prestou decisiva contribuição ao movimento pró-universidade, dentro de sua própria versão de utilitarismo, a qual o aproximava do estilo jeffersoniano. Seu posicionamento era reforçado por sua corajosa crença na liberdade e na oportunidade de escolha para o estudante de nível superior.[12] É reconhecido como um grande administrador que conviveu com período favorável a avanços que destacaram Harvard, entre 1869 e 1909, coincidindo com a época em que um historiador do peso de Hofstadter considerava que a universidade norte-americana tinha passado definitivamente a existir, embora o respeito que a graduação em Cornell, Johns Hopkins e Clark merecidamente haviam conquistado[13].

Sua atuação como reformador democrático constituía-se de alguns aspectos bastante peculiares. Por exemplo, a palavra "povo", tão amplamente utilizada pelos seguidores das ideias democráticas, não significava muito para ele. Costumava dizer que seu voto de confiança estava colocado sobre a inteligência do cidadão norte-americano, sobre cada indivíduo em seu potencial, independentemente da condição social ou etnia.

---

11 Frederick Rudolph, *Curriculum*.

12 John S. Brubacher e Willis Rudy, *Higher educational in transition*, pp. 297, 300-301.

13 Richard Hofstadter, "The transition from college to university", *The emerging university and industrial America*, Hugh Hawkins (ed.).

Tornando suas ações coerentes com suas ideias, declarou Harvard aberta à etnia negra e aos pobres, sempre que estivessem aptos a acompanhar os estudos. Nesse ponto, Eliot revela sua origem cultural, pois, mesmo avançando em direção à abertura de Harvard às minorias, não deixa de ressalvar as condições básicas para acompanhar o ensino.

Eliot, porém, diferentemente de Thomas Jefferson, não apoiava os defensores do ensino gratuito, nem mesmo para o primeiro grau. Em sua opinião, cada família norte-americana, como decorrência de seu esforço para ser bem-sucedida financeiramente, encontraria uma forma de oferecer aos seus filhos a educação mais adequada à sua real condição social. Esse é outro argumento recorrente entre norte-americanos em todas as épocas, que mesmo assim não se poderia generalizar.

A visão democrática de Charles William Eliot, assentada nos valores de liderança capazes de trabalho intelectual árduo, muita perseverança e tenacidade de cada indivíduo[14], lembrava muito o ideal jeffersoniano, porém, surpreendentemente e terminantemente, sua opinião sobre o ensino público era diametralmente oposta à de Jefferson.

Sua crença em um homem livre, mas responsável por seu próprio destino, como o único agente significativo de controle sobre suas próprias escolhas na vida, representou o fundamento de seu posicionamento filosófico diante da educação[15].

Em virtude disso, foi considerado uma das personalidades mais marcantes e de influência mais direta sobre o ideal da universidade norte-americana, por volta de 1868, conforme Laurence Veysey – autor da considerada melhor síntese individual da universidade norte-americana e de quem melhor apreendeu seu espírito, como claramente relatado por Charles William Eliot: "a melhor educação é a que dá ao homem abundantes oportunidades de praticar a livre-escolha, do tipo que ele terá de continuar fazendo pelo resto de seus dias sobre a terra"[16].

---

14   Richard Hofstadter, "The transition from college to university", *vide* Eliot's Reforms, pp. 111-117. Charles W. Eliot, *Educational reform* (Englewood Cliffs N.J. Prentice-Hall, 1898).

15   Frederick Rudolph, *Curriculum*, p. 15.

16   John S. Brubacher e Willis Rudy, *Higher educational in transition*, p. 292.

Sobre fundamentos[17] assentados mais em atitudes e valores, na aplicabilidade utilitária da formação acadêmica humanista, em vez de na ênfase aos conteúdos, Eliot lutou com entusiasmo pela reforma do ensino, tanto superior quanto secundário, a partir da segunda metade do século XIX[18]. Lutou pela emancipação do jovem estudante norte-americano, o qual julgava ser diferente do europeu, acreditando que a escolha da carreira deveria ser decisão de cada estudante. Por isso, empenhou-se no sistema de disciplinas eletivas[19], que deveria facilitar o atendimento a diferenças e interesses individuais. O movimento pela criação da universidade norte-americana obteria inevitável sucesso, já que foi liderado por educadores como White em Cornell, Gilman[20] em Johns Hopkins, Eliot em Harvard, Harper[21] em Chicago, R. T. Ely em Wisconsin, H. B. Adams na F. A. P., Barnard em Columbia e Angell em Michigan, para citar os mais discutidos durante o convívio com professores e alunos norte-americanos.

Eliot e White não passaram também pela história da educação dos Estados Unidos livres de críticas e ataques. Veblen e Metzger encarregaram-se disso muito bem.

Foram acusados, pelo menos, de submeter-se ao poderio empresarial, colocando em risco a autonomia acadêmica.

Veblen, em seu tom irônico, define-os como produtos de uma época em que as universidades eram dirigidas por negociantes e, consequentemente, administradas como mero negócio, o que, segundo ele, só poderia gerar conformismo, gosto por amenidades e aceitação pura e simples do *status quo*[22].

---

17   Laurence Veysey, *The emergence of the American university*, 1968, p. 88.

18   John S. Brubacher e Willis Rudy, *Higher educational in transition*, pp. 292-294.

19   John S. Brubacher e Willis Rudy, *Higher educational in transition*, pp. 292-300; Daniel J. Boorstin, *The American. The democratic experience*, p. 494.

20   Daniel C. Gilman, *Launching of a university* (New York: Dodd Mead, 1906).

21   William R. Harper, *The trend in higher education* (Chicago: University of Chicago Press, 1905).

22   Metezger, "Academic Freedom", *The emerging university and industrial America*, Hugh Hawkins (ed.), p. 76.

Angell em Michigan

James B. Angell também não foi personalidade fácil de descrever. Tão controvertido quanto Eliot ou White, apoiava fortemente o movimento universitário como uma saída para o estudante pobre, pela promoção de sua mobilidade social. Paralelamente, era contrário à massificação e enfatizava que a expansão numérica de estudantes universitários não seria uma boa alternativa.

Além de preocupar-se com a qualidade do ensino, pregava o equilíbrio na distribuição de vagas pelas diversas áreas. De acordo com sua ampla visão do ensino superior, o crescente número de engenheiros, em contraste com o evidente decréscimo de seguidores dos estudos clássicos, era um problema que necessitava de urgente revisão, segundo ele, para o benefício do sistema como um todo.

A contribuição de Angell à universidade nos Estados Unidos foi bastante diferente do característico entusiasmo de White ou da racionalidade de Eliot. O grande benefício que ele prestou ao movimento partiu de seu equilíbrio[23], cuja dose de otimismo aliviou as tensões de uma época caracterizada por controvérsias, por críticas e pelas angústias de uma reforma. Em seu estilo muito pessoal e diplomático[24], abria espaço para posições as mais diversas, harmonizando progressistas e conservadores. Sua ação, porém, não visava apenas à popularidade, o que, aliás, cercou todos os anos de sua carreira, mas seus objetivos eram coerentes com sua visão ampla do ensino superior, em atendimento aos anseios de uma sociedade grandemente diversificada e em plena mudança.

James B. Angell também ajudou a fortalecer o ideal da universidade pública. Empenhou-se na conscientização da sociedade para a importân-

---

23 Ornstein Veblen, "The higher learning in America", *The emerging university and industrial America*, Hugh Hawkins (ed.), pp. 46-47, 49.

24 John S. Brubacher e Willis Rudy, *Higher educational in transition*, p. 156. A leitura de *Reminiscences* de James B. Angell possibilitará aos leitores o conhecimento de Angell como crítico do ensino, relatando sobre a lamentável ênfase na memorização, cansando os alunos para que obtivessem tão baixo aproveitamento.

cia da educação e argumentou pelo desenvolvimento do ensino público integrado, desde o primeiro grau[25].

Quando White se pronunciava a favor de uma elite intelectual, pretendia a colaboração do Estado para a educação dos estudantes que se destacavam, desde o primeiro grau até os estudos avançados de pós-doutoramento. Não aceitava conotações discriminatórias, por razões ligadas a religião, etnia ou opiniões. Era inteiramente favorável ao controle da educação pelo Estado, por considerar a única forma de garantir o sucesso do sistema e acreditar na necessidade do desenvolvimento de lideranças descompromissadas com quaisquer grupos que não fossem a sociedade como um todo.

É óbvio, porém, que, para ambos, não havia incompatibilidade entre o ensino público e o apoio privado, pois as instituições que dirigiram refletiam essa realidade muito bem[26].

Possivelmente, consideravam que no equilíbrio entre o espaço ocupado pelo ensino privado e o ensino público residiam a possibilidade de consistência, a estabilidade e a busca pela qualidade daquele sistema educacional.

Nesse ponto, pareceu oportuno apresentar as universidades mais antigas dos Estados Unidos – todas ainda em pleno vigor qualitativo na atualidade – arroladas a seguir, segundo as datas de fundação de cada uma:

1 Harvard University Cambridge, Massachusetts (1636);
2 College of William & Mary Williamsburg, Virgínia (1693);
3 Yale University New Haven, Connecticut (1701)
4 Princeton University Princeton, Nova Jersey (1746);
5 Columbia University, Nova Iorque (1754);
6 University of Pennsylvania Philadelphia, Pensilvânia (1757);
7 Brown University, Providence, R.I. (1764);
8 Rutgers New Brunswick, Nova Jersey (1766);
9 Dartmouth College Hanover, New Hampshire (1769).[27]

---

25 John S. Brubacher e Willis Rudy, *Higher educational in transition*, p. 160.

26 John S. Brubacher e Willis Rudy, *Higher educational in transition*, pp. 162-163.

27 Consultar sites de cada uma das organizações apresentadas. Ver também: http://www.infoplease.com/askeds/oldest-us-universities-colleges.html#ixzz2QoLmTKIo.

Ao encerrar este capítulo, que, por inúmeras vezes, trouxe a forte ideia de destino presente na cultura colonial da nação, acompanhar a interpretação de Boorstin pareceu oportuno ao reconhecimento de uma "crença" que acompanhava a evolução daquela sociedade:

[...] *Descrevendo-se a experiência dos Puritanos, nós podemos ver como esse senso de destino veio a formar-se e o que o preveniu de tornar-se fanático e utópico. O farol Puritano, para a desviada raça humana, não foi nem um livro nem uma teoria. Tinha que ser a própria comunidade. A América foi assim, desde os primeiros anos, conectada com o destino americano, tinha algo a ensinar a todos os homens: não por preceitos, mas pelo exemplo, não pelo que é dito, mas pelo que é vivido. A levemente rude questão* What of it? *foi assim desde os primeiros anos conectada com a crença no destino americano*[28].

Diferenças foram a tônica desse rico período de mudanças – o emergir do pluralismo intelectualizado, político e social –, revelando as bases da educação norte-americana com espaços diversificados, não antagônicos, e sim com o sentido comum de liberdade à diversidade, que caracteriza a sua cultura.

Entretanto, essa postura é bem delimitada, não somente pelo próprio território, mas também porque se refere às origens das pessoas, tanto em termos de etnias quanto de imigração. Sobre essa questão, vários autores norte-americanos citados neste livro deixam claro o que chamam de desinteresse dos norte-americanos por culturas diferentes, pelo mundo, embora os estudos em interculturalidade estejam avançando, com literatura em plena produção por autores norte-americanos e, ainda, sendo estimulados pela academia, bem como fortemente solicitados como especialistas para atuação em órgãos governamentais.

---

28 Daniel J. Boorstin, *The Americans. The colonial experience*, p. 3.

CAPÍTULO 10 **A presença do espírito crítico: um forte "traço" norte-americano**

A análise do contexto histórico norte-americano revela um permanente estado de alerta das lideranças da sociedade quanto a um possível afastamento da educação, em relação a valores preconizados por seus membros. Nesse ponto, é preciso lembrar o papel de John Dewey, pouco explorado no Brasil em relação ao seu desejo de rever a sociedade democrática, a qual considerava ainda precária, o que merece investigação futura[1].

Preocupações com relevância, finalidades, objetivos e coerência dos programas educacionais em vários níveis não têm sido privilégio de *experts* e celebridades, mas envolveram também estudantes[2] e professo-

---

[1] Nicky Perry; David Sherlock, *Quality improvement in adult vocational education and training* (Kogan Page. E Book, 2009), p. 9.

[2] Os mais veementes questionamentos à eficiência do ensino universitário na América coincidiram com o período de duração da Guerra do Vietnã. Esses questionamentos surgiram especialmente dos estudantes e sua principal preocupação era com a relevância. John S. Brubacher, *On the philosophy of higher education*, pp. 2-3.

res comuns. No parágrafo a seguir, por exemplo, Mark Mancall, professor adjunto de História em Stanford, na década de 1970, traça este triste perfil do estudante de pós-graduação:

Havendo trabalho em direção ao título, enfrentando o número de unidades exigidas como requisito, preenchendo condições especiais, atingindo certo grau de aprovação, passando nos exames de qualificação e escrevendo, na maioria das vezes, uma dissertação esmagadoramente maçante, o estudante de pós-graduação, com sua imaginação provavelmente reprimida e sua sensibilidade endurecida, com sua mente talvez fraca, exausta, sua alma fatigada e seu entusiasmo desaparecido, é transformado, pela mágica de um título, em um educador carregado com a responsabilidade de transmitir conhecimento àqueles que procuram pelo entusiasmo de aprender e de encontrar sentido para a grande aventura existente nas ideias[3].

Alguns anos antes, no início da década de 1960, Carleton escreve "Letter to a new PhD". Entre desabafos e orientações, ele lamenta que já não se encontrem mais muitos professores como teve: David Starr Jordan, John Dewey, Charles A. Beard, John R. Cammons. Ele comenta que o *campus* não era o jardim do Éden, mas, por razões bastante nobres, lhe deixou saudades. Desiludido, ele fala da baixa qualidade de livros que fazem sucesso normalmente, de professores que se dão ao luxo de não ler, de pesquisadores que deterioraram seus projetos de pesquisa para adaptá-los a requisitos de bolsas e, ainda, do excesso de especialização e "sofisticação" dos professores, em detrimento de sua dimensão humana, no atendimento aos seus orientandos[4].

Além disso, a autoridade de Frederick Rudolph critica mordazmente o ensino profissionalizante, na América, na década de 1970, conforme a declaração a seguir.

---

[3] Eble Kenneth, "Graduate students and the job market, in the future", *The making current issues in higher education*, Dyckman W. Vermilye (ed.) (Washington D. C.: America Association of Higher Education, 1973), p. 55.

[4] William G. Carleton, "Letter to a New PhD", *Technology and humanism*, pp. 222-234.

Com as bênçãos da Secretaria de Educação de 2º Grau dos Estados Unidos, o americano é encorajado a abraçar alguma coisa chamada Educação Profissionalizante (carreer education), *um movimento que promete a suas vítimas habilidades técnicas e atitudes positivas, direcionadas ao trabalho, mas que negligencia aquelas experiências educacionais que podem ajudar a fazer desses alunos homens e mulheres interessantes, bons e sábios*[5].

Continua ainda:

Não parece normal que registremos alguma inquietação quando um governo que nos deu Cambodja, Watergate e outros crimes apoie um programa educacional que tem por meta a produção de satisfeitos técnicos, em vez de críticos com visão social?[6]

O que adviria sobre a confiança do povo norte-americano quanto a novas iniciativas em política educacional, após episódios como a venda de armas ao Irã e o apoio aos Contras na Nicarágua, durante o mandato do presidente Reagan, foi uma questão levantada à época e que já foi substituída hoje por outras, de grande repercussão internacional como a situação do Iraque.

Essas reações características e familiares aos que acompanharam a sequência deste trabalho parecem ter se repetido tradicionalmente na América, em qualquer época, e acabam de alguma forma sendo relacionadas com a problemática educacional.

A evidente cautela diante de programas educacionais, especialmente quando enfaticamente voltados à formação para o trabalho, e a desconfiança diante de propostas educacionais muito amplas do âmbito federal – em virtude do temor de interferências do governo central – são algumas das reações com profundas raízes históricas naquele país. Propostas para formação profissionalizante, meramente utilitária, geraram sempre acir-

---

5 Frederick Rudolph, *Curriculum*, p. 288.

6 Frederick Rudolph, *Curriculum*, p. 288.

rados debates, e a cultura individualista se manifesta no localismo que não absorve facilmente a ideia de federação, especialmente quando relacionadas com educação e verbas. Contudo, estas últimas reações também revelam o espírito realista e pragmático do povo norte-americano, que não assume a postura ingênua de que recorrer a fundos federais não tenha implicações na redução de autonomia. A consciência dessa relação sempre foi forte em todos os âmbitos, dentre os quais a autonomia da universidade se inclui.

O interesse pelos resultados da educação e a forma veemente de apresentar críticas diante de problemas socioeconômicos e educacionais têm sido uma constante na história norte-americana.

Além disso, vem sendo permanente o esforço de um número significativo de educadores no sentido de obter articulação entre ciências e humanidades na educação de qualquer nível e espécie.

Essa postura vem caracterizando as reações diante da educação desde que as primeiras teorias científicas penetraram timidamente nos antigos *colleges*, assim como ao se cogitar um governo central durante a guerra da Independência, novamente, quando foram levantados os primeiros debates dos idealizadores da universidade e, ainda, durante a estruturação do ensino de primeiro e de segundo graus.

O temor de que interesses imediatistas utilizassem a educação para transformar o homem em máquina desenvolveu-se entre o povo norte-americano desde Jefferson, quando de seu interesse pelo projeto de Whitney, com a finalidade principal de simplificar o trabalho humano, possibilitando tempo disponível para análise, crítica e liderança.

As discussões sobre as funções da universidade foram e continuam acirradas. Thorstein Veblen, na primeira década do século XX, não via espaço para educação liberal ou formação profissional na universidade, apesar de considerar ambas necessárias. Os adeptos das ideias de Ortega Gasset fariam o contrário "excluiriam a pesquisa para dar espaço à educação liberal", enquanto Nisbett considerou pesquisa como função legítima da universidade, mas nunca degradando-a em tarefeira para o governo e a indústria. Já Clark Kerr assumiu um debate em prol do que chamou de multidiversidade, para favorecer a ideia de que ela poderia desenvolver todos os papéis esperados. Muitos preocuparam-se, à época, com uma possível transformação da universidade em mero negócio, período que

Brubacher chamou de "crise de legitimidade", mero negócio, por meio da pesquisa, sob o domínio do governo ou da indústria[7].

Conforme dito anteriormente, não faltaram críticas, mesmo a personalidades do porte de Eliott, em Harvard, ou Gilman, em Johns Hopkins, para citar dois evidentes incentivadores do desenvolvimento da universidade norte-americana. Essa atitude de discussão sobre educação e missão da academia não escolheu época para emergir. Mesmo nos anos obscuros da depressão de 1930, as críticas e os debates foram acalorados. Na verdade, as dificuldades socioeconômicas parecem, elas próprias, ter estimulado uma nova leitura crítica da educação no país. Os estudos de Schaffer[8] revelam que a depressão dos anos 1930 trouxe um considerável grau de ceticismo quanto ao *laissez-faire* capitalista, o que teria afetado a crença no sucesso do sistema de disciplinas eletivas e de estudos profissionais nas universidades entre os norte-americanos. A liderança da Universidade de Chicago, nesse sentido, pelas reações de Robert M. Hutchins, em especial a partir de *Higher learnig in America*[9], em que procurava mostrar a necessidade de a universidade sair da devoção religiosa e tratar a realidade mais cientificamente. O debate incluía críticas como a formação de especialistas com mente estreita e sem espírito.

Hutchins pregava a reconstrução da universidade para atender à nova realidade, quebrando o que ele considerava um anti-intelectualismo, um utilitarismo interesseiro que estaria levando a universidade ao caos. Ele criticava o consumismo e o economicismo nas universidades. Nesse ponto, encontrou nas ideias de Dewey mais motivação para debate, porque este

---

[7] John S. Brubacher, *On the philosophy of higher education*, p. 3; Ortega Y Gasset, *Mission of the university* (London: Routledge & Kegan Paul, 1946), pp. 60-61; Robert Nisbett, *The declaration of the academic dogma* (New York: Basic Books, 1971); Clark Kerr, *The uses of the university* (Cambridge: Harvard Press, 1962).

[8] Edward Schaffer, "The protestant ideology of the American university: past and future prospectives", *Educational Theory*, v. 40, n. 1 (winter, 1990), p. 24.

[9] Robert Maynard Hutchins, *The higher education in America* (New heaven: Yale University Press, 1936).

insistia no método científico – que o primeiro considerava responsável pelo caos e pela impossibilidade de transformação. A diferença estava no fato de Dewey ver ciência e democracia como mutuamente enriquecedoras, enquanto Hutchins pregava o retorno aos ideais éticos aristotélicos, porque desconfiava da possível associação entre ciência e capitalismo[10]. O questionamento deweyano sobre resultado e consequência cobre um amplo e incômodo espectro da questão, porque, na verdade, alerta para a responsabilidade crescente do homem sobre o uso das descobertas científicas, em vez de simplesmente atacar e condenar esse conhecimento e abandonar-se ao conforto de satisfazer-se com os resultados, no lugar de considerar possíveis consequências e procurar antecipar-se a elas, responsavelmente.

Na leitura da obra de John Dewey, essa é uma questão recorrente, enfrentada de maneira diferente da de Hutchins, pois não admitia "culpar" a ciência pelo mau uso que a irresponsabilidade e a inconsequência humana fizessem dela. Em termos de crítica, John Dewey foi um exemplo na realidade norte-americana, sendo o depoimento a seguir ilustrativo: "um dos maiores males da humanidade e que ganha força na atualidade é a interpretação de que o conhecimento e o intelecto são autossuficientes"[11]. Dewey foi e é considerado um dos poucos filósofos norte-americanos e um grande educador. Suas ideias e o legado da obra que deixou têm servido de fonte de inspirações a debates sobre problemas ainda de absoluta atualidade[12].

---

10   Robert Maynard Hutchins, *The higher education in America*, pp. 24-25.

11   John Dewey, *Reconstruction in philosophy* (New York: The New American Library, 1954), p. 110.

12   São sugestões de leitura: John Dewey, *The Quest for Certainty. A Study of the Relation of Knowledge and Action* (New York: First Paragon Books, 1979). Paul Arthur Schilpp & Lewis Edwin Hahn (Ed.), The Philosophy of John Dewey. Biography of John Dewey. Dewey's replies to his critics. Dewey Bibliography. La Salle, III.: Opencourt, 1989 (The library of living philosophers. V. 1).

Função da Universidade

A discussão sobre a função da universidade cobre, também, a apreensão da percepção sobre a adequação pedagógica no ensino superior. Para Brubacher, é evidente que uma postura pedagógica é muito mais abrangente e complexa do que a didática e que, hoje, existem crescentes razões que exigem a compreensão clara dessa diferença. As facilidades que a tecnologia oferece ao ensino podem liberar mais tempo do professor para o exercício pedagógico, se os recursos tecnológicos forem empregados de forma didática. Para o aluno, especialmente nos dias atuais, é preciso que o professor esteja preparado para um processo educacional mais complexo, completo e exigente, envolvendo-o em métodos que facilitem a reflexão e a descoberta. Os argumentos de Brubacher sobre o emprego de recursos tecnológicos no ensino são os mesmos do início da industrialização, quanto às atribuições do homem e à contribuição da máquina na produção. Em vez de reduzir o homem à máquina, a tecnologia deve ser empregada para deixar ao homem as funções insubstituíveis: a criatividade e os sentimentos[13].

A mesma apreensão diante das funções do ensino superior foi manifestada por Babbitt, no final do século XIX, quando alertou estudantes e professores sobre o fascínio exercido por novos equipamentos nos laboratórios, lembrando-os do perigo de negligenciarem o raciocínio, o que considerava a ameaça mais grave aos resultados da educação[14]. Essa posição é similar a de muitos educadores, diante do emprego do computador no ensino e das alternativas a distância.

O valor colocado na postura ética, moral e religiosa da educação, orientado pelos clérigos da época colonial, manteve-se vivo no espírito do povo, pela aproximação a um posicionamento filosófico que possibilitasse a valorização do homem, como ser simultaneamente mantido livre e responsável.

A antiga cautela estimulada pelo temor de possíveis ameaças tidas como materialistas e originadas na ciência, bem como os debates com os

---

13   John S. Brubacher, *On the philosophy of higher education*, pp. 86-88.

14   Irving Babbit, "The Humanities" in T*he Emerging University and Industrial America*, Hugh Hawkins (Ed.) (Lexington, Mass.: D C Health and Company, 1970), p. 57.

radicais do humanismo, manteve-se em constante evolução, na intenção de encontrar a devida dimensão para o ser humano. Compreender a rica complexidade de suas potencialidades para assumir o comando do desenvolvimento científico e tecnológico tornou-se a grande aspiração. As lideranças universitárias, vislumbrando os perigos à realização dessa aspiração, em decorrência da conjuntura industrializada, têm apresentado desabafos, como o de Rudolph, em coerência com o seu contexto:

Se não houver número suficiente de empregos para justificar a infindável produção de técnicos, [...] e se não soubermos mais o que fazer com aquela faixa etária, a não ser mandá-la para a escola, então, talvez, possamos parar de fabricar técnicos e retomemos o negócio de fazer seres humanos [...], talvez, novamente, a ideia de uma pessoa educada venha a tornar-se uma ideia útil[15].

O exercício da análise crítica sobre as funções do ensino superior nos Estados Unidos tem levado a permanentes propostas de redefinição. A partir de meados de 1900, três bons exemplos seriam as posições de educadores como Ed Riddick e Charles Silberman e do economista Clark Kerr, na segunda metade do século XX.

Posicionamentos ideológicos

Três propostas, bastante diferentes entre si, poderiam ser sintetizadas, conforme descrito a seguir.

Para Riddick: "não estamos desempenhando o profético papel exigido pela educação, ao contrário, o estamos prostituindo"[16]. A universidade precisa sentir-se parte da comunidade em geral, afirma ele, como única forma de sobrevivência[17]. O autor considera um grave erro a manutenção

---

15 Frederick Rudolph, *Curriculum* (traduzido, ênfase adicionada), p. 289.

16 Joseph Axelrod, "The new university", *New teaching, new learning, current issues in higher education*, Kerry Simith (ed.) (Washington, D. C.: American Association of Higher Education, 1971), pp. 19-20.

17 Joseph Axelrod, "The new university", p. 20.

do diálogo universitário restrito à própria universidade. Advoga comunicação ampla, envolvendo pais, planejadores, políticos e demais estruturas sociais, a fim de quebrar o isolamento que diz observar nas universidades, o que, segundo ele, é a causa da alienação em que se encontram[18].

Já Silberman acredita em um processo educacional de dentro para fora. Define a ação de educar como a arte intelectual (*liberal art*) mais importante, na qual todo homem deveria estar engajado[19]. Sua forma de perceber o processo educacional é classificada como "a tradicional visão do europeu branco"[20]. Para ele, a condição para a realização das ideias da educação liberal seria a conscientização do homem quanto a se tornar um educador de si próprio[21].

Clark Kerr[22] imputa à universidade a responsabilidade de interpretar as necessidades sociais. Questões como "quantos serviços e para quem?", "quanta pesquisa e com que propósitos?", "quanta formação geral e quanta especialização?", "quanta manutenção do *status quo* e quanta revolução?"[23], em *New teaching*, revelam claramente suas preocupações e sua posição nesses sentidos.

As ideias de Kerr assemelham-se às de Lester Ward em *Pure sociology*, citado por Veblen em seu *The higher learning in America*, somente publicado após 1918. Como pensador social de valor reconhecido, Veblen lamenta que as universidades estivessem muito envolvidas com modelos comerciais. Não era, porém, contrário à eficiência financeira. Convivendo com trabalhadores e engenheiros, fazia clara distinção entre a indústria e o mero negócio. Quanto ao primeiro, admirava a

---

18   Joseph Axelrod, "The new university", p. 20.

19   Joseph Axelrod, "The new university", pp. 1-26.

20   Joseph Axelrod, "The new university", p. 20.

21   Frederick Rudolph, *Curriculum*, p. 271.

22   Joseph Axelrod, "The new university", p. 22.

23   Clark Kerr, "Destiny not so manifest", *New Teaching, new learning, current issues in higher education*, Kerry Smith (ed.), p. 250.

produtividade e a racionalidade, quanto ao último, acreditava-o "irremediavelmente ligado ao esbanjamento"[24].

Recorrendo a Ward, Veblen seleciona a seguinte citação para descrever como a educação era vista, deixando claras as expectativas de ambos:

um tipo de empreendimento humano que não pode ser montado sob a ação das leis econômicas de oferta e demanda. Não pode ser conduzido por princípios comerciais. Não há demanda para educação no sentido econômico. A sociedade é o único interesse que pode ser invocado para demandá-la e a sociedade precisa suprir sua própria demanda. Aqueles que fundam instituições educacionais colocam-se no lugar da sociedade, o falar e o agir pela sociedade, não por qualquer interesse econômico[25].

Essa posição sintoniza-se com as ideias deweyanas de meados de 1900, quando enfatizava que educação não deveria subordinar-se a nada, a não ser em níveis sempre mais elevados de educação, segundo a qual democracia era um conceito muito mais amplo do que simples modelo político, mas uma postura pautada por respeito mútuo, independentemente de onde e envolvendo quem.

A realidade educacional revela a presença de todas essas posições, raramente isoladas, mas frequentemente combinadas, das mais diversas formas.

A cultura norte-americana manifesta-se em ideias de cientistas sociais do início do século e que não parecem colidir com as do presidente Kennedy, por exemplo, já por volta de 1963, quando ele afirmava ao Congresso que: "em primeiro lugar, nós precisamos fortalecer o país investindo em nossa juventude", justamente enfatizando a necessidade de conscientização da sociedade para a solução de seus próprios problemas, e não se referindo meramente ao produto econômico do investimento educacional[26]. "O futuro de qualquer país que não possa contar com a sabedoria

---

24 Thornstein Veblen, *The higher learning in America* (New York: Cosimo, 2005), p. 47.

25 Thornstein Veblen, *The higher learning in America* (traduzido), p. 49.

26 John F. Kennedy, *The burden and the glory*, Alan Nevins (ed.) (New York: Harper and Row Publishers, 1964), p. 25.

de seus cidadãos é irreparavelmente arruinado, sempre que algumas de suas crianças não forem educadas na totalidade de seus talentos, da escola primária à pós-graduação"[27].

Kennedy, na verdade, corrobora com a posição assumida pela Suprema Corte dos Estados Unidos, em 1954, segundo a qual:

Nos dias atuais, é duvidoso que se possa racionalmente esperar que alguma criança tenha sucesso na vida se for negada a ela a oportunidade da educação. Tal oportunidade é um direito o qual precisa estar disponível em termos igualitários, onde quer que o estado tenha assumido provê-lo[28].

O espírito crítico dos educadores norte-americanos revelou-se nas mais diversas formas e estilos. Alguns eloquentes e irônicos, como Frederick Rudolph, outros radicais, como Karier, e alguns mais cautelosos, como Jastrow. Este último, ao visitar e analisar a situação de muitas universidades norte-americanas no início do século XX[29], publicou suas verificações e opiniões, procurando imparcialidade e seriedade: "minha tarefa requer que eu fale francamente do *status quo* reinante", explica ele ao escrever sobre contatos que realizou, suas observações e verificações. Afirmou que, algumas vezes, citaria pessoas e instituições e que suas intenções eram fazer uma análise objetiva, livre e responsável da realidade que vivenciou. "Minhas observações podem ser falhas", admitiu, "mas elas foram adquiridas honestamente e vêm sendo lentamente amadurecidas"[30].

---

27   John F. Kennedy, *The burden and the glory*, p. 25.

28   National Commission on the Role and Future of Colleges and Universities, *To secure the blessing of liberty*, p. 13.

29   Joseph Jastrow, "The academic career", *The emerging university and industrial America*, p. 34.

30   Joseph Jastrow, "The academic career", *The emerging university and industrial America*, p. 37.

Suas observações denunciam o poder do *Board of Trustees* sobre a Congregação de professores[31] e, ao mesmo tempo, relatavam exemplos para solução do problema, como ocorreu na Universidade de Leland Stanford, onde nenhuma decisão deveria ser tomada por seu presidente ou pelo *board* sem que a Congregação tivesse a oportunidade de decidir se desejava expressar sua opinião sobre determinado assunto ou não[32].

Em *Class bureaucracy and schools*, Katz discute alguns dos radicais críticos educacionais da atualidade norte-americana, como Clarence Karier e Charles Silberman. Dentre os aspectos analisados por Karier, Katz enfoca o problema dos testes psicológicos, mostrando o quanto as fundações incentivaram o seu desenvolvimento. Karier acusa aquele grupo de psicólogos envolvidos com testes, especialmente de Q.I., de ser, em grande número, formado por racistas e elitistas. Segundo esse autor, a tendenciosidade desses profissionais deteriorou teorias e instrumentos de avaliação. O que Karier procura demonstrar é o resultado catastrófico dessa prática, bloqueando qualquer tentativa de mobilidade social das classes menos privilegiadas[33].

Esse assunto será abordado com mais atenção no capítulo dedicado ao currículo, quando se analisa a tentativa de integração do 2º ao 3º grau.

Katz comenta que é difícil manter-se neutro diante das polêmicas levantadas por Karier, especialmente em *Roots of crisis*[34]. Procura também esclarecer que aquele escritor não tentou apresentar uma teoria que revelasse a existência de uma conspiração deliberada contra os pobres, como desejam alguns. A defesa das fundações é feita no sentido de que se dedicaram ao que, à época, parecia justo e correto. Ainda acrescenta que os

---

31 Joseph Jastrow, "The academic career", *The emerging university and industrial America*, p. 38.

32 Joseph Jastrow, "The academic career", *The emerging university and industrial America*, pp. 44-45.

33 Michael Katz, *Class bureaucracy and schools. The illusion of educational change in America*, p. 84.

34 Michael Katz, *Class bureaucracy and schools. The illusion of educational change in America*, p. 185.

psicólogos envolvidos naquele trabalho acreditavam, unicamente, em contribuir para o desenvolvimento da sociedade[35].

Quanto a Silberman, cujo livro *Crisis in the class room* é comentado por Katz, é apresentado como alguém que levanta problemas bastante interessantes, mas que também não oferece alternativas de solução.

Entre as críticas que Silberman faz dos problemas[36] que levanta, Katz cita especialmente o que ele acredita ser a causa da crise educacional: "a ausência do pensar claro e correto"[37]; a falha por "não conseguir ensinar habilidades ou produzir conhecimento; o reforçamento do estado de pobreza e racismo; a destruição de traços de personalidade e diferenças individuais dos alunos; a dificuldade do povo em aceitar que esta é a realidade do sistema educacional"[38].

Embora Katz veja esses argumentos como interessantes e explique que, para ele, o autor não está atacando os educadores de seu país, mas denunciando as falhas, para tentar melhorias, classifica a fundamentação de Silberman como muito fraca. Quando o faz, porém, explica que Silberman não chega aos extremos de Paul Goodsman, que, segundo ele, define os problemas de educação como originados no fato de os jovens não contarem com uma sociedade decente, na qual pudessem crescer[39].

---

35 Michael Katz, *Class bureaucracy and schools. The illusion of educational change in America*, p. 184. O professor Katz é considerado um historiador de primeira categoria e um excepcional conhecedor da problemática educacional por professores de Harvard, como Thornston, ou de North Carolina, como J. E. Morris. Além de ter sido elogiado por editoras como Saturday Review e Society.

36 Michael Katz, *Class bureaucracy and schools. The illusion of educational change in America*, p. 185.

37 Michael Katz, *Class bureaucracy and schools. The illusion of educational change in America*, p. 185.

38 Michael Katz, *Class bureaucracy and schools. The illusion of educational change in America*, p. 187.

39 Michael Katz, *Class bureaucracy and schools. The illusion of educational change in America*, p. 188.

Katz compara a fraqueza de *Crisis in the classroom* de Silberman ao fracasso das reformas radicais na escola, às quais, segundo ele, também faltam fundamentação e firmeza, tanto em filosofia quanto em termos de políticas educacionais[40].

Para os leitores que se interessam pelas análises de Katz, ele ainda sugere, além da leitura de Karier, as obras de Jonathan Kozol, *Free school* e, principalmente, *Free the children*, de Allen Graubard – este último considerado pelo referido crítico o melhor livro em educação atual que havia lido até aquela época[41].

Aqueles autores, ao conectarem Pedagogia com Política, concluem que o movimento radical nas escolas, pelo final da década de 1970, não apresentou indicadores do sucesso[42].

Stanley Aronowitz e Henry A. Giroux, em *Education under siege*, citam Katz após criticarem a situação atual da política educacional e, especialmente, o direcionamento do ensino público, a fim de sugerir solução para o que esses autores, identificados com a nova esquerda, chamam de falta de formação ética e moral, ausência de exercício do espírito crítico, apatia e falta de coragem cívica para enfrentar problemas modernos[43].

Nesse livro, publicado em 1985, apresentam as ideias de Katz sobre a necessidade de as escolas, na teoria e na prática, levarem a sério o desenvolvimento do espírito crítico[44]. O trecho de Katz alerta para os riscos da ausência de questionamento nos processos de ensino e aprendizagem,

---

[40] Michael Katz, *Class bureaucracy and schools. The illusion of educational change in America*, p. 193.

[41] Michael Katz, *Class bureaucracy and schools. The illusion of educational change in America*, p. 193.

[42] Michael Katz, *Class bureaucracy and schools. The illusion of educational change in America*, p. 194.

[43] Stanley Aronowitz e Henry A, Giroux, *Education under siege* (Massachusetts: Bergin & Garvey Publishers, Inc., 1983), pp. 201-206.

[44] Stanley Aronowitz e Henry A, Giroux, *Education under siege*, p. 205.

gerando o vício da aceitação pura e simples de qualquer mensagem escrita ou falada[45].

Nesse ponto, a conclusão de Brubacher sobre a questão "se os estudantes precisam adaptar-se à imagem da instituição que elegeram para estudar ou suas individualidades devem manter-se intactas?" torna-se muito importante. Não é o caso de se optar pela exclusividade de uma ou de outra alternativa, pois do permanente questionamento e reciprocidade de contribuições aluno e instituição é que se poderá esperar o desenvolvimento de um sistema educacional apto a atender aos apelos de uma sociedade democrática cujos interesses e necessidades sejam tão diversificados quanto essas necessidades[46].

Certo é que a universidade norte-americana sempre foi e continua a ser alvo de análise e de críticas, partindo tanto da sociedade em geral quanto de seus próprios membros.

O convívio entre diferentes posicionamentos filosóficos diante da instituição universidade, sua finalidade e suas funções, tem gerado a maioria das contestações. Enquanto Charles R. Van Hise, por exemplo, durante sua presidência na Universidade de Wisconsin, por volta de 1904, pregava a combinação de vários tipos de atividades e de diferentes estudos, o que veio a ser rotulado mais tarde de *multiversity*[47], outros criticaram severamente essa posição. A Universidade de Chicago, por exemplo, durante a presidência de Harper, foi apelidada de "o Bazar de Harper", justamente em razão dessa ideia considerada tão adequada em Wisconsin. Também no início do século XX, Slosson explicou a situação da universidade como "passando de um estado de indefinida e incoerente homogeneidade para uma definida e coerente heterogeneidade"[48].

---

45   Stanley Aronowitz e Henry A, Giroux, *Education under siege* , p. 206.

46   John S. Brubacher, *On the philosophy of higher education*, p. 90.

47   Laurence Veysey, "The price of structure", *The emerging university and industrial America*, pp. 79-80.

48   Charles Van Hise, "Inaugural address", *The emerging university and industrial America*, p. 23.

Durante esse permanente estado de debates, surgiram críticas apontando, por exemplo, que, "frequentemente, muito mais sintonizado com o mercado do que com o coração dos estudantes", o ensino superior nos Estados Unidos vem sobrevivendo entre "popularidade e impopularidade". Um aspecto, porém, tem se mantido presente na educação de terceiro grau no decorrer do tempo: o permanente questionamento quanto a suas orientações e sua qualidade[49].

Ecletismo integrando posições filosóficas e a questão da integração de bases culturais acadêmicas

Pelo que se observa, a permanente busca de equilíbrio entre uma educação tradicional, liberal, formação técnica-científica e pragmatismo ainda está em voga na América.

Talvez a realidade pluralista da sociedade norte-americana esteja, aos poucos, penetrando em cada indivíduo, iniciando uma maior interação entre grupos humanos muito distintos e bastante isolados.

No momento em que se fala em complexidade e riqueza do contexto social norte-americano, os estudantes estrangeiros na América costumam interessar-se pelo assunto, mas revelam um certo ceticismo. Nessas situações, muito se discute sobre o fator integração dos imigrantes nos Estados Unidos. Palestras apaixonadas, como as do professor Leo Buscaglia[50] pela TV norte-americana na década de 1980, somadas aos seus livros, estimulando solidariedade, compreensão e amor, revelam fortes indícios dos impactos de diferenças culturais – nesse caso, as famílias italianas na América – que ainda vêm sofrendo, após várias gerações. Contudo, os estudantes estrangeiros, especialmente na Costa Leste dos Estados Unidos, podem perceber as amplas dimensões da problemática de integração do crescente número de imigrantes e refugiados que aportam na costa nor-

---

49   Laurence Veysey, "The price of structure", *The emerging university and industrial America*, pp. 79-80.

50   Leo Buscaglia é professor na área de Educação, na Universidade de Southern Califórnia. Um de seus livros mais lidos nos Estados Unidos é *Love* (New York, Fawcett Crest, 1972), em virtude da experiência de vida que revela e das mensagens decorrentes dela.

te-americana a cada conflito internacional. Os desafios a administradores de todos os níveis se sucedem com a chegada de chineses, coreanos, vietnamitas, cambojanos, centro e sul-americanos, iranianos, entre outras nacionalidades, buscando abrigo e/ou trabalho naquele país.

Esse assunto foi analisado e bastante discutido nos cursos "Educação Internacional" e "Política na Educação" na The George Washington University (GWU), em Washington D.C., no período de 1979-1981. Nesses encontros, a imagem da colcha de retalhos com a qual o norte-americano comum costuma representar na população do país foi citada e produziu relatos ilustrativos tanto dramáticos quanto bem-humorados.

Há, na verdade, redutos culturais antigos e novos por todo o território nacional: irlandeses no Nordeste, poloneses em Búfalo, centro-americanos no Sudeste, orientais no Oeste, e assim por diante.

O humor começa no teatro com o clássico diálogo entre o pioneiro da Nova Inglaterra e o norte-americano da Costa Oeste, alertado de que o "novo inglês" é o mais norte-americano dos norte-americanos. Nesse momento, o diálogo é interrompido pelo índio Pele Vermelha, que os interroga impacientemente "o que é que há, cara pálida, você está esquecendo de mim?". O assunto inspirou a colorida peça teatral "América, América", muito aplaudida no Rádio City Hall, em Nova York, na década de 1980.

Uma segunda imagem frequentemente apresentada com certo orgulho pelo norte-americano, com o objetivo de ilustrar o espírito integrador, é a do *melting pot* ("panela de derreter") – podendo se tratar de uma *fondue*, por exemplo –, em que todos os integrantes se transformariam em uma mistura uniforme.

Essa manifestação foi ironizada por um irreverente estudante francês, nos Estados Unidos, em Washington D. C., assistido ao vivo pela autora em sala de aula, interrompendo um colega norte-americano que empregava a tal expressão para explicar a forma pela qual o povo norte-americano estava se constituindo, e a reação verbalizada foi a seguinte:

Muito boa essa imagem, disse o estudante estrangeiro, realmente todos parecem cair muito bem dentro desse caldeirão, só que vocês norte-americanos esqueceram-se de acender o fogo, então, eu não vejo nada se fundindo lá dentro. O problema – acrescentou ele com humor ácido – é que fondue não é um prato típico por aqui.

... Certa dificuldade dos franceses com os estrangeiros que não falam francês, identificada nos estudos interculturais, não somente em relação aos africanos originados de países de colonização francesa, mas, também, a partir dos parisienses em relação aos turistas, resultou em um revide na seguinte direção: a observação das relações dos franceses com os estrangeiros naquele país leva a crer que, na França, a imagem da fondue *se restrinja ao da culinária, a de um prato típico apreciado, mas longe de poder simbolizar integração racial, pois é difícil o relacionamento, mesmo com o turista.*

A discussão prosseguiu acalorada, sob o argumento de que as pessoas poderiam estar na segunda ou terceira geração nos Estados Unidos e que continuariam a ser chamadas de *mexican-americans, italian-americans*, etc.

Se os norte-americanos do Norte realmente já conseguiram resolver a questão de quem é mesmo norte-americano ou não, é um problema que lhes cabe discernir. O importante aqui parece ser a presença de um grupo de educadores trabalhando em interculturalidade com uma nova preocupação: o desenvolvimento de uma percepção mais ampla do mundo, da compreensão do outro como indivíduo ou como povo, com o entendimento de que diferença é diferença, mas não é necessariamente para melhor ou para pior.

As ideias grifadas sobre essa nova preocupação são apresentadas como o principal objetivo dos programas em Educação Internacional na GWU, Washington D. C., USA. Uma postura intencional sobre o aproveitamento da presença de estrangeiros, quer em caráter provisório, quer permanente, nos Estados Unidos, para estimular o convívio com outras realidades culturais internacionais, poderá trazer novas perspectivas àquela sociedade.

Talvez, cada individualidade esteja sendo lentamente enriquecida com valores tão diversificados quanto o contexto social norte-americano. Isso estimularia, em abrangência e profundidade, a formação de lideranças educacionais com visão mundial para um futuro mais consciente, na América, sobre a responsabilidade consequente à sua penetração e ao seu poder.

Durante o governo George Bush, à época, a postura governamental pareceu não priorizar esse rumo.

Os especialistas em desenvolvimento humano e os dedicados à educação internacional parecem estar aprendendo e oferecendo uma importante lição sobre essa formação rica e equilibrada, tão necessária ao desenvolvimento daquele povo, cujas decisões podem causar desastrosos impactos sobre outros povos que em toda a parte trabalham pela sua parcela de liberdade, desenvolvimento econômico e social, buscando conseguir e perpetuar a paz.

Sem dúvida, espera-se que os educadores interculturais pretendam esses resultados: comunicação mais eficiente entre os indivíduos e os povos, instrumentalizando as pessoas com o aprendizado de idiomas, para uma melhor comunicação, embora se espere não apenas isso, mas a busca de uma compreensão mais profunda dos diferentes valores e respeito mútuo.

A preocupação permanente com os resultados da educação parece muito coerente com o raciocínio direto e com a tendência à ação do povo norte-americano. Em contraste, mas para complementar, as manifestações do espírito crítico, da forma como foram acompanhadas por meio deste livro, não se restringiram a épocas ou a determinadas correntes de pensamento filosófico, nível ou área educacional. Ao contrário, ocorreram permanente e amplamente na América.

Em livros mais recentes, como o de Aronovitz e Giroux, que acaba de ser comentado, os esquerdistas continuam a acusar os conservadores e os liberais de reduzirem a discussão da problemática educacional a uma questão meramente econômica. Essa abordagem, segundo os autores, contribui para tratar a educação como mera instrução, e não como informação aliada ao desenvolvimento de habilidades e de valores éticos. Esses autores têm lamentado o que chamam de "incompetência para a análise crítica e para a liderança"[51].

É interessante constatar que a bandeira das atitudes éticas e cívicas não representa privilégio da direita, da esquerda ou dos liberais, mas percorre todas as linhas de pensamento e não tem sido arriada em nenhuma época, desde os *colleges* coloniais.

Com veemência ou ponderação, os debates da problemática educacional ainda continuam ativos e a reflexão crítica tornou-se um tradicional hábito, que ainda contagia os que respiram aquela atmosfera. O que,

---

51 Stanley Aronowitz e Henry A, Giroux, *Education under siege*, pp. 205-206.

provavelmente, choca os latino-americanos é o fato de o forte discurso da direita ser tão aberto e direto quanto o de tendência esquerdista na década de 1980 ou da social democracia pós-queda do regime comunista soviético. O estilo direto que incomoda culturas como a japonesa nas negociações é a mesma fala liberalista que impacta os latino-americanos pela sua "frieza", conforme é interpretado esse estilo de se comunicar.

Um comentário menos inflamado de uma instituição respeitada como a Fundação Carnegie poderá contribuir para equilibrar tantas queixas e contestações.

Educação de terceiro grau, nos Estados Unidos, é um grande recurso nacional que vem sendo preservado por um generalizado e especial cuidado de muitos de seus membros e da sociedade, em geral. Devido à nossa tendência a criticar ou até mesmo a censurar, algumas vezes esquecemos quão afortunados nós somos. Muito tem sido obtido para o indivíduo e para a sociedade americana, mas ainda há muitos empreendimentos inacabados[52].

Em continuidade a essa posição, a mediocridade é muitas vezes encoberta pela aparente autoconfiança e suposta autorrealização institucional. Os efeitos da acomodação geram o gosto pela rotina, o temor a situações novas, a atração pela sensação de certeza e pelo conforto da inquestionabilidade. Especialmente a educação de 3º grau e a pós-graduação precisam conviver com desafios, até mesmo os irrelevantes[53].

O estado de constante questionamento pedagógico, especulativo e administrativo gera tensão. A cobrança é no sentido de que a universidade precisa estar apta a transformar essas tensões em força criativa e produtiva. O conforto da tranquilidade poderia levar à apatia, mas, mui-

---

52   Carnegie Council on Policy Studies, *Higher Education*: three thousand futures. The next twenty years (Washington D. C.: Jossey-Bass Publishers, 1980), traduzido, p. 136.

53   W. Joseph Dehner Jr., "Creative tension and home rule", *New teaching, new learning. Current issues in higher education*, Henry Smith (ed.) (San Francisco: Jossey-Bass Inc.), p. 161.

to antes que isso acontecesse, a função da educação de nível superior já estaria inteiramente desfigurada[54].

Contudo, não seria sensato esperar resultados educacionais a partir de questionamento academicista e utópico de grupos encastelados ou de contestações barulhentas e irresponsáveis de imediatistas inconsequentes – esta é a leitura subjacente ou ostensiva da realidade norte-americana encontrada em seus pesquisadores.

Refletir e questionar são ações inerentes à educação de qualquer nível, em qualquer lugar. A reflexão sobre que rumos tomar diante dos objetivos propostos; o questionamento permanente sobre percursos do processo educacional, sobre recursos, meios e etapas, mesmo as já alcançadas, buscando aprendizado e aperfeiçoamento de novas ações; a reflexão crítica sobre grandes questões, como o que é educação, responsabilidade de quem, para que serve, a quem serve, no que resulta; quais as funções da educação, preservação da cultura, de tradições e de valores, condições para gerar novos conhecimentos, promover o desenvolvimento de cada indivíduo, viabilizar o desenvolvimento econômico político e social fazem parte de um estado de ebulição que a cultura norte-americana vem manifestando recorrentemente, apesar de momentos de preocupante silêncio diante de críticas situações internacionais.

Questionamentos, ainda, sobre o que é preservação da cultura – reconstituição de prédios, monumentos e documentos históricos, obras de arte, e de fatos que constituem a memória nacional, reconhecidos no zelo com que os norte-americanos gerem esse seu patrimônio e a partir do qual também empresariam – não são confundidos por eles com o conceito de cultura. Ao contrário, as discussões acirradas sobre posturas diante da educação e a farta literatura sobre o tema revelam o sentido da cultura manifestada nas questões educacionais. Na verdade, por razões diversificadas, a educação vai revelando os valores culturais norte-americanos, isto é, facilitando que aquele grupo humano se mostre como realmente é: a tradicional colcha de retalhos, um meticuloso *patchwork*.

---

54 W. Joseph Dehner Jr., "Creative tension and home rule", p. 161.

A determinação de proporcionar à família e à sociedade condições para a transmissão de tradições, atitudes e valores a seus jovens vem sendo considerada naquela cultura a forma de assegurar o direito à educação e à democracia.

A preservação de valores culturais é uma "fé" que espera assegurar o convívio de jovens e crianças com a ética e a moral que caracterizam sua própria sociedade, a fim de possibilitar e fortalecer a identificação de todos com a sua própria origem. Nesse movimento, percebe-se que as funções da educação são vistas como indo além da preservação da cultura, mas que se fortalecem nela.

Condições para criatividade e tenacidade, ingredientes tidos como indispensáveis à geração de conhecimento, dependeriam de autoconfiança, de sentimento de identidade e de respeito a diferenças culturais e individuais, pelo menos.

A geração de novos conhecimentos é considerada dependente das condições de organização do sistema educacional, de sua qualidade, de conhecimento já adquirido, de recursos e meios de toda ordem, em especial, de informação. A Comissão para o Papel e o Futuro das Faculdades e Universidades Públicas afirmou, em 1986, que a democracia depende da conscientização do governo sobre o valor da informação. "A experiência nos tem ensinado que estar informado não pode ser deixado ao acaso"; por isso, a escola e a educação mereceriam a atenção do país desde os primórdios da república.

Os últimos acontecimentos conflituosos em que os EUA e a Inglaterra – que lhe deu origem – estiveram envolvidos revelam que informações não têm sido a razão dos problemas políticos e morais, mas, antes, o que tem sido feito com as informações obtidas. Diante da relação entre os atuais conflitos internacionais e a informação, seria possível desenvolver uma pesquisa sobre a intrigante questão dos sentimentos de culpa ou de vergonha, um tema frequentemente abordado por antropólogos, como Ruth Benedict, e recentemente apontado por Jaqueline de Rose em entrevista televisiva, em 2003, ao programa *Millenium* – na Inglaterra, a pesquisadora escreve sobre a situação dramática do Oriente Médio –, em que considerou difícil discernir quais desses sentimentos se aplicaria em momentos como o atual sobre os norte-americanos.

Papel da Análise Crítica

O que tem prevalecido historicamente na América é a presença do espírito crítico, apesar de, em momentos muito críticos, haver ficado dramaticamente cristalizado, como no caso dos negros.

A citação, a seguir, incluída no artigo terceiro da *Northwest Ordinance* da Comissão Nacional para o Papel e o Futuro das Faculdades e Universidades Públicas e que introduziu, em 1986, o segundo capítulo de seu relatório intitulado "To the blessing of liberty" reforça a posição recorrentemente assumida diante da educação: "religião, moralidade e conhecimento, sendo necessários a um bom governo e à felicidade da espécie humana" e implica que "escolas e meios para a educação serão sempre estimulados"[55].

As atitudes pró-educação têm sido preservadas desde os primórdios coloniais até a atualidade. O revigoramento de valores enfatizados por Thomas Jefferson sobre habilidades para discriminar questões e participar democraticamente de oportunidades educacionais para todos, ensino superior a serviço da comunidade, diversificação de alternativas educacionais para atender a diferentes tipos de necessidades e interesses da população, qualidade de ensino, desenvolvimento de lideranças foram valores reassumidos pela referida Comissão, em 1986. A esses, foram adicionados alguns valores considerados necessidades mais atuais. Entre eles, especialmente a educação de adultos, a formação de tecnólogos, a educação das minorias, o apoio aos programas de recuperação e elevação de nível (*remedial courses*) e a educação internacional ou intercultural[56].

A análise crítica tem facilitado o planejamento de ações corretivas e estratégicas educacionais. São muitos os exemplos encontrados ao longo da história, tanto individuais quanto institucionais, ou apresentados por comissões estaduais e federais. O Relatório da Comissão Nacional sobre o Papel e o Futuro das Faculdades e Universidades Estatais, por exemplo,

---

55 W. Joseph Dehner Jr., "Creative tension and home rule", p. 161.

56 W. Joseph Dehner Jr., "Creative tension and home rule", pp. 8-10, 16-19, 24-29, 31, 34, 36-38.

denuncia o risco da inversão dos percentuais do apoio federal entre *grants*[57] e empréstimos. Esse documento demonstra que, enquanto, em 1980, 65% dos estudantes das instituições federais recebiam apoio financeiro por meio de *grants*, em 1986, 65% recorreram à modalidade de empréstimos. Isso significa, diz o relatório, que milhares de formados, a cada ano, têm ingressado no mercado de trabalho com os elevados débitos de sua educação. Em linguagem dramática, a Comissão declara seu repúdio aos "agentes governamentais que propõem redução de orçamentos para a educação, justamente em períodos em que a república está capenga, devido ao peso da população não educada", acusando-os de estimularem "o suicídio nacional"[58].

Educação é interpretada como um processo evolutivo do indivíduo e da sociedade, visando à realização pessoal e ao bem comum. A educação, em uma sociedade democrática, é considerada de responsabilidade do Estado e de cada um de seus cidadãos; por essa razão, deve servir ao cidadão, à comunidade, ao Estado e à humanidade. Educação visa a preservar e a enriquecer a cultura, gerar novos conhecimentos e desenvolver atitudes éticas compatíveis com os valores do povo.

Essa rota tem sido historicamente assumida, nos Estados Unidos, por muitos que se dedicaram à educação – no caso deste livro, ao ensino superior, desde a independência. Certamente, entre discurso e ação há sempre um drama concretamente vivido, não somente pelos que tomam decisões a respeito, mas, em especial, pelo povo que reivindica e espera ser atendido[59].

---

57   *Grant* é forma legalmente instituída para apoio financeiro, muito empregada para fins de ensino e pesquisa. Ver: Virginia P. White, *Grant proposals that succeeded. Grants: how to find out about them and What to do next* (New York: Plenum Press, 1983); Laurie Blum, *The complete guide to getting a grant*: how to turn your ideas into dollars (John Wiley & Sons: E-BOOK, 2008).

58   National Commission on the Role and Future of Colleges and Universities, *To secure de blessing*, pp. 2, 4.

59   The Association for the Preservation of Virginia Antiquities, *A brief history of Jamestown* (Richmond, VA 23220, February, 2000). Acesso em: 1 fev. 2013.

No Capítulo 1, abordou-se, rapidamente, uma questão que envolve um movimento que se chamou colônia com uma consciência, o qual se considerou importante comentar ao encerrar esta etapa e em dois sentidos.

O primeiro porque revela o intenso envolvimento da sociedade com a religião e com a educação, talvez mais facilmente em decorrência da estreita ligação entre as duas instituições, muitas vezes até mais do que aproximação ou articulação, mas em uma unidade.

Em segundo lugar, porque traz uma questão crítica à tona, de certa forma indiretamente, porém a qual é inevitavelmente tratada neste livro por trazer não somente fatos, mas o espírito cultural norte-americano, bem como uma crucial fragilidade que abalou muito sua imagem como nação – a discriminação racial –, emergindo fortemente com a Guerra da Secessão.

Conforme anteriormente citado, no Capítulo 1, já houve na colônia norte-americana, em 1657, uma reação em prol do que se chamou liberdade de consciência, isto é, tolerância à prática de diferentes crenças, a partir de documento assinado por cidadãos comuns[60].

Os holandeses eram os imigrantes – se é que se pode simplesmente chamá-los assim, pois revelaram-se como negociantes e colaboradores, os mais liberais no sentido exposto anteriormente. Negociavam na Companhia das Índias Ocidentais e, à época, apoiaram os demais colonos sobre a questão de liberdade religiosa, estabelecendo, anteriormente, já em 1576, que ninguém seria investigado ou punido por razões religiosas.

Seu núcleo colonial já era multicultural, pois mais de 16 idiomas eram ali falados. Acolheram judeus e apoiaram o movimento contra a rigidez *quaker*, que puniu severamente um de seus clérigos, o qual foi libertado pelo prefeito local sob a alegação de que somente alguém seria julgado se todos o fossem e que somente Deus pode julgar, enquanto a ninguém é dado julgá-lo. Não se pode, pois, considerar que essa liberdade surgiu com o documento *Bill of Rights* ou com o estatuto jeffersoniano de liberdade religiosa virginiano de 1786.

---

60 Disponível em: http://www.queensbp.org/remonstrance/documents/jackson_oped_nyt_071227.html. Acesso em: 4 nov. 2014.

Quando os diretores da Companhia das Índias Ocidentais se estabeleceram em Manhattan, consideraram que todos seriam bem-vindos, pois seus objetivos eram negócios, e não a salvação de almas, e esse clima, apesar de sua base comercial, contribuiu para favorecer o convívio entre os diferentes[61], ainda que a história revele a exclusão daqueles de etnia negra.

Um segundo fato a eles diretamente ligado trouxe impactos funestos, embora aparentemente eventuais, pois desenvolveu um processo segundo o qual, um pouco mais tarde, assumiu grandes proporções, vindo a gerar males indeléveis à história norte-americana: a escravidão.

Tudo parece ter começado com o fato de 20 africanos terem sido levados, em 1619, em um navio *Dutch* a Jamestown, para serem trocados por comida. O sistema de tráfico de pessoas da etnia negra veio a se constituir por volta de 1680.

O fato redundou em um processo tão forte que contribuiu substancialmente para a Guerra da Secessão, uma sucessão de fatos críticos abordados com o cuidado viável à extensão limitada deste livro, sendo frequentemente retomada nesta parte. A ela, foi somada a questão racial que, embora também recorrente aqui, não tenha recebido a devida amplitude e profundidade merecidas, o que exigiria um novo volume[62].

É curioso observar que os holandeses que frequentaram as colônias norte-americanas não tenham se estabelecido definitivamente. Alguns fatos podem explicar os motivos de não terem sido expulsos, e a natureza dos interesses daquela nação pode completar a explicação.

Um artigo reconhecido pelo Instituto Ludwig Von Mises, da autoria do historiador em Economia, Diretor da Escola Austríaca Murray N.

---

61 Kenneth T. Jackson, professor de História em Columbia e editor-chefe da *Enciclopédia da Cidade de Nova York*. Contribuição aberta do editor aos 27 de dezembro de 2007. Disponível em: http://www.queensbp.org/remonstrance/documents/jackson_oped_nyt_071227.html.

62 "Chronology of the history of slavery: 1619-1789". Disponível em: http://innercity.org/holt/slavechron.html. Acesso em: 9 mar. 2013. Sugere-se a leitura de: Alfred Knopf, *From slavery to freedom* (Myriad World Publishers, 2011); Booker T. Washington, *The negro problem* (Gardners Books, 2007); Booker T. Washington, *Up from slavery* (2000). Embora existam muitos outros livros importantes sobre o assunto que poderiam também ser sugeridos.

Rothbard, publicado pelo *Mises Daily*, na sexta feira, dia 15 de novembro de 2012, esclarece os fatos.

Durante o período em que holandeses começaram a estabelecer propriedades nas colônias, os norte-americanos estavam ocupados com a expulsão dos franceses e, posteriormente, dos ingleses. Logo após, deram atenção à questão, mas ela não precisou tomar vulto, pois o interesse real dos holandeses era o comércio internacional e a ele foram reduzindo suas atividades no novo continente, pois propriedades não teriam sido a prioridade[63].

Além de muitos períodos críticos vividos pelos colonos em geral, as colônias eram bastante locais em suas subculturas e Boorstin analisa a dificuldade que deve ter havido em se escrever cedo uma história que abrangesse mais direto os Estados Unidos, pois essa mentalidade nacional ainda era frágil, algo a emergir com um sentido mais direto. Os Estados Unidos, já um país independente da Inglaterra, após vencida a Revolutionary War. Boorstin compara sua realidade, ainda, até certo ponto, por meio da seguinte expressão: pré-nacional, com um mosaico[64].

Embora não se possa negar que a Guerra da Secessão, pelo menos, contribuiu para a percepção do nascimento de uma nação, mesmo ali, os reconhecimentos eram presos às fronteiras de cada colônia, o que, pela primeira vez, deu indícios de que pelo menos haveria duas metades, Norte e Sul. Essa característica de colcha de retalhos foi muito forte, apesar da presença do que alguns especialistas relutam em chamar de traços culturais.

Boorstin, com seu bisturi verbal, encontrou a expressão extremamente adequada para descrever essa realidade com a qual denominou o Capítulo 44 de sua obra, por meio da seguinte expressão: "The federal vagueness: born in secession"[65].

Embora essa declaração seja inspirada e consistente, tanto o grande episódio da Secessão quanto a lamentável escravidão foram tão com-

---

63 Ver: http://mises.org/library/dutch-west-india-company. Acesso em: 24 fev. 2015.
64 Daniel J. Boorstin, *The Americans. The national experience*, p. 362.
65 Daniel J. Boorstin, *The Americans. The national experience*, p. 400.

plexos e imbricados que não seria adequado encerrá-las aqui, apesar dos limites deste livro.

Um artigo de Carlton Fletcher, em 1861, logo após a sua introdução, declara: "agora você começa a obter uma perspectiva verdadeira. E fica claro que o Sul e a Geórgia não optaram pela Secessão meramente devido à problemática da escravidão". O autor volta à eleição de Lincoln, vencida com 39% dos votos populares e por uma esmagadora porcentagem do Colégio Eleitoral, quando o dominó da secessão começou a cair. Primeiro, a Carolina do Sul, em 1860. Flórida seguiria os estados algodoeiros. Alabama foi o seguinte. Timothy Manning, com sua formação acadêmica e sendo diretor da Virginia Heritage Foundation, assegurou que muitos georgianos influentes eram opostos à secessão, porém a eleição de Lincoln teria se transformado em um fator crucial para a mudança de posição dos estados sulistas. Luisiana e Texas uniram-se aos seccionistas[66].

Em 1861, assim que Lincoln assumiu a presidência, tropas confederadas incendiaram o Forte Sumter na Carolina do Sul e, em resposta, 75 mil soldados abafaram a revolta, levando Carolina do Sul, Virgínia, Arkansas, Tennessee e Carolina do Norte à separação, o que estimulou a prolongar a guerra, já em declínio.

Na declaração dos georgianos aos confederados, sobre as causas da separação do governo dos EUA, incluíram dez anos de inúmeros problemas relacionados com a não submissão à abolição da escravatura de africanos, o que teria servido de argumento para reduzir a tranquilidade, a segurança e a privação do uso do território da república.

Já Manning, que havia sido educado no estado de Michigan e foi ministro naquele território, não concordava dizendo que a história Norte-Sul estava cheia de imprecisões – exemplificando que havia 20 estados

---

66   Todo o comentário que trata desse tema, nesta etapa, refere-se a esse artigo publicado por solicitação de James W. King, Comandante da SCV Filhos dos Veteranos Confederados – instituição voltada à preservação do legado e história dos heróis sulistas, 141 Lt. Col. Thomas M. Nelson, Albany, Georgia, em 2012. Disponível em: http://www.scv.org/about/whatis.php. Acesso em: 29 set. 2013, com a permissão do Jornalista Carlton Fletchner, da *Herald Tribune*, A.G., para postá-lo.

e 11 oficialmente confederados. A invasão ordenada por Lincoln cobriu Virgínia Ocidental, Delaware, Oklahoma, Novo México e Arizona, porém o que o depoente considera pouco conhecido é a participação armada contra o governo central de sete estados democráticos, incluindo Nova Iorque, Pensilvânia, Indiana, Ohio, Michigan, Illinois e Wisconsin. O comandante J. King, do SCV Camp, chamou os cidadãos de Nova Inglaterra de muitos adjetivos altamente ofensivos e os responsabilizou pela Guerra Civil. Além disso, procurou mostrar que as razões da guerra se referiam, em especial, ao fato de esses nortistas desejarem a produção sulista por meros trocados e que o Sul simplesmente teria lutado contra uma invasão da Armada.

Na verdade, as causas eram muitas, incluindo tarifas pesadas, cristianismo *versus* humanismo secular, diferenças culturais, controle dos territórios do Oeste, industrialização do Norte, possível instigação de rebelião de escravos, para citar alguns.

Os depoimentos de King incluem que os sulistas mais educados desejavam uma libertação pacífica e gradual da escravatura, enquanto os nortistas consideravam a situação imoral e anticonstitucional[67].

Certamente, o investimento com a escravatura era considerado pesado pelos proprietários sulistas; por sua vez, os nortistas receberam navios com tráfico de escravos.

Logo, além de grave e ampla, a questão é complexa e as situações confusas, pois estavam em jogo questões políticas, econômicas e éticas, além de diferenças culturais significativas que levaram as duas metades a opções opostas diante da problemática.

O que muitos autores escrevem recorrentemente é que explosão da Guerra da Secessão decorreu de diferentes contextos que, de maneira relativamente clara, delineavam o estilo nortista e o sulista de pensar e viver, tema ao qual Menand também se dedica com profundidade e grande sensibilidade em seu livro premiado. Ele descreve detalhes de fatos, falas, escritos

---

[67] Georgia secession rooted in Lincoln's election. Georgia somewhat reluctantly joined other Southern states in seceding from the Union 151 years ago on January 19, 1861. Carlton Fletcher, carlton.fletcher@albanyherald.com

e ideias em profusão à época, revelando nem tanta homogeneidade quanto pode parecer à primeira vista entre nortistas entre si ou sulistas, também entre eles mesmos. Por exemplo, surgiram nomes antiescravatura em ambas as regiões e posições políticas, religiosas e sócio-filosóficas diferentes entre os próprios originários do Norte ou do Sul, além de simpatizantes do movimento abolicionista, bem como de escravocratas declarados.

Havia ainda certa difusão de ideias, além das posições muito claras, como o escravagismo ao Sul e o abolicionismo ao Norte, mas a complexidade das nuanças mereceu a dedicação de escritores até a atualidade.

O que Menad realiza com maestria é mostrar, por vezes, tênues diferenças no pensar e no agir, em contraste com fortes características de ambos os lados, trazendo uma reflexão que revela os impactos dos fatos, tanto em termos de debates de ideias quanto bélicos sobre a estrutura sociocultural e as posições filosóficas de nortistas e sulistas em mutação, após a Guerra, chegando ao reconhecimento da contribuição de quatro personalidades posteriores, para a reconstrução da cultura e ideias de toda uma sociedade que necessitou, segundo ele, de no mínimo "meio século para reconstituir a intelectualidade norte-americana como um todo". Neste ponto, ele se refere a Oliver Wendel Holmes, William James, Charles S. Pierce e John Dewey, interpretando-os como "portadores de distintas personalidades que nem sempre concordavam entre si, mas cujas carreiras se entrecruzaram em vários pontos e que, juntos, foram mais responsáveis do que qualquer outro grupo de pensadores, para orientar o pensamento norte-americano em direção ao mundo moderno"[68].

Os quatro brevíssimos exemplos do pensamento dessa preparação para o moderno são tão conhecidos que dispensam citação, mas, certamente, aguçarão as lembranças de obras e realizações de todos, conforme seguem:

"Man's mind, once stretched by a new idea, never regains its original dimensions".
OLIVER WENDELL HOLMES

---

68 Louis Menand, *The metaphysical club. A story of ideas in America*. New York: Farrar, Strauss and Giroux, 2002. p. X.

"What is meant by saying that my choice of which way to walk home after the lecture is ambiguous and matter of chance?... It means that both Divinity Avenue and Oxford Street are called but only one, and that one either one, shall be chosen".
WILLIAM JAMES

"A clear idea is defined as one which is so apprehended that it will be recognized wherever it is met with, and so that no other will be mistaken for it. If it fails of this clearness, it is said to be obscure."
CHARLES S. PEIRCE

"An ideally perfect knowledge would represent such a network of interconnections that any past experience would offer a point of advantage from which to get at the problem presented in a new experience."
JOHN DEWEY

Na simplicidade e rápida passagem por essas ideias, é possível perceber que elas encaminham para mudança, escolhas, clarificação, complexidade das articulações com as quais Dewey parece falar aos jovens da atualidade em termos de sistemas que a tecnologia oferece.

O certo é que essa complexidade que provavelmente também envolve fortes sentimentos, paixões, ao tempo da Secessão, tem sido alvo de estudos em livros, artigos e debates até hoje, além da presença de organizações que pesquisam e produzem matérias sobre o tema, especificamente, várias citadas neste livro, as quais a informatização favorece o contato a quem desejar aprofundamento.

PARTE IV
O desenvolvimento do sistema educacional: implicações filosóficas, político-econômicas e psicossociais

CAPÍTULO 11   # Currículo como orientação para a vida

Sociedade: Reflexos no Currículo *versus* Impactos do Currículo
O tempo terá chegado quando a reavaliação do propósito acadêmico e filosófico encorajar o desenvolvimento curricular a focar sobre as vidas que vivemos, sobre a gratificação que nos dará e sobre a sabedoria com que a viveremos. Se esse desenvolvimento ocorrer, diferentemente de apenas técnicos treinados, não haverá desvantagem no mercado de trabalho. E, talvez, novamente a ideia de uma pessoa educada venha a tornar-se um ideal útil.
FREDERICK RUDOLPH, 1977.

À primeira vista, pode parecer um tema excessivamente técnico a leitores leigos em educação, porém a leitura atenta levará a perceber que, em virtude de sua abrangência, currículo é algo de interesse e entendimento geral.

O tema "currículo", independentemente de tempo ou lugar, costuma levar a discussões interessantes e até mesmo acirradas. Partindo de diferentes percepções sobre o que é um currículo, qualquer tópico sobre o assunto oferece ricas oportunidades para debates.

Nos extremos, encontram-se tanto os que pensam que currículo é tudo, em última instância, a própria instituição, até os que, lamentavelmente, reduzem-no a um simples rol de conteúdos especializados. Algumas breves considerações sobre conceito de currículo, segundo especialistas norte-americanos, seus diversos tipos, finalidades e dinâmica, poderão facilitar o acompanhamento tanto dos impactos do currículo sobre aquela sociedade quanto da sociedade enfocada sobre o currículo. Com isso, percebe-se que a manifestação da cultura norte-americana surge quer nas conceituações encontradas na literatura, quer na prática das propostas teóricas sobre currículo.

As posições e opiniões sobre o currículo para o ensino superior nos Estados Unidos, após a independência, mais especificamente após a Guerra Civil ou a Secessão, foram bastante heterogêneas – tanto em relação ao que o currículo deveria ser quanto ao julgamento de cada segmento da sociedade e da academia ou grupo sobre a efetividade do currículo em andamento. A partir dos antigos *colleges*, quando o objetivo curricular era fundamentalmente "servir a Deus todo-poderoso", como propunha Yale, "preservar a pureza e manter a fé", para as faculdades calvinistas, os currículos passaram por um processo lento de transformação, tentando harmonizar humanismo com ciência pura e aplicada, enquanto procuravam "não se afastar de Deus".

A preocupação com a possibilidade de afastamento da religião no ensino superior gerou as mais diversas formas de reação, desde protestos orais até artigos em periódicos. Essas ações partiram de pessoas importantes, como Noah Porter, presidente da Yale, ou de Ezra Cornell, ao fundar a Universidade de Cornell. O grau de preocupação também variou bastante. Nos dois exemplos citados, o tradicionalismo de Noah Porter contrastou com a diplomacia de Ezra Cornell, que não via incompatibilidade entre religião e ciência, contanto que as universidades não se submetessem a nenhuma denominação religiosa[1].

Simultaneamente, surgiram tanto acusações quanto elogios a diferentes posturas de educadores e instituições, enquanto os currículos iam tomando forma e adquirindo personalidade, para revelar a instituição e atender aos anseios da sociedade da época.

---

[1] Richard Hofstadter, "The transition from college to university", p. 3.

Breves considerações sobre Currículo

O conceito de currículo como um organismo complexo que integra o conteúdo mais estável à dinâmica da realidade, estruturando um corpo flexível e coerente, em constante evolução, não é familiar a muitos.

Frederick Rudolph, um especialista no assunto, citando Lon Helferlein, explica currículo como "um campo de batalha no coração da instituição". Uma batalha permanente da qual não se conhece nem começo nem fim. Currículo seria, pois, um organismo vivo, que contém, em sua essência, o gérmen da mudança e da constante renovação[2].

Um dos primeiros livros sobre currículo, na América do Norte, foi o de autoria de Franklin Babbitt, em 1918. A partir de então, vêm surgindo conceitos de currículo bastante próximos[3].

O resumo histórico de conceituações de currículo organizado por Daniel e Laurel Tamer, editado em 1980, apresenta essas várias definições, do seguinte modo, sendo o currículo:

a. a tradição cumulativa do conhecimento organizado;
b. modos de pensar;
c. experiência;
d. experiência orientada;
e. um planejado ambiente de aprendizagem;
f. conteúdo e processo cognitivo e afetivo;
g. um plano de instrução, fins e resultados da instituição;
h. um sistema tecnológico de produção[4].

---

2   Frederick Rudolph, *Curriculum*, p. 5.

3   Galen Saylor, Wiliam M. Alexander e Arthur J. Lewis, *Curriculum planning for better teaching and learning* (New York: Holt, Rinehart and Winston, 1981), p. 3. Não se deve confundir Franklin com Irving Babbitt, também citado neste livro e considerado o fundador do neo-humanismo, tendo sido professor de Literatura Comparada, em Harvard, por 39 anos, universidade onde realizou sua pós-graduação em 1889. Hugh Haskins, *The emerging university and industrial America*, p. 53.

4   Galen Saylor, Wiliam M. Alexander e Arthur J. Lewis, *Curriculum planning for better teaching and learning*, pp. 4-8.

Aproveitando essas definições, Saylor, Alexander e Lewis realizam nova análise histórica de conceitos de currículo, partindo de outras categorias. Para esses autores, o currículo é compreendido como:
a. conteúdos e matéria;
b. experiências;
c. objetivos;
d. oportunidades planejadas para aprendizagem.

O primeiro conceito é o mais tradicionalmente utilizado, especialmente no primeiro e segundo graus, constituindo-se de conteúdos e matérias a serem ensinados pelo professor e aprendidos pelo aluno[5].

O segundo apresenta o currículo como um processo em andamento, composto por todas as experiências pelas quais os estudantes passam, sob orientação de seus mestres. Enfatiza, especialmente, como os estudantes reagem ao currículo[6].

O terceiro não diz respeito ao que os estudantes farão durante a aprendizagem, mas ao que eles aprenderão como consequência do que farão. Refere-se, pois, aos resultados, e não ao processo para o atingimento dos resultados. É muito utilizado no ensino profissionalizante, por enfatizar o resultado e a capacitação desenvolvida[7].

A última concepção de currículo citada refere-se à complementação das anteriores, por meio de um plano, apresentando um conjunto de intenções. Este representa a posição dos autores citados diante do tema currículo[8].

---

5   Galen Saylor, Wiliam M. Alexander e Arthur J. Lewis, *Curriculum planning for better teaching and learning*, p. 4.

6   Galen Saylor, Wiliam M. Alexander e Arthur J. Lewis, *Curriculum planning for better teaching and learning*, p. 5.

7   Galen Saylor, Wiliam M. Alexander e Arthur J. Lewis, *Curriculum planning for better teaching and learning*, p. 6.

8   Galen Saylor, Wiliam M. Alexander e Arthur J. Lewis, *Curriculum planning for better teaching and learning*, p. 7.

As principais vantagens que Saylor, Alexander e Lewis[9] encontram em tal abordagem são:
a. cobrir estudantes de qualquer idade;
b. servir a qualquer contexto;
c. prever a participação do estudante no desenvolvimento curricular e no processo de avaliação;
d. libertar os educadores para a criatividade[9].

Em síntese, a definição dos autores para currículo é "um plano para prover conjuntos de oportunidades de aprendizagem, a fim de educar pessoas"[10].

Nossa concepção de currículo apresenta a seguinte constituição: fundamentado no posicionamento filosófico institucional, seguindo diretrizes de sua política educacional, buscando o atingimento de objetivos e metas, o currículo se estrutura em um conjunto de normas, tradições, conteúdos, atividades, posturas, estratégias de desenvolvimento de potencialidades, valores, atitudes, habilidades físicas e intelectuais, que caracterizam os fins da instituição, todos os seus recursos humanos, docentes, administrativos ou discentes, revelando e possibilitando a realização da vocação institucional por meio de seu produto.

As diversas análises das influências no currículo também apresentam verificações bastante contrastantes.

Enquanto, para alguns, segundo Hofstadter, a universidade foi acusada de "reger o Estado", para outros historiadores o alerta à sociedade quanto ao perigo das interferências do Estado federal no ensino superior, especialmente por meio da nova universidade pública, era um risco iminente. A outros, ainda, preocupava a interferência da empresa privada que, segundo eles, estaria transformando as universidades em mero negócio,

---

9   Galen Saylor, Wiliam M. Alexander e Arthur J. Lewis, *Curriculum planning for better teaching and learning*, pp. 7-8.

10 Galen Saylor, Wiliam M. Alexander e Arthur J. Lewis, *Curriculum planning for better teaching and learning*, p. 8.

afogando-as em um mar de burocracia, envolvendo-as apenas na busca de prosperidade financeira, o que, em linguagem mais atual, costuma chamar-se sucesso.

A grande preocupação era que o interesse do setor privado diluísse a qualidade do ensino. Na verdade, o que a memória de fatos e de opiniões revela é muito mais a preocupação com as razões do interesse financeiro do que com a prosperidade de algumas instituições. Isso tanto pelos objetivos dos projetos financiados quanto pelas expectativas sobre os resultados dos investimentos.

No momento em que Charles William Eliot, por exemplo, em Harvard, decidiu empenhar-se em reformular o currículo, elevadas somas foram necessárias para que suas ideias fossem postas em prática[11]. A qualidade dessas suas intenções foi o que o distinguiu entre muitos outros presidentes de universidades. Justamente por pretender professores especializados, aprofundamento em estudos específicos e um bom número de disciplinas eletivas, o suporte financeiro era indispensável. A sua habilidade em argumentar por essa causa transformou seu ideal em sucesso no bom sentido. A qualidade do ensino, a atração em que Harvard se constituiu, tanto para professores quanto para alunos, somado ao volume dos fundos destinados a ela, comprovaram o pressuposto.

Lições de convívio saudável entre prosperidade financeira e qualidade da educação existiram claramente na história do ensino superior norte-americano. Vários são os exemplos de qualidade somados à prosperidade, como o de Harvard. Contudo, alguns dos exemplos de mensagens, como a de Irving Babbitt[12], revelam apreensão diante do perigo de uma inversão de valores. "À época", comenta ele, no início do século XX, "é, acima de tudo, de cuidadoso pensar e de uma precisa definição. Dinheiro

---

11   Frederick Rudolph, *Curriculum*, p. 18. Eliot assumiu a presidência da Universidade de Harvard em 1863.

12   Irving Babbitt, destacado professor de literatura em Harvard, estudou na França Línguas e Literatura Latina e, também, Pali. Viveu entre 1865 e 1933, sendo considerado o precursor da Literatura Comparada em Harvard e um dos expoentes do chamado novo humanismo.

e entusiasmo, excelentes como estas duas coisas são, não devem tomar o lugar de vigorosa reflexão pessoal"[13].

Babbitt, além da euforia pelo ensino científico, preocupava-se com os efeitos que algumas novas abordagens ao currículo pudessem causar ao estudante, à universidade e à sociedade. Havia um excesso de influência do positivismo em algumas instituições, com o risco de reduzi-las de universidades a meros *workshops*, deteriorando suas nobres funções a simples experimentalidade[14].

Outra consequência possível e que foi apresentada por Babbitt com grande preocupação refere-se às influências do individualismo[15].

Alertava para o risco da falta de equilíbrio, a qual poderia levar as instituições a abandonarem o autoritarismo dos modelos prescritos pelos antigos *colleges*, para cair no individualismo. "Não é suficiente a comunhão oferecida pela prática de esportes, a comunhão de interesses é que complementaria a educação." Esclarece ainda que "além da ciência, está o homem e que as suas raízes nem sempre coincidem". O "homem", afirmava Babbitt, "possui tudo o que a natureza possui e mais. E nesse mais é que residem todas as suas esperanças de bem"[16].

Além da preocupação com o conceito de currículo, com sua adequação, seus impactos, sua atualidade e sua condição de atender a interesses e necessidades, à medida que os currículos universitários têm sido estruturados de modo mais sofisticado, a preocupação com a sua eficácia e adequação começou a intensificar-se.

Na diferença entre uma proposta curricular coerente com vocação, filosofia e política institucionais, seus objetivos, suas metas e o currículo realmente aplicado, exercitado e realizado, é que está o problema da eficiência curricular, isto é, em método confiável. Além disso, competência

13   Frederick Rudolph, *Curriculum*, p. 56.

14   Irving Babbitt, "The humanities", *Atlantic Monthly*, LXXXIX (1902), pp. 770, 779.

15   Esse tema é discutido por Robert Griffin e Robert Nash, "Individualism and education: an exchange of views", *Educational Theory*, v. 40, n. 1 (winter, 1990), pp. 1-13.

16   Irving Babbitt, "The humanities", *The emerging university and industrial America*, p. 54.

para acompanhar o currículo em andamento e a capacidade de avaliar o planejado em face do executado vêm se constituindo em um dos maiores desafios nos cursos de nível superior, em geral.

O processo de acompanhamento precisa contar com uma estrutura de pessoal e de procedimentos adequados a todas as fases do currículo em andamento, a fim de que a avaliação se faça e de que o órgão permanentemente encarregado de planejar e formular a atualização curricular receba o retorno necessário a uma atuação eficiente.

A participação do aluno na avaliação do processo ensino-aprendizagem, pela avaliação do curso e do desempenho do professor, poderá aperfeiçoar o currículo. Como toda alternativa que envolve avaliação de desempenho, porém, exige conhecimento apurado de seleção dos instrumentos de avaliação e da cultura institucional, antes e depois da aplicação.

A questão curricular, a par da questão do desenvolvimento de recursos humanos, apresenta aspectos cruciais para o sucesso de cada instituição de terceiro grau, em particular.

Tanto a formulação curricular quanto a formulação de uma política de desenvolvimento de pessoal, fundamentada na filosofia institucional, em coerência com os objetivos propostos e as metas a serem atingidas não serão suficientes, embora sejam indispensáveis. A capacidade de dinamizar essas propostas e a habilidade para gerenciar as atividades dos profissionais envolvidos nos procedimentos nos mais diversos níveis representam fatores vitais à eficiência curricular.

Entre as muitas críticas que as universidades receberam em seus primeiros anos de vida, encontram-se aquelas que insistem em que elas estariam transformadas em mero negócio. Em um país cuja cultura permite articular prosperidade financeira com trabalho, sucesso com capacidade e, ainda, consegue conciliar espírito religioso e piedade cristã com riqueza, a desconfiança quanto à demasia de interesses financeiros na educação não gerou aversão ao dinheiro, nem concebe dinheiro como fator de corrupção. Entretanto, não ficou livre de alerta à possível inversão de valores entre meios e fins.

Prosperidade deveria possibilitar o sucesso da educação, em vez de contribuir para sua deterioração. Essa posição é ainda perceptível nas instituições norte-americanas.

Um fato torna-se cada vez mais cristalino aos olhos do observador que acompanha o percurso do ensino superior nos Estados Unidos. Trata-se da permanente e significativa contribuição do setor privado com aportes financeiros, parcerias e consideração pelo conhecimento ao qual recorre frequentemente em qualquer área desde os primeiros *colleges*.

O papel educacional dos líderes do setor privado, naquele país, possibilitou ao setor público estabelecer uma delimitação mais racional de suas responsabilidades na educação. Isso deve estar facilitando ao governo a concentração de esforços em projetos de ensino e pesquisa que as políticas governamentais elegeram para investir, sem inviabilizar, o sistema educacional como um todo.

Não se imagina que essa é uma questão harmônica e equilibrada, mas uma discussão centenária, permanente, muitas vezes aguda, em busca de solução e que será sempre temporária para as reivindicações dos que investem e dos que pagam tributos, quer pessoas físicas, quer jurídicas, nos EUA, cujas vozes são fortes na procura de resultados de várias origens e possibilidades.

Apesar de todas as críticas à comercialização das universidades, foi evidente a necessidade de fundos no momento em que se pretendeu elevar o nível de ensino-pesquisa naquelas instituições, e não resta dúvida de que a maior renovação e enriquecimento do ensino do terceiro grau surgiu na América, com a estratégia das disciplinas eletivas, já tão aspiradas por Thomas Jefferson para a Universidade de Virginia. Revigorada com energia por Eliot, após assumir a presidência[17] de Harvard, em 1863[18], permanece em vigor até hoje. Conforme comentado anteriormente, a viabilização das eletivas e dos estudos de pós-graduação dependeram, em grande parte, de condições financeiras altamente favoráveis para desenvolver os recursos humanos com a diversificação requerida.

O que as questões relacionadas a currículo apresentadas ao longo deste livro recorrentemente revelam é que esse fundamental instrumento

---

17 Nos Estados Unidos, não é usado o termo reitor, mas presidente para o mais alto posto em qualquer das universidades.

18 Frederick Rudolph, *Curriculum*, p. 132.

estratégico, em qualquer organização de graduação, constitui uma fonte rica e permanente para pesquisar a cultura em que ele se insere, tanto em termos organizacionais quanto nacionais. Por isso, Frederick Rudolph, considerado um dos maiores especialistas na área e que dedicou seu trabalho à leitura crítica das questões curriculares nos EUA, declara que "currículo é o registro de como o povo norte-americano enfrentou questões como quem deveriam ser seus líderes, se a sociedade deveria ser governada por uma elite e sobre até que ponto o conceito de igualitarismo deveria ser levado à prática, a questão de prover cursos de estudos, não somente para poucos, mas para muitos"[19].

Sintonizado com essa posição, embora não tenha se embrenhado ativamente no presente, porém podendo antecipar que a postura não realizou mudanças radicais, este livro considerou as propostas, os debates e as experiências envolvendo currículo, no ensino superior, como um dos retratos mais nítidos da cultura norte-americana em diversas épocas.

Encerra-se este capítulo com três sugestões de leitura sobre currículo e o panorama educacional de um período de debates férteis, com os estudos de Sloan[20].

---

19   Frederick Rudolph, *Curriculum*: a history of the American undergraduate course of study, since 1636 (San Francisco: Jossey-Bass, 1978), pp. 14-15.

20   Douglas Sloan, "Harmony, chaos, and consensus: the American college curriculum", *Teachers College Record* (December, 1971-1973); Douglas Sloan, *The great awakening and the American education*: a documentary history (New York: Teachers College Press, 1973) e o já citado Frederick Rudolph.

CAPÍTULO 12 **Arrancada para pós-graduação: possibilidades de especialização e presença de valores**

Introdução

Nesta etapa do livro, um fato que pode ser considerado, senão inusitado, pelo menos raro e mesmo curioso, embora responsável e, talvez, mereça ser entendido como ético, é a abordagem da tradicional questão das doações e dos investimentos em ensino e pesquisas, nos Estados Unidos. Trata-se de um breve relato sobre a recusa de doação, que é citada mais adiante.

O que fica aqui evidenciado novamente é a questão dos valores, envolvendo doações dos dois lados: segurança para doadores e busca por liberdade acadêmica por parte dos que recebem.

Sobre doações, em suas inúmeras modalidades, a literatura é extensa e a formação para lidar com sua malha de modalidades, desde a busca de fundos, passando por normas e legislação a respeito, até sua gestão e controle, é pródiga. Como essa cultura é forte, ordenar esse rico sistema, nascido já no período colonial, passou a ser uma rotina na gestão entre as questões nacionais.

Nada era e ainda é realizado ao acaso; mesmo quando espontânea e individualmente, há acompanhamento a doações. Tudo sempre foi e continua a ser gerido com controles bem definidos. As modalidades são inúmeras, porém acompanhadas e administradas dentro de um âmbito legal. Os desvios ficam difíceis de ocorrer, mas, então, entra o traço cultural com o qual Daniel Boorstin descreve a conjuntura colonial: *os crimes eram poucos, mas as punições eram certas.*

Provavelmente, como não há sociedades sem a presença humana, pois ela é a própria sociedade, os crimes eram poucos, também, porque a punição era certa.

Doações e fundações para investimento e doações em educação e pesquisa construíram uma rede considerável e permanente de alternativas que não poderia ser administrada por leigos – daí a profissionalização nesse sentido, conforme pontuado neste livro. Aclarada essa realidade cultural com a qual o leitor se depara durante a leitura em geral, retornar à questão do ensino e pesquisa fica assentado em sua viabilidade, de maneira mais realista e sólida.

Qualificação docente e de pesquisadores: possibilidades de pós-graduação

A nova estrutura curricular, a partir de então, veio a favorecer qualidade aos estudos de pós-graduação, como consequência natural do requisito de especialistas em áreas selecionadas para aprofundamento.

Em 1899, David Starr Jordan, antes de tornar-se presidente de Stanford, criou uma estrutura curricular baseada em áreas de concentração e interesse. Seu trabalho teve início na Universidade de Indiana, durante sua presidência e, mais tarde, foi implantado por ele em Stanford[1].

Esta sofisticação não poderia ter ocorrido nos antigos *colleges*, não somente pela rígida prescrição, mas, principalmente, pela competência que exigiria.

Durante o período colonial, o grau de mestre já era conferido mediante alguns requisitos, como trabalho acadêmico após o transcurso de três anos, além do bacharelado. A frequência somente era obrigatória

---

[1] Donald Kennedy, "Jordan, Cornell, Indiana, Stanford: Some Connections, (comments on)", *Stanford University President*, December, 4, 1980.

para os que optassem pela carreira religiosa. Outros requisitos referiam-se a conhecimento e à condição para apresentá-lo, ainda nos moldes medievais. Brubacher e Rudy chamam a atenção para a forma antiga de apresentação do conteúdo *versus* a considerada atualidade das questões propostas, naquele contexto científico e social. Entre essas questões, bastante curiosas, encontravam-se: I – "A educação de nível superior incapacita o homem para a vida de negócios (1724)"; II – "O governo civil é originalmente fundado no consentimento do povo?" (1725); III – "Jesuítas podem ser considerados bons indivíduos?" (1677); IV – "O preço dos artigos à venda podem ser regulamentados por lei?" (1725); V – "A voz do povo é a voz de Deus?" (1733).

As questões que ilustram essa prática revelam, de alguma forma, valores culturais até hoje arraigados na cultura norte-americana, como a busca de convencimento popular sobre o valor do conhecimento, a democracia à moda norte-americana, certa desconfiança da nação de maioria protestante sobre o catolicismo, o livre-comércio e a invocação de Deus em questões políticas e algumas vezes na história, como recurso de retórica para resolver incômodos, conseguindo adeptos para demonizar o inimigo (como no recentíssimo caso do Iraque).

Estudos sobre política externa norte-americana são frequentes, e os pesquisadores da Universidade de Sydney têm contribuído nesse sentido[2].

Em tais momentos, é possível observar a postura estratégica norte-americana como certo risco à lucidez que interpreta e/ou alardeia situações como de iminente perigo, quando a atitude política se aproxima de uma postura que lembra fundamentalismo.

A curiosidade acadêmica leva a perceber que o objetivo das antigas teses era testar a capacidade de argumentação do candidato, de acordo com o prescrito, logo a afirmação e a negação eram definidas, antes, para todas as questões. Quanto às enumeradas anteriormente, a expectativa era a seguinte:

---

[2] Brenda O'Connor, *American foreign policy* (Sydney, Austr: Sage Publication, 2009), v. 1-4.

- I – negativo;
- II – afirmativo;
- III – negativo;
- IV – afirmativo[3];
- V – afirmativo.

Entre as vantagens da criação de eletivas e áreas de concentração, é certo que não somente reforçou os departamentos, mas passou a distinguir o departamento de pós-graduação pelo seu brilho, o que foi se tornando uma realidade comum nas universidades norte-americanas, segundo a opinião de vários estudiosos do ensino superior daquele país. Aliás, o sistema de eletivas restringiu-se, para alguns, a um sucesso só de Eliot em Harvard, enquanto, para outros, foi "um instrumento de transição que se tornou tanto uma arma quanto um símbolo"[4].

As eletivas ampliaram as condições de se diversificarem as possibilidades em termos de formação nas universidades, fortalecendo o desenvolvimento de, praticamente, qualquer interesse. Por isso, alguns as consideraram não somente um instrumento a serviço da educação, mas uma arma na batalha pela reforma do ensino superior, conforme George W. Pierson. Para ele, o sistema de eletivas tornou-se o símbolo dessa reforma, tão entusiasticamente defendida por Harvard, Chicago e Stanford, e, em contraste, visto com cautela por tantas outras universidades ou, ainda, um sistema criticado mesmo por alguns estudantes de Harvard, como Charles F. Adams Jr., que tomou a iniciativa de divulgar sua posição[4].

Adams Jr. representou sua classe, em meados de 1800, em Harvard, divulgando um manifesto que criticava severamente a falta de realismo do currículo e as impertinências em torno do ensino de grego, exigindo, ainda, um melhor nível no ensino que enfatizasse raciocínio, e não apenas memorização.

O manifesto foi muito lido e o assunto foi intensamente discutido em várias universidades, tanto oralmente quanto por meio da publicação de artigos.

---

[3] John S. Brubacher e Willis Rudy, *Higher educational in transition*, pp. 20 e 423.

[4] Frederick Rudolph, *Curriculum*, p. 227.

O manifesto redigido por Charles F. Adams Jr. chamou a atenção de muitos não somente pelo seu conteúdo, mas por ter partido de um membro da família Adams[5], Charles F. Adams Jr., primo de Henry Adams. Charles Kendall Adams, na Universidade de Michigan, e Henry Adams, em Harvard, implantaram inovações em termos de técnicas de ensino, mais ou menos por essa época, tentando[6] tornar mais realista o processo ensino-aprendizagem, buscando resultados na educação.

O próprio John Quincy Adams, o sexto presidente dos Estados Unidos, escreveu em seu diário, em Harvard, que: os bons estudantes compreendiam o desperdício da recitação, por meio da qual não aprendiam nada[7].

Charles K. Adams[8] também dirigiu severas críticas aos que foram contrários ao fato de taxas recolhidas pelo governo serem encaminhadas para as universidades, chamando-os de idiotas. Entre esses, ele citou Eliot, de Harvard.

Essa reação ilustra diferentes pontos de vista quanto à permanente e atual questão dos impactos do controle governamental sobre a educação, por meio dos fundos.

Tentativas para melhorar o nível do ensino nas universidades existiram em toda a parte. No período de 1855 a 1857, por exemplo, surgiu, já pela segunda vez, em Nova Iorque, o esforço para modernizar a universidade e desenvolver uma elite intelectual. Mark Hopkins foi convidado para a presidência. O problema ocorreu quando não foi possível sensibilizar doadores para o ideal de tal universidade[9].

---

5   Frederick Rudolph, *Curriculum*, pp. 151-152, 183-185.

6   Frederick Rudolph, *Curriculum*, p. 145. Charles F. Adams Jr. era neto de John Quincy Adams, presidente dos USA no período 1825-1829. Henry Adams foi historiador e escritor (1838-1918).

7   John S. Brubacher e Willis Rudy, *Higher educational in transition*, pp. 86-7.

8   Daniel Justin Herman, Revisado por Adams Charles, *When in the course of human events*: arguing the case for Southern Secession (Lanham: Rowman & Littlefield Publishers, 2000, Central Washington University) Published on H-Civil War (July, 2000). Disponível em: http://www.h-net.org/reviews/showrev.php?id=4316. Acesso em: 4 nov. 2014.

9   Frederick Rudolph, *Curriculum*, p. 114.

O que a história das instituições de ensino superior nos Estados Unidos revela é justamente uma intensa busca de qualidade, em paralelo ao esforço no levantamento de recursos financeiros, especialmente a fim de viabilizar a contratação de especialistas qualificados. O papel do empresariado, nesse sentido, foi vital e, embora os atritos, os retornos foram recíprocos.

Yale, em 1860, conseguiu alguns sucessos em especulação científica, conferindo, em 1861, diploma a três doutores, aliás, os primeiros "PhD" do país[10].

Raros foram os exemplos de instituições de ensino superior que se negaram a aceitar doações, temendo compromissos, mas eles ocorreram. Em 1908, o Swarthmore College foi um deles[11].

Na verdade, a ação intervencionista dos doadores foi evidente, em várias instituições. Na antiga Berkeley, por exemplo, os doadores inquiriam os professores sobre suas convicções religiosas, antes da contratação[12].

Com o surgimento das universidades, além do aspecto posicionamento, convicções e valores levados em consideração na seleção do corpo docente, habilidades em administração financeira começaram a aparecer como importantes características no perfil dos docentes. Isso veio a gerar ruidosas críticas no sentido de qualidades que, no início, foram consideradas meras "virtudes", passando a pré-requisito para admissão[13].

Após esses comentários sobre fatos que, direta ou indiretamente, influíram no currículo, cabe lembrar outro tipo de expectativa sobre a missão da universidade nos Estados Unidos, influindo no currículo, quer fosse pública, quer privada. Trata-se das necessidades da sociedade, cobrindo

---

10   Frederick Rudolph, *Curriculum*, p. 11.

11   Laurence Veysey, *The emerging university and industrial America*, p. 84.

12   Laurence Veysey, *The emerging university and industrial America*, p. 84. Naquela época, convicções religiosas representavam o perigo atribuído atualmente a tendências ideológicas, em certos contextos.

13   Walter P. Metzger, "Academic freedom", *The emerging university and industrial America*, p. 70.

seus segmentos mais diversos: os cidadãos, a comunidade industrial e uma nova entidade, o Estado, com suas diretrizes nacionais, uma ideia difícil de assimilar por um povo habituado ao localismo da época colonial e que deixou um forte sentimento de autonomia e direito à autogestão. Neste início de milênio, é possível observar que, mesmo após a confederação se apresentar finalmente como uma federação, certo isolamento persiste, apenas deslocando-se do interior do país para o mundo.

Retornando à discussão sobre o currículo, verifica-se que em geral havia os que percebiam a universidade como uma instituição estável e fundamental, que, enquanto representasse valores e tradições históricos, participasse da construção do futuro, sem descer aos modismos. Isso ocorria em paralelo ao pensamento daqueles que vislumbravam uma universidade voltada ao utilitarismo e ao atendimento de interesses mais em curto prazo.

Importante, nessa etapa da discussão, é relembrar que a questão aparentemente simples das eletivas tornou-se um problema debatido fortemente e, também, uma oportunidade para um período, considerado por vários nomes importantes na academia, caótico. A expectativa dos alunos emergiu como desejo de certo arejamento na postura dos professores, a devida dimensão às línguas mortas e a oportunidade para os idiomas falados no mundo, conforme muito bem descreve F. Rudolph[14]. As discussões decorrentes envolveram renomadas instituições e professores que trabalharam, em geral, organizando certa confusão gerada pelo modelo de livre-escolha de eletivas, chegando ao que se denominou concentração e distribuição. Esse modelo significava o que os norte-americanos chamam de *major*, a área de concentração a qual exigia estudo em profundidade e que, no referido sistema, era combinada com disciplinas escolhidas a partir de certos grupos de áreas de estudo definidas segundo o que se chamou "estilo intelectual"[15].

---

14   Frederick Rudolph, *Curriculum*: a history of the American undergraduate course of study, since 1636, pp. 228-230.

15   Frederick Rudolph, *Curriculum*: a history of the American undergraduate course of study, since 1636, p. 228.

Entretanto, as diferenças entre as instituições eram óbvias nesse período de final e início de século. Weyland, em Connecticut, no ano de 1908, por exemplo, assumiu a concentração e distribuição segundo seus requisitos, e Lowell, em 1909, no College of New York, nunca chegou a optar por eletivas, mas acatou a concentração e distribuição[16]. Além dessas diferenças, surgiu, antes da Primeira Guerra Mundial, a modalidade que se chamou *honors* – uma seleção de estudantes que se destacaram seguida por Aydelotte, do Swarthmore College –, inspirando Harvard e Yale a ir pelo mesmo caminho, antes da Primeira Guerra Mundial. Contudo, Lowell não aceitava rigidez e, para ele, o *liberal curriculum* não seria uma "fórmula, mas um ponto de vista". "Reforçava a ideia de que a educação liberal seria desenvolvimento mental e responsabilidade moral", insistindo que "cada pessoa era única", merecendo exercer seus "próprios poderes, desenvolvendo-os o mais amplamente possível"[17].

O andamento reviveu celeumas, aceitações e críticas. Em Harvard, a conclusão foi de que "havia muito ensino e pouco estudo". O presidente Eliot, em Harvard, estimulou estudos em laboratórios, solução de problemas, trabalhos individuais e teses, mudando o rumo da atitude estudantil, que começou a "responsabilizar-se por sua própria educação"[18].

Valores ontem e sempre: da Educação às Guerras
À medida que a universidade norte-americana foi adquirindo maturidade, a compreensão de sua missão passou a defini-la bem próxima às ideias de Lawrence Lowell, presidente da Universidade de Harvard, por volta de 1934:

A universidade tem sobrevivido a qualquer governo, a qualquer tipo de mudança nas tradições, na legislação, no pensamento científico. Isso vem ocorrendo

---

[16] Frederick Rudolph, *Curriculum:* a history of the American undergraduate course of study, since 1636, pp. 228-229.

[17] Frederick Rudolph, *Curriculum:* a history of the American undergraduate course of study, since 1636, pp. 230-231.

[18] Frederick Rudolph, *Curriculum:* a history of the American undergraduate course of study, since 1636, pp. 232-233.

pelo fato de ela suprir as permanentes necessidades do homem. Nenhuma outra instituição tem suportado tão bravamente a marcha do tempo[19].

Quanto a atitudes e valores propostos pelo currículo dos antigos *colleges*, apenas começaram a ser questionados após o declínio das faculdades religiosas, pois ambos eram, até então, considerados vitais ao currículo do ensino superior.

Embora os autores norte-americanos não enfatizem a influência dos filósofos europeus sobre as instituições norte-americanas nos séculos XVIII e XIX, há exemplos dessas influências. A transição de valores religiosos para o humanismo entre os norte-americanos é muito similar à posição de Rousseau. O trecho a seguir ilustra essa realidade:

Mas o que interessa a mim, e a todos os meus semelhantes, é que todos saibam que existe um árbitro da sorte dos humanos, de quem somos todos filhos, que nos prescreve sermos justos e amarmos uns aos outros. [...] Tais dogmas e dogmas semelhantes são os que importam ensinar à mocidade e a todos os cidadãos. Quem quer que os combata merece, sem dúvida, castigo; é o perturbador da ordem e o inimigo da sociedade. Quem quer que os despreze chega ao mesmo ponto por caminho oposto; para estabelecer a ordem à sua maneira; perturbar a paz[20].

Prosseguindo em seu posicionamento, Rousseau coloca ênfase na vontade contra o "mal". "É um erro distinguir-se entre paixões permitidas e proibidas, a fim de nos entregarmos às primeiras... Todas são boas quando as dominamos, todas são ruins quando nos sujeitamos"[21].

---

19 John Brubacher, *On the philosophy of higher education* (traduzido e ênfase adicionada), p. 25.

20 Jean-Jacques Rousseau, *Emílio, ou Da educação*, p. 446.

21 Jean-Jacques Rousseau, *Emílio, ou Da educação*, p. 506. O já comentado mal-estar dos religiosos e de grande parcela dos norte-americanos pela Revolução Francesa, em sua época, não bloqueou a propagação de correntes filosóficas e de movimentos intelectuais europeus na América.

Os estudantes de Harvard comentavam, durante a presidência de Eliot, que perceberam mudanças em seus próprios valores, como decorrência de leituras e aulas. O próprio Eliot transmitia posicionamentos bem claros em seus discursos, tanto sobre educação quanto sobre muitos outros problemas sociais da época. Até hoje, várias das suas ideias ainda servem de argumentação a políticas educacionais na América. Por exemplo, a ideia de que receber apoio gratuitamente não é estimulante e que as pessoas de classes menos privilegiadas não devem ser encorajadas a viver de filantropia e benefícios do Estado é um posicionamento muito atual. A essas pessoas, seria necessário oferecer condições para que pudessem trabalhar e progredir.

Ao final do século XX, essas ideias foram novamente apresentadas por um economista e político, pela TV, no estado de Virgínia, após suas atividades no grupo de transição do primeiro governo Reagan, em 1981[22].

Valores e atitudes, além de serem desenvolvidos pelas atividades educacionais, independentemente de época ou lugar, estiveram sujeitos ao impacto dos exemplos. Na intenção de confirmar isso, Rudolph pergunta: "existe alguma dúvida sobre se a Universidade de Princeton estaria ensinando valores ao não permitir o ingresso de estudantes da etnia negra até a Primeira Guerra Mundial?"[23].

Nesse momento, é oportuno observar que Woodrow Wilson, o presidente dos EUA eleito em 1913, pelo partido Democrata, foi presidente da Universidade de Princeton, no período que antecedeu a Primeira Guerra, para mais uma vez identificar o quanto é complexa a questão dos valores e até que ponto as organizações conseguem realizar mudanças e em que

---

[22] Walter E. Willians, professor de Economia na Universidade de George Mason, na North Virginia, em entrevista e debates no programa *Donahue*, pela TV, CBS, em 27 de abril de 1981. Além da posição citada, mencionou que as pessoas, em geral, não gostam de ser dependentes, que é preciso dar oportunidades para que cada um ganhe seu próprio sustento. Advoga a diminuição da idade para o trabalho do menor, incentiva os empresários a abrirem espaço aos menores e jovens em geral, oportunizando experiência em vez de apenas exigi-la como requisito. Apesar de deixar bem claro que aquele que não produz não merece emprego, tanto faz se maior ou menor.

[23] Frederick Rudolph, *Curriculum*, p. 17.

ritmo. Ficou claro que, quando da presença de um cientista político democrata na presidência de uma instituição renomada e tradicional, levou pelo menos de 1902 a 1914 para verificar se recebeu algum impacto sobre os valores mencionados.

A questão de exemplo e de valores merece alguma discussão, a partir de recentes debates públicos de analistas políticos e analistas militares a respeito da crise que emergiu no início do milênio, envolvendo os EUA e o Iraque. Segundo *experts*, incluindo o pesquisador brasileiro residente na Alemanha, Luiz A. Moniz Bandeira, em palestra proferida no Rio de Janeiro, por ocasião do pré-lançamento de seu livro *Conflito e integração na América do Sul: Brasil, Argentina e Estados Unidos*[24], a crise faria parte de uma estratégia montada há 20 anos pela equipe do governo Reagan, em especial Dick Cheenye e Runswelt, e que teria apenas emergido nesse período. O panorama que se formou revela uma incongruente situação: os valores fundamentalistas e antidemocráticos, tão condenados nos EUA, pareceram estar simultaneamente servindo de argumento ao governo de George Bush e, até certo ponto, por exemplo, para o comportamento assumido em relação àquele país do Oriente.

O zelo pelo cumprimento de normas que caracteriza a cultura norte-americana transformou-se em um instrumento de destruição desse valor, com a considerada hipocrisia das justificativas às ações do governo G. Bush diante dessas questões internacionais extremamente críticas. Entre elas, a declarada dúvida em divulgar as imagens dos cadáveres dos filhos de Sadan, sob o argumento de preocupação em ferir a Convenção de Genebra. Onde essa lógica de discurso que justifica a divulgação das fotos com o argumento de que não se trata de prisioneiros de guerra encontraria justificativas para matar?

Tal atitude reporta à tendência ao fanatismo descrito por Gabriel Marcel, em meados de 1940, em seu livro *Os homens contra o homem*[25]

---

24   O referido livro foi editado no Rio de Janeiro pela Revan, em 2003.

25   Trata-se de uma obra que se encontra nas referências bibliográficas e merece leitura por sua ainda atualidade e lucidez dos debates sobre fanatismo, bem como a concepção de "homem massa e homem social".

quando enfatiza que "o fanático não se reconhece como tal"[26], que o fanatismo é "uma paixão... que se baseia no medo, na insegurança que não se reconhece e que se extraverte em agressividade"[27]. Marcel interpreta a consciência fanatizada como "insensível a tudo o que gravite ao seu redor"[28], como não mais sinônimo de ignorância, é a inteligência a serviço da violência e sua base não é apenas a religião – "o fanático é inimigo da verdade, quando não fosse senão para confiscá-la em proveito seu"[29]. A vivência dos autores depois da Segunda Guerra Mundial, com o nazismo, levantou essas questões baseadas em profundo conhecimento existencial.

O cenário tornou-se dramático e especulativo: governantes do país mais poderoso do mundo dando exemplo aos seus jovens de como agem os justiceiros e, mais grave ainda, ensinando valores ao decidir o que é certo ou errado para um povo cuja cultura lhes é estranha e ignorada, impondo-lhes a presença bélica em nome da democracia, o que pode ter simplificado a complexa e distante cultura árabe – isso parece, no mínimo, ingenuidade, postura a qual governantes de um país grandioso não podem se dar ao luxo. Profundos estudos culturais, idiomáticos, religiosos e filosóficos precisam fazer parte do conhecimento dos que estão diante de problemas graves envolvendo Oriente e Ocidente e uma civilização antiga, o Iraque dos Jardins suspensos da Babilônia; porém, para praticar do comércio à diplomacia, não somente para o diletantismo e oferecimento de farta literatura ao mundo.

Certamente, a esperança das novas gerações à caça do rumo dos valores na prática virá no sentido de que esse seja apenas um episódio – bastante diferente das intervenções do passado –, na expectativa de que tenha sido um recorte da cultura norte-americana, um extremo da escala no qual, em nome de Deus, historicamente invocado, chega-se a uma guerra que poderia ser chamada de fundamentalista a norte-americana.

---

26   Frederick Rudolph, *Curriculum*, p. 120.

27   Frederick Rudolph, *Curriculum*, p. 126.

28   Frederick Rudolph, *Curriculum*, p. 129.

29   Frederick Rudolph, *Curriculum*, p. 154.

Nesses termos, vai propalando acabar com o fanatismo maléfico e apregoando os tradicionais valores liberdade e democracia para "demonizar o inimigo", visando à sua erradicação, ao estilo *once and for all*.

Essa expressão reporta a Osgood e a Kissinger, lembrados por Weigley quando consideram os Estados Unidos tendendo a aderir à teoria de guerra baseada em vitória total[30].

O equilíbrio entre Deus e Demônio e entre democracia e poder tornou-se um desafio jamais visto, o qual, porém, não chega a ser surpreendente para uma cultura frequentemente voltada a heroísmo a qualquer preço, mas que aqui pode ter sido um episódio "fora da curva". Todavia, mostra-se como um grave risco: carregar sua força cultural provinciana para todo e qualquer ponto de sua rede de presença global, o que representaria uma responsabilidade incomensurável.

Os investimentos em pesquisa e teoria da educação intercultural, aprovados inclusive pelo governo Reagan, conforme apresentado neste livro, tiveram pouca valia nesse discutido período na prática, tanto em termos de reflexão quanto de habilidades, para a consideração de que o outro também pode ser digno, apesar das diferenças, até prova em contrário. Agir com violência partindo de mera inferência e pedir desculpas em público, lamentavelmente, em virtude do porte de um país como os Estados Unidos, são atos do presidente G. Bush e de seu colega britânico primeiro-ministro Tony Blair dificilmente apagados da memória mundial.

A discussão curricular há muito incluiu a interculturalidade no seu bojo, e a surpresa com o arrasador bombardeio dos japoneses a Pearl Harbor estimulou os estudos da antropóloga Ruth Benedict, que, em que pesem suas descrições nada favoráveis à cultura japonesa – considerados apenas um possível contraponto em debates sobre o Japão –, já abordava a questão da culpa e/ou da vergonha como dois conceitos fundamentais,

---

[30] Robert E. Osgood foi membro do Conselho de Segurança dos USA, entre 1983 e 1985, publicou vários livros e dedicou-se ao *Washington Foreign Policy Research*. Seu livro citado é: *Limited war*: the challenge to American strategy (Chicago: University of Chicago Press, 1957), p. 238; Henry Kissinger. *Nuclear weapons and foreign policy* (New York: Harper & Row, 1957), p. 53.

segundo cada cultura, no Oriente e no Ocidente norte-americano, em situações adversas[31].

É possível que esse profundo desequilíbrio estimule o retorno a algumas tradições – embora não livres do risco de que o radicalismo assuma manifestações opostas e, também, exacerbadas. A expectativa daqueles que se dizem envergonhados, como foi o caso de um analista político norte-americano em entrevista a um jornalista brasileiro para o canal *Futura*, em julho de 2003, é de que os debates substituam as armas fora do país, mas que, também, não sejam substituídos pela conformidade e pela apatia interna, diante do panorama de violência instaurado[32].

Em um dos últimos pronunciamentos, o presidente norte-americano, à época da guerra no Iraque, também colocou em risco a tradição cultural da retratação, em seu sentido de reconhecimento de culpa, de vergonha, especialmente em seu propósito de ser verdadeiro, de reparar, e não apenas reduzir o mal pela banalização de uma mera informação a mais. Esse clima que pareceu estar paralisando as discussões acaloradas à época, com base em valores, conforme este livro está exemplificando, aparece como a questão mais grave à sobrevivência daquela cultura de crítica e autocrítica. Sobre esse aspecto, Moniz Bandeira, durante a referida palestra, foi categórico sobre a disposição para autocrítica entre os norte-americanos, enfatizando que as críticas mais contundentes sobre eles são originadas por eles próprios, e com a qual este livro concorda plenamente, pois é fato evidente, inclusive em relação a obras filmadas.

---

31   Ruth Benedict, *O crisântemo e a espada*, Trad. César Tozzi (São Paulo: Perspectiva, 2011), 4. ed. Aos leitores mais interessados nos conceitos em si, sugere-se Jaqueline Rose, "Femininity and its discontents", em que argumenta que "of *shame* into self-respect, *guilt* into confidence", em sua leitura psicanalítica do referido tema. *Feminist Review*, n. 80, Reflections on 25 years (2005), pp. 24-43. Disponível em: http://www.jstor.org/stable/3874363. Acesso em: 3 nov. 2014.

32   Esta última alternativa assemelha-se ao estilo brasileiro tão claramente na prática; apesar de este livro nunca ter procurado comparações, a tentação, neste momento, foi forte.

Da sobrevida desse traço forte, parece depender em grande parte o rumo dos novos tempos a ser impresso pelos governantes, com a sociedade daquele país. Nas urnas, os norte-americanos, ao elegerem Barack Obama, já deram a primeira demonstração de suas posições.

Quanto ao intenso treinamento em atitudes e valores nos antigos *colleges*, independentemente de qual denominação religiosa os dirigisse, é história inquestionável. O conteúdo dos velhos currículos parecia mais um mero pretexto para o exercício de autodisciplina, tenacidade, busca de retidão de caráter, serviço a Deus, manutenção da fé, aliados ao serviço à sociedade e trabalho do que, na verdade, transmitir conhecimento. Brubacher e Rudy explicam que a rigidez de costumes não era privilégio nem de protestantes, como os severos calvinistas, nem do tradicionalismo dos católicos-romanos, mas cobria qualquer contexto educacional.

Além da influência religiosa e filosófica europeia, os filósofos norte-americanos Emerson e Thoreau exerceram ação eficaz sobre atitudes e valores, o mesmo ocorrendo, mais tarde, com John Dewey, cuja extensa obra[33] continua atual, em debates e buscas para a solução de problemas educacionais, de gestão organizacional, de políticas públicas, postura política, além de questões de método e de grandes questões sociais, apesar de leituras enviesadas interpretando sua teoria também fazerem parte da literatura, especialmente em ensino.

Em comum, Emerson e Thoreau pregavam a autoconfiança e a autodeterminação como valores educacionais essenciais: "o caráter é a natureza em sua forma mais elevada"[34]; "seja, não apenas pareça"[35]; "você não pode fazer o mal sem sofrer o mal, todas as infrações ao amor e à equidade em nossas relações sociais são rapidamente punidas. Punidas pelo medo"[36]. A referência ao medo é também feita pelo filósofo francês

---

33 Sugere-se consultar a bibliografia ao final deste livro.

34 Ralph Waldo Emerson, *The selected writings of Ralph Waldo Emerson*, Books Atkinsons (ed.) (New York: The Modern Library, 1986), traduzido, p. 374.

35 Ralph Waldo Emerson, *The selected writings of Ralph Waldo Emerson* (traduzido), p. 106.

36 Ralph Waldo Emerson, *The selected writings of Ralph Waldo Emerson* (traduzido), p. 180.

Gabriel Marcel, de uma forma muito própria: "há um tempo na educação de cada homem, em que ele chega à convicção de que a inveja é ignorância, de que imitação é suicídio"[37], o que Rogers chamou de busca permanente pelo que se é, no mesmo sentido de Dewey.

Thoreau colocou, também sobre o homem, toda a responsabilidade quanto à sua retidão. "A opinião pública é uma fraca tirania", afirma ele, "comparada à nossa própria opinião. O que o homem pensa de si próprio é o que determina ou nivela a sua fé"[38].

A reflexão representava, para aquele autor, elemento indispensável à qualidade de seu próprio desenvolvimento e responsabilidade diante da vida. Já naquela época, preocupava-se com a boa administração do tempo. "Por que razão devemos viver em tal pressa que desperdiçamos nossa vida?", perguntava ele[39]. O que seria dito pelo pensador no desvario deste início de milênio?

Com a mesma rigidez dos preceitos religiosos invocados pelos antigos *colleges*, afirmava: "o homem flui naturalmente para Deus quando o canal da pureza está aberto. Alternadamente, nossa pureza nos inspira e nossa impureza nos derrota. Abençoado é aquele que está seguro de que o animal está morrendo dentro dele, dia após dia e de que o divino está presente nele"[40].

Na chamada "era progressista", John Dewey também colocou valores e atitudes em forte debate na educação, mas de uma forma atemporal. Fundamentava-se no posicionamento de que a teoria, para ser válida, dependia de aplicação prática. Suas preocupações começaram a gerar outras preocupações, outros incômodos porque, segundo ele, resultados não eram suficientes para se optar por determinada teoria ou ação, alertando para suas possíveis consequências. Nesse ponto, as implicações sobre a

---

37 Ralph Waldo Emerson, *The selected writings of Ralph Waldo Emerson* (traduzido), p. 146.

38 Henry D. Thoreau, *Works of Henry David Thoreau*, Lily Owens (ed.) (New York: Avenel Books, 1981), traduzido, p. 8.

39 Henry D. Thoreau, *Works of Henry David Thoreau*, p. 103.

40 Henry D. Thoreau, *Works of Henry David Thoreau* (traduzido), p. 243.

aplicação do conhecimento à indústria ficam em evidência. Além disso, o entendimento do conceito de democracia desse educador e filósofo norte-americano retira qualquer possibilidade à acomodação, o que reduz o conceito a rótulo de regime político[41].

As discussões continuaram com Talcott Parsons em busca de uma universidade que avançasse com uma sociedade em dinâmico equilíbrio de inclusão[42].

Muitos anos decorreram evidenciando-se a preocupação com atitudes e valores em discussões pendulares até este início de milênio, com os críticos eventos relacionados ao governo norte-americano, anterior a Obama, sobre o qual pesquisas futuras, provavelmente, muito debaterão em busca de impactos na educação. Certamente, o abalo de conceitos envolvendo questões políticas e diplomáticas sobre o que é uma guerra, por exemplo – o que o ex-presidente democrata Jimmy Carter questionou publicamente, em Atlanta em de maio de 2003, sobre o caso Iraque, nos seguintes termos: trata-se de *Just a War – or a Just War?* Apenas uma guerra ou uma guerra justa? Isso enquanto o mundo assistia, em boa parte perplexo, mas silente, à declaração do ex-presidente George Bush, responsabilizando-se por haver mentido sobre o armamento iraquiano, que teria justificado a chamada guerra[43].

A confusão conceitual estabeleceu-se e a crise ética manifestou-se abismal; vale, no caso, a convenção de Genebra? Os prisioneiros são ou

---

[41] Uma sugestão para leitura sobre este ponto é recorrer aos índices de nomes e remissivo sobre John Dewey e o conceito "democracia" em V. F. Fraga, *Gestão pela formação humana*: uma abordagem fenomenológica, 2. ed., bem como E. Morin, *Os sete saberes necessários à educação do futuro* (São Paulo: Cortez, 2004).

[42] Edward Schaffer, "The protestant ideology of the American university: past and future prospects", *Educational Theory*, v. 40, n. 1 (Board of Trustees of the University of Illinois, 1990), p. 20.

[43] Aos interessados no tema "guerras", em seu transcurso na realidade norte-americana, sugere-se a leitura de Perry Miller (ed.), *American thoughts from the Civil War to the First World War* (New York: Holt, Rinehart e Winston, 1954).

não de guerra? Isso com direito a todas as implicações dessa excitação assustadora.

Diante desse panorama, há uma inevitável perplexidade: justiça e responsabilidade, o que significariam, ainda, naquela cultura afinal? Reportando a D. Boorstin, em sua citada trilogia *The Americans*, nas suas três etapas: *Colonial, National, Democratic experiences*, quando a presença de valores é constante. Certo é que, apesar de toda a vivência, a lição de valores talvez nunca tenha sido tão forte, a ponto de colocar a cultura norte-americana à prova. O sentido da resposta nacional e a orientação do aprendizado daquelas pessoas é que darão rumo à sua cultura no novo século, com inevitáveis implicações para o novo milênio. No entanto, a cultura norte-americana é forte, embora nunca tenha se mostrado ou sido interpretada como homogênea, e sim como pluralista, revelando princípios recorrentes, independentemente de época, localidade e opção ideológica – um pluralismo à norte-americana – e é justamente aí em que se encontra a sua singularidade.

Em continuidade, vale uma pausa para, já neste novo milênio, refletir sobre as guerras. O presidente americano Barack Obama, recebendo o Prêmio Nobel da Paz, em colóquio internacional sob raras críticas de opositores, com certas reservas de alguns, sob a esperança de muitos, na expectativa de mudanças nas relações internas e mundiais. Com a manutenção da intervenção de forças no Afeganistão, Obama, em suas breves palavras e definição clara de ações, aproximou-se da posição de Jimmy Carter, deixando subjacente a ideia da possibilidade de uma "guerra justa" (*a just war*), de acordo a citada Carta de Atlanta, daquele presidente norte-americano que conviveu com o drama dos *Hostages* no Irã, durante seu mandato, na década de 1970. Jimmy Carter equilibrou, à época, o traço forte da cultura norte-americana da tendência a encontrar solução de problemas extirpando os males pela raiz, em contraste com sua orientação a soluções diplomáticas, inclusive sob o argumento de que possa ser a opção justa.

Essa postura do esforço pacifista de Carter, no caso do Irã, reaparece para o caso do Iraque, na companhia do ex-presidente francês Jacques Chirac, ambos peregrinando pela causa.

Nesse ponto, vale reportar novamente a Marcel, no período após a Segunda Guerra Mundial, quando alerta as gerações futuras:

apesar das tentativas feitas no passado, para justificar a guerra ou, pelo menos, reconhecer-lhe algum valor espiritual, deve-se proclamar bem alto que guerra, no aspecto atual, é o próprio pecado, mas temos que reconhecer que ela é cada vez mais obra de técnicos, apresenta o duplo aniquilamento de populações inteiras, [...], conduzida por operações no fundo de um laboratório[44].

Ou as chamadas guerrilhas realizadas pelos exércitos, com alvos pontuais que não conseguem poupar a população civil de mulheres e crianças, como atualmente a mídia tem mostrado ocorrer no Iraque e no Afeganistão.

O que se percebe é que os acontecimentos terroristas de 11 de setembro, em Nova Iorque, provavelmente, trouxeram, além do sofrimento e dos prejuízos de muitos tipos, a insegurança ao povo norte-americano em seu próprio *home sweet home*, ao deparar-se com mais do que um fato dramático e inusitado, mas o reconhecimento do inimigo iminente e desafiador – o terrorismo –, uma novidade feroz à espreita dentro de casa.

Que novos valores fundariam soluções para essa inesperada nuvem negra? Heroísmo, tecnologia bélica, coragem para invasões? Que lições do passado lhe valeriam nessa nova realidade?

Retomando o passado, Richard W. Wilson apresenta os valores que pesquisou e encontrou mais incentivos em sala de aula nos Estados Unidos, a partir de meados do século XX, da seguinte forma: a competitividade, o sucesso, a adaptação aos parâmetros do grupo, a ênfase na democracia e nos valores democráticos, ambos colocados entre aspas pelo autor, e, ainda, o desenvolvimento de valores patrióticos. Seu livro, *The moral state*, na edição de 1974, oferece dados sobre o sistema de valores que envolvem meninos e meninas nos Estados Unidos, apresentando a importância de inteligência, sociabilidade, do atributo de ser benquisto, da significância da segurança, da fidedignidade e da coragem interpessoal, somando-se à independência, à autoconfiança e à maturidade[45].

---

44   Gabriel Marcel, *Os homens contra o homem*, Trad. Vieira de Almeida (Porto: Editora Educação Nacional, 20/NC), p. 78.

45   Richard W. Wilson, *The moral state. A study of political socialization, Chinese-American children* (New York: The Free Press, 1974).

Embora, segundo a pesquisa, tanto os jovens do sexo masculino quanto do feminino se preocupem em ser benquistos, diferem as razões para tal, entre ambos. Os meninos enfatizam mais a coragem física, enquanto às meninas importam mais a harmonia entre as pessoas, ser amada e ter sucesso nas relações. Aos meninos interessa, mais do que às meninas, o controle no relacionamento entre as pessoas, o domínio da situação[46].

Além do levantamento de questões relacionadas a valores individuais, os estudos curriculares de Rudolph apresentam preocupações políticas nos valores. O conteúdo curricular dos antigos *colleges* apresentou indícios de mudança, em 1773, quando surgiram as primeiras abordagens de algumas dessas instituições aos chamados problemas de vida real, quando Harvard, por exemplo, preocupou-se com a escravidão e lamentava que jovens fossem enviados à guerra, sem consulta. À época, Yale declarou que todo conhecimento físico é adquirido experimentalmente, deixando clara sua concepção de ciência[47]. O comentário de Rudolph seria pertinente ao conteúdo e à abordagem curricular apenas, pois nada era mais real e vivo, à época, do que o empenho na transmissão de valores religiosos, ou considerados éticos e morais, do que aqueles que os *colleges* se propuseram a incentivar. Quanto ao conteúdo, porém, conforme anteriormente discutido, havia incertezas, envolvendo a forma, sobre o aprender para quê, quando a opção abraçada era a do currículo de *liberal arts*[48] e, mais tarde, *sciences,* a fim de enriquecer o primeiro. Aquele conjunto de conteúdos considerado amplo, fundamental, útil e necessário a qualquer cidadão, em qualquer atividade ou função que viesse a exercer, não tardou a ser questionado.

A questão grega "virtude pode ser ensinada?" permaneceu em debate na América, e a tendência era compreender a diferença entre ensinar e

---

46   Richard W. Wilson, *The moral state. A study of political socialization, Chinese-American children*, pp. 88-89.

47   Frederick Rudolph, *Curriculum*, p. 46.

48   George P. Schmidt, *The liberal arts college* (Brunswick, New Jersey: Rutgers University Press, 1957).

ser virtuoso. A ênfase foi colocada no exercício da virtude, em vez de nos ensinamentos sobre a virtude, como o conhecimento. O cardeal Newman escreve que "aprender a virtude é atividade em longo prazo e não pode ficar restrita à educação formal". É necessário, afirma ele, "envolver a família, a sociedade como um todo, numa árdua tarefa, se desejamos obter bons resultados"[49]. Tinha sua própria interpretação de educação liberal e considerava que ciência e religião deveriam conviver, em lugar de mutuamente se excluírem[50,51].

À medida que as pequenas e tradicionais faculdades foram cedendo lugar às grandes universidades, evidenciaram-se as influências do pragmatismo, de William James, do instrumentalismo, de John Dewey, e do behaviorismo, de Thorndike[52].

John Dewey, em 1944, apresentou ideias muito próprias sobre a natureza do trabalho, que julgava estar passando por uma metamorfose, percebendo claramente que a era pré-tecnológica estava agonizando e, por isso, os conteúdos técnicos, necessários em uma sociedade democrática, deveriam seguir um sentido humanizante.

No início do século XX, William James reforçou, por meio do desenvolvimento da ciência, a chamada "tradição norte-americana", harmonizando com pragmatismo e praticidade novas promessas de um novo tempo[53].

---

49   John Brubacher, *On the philosophy of higher education*, pp. 73-74.

50   John Henry Newman, *The idea of a university* (Washington, DC: Regnery Publishing, 1999).

51   Católico, John Henry Newman publicou *The idea of a university* em 1854 – não confundir com a *Wisconsin Idea*, de Charles Van Hise, em 1904, voltada ao atendimento às necessidades sociais. J. H. Newman escreveu vários livros e ensaios religiosos e em outros temas. Nesse livro, em específico, publicou os chamados discursos com questões instigantes, como: "o que quer dizer ser uma pessoa educada?"; "A educação pode não somente fazer uma pessoa sábia?" Ou, também, "melhor?".

52   John S. Brubacher e Willis Rudy, *Higher educational in transition*, p. 116.

53   William G. Carleton, *Technology and humanism*, p. 238.

Com o decorrer dos anos, as tendências quanto ao currículo multiplicaram-se e as discussões sobre quais as melhores alternativas giraram especialmente em torno de diversas concepções de utilidade, o que aproximava, a partir de meados do século 20, alguns educadores das ideias de Benjamin Franklin; outros, das ideias de Thomas Jefferson.

Ainda em 1828, o *Yale Report*, considerado pelo corpo docente que o formulou um verdadeiro clamor pelo ensino prático, foi visto como um exemplo de total alheamento à realidade e falta de senso prático pelos demais[54].

Alguns anos mais tarde, quando o movimento em prol da universidade começou a florescer, não somente opiniões diversas sobre o conceito de utilidade conviviam na sociedade, como o próprio mérito de um ensino ou de uma educação utilitária, no sentido da prática, era ainda discutido. O presidente da Universidade do Alabama, por exemplo, em 1885, declarava-se contrário ao treinamento do estudante universitário. Para ele, a prática não era função das instituições de educação e deveria ser adquirida apenas no trabalho. De certa forma, antecipou-se aos estágios e períodos de *trainees*.

Em paralelo às atitudes reacionárias, avanços singelos e inovações curriculares surgiram em várias épocas e locais os mais diversos. Alguns exemplos de diferentes posições diante da educação, modelos de universidade, diferentes constituições curriculares, teorias e políticas educacionais, discutidos neste livro, certamente apenas as anunciam, mas poderão esclarecer ao menos as diversas alternativas que se anteciparam à criação da universidade.

Por exemplo: Benjamin Franklin idealizou um ensino profissionalizante paralelamente à ênfase às ciências. Quanto a Jefferson, levantou a bandeira das disciplinas eletivas, em William and Mary, ideia retomada mais tarde por Eliot, em Harvard, e mantida até a atualidade, em múltiplas formas – nunca em acomodação, mas sempre em busca de reorganização ou melhoria com novas formas de avançar.

Orientação e inspiração para a Universidade Pública

O desenvolvimento das universidades públicas e a natureza de seu impacto são ilustrados pela Universidade de Wisconsin e, em segundo lu-

---

54 Frederick Rudolph, *Curriculum*, p. 13.

gar, pela Universidade de Michigan, em porte e, talvez, em importância, entre as instituições públicas, nesse período. Estabelecida por lei, em 1848, como um seminário livre do sectarismo, ainda nos tempos próximos à Guerra Civil, Wisconsin foi universidade apenas na denominação, com apenas 331 estudantes. Entretanto, em 1866, quando 240 mil acres foram doados sob o *Morrill Act*, a universidade se reorganizou e, em 1885, era um importante centro de investigação científica, contando até 1902 com aproximadamente 3 mil alunos[55].

Reconhecendo a amplitude e as implicações práticas da questão curricular, bem como as limitações do que foi oferecido até o momento, mais uma etapa de discussão poderá contribuir para novos esclarecimentos.

A propalada "ideia de Wisconsin", que traçou o primeiro perfil do ensino público superior, trazendo claras diretrizes às universidades do Estado, fundamentou-se nas ideias de ambos, T. Jefferson e B. Franklin[56].

"A ideia de Wisconsin" significou mais do que uma simples crença nas pessoas. "Também significa fé na aplicação da inteligência e razão aos problemas da sociedade", declara Adlai Stevenson, em Madison Wisconsin, em outubro de 1952. Esta não era uma ideia pacífica, apesar de uma expressão mágica na história do estado. Surgiu com força quando "Charles W. Eliot, presidente de Harvard, ao outorgar o título honorífico de Doutor em Direito a Charles Van Hise, presidente da Universidade de Wisconsin, a chamou de líder". Pouco depois, Theodore Roosevelt considerou Wisconsin incomparável em relação ao papel social[57].

O orgulho dos cidadãos nativos sobre essa questão tornou-a um marco[58]. Além desses exemplos que causaram impactos em longo prazo, nos mais diversos pontos do território daquele país, vários outros podem ser citados.

---

55 Richard Hofstadter, "The transition from college to university", pp. 7-8.

56 Jack Stark, "The university service to state", Legislative reference bureau. Disponível em: http://legis.wisconsin.gov/lrb/pubs/feature/wisidea.pdf. Acesso em: 27 mar. 2013.

57 Jack Stark, "The university service to state", p. 1.

58 Jack Stark, "The university service to state", p. 2.

Na presidência do King's College (o qual veio, mais tarde, transformar-se na Columbia University), William Smith estruturou um "novo currículo", considerado "não seguidor da tradição medieval" e não centrado em religião. O currículo proposto por Smith pretendia: "manter Xenofonte" e oferecer, simultaneamente, conteúdos e atividades como Contabilidade Mercantil, *Survey* (Pesquisa), Confecção de Mapas e Disciplinas Eletivas (como Alemão, Espanhol, Italiano, Serviço Militar, Dança e Religião). Esta última seria apresentada em palestras aos domingos, versando sobre revelações religiosas e caráter dos instrutores. Textos sobre vários assuntos eram oferecidos aos alunos, para posterior discussão com seus tutores. Somente então, aqueles eram formalmente integrados ao curso[59].

Brubacher lembra que, nos Estados Unidos, a ideia de que educação superior era privilégio de uma classe política e social só passou a tomar novos rumos com Thomas Jefferson, que se contrapôs a esse posicionamento. Para ele, uma elite cultural é que deveria ser o alvo da educação superior[60]. Este é o ponto de partida do polêmico conceito de meritocracia[61].

Karier entende meritocracia como igualitária, em termos de oportunidades, sem, contudo, tornar o sistema igualitário. Critica veementemente Ortega y Gasset, que, segundo o autor, é "temeroso da insensibilidade das massas", bem como, ainda, John Dewey e todos os que assinaram o Manifesto Humanista em 1933, definindo-os como porta-estandartes do humanismo tradicional. O grande argumento de Karier é que uma reforma de cima para baixo não produz uma sociedade igualitária[62].

---

59   Jack Stark, "The university service to state", p. 48.

60   John S. Brubacher, *On the philosophy of higher education*, p. 57.

61   Adresses and recommendations presented at the conference sponsored by the Midwes Technical Education Center e a American Association of Junior Colleges (St. Louis, Miss., May, 12-14 1966; NAAJC).

62   Clarence Karier, *Shaping the American educational state, from 1900 to the present*, p. 90.

O autor também ressalta que, muitas vezes, os propósitos políticos e acadêmicos eram contrastantes[63]. O resultado da oportunidade à mobilidade social parece haver invertido alguns valores, principalmente nas décadas de 1960/1970, e o que teria ocorrido em algumas instituições seria a adaptação do currículo às limitações dos alunos. Algumas instituições partidárias da política de livre-admissão praticaram essa modalidade.

Não seria justo, porém, estabelecer um preconceito contra essas instituições, pois essa postura, por si só, não serve como indicador de baixa qualidade do tipo de instituição, especialmente se ela for dirigida a uma causa social. Os Community Junior Colleges[64], por exemplo, arcam com os chamados *remedial courses*, sobre os quais recaem tanto críticas arrogantes quanto aplausos, pois os vêm mantendo em exercício a busca igualitária. Diz-se que elevam os custos da educação, mas que vêm prestando inestimáveis serviços às populações carentes; especialmente aos jovens com limitações básicas em sua formação, como acontece com a qualidade da linguagem falada e escrita dos jovens que residem em alguns bairros de população de etnia negra ou de origem latino-americana ou, ainda, de refugiados vietnamitas, da mesma forma que ocorreu com filhos de imigrantes italianos, há algumas décadas. Não seria sensato negar que os cursos de recuperação e elevação de nível têm sido de grande ajuda em todas essas situações, provavelmente não somente sociais, mas econômicas também.

Matlin esclarece que esses argumentos não devem levar a crer que não tenha ocorrido massificação na educação[65], pois considera ter havido situações em que ela foi tão real quanto os danos que causou[66].

---

63 Clarence Karier, *Shaping the American educational state, from 1900 to the present*, p. 58.

64 Oferecem formação semelhante à formação de tecnólogos no Brasil e também disciplinas chamadas *transfer*, os créditos das quais poderão ser aceitos nas universidades, além de cursos livres, verdadeiro apoio social.

65 Norman Matlin, *The educational enclave* (New York: Funk Wagnalls, 1969), pp. 121-123.

66 Norman Matlin, *The educational enclave*, pp. 121-123.

A postura a ser assumida por um Community College, diante da tomada de decisões importantes, emergia com um desafio aos envolvidos na responsabilidade sobre como geri-los e fazer escolhas para a manutenção de programas, bem como para novas modalidades a serem desenvolvidas. A pergunta-chave e frequente era: "Não se deveria buscar orientação a partir da comunidade em lugar de buscá-la na legislatura do Estado?". Ao dirigir a palavra a membros de *Boards of Trustees* (comitês administrativos dos Junior Colleges), dizendo estar procurando por percepções de elementos essenciais da missão dessa categoria de organizações educacionais, isto é, os responsáveis pelas políticas públicas e legisladores, a resposta imediata era: "olhar aos legisladores não é a direção certa". São os *trustees* os que entendem aquilo de que precisam ou querem os que pagam impostos. São os contribuintes os que, independentemente da idade, dizem: eu quero algo para o meu dólar. Claramente, o que ele quer e o que ele pode pagar são coisas diferentes[67].

O importante aqui é a reivindicação e a compreensão da importância dessa consciência de direito do contribuinte, tanto por parte dos que administram os *colleges* quanto pelo governo. Na verdade, as reações e posições não eram homogêneas – por um lado, havia membros dos *boards* que consideravam as orientações do estado fundamentais; por outro, havia participantes da formulação de políticas públicas que consideravam um erro se o estado ficasse determinando o que um *community college* deveria fazer[68]. Todavia, o que de mais culturalmente importante se depreende dessa breve discussão é a clara consciência do poder e do dever do contribuinte nas tomadas de decisão, de como as comunidades deveriam ser atendidas em sua expectativa para melhorias de qualquer gênero.

Com o passar dos anos, a aplicação dos ideais de Jackson e Jefferson à educação de nível superior aproximaram-se muito, a ponto de não serem facilmente diferenciáveis. A meritocracia jeffersoniana continua,

---

67 Edmund J. Geazer Jr., *The community college values vision & vitality*. Washington, D.C.: American Association of Community and Junior Colleges,1980 p. 146.

68 Edmund J. Geazer Jr., *The community college values vision & vitality*, p. 147.

mas contribui para enfatizar o mérito individual, a oportunidade aos mais capazes, enquanto os ideais democráticos jacksonianos enfatizam a justiça social por meio da igualdade de condições para todos. Apesar dessas diferenças, alguns pontos aproximam muito as duas posições, como a difusão de poder na sociedade, pregada por Jefferson, e o controle desse poder nas mãos de um governo altamente representativo dessa sociedade, conforme desejam os jacksonianos, imbuídos dos ideais do fundador do partido Democrata, conhecido como presidente do povo[69].

Conforme exposto, é possível dizer que, até meados do século 19, o ensino superior nos Estados Unidos não tinha estrutura organizada, especialmente quanto a currículo e diretrizes que o caracterizassem; era rico em alternativas, misturadas de forma desarticulada. Apresentava faculdades liberalistas, seminários teológicos, escolas médicas, faculdades de Direito, academias, institutos técnicos, liceus e muitas bibliotecas. O que não existia era uma definição sobre que tipo de sociedade essa infinidade de tipos de instituições educacionais ajudaria a formar[70]. De acordo com alguns educadores, essa liberalização seria intencional. Starr Jordan, presidente de Stanford em 1899, apregoava a substituição de cursos organizados, levando ao bacharelado, pela ampla liberdade de escolha da combinação de disciplinas que atendessem aos interesses de cada um[71].

Em 1970, em meio a discussões sobre estrutura curricular e disciplinas eletivas, o acompanhamento à situação real dos estudantes, nas mais importantes universidades, identificou-se a falta de participação dos discentes em três sentidos: no planejamento de sua formação; na discussão sobre a integração entre disciplinas; e no desinteresse pela definição do que seria a pós-graduação[72].

---

69   Frederick Balderston, *Managing today's university* (San Francisco: Jossey-Bass Publishers, 1978), pp. 272-273.

70   Frederick Rudolph, *Curriculum*, p. 55.

71   Frederick Rudolph, *Curriculum*, p. 202.

72   Frederick Rudolph, *Curriculum*, p. 273.

Essas verificações foram consideradas surpreendentes e preocupantes, desencadeando ações reparadoras.

Trajetória das Eletivas: Impactos na Especialização e nos Valores
Voltando a celeuma das eletivas, por meio de uma breve retomada a partir das especializações, percebe-se quais foram os efeitos do sistema de disciplinas eletivas de Thomas Jefferson sobre as instituições que o adotaram, a partir de meados do século XX.

Para os menos familiarizados com o ambiente e a terminologia acadêmica, reforça-se que eletivas são as disciplinas e matérias disponíveis para escolha individual dos alunos em cada área, como acontece atualmente nessas instituições no mundo.

Uma síntese das observações de Matlin possibilitará melhor compreensão das implicações do sistema de eletivas sobre os alunos, os professores e as instituições.

Antes, porém, um rápido retrospecto aos séculos XVIII e XIX oferecerá dados que facilitarão o acompanhamento evolutivo do empenho dos educadores de cada época, em prol da implantação desse sistema.

É importante perceber o espírito inovador de Jefferson no século 18, desejando uma sofisticação para o ensino superior, que dificilmente seria compatível com a realidade da formação dos professores daquela época. A necessidade de especialistas requeridos para o funcionamento do sistema de eletivas e os elevados custos que envolveriam a sua implantação e implementação, em virtude da absoluta necessidade de trazer professores do exterior e/ou de formar um número considerável de professores norte-americanos, só foram compreendidos a partir de 1826. Naquela época, em decorrência da amizade entre George Ticknor, da Nova Inglaterra, e Jefferson, iniciaram-se movimentos em Harvard para tentar implantar o sistema naquela faculdade[73].

Em Harvard, precederam o presidente Eliot na luta pelo sistema de eletivas, Ticknor e, também, Kirkland, que passou a se interessar pelo assunto em seu mandato, sendo considerado por Eliot extremamente

---

73   John Brubacher e Willis Rudy, *Higher education in transition*, pp. 101-103.

habilidoso para lidar com seus colegas, ao ser pressionado pelos seus professores. Outro presidente daquela universidade a tentar o sistema de disciplinas eletivas foi Quincy[74], seguido pelo professor Frederich Henry Hedge, também ministro unitarista e de postura transcendentalista, que acreditou e trabalhou pela implantação daquele sistema.

No período decorrido entre o surgimento das avançadas ideias de Jefferson para a faculdade William and Mary, no seu estado de Virgínia, em 1779[75], e as ações de Eliot na presidência de Harvard, já em 1859[76], muitas tentativas ocorreram em diferentes instituições, espalhadas por vários estados da federação. Entre estas, não poderiam ficar esquecidas as iniciativas de Francis Wayland, presidente de Brown, Tappan, em Michigan[77], a partir de 1851, Horace, na Transylvania University, no estado de Kentucky, presidente da Universidade de Nashville no Tenesse, James Perkins Mars, na Universidade de Vermont, além de Eliphalet Nott, no Union College, em 1827[78], para citar alguns que contribuíram para a expansão do movimento.

O sistema de disciplinas eletivas trazia consigo, além da ideia de "liberdade de escolha", da possibilidade de uma formação que melhor atendesse a diferentes interesses individuais, como desejava o filósofo Emerson[79], uma modificação no "espírito" do currículo, da forma como Benjamin Franklin o preconizava: conteúdos menos rigidamente limitados pelo classicismo, mais práticos, mais realistas[80].

---

74   John Brubacher e Willis Rudy, *Higher education in transition*, p. 111.

75   John Brubacher e Willis Rudy, *Higher education in transition*, p. 101.

76   John Brubacher e Willis Rudy, *Higher education in transition*, p. 101.

77   Henry P. Tappan, *University education* (New York: Putnam, 1851).

78   John Brubacher e Willis Rudy, *Higher education in transition*, pp. 102-111.

79   John Brubacher e Willis Rudy, *Higher education in transition*, pp. 107-108.

80   John Brubacher e Willis Rudy, *Higher education in transition*, p. 101.

Essas ideias foram, aos poucos, sendo aplicadas e dois bons exemplos seriam o Rensselaer Polytechnic Institute e a United States Military Academy, em West Point, que passou a formar engenheiros em 1817[81].

O Instituto Rensellaer desenvolveu-se na formação de arquitetos e engenheiros civis, de mineração e topografia, mas não se distanciou da formação humanista. Da mesma forma, o Massachusetts Institute of Technology (MIT) manteve esse espírito, enquanto tentava reunir pesquisa pura e aplicada[82].

Os institutos técnicos e as faculdades de Engenharia desenvolveram-se a partir de 1850. Entre essas instituições e cursos, precisam ser lembrados: Troy, que avançou na formação de segundo grau à escola de Ciências; e Dartmouth, Michigan e Brown, desenvolvendo cursos de Engenharia. A partir de 1860, mais de 25 instituições de ensino superior ofereciam bacharelado em Ciências[83].

Preconceitos, porém, ocorreram em paralelo, em razão dos temores de alguns religiosos diante de investigações científicas.[84]

Após esse retorno aos séculos 18 e 19, a retomada do assunto, já no final de 1960, seja provavelmente mais significativa e compreensível ao leitor de outras profissões que não a acadêmica.

Ao analisar os efeitos da especialização sobre o estudante, pelo menos dois precisam ser lembrados. Em primeiro lugar, a especialização levando ao sistema de eletivas permite aos alunos várias alternativas de escolha, o que é atraente para eles. Em segundo lugar, a razão da atração pode ser muito nobre, como o atendimento a interesses e necessidades internas e externas do próprio aluno. Avessos à nova postura, há também os mais pobres em espírito, que visam à possibilidade de identificar cursos com maior número de unidades fáceis, optando pelo mero cumprimento de

---

81 John Brubacher e Willis Rudy, *Higher education in transition*, p. 104.

82 John Brubacher e Willis Rudy, *Higher education in transition*, pp. 61-62.

83 Frederick Rudolph, *Curriculum*, pp. 106-107.

84 Frederick Rudolph, *Curriculum*, p. 108.

formalidades e buscando, confortavelmente, um diploma[85]. No entanto, havia a especialização que também atraía o estudante pela diferenciação que a formação lhe pudesse garantir.

Concluindo, resumidamente, especializações e eletivas costumam atrair alunos por razões bem diferentes. Se um bom sistema foi construído ou não dependerá da habilidade institucional em lidar com o acompanhamento à qualidade dos cursos, ao desempenho dos professores e ao estado de alerta ao aprendizado dos alunos. É preciso lembrar que há instituições cujo número de alunos é elevado, mas que não gozam de prestígio. Um bom sistema de disciplinas eletivas e cursos de especialização pode levar essas instituições à competição, em razão da qualidade que a própria riqueza de ofertas pode gerar. As especializações podem levar o estudante a decidir-se por uma ou outra instituição, na busca de melhor educação e *status*.

Analisando a questão, do ponto de vista do professor, é importante salientar que os professores, em geral, são favoráveis à ideia de eletivas, pois:

a. possibilita clara diferenciação entre atribuições e funções, o que facilita a avaliação de desempenho, favorecendo a ascensão na carreira;
b. diminui a competitividade – talvez a disputa – entre os professores de uma mesma instituição, pois suas atuações são tidas como diferentes;
c. o interesse dos professores em deixar claras suas diferenças de abordagem e de formação costuma levá-los ao aprofundamento em suas áreas de especialização.

Matlin, acidamente, analisa a reação de dois tipos de professores: os tímidos devem ver a especialização como uma defesa contra as pressões dos colegas, enquanto os mais agressivos devem vê-la como uma máscara para mais agudos ataques sobre os outros[86].

A especialização, principalmente nas escolas de segundo grau, mas não somente aí, permite que os professores trabalhem fora durante as férias, o que interessa à maioria deles. Isso redunda em tranquilidade institucional,

---

85 Norman Matlin, *The educational enclave*, pp. 121-123.
86 Norman Matlin, *The educational enclave*, pp. 121-123.

quanto a reivindicações constantes por melhoria salarial. Essa facilidade para o professor pode trazer, ainda, além de proteção ao orçamento da escola, contatos externos de seu corpo docente com outras instituições, as quais poderão apoiar a escola de várias formas[87]. Desse relacionamento, costumam sair beneficiados os próprios professores, as empresas que os contratam temporariamente e, finalmente, os alunos, com a melhoria do ensino, em virtude da experiência que esses professores costumam adquirir.

Com este último aspecto, inicia-se a discussão do impacto de eletivas e especializações sobre a instituição.

Alguns autores, como Brubacher e Matlin, citam a Lei de Gresham[88] na educação, pelo fato de alguns cursos saírem do currículo institucional, cedendo lugar a outros, em decorrência de dificuldades de algumas unidades. No entanto, essa comparação do sistema de eletivas com o sistema financeiro não é considerada muito precisa, pois, segundo Matlin, há reação dos professores desses cursos, já que a maioria deles se interessa pelas matrículas em seus cursos. Como eles agem, em consequência disso, podem ajudar a causar danos à instituição. Se tornarem as unidades mais fáceis de acompanhar até chegar à permissividade, os cursos serão geralmente abandonados pelos alunos, pela razão inversa, o que depreciaria a instituição em relação às suas concorrentes, acabando por afetar o *status* do próprio diploma por ela expedido. Esse tipo de desprestígio tanto pode ameaçar áreas específicas de formação de uma instituição como levá-la ao demérito generalizado. Todavia, é possível inferir que o contrário também seja possível, isto é, dificuldades em algumas disciplinas, um maior grau de exigência de alguns professores, a desistência de alguns estudantes, em virtude da novidade e da complexidade dos conteúdos – ainda que possa haver a permanência e procura por aqueles que estão interessados em uma boa formação. O que se percebe é a necessidade de equilíbrio na gestão curricular.

O sistema de eletivas e de especialização precisa ser muito bem acompanhado para que seja efetivo, e a boa qualidade do desempenho dos

---

[87] Norman Matlin, *The educational enclave*, p. 123.

[88] John S. Brubacher, *On the philosophy of higher education*, p. 58; e Norman Matlin, *The educational enclave*, p. 127.

professores nesse sistema é vital. Quando há uma avaliação realista dessa atuação, tanto de colegas quanto de alunos, de colegiados e das chefias, o sucesso tem chances de ocorrer. Além da competência técnica, científica, humanista, pedagógica dos professores e de seu aprofundamento em áreas específicas, um sistema de eletivas pressupõe uma constante realimentação da dinâmica curricular. A coerência precisa subsistir, as integrações serem planejadas e exercitadas constantemente, e a significância e a atualidade de cada curso sofrerem constantes reavaliações.

A maior contribuição do sistema de disciplinas eletivas à qualidade do ensino de terceiro grau refere-se à viabilização de especializações que possibilitaram os cursos de pós-graduação – a partir das eletivas, pois o ensino evoluiu em seu conceito, saindo da transmissão de conhecimento para a geração do conhecimento, viabilizando a pesquisa.

Van Hise explica as vantagens e as razões do sucesso do modelo norte-americano, no início do século 20, como o que apresenta melhores condições de desempenho em relação ao modelo inglês e é mais amplo que o alemão. No modelo norte-americano, por exemplo, um aluno em estudos liberais ou artísticos pode optar por disciplinas eletivas em ciências aplicadas, ampliando seus conhecimentos. A recíproca é verdadeira para o estudante em ciências aplicadas[89].

Na verdade, o sistema, ainda em plena evolução, esteve contando com ajustes frequentes. Recentemente, a Comissão para o Avanço da Educação de Graduação, que iniciou seus estudos em 1982, concluiu que não há requisitos comuns para programas universitários de graduação e verificou que ainda há falta de uma formulação clara sobre os objetivos da educação superior. Segundo a comissão, este fato dificultaria a percepção do ensino de graduação como um organismo coerente e harmônico, tanto por parte dos estudantes quanto das instituições[90].

O sistema de disciplinas eletivas originou-se da intenção de oferecer condições de atendimento mais individualizado às necessidades e

---

89   Charles Van Hise, "Inaugural address", *The emerging university and industrial America*, pp. 23-34.

90   Ernest L. Boyer, *College*, p. 88.

aos interesses dos alunos, possibilitando programas sob medida. Suas consequências, porém, extrapolaram esses objetivos e geraram algumas situações curiosas no ensino superior.

Esse sistema requer especialistas, os quais vêm sendo muito mais atraídos pela pesquisa do que pelo ensino. As pesquisas de Ernest Boyer sobre o ensino de terceiro grau confirmam que a situação dos professores nos Estados Unidos, hoje, é muito semelhante àquela relatada por um aluno norte-americano que, em 1860, estudara em Berlim e em Göttingen, na Alemanha. Esse aluno conceituou o professor alemão, na época, como um especialista que não era responsável pelo sucesso de seus alunos, mas pelo próprio sucesso[91].

Os periódicos sobre educação superior nos Estados Unidos vêm revelando preocupações nesse mesmo sentido. Na verdade, o sistema de eletivas, que visava a fortalecer o ensino universitário, acabou de certa forma, em algum momento, enfraquecendo a alternativa ensino-aprendizagem, tendendo a priorizar a pesquisa.

Novamente, a partir de meados da década de 1880, a alternativa da interdisciplinaridade foi a escolhida como modelo, no lugar da departamentalização. A especialização foi interpretada como enriquecimento, e não como restrição, e a educação geral está novamente em voga, bem como estão sendo revigorados os princípios da educação liberal[92]. Na verdade, caracterizando a transição.

Existem muitas implicações entre currículo, sistema de disciplinas eletivas e avaliação do desempenho do aluno e da instituição. É um tema vasto que está apenas resumido. Em continuidade, nessa intenção, recorre-se a Ernest Boyer, que, em 1987, destaca algumas delas. Boyer comenta o dilema do ensino superior no seguinte sentido: historicamente, não existe disposição para muita regulamentação sobre o ensino superior em geral, tampouco para padronização curricular. Diante des-

---

91 Ernest L. Boyer, *College. The Carnegie Foundation for the advancement of teaching* (New York: Harper and Row Publishers, 1987).

92 Ernest L. Boyer, *College. The Carnegie Foundation for the advancement of teaching*, pp. 83, 118.

sa posição, como "examinar o desempenho"? O sistema de disciplinas eletivas, a partir de 1880, teria oferecido a alternativa de um sistema de créditos, estabelecendo correspondência entre determinado número de horas-aula para dar direito a um certificado, mas o desempenho não era avaliado[93].

No século XX, essa alternativa foi substituída pela autonomia do professor em sua disciplina, ensinando, examinando e aprovando ou reprovando os alunos. A autoridade do professor universitário, nas duas primeiras décadas de 1900, chegou a ser comparada a de um juiz[94]. Novamente, parte de Harvard, o exemplo que seria seguido pelas demais instituições de ensino superior no país: os exames finais[95].

Em 1905, 91% dos administradores de ensino superior revelaram-se favoráveis à ideia de que uma das melhores formas de se avaliar a atividade de uma instituição seria pela medição do desempenho do aluno[96].

No passado, além da avaliação ter sido um processo precário, a estrutura e o funcionamento das instituições de ensino superior eram muito simples e os registros escolares e os diplomas, escassos.

Formalidade dos Diplomas: algumas considerações sobre a estrutura do ensino de ontem, hoje e amanhã
Muito tem sido discutido se o currículo vem contribuindo para a formação daquela sociedade ou se a sociedade tem formulado o currículo, ou ambos. O que a história vem demonstrando é a influência recíproca entre sociedade e currículo.

A proliferação de cursos de graduação e de tipos de diploma caracterizaram a nova flexibilidade e diversificação do ensino superior no século XX.

A partir de 1838, já surgiram alguns diferentes tipos de diploma, como o de bacharel em Ciências em Connecticut, por volta de 1850, o de Filo-

---

93   Ernest L. Boyer, *College. The Carnegie Foundation for the advancement of teaching*, pp. 253-254.

94   Ernest L. Boyer, *College. The Carnegie Foundation for the advancement of teaching*, p. 254.

95   Ernest L. Boyer, *College. The Carnegie Foundation for the advancement of teaching*, p. 255.

96   Ernest L. Boyer, *College*, p. 255.

sofia em Brown, dois anos mais tarde, o de bacharel em Ciências em Yale e em Harvard, em 1851, e até mesmo o diploma em Literatura[97], nessa mesma época.

Começaram, também, a surgir diplomas nas instituições profissionalizantes que ensinavam desde Agricultura até Economia Doméstica. Isso começou a ocorrer por volta de 1890. Conforme será abordado ainda neste capítulo, em 1896, na escola de segundo grau, o ensino profissionalizante começou a ser estruturado de forma mais precisa.

Quanto a Artes e Didática, surgiram diplomas um pouco mais tarde, sendo a Universidade de Iowa a primeira a conferir diplomas nessa última especialidade, em 1877. Simultaneamente, Missouri formava os seus primeiros pedagogos[98].

Até essa época, muito pouco era reservado às mulheres. A Universidade de Oberlin diplomou suas primeiras mulheres em 1841, seguida por Wheaton, sob o título Irmã das Artes (*Sister of Arts*), em 1873 e a de Waco, Dama das Artes (*Made of Arts*), em 1879[99].

O desenvolvimento de grande número de diferentes cursos foi dando origem a numerosos tipos de diplomas; aí, também, se identifica facilmente a contínua inter-relação sociedade-educação.

Um olhar sobre a antiguidade leva a conferir que, na Grécia antiga, a estrutura educacional era praticamente inexistente. O caráter de informalidade se constituía na principal característica das escolas e isto se originava da frequência livre, da sequência livre, do descomprometimento quanto à sistematização. Embora alguns alunos pagassem seus mestres,

---

97 Frederick Rudolph, *Curriculum*: a history of the American undergraduate course of study, since 1636, p. 138.

98 Frederick Rudolph, *Curriculum*: a history of the American undergraduate course of study, since 1636, p. 138.

99 Frederick Rudolph, *Curriculum*: a history of the American undergraduate course of study, since 1636, p. 139. É interessante observar que às mulheres não era conferido o título de bacharel, mas títulos curiosos e específicos ao sexo feminino, como demonstram os exemplos citados anteriormente.

não havia nenhum vínculo de prazo, compromisso, determinalidade ou de certificado pelos estudos realizados.

Na Idade Média europeia, os primeiros rudimentos de uma estrutura educacional começaram a surgir, gerando as primeiras formalidades e estruturas curriculares. Já foram comentadas, neste livro, as características do *trivium* e do *quadrivium*, às quais se somaram os primeiros indícios de estruturação física das instituições de ensino, originadas nos conventos e mosteiros. Apareceram, então, os primeiros indícios do espírito estudantil, as primeiras peculiaridades daquela nova classe social formada de jovens e que se submeteria a rígidas prescrições de disciplina do corpo e da mente, para, muito mais tarde, interessar-se por documentos de comprovação de curso. As comprovações decorreram, naturalmente, de exigências profissionais posteriores.

Assim, a profissionalização e os requisitos para emprego foram sendo regulamentados, estreitando a interação entre instituições de ensino, especialmente de nível superior, e a sociedade.

Segundo os estudos de Matlin, em 1969, a conjuntura interfere grandemente na significância de determinado diploma. À medida que se torna acessível às massas, perde valor, passando por desvalorização por seus próprios detentores e perdendo condições de competição no mercado de trabalho[100].

A utilização de uma política institucional adequada pode beneficiar tanto instituições grandes quanto pequenas, levando ao interesse dos estudantes por se diplomarem em uma ou em outra. As grandes instituições poderão, mais facilmente, contratar um corpo docente bem pago, em razão da redução de custos por aluno, até o limite em que não perçam prestígio e qualidade, se suas instalações o permitirem. Às pequenas instituições, resta a alternativa do atendimento individualizado. Nesse caso, mesmo que um só professor tenha que lecionar duas disciplinas diferentes, ele o fará de bom grado, a poucos alunos[101].

---

100   Norman Matlin, *The educational enclave*, pp. 118-119.

101   Norman Matlin, *The educational enclave*, pp. 127-128.

Analisando o Capítulo 27 de Clark Kerr, em *New teaching, new learning, current issues in higher education*[102], encontra-se uma abordagem muito profunda e abrangente ao conceito de currículo. Ele apresenta o tema em termos de decisões sobre o futuro da sociedade, nas mãos dos acompanhadores do processo educacional e seus planejadores em longo prazo. Trata-se de uma visão histórica de diversos impactos sobre as diretrizes educacionais e dos efeitos da educação. O que o autor verifica é uma realidade rica em participação e alternativas, algumas envolvendo diferenças fundamentais.

Kerr detém-se em aspectos que levam a discussões acaloradas, como decisões sobre educação superior quanto a interesses e necessidades de quem? De estudantes, do corpo docente, dos financiadores, do governo estadual ou federal? E os custos? Quem deverá arcar com eles? No caso de prioridades governamentais, qual o peso ideal a ser dado para investimentos com educação?

Os aspectos mais significativos dessa reflexão de Kerr parecem estar na análise sobre o perigo do irreversível, sobre a necessidade do planejamento fundamentado em capacidade de prospecção em longo prazo e sobre um posicionamento vislumbrando o futuro da sociedade, como é esperado do educador.

Além do dinamismo dessas questões, tomando novas formas, porém mantendo suas raízes e atualidade e em constante redirecionamento, as prospecções dos críticos e planejadores educacionais não permitem a cristalização do sistema educacional. Alguns deles refletem sobre uma macroabordagem educacional, tentando antever tendências, alternativas de ações, circunstâncias, conjunturas e seus impactos na realidade social.

Nessas ações, o currículo universitário, em razão de sua abrangência, desempenha um importantíssimo papel sobre os efeitos da educação na sociedade e na economia do país. Em "Destiny not so manifest", Kerr apresenta a tendência à diversificação de correntes intelectuais, como o autor apresenta, o que poderia levar à maior sensação de insegurança à sociedade.

---

102   Clark Kerr, "Destiny not so manifest", *New Teaching, new learning, current issues in higher education*, p. 249.

A própria intelectualização geraria a nova problemática: desemprego por saturação, salários em declínio. Para ele, o movimento "reverteria a condição histórica do homem comum contra a meritocracia, para a meritocracia contra o homem comum". Para o autor, a direta interferência dos intelectuais sobre a vida na sociedade chegaria ao seu ápice[103].

Quando Kerr faleceu, aos 92 anos de idade, o então presidente da Universidade da Califórnia, Robert Dynes, declarou: "ele era o Diretor da Educação Superior da Comunidade não somente na Califórnia, mas na América e será sempre seu o crédito de extraordinárias contribuições que ele fez à excelência da educação e a oportunidade"[104].

Fantasiosa ou não, a opinião de Clark Kerr tem estimulado muitos debates, especialmente nas décadas de 1970, há 80 anos, mas não está interrompida até este início de milênio. Por exemplo, Douglas e Wildavski discutem o tema sobre a economia absorver tantos conhecimento e *expertise*, o que os norte-americanos têm conseguido de forma bastante aceitável[105].

O que se verifica por meio da evolução histórica do currículo é a estruturação do ensino como um todo e o vínculo capacitação profissional ou acadêmica correspondendo a diploma conferido. Embora teses, como a de Marshall McLuhan, já no século XX, admitam a escola sem muros, a educação livre de estruturas curriculares e a futilidade dos diplomas, o valor do conhecimento e a necessidade crescente da educação para a sociedade não têm sido passíveis de discussão.

---

103   Este é um endereço que deverá ser consultado em virtude da riqueza de informações não somente sobre Clark Kerr, mas em razão de suas falas, obras e a influência de suas ideias a presidentes dos Estados Unidos, especialmente quanto a oportunidades para todos. Disponível em: //www.berkeley.edu/news/media/releases/2003dez.02_kerr.shtml. Acesso em: 7 out. 2013.

104   Disponível em: http://www.berkeley.edu/news/media/releases/2003dez.02_kerr.shtml. Acesso em: 07 out. 2013.

105   Mary Douglas e Aaron Wildavski, *Risco e cultura*: um ensaio sobre a seleção de riscos tecnológicos e ambientais (Rio de Janeiro: Campus/Elsevier, 2012), p. 151.

A presença marcante do ensino superior levou o sistema educacional nos Estados Unidos a uma cronologia curiosa.

A ênfase no ensino superior dominou os primeiros séculos, e o ensino de segundo grau estruturou-se posteriormente ao de terceiro e primeiro graus. Enquanto na Nova Inglaterra, por exemplo, havia uma sistematização razoável na preparação para o ensino superior, na Califórnia, existia um evidente espaço vazio entre o terceiro e o primeiro nível educacional[106]. Na verdade, a situação da Nova Inglaterra pode ser considerada atípica, pois, no panorama norte-americano, o mais comum era a desarticulação entre segundo e terceiro graus.

Revistos alguns conceitos de currículo, algumas discussões em torno de suas fases de desenvolvimento na educação nos Estados Unidos e algumas de suas implicações, interferências e influências, é necessário abordar, pelo menos rapidamente, a figura do estudante que é sujeito/objeto de toda a estrutura e do funcionamento educacional. A seguir, será abordado o processo de transição do aluno do segundo grau para o terceiro e os mecanismos de articulação entre esses dois níveis.

Estudante – uma condição muito especial

Uma breve retrospectiva ao ensino e uso do Latim nas universidades europeias, na Idade Média, facilitará ao leitor a compreensão da necessidade do conhecimento da língua para o estudante, revelará algumas medidas tomadas em decorrência dessa necessidade, bem como o colocará em contato com fatos pitorescos relacionados à realidade do ensino, à época e à vida dos estudantes no ensino superior.

A importância do Latim para o estudante europeu levou a criação de manuais e um dicionário destinado àquela população, uma vez que tanto os livros-texto quanto as aulas eram apresentados naquela língua. Aliás, o uso do Latim era obrigatório nas universidades, em qualquer atividade que o estudante viesse a participar. Alguns desses manuais eram considerados imprescindíveis, como o de Urbanidade, o de Cortesias à Mesa e o de Conversação, formulado com fundamentos em métodos muito antigos, atribuídos aos egípcios.

---

[106] John S. Brubacher e Willis Rudy, *Higher educational in transition*, p. 243.

Além desses, destacava-se o Compêndio de Moral e Boas Maneiras, que cobria toda a vida do estudante, desde a obrigação de frequentar a igreja até o simples ato de lavar as mãos e o rosto, pela manhã, ou o cuidado em evitar "brincadeiras de mau gosto", como escorregar no gelo e jogar bolas de neve[107].

Encontra-se na biblioteca de Paris o Manual de Frases Úteis, preservado em manuscrito, datado do século XV. O objetivo principal de seus ensinamentos era evitar que os estudantes apresentassem maneiras ou linguajar indesejáveis diante de seus mestres, religiosos ou visitantes. Ensinava como cumprimentar, despedir-se, pedir desculpas, fazer reverências, além de sugerir razões para atrasos que pudessem ocorrer. Entre essas razões, estava a clássica dor de cabeça e obrigações, como colher frutas ou alimentar o gado[108].

A história das instituições medievais de ensino também revela algumas brincadeiras ou melhor jogos que eram permitidos, entre os mais comuns o jogo de bola, de bolinhas de gude e o aro, tudo no pátio da igreja, após as aulas[109].

As características de rígida disciplina para o corpo discente nas instituições de ensino superior na América, gerando muita regulamentação e prescrevendo os mínimos detalhes da vida do estudante, foram tão reais quanto na Europa. Em ambos os contextos, ocorriam rebeliões estudantis e campanhas de grupo, a fim de obter algumas vantagens. Na Europa, por exemplo, há registro de brigas, em Oxford, entre os jovens da cidade e os rapazes da universidade, enquanto, sobre Bolonha, há relatos de estudantes trabalhando pelo levantamento de fundos para empréstimos e livros-texto.

Tanto Harvard, em meados de 1600, quanto a Universidade de Brown, sob a presidência de Francis Wayland, por volta de 1840, regulamentavam toda a vida do estudante, desde a frequência às classes até "as orações ou es-

---

107   Charles Homer Haskins, *The rise of universities*, pp. 68-77.

108   Charles Homer Haskins, *The rise of universities*, p. 72.

109   Charles Homer Haskins, *The rise of universities*, p. 74.

portes como a pescaria". Além disso, bebida era no mínimo controlada, mas frequentemente proibida e até o modo de vestir-se era predeterminado[110].

O presidente Ezra Stiles de Yale regulamentou inclusive o uso de chapéus nos pátios da faculdade. Wayland, por sua vez, dirigia-se aos jovens para falar da vontade intelectual, alertando-os para o que ele considerava as duas maiores causas de fracasso no mundo: o desvio moral e a indolência[111].

Além dos regulamentos que atingiam os estudantes em geral, havia outro tipo de compromisso para aqueles que desejassem apoio financeiro para seus estudos. O recurso mais comum para a obtenção de bolsas de estudo era o das denominações religiosas que necessitassem de pastores. Brubacher e Rudy explicam no capítulo "Early student life", às páginas 40 e 41, a rigidez de compromisso dos estudantes nessas condições.

Citando, como exemplo, o catálogo do Union College, datado de 1852, os autores relatam que esses estudantes tinham de assinar o compromisso de nunca ingerir bebida alcoólica ou de não utilizar o fumo, em nenhuma forma.

Punições, como suspensões e expulsões, embora tivessem sido condenadas no século 18, eram previstas para os infratores dessas normas.

A severidade do julgamento dos professores sobre o comportamento dos alunos é ilustrada pelas declarações de Charles Nisbet, em 1785, que considerava os alunos avessos à leitura e à reflexão e muito imediatistas. A atitude de Nisbet diante dos alunos é coerente com a sua condição de calvinista rígido, segundo a qual toda prescrição e severidade sobre os alunos seria justificável, em virtude de sua "imaturidade e desinteresse"[112].

Os norte-americanos também se preocupavam em desenvolver boas maneiras em seus jovens. George Washington contribuiu para isso formulando, em 1745, aos 13 anos de idade, uma lista de conselhos muito utilizados pelas famílias norte-americanas. Dentre essas orientações, encontram-se algumas sempre atuais e outras bastante curiosas, como

---

[110] John S. Brubacher e Willis Rudy, *Higher educational in transition*, p. 51.

[111] John S. Brubacher e Willis Rudy, *Higher educational in transition*, p. 427.

[112] Ernest Boyer, *College. The Carnegie Foundation for the advancement of teaching*, p. 74.

não comer ruidosa ou vorazmente, não limpar os dentes com o garfo ou com a faca, mas usar palitos[113].

Os hábitos nas primeiras instituições norte-americanas de ensino superior foram muito similares aos das instituições europeias na Idade Média. Muitas eram as proibições, as regras, as sanções e os castigos previstos, até mesmo para simples brincadeiras, como jogar um míssil de papel em aula. A normatização chegava a minúcias que revelam a rigidez disciplinar e a severidade institucional sobre os professores também. Tudo era detalhadamente prescrito, deixando aos aplicadores de sanções e castigos apenas a atribuição de correlacionar fato ocorrido e transgressão prevista à punição correspondente. Esses relatos revelam que a classe estudantil apresenta uma cultura própria e atemporal. A temporalidade aparece nas formas de lidar com ela e as culturas nacionais emergem, em especial, na hierarquia de valores nas soluções das situações problemáticas geradas pelos estudantes. Um bom exemplo é o da simples ação de jogar um míssil de papel em sala, que poderia assumir diferentes níveis de gravidade, dependendo de o "míssil" haver atingido o professor, machucando ou não o mestre. Da mesma forma que o ato de jogar pedras no pátio, por exemplo, assumiria maior ou menor gravidade dependendo de ter atingido ou não a capela[114].

Não são abundantes as fontes de consulta sobre a vida dos estudantes, mas Haskins considera que existe um respeitável material escrito na Idade Média que, direta ou indiretamente, revela a vida dos estudantes. O que esse autor considera muito importante, porém, é o que foi escrito pelos próprios estudantes[115].

Aos leitores que desejarem consultar Saul Sack sobre a vida dos estudantes no século passado, recomenda-se "Student life in nineteenth century", bem como outros estudos[116].

---

113   Lee M. White, *The American Revolution in notes, quotes and anecdotes*, p. 53.

114   Charles Homer Haskins, *The hise of universities* (Ithaca and London: Cornell University Press, 1979), pp. 60-61.

115   Charles Homer Haskins, *The hise of universities*, p. 66.

116   Saul Sack, "Liberal education: what was it? What is it?"; "History of education quarterly, 3, December, 1962"; "Student life in the nineteenth century", *Pennsylvania Magazine of History and Biography*, July, 1961, pp. 270-273.

Diante de tanta rigidez e prescrição, torna-se mais fácil compreender o contexto do ensino superior da época, em que a presença de um currículo rígido e tradicional parece coerente.

Não decorreram muitos anos para que as faculdades religiosas norte-americanas abandonassem o temor pela reforma curricular de Eliot em Harvard[117], partindo para tímidas tentativas de mudança. Isso as redirecionou a um ensino menos tradicional para, mais tarde, tentarem disciplinas eletivas, professores especializados, bem como dar ênfase à formação profissional dos jovens, após a Guerra Civil.

Essas mudanças curriculares, quer lentas, quer drásticas e determinadas, nem sempre partiram dos docentes, mas também se originaram de iniciativas de alunos. As chamadas atividades extracurriculares, que, aos poucos, foram sendo absorvidas pelos currículos, constituíram-se em um brando, mas eficaz instrumento de renovação do ensino superior. Enquanto as faculdades não quiseram assumir as inovações curriculares, estas eram praticadas nas sociedades literárias, nos recitais, nos clubes de atletismo e nas fraternidades estudantis. Literatura Inglesa, História Americana, Artes Plásticas, Música e Línguas Estrangeiras eram oferecidas aos estudantes, por meio das associações estudantis[118].

Ainda hoje, as associações de estudantes no ensino de terceiro grau são muito ativas nos Estados Unidos e algumas são motivos de orgulho para seus membros. Além disso, as associações de ex-alunos muitas vezes são vitais à própria existência de uma instituição.

Embora em países diferentes, com evidentes diferenças culturais, a classe dos estudantes vem mantendo características comuns pelos tempos, incluindo tais associações. No entanto, o interesse pelo trabalho intelectual por participação, a competição e o desejo de aprender[119] são os pontos mais frequentemente comuns.

---

[117] John S. Brubacher e Willis Rudy, *Higher educational in transition*, p. 119.

[118] Frederick Rudolph, *Curriculum*, pp. 12, 13.

[119] Charles Homer Haskins, *The hise of universities*, p. 93.

Além disso, algumas características parecem atualíssimas em qualquer lugar, podendo variar apenas em estilo, o que se confirma com a leitura de cartas de estudantes europeus da Idade Média.

Um estudante de Oxford, por exemplo, explica, em uma curiosa carta aos pais, o quanto ele está dedicado aos estudos, mas também o quanto o problema de falta de dinheiro vem interferindo no seu desempenho, "já que tudo é muito caro e as necessidades são muitas". Por essa razão, ele "respeitosamente implora" a seu pai, que, "pela providência da piedade divina, possa assisti-lo, pois, sem Ceres e Baco, Apolo fica gelado"[120].

Bem semelhante ao que ocorre ainda hoje, em qualquer lugar, as cartas dos estudantes europeus na Idade Média geralmente envolviam o pedido de dinheiro[121].

Nos tempos atuais, o interesse dos estudantes pela autonomia financeira ficou evidenciado em pesquisas realizadas pela Fundação Carnegie para o Avanço do Ensino, quando se questionou os alunos conforme as perguntas apresentadas na Tabela 12[122].

TABELA 12 Aspirações e propósitos dos estudantes

Alternativas*	Respostas (%)
Uma carreira mais satisfatória	90
Uma ocupação específica e do meu interesse	89
Um emprego melhor	85
O desenvolvimento de habilidades	83
Saber mais sobre o que me interessa	82
Uma educação abrangente	80

* Alternativas à seguinte questão: Quais as razões mais importantes que estimularam você a fazer um curso superior?
Fonte: Ernest Boyer, College. The Carnegie Foundation for the advancement of teaching, 1987, p. 13.

---

120   Charles Homer Haskins, *The hise of universities* (traduzido, ênfase adicionada), pp. 77-78.

121   Charles Homer Haskins, *The hise of universities*, p. 76.

122   Ernest Boyer, *College. The Carnegie Foundation for the advancement of teaching*, 1987, p.13.

Boyer também constatou, com seus estudos realizados em 1987, o número crescente de estudantes que trabalham nos Estados Unidos. Segundo o autor, a elevação das mensalidades tem estimulado essa situação. Na verdade, existem fortes indícios de que a condição de estudante desenvolve características atemporais, o que reforça os argumentos de educadores como Graff e Wilson na seguinte direção: "se a classe dos estudantes é tão diferenciada, é preciso que se dê a devida importância às influências dos alunos sobre os professores e as instituições"[123].

Nesse ponto, as políticas educacionais, em qualquer âmbito, precisam estar em alerta para a questão financeira, quando aprender a viver ensinando a aprender passa a ser importante, daí a necessidade de não se esquecer dos esforços no sentido, mesmo que mencionado brevemente, da prática da cidadania de aprender e ensinar em programas que funcionam como estágios.

---

[123] Jerry G. Graff e Robert C. Wilson, "Faculty values and improving teaching", *New teaching, new learning, current issues in higher education*, G. K. Smith. (ed.) (San Francisco, Jossey Bass Inc., 1971), pp. 39-46.

CAPÍTULO 13

Transição do 2º para o 3º grau: o crítico processo de seleção

É importante lembrar aqui as colocações frequentes de Frederick Rudolph sobre o ensino universitário "só no nome", e os alertas de Brubacher e Rudy sobre a existência de instituições de ensino superior que não diferiam das de segundo grau.

À medida que a universidade norte-americana foi tomando forma, a preocupação com a educação de segundo grau, sua qualidade e seu direcionamento começou a tornar-se real.

Frederick Rudolph comenta a desarticulação entre segundo e terceiro graus como uma falha lamentável, mas, de certa forma, compreensível, em um sistema educacional gerado de cima para baixo. Desde o período colonial, os *colleges* apresentavam forma e posicionamento claros, mas os ensinos de primeiro e segundo graus eram pouco estruturados.

A primeira escola pública, de segundo grau, surgiu em 1821, como mais uma iniciativa do espírito empreendedor dos bostonianos, no Nordeste dos Estados Unidos. A partir de 1860, essas escolas se multiplicaram pelo território norte-americano. Dez anos mais tarde, cerca de 500 delas já ofereciam cursos terminais ou direcionavam-se à transição para o ensino superior[1].

---

1   Frederick Rudolph, *Curriculum*, p. 158.

Um exemplo nesse sentido é o do pronunciamento do superintendente de ensino de segundo grau em Chicago, em 1891. Naquela época, a realidade mais frequente no território nacional era a desarticulação.

"Cada jovem, homem ou mulher, que se tenha devotado e obtido sucesso em, pelo menos, quatro anos de estudos em uma escola secundária bem equipada deve ser aceito em qualquer *college* do país..." (na base de qualquer) "combinação de estudos nos quais tenham desenvolvido seu potencial e que se apresentem em harmonia com suas aptidões intelectuais"[2]. Já, anteriormente, mais precisamente em 1893, surgia o primeiro comitê para estruturação do ensino secundário e sua articulação com o terceiro grau. Foi o chamado Comitê dos 10[3].

Por volta de 1918, um grupo organizado, denominado Comissão de Reorganização da Educação de Segundo Grau, formulou e publicou os Princípios Cardinais da Educação Secundária. São eles:

- Saúde: a escola secundária deveria, pois, prover instrução saudável, inculcar hábitos, organizar programa efetivo de atividades físicas, respeitar as necessidades de saúde ao planejar trabalho e jogos e cooperar com o lar e a comunidade, na salvaguarda e promoção de interesses saudáveis;
- Comando do processo fundamental: as facilidades que uma criança de 12 ou 14 anos pode adquirir com o uso desses instrumentos não é suficiente para as necessidades da vida moderna;
- Válida integração familiar: a válida integração familiar, como objetivo de buscar o desenvolvimento das qualidades que tornam o indivíduo um proveitoso membro da família, para simultaneamente contribuir e beneficiar-se dessa associação;
- Profissionalização: a educação profissionalizante deve preparar o indivíduo para assegurar-lhe seu sustento e de seus dependentes, para servir bem à sociedade, por meio de sua profissão, a manter correto relacionamento com seus colegas de trabalho e a sociedade,

---

[2] Frederick Rudolph, *Curriculum*, p. 159.

[3] John S. Brubacher e Willis Rudy, *Higher educational in transition*, p. 247.

e, tanto quanto possível, a encontrar nessa profissão a melhor forma para seu próprio desenvolvimento;
- Educação cívica: deve desenvolver no indivíduo aquelas qualidades segundo as quais desempenhará bem seu papel como membro da vizinhança, da cidade ou da metrópole, do Estado e da Nação, devendo lhe dar base para a compreensão de problemas internacionais.

O parágrafo anterior leva a inferir que a Segunda Guerra Mundial tenha contribuído para reforçar a posição da referida Comissão, por um lado, estimulando a associação interna, o sentimento nacional e, por outro, alertando para a presença de um mundo maior do que os Estados Unidos.
Dando continuidade à proposta da Comissão:
- Proveitoso uso do lazer: a educação precisa preparar o indivíduo para seu lazer e recreação física, mental e espiritual, a fim de enriquecer e ampliar sua personalidade;
- Caráter ético: para uma sociedade que almejava ser democrática, o caráter ético da sociedade torna-se de suprema importância, entre os objetivos do ensino secundário[4].

Outro colegiado foi instituído em prol da organização do ensino de segundo grau, mais especificamente quanto à articulação do ensino secundário ao superior. Sua atribuição era a de organizar uma sistemática de exames de seleção para ingresso no ensino superior. Algumas instituições não resistiram à adoção dos exames propostos pelo *board*, como as universidades de Columbia, em Nova Iorque, e, um pouco mais tarde, Yale[5]. Essa adoção não foi pacífica para todas. As organizações de ensino, em geral, adotam em suas estruturas dois diferentes tipos de conselhos – o *Board of Trustees*, relacionado à manutenção financeira; e o *Board of Education*, responsável pelas questões educacionais.

---

4   Galen Saylor, Wiliam M. Alexander e Arthur J. Lewis, *Curriculum planning for better teaching and learning* (traduzido), pp. 176-177.

5   John S. Brubacher e Willis Rudy, *Higher educational in transition*, p. 246.

A Primeira Guerra Mundial instalou uma novidade no cenário educacional. Com a utilização intensiva de testes psicológicos na sua seleção de contingentes, essa prática começou a adquirir *status* elevado e passou a interessar o colegiado. Os critérios utilizados eram fundamentados em: poder de expressão, inteligência, coragem para exprimir opiniões, potencialidades, aptidões e qualidades pessoais e morais, como perseverança, iniciativa e clareza de propósitos. Esses aspectos complementavam a avaliação da qualidade do conhecimento do candidato[6].

Seleção, testes, tendenciosidade, racismo[7]
Em virtude da polêmica que este assunto tem gerado, parece válido, nesse ponto, abrir mesmo que um pequeno espaço para comentar, no mínimo, alguns impactos dos fatos ligados à seleção e a testes para, mais tarde, retornar-se à questão do ensino de segundo grau.

Muitas discussões e desentendimentos cercaram os testes de seleção em todo o território nacional, tanto na educação quanto no trabalho, embora algumas evidentes vantagens de planejamento e aperfeiçoamento, possibilitados por eles, sobre o sistema educacional, testes e instituições tenham sido acusados de promover injustiça e discriminação de várias espécies, inclusive racial.

Os testes de Alfred Binet, construídos em Paris, visando a prever o "sucesso ou o fracasso" de alunos de primeiro grau, foram chamados de "testes de inteligência" e chegaram aos Estados Unidos, onde foram chamados, pela sua medida, "coeficientes de inteligência" – *IQ tests*, os testes de Q.I. Esses testes passaram a ser amplamente empregados para selecionar recrutas durante a Primeira Guerra Mundial.

Contestações a esse tipo de práticas e instrumentos levaram à realização de estudos por instituições renomadas, como a Carnegie Foundation, segundo a qual as "acusações" pareceram ser merecidas[8].

---

6   John S. Brubacher e Willis Rudy, *Higher educational in transition*, p. 246.

7   George M Fredrickson, *Racism:* a short history (Princeton: Princeton University Press, 2002).

8   John S. Brubacher e Willis Rudy, *Higher educational in transition*, p. 246.

Um exemplo dessas verificações ocorreu em 1928, na Pensilvânia, onde mil estudantes foram matriculados na universidade com graus abaixo da média, em detrimento de 3 mil com graus mais altos, entre os 4 mil mais bem classificados[9].

Debates se sucederam, críticas veementes continuaram e novos problemas semelhantes foram denunciados.

Desse cenário, parece ter decorrido um importante aprendizado: a compreensão de que diferenças não somente individuais, mas culturais precisam ser interpretadas considerando o seu potencial, não necessariamente como melhores ou piores. É preciso reconhecer que, se testes são gerados em um certo contexto, eles serão válidos dentro daquele contexto e não estarão aptos a medir realidades diferentes.

Os estudos, os debates e as obras, discutindo testes e questões relacionados à possível superioridade técnica, em termos de habilidades e inteligência, sucederam-se em quantidade.

O livro de Clarence J. Karier, *Shaping the American educational state*, foi escrito em 1975 e apresenta um conjunto significativo desses estudos, opiniões e exemplos de testes. No Capítulo 6, por exemplo, intitulado "IQ dysgenics and racism", ele reproduz a discutida figura apresentada por Henry Garrett[10], em seu livro *Psicologia geral*, datado de 1955, no qual um personagem, Martin Kallikak, representava o bem e o mal[11]. Por meio dessa figura, os filhos de uma moça da taberna eram representados por crianças com chifres, enquanto os filhos de uma moça *quaker*, apresentados como "dignas e respeitáveis criaturas".

---

9   John S. Brubacher e Willis Rudy, *Higher educational in transition*, p. 246.

10   Henry Garrett, PhD, pela Universidade de Columbia, em 1923, foi professor naquela universidade e Chefe do Departamento de Psicologia, por 16 anos.

11   Clarence Karier, *Shaping the American educational state, from 1900 to the present*, pp. 196-197.

Thorndike[12] também é autor de um trecho do mesmo capítulo desse livro, intitulado: "Inteligência e seus usos"[13], no qual discute testes, empregos e efeitos.

O capítulo 7, "Toward differentiated curriculum based on class, race and sex", inicia apresentando o antagonismo Edward Thorndike *versus* Lester F. Wards[14] em virtude, especialmente, do posicionamento de Lester quanto aos recursos intelectuais do homem, que, para ele, ainda não tinham sido bem sintonizados. Para Thorndike, um currículo deveria ser prescrito para cada faixa etária, em nome do atendimento a diferenças individuais. Thorndike foi acusado, ao pensar em educação para o Estado, de preparar a educação para as classes privilegiadas[15].

Além das diferenças entre ambos os autores, diante da problemática "classes sociais" e "etnias", estava o posicionamento de Thorndike em favor da supremacia intelectual masculina[16].

O livro de Karier interessará, em grande parte, mas o artigo "Dysgenics a social problem reality evaded by the illusion of infinite plasticity of human intelligence?", de William Shockley[17], é particularmente significativo, por discutir a problemática contexto-hereditariedade quanto ao "Q.I.". Este ponto, segundo o autor, apresenta questões que reclamam

---

12 Edward L. Thorndike foi professor de Psicologia da Educação, na Universidade de Columbia, e talvez o mais influente psicólogo na primeira metade do século. Escreveu muito sobre treinamento de professores, ensino de primeiro grau e currículo do segundo grau.

13 Clarence Karier, *Shaping the American educational state, from 1900 to the present*, pp. 219-232.

14 Lester Frank Wards, autor de *Dynamics-Sociology*, é considerado o pai da Sociologia na América.

15 Clarence Karier, *Shaping the American educational state, from 1900 to the present*, pp. 219-232.

16 Clarence Karier, *Shaping the American educational state, from 1900 to the present*, p. 235.

17 William Shockley, professor de Engenharia na Universidade de Stanford, foi um covencedor do Prêmio Nobel em Física por seu trabalho no desenvolvimento de transistores. Mais tarde, tornou-se mais conhecido por suas observações e estudos sobre raças, ao que ele chamou de raciologia.

por respostas baseadas em pesquisas que permitam comparações sem tendenciosidade. Ele explica que *raciology* foi a proposta de alguns estudiosos como ele, não de racistas, mas de interessados em pesquisa, e não em sentimentos como o ódio. Complementa dizendo que preocupam os problemas étnicos que envolvem a etnia negra norte-americana e que, sobre estes, já existiam dados que poderiam viabilizar bons estudos.

O que ele procura demonstrar é a existência de diferenças étnicas e que isso se reflete em desempenhos tanto físicos quanto intelectuais ou de comportamento. Apresenta, por exemplo, a supremacia da etnia negra sobre a branca quanto à acuidade visual dos norte-americanos orientais, à indicação para a Academia Nacional de Ciências e ao fato de não terem sido nunca mencionados por crime pelo FBI, além de citar os judeus que, segundo as estatísticas, recebiam o Prêmio Nobel dez vezes mais frequentemente do que outras etnias[18].

Após a leitura de Garret[19], psicólogo que se aposentou em 1956, será muito importante procurar conhecer e refletir sobre os atuais estudos em diferenças culturais em vez de enfatizar meramente os aspectos das diferenças ditas raciais. A Terra Pátria, advogada por Edgar Morin em suas palestras ao redor do mundo e em sua vasta obra, inspira uma postura em que o respeito a essas diferenças torne a multiculturalidade não uma mera constatação, mas um centro de atenções e cuidados em favor da co-humanidade[20].

Os avançados estudos genéticos revelam um afastamento cada vez mais evidente do conceito de etnia, enfatizando diferenças individuais e, quando elas aparecem em grupos, como o nomadismo, relacionando-as com o meio ambiente em que a cultura se desenvolve.

---

18   Clarence Karier, *Shaping the American educational state, from 1900 to the present*, cap. 10, pp. 407-417.

19   Clarence Karier, *Shaping the American educational state, from 1900 to the present*, pp. 418-428.

20   Palestra promovida pela UCM, em 2001, entrevista realizada, na ocasião, para o *Millenium*, Rede Globo de Televisão, e obras como *Ciência com consciência, O método. 4. As ideias* e *Os sete saberes necessários à educação do futuro*.

Especificamente sobre o tema raça, o conjunto de ensaios editados por E. Nathaniel Gates, em 2013, é de suma importância para pesquisadores de várias áreas e interessados no tema em geral, especialmente sociólogos e antropólogos. O referido livro se chama *The concept of race in natural and social sciences* e encontra-se listado na bibliografia[21].

Educar para o futuro, além do conhecimento: o Grandioso Desafio dos "DIFERENTES"

Entre os conceitos abertos à clarificação, está o de minorias, aparentemente simples de captar e equacionar, e, também, a *affirmative action*, conceito-chave, legal, amplamente discutido e praticado, porém ainda polêmico em razão da complexidade de suas implicações, somado à histórica questão da escravidão e aos sentimentos decorrentes. Segundo Einstein, citado por Michael Maffesolli (2004), "é mais fácil quebrar um átomo do que romper um preconceito"[22].

Distante da intenção da abordagem racial, mas considerando a origem e a cultura, é oportuno reconhecer a considerável presença dos judeus na sociedade norte-americana, ocupando, em especial a Califórnia e o Norte de Nova Iorque, desde muito cedo na constituição do país. Alguma leitura pode ser sugerida, nesse ponto, aos interessados no tema[23].

---

21   Foram selecionados alguns dos ensaios da citada reunião em decorrência de possíveis contribuições para os interessados, inclusive em questões sociopolíticas e culturais: John Williams, "Plea for ignoring race including Insured status in medicine"; John Williams, Richard D. Tucker e Francis V. Duham, "Changes in connotation of racial concepts and color names"; Robert Miles, "Beyond the race concept".

22   Michael Maffesolli, *Notas sobre a pós-modernidade. O lugar faz o elo*. Trad. Vera Ribeiro (Rio de Janeiro: Atlântica, 2004), p. 77.

23   A leitura, a seguir, pode ser útil nesse sentido: Rhoda Hoff, "Americas immigrants: adventures", *Eyewitness History* (New York: Henry Z. Walck, Inc., 1967), An anthology of articles by various immigrants recounting their early experiences; Maury Klein, "Life on the lower East Side", *American History Illustrated*, v. VII, n. 7, November 1972 (Gettysburg, Pa.: Historical Times, Inc.), A brief look at the Lower East Side during the period of Eastern European migration;

Mesmo sem chegar à discussão envolvendo preconceito, é inegável a complexidade do contexto multicultural na base da formação permanente da sociedade norte-americana, das origens até a atualidade, diante do número de imigrantes e de algumas origens, em números significativos, desde muito cedo, como os judeus e, nos primeiros anos de 1800, chineses igualmente.

Diante dessa realidade, Jay M. Brown, em linguagem simples e direta, declara textualmente em artigo sua posição reveladora da realidade, da seguinte forma: *We Americans are either descendants of immigrants or have come ourselves to North America from somewhere else*[24].

A densidade do problema acaba exigindo certa reflexão com base, inclusive, na demografia, pois, com o permanente movimento de imigração nos Estados Unidos, muito intensificado em frequentes períodos de sua história, considerando-se a intensidade de originários do México e da América Central em geral, há quem apressadamente interprete que esses contingentes evoluam socioeconomicamente de maneira rápida, embora temam as dificuldades em dar conta de oferecer educação para todos, em especial formação para o trabalho que permita ascensão social.

Assim, projetando os números para além do contingente populacional dos negros norte-americanos, para incluir os chamados hispânicos, asiáticos e mesmo os primeiros italianos, poloneses, gregos, judeus e outros considerados não brancos, leva a se repensar o que seria uma minoria. Lá pela terceira geração, eles teriam alcançado algo como, segundo a articulista Valerie Strauss[25], uma "minoria majoritária" (*a majority-minority*).

Isaac Metzker (ed.), *A bintel brief* (New York, Ballantine Books, 1972); Diane K. Roskies e David G., The Shtetl Book (New York: Ktav Publishing, 1975); Allon Schoener (ed.), Stories from and history of shtetl life, *Portal to America*: the lower East Side, 1870-1925 (New York: Holt, Rinehart, Winston, 1967), Collection of contemporary newspaper articles and pictures: on the East Side.

24   Jay M. Brown. *From the Shtetl to the Tenement*: the East European Jews and America. A social history 1850-1925. Teacher institute Yale-New Haven. Disponível em: http://yale.edu/ynhti/curriculum/units/1979/2/79.02.02.x.html. Acesso em: 18 fev 2016.

25   Disponível em: http://www.washingtonpost.com/blogs/answer-sheet/wp/2014jul.03/why-we-still-need-affirmative-action-for-african-americans-in-college-admissions. Acesso em: 3 jul. 2014.

Contudo, ela alerta para o fato de que os chamados *latinos*, residentes na Califórnia por pelo menos 30 anos, representavam cerca de 65% dos proprietários de imóveis, antes da última bolha habitacional desastrosa, o que "ilustra sua assimilação à classe média".

Quando visualiza com as devidas expectativas a complexa, nebulosa e ampla questão educar para o futuro, é inevitável deparar-se com um antigo e enorme desafio nacional, os diferentes.

Se o acesso às atividades e a postura do *campus compact*, como indubitável exemplo de poder de associação e preocupação com a educação para a vida cidadã, impactam positivamente, em contraste, quando se observa a realidade social norte-americana, a histórica presença das dificuldades de administração da situação das minorias diante da educação ainda surpreende e impacta, gerando perplexidade, fazendo aparecer o conceito de desagregação.

Entretanto, não faltam debates participativos, obras publicadas, propostas de iniciativas e tentativas de solução, alertas em revistas e jornais de grande circulação com participação de membros da sociedade, pois se trata de uma questão de peso, na qual se envolvem educadores, pesquisadores, autoridades do sistema legal, políticos, para citar algumas categorias engajadas, em busca tanto de conceitos mais claros para favorecer a sua compreensão quanto de práticas baseadas em postura pró-solução, porque o futuro chega a cada momento e as necessidades humanas, sociais, políticas e econômicas, além das legais, continuam a desafiar.

Mesmo diante dessa preliminar descrição, ainda muito simplificada, já é possível compreender que haja dificuldades na definição de minoria.

Voltando à questão da *affirmative action*, como apresentá-la segundo o *Legal Information Institute*[26].

1   Definição: um conjunto de procedimentos designados a eliminar ilegal discriminação entre candidatos, remediar os resultados dessa importante discriminação e preveni-la no futuro. Candidatos podem

---

26   Disponível em: http://www.law.cornell.edu/wex/affirmative_action. Acesso em: 19 jul. 2014.

estar buscando admissão a um programa educacional ou procurando emprego profissional.
2. Origens legais:
- O empregador deve assumir a *affirmative action* para assegurar que candidatos sejam empregados e tratados durante o emprego sem considerar sua raça, credo, cor ou origem nacional – *Executive Order 10925* (1961);
- Ao administrar um programa, assegurar que o recebedor (de fundos federais) tenha previamente discriminado pessoas com base em raça, cor, ou origem nacional, o beneficiado deve assumir a *affirmative action* para superar efeitos da discriminação ocorrida – *Civil Rights Act* (1964) (*34 CFR § 100.3(b)(6)(i)*).

Diante dessas descrições, é interessante lembrar que há quem questione: Por que seria fora de propósito invocar ainda efeitos danosos da escravatura como legado? Se, contra-argumentando, o legado dos ricos fosse deixado aos seus descendentes, desde aquela época, estaria igualmente válido até os dias atuais?

Segundo Richard Rothstein, em matéria ao *Washington Post*[27], há interpretações contraditórias quanto a *affirmative action*. Por exemplo, há os que a consideram uma forma indutora de discriminação, embora o propósito formalizado seja justamente o oposto. Segundo essa interpretação, medidas baseadas em raça acabariam gerando esse efeito danoso.

Em contraste, a juíza Ruth Bader Ginsburg e sua nova aliada, Sonia Sotomayor, consideram que a maneira de acabar com discriminação com base em raça não é tornar-se *colorblind*, cego à cor da pele, segundo uma nova proposta estratégica para a questão, mas falando aberta e claramente sobre o assunto e aplicando a Constituição com os olhos bem abertos ao efeito dos infortúnios de centenas de anos de discriminação racial.

O artigo do *Washington Post* também cita Sheryll Cashin em *The failure of integration*[28]. Além dessa obra, sugere-se, para complementar a

---

[27] Disponível em: http://prospect.org/authors/richard-rothstein. Acesso em: 16 jul. 2014.

[28] Sheryll Cashin, *The failure of integration*: how race and class are undermining the American dream (New York: Public Affairs, Perseus Books, 2004).

leitura das tentativas para administração dessa problemática situação, outro livro da mesma autora: *Place, not race:* a new vision of opportunity in America[29], cujo conteúdo é rico nesse tema, em especial nos capítulos: "Separação institucionalizada"; "O dilema da classe média" negra; "O custo do gueto"; e "Separatismo branco: custos e benefícios".

Sobre outra postura que existe diante da posição da Suprema Corte em favor do pluralismo e da diversidade – a *colorblind* –, contrária à *affirmative action*, há os que a adotam, porém usando o conceito na prática, algumas vezes como subterfúgio para proteger aqueles de etnia negra.

Tanto na referida matéria do *Washington Post* quanto no site de Valerie Strauss[30], Sheryll Cashin questiona, a partir do conceito de *place* (aprofundado em livro editado), a questão da moradia, da localidade, da vizinhança como de grande importância para a agregação da sociedade, independentemente de etnia ou condição social. O que a pesquisa revela é que os pobres de etnia branca estão, em menor contingência, em áreas extremamente pobres do que aqueles de etnia negra. A proporção encontrada foi a seguinte: 7% de brancos pobres vivendo em áreas de extrema pobreza em contraste com 23% de negros nas mesmas condições. Continuando, estudo também mostra que a tendência é no sentido de os brancos serem temporariamente pobres e os de etnia negra permanecerem de modo duradouro naquela situação, já que crianças brancas pobres, quando adultas, estão em vizinhanças da classe média, enquanto as de etnia negra tendem a permanecer nos mesmos locais depois de adultas.

Ainda referente aos locais de moradia, Cashin teme pelas condições psicossociais a que as crianças negras ficam expostas, enquanto as de etnia branca moram em locais onde ficam mais protegidas da violência e das drogas.

---

29   Sheryll Cashin, *Place, not race:* a new vision of opportunity in America (Massachusetts: Beacon Press, 2014).

30   Disponível em: http://www.washingtonpost.com/blogs/answer-sheet/wp/2014jul.03/why-we-still-need-affirmative-action-for-african-americans-in-college-admissions/. Acesso em: 3 jul. 2014.

Além da questão dos locais, há o aspecto da renda, exposto por Thomas Shapiro, como coautor de *Black wealth/white wealth* (1995)[31], com argumentos que se somam a dados mais recentes, analisados em 2007, indicando que a classe média de etnia branca e negra são duas situações bem diferentes, sendo a renda dessa categoria entre os de etnia negra apenas 22% daqueles de etnia branca.

Sobre o tema, o aplaudido livro de Patrick Sharkey, intitulado *Stuck in place* ("Paralisados do lugar")[32], revela que a concentração da pobreza se mantém como um fenômeno essencialmente negro, mesmo comparando com os chamados hispânicos, o que a juíza Ginsburg denuncia como uma política de subterfúgio.

Contudo, mostra a articulista, grande parte da classe média de etnia negra não vive mais em áreas de predominância dessa etnia, mas isso ainda não representaria o ideal, pois continuariam pouco representativos sem os princípios da *affirmative action*. As famílias de afro-americanos continuam em situação muito diferente das famílias de etnia branca na mesma situação econômica. A postura de *colorblind policies* teria falsamente condições de mudar essa realidade, mas, na verdade, não tem tido a devida força.

É possível dizer que a posição dos estudiosos de política sobre a diferença de ultrapassar o temor dos diferentes e reordenar-se de forma condizente com seus ideais de democracia plena está em permanente avanço, embora os erros do passado e a complexidade do presente que não para de desafiar com os movimentos de imigração, somados aos níveis de aspiração de justiça social de um grupo considerável de norte-americanos atuantes, nas mais diversas áreas de atividades e recantos do país.

Não há dúvida sobre a contribuição, o sucesso e a visibilidade de pessoas de etnia negra, no panorama norte-americano, quando as atividades são artes, esportes e também política. Os exemplos de Marion Barry, pre-

---

31 Melvin L. Oliver e Thomas M. Shapiro, *Black wealth/white wealth. A new perspective on racial inequality* (New York: Routledge, 2006).

32 Patrick Sharkey, *Stuck in place and the end of progress toward racial equality* (Ebook, University of Chicago Press, May, 2013).

feito de Washington D.C., por dois mandatos consecutivos (1979-1999), e Barack Obama, eleito presidente do país em 2008 e reeleito em 2012, são contundentes. Entretanto, se a questão é a dos abastados da revista *Forbes*, os afro-americanos não são presença absoluta.

No cenário das diferenças, a questão da imigração é cada vez mais central – desafiadora, mas não esquecida. Para que se tenha uma ideia da amplitude e complexidade da questão da imigração nos USA, uma inserção nos relatórios emitidos publicamente disponíveis do *American immigration council: imigration policy center*, ainda que breve, pode ser oportuna[33].

Foram computados recentemente 114 mil potenciais beneficiários com pelo menos nível superior completo e que seriam imediatamente candidatos à permanência legal; mais 612 mil potenciais beneficiários a uma condição imediata de candidatos condicionais, porque já apresentam certificado de segundo grau e teriam incentivo para formação de tecnólogos, curso superior com dois anos de duração; e, ainda, mais 934 mil crianças com idade inferior a 18 anos que seriam candidatas a um *status* condicional para residência permanente se recebessem incentivos para concluir o segundo grau, prosseguirem estudando e servissem nas Forças Armadas. Além disso, haveria 489 mil possíveis beneficiários potenciais a candidatos a um certificado equivalente ao de segundo grau. Para que esses atendimentos sejam realizados nessa imensa escala, há um grupo de peso determinado a mudar as leis de imigração, cujo sistema é ainda lento em prejuízo, segundo os adeptos dessa política, tanto para as pessoas e famílias diretamente envolvidas quanto para o país.

Esses jovens são considerados biculturais. Dominam o idioma inglês e têm potencial para estudo e trabalho, inclusive muitos podendo desenvolver-se em programas de doutorado, segundo os levantamentos do Conselho.

Diante dessas cifras, uma tendência que, na verdade, é uma característica cultural forte, somada à movimentação imigratória, a questão

---

33   Disponível em: http://www.immigrationpolicy.org/just-facts/dream-act#do. Acesso em: 8 out. 2004.

das diferenças culturais é desafiadora, porém também enriquecedora; nesse rumo, a América só tem a ganhar, embora seja evidente o esforço permanentemente exigido em todos os sentidos em face dessa dinâmica já histórica dos diferentes chegando ao país.

Essa tentativa de mudança de postura legal é atualmente chamada de Dream Act e conta com 32 apoiadores no Senado, mas poucos na Câmara. Entretanto, os movimentos têm sido intensos e o Conselho é ativo em divulgar e argumentar com estudos amplos e consistentes. Por essa razão, a discussão encaminha-se para a realidade resumida a seguir.

Parte importante dos debates públicos, em termos mais pontuais, como diminuir o tempo de espera para uma solução para os que chegam fora das condições legais previstas, está longe de ficar dentro desses limites. A proposta é de uma reforma, e os artigos a respeito ocupam os jornais de grande circulação, como o *Washington Post*, com posições, por exemplo, da Ordem dos Advogados e artigos de muitos especialistas, como é o caso recente de Alex Nowrasteh, um analista do Instituto Cato que alertou:

Se você pensa que a reforma na imigração está num impasse, você está errado sim; uma massiva legislação, como a lei aprovada no senado em junho passado (referindo-se a 2014), não será votada pela casa nesse ano, mas, em virtude da obstrução em curso para ação, forte conforme aparece, não bloqueará a reforma de seu acontecimento. Um compromisso bipartidário já está formado[34].

O tema é amplo e os detalhes legislativos são muitos, exigindo conhecimento jurídico, político e social. O importante é que avanços estão em andamento e as expectativas são no sentido de solucionar problemas que assumem grandes dimensões sociopolíticas e implicam um número surpreendente de imigrantes com respeito aos ilegais.

---

34   Alex Nowrasteh, "Could immigration reform without 'amnesty' be on the table this year?", Immigration Policy Analyst, Cato Institute. Disponível em: http://dailycaller.com/2014mar.27/could-immigration-reform-without-amnesty-be-on-the-table-this-year/. Acesso em: 04 ago. 2014.

É interessante observar, a partir dos estudos de Nowrasteh, que a National Foundation for American Policy verificou que, se as atuais barreiras fossem removidas, mais de 1/3 de 11 a 12 milhões de imigrantes não autorizados tornar-se-ia legal a partir dos anos próximos, sem nenhuma regra especial de designação ou necessidade de anistia. Eliminar esses bloqueios não se trataria de generosidade, mas de uma possibilidade de gestão dessa problemática, dentro do próprio sistema legal, sem falar em anistia e sem exigir que as pessoas saíssem do país por 10 anos – argumentam o republicano Bob Goodlatte e o Chefe do Comitê Judiciário (R-ID)[35] –, mas o especialista reconhece a complexidade da questão imigração e as posições políticas envolvidas e não acredita que procrastinar seja uma boa opção; vê boas perspectivas na movimentação para uma solução mais ágil[36]. Contudo, reconhece que a hesitação dos republicanos, em ano de eleição, não tende a resolver-se por aprovar.

Quando se tem disposição para embrenhar-se no tecido de tantos argumentos, pontos de vista, pesquisas e ações desenvolvidas, presentes, em andamento, em debates, artigos e livros, fontes respeitáveis, chega-se a aceitar, ainda mais profundamente, o fato da complexidade da realidade desse tema.

Tudo o que se encontrou ou se encontra naquela sociedade, como o chamado *Texas Ten Percent Plan*, cuja movimentação foi avançando em benefícios visíveis ao acesso das minorias à educação universitária, entre 1996 e 2007[37], leva à conclusão de que é importante, conta, vale reflexão e respeito do leitor.

Assim, a questão da diversidade toma tamanha dimensão que extrapola largamente a proposta deste livro. Fica a merecer mais um estudo que, conforme já se percebeu nesta rápida inserção, ultrapassa a questão das

---

35 Alex Nowrasteh, "Could immigration reform without 'amnesty' be on the table this year?".

36 Alex Nowrasteh, "Could immigration reform without 'amnesty' be on the table this year?".

37 Sheryll Cashin, *Place, not race*: a new vision of opportunity in America. Extraído com permissão de Beacon Press. Disponível em: http://www.beacon.org/productdetails.cfm?SKU=8614. Acesso em: 16 jul. 2014.

etnias negra e indígena, trazendo dilemas de localidade, do mundo interiorano, rural, de renda, de acesso à educação, com esforços por critérios de seleção mais realistas, como *class rank* da nova lei, resumida no *Texas Ten Percent Plan*[38], em lugar de requisitos acessíveis somente a determinadas categorias sociais, natureza de trabalho, visibilidade social, *status*, com diferenças de toda ordem na multiversidade no país.

Vantagens do conhecimento das diferenças

O estudo para a compreensão de diferenças culturais vem ajudando a conhecer e a lidar melhor com subculturas, em países de grandes extensões como a Índia, os Estados Unidos e o Brasil; isso além de procurar estimular e facilitar a comunicação entre os povos de diferentes países.

A Dra. Dorothy Moore, envolvida em educação internacional, e o Dr. Leonard Nadler, em desenvolvimento de recursos humanos (DRH), ambos da The George Washington University, em Washington D.C., por mais de 30 anos, procuram alertar sobre a importância da compreensão de diferenças culturais na comunicação entre pessoas de diferentes culturas. Entretanto, para ambos, a correta utilização de um idioma estrangeiro não é suficiente para uma boa comunicação. As interferências das diferenças culturais podem levar a conflitos e bloqueios, mesmo contando com fluência verbal em diferentes línguas.

A Profa. Dra. Martha Burns, da mesma universidade, ofereceu também aos estudantes nacionais e estrangeiros a oportunidade de perceberem aspectos mais sutis e profundos da comunicação humana do que apenas a linguagem falada e escrita.

Com esse objetivo, analisou, a partir de várias teorias, a comunicação e o relacionamento humano como partes de um processo amplo, em que a comunicação não verbal desempenha importante papel. No momento em que se fala de comunicação não verbal intencional, os cursos do Dr. Na-

---

38   "Texas ten percent plan". Disponível em: http://www.beacon.org/productdetails.cfm?SKU=8614. Acesso em: 19 jul. 2014.

dler e da Dra. Moore[39] representaram oportunidades para tornar eficiente o reconhecimento da comunicação não verbal, não intencional. O curso, ministrado a estudantes de pós-graduação pela Dra. Burns[40], por exemplo, ofereceu, por meio do SYMLOG[41] e de outras ferramentas comportamentais, teorias e práticas compartilhadas, uma melhor compreensão da significância do problema das implicações culturais na comunicação. São inúmeras as aplicações desses estudos, especialmente em desenvolvimento de recursos humanos para a área das relações internacionais; além disso, ela estimulou alunos norte-americanos e estrangeiros a elaborarem seus próprios métodos de abordagem intercultural para aplicá-los aos colegas. Muitas trocas de experiências interessantes ocorreram, melhorando a compreensão e o respeito entre os diferentes em termos de culturas e/ou subculturas, com o emprego de imagens, música, cores e outros estímulos criados pelos alunos.

Comunicação e relacionamento intercultural, no ambiente da GWU em Washington D.C., na década de 1980, além de questões teóricas em relacionamento humano com o Prof. Dr. Anthony Marinaccio e em interculturalidade sob orientação dos professores Dra. Dorothy Moore, Dr. L. Nadler e os, à época doutorandos, seus assistentes, Angus Reynolds e Abdulla Al Rumaithi, somados a convívio intenso com colegas árabes, iranianos, indianos, chineses e africanos de vários de países, bem como europeus e latino-americanos – embora a autora fosse a única brasileira –, tornaram a aplicação de princípios à prática rotineiros, gerando aprendizado valioso a todos os envolvidos.

---

39   Dorothy Moore, *International Education*. Curso (GWU. Washington, D.C., USA. Primavera, 1981).

40   Os três professores citados atuavam em programas de pós-graduação na GWU, em Washington DC., pelo menos nas décadas de 1970 a 1990. O primeiro era um *expert* em DRH, abordando, também, educação e desenvolvimento intercultural, da mesma forma que a segunda, Moore, de modo mais especializado, interculturalidade como departamental, e a terceira, Burns, dedicando-se a questões relacionais na educação e na gestão.

41   Robert F. Bales e Stephen P. Cohen. *SYMLOG:* a System of Multiple Level Observation of Groups (New York: The Free Press, 1979).

Além de interculturalidade referente a cidadãos de outras nações, a prática da GWU em oferecer cursos e disciplinas nos programas chamados *off-campus*, ofereceu outras oportunidades interculturais, como participar de uma disciplina em Metodologia de Pesquisa Quantitativa com médicos e técnicos militares, em geral da Marinha dos Estados Unidos, no próprio Naval Medical Center em Maryland. Além disso, foi interessante observar a rotina de militares alunos regulares, homens ou mulheres, no próprio *campus* da GWU, os quais saíam direto das aulas para suas unidades de trabalho, já comparecendo fardados, quer fossem Mariners ou da Navy, da Air Force ou Army. O respeitado general Collin Powell, por exemplo, é um ex-aluno da GWU, considerado um diplomata líder militar de seu país.

Outras universidades, como as famosas Cornell e Brown, também dedicam disciplinas à análise do processo da comunicação humana. Comunicação em termos de linguagem verbal e corporal, códigos e sinais, especialmente quanto a diferenças entre grupos étnicos e similaridades entre culturas diversas, contribuem para clarificar, por exemplo, como um sistema de símbolos pode colaborar na formação e na compreensão de valores culturais[42]. Já ao início do milênio, cursos de idiomas *romance*, como é o caso do Português, cada vez estão mais presentes nas universidades norte-americanas e contando com professores nativos da origem de cada um desses idiomas, trazendo agregadamente questões culturais. A busca por relações interculturais é antiga, sendo possível supor que a Primeira Guerra Mundial tenha contribuído, além da tradição de grandes levas de imigrantes de inúmeros países do mundo para o território norte-americano. Nesse sentido, os coordenadores de disciplinas relacionadas na GWU cultivavam relações com embaixadas para visitas, palestras e pesquisas.

Aliás, e lamentavelmente, este não é um dos maiores interesses dos sistemas educacionais nos países em desenvolvimento. Com todos os avanços no conhecimento sobre o ser humano como relacional, pouco tem chegado à ação educacional. O que se verifica, na realidade, é que os educadores ainda estão mais presos a constatações do que à contribuição para a obtenção de transformação de comportamento e atitudes e do

---

42   Ernest L. Boyer, *College. The Carnegie Foundation for the advancement of teaching*, p. 93.

reconhecimento das diversas concepções de mundo. O que é ainda mais grave é que muitas dessas chamadas "constatações" não estão baseadas em fundamentos científicos, mas em preconceitos, dados inconsistentes, especialmente sobre operações mentais e habilidades intelectuais dos diferentes.

Apesar do inquestionável avanço científico, são ainda muito escassos os estudos sobre reações interculturais dos alunos em sala de aula, tanto quanto são deficitários os programas de formação de professores, para que essa possibilidade ocorra no terceiro grau e na pós-graduação.

As "crendices" sobre habilidades para Matemática e idiomas, por exemplo, continuam dividindo grupos humanos entre bons e maus, úteis e descartáveis, dependendo das circunstâncias, dos interesses e dos modismos, em virtude do desconhecimento de fundamentos para identificar e lidar com potencialidades.

As abordagens a esse tema revelam ser muito mais confortável apenas conformar-se em constatar que alguns são "incapazes" a enfrentar o desafio de como promover a sua capacitação. Além disso, há que se cuidar, ainda, de não confundir estímulo com preparação para a vida, para o exercício da cidadania, incluindo a profissionalização, com uma disfarçada formação de mão de obra manobrável, sob o rótulo de educação formal.

Nesse ponto, é inevitável pelo menos citar o tema polêmico das universidades corporativas como condição de promoção da educação permanente, o qual precisa ser muito bem explorado e desenvolvido. O que é certo é que essas instituições se multiplicam. O livro de Jeanne Meister[43] foi um marco revelador da origem e da expansão nos EUA.

Seleção sempre atual e crítica: um desafio permanente
A discussão da problemática educacional, sempre em busca de soluções, estimulou a procura por aprimoramento do próprio processo de seleção. Não somente surgiu a preocupação com a qualidade dos testes, de sua fundamentação, de procedimentos de aplicação e análise de resultados,

---

43 Jeanne C. Meister, *Educação corporativa. A gestão do capital intelectual através das universidades corporativas*, Trad. Maria Claudia S. R. Ratto (São Paulo: Makron Books, 1999).

como também em relação a empregos diversos e a um profundo estudo de seu significado, além do impacto de suas aplicações.

Antes de citar o autor P. Sieler, conhecido por seu humor em *Todo mundo é incompetente, inclusive você* e, desta vez, em *A competência ao alcance de todos*, comenta-se que alguns anos atrás, quando não se havia ainda acumulado experiências suficientes para avaliar os "abusos, incompreensões e supervalorização" dos testes psicológicos, ouviram-se opiniões desdenhosas sobre entrevistas, currículo e outras formas consideradas excessivamente subjetivas para uma seleção. Hoje, não só se compreende o valor do subsídio dessas formas, como se verifica a subjetividade que envolve tais testes, além de preconceitos e tendenciosidade. Peter lança, então, sua dose de humor: "os testes de aptidão mostram que você fará sucesso em um negócio em que seu pai é o patrão"[44].

No entanto, é justo reconhecer que o movimento em prol do conhecimento e da compreensão das diferenças culturais dos povos sobre a Terra já é grande. É evidente a determinação de alguns grupos em trabalhar nesse sentido. As comissões que analisam a situação do ensino superior nos Estados Unidos vêm revelando essa posição explicitamente[45].

Os educadores também têm apresentado propostas nesse sentido. Em Harvard, por exemplo, tanto John Lie quanto Howard Gardner demonstraram essa disposição em 1987, embora relacionando-a à necessidade do conhecimento e da compreensão das diferenças culturais e étnicas em dois tópicos diferentes. No caso de Lie, o tema é democracia, liberalismo e marxismo e, no de Gardner, o tópico é testes de Q.I. Ambos consideram a compreensão das diferenças, em última instância, com possibilidade de paz mundial[46].

---

44   Ernest L. Boyer, *College. The Carnegie Foundation for the advancement of teaching*, p. 93.

45   The National Commission on Higher Education Issues, "To strengthen quality in higher education", Summary. Recommendations (Washington, D.C.: ACE, 1982), p. 7; e The National Commission on the Role and Future of State Colleges and Universities, "To secure de blessings liberty" (Washington D.C.: AASCU, 1986), pp. 28-31.

46   John Lie, "The road to nowhere?", *Harvard Education Review*, v. 57, n. 3, pp. 331-340; e Howard Gardner, "Beyond the IQ: educations and human development", *Harvard Educational Review*, v. 57, n. 2, 1987, pp. 187-193.

Os norte-americanos passaram por duras experiências, interna e externamente, com indígenas, negros e guerras com o Oriente. É curioso o redirecionamento dado aos estudos das diferenças individuais e seus instrumentos de medida, passando de mecanismos de discriminação à tentativa de mecanismos de integração, pelo menos entre pesquisadores. Contudo, Howard Gardner ainda critica abordagens que considera inconsequentes dos testes de Q.I., exemplificando essa realidade conforme a seguir:

Você precisa de um teste individual que rapidamente lhe dê uma estimativa estável e confiável de inteligência em quatro ou cinco minutos de teste? Aqui, estão três argumentos. Os testes não dependem de produção verbal ou de avaliação subjetiva. Podem ser aplicados a pessoas com distúrbios físicos severos ou paraplégicas, se elas puderem indicar sim ou não. Cobrem de dois anos de idade a adultos, com as mesmas séries curtas de itens e com o mesmo formato. Custam somente US$ 6,00[47].

Gardner também já não concordava com o conceito unitário de inteligência, mas aprova o de inteligência como "habilidade para resolver problemas". O autor afirma que é impossível observar e medir inteligência como atributo único e argumenta em favor de vários tipos de inteligência: linguística, lógica-matemática, espacial, musical, movimento corporal, acrescentando mais duas categorias importantes em educação e desenvolvimento humano, isto é, interpessoal e intrapessoal. No primeiro caso, seria a habilidade de compreender o outro, relacionando-se com ele. No segundo, seria a habilidade para o autoconhecimento, a autocompreensão e as condições para o autodesenvolvimento[48].

A cautela que vem substituindo o excessivo entusiasmo que levou ao uso indiscriminado de testes de seleção, bem como a uma perigosa superestimação de suas conclusões, confirma um nível mais elevado de

---

47 Laurence J. Peter, *A competência ao alcance de todos*, Trad. Carlos Lage, Ilust. Juarez Machado (Rio de Janeiro: José Olímpio, 1974).

48 Howard Gardner, "Beyond the IQ: educations and human development", pp. 188-190.

seriedade no tratamento da seleção atualmente. É evidente o progresso dessa área de conhecimento, o que tem permitido dar a devida dimensão a esse tipo de "indicadores". O avanço dos estudos da denominada Psicologia Quantitativa é evidente.

Diretrizes para ensino-educação na Escola Pública

Retomando o tema a respeito da reorganização do ensino de segundo grau, é importante lembrar dois aspectos distintos e significativos.

Em primeiro lugar, em 1920, criou-se a Comissão de Política Educacional, por meio da Associação Nacional de Educação, que recomendou políticas educacionais e publicou seu posicionamento diante das funções da educação nos Estados Unidos. Em qualquer definição realista de educação para aquele país, precisa estar clara a completa filosofia e prática da democracia. A educação cultiva e inculca seus valores morais, o conhecimento necessário ao seu funcionamento, espalha informação relevante a suas instituições e sua economia, mantém viva a criatividade e realimenta o espírito sem o qual "a Carta é morta"[49].

Em segundo lugar, o desenvolvimento do processo seletivo, do segundo para o terceiro grau, em dez anos, de 1956 a 1966, ampliou-se, grandemente. De 1.229 estudantes em 1956, originados de 104 escolas de segundo grau, as *high schools*, prestando 2.119 testes para 130 *colleges*, verificou-se um acréscimo para 34.278 alunos de 2.369 *high schools*, realizando 45.110 testes para 994 *colleges*, em 1966[50].

Com o passar dos anos, algumas das formulações dos chamados Princípios Cardinais da Educação Secundária foram desenvolvendo suas peculiaridades, enquanto alguns de seus conceitos tornaram-se obsoletos. Um bom exemplo é o do verbo inculcar. Autoritário, unilateral, não oferecendo oportunidade de crescimento de dentro para fora do indivíduo, foi sendo substituído pelo conceito de estimular o desenvolvimento, a

---

[49] Galen Saylor, Wiliam M. Alexander e Arthur J. Lewis, *Curriculum planning for better teaching and learning*, p. 177.

[50] Galen Saylor, Wiliam M. Alexander e Arthur J. Lewis, *Curriculum planning for better teaching and learning*, pp. 177-178.

compreensão, a assimilação. Com o intuito de definir o processo ensino-aprendizagem como oportunidade para desenvolver potencialidades e propiciar a troca de experiências entre professor e aluno, a precisão da linguagem foi sendo trabalhada.

Contudo, "inculcar" é ainda empregado, na prática, especialmente em vários tipos de treinamentos específicos, como nos de prevenção de acidentes do trabalho e em várias formas de exercícios, na expectativa de segurança. Contudo, este tema já foi bastante discutido, desde a eficiência desta abordagem até sua ética, em comparação à segunda abordagem mais educacional para tais treinamentos. Nesta segunda alternativa, os indivíduos são estimulados a compreender a necessidade e a significância de procedimentos rígidos e precisos inerentes a certas atividades e situações peculiares no trabalho, verificando-se, mais uma vez, que a motivação tende a levar os indivíduos a um maior envolvimento e, consequentemente, à maior consistência dos valores envolvidos, bem como a respostas comportamentais coerentes com soluções não manipuladoras, diante da diversidade dos problemas.

Ira Shor denuncia, em suas pesquisas sobre educação de professores, o apego, mesmo em 1986, a conceitos educacionais muito autoritários e mecanicistas. Esses conceitos mantêm os "estudos acadêmicos amarrados a um corpo de conhecimentos que deveria ser consumido em grandes doses pelos estudantes, em vez de oferecer-lhes condições para reflexão e análise crítica"[51]. O autor insiste em afirmar que "educação é diferente de estreito treinamento em carreiras empresariais" e que [...] "o mais valioso elemento é o aprendizado participativo, que mobiliza para o pensamento crítico e o debate democrático"[52].

Retomando a relação entre segundo e terceiro grau de ensino, verifica-se que a formulação e o exercício decorrentes da política educacional proposta facilitaram a reflexão crítica sobre a educação de segundo grau

---

51   Ira Shor, "Equality's excellence: transforming teacher education and learning process", *Harvard Education Review*, v. 46, n. 4, Nov. 1986, p. 418.

52   Ira Shor, "Equality's excellence: transforming teacher education and learning process", p. 422.

na América. Cabe, nesse ponto da discussão, um retorno aos primórdios da América colonial e ao período de lutas da Revolução Americana, quando a necessidade de compreender o que se deve fazer antes de concordar em fazer bem feito já tinha sido identificada nos norte-americanos. Se, por um lado, as denominações religiosas conseguiram que a população internalizasse rígidos preceitos para orientar suas vidas, por outro, um general inglês contratado para treinar soldados norte-americanos, à época, compreendeu cedo que, antes de assimilarem as razões dos procedimentos ensinados, o rendimento do treinamento era nulo.

Em 1938, uma nova comissão publicou "Propósitos da Educação na Democracia Americana", os quais foram apresentados em metas, fundamentadas em cinco aspectos, que envolviam desenvolvimento humano, eficiência e responsabilidade social. Esperava-se, então, que fossem atingidas:

- autorrealização;
- bom relacionamento humano;
- democracia dentro do lar;
- eficiência econômica;
- responsabilidade cívica.

Pesquisas revelam dificuldades ocorridas na formação e no mercado de trabalho para os professores na década de 1970. Enquanto, nessa época, os analistas educacionais acusavam o sistema de supereducação, as comissões educacionais durante o governo Reagan[53] rotulavam o ensino público e a formação de professores de medíocres.

A partir de 1938, o processo foi evoluindo e, em 1944, surgiram novas iniciativas, com a finalidade de auxiliar os professores de segundo grau a planejarem seu trabalho, visando ao atendimento às necessidades da juventude.

---

53   Education Commission of the States, The College Entrance Examination Board, Twentieth Century Fund Task Force, The National Science Board, Task Force of the Business Higher Education Forum e a National Commission on Excellence in Education geraram documentos neste sentido em 1983.

Atitudes e valores foram enfatizados novamente, cobrindo desta feita a compreensão do outro, a participação e solidariedade, a integração familiar, as condições para apreciar o belo, o respeito pelo outro, a racionalidade e clareza de expressão, além de saúde e boa forma física, mais habilidade para proteger-se de especulações financeiras[54], na condição de consumidor.

A partir do momento em que o governo se definiu por assumir a responsabilidade pelo ensino de primeiro e segundo graus, o trabalho de diversas comissões começou a traçar diretrizes de âmbito nacional que passaram a caracterizar o amplo e forte sistema de escolas públicas daquele país.

Nos anos de 1970, o apelo do mercado nas indústrias de armamento, de eletrônica e especialmente de computação caracterizou-se por elevados salários, até mesmo de professores. A dinâmica do mundo dos negócios e da política é um fato que implica o sistema educacional também.

O mercado desorganizou-se e, em 1986, os profissionais passaram a ser despedidos. O setor educacional também foi abalado, em virtude do cunho excessivamente profissional do ensino e da fraca formação liberal e humanista dos professores[55] que retornaram a ensinar, bastante despreparados. Além da qualidade, o setor educacional, em 1984, passou a necessitar de cerca de um milhão de novos professores por ano, a fim de atender à demanda[56].

A Comissão para o Papel e o Futuro das Faculdades e Universidades Estatais abordou, em 1986, a problemática docente especialmente quanto a três aspectos:
- a necessidade do aperfeiçoamento permanente dos docentes;
- a urgência de mecanismos de premiação para os melhores professores do ensino superior;
- a prioridade para pesquisas pedagógicas[57].

---

54   John S. Brubacher e Willis Rudy, *Higher educational in transition*, p. 249.

55   Ira Shor, "Equality's excellence: transforming teacher education and learning process", p. 407.

56   Ira Shor, "Equality's excellence: transforming teacher education and learning process", p. 407.

57   The Commission for the Role and Future of State Colleges and Universities, "To the blessing of liberty" (American Association of State Colleges and Universities, 1986), pp. 36-44.

Apesar das críticas ao ensino público nos Estados Unidos, variando de intensidade em decorrência dos diferentes fatores conjunturais, internos ou externos, a verdade é que o gerenciamento do sistema sempre emitiu um nível bastante bom de realização dos propósitos formulados[58].

Política Armamentista *versus* Responsabilidade Social da Universidade e a era atômica

Após o término da Segunda Guerra Mundial, os avanços em ciência e tecnologia explodiram, tanto em virtude do próprio período bélico quanto em consequência da competição armamentista visando à defesa decorrente das disputas ideológicas USA/União Soviética.

As discussões em torno do tema "defesa" entre os norte-americanos transformaram-se em um permanente seminário de debates, envolvendo ilustres personalidades e *experts*.

Weigley comenta o *status* adquirido por *operations analysis* após a Segunda Guerra Mundial, considerando a metodologia utilizada pelos norte-americanos simplista e a britânica mais avançada, em razão, por um lado, da preferência por métodos quantitativos e foco na tecnologia, preferidos pelos militares norte-americanos, com apoio das universidades, seus engenheiros, matemáticos, físicos, etc., semelhantemente às empresas; e, por outro, de os britânicos começarem com a avaliação da *performance* do armamento ou equipamento e prosseguirem no sentido das relações entre armamento e táticas, continuando no intento de predizer o curso de futuras operações, por vezes subindo do tático para o estratégico. Entretanto, na década de 1950, surgiu a tendência de ampliar a metodologia em decorrência da energia nuclear. Alternativas por ensaio e erro estavam fora de cogitação, entrando, então, na era de uma análise de sistemas que significava a consideração de armas existentes e futuras. O julgamento de estratégias ganhou rigor[59].

---

58   George M. Fredrickson, *Racism a short history* (Princeton: Princeton University Press, 2002).

59   Russell F. Weigley, *The American way of war*: a history of the United States military strategy and policy, p. 408.

Um bom exemplo é o polêmico livro de Henry Kissinger, *Nuclear weapons and foreign policy*[60], no qual ele trata de vários aspectos da política armamentista e nuclear que, direta ou indiretamente, impactaram a realidade das universidades. "Nós", diz Kissinger, "adicionamos a bomba atômica ao nosso arsenal, sem integrar ao nosso raciocínio as implicações disto". E, prosseguindo,

desta forma, nós desenvolvemos uma doutrina de agressão tão purista e abstrata que liberou nossos homens públicos da necessidade de tomar decisões em situações ambíguas. Na idade nuclear, quando uma ameaça chega a não ser mais ambígua, já pode ser muito tarde para resistir-se a ela[61].

Retornando a *The American way of war*, são lembrados os ensinamentos de Mahan e de Halleck, em West Point, bem como as ações de generais norte-americanos na Guerra Civil, como Grant, menos feroz, embora apelidado de açougueiro, e de Scott, que não admitia meias vitórias, ao que Kissinger, de alguma forma, reporta-se para analisar a realidade da guerra atômica, onde não parece haver lugar para o estilo de vitórias napoleônicas, tidas como definitivas e que sempre fascinaram os norte-americanos.[62] O convívio com outro tipo de solução, mais gradativa, a médio e longo prazos, teria que substituir o simplismo de soluções definitivas que, na era atômica, são sinônimos de sinal dos tempos. Kissinger apregoou a necessidade de uma nova linha estratégica para a era nuclear, enquanto Russell Weigley cita o livro do general Gavin, intitulado *War and peace in the space age*, de 1947, no qual analisa, também dramaticamente, a situação dos Estados Unidos – segundo ele, são os EUA os detentores de tecnologia avançada e de inegáveis condições de

---

60   O livro de Henry Kissinger fartamente citado por Russell Weigley é: *Nuclear weapons and foreign polity* (New York: Harper and Row, 1975).

61   Henry Kissinger, *Nuclear weapons and foreign polity*, pp. 369, 414-415.

62   Russell Weigley, *The American way of war*: a history of the United States military strategy and policy, pp. 414-415.

industrialização, sendo derrotados por primitivas forças asiáticas, o que, aliás, continuou a ocorrer⁶³.

O desgaste com a totalmente impopular guerra da Coreia, que abalou o moral do povo norte-americano, contribuindo para eleger o general Dwight Eisenhower para a presidência do país na expectativa de – entre outras – prevenir situações semelhantes⁶⁴, não foi de forma alguma a única experiência desse tipo. Ela se repetiu com o Vietnã e tomou novas formas com o Irã e a Líbia em passado recente e, hoje, envolta em nova realidade conflitiva que se imagina em questões internas no Iraque, além dos conflitos no Afeganistão.

Especialistas falam em retorno às táticas de terra ou aéreas de curta distância e eficazes, com helicópteros, por exemplo, para apoio a soldados em terra, em lugar de tudo ou nada da prepotência nuclear. Criticam a fraca equipagem do exército nessas duas últimas guerras e afirmam, como o general Gavin: "a guerra na Coreia teria tido um fim bem diferente"⁶⁵ a partir de uma nova postura, não fosse o bloqueio da cultura de "vitórias rápidas e definitivas", que acabaram por gerar situação perigosa ao mundo, até os dias atuais. Recomenda-se o texto do referido general sobre o poder aéreo em sua articulação, complexidade e possibilidade, além da leitura de Weigley sugerida em nota.

A complexa e explosiva convulsão do Oriente na atualidade, em especial após a queda de Hosni Mubarak, que mantinha certo diálogo em

---

63   Russell Weigley, *The American way of war*: a history of the United States military strategy and policy, pp. 414-415, 422-423. Kissinger e Gavin chegaram a conclusões diferentes sobre os riscos da guerra moderna. Kissinger enfatizava a necessidade de novas abordagens de política estratégica enquanto Gavin acreditava na superioridade armamentista e aeroespacial da União Soviética em relação aos Estados Unidos. *Ibid*, pp. 424-425.

64   Russell Weigley, *The American way of war*: a history of the United States military strategy and policy, p. 398.

65   Russell Weigley, *The American way of war*: a history of the United States military strategy and policy, p. 423; e James M. Gavin, *War and space in the space age* (New York: Harper and Row, 1958).

permanente andamento no emaranhado mundo árabe, é aqui apenas indicada, pois é questão que não faz parte do escopo deste livro, contudo merece também acompanhamento para estudos amplos e profundos, em razão das possíveis implicações para os norte-americanos. A cultura da destruição total costuma ser muito frequentemente apontada como apoiada pelos assessores presidenciais, independente de qual fosse[66].

Fica apenas registrada, a título de curiosidade de lição intercultural, a lembrança de uma foto divulgada à época, pelo *Washington Post*, em março de 1979, sob a manchete de "Squeezzes and kisses opening the abrazo may ruin the neighborhood", em reportagem de Theodore Jô Jacobs, em que o ex-presidente Jimmy Carter vai ao Egito, à época da presidência de Anuar Sadat, negociar apoio para libertar os *hostages* norte-americanos no Irã. A fisionomia de Carter vale uma aula em diferenças culturais, pois ele recebe os beijos de boas-vindas do presidente Sadat, segundo a cultura árabe e a comunicação não verbal, e, não intencionalmente, revela o desconforto do presidente norte-americano. O encontro foi amistoso e frutífero, porém seguido da tragédia do assassinato daquele presidente do Egito, em público, em palanque oficial. Seu sucessor foi Osni Mubarack, recém-retirado do poder, no atual período da chamada "primavera árabe", a partir de 2012.

Diagnóstico do oponente
Passados muitos desafios à paz no mundo e conflitos entre nações, na atualidade, há ainda a situação com o Iraque, que se mantém como um exemplo de alerta sobre a opção de solução rápida e definitiva, mas, na verdade, longa, dolorosa, dispendiosa e com implicações de muitas ordens para diversos países do mundo, não somente o próprio Iraque e os USA.

Henry Kissinger, citado por Weigley, analisa a cultura norte-americana em termos de postura de guerra no transcorrer de sua história para mostrar que, pelo fato de conceber a vitória somente em termos totais, "os Estados Unidos não deixam opções para perseguir menos vitórias, para seguir iniciativas menos fortes, não deixam espaço para meios termos de

---

66   Russell Weigley, *The American way of war*: a history of the United States military strategy and policy, p. 464.

aliados, nem para neutralidade, exaurindo as opções de nossa escala"[67]; da mesma forma que S. Osgood, detalhado em currículo[68]. Ele considerava que a história norte-americana levou os Estados Unidos a aderirem à teoria da guerra baseada na necessidade de vitória total.

Sem desviar do propósito de não adentrar as fronteiras desses conflitos com o mundo árabe, é interessante, porém, conhecer alguns pareceres de Tarek Aziz, ao jornalista francês Denaud[69].

Denaud conversou longamente com o referido primeiro-ministro de Saddam Hussein – que é católico – e escutou uma rápida interpretação dos norte-americanos, a partir da evocação de Victor Hugo, para apresentá-los como "comerciantes impiedosos com negros e cidadãos explorados". Aziz acrescenta:

Contudo, os Estados Unidos não são um império conquistador, no sentido tradicional do termo. Eles se explicam perfeita e abertamente: se eles conquistassem

---

67 Russell Weigley, *The American way of war*: a history of the United States military strategy and policy, p. 414 apud Henry Kissinger, *Nuclear weapons and foreign policy* (New York: Harper & Row, for the Council on Foreign Relations, 1957), pp. 430-431.

68 Currículo resumido pelo próprio: Professor University of Kansas. I have researched and written extensively on war, national security, and military affairs for over twenty years. I have taught at the United States Military Academy, the University of California, Berkeley, and the University of North Texas, Denton, where I chaired the Department of History. I have also taught the Strategy and Policy course for the Naval War College. I am currently a Professor at the University of Kansas, Lawrence. Previously I was the Director of the Office of Professional Military Graduate Education, an office I helped create, at the University of Kansas. We worked extensively with the U.S. Army Command and General Staff College at Fort Leavenworth, creating new, advance degree programs for officers. This included the KU Wounded Warriors Program. I specialize in twentieth century warfare: World War II, the Korean and Vietnam Wars, and the more recent military operations, including Operation Iraqi Freedom and Operation Enduring Freedom.

69 "Iraque: guerra permanente", entrevista com o primeiro-ministro do Iraque, à época de Saddam Hussein, em 2003, Tarek Aziz.

o mundo inteiro – fato que <u>eles não desejam</u> –, gostariam de ser o Estado-Político do mundo, mas não o Estado-Providência. E, então, eles podem deixar que as desordens se estabeleçam, contanto que elas não incomodem muito a ordem econômica que eles desejam gerar[70].

Por incrível que isso possa parecer, a análise crítica, a seguir, guarda significativa semelhança com a fala de Terek Aziz, sobre recursos como petróleo e desinteresse pelos estrangeiros no mundo.

Lewis[71] comenta que, quando as restrições ao alistamento terminaram, em 1973, resultaram em liberdade aos líderes políticos para optarem por guerra e engajarem-se no apoio em quaisquer conflitos que considerassem adequados. São investidos trilhões de dólares em armamento e tecnologia e o país transformou-se em um dos maiores produtores de armamento do mundo.

Os norte-americanos têm formado um grupo militar que não reflete mais a demografia da nação. Eles buscam empregar forças substitutas e firmas militares profissionais para substituí-los. Suas vidas, em dólares reais, ultrapassam em muito o valor das vidas das pessoas das partes do mundo com as quais as forças dos Estados Unidos estão guerreando. Essa realidade parece indicar que os líderes políticos aderiram a essa nova cultura porque os libera de direta responsabilidade e satisfação ao povo norte-americano. As perguntas que Lewis faz são: Como chegamos a este ponto e é ao que desejamos chegar? Este é o melhor modo de guerra para o interesse da nação e do mundo?[72]

---

70 Patrick Denaud, *Iraque:* a guerra permanente: entrevista com Tarek Aziz, Trad. Mari Inés de Menendez (Rio de Janeiro: Quality Mark, 2003), pp. 74-75.

71 Adrian R. Lewis, *The American culture of war: a history of us military Force from World War II to Operation Iraqi Freedom.*

72 Ver a declaração literal de Adrian R. Lewis: Americans want and seek to control and manage world affairs and resources such as oil. However, they betray little interest in world cultures and foreign languages. They do not want to engage people of foreign lands. Political leaders have embraced this new culture of war because it frees them of

Um parêntese para um novo olhar ao consistente Russell Weigley com a obra: *The american way of war*, 1991

Sem nenhuma pretensão de revelar algum conhecimento desenvolvido sobre o tema neste livro, porém reconhecendo que é presença forte na cultura norte-americana, entendeu-se como prudente não reduzir ainda mais essa já rápida discussão presente na obra de Russell Weigley, cujo peso é inquestionável: *The American way of war*. Neste ponto, reconhece-se também o papel da reflexão de Dr. Antulio J. Echevarria II[73], que poderia estimular os interessados pelo assunto.

Em breve e consistente resumo, Echevarria aponta a abrangência do estudo de Weigley e, ainda, o que considera a sua incompletude, por vezes como omissão na citação ou como falhas, complementando que o tema, até hoje, não foi suficientemente explorado. Entre as omitidas, estariam as chamadas "pequenas guerras", dentro ou fora de suas fronteiras, com a tendência de utilizar forças terrestres. Não concorda na ênfase sobre intenção e pressa de aniquilação do inimigo, nem mesmo sobre os indígenas. Advoga que, desde Lincoln até J. W. Bush, perdas e/ou ganhos são colocados sobre a cúpula presidencial, e não sobre o desejo do povo. Procura mostrar que as guerras dos USA têm sido "complexas, assimétricas e híbridas", cujo ponto central vem sendo expandir as políticas. Segundo ele, é tempo de haver aprendido que fricção é parte do jogo e torná-la problemática é desastroso, pois "não há mais ambiguidade, como na guerra fria". Operações terrestres precisam "com a experiência atual, inspirar confiança ou os responsáveis acabarão retirando-as da mesa de discussão"[74].

---

directress possibility and accountability to the American people. Conscription ended in 1973, giving political leaders greater freedom to go to war and to wage any conflict as they saw fit. How did we get here, and is this where we want to be? Is this way of war in the best interest of the Nation and the world?

73 Dr. Antulio J. Echevarria II, "IIRe-thinking the American way of war", September 10, 2012. Disponível em: http://www.strategicstudiesinstitute.army.mil/index.cfm/articles/Rethinking-the-American-Way-of-War-and-the-Role-of-Landpower/2012set.10. Acesso em: 23 jul. 2013.

74 Dr. Antulio J. Echevarria, "IIRe-thinking the American way of war".

Entretanto, para Weigley, provavelmente, a ação direta e determinada que caracterizou o comportamento dos norte-americanos, por meio de sua caminhada histórica, habituou esse povo a soluções rápidas e definitivas, o que funcionou diante de seus problemas internos, mas não se adequou às soluções internacionais mais recentes.

Com tudo que tenha sido aprendido, há ainda a quase extravagante situação da isolada Coreia do Norte, parte de um anteriormente belo e dinâmico país, hoje radicalmente dividido, procurando representar ameaça à sua própria vizinhança, à potência norte-americana, além do Japão, fazendo uso de tecnologia nuclear em atitude provocativa.

A realidade norte-americana, em sua atmosfera de pluralidade de ideias e de posicionamentos, representou, antes de tudo, a riqueza de alternativas e diferentes formas de resolver problemas sem descartar a guerra. Guerras são desafios imensos, do previsível e assustador, como no caso nuclear, até o inusitado terrorismo, de alguma forma implicado. A formação pluralista da cultura, estimulada pelas denominações religiosas desde seus *colonial colleges*, pesou muito, por um lado, para a diversidade na nação e, por outro, para alguma sintonia que agregou mesmo que em torno de guerras internas, quando as soluções definitivas eram claramente buscadas, na formação da nação. Contudo, esse estilo não se apresentou viável no âmbito externo, o que resultou em um convívio com a morosidade penosa e desgastante dos últimos conflitos internacionais.

Quanto a lidar com a ambiguidade interna, certamente houve aprendizado, pois as oportunidades para esse exercício foram e são permanentes no transcurso da história do país, em virtude de posicionamentos, ideais, estilos de vida, interesses e necessidades terem sido os mais diversos. Esse convívio em contexto complexo justifica o rótulo com o qual aquela sociedade se identifica: pluralista.

O que a história parece demonstrar é que cada norte-americano procurou identificar a sua própria verdade. Algumas vezes, o fez de forma bastante ortodoxa; outras, de maneira bastante independente, mantendo apenas um tênue vínculo que, de alguma forma, o identificaria com grupos religiosos, filosóficos ou políticos, com suas duas grandes frentes – mais do que simplesmente partidos políticos –, que mobilizam aquela sociedade: republicanos e democratas.

A luta pelo bem-estar iniciada pelas comunidades coloniais parece ter guiado os norte-americanos por rotas diferentes, mas sempre sob as bênçãos do Senhor, cada comunidade à sua maneira, ao que consideraram vitória contra luxúria, ignorância, pobreza, imprevistos ou qualquer outra causa temporal ou eterna dos grupos atuantes.

As palavras derrota e indecisão não se constituíram em conceitos muito em voga, mas triunfo e vitória iriam além dos conflitos bélicos, chegando até John Dewey e Maslow para revelar aspirações filosóficas como a de ser dono de seu próprio destino. Em que pesem as profundas diferenças entre ambos, há um tênue laço comum entre eles que é visível a olho nu: a expectativa na autogestão, que, em Dewey, toma o sentido da democracia incluída na sociedade, no trabalho, na política, no mundo social, em geral.

A crítica de Kissinger pode ser examinada a partir dos fundamentos de Dewey, não somente sobre a necessidade de coerência entre o pensar e o agir, como, ainda, e principalmente, quanto a refletir-se sobre as próprias convicções, após colocá-las em experiência – "teoria separada da ação concreta é vazia e fútil"[75].

Além do filosófico estilo de vida e ações, precisa existir a verificação de impacto sobre a sociedade, evitando o perigo do egoísmo, do fanatismo e do alheamento à realidade social[76]. Dewey insiste nas desastrosas consequências da dissociação teoria *versus* prática. A coerência de posicionamento ou, segundo ele,

o homem conviverá com o medo e a insegurança. Se o homem não se render à sua própria consciência e não agir conforme suas convicções, se conviver com a certeza apenas em nível de cognição, excluindo a ação e suas consequências, não conseguirá orientar a sua própria existência[77].

---

75   John Dewey, *The quest for certainty* (New York: Paragon Books, traduzido, 1979), p. 281.

76   John Dewey, *The quest for certainty*, p. 277.

77   John Dewey, *The quest for certainty*, pp. 270-271.

Assim, "o principal não é apenas que o homem seja responsável por agir segundo o que crê... Isto vai mais longe", afirma Dewey que

cada crença, como tal, é uma tentativa hipotética, não é para ser simplesmente levada à ação, mas servir de referência, como um guia para a ação. Consequentemente, deveria ser a última coisa a ser apanhada casualmente e tornada rígida [...] sem antes ser verificada a sua evidência[78].

Contudo, Clarence J. Karier, em seu *best-seller Man, society, and education*[79], parece procurar recorrentemente colocar-se em contraposição às ideias de Dewey, mas acaba por encontrá-lo em suas próprias preocupações sobre a responsabilidade social do educador e do cientista.

Resumindo uma análise de Kissinger à filosofia de John Dewey e às veementes contestações de Karier, é possível observar melhor a situação das universidades quanto à questão da pesquisa para fins bélicos. Não seria realista, porém, imaginar que esses fins tenham sido sempre explícitos.

Karier visualizava a função da universidade como sempre pressionada, o que, consequentemente, impactaria as atividades do professor. Para esse autor, a função de educar e pesquisar mantém o professor preso a dois inevitáveis riscos: ser escravo de um sistema qualquer, a cujo poder ele se submete por uma causa específica; ou sacrificar tudo na busca da verdade para mais tarde perceber que não tem nenhum poder de decisão sobre suas próprias descobertas. Em sua dramaticidade, o autor completa "o que dizer de um pesquisador que tenha caído no regime nazista?"[80].

No entanto, entre tantas colocações acaloradas e radicais, Karier acaba por encontrar respostas no raciocínio de John Dewey, quando afirma: "a virtude de buscar a verdade cegamente, desconsiderando as consequências sociais, pode, rapidamente, tornar-se um vício"[81].

---

78   John Dewey, *The quest for certainty* (traduzido), pp. 277-278.

79   Atualizado para *The individual, society, and education. A history of American educational ideas* (Springfield: University of Illinois Press, 1991).

80   Clarence Karier, *Shaping the American educational state, from 1900 to the present*, p. 91.

81   Clarence Karier, *Shaping the American educational state, from 1900 to the present*.

O que se observa na história norte-americana é uma forte orientação para a ação, que se manifesta em diversas posturas de suas personalidades. Com a obra de John Dewey, porém, a questão da ação tornou-se mais complexa, porque sua filosofia da experiência ampliou esse interesse pela ação para além dos resultados, aproximando essa reflexão do saber fenomenológico com uma preocupação com a consequência, tanto da ação quanto da omissão. Com essa postura, a filosofia da experiência de Dewey, considerando a articulação de discurso e ação como uma questão ética – na teoria e na prática da educação, da política e na vida –, desafiou essa teoria e prática a uma retomada dos valores diante do conhecimento científico e da aplicação à prática, em qualquer situação: "para onde se deve olhar, a fim de se encontrar traços dessa influência sobre a moralidade internacional?"[82]. Um bom exemplo aparece quando constata e questiona: "há uma grande eficácia nas ideias sobre o bem-estar social ser a própria fonte de recursos para regras e obrigações morais quando se trata de problemas domésticos"[83].

Contudo, o próprio conceito de necessidades sociais tem variado cultural e ideologicamente, chegando a extremos catastróficos na história da humanidade.

Hitler, por exemplo, fundamentava as ações nazistas no princípio de que "o homem descobre a verdade da existência sempre que molda o mundo exterior de conformidade com uma ideia"[84], não somente revelando patologia, mas justificando o extermínio de milhares de seres humanos tidos como incompatíveis com a sociedade pretendida por ele.

O grande sistema de controle de gestão, na verdade de mando, que também estruturou, fez uso da criatividade dos países que o ameaçaram e combateram. Um exemplo interessante é o livro de Albert Speer, *Inside the Third Reich*, editado em 1997.

---

82   Valderez. F. Fraga, *Gestão pela formação humana*: uma abordagem fenomenológica, p. 36.

83   John Dewey, *Intelligence in the modern world*. *John Dewey Philosophy*, p. 481.

84   John D. S. Eisenhower, *Florestas amargas*, Tomo I (Rio de Janeiro: Biblioteca do Exército Editora, 1972), p. 148.

Pesquisa em Defesa - investimentos: As guerras mundiais

Muito será dito sobre esses acontecimentos nos anos que virão à medida que novas fontes venham à luz e futuras reflexões sejam feitas sobre essas marcantes passagens na história do nosso mundo.
GENERAL SIR JOHN HACKETT, LONDRES, 1987

As preocupações com as aplicações do produto do conhecimento ocorreram em paralelo ao próprio avanço acelerado do conhecimento científico e tecnológico.

Os montantes aplicados na pesquisa em defesa reforçam a posição dos que observam os investimentos com cautela. A verdade é que as atividades universitárias em pesquisa foram intensas e, por volta de 1950, órgãos federais despendiam mais de 150 milhões dólares, por ano, para pesquisas em universidades. Famosas universidades privadas, como a John Hopkins, trabalharam intensamente nesses projetos em ciência e tecnologia pró-defesa. Uma questão incômoda foi administrar pesquisadores que seriam pagos com salários públicos para essa natureza de atividade.

Dez anos mais tarde, a soma elevou-se para 450 milhões de dólares. Muitos foram os exemplos de financiamento de projetos de pesquisa por interesse governamental, motivado por defesa[85].

Durante a década de 1950, os dois fatos mencionados como responsáveis por mudanças[86] curriculares na América do Norte causaram, também, fabuloso impacto no rumo da pesquisa científica: o sucesso do Sputnik e da situação política de Cuba.

---

85   O general Dwight David Eisenhower, após atingir o mais alto posto na carreira militar, ao reformar-se em 1948, foi presidente da famosa Universidade de Columbia. Dois anos mais tarde, foi chamado ao Comando Supremo da NATO. Posteriormente, elegeu-se presidente, pelo partido Republicano, e foi reeleito em 1961. "The story of America in pictures", E. Douglas Branch Franklin J. Meine (eds.), "Presidents of the United States", The new Webster encyclopedic dictionary, Virginia S. Thatcher e Alexander Mc. Queen (eds.) (Chicago: Consolidated Book Publisher, 1980).

86   Russell Weigley, *The American way of war*: a history of the United States military strategy and policy, p. 404.

Dwight D. Eisenhower, na presidência, priorizava o impedimento, o desencorajamento à guerra e optava pela política estratégica da *deterrence* aos níveis máximos. E, a custos toleráveis, considerava essa postura um resultado segundo o qual "é possível obter e compartilhar, maior segurança a menor custo"[87].

No final de seu mandato, o presidente Eisenhower[88] apoiou a invasão de Cuba por 1.500 cubanos anti-Fidel Castro, oferecendo apoio logístico. Receber essa herança lhe custou muitas críticas e acusações de "indecisão" no início de seu governo. Mais tarde, porém, Kennedy demonstrou coragem e muita habilidade, conseguindo que Khrushchev retirasse os mísseis soviéticos de Cuba, em outubro de 1962, sem causar maiores problemas, pois sua política em 1968 era resumida por ele, da seguinte forma:

Nossa postura de defesa precisa ser tanto flexível quanto determinada; qualquer potencial agressor pretendendo um ataque em qualquer parte do mundo livre, com qualquer tipo de armamento convencional ou nuclear, precisa saber que nossa resposta será adequada, seletiva, direcionada e efetiva [...] diplomacia e defesa não são mais alternativas distintas, uma é usada quando a outra falha – mas precisam se intercomplementar[89].

A *deterrance*, segundo Weigley, foi uma herança do mandato Truman para Eisenhower e deste para Kennedy, pois não desejavam mais situações semelhantes à da Coreia, uma luta que se arrastava de forma inaceitável para os norte-americanos, e muito menos uma guerra nuclear[90].

---

87   Russell Weigley, *The American way of war*: a history of the United States military strategy and policy, p. 404.

88   Russell Weigley, *The American way of war*: a history of the United States military strategy and policy, p. 404.

89   Russell Weigley, *The American way of war*: a history of the United States military strategy and policy, p. 445.

90   Russell Weigley, *The American way of war*: a history of the United States military strategy and policy, p. 404.

A forma habilidosa com que ele lidou com esse legado foi o início da popularidade de Kennedy e que cresceu com o seu apoio a Jawaharlal Nehru – quando o governo chinês de Mao Tsé-Tung invadiu a Índia –, que agradeceu a profunda compreensão e apoio prático recebidos dos Estados Unidos com as seguintes palavras: "há muito em comum entre nós em essência". Morison, porém, alerta, em seus estudos, para o fato de, por um lado, Kennedy haver livrado seu país da ameaça soviética, por meio de Cuba, e, por outro, ter envolvido seriamente os Estados Unidos na Guerra do Vietnã[91].

A criatividade e a profundidade das decisões de Kennedy, encontradas nas narrativas textuais de Morison, possibilitam melhor compreensão de sua receptividade nacional e internacional. Por ocasião das tentativas de paz entre União Soviética e Estados Unidos, ele disse, com sua habilidade costumeira, não aceitar uma paz que fosse imposta nem pelos Estados Unidos nem pela Rússia, declarando:

Não nos deixemos cegar por nossas diferenças, mas deixem-nos também prestar atenção aos nossos interesses comuns e os meios pelos quais essas diferenças podem ser resolvidas. E se não pudermos acabar com nossas diferenças, pelo menos poderemos ajudar a tornar o mundo seguro pela diversidade[92].

O termo diversidade, tão em voga neste novo milênio, traz em sua bagagem o talento do estadista que marcou a presença norte-americana no mundo, em busca de encontros e convívios, dentro e fora de seu território nacional, o que convida a um breve olhar sobre a questão cubana.

Rápida passagem pelas "Flutuações" Cuba *versus* Estados Unidos
No caso Cuba, tentando aqui não banalizar nem reduzir essa questão complexa e de longa extensão geográfica e temporal, é fundamental expor pelo menos o que segue.

---

91 Samuel E. Morison, *The Oxford history of the American people*, v. 3, 1869-1963.

92 Samuel E. Morison, *The Oxford history of the American people*, v. 3, 1869-1963, p. 196.

A chamada herança que se arrastou de Truman para Eisenhower e dele para Kennedy, administrada entre reações e tropeços paramilitares, porém com habilidade, após incidentes confusos contra o governo cubano, conseguiu um acordo com a União Soviética sob o governo de Krushchev, assumindo posição clara e firme, o que mais tarde favoreceu o estilo pacifista de Jimmy Carter e a evolução para um clima menos tenso.

Os exilados cubanos, contudo, ficaram na dúvida sobre qual seria mesmo a posição tanto de Cuba quanto da América. À época da rápida presidência de Nixon, Kissinger e Fidel Castro, separadamente, declararam que "uma melhoria nas relações beneficiaria a ambos os países". A evolução, embora lenta, para um clima menos tenso deixou a Reagan a possibilidade de uma estratégia, porém assumida de modo bem diferente, já que seu governo tendia à direita[93].

Em 1965 e 1966, Lyndon Johnson procurou melhorar a situação política dos exilados cubanos, desencorajados a voltar a Cuba, conferindo-lhes cidadania e o direito a voto, melhorando sua disposição psicológica[94].

Nesse ponto, as diferenças culturais se mostraram fortemente na comunidade cubana. Contribuiu para o não agravamento das dificuldades de adaptação o fato de os primeiros exilados pertencerem à classe média alta profissionalmente qualificada – uma característica muito alterada nos novos exilados, cuja qualificação de grande parte era, em geral, no máximo básica.

Entre os cubanos, a divisão era clara: a presença de dois grupos anticastristas, os chamados moderados, conhecidos como *dialogueros* – dos quais Jimmy Carter aproximou-se – e os radicais, que contribuíram com a invasão da Baía dos Porcos, com posteriores representantes no governo Reagan, os denominados "linha dura" na questão cubana. Reagan, em 1981, procurou aproximar-se dos exilados, por meio dos "linha

---

93 Brett S. Heindl, *Debating the embargo*: transactional political activity in Cuban-American community, 1959-1997, pp. 85-87 (Regents of the University of California). Disponível em: http://www.jstor.org/stable/41035582. Acesso em: 4 nov. 2014.

94 Brett S. Heindl, *Debating the embargo*: transactional political activity in Cuban-American community, 1959-1997, pp. 89-90.

dura" no trato à questão cubana via ex-atuantes no conhecido episódio da Baía dos Porcos, pois a posição anticomunista do presidente dos USA os atraía. Contudo, este atuou mais indiretamente do que Carter, que liberou voos e algumas trocas culturais e educacionais entre USA e Cuba. Carter e Castro anunciaram um diálogo formal entre o governo cubano e aproximadamente 75 exilados cubanos. Segundo alerta Heidl, citando Shain e Finnemore, esse cenário é mais complexo do que as rotineiras e bastante claras separações, considerando que essas relações, em ambientes instáveis, oscilam, sendo "flutuantes"[95].

Já a atuação de Reagan estimulou a presença dos "linha dura" ao seu entorno, em um ambiente de certa forma preparado, pois seu concorrente ao governo, George Bush, havia ocupado a Diretoria Central de Inteligência entre 1975 e 1977, um período de intensa violência no exílio, além de ser praticamente simpatizante com a causa dos *hard lines*.

Em 1981, por sugestão de Richard Allen, seu primeiro conselheiro em Segurança, Reagan indicou Jorge Mas Canosa, ex-integrante da invasão da Baía dos Porcos a constituir a Fundação Nacional Cuba América (CANF), visando a desenvolver a comunidade de exilados cubanos, inclusive com *lobby* no Congresso norte-americano. Além da participação política em propaganda sofisticada, atuavam em ações antirregime castrista, porém, conforme apontado anteriormente, indiretamente, isto é, no caso, direcionado aos "contranicaraguenses", considerados braços castristas. Nas eleições federais, votaram em boa proporção pró-republicanos, porém, nas eleições estaduais, a comunidade cubana exilada, já mais adaptada, votou em boa parcela com os democratas[96].

Aliás, em matéria de flutuação, conforme a citação de Shain e Finnemore, a questão cubana vem se demonstrando clássica durante os anos, com certos avanços em alguns aspectos e retrocessos em outros, além de questões novas para os dois países, em geral envolvendo outros, como é

---

95   Brett S. Heindl, *Debating the embargo:* transactional political activity in Cuban-American community, 1959-1997, p. 93.

96   Brett S. Heindl, *Debating the embargo:* transactional political activity in Cuban-American community, 1959-1997, pp. 96-97.

o caso de Cuba e sua aliança venezuelana e dos norte-americanos com seu presídio em Guantánamo, caso crítico com qual o presidente Barack Obama também se defronta.

Entretanto, houve maior evidência de avanços a partir de 2014, com a retomada da questão da relação com Cuba pelo governo Obama, o que ocupou a mídia jornalística escrita e televisionada recorrentemente, no cenário USA-Cuba.

Preambulando a questão, esteve em voga a Doutrina Monroe como algo que desempenhou importante papel no passado, mas reorientando-se no sentido de apoio em parceria. O articulista alerta que John Kerry, durante o período Obama e próximo à retomada da questão cubana, em 2015, declarou que "a era da Doutrina Monroe acabou", mas o que ele deduz é que esta é uma postura diplomática, a qual não contraria tal posição, e sim apenas tende a aperfeiçoá-la. Ele relembra que ela não cabe mais nos termos do passado, pois a Guerra Fria com a Rússia não faz mais sentido e a reaproximação com Cuba deixa isso muito claro.

Além disso, enfatiza que a aproximação em parceria é o diplomaticamente adequado ao período atual e que a postura adotada tende a esse caminho. Contudo, o articulista lembra que, embora a referida doutrina tenha desempenhado um importante papel, a conjuntura é muito deferente.

Por essa razão, uma posição mais leve, como a de parceria entre países, deixaria a hegemonia para último recurso, embora os desafios com o Equador mostrem algumas implicações para países latinos, decorrentes da reação norte-americana quanto às drogas, inclusive com o Brasil. Todavia, a busca de J. Kerry é por harmonia no hemisfério, respeito e cooperação mútua; ao fazer esse comentário, o jornalista insinua: "é bom a China prestar atenção"[97].

Voltando à questão cubana, apesar da grandiosidade das diferenças entre os dois países, pelo menos em termos socioeconômicos, políticos e culturais, além da história de independência do primeiro e de depen-

---

[97] Keck Zachary, "The US renounces the Monroe doctrine?", *The Diplomat*. Disponível em: http://thediplomat.com/2013nov.the-us-renounces-the-monroe-doctrine/. Acesso em: 4 nov. 2014.

dência do segundo, a vizinhança e o significativo convívio mantido com a população cubana, especialmente na Flórida, somados à questão dos prisioneiros, não apenas de Guantánamo, mostram-se significativos para estimular a aproximação. Transformar incômodos e prejuízos em certa tranquilidade e negócios mutuamente favoráveis certamente é um cenário promissor.

O desafio de diálogo tenderá a permanecer por longo período, porém as perspectivas parecem animadoras, em especial diante do panorama internacional e da postura prenunciada pelo atual governo Barack Obama em visita oficial à Cuba, acompanhado de congressistas, em 2016.

Nesse ponto, cabe citar Paul Ricoeur para lembrar sua presença nos Estados Unidos, quando referiu-se à questão cubana, relembrando o que se dizia à época: "Cuba é uma ilha que não existe; a sua população está em Miami, o seu governo em Moscou, o seu exército em Angola"[98].

Essas questões levam a refletir sobre o leque de questões que aguardam avanços em pesquisa sociológica, em paralelo à avidez por investigações tecnológicas. Quando se aceitar melhor a interdependência dessas necessidades na realidade concreta, a tendência deverá aproximar-se mais de um equilíbrio nas verbas aos pesquisadores e atenção aos resultados.

Assim, após uma passagem meteórica por questões graves e complexas, novamente o termo diversidade aparece forte, tanto pela natureza do trabalho do pesquisador quanto de analistas políticos, e, ainda, por suas aplicações e implicações não somente de resultados, mas, como dizia Dewey, em razão de suas consequências, pois aí reside o humano independentemente de diferença cultural.

Retornando à pesquisa em Defesa

Retomando à questão da pesquisa, ficou registrado o período da década de 1950, com a forma encontrada, à época, para que pesquisadores de alto nível pudessem ser contratados para trabalhar para o governo, mas com salários competitivos com as ofertas do setor privado. Além disso,

---

[98] Paul Ricoeur, *A crítica e a convicção*: conversas com François Azouvi e Marc de Launay, Trad. Antonio Hall (Lisboa: Edições 70, 2009), p. 87.

foi considerada a vantagem de aliviar as tensões sobre o governo pelo envolvimento ou comprometimento prematuro com pesquisas, especialmente em energia nuclear, que poderia ser utilizada para fins bélicos.

O sucesso norte-americano na pesquisa e na tecnologia voltadas à defesa foi analisado pelo Relatório Newman, em 1985. Segundo essa fonte, a principal causa desse sucesso estaria na centralização da responsabilidade e dos suprimentos de fundos à pesquisa, à tecnologia e ao desenvolvimento por um órgão federal[99].

Embora haja lógica, a conclusão poderia decorrer de raciocínio inverso. A maneira habilidosa com que foram alocados e administrados esses grupos de estrategistas e pesquisadores civis para estudar a problemática segurança/defesa nacional e possibilitar a transformação da pesquisa operacional e da análise feita pelas instituições militares em análise de sistemas[100] parece ter minimizado os entraves da burocracia pública, viabilizando o sucesso dos empreendimentos.

A tradicional confiança na iniciativa privada e nas decisões locais só poderia levar a uma conclusão semelhante ao citado: o reconhecimento de que o temido poder de controle dos órgãos federais foi exercitado e com eficiência.

Contudo, uma tradição centralizadora e estatizante tenderia a uma análise inversa. Partindo da familiaridade rotineira com esse controle, o curioso estaria na criatividade em flexibilizar a máquina governamental, por meio do modelo da atividade privada.

Depois da Segunda Guerra Mundial, instituições como Office of Naval Research, Atomic Energy Commission e National Science Foundation definiram diretrizes que permitiram, em 1985, a análise dos resultados do engajamento das universidades norte-americanas em pesquisa. Sintetizando, essas diretrizes são:
- o suporte financeiro à pesquisa tornou-se responsabilidade federal;

---

99 Frank Newman, "Higher education and the American resurgence", *A Carnegie Foundation special report. Princeton* (New York: The Carnegie Foundation, 1985), pp. 118-119.

100 Russell Weigley, *The American way of war*: a history of the United States military strategy and policy, p. 409.

- a pesquisa pura deve desenvolver-se essencialmente nas universidades, embora haja diversificação de laboratórios de pesquisa tanto do governo quanto das indústrias;
- a ênfase do apoio financeiro à pesquisa deve ser colocada individualmente a cada pesquisador, em vez de ser dirigida à instituição. Os órgãos provedores de fundos adotarão um sistema de seleção fundado na revisão de propostas entre os geradores de pesquisa e seus pares[101].

A partir de 1950, quando a National Science Foundation (NSF) foi criada, o número de instituições provedoras de fundos cresceu, passando de aproximadamente 12 para 40, em 1980. O montante em dólares, em 1980, chegou a 4 bilhões.

Em 1940, o orçamento para pesquisa na Universidade de Stanford girava em torno de 5 mil dólares, passando, em 1980, para 100 milhões. Em 1985, cerca de 350 universidades dedicam-se à pesquisa significativa, e, aproximadamente, 100 universidades concentram 20 milhões de dólares em fundos[102] para seus projetos.

Necessidades e interesses de peso têm impulsionado os avanços na pesquisa, em qualquer época. Esse movimento arrancou com a questão bélica e a produção relacionada, implicando a educação de segundo grau para atender à chamada industrialização do conhecimento.

Peter Drucker lembra que a Segunda Guerra mundial, além de tornar a demanda de mão de obra mais especializada, também foi explosiva, levando não somente as escolas a um grande desafio, mas implicou igualmente os serviços de recrutamento e seleção para serviço militar[103], pois o segundo

---

101 Frank Newman, "Higher education and the American resurgence", p. 114.

102 Leituras interessantes sobre o tema "fundos para a educação" apresentam vasta opção, porém, sugerem-se, sobre a década de 1950: John W. Hill e Albert L. Ayars, "More money for our colleges", *Saturday Review*, July 30, 1955, pp. 7-9; Edward Hodnett, *Industry-colleges relations* (Cleveland, Ohio: World Publishing, 1955). O número de fundações de apoio à educação e pesquisa, incluindo também minorias, continua muito elevado, substituindo as doações individuais do passado.

103 Peter Drucker, *O homem, sociedade, administração* (São Paulo: Nobel, 2002), p. 431.

grau passou a ser um requisito legal. Era obrigatório aos cidadãos do sexo masculino e nascidos entre 1920 e 1950 completarem o segundo grau, caso ainda não o tivessem feito no alistamento. Tratou-se de uma norma e os demais seriam considerados "baixo padrão". Toda essa mudança conjuntural, de produção e guerras, implicava fortemente a questão do emprego, pois a formação de grande parte da população não estava preparada para enfrentar a nova realidade da produção mais sofisticada. A decisão de oferecer formação de segundo grau aos veteranos de guerra e a exigência aos recrutados redundou no fato de que "a maioria dos norte-americanos nascidos entre 1920 e 1950 tinha o segundo grau completo" e, como essa norma perdurou por 35 anos, além do período da Segunda Guerra Mundial, foi uma contribuição altamente produtiva, porque, segundo Drucker, corresponderia pelo menos à metade da população norte-americana, à época do lançamento de seu livro, em 2002. Drucker ainda comenta que as mudanças no tipo de trabalho somente não teriam agradado à população de etnia negra, um comentário carente de complementação[104].

A crítica ao belicismo é inevitável, por isso, escolhendo uma abordagem menos amarga, diz-se que as necessidades de defesa sejam consequência da falta de habilidade para a solução pacífica dos problemas internacionais em geral, ainda que os interesses, nesse caso, girem em torno da possibilidade de manter a paz. Isso tudo para se perceber o apelo preponderante do impacto dos conflitos internacionais no desenvolvimento científico e tecnológico.

Sir John Hackett, o general da NATO que especulou sobre a Terceira Guerra Mundial em textos estimulantes, fala sobre a explosão tecnológica a partir da microeletrônica, quando considera incalculável esse impacto sobre o desenvolvimento do equipamento militar[105]. O autor cita as "fenomenais" vantagens decorrentes da redução de tamanho, de peso e de custo, em contraste com o poder de destruição dos novos aparatos de guerra[106].

---

104   Peter Drucker, *O homem, sociedade, administração*, p. 431.

105   *Sir* John Hackett, *The Third World War. August 1985* (New York: Macmillan Publishing Co. Inc., 1979), p. 317.

106   *Sir* John Hackett, *The Third World War*, p. 318.

Hackett relaciona as atividades bélicas com o estágio do conhecimento das épocas correspondentes e formula um parágrafo muito feliz sobre essa evolução, resumido a seguir[107]. Do artesanato aos equipamentos de guerra, passaram à era mecânica, contando também com infraestrutura ferroviária e telegráfica, atingindo o atual estágio da indústria eletrônica. Da mesma forma, a energia evoluiu da força física para o vapor e para os motores de combustão, chegando à energia nuclear.

Com os avanços, vieram ideias e, também, paranoias, que moveram, aterrorizaram e comoveram o mundo.

A ditadura de Hitler foi a primeira em um estado industrial nesta era da moderna tecnologia, uma ditadura que empregou, com perfeição, os instrumentos da tecnologia para dominar o seu próprio povo. Por meio desses instrumentos da tecnologia, como o rádio e os sistemas[108] de comunicação, 80 milhões de pessoas puderam submeter-se à vontade de um único indivíduo. Telefone, teletipo e rádio tornaram possível transmitir os comandos dos níveis mais altos diretamente aos mais baixos, nos quais, em virtude de sua grande autoridade, eram executados sem qualquer crítica. Assim, muitos escritórios e unidades receberam maus comandos de forma direta. Os instrumentos da tecnologia tornaram possível manter uma vigilância cerrada sobre todos os cidadãos e conservar encobertas as operações criminosas em alto nível de segredo (1997).

Drucker analisa criticamente a situação europeia, seguida da mundial, de descrença na democracia e desencantos do pós-guerra em qualquer parte. Fala da situação da classe operária forte e organizada, como a europeia, após a Segunda Guerra Mundial, dizendo que serão necessários ainda alguns anos para poder realizar uma avaliação mais segura diante do novo perfil do trabalhador e do conhecimento que se instaura com a tecnologia atual[109].

---

107 Sir John Hackett, *The Third World War*, p. 318.

108 Nesse ponto, seria interessante ao leitor uma consulta ao livro: Albert Speer, *Inside the Third Reich* (New York, Little, Brown Book, 1997).

109 Sir John Hackett, *The Third World War*, pp. 431-432.

Além da questão bélica em si, não se poderia interromper o tema sem afirmar que a única alternativa descartável nessa análise seria a negação do fator de conflitos no mundo do trabalho, também com o avanço científico e tecnológico; isso por razões desde as mais eticamente lamentáveis até as mais nobres e sábias, quando o conhecimento, conforme Drucker ao buscar Sócrates, aparece como desenfreada aplicação e é abandonado como sabedoria.

Pesquisa - Prioridade Saúde: não são questões científicas, mas políticas[110]

Prioridades dadas às pesquisas na área de saúde são simples de verificar. Inúmeros relatórios de instituições respeitadas, como as Fundações Sloan e Carnegie, atestam isso.

O importante é que estimulem a reflexão não apenas sobre o que o conhecimento pode como aplicação, mas como reconhecimento do humano no homem, na sociedade, com suas instituições e decisões, podendo contribuir para a qualidade de vida das pessoas, o que seria fundamental se as razões fossem mesmo o valor da qualidade da vida humana, se o sentido das decisões fosse ético.

Em 1980, a posição do National Institute of Health (NIH), em termos de prioridade de fundos para pesquisa, foi comparada à prioridade à defesa entre os anos de 1940 e 1950. Por volta de 1980, o NIH recebeu mais da metade dos fundos de todas as demais instituições providas por recursos federais. A ênfase dos programas de pesquisa no NIH assentou-se em pesquisa básica[111]. No entanto, talvez gratificasse o espírito conhecer os motivos das decisões, mas não necessariamente, porque, além de humanos, somos todos espécies. Logo, há a possibilidade, que Drucker enfatiza, de que o trabalhador do conhecimento deve estar voltado para os resultados e para as metas de desempenho de toda organização, para conseguir qualquer resultado ou desempenho.

---

110   Peter Drucker, *O homem, sociedade, administração*, p. 536.

111   Sloan Commission on Government and Higher Education, *A program, for renewed partnership report* (Massachusetts: Ballinger Publishing Company, 1980), p. 165, Instituto Nacional de Saúde (NIH).

Isso significa que ele precisa preservar tempo, a fim de direcionar a visão de seu trabalho para resultados e de sua especialidade para o meio externo, nisso residindo o seu desempenho[112].

Em uma breve releitura da declaração de Drucker, assumindo a postura do que se considera possível com a fenomenologia, poder-se-ia dizer: ao direcionar a visão de seu trabalho para a efetividade social dos resultados e de sua especialidade para o meio externo, que é o *mundo da vida (lebenswelt)* das pessoas que o aguardam, pelos resultados que obteve, reside seu desempenho, somado ao daqueles que decidirão as bases de distribuição dos benefícios para toda a sociedade.

As recomendações e verificações da Carnegie Foundation revelam, em 1980, o incentivo à área de ciências médicas, à formação de profissionais na área da saúde, em geral, e de programas operacionais nessa área, e não apenas nas atividades de pesquisa[113].

As ciências da saúde catalisam mais de 50% do total de investimentos federais para essas três grandes áreas. Mesmo no período da Segunda Guerra Mundial, essa área era prioritária. Os Estados Unidos vêm suprindo o mundo com significativos resultados das pesquisas na área da saúde. Os investimentos do governo federal em dólares correspondem ao dobro do que outros países desenvolvidos aplicam nessa área em pesquisa[114].

A questão da saúde é certamente um grande negócio internacional dos países de Primeiro Mundo, como os Estados Unidos e a Alemanha. Dificilmente, algum economista discordaria de que os investimentos em pesquisa, nessa área, contribuem para a prosperidade. Contudo, pelos debates acirrados entre Tom Braden e Pat Buckana em jornalismo pelo rádio, com grande audiência popular, pelo menos na capital, nas décadas de 1970 e 1980, era possível perceber que os republicanos, em geral, interpretavam investimentos dessa natureza como ajuda humanitária ao

---

112 Peter Drucker, *O homem, sociedade, administração*, p. 95.

113 The Carnegie Council, *Three thousand futures*: the next twenty years for higher education (January, 1980), pp. 132-133.

114 Frank Newman, "Higher education and the American resurgence", pp. 134-135.

Terceiro Mundo, enquanto os que acompanhavam a posição democrata de Tom Braden compreendiam-nos em termos de política externa, mas como empreendimento empresarial.

Posição democrata de John F. Kennedy: algumas considerações

Quando o Presidente John F. Kennedy assumiu alto posto político, enfatizando a educação no lugar da defesa, apesar dos desafios do bloco comunista e dos desconfortos com a proximidade, por vezes, ameaçadora da ocupação cubana, a situação tendeu a reverter-se em termos de percepções da sociedade sobre o futuro sem estagnação. Seus pronunciamentos foram muitos e não deixaram dúvidas sobre suas intenções:

Se esta Nação deve crescer em sabedoria e energia, então cada estudante graduado no segundo grau precisa ter oportunidade de desenvolver seus talentos. Mas a metade não tem condições financeiras para isto. Os aumentos no custo da educação para a sociedade se desenvolvem na velocidade de um foguete. Em 1963, o custo médio anual é de 1.650 dólares e a metade das famílias recebe 5.000 dólares. Assim, se eles não podem suportar esse custo, a Nação também não pode manter seu poderio militar por negligenciar sua força intelectual[115].

Como era esperado de um democrata, ele enfatizou as causas sociais. Entre as mais críticas, estavam a proteção das minorias de etnia negra e seu apoio político aos movimentos delas.

Dos conservadores, por sua vez, eram esperados comportamentos radicais em alguns assuntos, como nas lutas contra o comunismo. Nesse caso, não lhes bastava a *détente*, tampouco a convivência pacífica. Preferem a provocação, a unilateralidade, mesmo à custa de riscos à estabilidade mundial. Em decorrência, apresentam pouca disposição para gastos internos de fim social, como a educação e os serviços, pois a defesa torna-se objetivo prioritário[116].

---

115   John F. Kennedy, *The burden and glory*, Alain Nevins (ed.) (New York: Harper and Row Publishers, 1964), p. 9.

116   William Carleton, *Technology and humanism. American politics. The conservative myth*, p. 183.

Quando Kennedy referia-se à educação, não se restringia àquela de nível superior, mas o contrário: "excelência na educação precisa começar pelo ensino de primeiro grau"[117].

Um estudo de Benjamin Fine, realizado em 1959, estimou que cerca de 200 mil dos mais dotados alunos que concluíam o ensino de segundo grau não tinham condições de continuar seus estudos, por falta de apoio financeiro. Enquanto, na década de 1870, Carleton acreditava que as pessoas estivessem reagindo de forma diferente do passado, isto é, lamentando o desperdício da inteligência dos jovens em vez de argumentar que continuar os estudos é problema de cada um, na década de 1980, as reações parecem estar imitando o passado[118]. Será reflexo do governo republicano? Questionam alguns. As pesquisas da Gallup, em 1978, já revelaram esse retorno à atitude de antigamente[119].

Quando J. Kennedy se refere ao empenho no programa espacial, o qual fora decidido com aprovação do Congresso, alerta para o propósito inicial de distribuir os benefícios resultantes ao mundo. O programa de comunicação internacional por satélite, por exemplo, visando ao interesse público e ao bom relacionamento entre as nações, "precisa prosseguir com esta finalidade". [...] "Paz no espaço só terá sentido enquanto tivermos paz na terra", enfatiza. Nesses termos, Kennedy questiona se valerá a pena manter a paz à custa de armas que representem constantes ameaças à sobrevivência da raça humana[120].

Segundo Daniel Boorstin, John F. Kennedy, ao assumir a presidência dos Estados Unidos, em 1961, não era um conhecedor de assuntos espaciais e sua ênfase a esse setor teria decorrido de preocupações com a manutenção do *status* dos Estados Unidos em relação à União Soviética.

117 John F. Kennedy, *The burden and glory*, p. 9.

118 William Carleton, *Technology and humanism. American politics. The conservative myth*, p. 91. Benjamin Fine, "College tuition soaring higher", *North American Newspaper* (Alliance, Jun. 1959).

119 D. W. Breneman e S. C Nelson, *Financing community colleges:* an economic perspective (Washington. D.C.: Brookings institution, 1981), p. 209.

120 Kennedy, John F. Kennedy, *The burden and glory*, p. 13.

Para Boorstin, o desenvolvimento dos programas aeroespaciais interessou tanto a Eisenhower quanto a Kennedy, porém por razões muito distintas. Enquanto o primeiro teria sido motivado por razões militares, ao segundo interessava o desenvolvimento do prestígio de seu país, interna e externamente. Para alguns democratas, era importante que os Estados Unidos fossem admirados por sua supremacia tecnológica[121].

A partir disso, Boorstin comenta a luta pela excelência na educação de todos os níveis na América, após o sucesso do Sputnik. Essa preocupação, para o autor, levou à busca de mais elevados padrões educacionais, um comportamento que ele qualificou de angustiado, às raias da histeria[122].

Boorstin comenta a dúvida do presidente Eisenhower em aumentar investimentos na exploração espacial, ao contrário de Kennedy, que não duvidava do acerto da medida com base no que ele considerava uma real necessidade: o prestígio do país. Novamente, o prestígio do próprio presidente Kennedy foi desafiado, quando ele optou por um empreendimento científico altamente dispendioso, do qual apenas uma minoria poderia perceber objetivos práticos[123].

Em 1986, a Comissão para o Papel e o Futuro das Faculdades e Universidades Estatais concilia os argumentos mais comuns a democratas e a republicanos em uma mensagem direta, forte e reveladora do que, talvez, se possa chamar de ecletismo norte-americano, a cultura do "se é preciso, vamos realizar".

Nosso investimento nacional na educação superior não é parte do problema do déficit, mas da solução desse problema. Uma população educada é produtiva, ganhando e retornando à sociedade uma porção desse poder de receita na forma de taxas. A educação não é um luxo, não podemos ser fortes, militar ou economicamente, a não ser que sejamos fortes educacionalmente[124].

---

121   Daniel J. Boorstin, *The Americans. The democratic experience*, pp. 591-592.

122   Daniel J. Boorstin, *The Americans. The democratic experience*, pp. 592-593.

123   Daniel J. Boorstin, *The Americans. The democratic experience*, pp. 592-593.

124   The National Commission on the Role and the Future of State Colleges and Universities, *To the blessings of liberty*, p. 19.

O mandato do presidente Kennedy teve grande visibilidade nacional e internacional. Foram muitos os desafios e sua leitura da realidade norte-americana para um futuro breve demandava grandes esforços, riscos e trabalho comprometido, uma missão quase impossível que ele não escondia das pessoas, especialmente ao que se refere à educação. Suas palavras em *The Burden and the glory* são reveladoras dessa situação:

O que faremos no final desta década? [...] *nossa população está crescendo a cada década de forma equivalente ao total da população total do país à época de Abraham Lincoln, há apenas cem anos.* [...] *Em 1970, o número de estudantes em nossas escolas públicas, de primeiro e segundo grau, terá crescido 25% em 1960. Cerca de três quartos de milhão de novas salas de aula serão necessários e nós não as estamos construindo nesse percentual. Por volta de 1970, teremos sete milhões de estudantes em nossos* colleges *e universidades, três milhões a mais do que atualmente.* (...) *Nós teremos que construir tantos* colleges, *universidades e prédios, em dez anos, quanto fizemos há cento e cinquenta anos. Em 1970, nós precisaremos de 7.500 PhD a cada ano* (...). *John Adams e Thomas Jefferson reconheceram, à época do* Morrill Act, *quando o sistema dos* Land Grant Colleges *foi estabelecido, no período de Lincoln, que isso precisa ser um comprometimento governamental*[125].

Kennedy ainda lembrou todo o entorno desse gigantesco desafio: facilidade de muitos tipos de centros de pós-graduação, institutos técnicos, *junior colleges*, novos níveis de empréstimos para estudantes, bolsas de estudo de pós-graduação, programas de apoio aos estudantes, "além de ataque maciço ao analfabetismo", expansão da extensão nas universidades, implementação de bibliotecas em cada comunidade ou distrito[126].

Nesse ponto, parecem oportunos os comentários de Morison sobre ele haver fugido ao padrão de reação a candidatos e a presidentes nos Estado Unidos, em relação ao bloco republicano e democrata, pois foi grande o impacto que causou nas opções de votos e apoio, quando essa divisão,

---

125 John F. Kennedy, *The burden and the glory*, p. 261.

126 John F. Kennedy, *The burden and the glory*, p. 262.

sempre tão clara, foi por muitas vezes esquecida, inclusive a questão religiosa, já que não somente católicos, mas protestantes o apoiavam em suas propostas, decisões e medidas. Segundo ele, a personalidade foi tão marcante que:

quando morreu John Fitzgerald Kennedy, alguma coisa parecia haver morrido em cada um de nós. Contudo, a memória dessa brilhante e vívida personalidade, aquele grande gentleman do qual qualquer ato e presença elevava nosso orgulho e nos dava renovada confiança em nós mesmos e em nosso país viverá em nós por longo, muito longo tempo[127].

Sobre a questão espacial, colocou muito de sua energia e entusiasmo no vice-presidente Lindon Johnson, que o acompanhava, bem como aconteceu com o Congresso. Buscava recuperar o prestígio do país, após os sucessos russos do Sputnik e do Vostok com Gagarin e abrir caminho a avanços tecnológicos – na verdade, avanços de muitas naturezas, ainda insondáveis, a ponto de alguns duvidarem de sua importância. Entretanto, o sucesso dos russos em conhecimento ainda aqueceu os debates e as propostas de melhoria à qualidade do ensino em todos os níveis, sem ficar restrito aos profissionais da área, mas também aos lares norte-americanos.

Contudo, os sentimentos eram significativos, pois, três dias após a divulgação da nave tripulada, acontecia o desastroso episódio da Baía dos Porcos.

Além disso, o fracasso da tentativa de invasão cubana pela Baía dos Porcos era visto como um episódio que merecia reparos na imagem.

Ele dirigiu-se ao Congresso dizendo:

Eu espero firmemente que esse compromisso seja mantido. E, se eu morrer antes disso, todos vocês aqui, agora, apenas lembrem que aconteceu, e eu estarei sentado lá em cima no céu numa cadeira de foguete exatamente como essa e terei a melhor vista a partir dela do que qualquer pessoa[128].

---

127   Samuel E. Morison, *The Oxford history of the American people*, v. 3, 1869-1963, p. 500.

128   Daniel J. Boorstin, *The Americans. The democratic experience*, p. 596.

A referência a "todos vocês" de seu pronunciamento ao Congresso não foi descabida, pois houve muito pouco debate diante do orçamento vultoso. Kennedy, de alguma forma, profetizou sua morte.

Contudo, Eisenhower não via a necessidade desse projeto dispendioso, conhecedor de questões orçamentárias, diante do custo que superou em 61% seus primeiros cálculos.

Boorstin, com sua profundidade na análise de fatos e circunstâncias históricas, concluiu:

Com a democratização dos USA, a distinção entre os homens que pensam – os cientistas e experts em tecnologia – e aqueles de ação, considerada uma tradição, estaria superada. Produtos e processos decorrentes dos avanços com a aventura espacial foram grandiosos e pequenos, mas de uma frequência de alta intensidade. Não se pode interromper o curso das descobertas decorrentes. Por isso, é sábio o entendimento de que não há legislação ou sabedoria de estadista que determine o futuro: todo o conhecimento na Terra ainda se mantém "espontâneo e imprevisível"[129].

---

[129] Daniel J. Boorstin, *The Americans. The democratic experience*, p. 598.

CAPÍTULO 14   **Pesquisa na universidade e nos laboratórios federais**

Quando se pensa em pesquisa e em tecnologia nos EUA, inclui-se o papel da universidade no raciocínio[1]. Por isso, uma forma de identificar a atuação das universidades nessa atividade é pela distribuição de fundos para pesquisa entre os três campos prioritários, não só atualmente, mas de maneira histórica: defesa, saúde e desenvolvimento econômico. Variações ocorrem apenas na ênfase a um ou outro, dependendo da conjuntura – trata-se de uma tendência cultural.

É preciso salientar, porém, a dúvida sobre se o que é apresentado como defesa estaria mesmo relacionado com esse conceito, já que, mui-

---

1   Segundo J. Bernard, o papel das universidades, quer europeias quer norte-americanas, na pesquisa tem sido muito significativo, mas não se deve concluir que pesquisas importantes tenham sido privilégio de trabalho universitário. Para exemplificar, esse autor cita B. Franklin, Calden, Bartrom, Logan e Garden. John S. Brubacher e Willis Rudy, *Higher educational in transition*, p. 422.

tas vezes, em épocas as mais diversas, há discussões fortes no sentido de: afinal, defender-se do quê?

Um conceito tão amplo e complexo quanto defesa mereceria muita discussão, o que este livro não comporta, porém alerta justamente para que não seja simplificado, muito menos banalizado.

De qualquer forma, essas são as três grandes áreas que mantêm vínculo direto ou indireto com inúmeras outras. Algumas altamente dispendiosas, como é o caso dos programas espaciais, e outras, modestas, como pesquisas em comportamento e cultura.

Dos recursos em laboratórios e equipamentos, depende a viabilização dessas pesquisas, ponto em que se observa a diferença entre a proporção do investimento simultâneo destinado às universidades em determinado período representativo das práticas costumeiras e aos 700 laboratórios federais. Os últimos receberam cerca de 25 bilhões de dólares, empregando mais de 200 mil pessoas, cuja produtividade é frequentemente questionada, e apresentando um crescimento dos fundos para equipamentos, entre 1980 e 1983, de 9,7%; já nas universidades, o percentual de crescimento no mesmo período foi de 7,4%. O problema de cortes no setor educacional também ocorre na atividade de pesquisa, mas, sempre que há dificuldades financeiras, a opção de redução recai sobre os laboratórios das universidades e *colleges*, e não sobre os laboratórios federais[2].

Seria irrealista, no momento em que se procura apresentar o sentido da cultura norte-americana, a partir da evolução do ensino superior no país e consequentemente a dinâmica e o papel da pesquisa nas universidades, deixar de lado a origem e a atitude diante dos laboratórios federais.

Os parágrafos anteriores ilustram a atuação e o volume de investimentos desses laboratórios, no final do século. Um rápido retrospecto oferecerá, a seguir, dados sobre o surgimento e o desempenho dos laboratórios fora das universidades norte-americanas, situando o surgimento da pesquisa nos EUA no mundo.

Na Europa, a pesquisa industrial realmente significativa surgiu, primeiro, na Alemanha, com a indústria química e óptica, em meados do

---

2   John S. Brubacher e Willis Rudy, *Higher educational in transition*, pp. 335-336.

século XX. A esse fato, estão ligados os nomes do industrial Carl Zeiss, bem como do Kaiser Wilhelm Institute. Este último foi um exemplo de instituição híbrida, governo-indústria, fundada em 1911, mas arruinada pelo nazismo[3].

Os laboratórios norte-americanos surgiram igualmente com a indústria química, em razão das necessidades e dos interesses relacionados especialmente com importantes produtos, como algodão, pólvora, sorgo, açúcar e ferro[4].

O tradicional espírito prático e empreendedor do povo norte-americano, embora disposto e aberto a mudanças, acautelou-se frequentemente quanto ao risco de investir em supostas inovações. A cultura de que pesquisa precisa trazer resultados é uma presença forte. Henry Ford, por exemplo, explicava que "mudança não é necessariamente progresso"; segundo ele "é preciso ter cuidado para não confundir uma febre de novidades com o espírito do progresso"[5].

A tendência histórica tem sido direcionar fundos a projetos de pesquisa que permitam ampliação das perspectivas industriais e comerciais. Na década de 1980, a preocupação com as condições de competitividade dos Estados Unidos, internacionalmente, teria levado o governo a diminuir lentamente seus investimentos em pesquisa nas ciências da saúde, a decrescer igualmente os fundos para pesquisa em defesa e a aumentar seus investimentos em ciência e tecnologia, a fim de reforçar as atividades industriais e comerciais, fortalecendo a economia[6].

Na realidade, o governo de Jimmy Carter não conseguiu realizar essa aspiração; os mandatos de Reagan reforçaram as pesquisas na chamada defesa e nem mesmo Clinton conseguiu deter a escalada da tendência armamentista em pesquisa, segundo dados do historiador brasileiro Luiz Alberto M. Bandeira em palestra na FGV/EBAP/Brasil, em maio de 2003.

---

3   Daniel J. Boorstin, *The Americans. The democratic experience*, p. 538.

4   Frank Newman, "Higher education and the American resurgence", pp. 538-539.

5   Daniel J. Boorstin, *The Americans. The democratic experience*, p. 555.

6   Frank Newman, "Higher education and the American resurgence", pp. 135-136.

Pesquisa – Prioridade Defesa e Educação: lembrando George Bush

A permanente prioridade tem sido a defesa, e o argumento da contribuição dos subprodutos para o desenvolvimento econômico e social é muito forte, embora seja constantemente questionado. A cada época, correspondem determinadas áreas de pesquisa e, para exemplificar, as vantagens comerciais decorrentes, identificadas nos anos de 1950 e 1960, referiram-se, principalmente, a aviões a jato, transistores e computadores.

A disputa entre posições, algumas vezes divergentes, entre a frente política democrata e a republicana revela um panorama político bem característico da cultura daquele povo. Há momentos históricos em que a ideologia das duas frentes se tangencia, sobretudo quando o problema do momento é interpretado como nacional, colocando em risco, mesmo que em tese, o conforto e a segurança individual; as frentes se transformam em uma grande-pequena colônia isolada e a opção é por soluções definitivas, mesmo que por meios radicais de força bélica.

A proporção de contribuição dos subprodutos vem sendo analisada, hoje, diante da crescente sofisticação das pesquisas em defesa e os aportes a ela destinados. Uma primeira impressão é que essa contribuição teria decrescido ultimamente[7].

Seria uma ingenuidade falar em pesquisa sem pensar em gastos. Logo, pelo menos rapidamente, períodos bélicos, pesquisas e despesas em alta se atraem; a postura política também desempenha um forte papel nessa opções. Um bom exemplo foi o governo do presidente Bush, que trouxe enorme aumento nas despesas – na verdade, superando o de seis presidentes que o antecederam, inclusive Lyndon Baines Johnson. Para se ter uma ideia, George Bush gastou o dobro do seu predecessor Clinton – ajustando pela inflação, Clinton aumentou o orçamento federal em 12,5%, enquanto Bush saltou para um orçamento em 53%. Não foi, porém, somente decorrente da dramática despesa com defesa, em virtude das situações com o Iraque e o Afeganistão, pois a elas se somou a segurança interna. Além disso, inúmeros subsídios, cerca de 1.800 programas no orçamento federal, centenas de bilhões de dólares anuais para grupos de

---

[7] Frank Newman, "Higher education and the American resurgence", p. 135.

interesse, governos estaduais, negócios, organizações sem fins lucrativos e individuais foram opções[8].

O presidente George Bush, como tradicionalmente ocorre na presidência dos EUA, também apresentou um programa voltado à educação, o que é considerado pela sociedade um papel inalienável a desempenhar pela presidência, visando a "cultivar o futuro". De acordo com citação de Blitz, apresentada pelo autor do estudo dessa questão, Kah Ying Choo, quando a educação é um reconhecido desafio e o problema mais importante, segundo pesquisa de Princeton, na qual 76% da população considera que o governo precisa aumentar os fundos para a educação, considerando-a o tópico mais importante entre 14, dentre os quais saúde e criminalidade.

Segundo o reconhecido Aronowitz, a questão da globalização buscando apoio às melhorias é um dos argumentos em favor de reformas, entre tecnologia e desenvolvimento econômico.

Apesar da desconfiança dos democratas sobre o empenho republicano em educação nesses termos, tornou-se lei e prioridade em 2001. Segundo artigo de Ying Choo, o aumento de 30,6%, entre 1996 e 2001, representou avanços indicados por Samuelson, em 2001. A postura da proposta foi estimular os estudantes a assumirem responsabilidades por seu desenvolvimento nesse novo mundo. O que se percebe no percurso educação, nos Estados Unidos, é que, independentemente do tom ou do sentido, ele é forte. Sempre escrito por *experts* ou por jornalistas a respeito, alguns até mesmo dedicando sua vida profissional, em boa parte, ao tema e em relação ao que os norte-americanos costumam ligá-lo, família, educação e justiça criminal[9].

---

8   Veronique de Rugy, "Spending under president George W. Bush" (Mercator Center At George Mason University: Arlington, VA mar 2009). Disponível em: http://mercatus.org/publication/spending-under-president-george-w-bush. Acesso em: 11 out. 2013.

9   Sobre o tema Sugere-se a leitura do livro de William Raspberry. Looking Backward at US (University Press of Mississippi [Trd] October 1991); Louis R. Harlan, *Booker T. Washington*: the making of a black leader, 1856-1906 (Oxford University Press, 1973); Alden Vaughan, *Roots of American racism*: essays on the colonial experience (New York: Oxford

É o caso de William Raspberry, filho de professores, em visão mais pontual, como o fez ao *Washington Post*, na década de 1980, preocupado em selecionar os melhores professores para contratação, em virtude da quantidade desses profissionais disponíveis no mercado, ou tratando a questão como preocupação voltada aos alunos, relegando os professores desempregados – o que exigiria uma visão política mais ampla de riscos, segundo Mary Douglas e Aaron Wildavski, na atualidade e citados na Parte V deste livro. Raspberry amadureceu permanentemente[10], ampliando suas preocupações e aprofundando-as, escrevendo em mais de 200 jornais até os seus 76 anos, quando veio a falecer. Foi um *Pulitzer Prize winning columnist for The Washington Post*, em razão de sua visão independente e iluminada sobre conflitos, pobreza, questões raciais e justiça criminal e um dos primeiros jornalistas negros formados em Howard Washington D.C., com grande respeitabilidade. Ele buscava abordagens práticas às questões que falavam de diversas minorias, mas não partia somente para racismo[11].

Retomando a questão da pesquisa relacionada com a defesa, no período entre 1980 e 1984, observa-se que o investimento cresceu 65%, em contraposição, por exemplo, a 15 orçamentos para pesquisa não relacionada com defesa, em que apenas um deles aumentou em 7% no mesmo período[12].

University Press, 1995); Winthrop Jordan, *White over black*: American attitudes toward the negro, 1530-1810, com os novos prefácios de Christopher Leslie Brown e Peter H. Wood Awards. Publicado por Omohundro Institute of Early American History and Culture (2. ed., Williamsburg, Virginia: The University of North Carolina Press, February 2012); Henry Bullock, *A history of negro education in the South*: from 1969 to the present (Cambridge, Mass.: Harvard University Press, 1967).

10 William Raspberry, "A culture for teaching" (July 18, 2005, p.A15), que sugere a pais, professores e à sociedade em relação aos jovens: "se você desenvolve um relacionamento de forma que eles o vejam como aliado, eles terão menos razão para combatê-lo."

11 Ver William Raspberry, Gale contemporary black biography. Disponível em: http://www.answers.com/topic/william-raspberry. Acesso em: 1 out. 2013.

12 Frank Newman, "Higher education and the American resurgence", p. 129.

Pesquisa pura e aplicada no campo da defesa – se é que se pode falar nesses termos – recebeu tratamentos diferentes. A primeira modalidade cresceu muito, enquanto a segunda reduziu significativamente. A explicação para essa redução parece estar assentada no desprestígio de projetos sobre formas alternativas de energia[13].

Essa tendência na prioridade de pesquisa em defesa é uma importante questão a ser retomada após a catástrofe de 11 de setembro de 2001, em Nova Iorque e da chamada Guerra no Iraque, pois é possível, embora não muito provável, que as mudanças nas prioridades orçamentárias sejam revolucionárias. Tudo dependerá de qual dos sentidos da cultura política norte-americana esteja em evidência: a tradição democrata ou a republicana. Se a posição da comunidade internacional for suficientemente clara quanto à falácia dos argumentos pró-invasão do Iraque e se a voz da população norte-americana mais diretamente envolvida for sonora, é possível que essa prioridade se redirecione.

No entanto, a tradição de relacionar pesquisa em defesa trazendo de alguma forma benefícios à educação e à saúde é uma questão crítica na cultura norte-americana, porque, se concretos subprodutos alimentam essa posição, a opção pelas soluções radicais aos conflitos mundiais também sai fortalecida, o que representa uma retroalimentação perversa a uma possível mudança de rumo cultural, no sentido de afastar as soluções bélicas e os problemas, conforme exposto: *once and for all*. Contudo, a outra corrente interpretativa que também era considerada presente no governo Eisenhower – a do empresariado que considerava os gastos com defesa uma possibilidade de arruinar a economia e interpretava esse aspecto como uma expectativa, inclusive dos comunistas, que estariam levando os USA a dispêndios incalculáveis, provocando sua própria derrocada[14]. Além disso, o poder de mobilização do empresariado norte-americano, em períodos que exigem esforços para recuperação da economia, tem sido forte.

---

13   Frank Newman, "Higher education and the American resurgence", p. 129.

14   Weigley, Russell F. Weigley, *The American way of war*: a history of the United States military strategy and policy, p. 400.

Não se pode deixar de ignorar que o drama do Iraque é mais uma grande lição que se soma à campanha no Afeganistão. Esse cenário, somado à crítica situação financeira internacional, chegando à primeira década do milênio, destaca a questão da defesa, que parece ceder algum espaço à segurança em espectro mais amplo do que as questões estratégicas militares em outros territórios.

A crise econômica mundial desencadeada em 2009 desafia os norte-americanos nesse sentido. É um momento crucial para reforçar ou derrotar a confiança nas superações conquistadas no passado. Para um povo que preza o trabalho – estar ativo e remunerado –, melhorias econômicas, por mais surpreendente que possa parecer, não são consideradas suficientes para elevar os ânimos, tampouco a confiança nas políticas governamentais. A chave para essa problemática tem sido, e tudo indica que continua a ser, um amplo crescimento no número de empregos. Nesse ponto, os rumos da educação estão aguardando por possibilidades de sintonia nas habilidades, competências, conhecimento e, para não perder o rumo da tradição colonial, a postura.

Até que ponto, nestas primeiras décadas do novo milênio, em comparação histórica, uma guerra pode ainda ser vista primordialmente como custo, perdas humanas desnecessárias e abalo no moral do povo, em contraste com heroísmo, fonte de ainda mais sofisticadas descobertas científicas, tecnológicas e oportunidades de emprego, é uma questão que sugere muita pesquisa pela frente. Sobre o último caso, a questão do emprego para os graduados, Rudolph já alertava em 1978.

São inúmeros os momentos deste livro que trazem, pelo menos, alguns sinais do constante estado de vigilância no qual se mantêm os membros da sociedade norte-americana, pertencentes a várias formações e segmentos sobre questões educacionais e condições de vida para a cidadania, além de as questões educacionais fazerem parte de acalorados debates governamentais, independentemente da tendência política do momento sob o olhar atento e voz ativa da sociedade.

Na academia, as discussões em continuidade à ebulição das eletivas continuaram com a presença forte do atletismo e seus possíveis benefícios ou apelos, inclusive gerando uma leitura ácida por parte do *expert* Rudolph, ao inquirir, em 1978, se não teria sido melhor, em termos de "paz, justiça e liberdade", uma vez que "os últimos cinco presidentes dos

Estados Unidos foram jogadores de *football*", caso "os presidentes, em vez disso, tivessem sido estudantes de balé"[15].

A questão do emprego, analisada recentemente por Douglas e Wildavsky em *Risk and culture*, reporta também à discussão de Rudolph sobre o alerta às políticas educacionais, no sentido de poderem estimular jovens à graduação, sob o risco da falta de posições de trabalho. Esses autores, mais recentemente, mostram que a ampliação crescente do setor de serviços no país é o que vem abrindo espaço aos graduados no mercado de trabalho[16].

Dado o volume de estudos e livros disponíveis para consulta a cada ano, pois a produção nos EUA é fértil, novos ou em reedições frequentes, emergem debates acalorados e acontecimentos desafiadores à compreensão que, certamente, merecerão toda a atenção de pesquisadores, governos, empresários e a sociedade, o que, de alguma forma, interessa ao Brasil também, ponto em que, quem sabe, possam, pelo menos, desempenhar o papel de instigadores.

Espaço para o poder de associação: o exemplo do *Campus Compact*
A organização das colônias, suas comunidades, a determinação para soluções de interesses e necessidades da população são características que nasceram à época colonial; e, simultaneamente ao reforçamento das características desses núcleos originais, o poder de associação foi e continua a ser uma manifestação tipicamente norte-americana.

Ela se mostra diante de pequenos problemas de vizinhança e assume também proporções gigantescas, como é o caso do *campus compact*, uma congregação de organizações de ensino superior cuja plataforma educacional é chamada de *Service Learning*.

O site oficial (http://www.compact.org/about/history-mission-vision/) divulga que 5,5 bilhões de dólares anuais representam o montante de serviços e benefícios que os estudantes oferecem às comunidades com seu voluntariado e enfatiza que não é apenas uma questão de resultados

---

15 Frederick Rudolph, *Curriculum*, pp. 288-289.

16 Mary Douglas e Aaron Wildavsky, *Risk and culture* (Los Angeles: University of California Press, 1983).

de trabalho voluntário, mas do desenvolvimento de associação e parcerias que eles estabelecem com a sociedade. Assim, chegou-se a 34 estados da federação filiados e com escritórios locais.

A partir de 1985, já atendeu mais de 20 milhões de estudantes com a união de 1.100 *colleges* espalhados pelo território, conforme a lista apresentada a seguir.

O *campus compact* foi fundado em 1985 por seu primeiro presidente Brown, incluindo Georgetown e a Stanford Universities e, ainda, presidente da Education Commission of the States Presidents' Declaration on the Civic Responsibility of Higher Education.

Thomas Ehrlich, pesquisador sênior da Carnegie Foundation for the Advancement of Teaching e presidente emérito da universidade de Indiana, com Elizabeth Hollander, então diretora-executiva do *campus compact* com o apoio de lideranças do comitê de um importante colóquio com a presença de um número significativo de colegas, analisaram o papel e a missão da organização. Tanto *colleges* quanto universidades públicas e privadas, grandes e pequenas, cursos de formação de tecnólogos em dois anos ou de graduação tradicional de quatro anos consideraram o trabalho desafiador ao reexaminarem os propósitos e compromissos educacionais para engajamento em questões urgentes, bem como de longo prazo.

Verificaram que há um número significativo de estudantes que ainda não está conectado com aspirações democráticas e que considera o ambiente político cínico, no qual, por consequência, tende a não confiar. Daí a necessidade de estimular esses alunos a conhecerem também a vida política, aprenderem sobre *lobby* no Congresso, por exemplo, e iniciarem suas próprias organizações com fins não lucrativos, para o bem comum.

Ao encerrar, o presidente declara acreditar no tempo em que cada setor, o corporativo, o governamental e organizações sem fins lucrativos, se mobilizará em direção às comunidades, quando a democracia sairá revigorada. Conhecimento é fundamental, mas não é tudo, pois não podemos ser complacentes com a situação de crianças vivendo na pobreza. Somente praticando princípios democráticos haverá bons e verdadeiros cidadãos.

Diante dessa postura, cabe uma breve reflexão sobre sua vinculação com defesa no sentido do social, isto é, intenções e ações concretas de defesa contra a pobreza na educação, no conhecimento, no seu emprego na prática, no seu compartilhamento, abrindo espaços ao trabalho, não somente de qualidade funcional, mas com dignidade, possibilitando espírito comunitário, responsabilidade social local e nacional.

A lista de assinaturas a esses propósitos é aqui colocada a título de ilustração do citado poder de associação.

Se o presidente ou o chanceler de cada organização desejar assinar, devem fazê-lo conforme indicado, pois nós precisamos encorajar o diálogo do campus compact *entre nossos administradores para conhecimento de professores e alunos.*

Assinaturas[17]

Adelphi University
Adrian College
AIB College of Business
Albion College
Albright College
Allegheny College
Allen County Community College
Alma College
Alvernia College
Alverno College
Andrews University
Anoka Ramsey Community College
Antioch College
Antioch NE Graduate School
Antioch University – Seattle
Aquinas College
Arcadia University
Arizona State University
Ashland University
Auburn University
Augsburg College
Azusa Pacific University

Bacone College
Baker College System
Baker University
Baldwin-Wallace College
Ball State University
Barnard College
Barstow Community College District
Bates College
Bellarmine College
Bemidji State University
Bennett College
Bennington College
Bentley College
Berea College
Berkshire Community College
Bethany Lutheran College
Blackfeet Community College
Bloomsburg University of Pennsylvania
Bluffton College
Boise State University
Bowdoin College
Bowling Green State University

17 *Campus compact* (2011).

Brandeis University
Brenau University
Brevard Community College
Briar Cliff College
Briarwood College
Bridgewater College
Bridgewater State College
Brookhaven College
Brown University
Bunker Hill Community College
Burlington College
Butler County Community College
Butler University
Cabrini College
California College of the Arts
California Maritime Academy - California State University
California Polytechnic State University
California State Polytechnic University - Pomona
California State University - Bakersfield
California State University - Ilhas do Canal
California State University - Chico
California State University - Dominguez Hills
California State University - Fresno
California State University - Fullerton
California State University - Hayward
California State University - Los Angeles
California State University - Monterey Bay
California State University - Sacramento
California State University - San Bernardino
California State University - Stanislaus
Calvin College
Cape Cod Community College
Capital University
Carl Albert State College
Carleton College
Carroll College
Carthage College
Case Western Reserve University
Castleton State College
Cedar Crest College

Central College
Central Florida Community College
Central Lakes College
Central Michigan University
Central Ohio Technical College
Central Washington University
Century College
Chaminade University
Chandler-Gilbert Community College
Chatfield College
Chatham College
Chesapeake College
Cheyney University
Chicago State University
Claremont Graduate University
Claremont McKenna College
Clarion University
Clark State Community College
Clemson University
Cleveland State University
Cloud County Community College
College for Life Long Learning
College of Mount St. Joseph
College of St. Benedict
College of St. Joseph
Collin County Community College
Colorado College
Colorado Mountain College
Columbia College Chicago
Columbia University
Columbus State Community College
Columbus State University
Community College of Allegheny County
Community College of Denver
Community College of Rhode Island
Community College of Vermont
Concord College
Concordia College
Concordia University
Connecticut College
Connors State College
Converse College

Cornell College
Cornell University
Cornerstone University
Cuyahoga Community College
Dakota County Technical College
Dartmouth College
Davenport College
Davenport University - Região Oeste
Davidson College
Dean College
Defiance College
Del Mar College
Delaware Valley College
Delta College
Denison University
DePaul University
DePauw University
Dordt College
Duke University
Dunwoody Institute
Earlham College
East Tennessee State University
Eastern Connecticut State University
Eastern Michigan University
Eastern Oklahoma State College
Eastern Oregon University
Eastern Washington University
Eastfield College of the Dallas County Community College District
Eckerd College
Edinboro University of Pennsylvania
El Centro College
Elizabethtown College
Elon University
Emory & Henry College
Emory University
Fergus Falls Community College
Fitchburg State College
Flathead Valley Community College
Florida Atlantic University
Florida Gulf Coast University
Florida Institute of Technology

Florida State University
Fond du Lac Tribal and Community College
Fort Hays State University
Fort Lewis College
Fort Scott Community College
Franklin & Marshall College
Franklin Pierce College
Franklin Pierce Law Center
Frostburg State University
Furman University
GateWay Community College
Goddard College
Goshen College
Grand Rapids Community College
Grand Valley State University
Grand View College
Green Mountain College
Greenfield Community College
Gustavus Adolphus College
Hamline University
Hampshire College
Hampton University
Hartwick College
Harvard University
Harvey Mudd College
Heidelberg College
Helena College of Technology of The University of Montana
Hennepin Technical College
Hibbing Community and Technical College
Hiram College
Hobart College
Hocking College
Hofstra University
Holy Cross College
Holyoke Community College
Hope College
Humboldt State University
Hunter College of the City University of New York
Indiana State University
Indiana University - Bloomington

Indiana University - Kokomo
Indiana University - Purdue University Fort Wayne
Indiana University - Purdue University Indianapolis
Indiana University - South Bend
Indiana University - Southeast
Indiana University East
Indiana University of Pennsylvania
Inver Hills Community College
Itasca Community College
John Carroll University
Johnson & Wales University
Johnson State College
Kalamazoo College
Kansas State University
Kapi'olani Community College
Keene State College
Kennebec Valley Technical College
Kennesaw State University
Kent State University
Keuka College
Keystone College
King's College
Kirtland Community College
La Sierra University
Labette Community College
Lake Superior College
Langston University
Lansing Community College
Lasell College
Latter-Day Saints Business College
Lawrence University
LDS Business College
Le Moyne College
Lehigh University
Lesley College
Lincoln University
Linfield College
Little Big Horn College
Louisiana Delta Community College
Lourdes College
Loyola Marymount University
Loyola University Chicago
Lycoming College
Macalester College
Madison Area Technical College
Madonna University
Magdalen College
Maine College of Art
Manchester College
Marian College - Wisconsin
Marian College of Indianapolis
Marietta College
Marlboro College
Marygrove College
Maryland Institute, College of Art
Massachusetts College of Liberal Arts
McDaniel College
McPherson College
Merrimack College
Mesa Community College
Messiah College
Metropolitan State University in Minnesota
Miami-Dade Community College
Middlebury College
Middlesex Community College
Mid-Michigan Community College
Miles Community College
Milligan College
Millikin University
Mills College
Minneapolis College of Art and Design
Minneapolis Community and Technical College
Minnesota State University - Mankato
Minnesota State University - Moorhead
MiraCosta College
Montana State University - Billings
Montana State University - Bozeman
Montana State University - Great Falls College of Technology
Montana State University - Northern
Montana Tech of The University of Montana

Montclair State University
Moravian College
Morgan State University
Morningside College
Morris Brown College
Mount Holyoke College
Mount Ida College
Mount Union College
Mount Wachusett Community College
Muskegon Community College
Muskingum College
Naropa University
Nazareth College of Rochester
Neumann College
New England College
New England Culinary Institute
New Hampshire College
New Hampshire Community Technical College
New Hampshire Institute of Art
Newman University
Niagara University
Nicholls State University
Normandale Community College
North Central College
North Hennepin Community College
Northampton Community College
Northeastern Oklahoma A&M College
Northeastern University
Northern Oklahoma College
Northern Virginia Community College
Northland College
Northwestern College
Northwestern Health Sciences University
Northwestern State University of Louisiana
Norwich University
Notre Dame College
Oakland Community College
Oakton Community College
Oberlin College
Ohio Dominican College
Ohio Northern University

Ohio State University
Ohio University
Ohio Wesleyan University
Oklahoma Christian University
Oklahoma City Community College
Oklahoma City University
Oklahoma State University
Olivet College
Onondaga Community College
Otterbein College
Our Lady of the Lake College
Pace University
Pacific University
Paradise Valley Community College
Pima Community College
Pine Manor College
Pitzer College
Plymouth State College
Portland Community College
Portland State University
Princeton University
Pueblo Community College
Purdue University – North Central
Purdue University – West Lafayette
Quinsigamond Community College
Rainy River Community College
Ramapo College of New Jersey
Raritan Valley Community College
Reed College
Regis College
Regis University
Richland College of the Dallas County District
Ripon College
Rivier College
Rochester Community and Technical College
Rockford College
Rockhurst University
Rocky Mountain College
Roger Williams University
Rollins College
Rose State College

Sacred Heart University
Saginaw Valley State University
Saint Anselm College
Salisbury State University
Salish Kootenai College
Salve Regina University
San Diego State University
San Francisco State University
San Jose State University
San Jose/Evergreen Community College District
San Juan College
Santa Clara University
Santa Monica Community College District
Sarah Lawrence College
School for International Training
Seattle University
Shawnee State University
Siena Heights University
Simpson College
Sinclair Community College
Skagit Valley College
Skidmore College
Sonoma State University
South Florida Community College
South Seattle Community College
Southeastern Oklahoma State University
Southern Illinois University Edwardsville
Southern Maine Technical College
Southern Nazarene University
Southern Oregon University
Southern Vermont College
Southwest Missouri State University
Southwest State University
Southwestern Oklahoma State University
Spelman College
Spring Arbor University
Springfield College
St. Cloud State University
St. Cloud Technical College
St. Edward's University
St. Francis University
St. John's University
St. Lawrence University
St. Mary's College
St. Mary's College of Ava Maria University
St. Mary's University - San Antonio, Texas
St. Mary's University of Minnesota
St. Michael's College
St. Olaf College
St. Thomas Aquinas College
State Center Community College District - Fresno
Stephen F. Austin State University
Sterling College
SUNY Delhi
SUNY Geneseo
Susquehanna University
Swarthmore College
Taylor University
The College of St. Catherine
The College of St. Scholastica
The College of Wooster
The Evergreen State College
Thiel College
Thomas More College
Tidewater Community College
Towson University
Trinity College
Trinity College of Vermont
Tufts University
Tulsa Community College
Tusculum College
Union College of Kentucky
Unity College
University of Akron
University of Alaska
University of Arizona
University of California - Berkeley
University of California - Los Angeles
University of California - São Francisco
University of Cincinnati
University of Colorado - Boulder
University of Colorado - Denver

University of Dayton
University of Denver
University of Evansville
University of Findlay
University of Florida
University of Georgia
University of Great Falls
University of Hartford
University of Illinois at Springfield
University of Indianapolis
University of Iowa
University of Kansas
University of Maine at Farmington
University of Maine at Orono
University of Maine at Presque Isle
University of Maryland - Baltimore County
University of Maryland - College Park
University of Massachusetts - Amherst
University of Massachusetts - Boston
University of Michigan - Flint
University of Minnesota - Crookston
University of Minnesota - Duluth
University of Minnesota - Morris
University of Minnesota - Twin Cities
University of Montana - Missoula
University of Montana - Western
University of Nebraska at Omaha
University of New England
University of New Hampshire
University of North Carolina - Asheville
University of North Carolina - Charlotte
University of North Florida
University of Notre Dame
University of Oklahoma
University of Pennsylvania
University of Portland
University of Richmond
University of Saint Mary
University of San Diego
University of Science and Arts of Oklahoma
University of Scranton
University of Southern Colorado

University of Southern Maine
University of Southern Mississippi
University of St. Thomas - Houston
University of St. Thomas - Minnesota
University of the Pacific
University of Toledo
University of Utah
University of Vermont
University of Virginia
University of West Florida
University of Wisconsin - Barron County
University of Wisconsin - Eau Claire
University of Wisconsin - Extension
University of Wisconsin - Fond du Lac
University of Wisconsin - Fox Valley
University of Wisconsin - Green Bay
University of Wisconsin - La Crosse
University of Wisconsin - Manitowoc
University of Wisconsin - Marathon County
University of Wisconsin - Marinette
University of Wisconsin - Marshfield/Wood County
University of Wisconsin - Milwaukee
University of Wisconsin - Oshkosh
University of Wisconsin - Parkside
University of Wisconsin - Richland
University of Wisconsin - River Falls
University of Wisconsin - Rock County
University of Wisconsin - Stevens Point
University of Wisconsin - Washington County
University of Wisconsin - Waukesha
University of Wisconsin - Whitewater
Urbana University
Utah State University
Valparaiso University
Vassar College
Vermont Law School
Vermont Technical College
Wagner College
Walla Walla Community College
Walsh University

Walters State Community College
Warren Wilson College
Wartburg College
Washtenaw Community College
Waukesha County Technical College
Wayne State College
Wayne State University
Waynesburg College
Wellesley College
Wesleyan College
West Virginia Wesleyan College
Western Carolina University
Western Michigan University
Western Oregon University
Western State College of Colorado
Western Washington University
Westminster College
Westmont College
Wheaton College
Wheelock College
White Pines College
Whitworth College
Widener University
Wilberforce University
Willamette University
William Paterson University
William Smith College
Williams College
Wilmington College
Wilson College
Winona State University
Winthrop University
Wittenberg College
Wofford College
Woodbury College
Worcester Polytechnic Institute
Xavier University

O *campus compact* é composto de 1.200 instituições, envolvendo aproximadamente 6 milhões de estudantes. Trata-se de uma modalidade de educação/trabalho social, desenvolvida por uma agregação de instituições de nível superior que apóiam alunos de graduação, pós-graduação e, ainda, de ensino profissional. A proposta é o desenvolvimento do espírito de colaboração, comunidade e civismo.

A formação de docentes que desejam desempenhar funções nesse grandioso projeto não é negligenciada. Diferentemente da tradicional sala de aula, o foco aqui é "aprender fazendo", segundo o Modelo de Aprendizagem Experimental de Kolb (1984)[18], e, simultaneamente, contribuir para o desenvolvimento social; logo, vai além do ensino tradicional, buscando a profissionalização por meio do social. Daí a necessidade de o docente também atentar para a segurança dos alunos, ajudá-los a refletir e aprender, além de conteúdos estudados, conceitos teóricos que os embasem e os conduzam no sentido do desenvolvimento de competências em busca por inovação.

---

18   D. A. Kolb, "The process of experiential learning", *Experiential learning*: experience as the source of learning and development (NJ: Englewood Cliffs, 1984).

Seus serviços incluem modalidades de estágio, estudo de campo e serviços comunitários, a partir de uma base ética, responsabilidade social e cívica, segundo a obra de Bringle e Hatcher[19].

Nesses termos, enquanto o estudante aprende experiência, desenvolve senso crítico sobre a realidade em que está envolvido. No atendimento a problemas sociais quando, por exemplo, ocorrem catástrofes, como as causadas por furacões, a atuação dos alunos é ampla em aprendizado e contribuição. Contudo, todo o trabalho desenvolvido segue projetos pedagógicos rigorosos, conforme Bringle e Hatcher[20].

O Modelo de Aprendizagem Experimental que embasa essa prática é o de Kolb[21], servindo de base teórica para o desenvolvimento de programas educacionais baseados na experiência.

Os autores resumem o modelo de Kolb (1984) como "um ciclo de aprendizagem com quatro etapas: experiência visando ao aprendizado e compromisso"[22].

A resistência do corpo docente emerge nos seguintes termos: metodologia mais complicada do que as tradicionais já aplicadas, sem reconhecimento institucional estabelecido; percepção negativa da metodologia por experiências eventualmente malsucedidas; excesso de trabalho: maior comprometimento e dedicação exigidos por parte dos professores envolvidos, especialmente quando comparados à tradicional metodologia de aulas expositivas; apoio institucional insuficiente.

Essas críticas aparecem porque há diálogo e busca por melhorias entre todos os envolvidos, porém é evidente o sucesso do empreendimento quanto aos desafios.

Espera-se que o poder de associação, em relação ao tema educação e comunidade, tenha ficado mais claramente ilustrado.

---

19   R. G. Bringle e J. A. Hatcher, "A service-learning curriculum for faculty", *Michigan Journal of Community Service Learning*, v. 2, n. 1, 1995, p. 112.

20   R. G. Bringle e J. A. Hatcher, "A service-learning curriculum for faculty".

21   D. A. Kolb, "The process of experiential learning".

22   R. G. Bringle e J. A. Hatcher, "A service-learning curriculum for faculty", p. 112.

Vale destacar, aqui, que o interesse e as reações ao tema educação manifestam-se como parte da rotina da sociedade norte-americana, o que a leitura cultural de sua história possibilita observar. Na atualidade, as facilidades da mídia tornam essa realidade contundente. Jornais de grande ou pequena circulação mantêm tanto artigos quanto comentários da população referentes a questões educacionais, rotineiramente e em ebulição: a busca por informações revela o interesse pelo papel dos colunistas em educação, a leitura crítica é forte e a cobrança sobre a atuação dos governantes é recorrente.

Nas primeiras décadas de 1800, Alexis Tocqueville, em minuciosa visita de pesquisa aos Estados Unidos, captou o sentido da política norte-americana movida por buscas muito distintas das europeias. A presença dos indivíduos manifestando forte inerência dos cidadãos aos direitos individuais, além do papel da religião na educação, a aproximou das minorias e a manteve afastada do poder central, que, na verdade, também era concebido de forma diversa da europeia, pois as antigas colônias mantiveram nos Estados toda a autonomia possível diante de uma concepção republicana muito própria, da mesma forma que poder de associação e individualismo na nação revelaram-se como um fenômeno cultural original.

É importante, nesse ponto, deixar uma breve reflexão: lembrar que ser generoso em sentimentos apenas é fútil. Discurso e ação terão que se manter articulados. Contudo, isso quer dizer muito trabalho pela frente, muitas aspirações de jovens menos aquinhoados e a consciência da sociedade e dos governos de que esse é sim um desafio permanente e de todos, especialmente em um país no qual a manutenção da imigração se faz em índices consideráveis, rotineiramente, com breves oscilações sazonais. Para uma convivência não simplesmente pacífica, mas produtiva e digna, o trabalho é de toda a sociedade, mesmo daquela parcela que tem motivos para pensar que não precisaria envolver-se, poderia preservar-se. É desse desvio que vêm o preconceito, as classes distintas privilegiadas e o contraste em níveis de miséria. Dignidade não é apenas uma condição, mas uma conquista permanente em mutualidade relacional intensa; na verdade, é educação e sua gestão em postura autenticamente humana.

Além da educação, a palavra trabalho, não apenas como símbolo, mas como ação concreta, é presença marcante na cultura norte-americana desde seus primórdios, nas colônias esparsas no vasto e despovoado território; o trabalho é, na verdade, uma das bases da cultura que sustenta aquela nação.

CAPÍTULO 15 **Relações educação/ pesquisa: modernidade e nebulosa pós-modernidade**

Pesquisa/Desenvolvimento - papel de quem?
Quando se aborda a respeito da autocrítica, não pode passar desapercebida a forte tendência norte-americana à informação sobre tudo o que acontece e/ou é realizado no país, e, nesses termos, educação e sociedade não podem ficar de fora do complexo conjunto. Daí a significância de reconhecer o aparato informatizado e o peso das estatísticas sobre a educação somados às informações, inclusive por opções no estilo de vida dos cidadãos, por exemplo – suas opções de consumo, ou seja, quais são as suas prioridades. Essa questão é apresentada em site com imagens criativas disponíveis à consulta e que pode ser liberado pelo sistema nacional[1].

---

1   São informações e sugestões de consulta sobre questões e situações educacionais no país, o que possibilita rotineiramente crítica e autocrítica embasadas em dados. Disponível em: http://nces.ed.gov/surveys/international/; http://nces.ed.gov/surveys/international/reports/2011-mrs.asp e http://files.eric.ed.gov/fulltext/EJ1020649.pdf. Acesso em: 8 fev.

Além disso, dados comparativos internacionais em educação são fartos. Os três próximos capítulos, aparentemente muito técnicos e específicos em educação, na verdade, revelam especificidades da cultura norte-americana que encaminham para uma postura muito peculiar diante da educação, como implicada no que acontece ao país e à nação, desde a macroeconomia até a vida de cada cidadão. Percebe-se que a educação sempre foi entendida como base para qualquer expectativa e enredada em qualquer decisão pública ou privada, desde a colônia até a atualidade, com as demandas por inovação e a preparação para lidar com diferentes povos no mundo, quando as atitudes não se têm revelado muito favoráveis quanto a habilidades e até mesmo interesses pelas diferenças dos outros, segundo seus críticos e mesmo sua autocrítica.

Partindo dessa posição, antes de entrar na abordagem que intitula este capítulo, a questão da autocrítica merece atenção especial no sentido que a cultura norte-americana estaria tomando, lentamente, desde longo tempo, quando os antigos *colleges* das denominações religiosas começaram a ceder espaço a organizações que se tornaram grandes e importantes universidades.

2015. The International Efficiency of American Education Current Issues in Comparative Education Assessments Early Childhood Elementary and Secondary Library Postsecondary and Beyond Resources. Cerca de 50 milhões de estudantes estão se aproximando de 98 mil escolas públicas de primeiro e segundo graus, em 2014, e, antes que o ano, termine 591 milhões de dólares terão sido despendidos em sua educação. Essa é apenas uma entre nossas estatísticas que contêm a questão de retorno às aulas com dados das escolas do ensino fundamental, secundário e pós-secundário no processo educacional. Há muito mais informações no site. E, ainda, http://nces.ed.gov/surveys/pirls/; http://nces.ed.gov/timss/ e http://nces.ed.gov/surveys/pisa/pisa2012/, do National Center of Education Statistics. É possível explorar situações específicas, como aproveitamento em leitura, Matemática, idiomas, etc. Além disso, os sites abordam a questão dos *black colleges* em muitos detalhes, como o aumento crescente de matrículas e certificados de conclusão. As questões relativas às minorias e tudo o que se refere à sua situação educacional são apresentadas em textos com tabelas e gráficos de apoio a partir do U.S. Department of Education Institute of Education Sciences National Center for Education Statistics.

Autores de peso comentam sobre a influência da universidade alemã nos Estados Unidos e a prática de afastar os jovens de suas comunidades e família para estudar, refletindo sobre possíveis impactos desse isolamento de suas raízes na fase de formação do caráter.

Nesse ponto, este livro deixa em aberto a questão da possibilidade dessa prática tão forte e rotineira na Alemanha, que teria favorecido o controle das mentes da juventude daquele país em formação, pelas alucinações nazistas.

Uma equipe de pesquisadores, autores de *The culture of immodesty in American life and politics*[2], alerta para uma tendência à postura de império que começaria a emergir nos Estados Unidos, o que eles rapidamente explicam não ter relação necessária com o tamanho do território, já que se referem ao Império Romano, mas a uma postura ética e estética que começara a ser assumida. Segundo esses pesquisadores, seria uma tendência que Irving Babbit chamou de "personalidade imperial"[3]. Tratar-se-ia, segundo os autores, de um fenômeno hobesbiano,

> *uma força centrífuga que divide indivíduos e grupos em facções que são inclinadas à polarização política ao extremo, uma guerra de todos contra todos* [...]. *No exterior, conquistas e, internamente, uniformidade para extinguir a diversidade* [...] *e defender o lar; a comunidade local é considerada covardia*[4].

Isso porque seria obstrução à grandeza da jornada nacional e global. Logo, as raízes das antigas colônias das comunidades já não teriam mais seu espaço político e social, quando a cultura, cedendo espaço à abstração e a

---

2   Michael P. Federici, Richard M. Gamble e Mark T. Mitchell (eds.), *The culture of immodesty in American life and politics*: the modest republic (New York: Palgrave Macmillan, 1913).

3   Michael P. Federici, Richard M. Gamble e Mark T. Mitchell (eds.), *The culture of immodesty in American life and politics*: the modest republic, p. 5.

4   Michael P. Federici, Richard M. Gamble e Mark T. Mitchell (eds.), *The culture of immodesty in American life and politics*: the modest republic, p. 5.

idealismos, constituiria uma posição anti-história[5]. Os pesquisadores do referido livro mostram a postura messiânica de George Bush e lembram o 11 de setembro, afirmando que nenhum presidente dos Estados Unidos teria assumido tal postura prepotente e afirmam, com George Kennan: "enquanto fraude é fácil de apontar nos outros, especialmente em nossos inimigos, nós raramente temos coragem e humildade para reconhecê-la em nós"[6].

Voltando a atenção a outro presidente, Garrisson lembra que Ronald Reagan era dado a quantificações de mais e mais facilidades e coisas, para suprir aquilo de que o mundo realmente necessita; "além do mercado, [...] dignidade, beleza, poesia, graça, cavalheirismo, amor, amizade, o mundo da comunidade, variedade de vida, liberdade, e plenitude de personalidade"[7]. Mark Mitchel ainda alerta para Ortega y Gasset, em sua preocupação com a ingratidão humana, que esquece o passado que poderia levar à reflexão e à opção por atos responsáveis, pois deixar perder a memória seria uma lamentável herança a deixar às novas gerações, favorecendo a vidas irresponsáveis[8]. Jeremy Beer lamenta que "a guerra atual contra a ideia dos limites humanos nasça da guerra contra a cultura, que, por sua vez, nasce da guerra contra a natureza. Esta é uma guerra que nós não podemos ganhar, pois é uma guerra contra nós mesmos"[9].

Os autores concluem no sentido de que "uma guerra para encerrar todas as guerras é meramente o prelúdio de uma parada de guerras..." e

---

5   Michael P. Federici, Richard M. Gamble e Mark T. Mitchell (eds.), *The culture of immodesty in American life and politics:* the modest republic, p. 6.

6   Richard M. Gamble, "The messianic hoax and the quest for empire", *The culture of immodesty in the American life and politics* (New York: Palgrave: MacMillan, 2013), pp. 22-23.

7   Justin D. Garrison, "The land of limitless possibilities: Ronald Reagan, progress, technology and the modest republic", *The culture of immodesty in the American life and politics*, p. 86.

8   "Human scale and the modest republic", *The culture of immodesty in the American life and politics*, p. 129.

9   "The therapeutic state and the forgotten work of culture", *The culture of immodesty in the American life and politics*, p. 146.

citam o discurso federalista de Madison: "a dependência colocada no povo é, sem dúvida, fundamental ao controle do governo"[10].

Nesse ponto, em que a relação pesquisa e desenvolvimento e belicismo é tão direta, essa visão tão fortemente crítica é parte integrante do panorama cultural norte-americano, logo vale reconhecer que ela existe e que sua voz também precisa ser conhecida.

Atividades: ensino, pesquisa, desenvolvimento
Certamente, subtemas serão de interesse especial dos profissionais da educação, todavia, considerando todos os capítulos a seguir, há reflexões e informações do interesse de governantes, empresários investidores e doadores, envolvendo ensino e pesquisa; na verdade, educação em qualquer nível e de qualquer tipo, cada um com sua própria função e expectativa de retorno, do mais socializado ao mais empreendedor.

Voltando à questão pesquisa-desenvolvimento: papel de quem? Tratar-se-á de orçamento um conceito sempre presente em situações críticas: nos países pobres, pela escassez de recursos, e, nos países ricos, em decorrência de opções de emprego do que puder ser disponibilizado e sob as decisões de quem. Nos Estados Unidos, a última alternativa sobre decisões é chave, pois as raízes contrárias à ideia de um governo central, o que ainda ficou velado na cultura após tanta evidência, à época colonial, e mesmo em considerável período após a independência nos últimos tempos, com a dobradinha alta tecnologia e diferentes perfis de guerra, vêm tornando essa questão uma fonte de preocupações e debates.

A partilha de orçamento entre pesquisa e desenvolvimento em defesa beneficiou o desenvolvimento entre 1980 e 1984 – o argumento para esse tipo de investimento foi o custo elevado do armamento[11].

O papel da universidade continua fortemente vinculado à pesquisa básica, embora ocorram projetos em pesquisa aplicada e em tecnologia. Essa posição também vem sendo questionada nesses últimos anos, es-

---

10   "The therapeutic state and the forgotten work of culture", *The culture of immodesty in the American life and politics*, pp. 214-215.

11   John Henry Newman, *The idea of a university (rethinking the Western tradition)*, p. 129.

pecialmente diante da crescente competição internacional que leva à necessidade de otimizar o desempenho da pesquisa e do desenvolvimento. Por sua vez, a ênfase dada ao investimento em pesquisa básica beneficia as universidades, exatamente em razão de sua tradição[12].

O desenvolvimento econômico, com o fortalecimento da indústria e do comércio, e a situação dos empregos dependem grandemente da tecnologia, cujo desenvolvimento é a grande fonte geradora.

Fica claro que o desejo de manter o *status* em desenvolvimento científico e tecnológico, somado à satisfação decorrente da condição de competitividade, não é a única aspiração. A objetividade nos resultados da competitividade, ou seja, uma economia forte, completa o ciclo. Isso especialmente pela tradição de retroalimentação permanente entre economia saudável/melhores condições sociais. Nesse caso específico, a relação se fará assim: economia forte/investimento na área da saúde, em curto prazo para serviços, de médio e longo prazos, para a pesquisa, como se verifica, sem novidades, no Relatório Newman de 1985.

Novos impactos da conjuntura externa sobre Educação-Pesquisa

Há muito foram identificadas as principais razões que levaram os norte-americanos a se preocupar com a qualidade da educação e da formação de professores, nos anos de 1950 e 1960: o sucesso do Sputnik soviético e os efeitos da Segunda Guerra Mundial. Com a Guerra Fria, essas razões estariam assentadas especialmente no poderio militar da União Soviética e no sucesso do desenvolvimento tecnológico e comercial do Japão. Os especialistas alertam para a necessidade de manter um número adequado de professores competentes, não somente em exercício, mas em formação e desenvolvimento. O processo de desenvolvimento de um corpo docente de alto nível é demorado, por isso o argumento de que não há substitutivos de última hora é levado em conta.

O estabelecimento da relação entre a qualidade da educação de nível superior, especialmente de pós-graduação, e as condições de competiti-

---

12   John Henry Newman, *The idea of a university (rethinking the Western tradition)*, p. 129.

vidade internacional dos Estados Unidos não é privilégio dos analistas no período da Guerra Fria, mas vinha de uma preocupação do início da industrialização.

Entretanto, é importante observar que movimentos turbulentos nos Estados Unidos durante as guerras, mesmo as que se desenrolaram no continente asiático, levaram estudantes a reagirem com protestos bastante barulhentos nas universidades, causando vários impactos. As guerras, a defesa e as armas sacudiram os currículos e os programas de pesquisa no país, mas, também, inflamaram os ânimos de muitos, estudantes e professores pró e contra.

Durante a Guerra do Vietnã, especialmente de 1968 a 1971, muitos universitários passaram a não mais aceitar a ideia de neutralidade política para suas universidades. Não chegaram, segundo Rudolph (1977), porém, a politizar o currículo, mas protestaram veementemente contra as guerras e as injustiças, reafirmando sua preocupação com a destruição de seus valores e de seu respeito pelo conhecimento humano[13].

Atitudes e Valores integrando Ciência, Tecnologia e Humanismo

A antiga disputa ciência *versus* humanismo vem passando por um curioso processo de transformação, oscilando em intensidade durante os anos, o que torna a relação mais complexa, em razão das novas implicações decorrentes de seu próprio progresso. O embate surgia sempre forte em momentos de priorização.

Hoje, ciência e tecnologia são duas fontes geradoras de competição internacional, levando os países à disputa econômica a redireccionarem a relação ciência-humanismo para complementação recíproca. As exigências na formação técnica e científica, aliadas à crescente necessidade de responsabilidade social, diante do próprio desenvolvimento científico e tecnológico, geraram essa saudável interdependência.

Alguns educadores, a partir de meados do século XIX e início do século XX, anteciparam-se aos então chamados radicais do humanismo ou

---

13 Frederick Rudolph, *Curriculum*, p. 272.

da ciência, visualizando a necessidade de intercomplementação. Tanto um grupo quanto outro dificilmente aceitariam a ideia daquilo que representa a realidade hoje.

O desenvolvimento da ciência e da tecnologia elevou o prestígio das Humanidades

Essa questão se deu especialmente em virtude da necessidade de atitudes e comportamentos éticos, morais e cívicos elevados, a ponto de suportar pressões decorrentes da aplicação do produto daquele conhecimento.

Alguns educadores marcaram a história da educação, como Irving Babbitt, graduado em Harvard, em 1889, que acreditava no papel da universidade para formar líderes nacionais e, em termos acadêmicos, procurava equilíbrio entre o supernaturalismo e o naturalismo. Babbitt, em 1908, desenvolveu um trabalho que gerou polêmica no período borbulhante e confuso do início do século XIX: "Literature and the American college", uma organização em três vertentes, hoje tão aclaradas quanto ele havia conseguido à época, sobre humanismo, em tipos antagônicos, cujas bases foram os conceitos de humanismo e humanitarismo. Usando o currículo *liberal arts*, Babbitts começa sua análise por Bacon – o humanismo científico –, passando pelo que considerou humanismo sentimental, com Rousseau, e, finalmente, o humanismo clássico, incluindo pensadores desde Platão, Cícero, Castiglione até Sidney, Goethe, Burke, Emerson, Matthew Arnold, John Henry e, ainda, o cardeal Newman, além dele próprio. Enquanto Jefferson idealizava a formação de uma natural aristocracia no país, Babbitt citava Tocqueville quanto ao teste final da democracia, sobre seu poder de encorajar o indivíduo superior, conforme resumo de R. Koons[14].

Essa clássica tradição recebeu forte resistência durante o século XIX de utilitaristas com Bentham, discípulos de Herbert Spencer, além

---

14 Robert C. Koons foi professor de Filosofia na Universidade do Texas, em Austin, autor de *Paradoxes of belief and strategic rationality*, e recebeu o prêmio Art Prize. Robert Koons, *The war of the three humanisms Irving Babbitt and the recovery of classical learning*, pp. 1-3. Disponível em: http://www.firstprinciplesjournal.com/articles.aspx?article=1777&theme=home&page=1&loc=b&type=ctbf. Acesso em: 25 out. 2013.

de pressões dos grandes negócios, posições no governo e apologistas da especialização ao modo alemão, somados ao nacionalismo e do romantismo individualista de Rousseau, Herder, Wordsworth, Whitman, como enfatiza Koons.

Edwin Slosson, por volta de 1909, escrevendo sobre grandes universidades norte-americanas depois de profundo exame, publicou suas observações no sentido de que conflitos entre ciência pura e aplicada reduziram-se nas universidades de forma similar, ao que os engenheiros, com sua tecnologia, teriam feito uma significativa contribuição. T. Veblen, no período entre 1906 e 1918, escreveu sobre a questão do modelo de negócios para a universidade, alertando sobre os riscos do superdimensionamento e sugerindo medidas de cautela, como o cuidado com a burocratização e a postura acrítica. Josiah Royce considerava os alunos de graduação noviços, preparando-se para uma escolaridade mais elevada, porém sem divorciar-se do resto da sociedade – ideia que todos teriam apreciado[15].

Da mesma forma, o presidente Stiles[16], de Yale, um dos mais respeitados administradores dos primeiros anos daquela conhecida universidade, teria apreciado acompanhar o desenvolvimento das viagens espaciais. Apaixonado pela ciência e entusiasmado com as perspectivas decorrentes do desenvolvimento científico, anteviu viagens interplanetárias, inclusive a possibilidade de analisar de perto tanto Saturno quanto Júpiter[17].

A sofisticação dos produtos da tecnologia leva à competição acirrada. Além disso, especialmente os produtos químicos e os eletrônicos vêm apresentando características de emprego que tanto entusiasmam quanto assustam. Não há indícios de reversão desses dois aspectos; ao contrário, há indicadores de que essas características de incongruência aumentarão progressivamente. Nesse ponto, é indiscutível que da intercomplementariedade entre ciência e humanidade dependerá a própria sobrevivência humana. Além disso, a tecnologia nuclear na atualidade começa a ser

---

15   Hugh Hawkins, *The emerging university and industrial America*, pp. 10, 53, 60, 46.

16   Ver o Capítulo 7 deste livro. Ezra Stiles foi contemporâneo de T. Jefferson.

17   John S. Brubacher and Willis Rudy, *Higher educational in transition*, pp. 16, 422.

mais bem compreendida no mundo intelectualizado, sofisticadamente explorada em pesquisas avançadas, como mais uma aliada, e não como um monstro aterrorizador. Há territórios ricos em reservas de urânio, como é o caso do Brasil.

Reflexos no Desenvolvimento de Recursos Humanos

A significância dada à educação e à pesquisa pelos governos que se sucedem tem sido evidente.

Mesmo invertendo as prioridades educação por defesa, por exemplo, ou vice-versa, o interesse por recursos humanos de alto nível vem sendo invariavelmente intenso.

Um bom e relativamente recente exemplo disso é o da Comissão Nacional para Assistência Financeira a Estudantes. Em 1983, declara em seu Relatório sobre Pós-graduação que os órgãos do governo, tanto na área diplomática quanto na defesa, têm um

prodigioso apetite por pessoal pós-graduado. Há mais de 30 mil posições no governo federal que requerem línguas estrangeiras e outras habilidades avançadas para análise das nações estrangeiras. O Departamento de Estado sozinho empregou no início da década de 1980 mais de 105 mil cientistas e engenheiros (dados de 1983), muitos pós-graduados[18].

Além disso, o relatório declara que o secretário William Colby e o almirante Stansfield Turner, ambos ex-diretores da Agência Central de Inteligência, disseram acreditar que, além dessas especialidades, essas atividades necessitam de *experts* em história, cultura, religião, política e economia das nações estrangeiras[19].

Justificando, Turner explica que mesmo as nações aparentemente pouco significativas podem gerar interesses inesperadamente e exem-

---

18   National Commission on Student Financial Assistance, *Signs of trouble and erosion: a report on graduate education in America* (Washington, D. C.: NCSFA, 1983), traduzido, p. 18.

19   National Commission on Student Financial Assistance, *Signs of trouble and erosion: a report on graduate education in America* (Washington, D. C.: NCSFA, 1983), traduzido, p. 18.

plifica: quem teria imaginado que as *Falkland Islands* seriam um nome tão familiar? Referindo-se ao conflito entre a Argentina e a Inglaterra?!

Além disso, um grande número de professores de Matemática e Ciências está empregado no Departamento de Defesa. Levin constata que de 15 a 50% de todo esse pessoal trabalha lá[20].

Apesar do sofrido aprendizado decorrente dos conflitos mundiais, novas forças impulsionam a pesquisa e a educação, porém com as mesmas raízes, isto é, a industrialização voltada à defesa e o comércio internacional – decorrente em grande parte da defesa.

Além da preocupação com a autodefesa não deixar essa causa esquecida diante das decisões educacionais, a necessidade de mão de obra altamente especializada para a realização da defesa interna e externa soma-se aos apelos crescentes do comércio exterior.

Considerando o tema currículo, procurou-se apresentá-lo como um organismo vivo, apto a influenciar e aberto a "contagiar-se" por fatos, interesses e necessidades de todo tipo, além da intencionalidade de preservar tradições, cultura e conhecimento adquiridos. A geração de novos conteúdos tem se revelado como atendendo a necessidades em evolução. Nesse ponto, defesa vem representando um papel facilmente verificável. Além dos programas da NASA, documentos como o que acaba de ser citado confirmam isso.

O *Special Report*, de Frank Newman, por meio da Carnegie Foundation, apresenta um posicionamento utilitário, postulando condições de liderança em prol de um mundo melhor, pela educação e a pesquisa[21].

Sintetizando as palavras de Frank Newman sobre mudanças que ocorreram permanentemente, "hoje somos mais tecnológicos e mais internacionais, mas ainda precisamos de maior dinamismo. Da qualidade do ensino superior de um País depende a sua condição de liderar e de competir". O conhecimento tecnológico somente será válido se os pós-graduados também tiverem desenvolvidas a iniciativa, a criatividade e a compreensão do mundo. Ao preparar o futuro, já conseguimos atingir

---

20   H. Levin, "*Solving the shortage of Mathematics and Science teachers*", Education Evaluation and Politic Analysis, n. 7, 1985, pp. 371-382.

21   Frank Newman, *Higher education and the American resurgence*. Carnegie Foundation.

um número e um grau de distribuição de empregos animadores. Quando se compreende a necessidade de pessoas de alto nível, a disposição de apoio financeiro do governo precisa vir atrelada. O objetivo da educação superior precisa ir além da preservação da cultura e deve incentivar tanto novas ideias quanto o desenvolvimento da autoconfiança. Quando se pensa no papel dos Estados Unidos no mundo, pensamos em liderança por um mundo melhor. Quando se pensa no papel da educação superior, temos pensado muito em *experts*, mas já sabemos que isso não é suficiente.

Características como flexibilidade, visão internacional e criatividade são indispensáveis a um contexto progressista. As universidades precisam contribuir para o desenvolvimento da responsabilidade cívica dos jovens de amanhã[22].

Mesmo os educadores de tendência esquerdista, como Aronowitz e Giroux, não consideram pecado o fato de insistir-se em relacionar educação e economia, política e mobilidade social, apenas interpretam essa abordagem como incompleta. Para a surpresa de alguns, justificam sua tese sugerindo valores que seriam identificados também nas obras dos liberais de centro, e mesmo de filósofos e educadores da direita. Falam do aprendizado da cidadania, da reflexão crítica, da emancipação do ser humano, de sua integridade, de liderança moral e cívica[23].

As escolas filosóficas originadas na Europa tomaram forma e cor locais nos USA. É uma manifestação da grande força da cultura. Quem poderá prever hoje o que ocorrerá com a nova esquerda nos Estados Unidos de amanhã? As tradições norte-americanas têm resistido, transformado e gerado novas ideias e alternativas mais coerentes com o contexto daquele país, a partir de raízes europeias. Só o futuro poderá revelar o destino de novas ideologias importadas *versus* os valores e a atmosfera dos Estados Unidos. Os impactos da União Europeia, por exemplo, ainda não estão suficientemente visíveis nesse sentido.

---

22   Frank Newman, *Higher education and the American resurgence. A Carnegie Foundation Special Report*, pp. 28-29.

23   Stanley Aronowitz e Henry A. Giroux, *Education under siege*: the conservative, liberal and radical debate, pp. 205-206.

De qualquer forma, torna-se cada vez mais evidente a complexidade das funções imputadas à educação e as exigências sobre seus resultados que as deixam cada vez maiores. Documentos de inúmeras origens o relatam.

A introdução do documento gerado pela Comissão Nacional sobre Educação/Pesquisa/Pós-graduação parte de premissas tão importantes, que optamos por traduzir e transcrever:

ciência do ensino de pós-graduação a mesma..., tanto se o estudo for em Literatura Grega ou em Biologia Molecular. As atividades de pós-graduação envolvem domínio da teoria, de um corpo de conhecimentos e de modos de refletir sobre uma disciplina, treinamento em habilidades, técnicas e instrumentos de pesquisa apropriados àquela área; a aplicação dessa educação e treinamento à pesquisa original que leva ao avanço da disciplina e que contribui para o corpo de conhecimento. Educação, em nível de pós-graduação, é designada a gerar não somente novas bolsas, mas novos pesquisadores, da mesma forma que indivíduos com capacidade de aprender independentemente de definir e de atacar problemas, de avançar em nossa compreensão fundamental do mundo, de ensinar e explicar o que tenham aprendido a outros. Educação de pós-graduação de primeira linha, sem pesquisa original, é inconcebível. Contudo, pesquisa, independentemente de onde ocorra, é diretamente dependente da educação de pós-graduação, até mesmo a pesquisa nos laboratórios industriais depende de cientistas pós-graduados[24].

Surge aqui, novamente, o grande argumento dos que pregam prioridade educação pelas possibilidades da pesquisa e da formação de alto nível: o desenvolvimento econômico c social.

Em contraposição, não são menos contundentes os argumentos quanto aos riscos, pelo menos à segurança e à paz, viabilizados pelo conhecimento científico e pelo desenvolvimento tecnológico. Esses argumentos são reforçados pelos trágicos exemplos de aplicação desse conhecimento a partir da Segunda Guerra Mundial.

---

[24]   Stanley Aronowitz e Henry A. Giroux, *Education under siege*: the conservative, liberal and radical debate, p. 7.

O presidente Woodrow Wilson, no final da Primeira Guerra Mundial, previu a Segunda Grande Guerra, afirmando que seria um conflito catastrófico, diante do qual o aparato bélico usado pelos alemães na anterior não passaria de "brinquedo"[25].

Posicionadas à direita, à esquerda ou ao centro, as preocupações com esses riscos são identificadas com o mesmo grau de perplexidade por John Dewey, George Orwell, Karier e Kennedy ou, mais recentemente, por jovens autores, como Aronowitz e Giroux.

A Comissão Carnegie cita Vannevar Bush, o diretor da Carnegie Institution, em 1945, e Boulding, em 1978, para definir as possibilidades da pesquisa e do conhecimento, em uma síntese muito feliz: "Pesquisa é a fronteira infinita"... E o "conhecimento é o campo no qual a evolução ocorre. É a única coisa que pode realmente mudar. (...) Mudanças no conhecimento constituem-se no recurso fundamental para todas as outras mudanças"[26].

The National Defense Research Committee (NDRC) was an organization created "to coordinate, supervise, and conduct scientific research on the problems underlying the development, production, and use of mechanisms and devices of warfare" in the United States from June 27, 1940 until June 28, 1941. Most of its work was done with the strictest secrecy, and it began research of what would become some of the most important technology during World War II, including radar and the atomic bomb. It was superseded by the Office of Scientific Research and Development, in 1941, and reduced to merely an advisory organization until it was eventually terminated during 1947[27].

A essência de todas as possibilidades tem sido colocada sobre a educação, não só frequentemente, mas em qualquer época, pelas mais diversas tendências filosóficas. O grande problema parece recair mesmo sobre atitudes e valores envolvidos, não sobre conhecimento técnico e científico em si.

---

25   Samuel E. Morison, *The Oxford history of the American people*, v. 3, 1869-1963, p. 215.

26   Samuel E. Morison, *The Oxford history of the American people*, v. 3, 1869-1963.

27   Disponível em: http://en.wikipedia.org/wiki/Office_of_Scientific_Research_and_Development. Acesso em: 9 mar. 2012.

As graves decisões políticas e sociais, a qualidade das alternativas selecionadas dependem substancialmente, por exemplo, do grau de responsabilidade individual e social dos que decidem. Consequentemente, dependem do exercício de atitudes e valores compatíveis com o grau de responsabilidade daqueles que têm o privilégio da inteligência e da formação aprimorada academicamente, nesta época de crescente prestígio e realização da ciência e da tecnologia, do que dependerá, em grande parcela, o progresso social global e até a paz.

Uma nova era do ecletismo norte-americano pode estar despontando em torno da educação, e os valores novamente aparecem como fator vital e comum a qualquer programa de desenvolvimento de recursos humanos (DRH).

Os indícios que permitem essa tentativa de previsão são:
- a verificação da significância e da necessidade dos valores não tem dependido de tendências filosóficas ou políticas;
- a confusão entre ensino/conhecimento e educação não tem ocorrido, pelo menos nos discursos; para complementar a ênfase ao ensino técnico e científico, tem sido mantida, mas integradamente à importância dada à formação humana considerada indispensável, à medida que a responsabilidade profissional cresce, mas surge desde o primeiro grau.

Partir da preocupação expressa por Thomas Jefferson a George Washington, por meio de carta datada de 1786, pode representar uma alternativa adequada à retomada da questão dos valores na educação.

Em uma época na qual o ensino era restrito à transmissão de informação pura e simples e à recitação, o requisito de reflexão e experimento era colocado sobre a religião e a ética. Na verdade, mais sobre valores morais, religiosos, cívicos[28], condições para a cidadania e a liderança eram objetivos permanentes da educação nos antigos *colleges*.

Foram ainda apregoados por Thomas Jefferson e Benjamin Franklin, 20 anos antes da instituição das universidades nos Estados Unidos, cada um de forma singular, porém sem descolar-se da tradição norte-americana.

---

28 Wilson Smith, *Professors and public ethics*: studies of northern moral philosophers before the Civil War (Ithaca, New York: Moral Philosophers Cornell University Press, 1956).

Jefferson percebia claramente a importância do desenvolvimento de valores, independentes do domínio das denominações religiosas. Ao escrever a George Washington, reiterou suas elevadas expectativas na educação, quando a julgou necessária à própria preservação da liberdade pelo povo, após a independência[29].

Diante dessa questão ampla e complexa, sugere-se mais uma leitura, que elucida boa parte do panorama universitário de um período significativo[30].

O hábito de relacionar o desenvolvimento do conhecimento científico e da tecnologia às tragédias decorrentes dos grandes conflitos mundiais e, ainda, aos riscos à natureza e à natureza do homem caracterizou a posição de filósofos e de educadores do pós-guerra[31].

A euforia dos povos industrializados, diante do progresso econômico e do conforto, parece ter ocupado um considerável espaço nas antigas preocupações com valores que poderiam contribuir para a formação da consciência social do indivíduo.

O emprego do produto da ciência e da tecnologia gerado pelo homem contra ele próprio parece estar sendo reanalisado hoje, a partir de muita experiência. A cautela diante do conhecimento desvinculado de sabedoria humana há muito pode ser percebida a olho nu.

O mesmo espírito que animou, por exemplo, escritores como Gabriel Marcel, após a Segunda Guerra Mundial, quanto à violência na comunicação e nas relações entre os homens, na obra que chamou de *O homem contra os homens*, parece estar retornando atualmente à educação. Por sua vez, a realidade atual já começa a demonstrar também as possibilidades nefastas da maior das revoluções previstas para o futuro, por autores como o educador e economista Clark Kerr, a Revolução Intelectual.

---

29   Wilson Smith, *Professors and public ethics:* studies of northern moral philosophers before the Civil War, p. 90.

30   Michael S. Schudson, "Organizing the meritocracy: a history of the college entrance examination board", *Harvard Education Review*, n. 24, (February 1972), pp. 54-69.

31   Gabriel Marcel, *Os homens contra o homem*.

CASA DE GEORGE WASHINGTON, com jardim em colina pitoresca, em estilo tradicional norte-americano. Seu interior guarda pertences da família. O rio por trás das árvores da propriedade é o Potomac, carregando em suas águas boa parte da história do país, em momentos dramáticos ou áureos, desde os tempos coloniais. **Foto 1**: a casa; **Foto 2:** o parque com o rio; **Foto 3:** pessoa observando o parque com o rio.

Mais graves do que as consequências previstas para o mercado de trabalho, como saturação, salários em declínio e, ainda, a citada inversão de "homem comum contra a meritocracia" passando à meritocracia contra o homem comum, estão em seu emprego os próprios produtos do conhecimento *versus* ética/moral e responsabilidade social.

Um segundo problema ainda envolvendo atitudes, tão importante para o próprio desenvolvimento do conhecimento quanto para a eficiência econômica, social e política do emprego desse conhecimento, é a habilidade de visualizar o mundo de forma integrada e abrangente.

O desenvolvimento da percepção da interdependência das mais diversas áreas científicas e humanísticas e a compreensão da inevitável e permanente reciprocidade de impactos gerados por qualquer medida – quer a executada, quer a exposta teoricamente pelo homem – sobre qualquer realidade serão requisitos indispensáveis à educação de hoje para o futuro.

Meadows e Perelman, já em 1973, escreviam sobre o assunto, exemplificando de forma objetiva essas inter-relações[32].

Os autores levam a refletir sobre a seguinte tese: "Os limites ao crescimento são simplesmente o resultado global de extrapolação ou acontecimentos que já sejam claros em áreas mais restritas"[33].

Segundo os autores, a compreensão desta questão levará a alguns desafios especialmente curriculares, como: ampliação do conceito de educação para muito além da informação, na prática, concebendo educação muito mais como um processo produtivo do que aquisitivo; revisão das implicações restritivas decorrentes do conceito de disciplinas; desenvolvimento de uma consciência ecológica e de um novo conceito de ser humano, em lugar da utilização de instrumentos e fatos ensinados[34].

Os autores discutem suas ideias e apontam as dificuldades e as possíveis formas de atingir essas propostas em *Limits to growth*.

---

32 Dennis L. Meadows e Lewis Perelman, "Limits to growth", *The future in the making. Current issues in higher education*.

33 Dennis L. Meadows e Lewis Perelman, "Limits to growth", p. 115.

34 Dennis L. Meadows e Lewis Perelman, "Limits to growth", p. 115.

O panorama de desenvolvimento de recursos humanos nos EUA leva a concluir pela conscientização quanto à significância do problema e pela opção que visa ao desenvolvimento integral do indivíduo. A sofisticação do conhecimento e da tecnologia, somada aos riscos de seu emprego, tenderá a exigir recursos humanos compatíveis: qualificação técnica e científica complementada por uma profunda consciência social. Nesse ponto, além de educadores como John Dewey, não se pode deixar de lembrar a psicologia de Carl Rogers, em obras como *Tornar-se pessoa*[35], com seu breve olhar fenomenológico, assim como os fundamentos sociofilosóficos em Alfred Schutz[36].

Vocações institucionais no Ensino Superior
A permanente preocupação de que as instituições de ensino superior apresentassem missões definidas e fundamentadas nos mais diversos interesses e necessidades da sociedade norte-americana propiciou a evolução de instituições bastante diferentes entre si, tanto em relação a suas vocações quanto nas formas de abordá-las.

Tomando-se como exemplo a pesquisa, ocorreram diferenças marcantes entre áreas de concentração, da abordagem à pesquisa, pura ou aplicada, uma divisão rigorosamente traçada ao início de trabalhos por meio do desenvolvimento de pesquisa institucional, independente, ou de estudos de pós-graduação, para citar algumas das alternativas. Essas formas são tomadas tanto isoladamente quanto convivem em uma mesma instituição.

Pode-se concluir que a finalidade das instituições de ensino superior, em geral, fundamentou-se no objetivo de servir a sociedade. As diferenças situaram-se marcadamente em questões relacionadas a como seria efetivado esse serviço, por meio de que áreas de conhecimento e para quais setores da sociedade.

---

35 Carl R. Rogers, *Tornar-se pessoa*, Trad. Manuel do Carmo Ferreira, Rev. Rachel Kopin (5. ed., São Paulo: Martins Fontes, 1961).

36 Não confundir com Theodore Schultz, o premiado economista norte-americano e defensor do polêmico conceito de homem com capital humano.

Assim, surgiram tipos bem peculiares de instituições, como as universidades *land grant*, que se propunham a "servir o Estado, educar a mente nacional", o que se constituía em um dos fundamentos da chamada "Ideia de Wisconsin". Para algumas universidades, servir a sociedade referia-se à utilidade objetiva, em curto prazo: ciências aplicadas ao bem comum, profissionalização, prestação de serviços. Para outras, pesquisa pura era o objetivo permanente, a formação de uma elite de pesquisadores que se dedicassem à pesquisa de ponta. Para as demais, a formação de lideranças de toda espécie tornou-se objetivo permanente.

No entanto, essa análise não pode ser compreendida senão em termos de ênfase a alguma área ou abordagem ou em relação a alguns casos isolados em que ela se realizou definitivamente. Isso porque, de acordo com o *expert* Frederick Rudolph, o ecletismo foi a grande característica do currículo do ensino superior por longos anos na América do Norte, o que persistiu mesmo na época da emergência da estrutura universitária.

Talvez, comenta Frederick,

faculdades e universidades prósperas demais ou volúveis demais ou simplesmente filosoficamente ecléticas conseguiram abraçar utilitarismo, pesquisa e cultura e não deram a nenhuma dessas abordagens curriculares o claro direcionamento de nenhum dos modelos de currículo disponíveis[37].

Balderston oferece uma representação gráfica sobre o posicionamento das universidades públicas e privadas nos Estados Unidos partindo de características em dois extremos: as altamente seletivas e voltadas ao longo prazo, em contraste com as populares empenhadas no trabalho a curto prazo[38].

Essas tendências são sintetizadas para cada um dos dois extremos, pelas características apresentadas na Tabela 13.

---

37   Frederick Rudolph, *Curriculum*, p. 191.

38   Frederick E. Balderston, *Managing today's university*, p. 271.

TABELA 13 Instituições técnico-profissionais *versus* importantes universidades privadas

Popular	Seletiva
Estilo comum	Estilo em alto *status*
Local	Cosmopolita
Utilitária	Crítico-idealista
Valores preestabelecidos pela instituição	Valores absolutos
Iniciação à pesquisa	Pesquisa avançada
Aplicação	Fundamentação
Curto prazo	Longo prazo

Fonte: Dados extraídos de Frederick E. Balderston, Managing today's university (San Francisco, Jossey-Bass Publishers, 1978).

Esse autor apresenta o assunto de modo bastante claro e interessante, procurando utilizar representações gráficas para ilustrar a realidade e objetivar as diversas posturas e atuações institucionais. Explica que, em algumas instituições, existem características marcantes e específicas, enquanto outras se caracterizam pela adoção de uma postura mais abrangente. O que diferencia essas instituições umas das outras, além das áreas de concentração, são a abordagem e a expectativa de retorno – se, por exemplo, estavam envolvidas com pesquisa pura e/ou aplicada, em formação ou retorno em curto e/ou em longo prazo, etc.[39]

O importante na discussão sobre planejamento e realização curricular é a definição se as instituições educacionais devem ou não arcar sozinhas com a responsabilidade por essas ações. O isolamento da universidade vem sendo combatido e a eficiência curricular, relacionada com o envolvimento da sociedade no processo de avaliação.

O quanto isso foi realidade no passado e o quanto é real hoje não são questões simples de se aferir, mas é evidente que, além da intenção, o empenho na participação da sociedade vem sendo demonstrado historicamente.

Saylor, Alexander e Lewis não somente analisam a participação dos vários segmentos da sociedade nas decisões curriculares, como apre-

---

39 Frederick E. Balderston, *Managing today's university*, p. 270.

sentam uma macrovisão da problemática curricular, principalmente no Capítulo 7 de *Curriculum planning for better teaching and learning*. Os autores ainda vão além da análise crítica, pois partem para proposições, apresentam alternativas e realizam prospecções para um planejamento curricular realista. Partindo do pressuposto de que um honesto trabalho de prospecção vem sendo realizado, esses autores reportam algumas das probabilidades levantadas, explicando algumas das prospecções e analisando as interações entre as várias áreas prospectadas[40].

Concluem que é tida como merecedora de subsequentes considerações uma prospecção com boa credibilidade e com probabilidade estimada em seis ou mais em termos de ocorrência, a partir de 1990[41].

Estudos mais recentes já podem revelar até que ponto os autores tinham razão e o que se percebe é que eles acertaram bastante.

São muitos os fatores considerados de interferência no currículo hoje e para os próximos anos, em maior ou menor grau, dependendo das características de cada tipo de instituição. Entre essas influências, encontram-se:

- características dos estudantes;
- dados demográficos;
- mudanças nas características de desenvolvimento físico e mental dos indivíduos;
- aspectos da sociedade, como família, comunidade, trabalho *versus* lazer, comunicação de massa, saúde e bem-estar social.

Além desses fatores, têm-se meio ambiente, energia, conhecimento, tecnologia, fontes de informação e condição de prospecção[42].

---

[40] Galen Saylor, Wiliam M. Alexander e Arthur J. Lewis, *Curriculum planning for better teaching and learning*, p. 371.

[41] Galen Saylor, Wiliam M. Alexander e Arthur J. Lewis, *Curriculum planning for better teaching and learning*, p. 373.

[42] Galen Saylor, Wiliam M. Alexander e Arthur J. Lewis, *Curriculum planning for better teaching and learning*, pp. 375-378.

Community Junior Colleges: alternativa socioeconômica

O conhecimento dos experts *inclui tanto especialização quanto habilidade para aplicação.* [...] *Um homem meramente bem informado é o mais inútil sobre o mundo de Deus. Conhecimento não relacionado à aplicação é 'inerte'.*
JAMES W. THORNTON JR.

Quando James W. Thornton Jr. justifica o sucesso do desenvolvimento dos *community junior colleges*, criando novas estruturas e abordagens curriculares no sistema educacional, por meio da formação de tecnólogos nos Estados Unidos, o faz com base na expansão e na sofisticação de áreas que geraram interesses humanos e econômicos. Entre elas, cita:
*   agricultura, em especial a química de fertilizantes e pesticidas;
*   automação da agricultura, da indústria e dos serviços;
*   comunicações: serviços, educação, administração, relações e comércio internacional e satélites.

Soma-se ainda a distribuição: expansão do conhecimento, transferências, controles de toda espécie[43].

Gleazer Junior acrescenta cinco fatores sociais a esse raciocínio: as novas motivações dos jovens, a constante busca de melhores condições de vida, os estágios de vida de uma pessoa e suas mudanças de tipo de atividade, a aposentadoria *versus* a necessidade de manter-se ativo[44].

A esses aspectos sociais e individuais, Gleazer adiciona as crescentes necessidades de transferência de tecnologia, em virtude do desenvolvimento crescente das aplicações científicas à produção e, ainda, a solicitação de serviços cada vez mais sofisticados, exigindo assistência técnica de todos os tipos[45].

---

43 James W. Thornton Jr., *The community junior college* (New York: John Wiley E Sons, Inc., 1972), pp. 20-29.

44 Edmund Gleazer Jr., *The community college*: values, vision and vitality (Washington, D.C., American Association of Community and Junior Colleges, 1980), pp. 35, 181-183.

45 Edmund Gleazer Jr., *The community college*: values, vision and vitality, pp. 30-31.

Poderia complementar essas justificativas com as mudanças populacionais ocorridas, em virtude de migrações de refugiados para os EUA, em decorrência de vários conflitos mundiais.

Gleazer refere-se ao que ele chama de papel fundamental que as instituições de formação de tecnólogos vêm desempenhando na formação e integração de imigrantes. Gleazer Junior ilustra com o exemplo dos vietnamitas e apresenta a ação dos *community junior colleges* sobre aquelas populações como geradora de oportunidade social, intelectual e profissional, rápida e eficiente[46]. Cabe, nesse ponto, um resumo da interpretação do autor desse livro do que é o currículo de um *community junior college*.

A melhor forma de compreendê-lo seria como uma formulação que define os propósitos institucionais a partir da análise de sua filosofia e da compreensão de sua função. Consequentemente, o currículo mais aperfeiçoado será o que melhor responder à pergunta "para que serve um *community junior college*?". Sob essa concepção, o currículo se constituirá dos valores e metas da instituição, cujos propósitos revelarão as expectativas e necessidades da comunidade na qual está inserido[47].

Nesses termos, o currículo de uma instituição de formação de tecnólogos terá, por objetivo último, servir a comunidade, daí as suas características principais serem: vínculo permanente com a realidade do momento na comunidade, grande flexibilidade, diversificação, abrangência de áreas de atuação, praticidade e objetividade, regime intensivo e cursos de média duração direcionados ao trabalho e à prestação de serviços comunitários, à orientação psicológica e ao lazer. Como exemplos do primeiro grupo, poderíamos citar atualização técnico-profissional, redirecionamento de atividades, reformulação de programas de preparação ou desenvolvimento de mão de obra especializada. No segundo grupo, estariam os atendimentos às mais diversas necessidades comunitárias de cunho social, desde a infância até a terceira idade. Como exemplo desses programas de curta

---

46 Edmund Gleazer Jr., *The community college*: values, vision and vitality, p. 33.

47 Valderez F. Fraga. *The community junior college curriculum adequacy* (The George Washington University, Washington, D.C., 1981).

duração, poderíamos citar palestras e cursos rápidos sobre prevenção de acidentes ou de doenças e proteção ao consumidor, passando a artes e atividades de lazer. Seriam exemplos dessas últimas artes gráficas, fotografia, estudos de línguas e outras tantas formas de comunicação intercultural, como artesanatos e caligrafia oriental[48].

Antes de retomar as prospecções e proposições de Saylor, Alexander e Lewis, os dados de James Thornton oferecem condições para situar-se sobre o crescimento das instituições para formação de tecnólogos e que poderão servir de uma útil introdução.

A partir de 1900 a 1970, de apenas oito essas instituições passaram a 1.100. James considera o fator eminentemente econômico aliado ao social a razão principal do sucesso dos *community junior colleges*[49].

"Em razão das características básicas dos Estados Unidos, seus recursos naturais, sua tecnologia e a habilidade de fazer uso de materiais e processos no desenvolvimento intenso de produção de bens de consumo e serviços", afirma Thornton, "necessitam dessa mão de obra". Os consumidores, por volta dos 200 milhões, atingiram os 300 milhões pelo ano 2000. Então, os avanços tecnológicos, as expectativas de melhores condições de vida e a necessidade crescente de mão de obra especializada tendem a empurrar o número daquelas instituições para cima, como decorrência de necessidades sociais dos indivíduos[50].

A conjuntura dos jovens de famílias principalmente da classe média baixa, ao retornarem da Segunda Guerra Mundial e de vários conflitos no Oriente, preocupou as autoridades governamentais, que passaram a legislar apoio educacional aos veteranos. Entre esses programas, uma importante parcela foi desempenhada pelos *community junior college*, em razão principalmente dos seus programas de recuperação acadêmica, por meio de ensino individualizado aos deficitários, mesmo na sua formação de segundo grau. Os reconhecidos *remedial courses* propõem-se a recu-

---

48   Valderez F. Fraga, *The community junior college curriculum adequacy*.

49   James W. Thornton Jr., *The community junior college*, p. 6.

50   James W. Thornton Jr., *The community junior college*, p. 22.

perar vários tipos de limitações, mas especialmente as de Matemática e Comunicação oral e escrita.

A corajosa postura dessas instituições diante de estudantes cuja formação fundamental, por várias razões, fora deficitária, levou-as a uma ação altamente democrática, ampliando as oportunidades de ensino de terceiro grau de boa qualidade a segmentos desprivilegiados da sociedade. Assim, às peculiaridades curriculares desse tipo de instituição somam-se as dos cursos de recuperação.

As Forças Armadas, como as empresas, vêm integrando-se aos *community junior colleges*, beneficiando e beneficiando-se com a interação. A Força Aérea Norte-americana, por exemplo, interage com inúmeras instituições de formação de tecnólogos.

Seria irrealista acreditar que não houve reações aos *remedial courses*, já que são tanto elogiados pela função social que realizam quanto severamente criticados em virtude do elevado custo que representam.

Para não fugir à regra, como todo posicionamento e qualquer modelo educacional na América, o currículo dos *community junior colleges* sempre serviu e continua a servir de tema polêmico no palco das discussões educacionais.

Exemplos de Tendências Futuras na Educação

Baseados nas transformações que deverão ocorrer, Saylor, Alexander e Lewis formulam questões que deverão ser respondidas, algumas das quais descritas a seguir, partindo da função *versus* ações da educação, antevendo-se influências da realidade nacional e internacional:

Como a educação poderá:
a. Reforçar a união familiar?
b. Tornar-se mais responsável pelo desenvolvimento social, ético e moral de crianças e adolescentes?
c. Incrementar o contato entre pessoas de diferentes faixas etárias?
d. Evitar a atmosfera opressiva na escola?
e. Utilizar o computador como instrumento de aprendizagem, realmente?
f. Preparar estudantes para antecipar mudanças e cultivar a necessária flexibilidade?

g. Preparar estudantes para a produtividade em geral, mas manter ênfase em uma vida independente?
h. Preparar os indivíduos para novos estilos de vida?
i. Ajudar os cidadãos a evitar uma sociedade controlada pela virtualidade e direcionar-se a uma sociedade caracterizada pela democracia participativa, da qual a humanidade controla o destino?
j. Tornar os cidadãos aptos a lidar com problemas morais e éticos que cercam o crescente uso do computador e da informação tecnológica[51].

O conhecido livro de George Orwell, 1984, muito apreciado na década de 1950, ainda ronda a realidade atual[52].

A viabilização de dados sobre a realidade nacional como um todo vem facilitando o planejamento adequado da evolução ensino-pesquisa.

A profundidade e a abrangência das questões levam a perceber uma postura que coloca o peso dos maiores problemas da humanidade sobre os ombros da educação, portanto, esperando contar com ações educacionais eficientes, efetivas e eficazes. Fraga, em *Gestão pela formação humana uma abordagem fenomenológica*, alerta sobre a importância da compreensão de cada um desses conceitos – eficiência resumidamente como método, efetividade voltada ao social e eficácia relacionada a resultados, além da fundamental relevância do humano que ela debate com a fenomenologia, em reflexão aprofundada[53].

A importância dos valores éticos e morais, e a significância das atitudes, mantêm-se vivos no posicionamento filosófico do educador norte-americano da atualidade, porém inferir unanimidade nas posições seria de grande ingenuidade. Se, por um lado, a cultura é forte, por outro, é uma

---

51 Galen Saylor, Wiliam M. Alexander e Arthur J. Lewis, *Curriculum planning for better teaching and learning*, p. 381.

52 George Orwell, 1984, Trad. Heloisa Jahn e Alexandre Hubner (Rio de Janeiro: Companhia da Letras, 2009).

53 Valderez F. Fraga, *Gestão pela formação humana*: uma abordagem fenomenológica, pp. 67-70.

cultura, no mínimo, constituída por dois grandes blocos políticos, que o bipartidarismo manifesta rotineiramente, além da herança das denominações religiosas protestantes e do espírito das antigas colônias com suas peculiaridades locais.

Entre essas manifestações, as novas dimensões do conflito homem-máquina estão presentes e são reveladas hoje no desejo de dominar a utilização do computador como instrumento adequado a uma metodologia coerente com o desenvolvimento intelectual do homem, para o aprimoramento de operações mentais, visando ainda à extrapolação do tradicional conhecimento de mecanismos para criatividade, motivação e formas de raciocínio. Em contraste, há discussões sobre prioridades até mesmo por vezes polarizadas nas pesquisas (por exemplo, o humano ou a máquina).

Observou-se, no desenvolvimento deste livro, que posicionamentos filosóficos do século XX na América do Norte vinham substituindo os ensinamentos morais e religiosos dos antigos *colleges*. Verificou-se esse fato por meio do *status* gozado por valores e por atitudes éticas em qualquer época, na opinião de educadores, filósofos, políticos, governantes e da sociedade em geral.

Harold Geneen, um dos mais reconhecidos empresários norte-americanos na IT&T, rememorando seus seis anos de idade, refere-se com admiração à religiosa irmã Joseph, sua professora no internato, pelo fato de puni-lo para desenvolver senso de responsabilidade quanto a atividades estudantis, mas nunca por razões disciplinares. O castigo era o uso da palmatória. Aos oito anos de idade, Geneen passou a Suffield Academy, na Nova Inglaterra. Essa instituição também evoca lembranças significativas para o autor, especialmente em virtude da atmosfera democrática, cujo sistema de valores tem-no acompanhado pela vida a fora, segundo ele próprio – "éramos ensinados que cada um obtém exatamente o que merece"[54].

Geneen comenta que, em 1925, em Nova Iorque, onde conseguiu seu primeiro emprego, também passou a admirar seu primeiro chefe por suas atitudes. Entre elas, o respeito pelos seus empregados mais

---

54 Harold Geneen, *Managing*, pp. 54-55.

simples e o senso de justiça chamaram especialmente sua atenção. A cativante narrativa sobre agruras profissionais e pessoais durante a Depressão de 1930 revela os valores que assimilou. A maneira de enfrentar dificuldades, as personalidades e as instituições que mereceram seu respeito retratam isso[55].

Como se pode observar, a análise prospectiva que Saylor, Alexander e Lewis apresentam sobre futuras funções da educação também cobre atitudes e valores, em especial quando tratam de aspectos polêmicos, como as vantagens e os riscos do desenvolvimento científico e tecnológico.

Mesmo o racionalismo do cardeal Newman, em meados da década de 1950, ou, anteriormente, de Robert Hutchins, em 1933, que compreendia a educação liberal como uma epistemologia universalmente válida "[...] para a qual ensinar implica conhecimento é a verdade [...]", não deixa de reconhecer a necessidade da "prática da virtude". Apenas ambos não concordavam com o valor do mero conhecimento acadêmico da virtude, cujo conhecimento consideravam responsabilidade de todos[56].

Brubacher cita Barnes, Jaspers[57] e Nisbet para explicar que a universidade herdou o espírito da clausura religiosa, pelo convívio e desempenho de papel comum por muitos séculos.

Em decorrência, entre os educadores, nos séculos 18 a 19, para referir-se à vida profissional fora da esfera acadêmica, era comum a expressão preparar-se para o "mundo lá fora", conforme citado em capítulos anteriores. Atualmente, a preocupação dos educadores está diretamente relacionada com a condição do homem para acompanhar as mudanças geradas por ele próprio, tanto no mundo acadêmico quanto "lá fora". O vertiginoso progresso científico e tecnológico vem desafiando as estrutu-

---

55   Aos que desejam conhecer as origens de indústrias, como Bell and Howell, Jones and Laughling, Raytheon Company e Honeywell, recomendam-se as páginas 68 a 78 de *Managing*, de Harold Geneen.

56   John S. Brubacher e Willis Rudy, *On the philosophy of higher education*, pp. 117-118.

57   Karl Jaspers, nascido em 1883, teve suas obras sobre pesquisas psicológicas publicadas a partir de 1913. Apenas após 1935 é que surgiram suas obras filosóficas.

ras psicossociais, a capacidade de adaptação do homem, sua versatilidade e seu equilíbrio, seus valores e até mesmo seus sentimentos.

Parênteses para Karl Jaspers
Resumir a formação e as ideias de Jaspers poderia facilitar ao leitor melhor compreensão das posições daqueles que interpretam a universidade como extensão da educação no claustro.

Karl Jaspers foi um filósofo muito peculiar, segundo sua própria definição. Decidiu encontrar e desenvolver sua profissão na prática e não pretendia seguir o clássico caminho da maioria dos professores de Filosofia, à época, nem tornar-se um PhD em Filosofia.

Por meio do estudo do Direito, teve contato intenso com filosofia, mestres e filósofos, o que o levou a considerar o conhecimento filosófico um lamentável conjunto de opiniões questionáveis, clamando por validade científica[58].

Mais tarde, formou-se em Medicina e dedicou-se, com afinco e rígida autodisciplina, à Psicologia e à Psiquiatria.

O sofrimento que a Segunda Guerra Mundial trouxe à Europa levou-o, segundo ele próprio, a compreender a seriedade da Filosofia e a importância de seu estudo e exercício[59].

Partindo do pressuposto de que a apreensão da verdade está assentada dentro das fontes da própria tradição histórica, as características da história da filosofia são apresentadas, segundo Jaspers, por meio de cinco aspectos:
1   a real bagagem da história, o grandioso, o único, o irreparável (apenas o que é essencial);
2   a compreensão das ideias demanda o exaustivo estudo de textos (percepção abrangente e observação precisa);
3   a compreensão da filosofia demanda, também, uma visão histórica universal (visão integrada, unitária);

---

58   Karl Jaspers, *Introdução ao pensamento filosófico* (São Paulo: Cultrix, 1965).

59   Karl Jaspers, "Existent philosophies", *Existentialism from Dostoevsky to Sartre*, Walter Kaufmann (ed.) (New York, New American Library, 1975), p. 159.

4   a invisível esfera do espírito filosófico, a filosofia livre de doutrinas, sem donos (Kant, Hegel, Schelling), filosofia congregando pensadores;
5   a visão histórico-universal é uma condição para a mais decisiva conscientização da própria época de alguém (o que pode ser experienciado hoje somente torna-se completamente tangível para a experiência da humanidade em dois sentidos: o que não será mais revivido e o que está sendo vivido pela primeira vez naquele momento histórico)[60].

O autor explica haver descoberto que o estudo dos filósofos do passado teria pouca utilidade, a não ser que sua própria realidade penetrasse nesse passado.

Segundo Jaspers, a maioria dos filósofos levantou, embora acidentalmente, interessantes pontos diante da questão "o que seria inacessível à razão". Então, ele explica que a Filosofia, nos séculos XVII e XVIII, transformou-se em uma grande antítese e que os filósofos da época representaram uma população com posições irreconciliáveis[61].

Mesmo na Grécia antiga, o que havia além da razão foi discutido de diversas formas por Sócrates, Platão e Aristóteles[62].

No cristianismo, a posição entre o racional e o não racional também foi evidenciada e o considerado inacessível à razão seria compreensível apenas à providência.

É interessante observar as semelhanças nas colocações de Descartes quanto a dois principais aspectos que Jaspers enfatizou, em 1900: o primeiro em relação ao peso da dúvida, as insatisfações que sofreu com o estudo formal da Filosofia; e o segundo quando ambos decidiram optar por independência no estudo da Filosofia.

A única coisa que se poderia dizer da Filosofia, diz Descartes, é que ela tem sido estudada por muitos séculos pelas personalidades mais significativas sem que tenha produzido nada além de disputa e dúvida – "não

---

60   Karl Jaspers, "Existent philosophies", pp. 162-163.
61   Karl Jaspers, "Existent philosophies", pp. 187-188.
62   Karl Jaspers, "Existent philosophies", pp. 186-188.

penso que venha a fazer melhor, por isso resolvi considerar quase tudo tão falso quanto qualquer opinião que seja meramente plausível"[63].

O ceticismo, mas especialmente a honestidade de ambos, Descartes e Jaspers, diante de suas próprias possibilidades filosóficas, aproxima, de certa forma, as posições dos dois filósofos.

Após sua análise sobre os pobres resultados dos estudos filosóficos, Descartes, assumindo um desafio, comenta: "por isso resolvi estudar sozinho". Logo depois dessa colocação, questiona o que teria ocorrido se tivesse optado pela alternativa de ficar em sua pátria, junto de seus mestres e de seus livros[64].

Em torno de 1930 e 1940, escreveu as suas mais importantes obras. Estabeleceu alguns princípios para seu trabalho que revelam aspectos de sua personalidade, entre os quais se encontram:
- obedecer às leis e aos costumes de seu país, mantendo sua religião;
- ser firme e determinado em suas ações, não ficar divagando;
- prosseguir na conquista de si próprio em vez de buscar fortuna, e ver a virtude como necessidade;
- rever todas as ocupações existentes no mundo e compreender o quanto sua própria ocupação lhe seria útil. Segundo ele, Deus dá algumas habilidades e a sua era a de diferenciar o falso do verdadeiro[65].

Voltando ao contexto educacional norte-americano para retomar a discussão sobre a função da universidade, observa-se que Lippmann, em 1966, verificou que os objetivos de Jefferson e Franklin foram atingidos. Ao observar a sociedade livre da ortodoxia religiosa, conceituou a univer-

---

[63] René Descartes, *Philosophical essays, discourse on the method of rightly conducting the reason and seeking truth in the field of science*, Trad. Laurence V. Ladler (Indianapolis, Bobs-Merrill Educational Publishing, 1980), p. 8.

[64] René Descartes, *Philosophical essays, discourse on the method of rightly conducting the reason and seeking truth in the field of science*, pp. 8-9.

[65] René Descartes, *Philosophical essays, discourse on the method of rightly conducting the reason and seeking truth in the field of science*, pp. 8-23.

sidade como "substituta da autoridade eclesiástica"[66]. Ele vai além, enfatizando que não se deve ficar sempre "recorrendo à igreja ou ao governo, pois o sucesso do nosso comportamento individual e social está orientado, em última instância, no que estivermos convencidos ser verdade, sobre a nossa natureza, universo, destino histórico, sobre o bem e o mal e como diferenciá-los, sobre a verdade em si mesma e de como distingui-la do erro". Demonstra que decisões sobre essas questões foram privilégio de religiosos e de governantes no passado, mas que "hoje, isto deve constituir-se no resultado do trabalho universitário"[67].

São óbvias as implicações éticas e morais de qualquer currículo. Embora pareçam mais evidentes nas humanidades, ocorrem constantemente nas ciências aplicadas e na tecnologia. Por isso, também, muitos projetos de pesquisa permanecem nas prateleiras, aguardando análise de suas consequências sociais, políticas e culturais, dos riscos decorrentes de sua materialização, da falta de sistemas de controle quanto ao emprego, especialmente, por questões éticas e ecológicas. Contudo, a história do conhecimento da tecnologia e da industrialização está repleta de exemplos de projetos que, para o bem comum, deveriam ter permanecido nas prateleiras, porque a ética entre os homens não acompanhou o ritmo explosivo desses avanços.

Outras interferências no Currículo

Além do conteúdo de um currículo, seu desenvolvimento pode igualmente exercer influências notáveis no resultado da educação. Assim, a responsabilidade social do educador, individualmente, vem se tornando cada vez maior nesta era de grandes avanços científicos e tecnológicos.

Esse aspecto vem criando discussões e desentendimentos quanto à problemática da liberdade acadêmica do professor e dos direitos vitalícios para os docentes, desde a criação das principais universidades.

---

[66] René Descartes, *Philosophical essays, discourse on the method of rightly conducting the reason and seeking truth in the field of science*, p. 117.

[67] René Descartes, *Philosophical essays, discourse on the method of rightly conducting the reason and seeking truth in the field of science* (traduzido), p. 118.

No início de 1900, os professores na Universidade de Stanford, por exemplo, eram reafirmados em suas funções a cada ano e, algumas vezes, essa reafirmação ultrapassava a data prevista, significando um aviso de que a sua situação não estava muito segura.

Fato dessa natureza ocorreu, por exemplo, com o professor de Sociologia Edward Ross[68], cuja carta de demissão a Starr Jordan, então presidente daquela universidade, é reproduzida em parte por Karier, demonstrando a interferência da Sra. Stanford na seleção e manutenção do corpo docente daquela instituição, em 1901[69].

A história registra acusações de professores terem sido tratados como "simples trabalhadores"[70], bem como de lhes ser exigida submissão a posicionamentos filosóficos e religiosos. Sabe-se que instituições vincularam o credo professado à condição de contratação de docentes. Esses fatos geraram algumas escaramuças entre o corpo docente, seus colegiados, os colegiados de *trustees*, presidentes de universidades e doadores. Em geral, porém, o que prevaleceu após as discussões sobre *academic freedom* foi uma sólida conquista de *status* e respeito pelos professores, partindo da comunidade em geral.

Durante toda a evolução curricular nas instituições de ensino superior, dois aspectos têm se mantido permanentemente: primeiro, a interação e o empenho em atender à sociedade; segundo, para a concretização do primeiro, a constante busca de comunicação com essa sociedade.

Além desses dois aspectos, o currículo tem objetivado, até a segunda metade da última década de 1980, servir a comunidade promovendo o bem comum, pela combinação de "artes liberais e ciências, formando líderes e profissionais sob o critério de competência"[71].

---

68   Clarence Karier, *Shaping the American education state*, p. 25.

69   Clarence Karier, *Shaping the American education state*, p. 26.

70   Clarence Karier, *Shaping the American education state*, pp. 26-31.

71   The National Commission on Higher Education Issues, *To strengthen quality in higher education. Summary recommendations*, pp. 1-7; e National Commission on The Role and Future of State Colleges and Universities, *To secure the blessings of liberty* (Washington, D.C.: American Association of State Colleges and Universities, 1986), pp. viii, 10, 16-36.

Esse relacionamento, que envolvia no passado essencialmente as denominações religiosas e as comunidades coloniais, vem crescendo em complexidade, à medida que passa a envolver progressivamente maior número de novos tipos de populações e instituições. Entre esses grupos, encontram-se as pressões dos políticos, das minorias, das comunidades locais; já entre as instituições, encontramos as governamentais, em todos os níveis e, especialmente, as empresariais, de todos os tipos legais e naturezas de atividades.

O atendimento é demonstrado pelo estado de alerta das faculdades e universidades diante de fatores econômicos, políticos, sociais, em termos de mudanças, que causaram na sociedade, gerando novos interesses e necessidades, dinamizando e mobilizando as instituições de ensino superior para supri-los.

Pelo menos três das características tecnicamente consideradas essenciais à qualidade de um currículo[72], flexibilidade, significância e atualidade, aparecem constantemente no panorama curricular apresentado, o que vem permitindo que as missões das universidades, senão gradativamente atingidas, pelo menos mantenham-se intensamente procuradas.

Interesses Federais no Ensino Superior

Até o início do século XVIII, aproximadamente, o interesse do governo por controlar o ensino superior nos Estados Unidos era quase inexistente[73], o que já não ocorre na atualidade.

Mais recentemente, já se reconhece a ameaça da burocracia do setor público sobre a eficiência do gerenciamento e da administração da educação, incluindo de terceiro grau e da pesquisa. Recomendações no sentido de evitar excesso de normatização sobre esse setor têm ocorrido de maneira clara[74]. Mecanismos que possibilitem maior autonomia às fundações públi-

---

72   Saylor, Alexander e Lewis apresentam um instrumento muito útil às comissões curriculares em geral. Trata-se de uma lista de perguntas que auxiliarão a avaliar a qualidade de um currículo. Ver SAYLOR, Galen J.; Alexander, William M.; Lewis, Arthur J. *Curriculum planning for better teaching and learning*. New York: Holt Rinehart and Winston, 1981. pp. 48-50.

73   Friedrich Rudolph, *Curriculum*, p. 9.

74   Nessas questões, o papel da fundação Carnegie, com seus *Imperatives for federal government*, tem sido fundamental.

cas, como apoio financeiro aos estudantes individualmente, são sugeridos pelas comissões que analisam a situação do ensino superior[75].

A preocupação com a possibilidade de emperrar a administração tem levado a permanentes sugestões, visando a um desempenho mais aberto no futuro.

A partir das primeiras décadas do século XX, a situação revela certo equilíbrio de forças entre o interesse da sociedade e o do governo federal, quanto ao ensino de terceiro grau. No passado, o papel da comunidade era sem dúvida preponderante.

Discussões sobre interesses privados e governamentais em qualquer contexto poderão levar a apresentar, por um lado, o governo como um organismo alheio à sociedade, e, por outro, o setor privado como um elemento antagônico à autoridade e às aspirações governamentais. No caso das colônias norte-americanas, parece haver ficado claro que o interesse privado confundia-se com interesses locais, enquanto o interesse do Estado representava o esforço por integrar as colônias *versus* o "perigo" de descaracterizar as peculiaridades de cada uma.

O que é aparente, no decorrer do tempo, é que os questionamentos sobre ensino-educação de terceiro grau nos Estados Unidos continuam intensos.

Por meio de mais uma obra da Fundação Carnegie, Boyer dedica-se ao estudo do ensino de graduação nos Estados Unidos. Editado em 1987, seu livro trata a questão: o que é um bom *college*? As respostas procuram cobrir mais do que o currículo, mas também as implicações diretas e indiretas da educação de terceiro grau, dos estudantes e professores, da vida no *campus* e além dela.

Boyer não se limita a analisar e descrever. Define claramente sua posição, identificando fatos e dados, e sugerindo soluções e mesmo diretrizes[76].

A expectativa desse autor diante do ensino de graduação é muito elevada, logo nada de muito novo, pois da educação de terceiro grau continuam sendo esperados preparação para pesquisa de ponta e para aplicação ime-

---

[75] A fundação Carnegie foca tanto nas fundações públicas quanto nas necessidades dos estudantes, a partir de suas Comissões.

[76] Ernest Boyer, *College* (New York: Harper and Row Publishers, 1987).

diata, avanço tecnológico e humanístico, teoria e prática, tudo em busca de desenvolvimento econômico e social, além da autorrealização individual.

Impactos da explosão do Conhecimento

Como discutidas anteriormente, as interferências de interesses e necessidades da sociedade no currículo têm sido evidentes e vêm pressionando administradores e educadores a ações criativas para atender a essas aspirações, com qualidade e presteza.

Além desses impactos, as instituições se depararam com mais um desafio: a necessidade de abrir espaço no currículo de terceiro grau à avalanche de novos conhecimentos que vêm sendo gerados nos séculos 20 e 21. Esse problema traz perplexidade e ansiedade aos responsáveis pelas estruturas curriculares.

O ritmo e o volume das mudanças decorrentes do desenvolvimento científico e tecnológico abalam convicções válidas à realidade, especialmente no início de cada século, causando desconforto e insegurança ainda hoje, apesar do convívio com essa realidade já não ser um contexto tão novo.

Preocupa, aos educadores, a irracional sobrecarga curricular *versus* a falta de experiência para decidir, com rapidez compatível com a explosão do conhecimento científico, o que reter, reduzir ou integrar ao currículo sem causar danos à fundamentação e à coerência necessárias à organização dos conteúdos[77].

Provavelmente, os 2.452 diferentes tipos de diplomas conferidos, por volta de 1960, nos Estados Unidos, revelam as dificuldades na solução da problemática apresentada no parágrafo anterior. Desse número, 832 foram desativados pelas mais diversas razões. Entre as muitas espécies de cursos de formação, 426 variedades eram dirigidas a bacharéis em ciências[78].

As prospecções sobre tendências da atual explosão de conhecimento revelam, para as próximas décadas, um decréscimo na atual aceleração, com exceção de duas áreas: Engenharia Genética e Eletrônica. Uma das causas apresentadas para o possível declínio citado é a crise energética.

---

77   Frederick Rudolph, *Curriculum*, p. 10.

78   Frederick Rudolph, *Curriculum*, p. 9.

Jackson Davis oferece aos leitores interessados nesse assunto um interessante artigo, embora não seja a última novidade[79]: "Energy: how dwindling supplies will change our lives". Existem muitas publicações de periódicos sobre o futuro e suas tendências, como "The futurist" e "Education tomorrow", além das fontes que Saylor, Alexander e Lewis recomendam[80]. Convém, ainda, a leitura de periódico sugerido na nota 81, além de outra natureza de leitura, visto que são estimulantes em aspectos relevantes e diversificados em educação, além de inspiradores à reflexão e a sugestões práticas[81].

Os relatórios de Comissões Nacionais para o Ensino Superior e Pesquisa Universitária (1982-1986) oferecem uma síntese da realidade curricular dessas instituições e da posição de seus educadores e administradores, bem como dos políticos sobre a formação de terceiro grau, além de revelarem as tendências curriculares daquele sistema. Ainda, contêm uma diversificada abordagem a relevantes questões educacionais, estimulando a reflexão em termos teóricos e de postura em ensino e gestão. O posicionamento diante do currículo para o ensino superior continua no rumo cultural esperado: diversificação e opções, liberdade, busca por competência, promoção do bem-estar social[82].

Ao final do documento, são incluídos mapas com unidades educacionais em Porto Rico, Ilhas Virgens, Guam, Havaí e Alaska. A última pá-

---

79 Jackson Davis, "The futurist", XIII, *Energy*: how dividing supplies will change our lives (August, 1979), p. 261.

80 The World Future Society, 4916 St. Elmo Avenue, Washington, D.C., 2014. USA.

81 J. P. Shim, Merrill Warkentin, James F. Courtney, Daniel J. Power, Ramesh Sharda e Christer Carlson, *Decision support systems*, v. 33, n. 2, June 2002, pp. 111-126. São livros de Jared Diamond, vencedor do prêmio Pulitzer, *Guns, germs and steel*: fates of human society (New York: Norton, 1999) e *Collapse*: how societies choose to fall or succeed (New York: Penguin Group, 2005).

82 The National Commission of Higher Education Issues, *To strengthen quality in higher education*. Summary Recommendations, pp. 1-7; The National Commission on the Role and Future of State Colleges and Universities, *To secure the blessings of liberty*, Report of the National Commission on the role and future of colleges and universities, p. 16.

gina traz o mapa dos EUA continental, pontilhado das instituições educacionais. A mensagem final fica por conta do preâmbulo da Constituição norte-americana, que diz:

> We, the people of the United States, in order to form a more perfect union, establish justice, insure domestic tranquility, provide for common defense, promote general welfare and secure the blessings of liberty to ourselves and our posterity ordain and establish this constitution for the United States of America.
> SEPTEMBER, 17, 1787.

Quanto ao conteúdo descrito, a ênfase à educação internacional e às demais intenções e tendências continua a cobrir a *liberal arts and sciences*. Ciências, tecnologia e humanidades articuladas representaram as sugestões de 1982 e de 1987. A antiga fórmula "informar e formar para a responsabilidade social" continua prestigiada, bem como a atualização curricular e a pesquisa são interpretadas como meios para a solução de problemas econômicos e sociais. Além disso, o desenvolvimento de lideranças ainda é considerado vital.

A última década do século XX não trouxe mudanças significativas a essa posição.

Estejam os futurologistas certos ou não, o desafio já está presente neste início de milênio e com muitos desafios ainda a serem mais bem delineados. O próprio conceito de futuro tanto no aspecto temporal quanto pelo grau de incerteza está desfigurado diante de sua própria imagem. O conceito de futuro, hoje, parece merecer uma redefinição. A verdade é que não há mais tempo para preparar-se para ele da forma tradicional. O futuro e o presente convivem no dia a dia da realidade do ensino e da pesquisa.

Cada vez mais o conceito de educar para o futuro é visto como uma necessidade na prática, sem que esteja o próprio conceito suficientemente claro em tese. Essa é uma questão que tem merecido atenção em qualquer área e que, a cada momento, se torna mais crítica e premente na formação de docentes.

Em qualquer contexto, a consciência da necessidade de abrir perspectivas para a autodescoberta vem se tornando a parcela mais significativa da missão do educador. O gerar condições para a autocompreensão em cada indivíduo e para a identificação do papel de cada um na sociedade e o esforço pela instrumentalização interna e externa de cada um para o exercício de suas funções e papéis sociais vêm reforçar a nobreza e o ônus da responsabilidade social do educador e desse "legado", em que não estão livres nem os alfabetizadores nem o PhD, em qualquer área de conhecimento; basta estarem presentes em uma instituição educacional, até mesmo virtualmente.

Administrar questões socioculturais no mundo em ebulição
Diante dessa grandiosa e colorida nacionalidade, que precisa urgentemente ir crescendo em autorreconhecimento e autoaceitação, educar para o futuro jamais se limitaria a conhecimento formal, pesquisa científica e tecnológica. Precisa escancarar as portas de filosofia praticada, para uma formação humana[83]. Exige avanço muito além de assistencialismos, mas fundado em Antropologia, Sociologia e Filosofia para buscar a essencialidade do humano que cria ideias e bens para compartilhar o mundo da vida[84], o *lebenswelt* husserliano ou nada vale a pena.

Quando já se pode perceber com clareza os desafios da modernidade e quando se acorda para o fato de que ela está agonizando enquanto a pós-modernidade está ainda nascente, convive-se de modo turbulento com essa transição, já que o mundo não cessa de mudar.

No dizer de Maffesoli "quando cessa a dada civilização, nasce outra constelação que integra certos elementos daquilo que existiu e restitui a vida a outros que tinham sido renegados; [...] à imagem do que nos diz a arquitetura sobre o pós-modernismo, a pós-modernidade nascente é uma construção plural, feita de pedaços diferentes". É quando o escritor francês emprega a imagem do mosaico, desafio em que ele lembra Victor Hugo: "nada detém uma ideia quando o tempo chega"[85].

---

83 Valderez F. Fraga, *Gestão pela formação humana*: uma abordagem fenomenológica.

84 Valderez F. Fraga, *Gestão pela formação humana*: uma abordagem fenomenológica, p. 52.

85 Maffesoli, Michel. *Notas sobre a modernidade: o lugar faz o elo*. Tradução Vera Ribeiro. (Rio de Janeiro: Atlântica Editora, 2004), pp.32-33.

Uma das ideias a qual Maffesoli se refere e que importa nesse ponto da discussão é que "a experiência é o corolário do vivenciado, [...] para o sociólogo, [...] de um ponto de vista social", avançando para a "ênfase na pluralidade dos aspectos da vida social. [...] podemos dizer que a unidimensionalidade do pensamento é incapaz de compreender a polidimensionalidade da vivência... E é para essa complexidade que a sociedade se encaminha, e em muitos casos, onde ela já se apresenta".

Essa situação do mundo não poderia deixar de ser também a do cenário norte-americano, com sua cultura tão fortemente presente no mundo e sua constelação e rumos, também em busca de ajustes-criação-reação- -acomodação-inovação-dúvidas-distinção-agregação-revolução-renovação, debatendo-se, porém com possibilidade de inserção no que Maffesoli chama de "lugar", para fazer "elo", quando o "lugar" dessa cultura própria nacional já começa a movimentar-se e mostrar-se em reconstrução do que o autor chama de "altar": os lugares físicos e também os espirituais e culturais de encontro, mas como fenômeno novo, um lugar da atualidade.

Não é o momento disponível para discutir essa busca de compreensão da nascente pós-modernidade no escopo deste livro, que dirá de inferir suas implicações, mas não se pode ignorá-la diante da cultura, buscando ao menos anunciá-la, com a exemplificação de uma situação que reconheço coexistir:

em um conjunto em que tudo compõe um corpo: coexisto, é claro, com os outros, que me constituem no eu sou, mas coexisto também com a multiplicidade de objetos sem os quais existência contemporânea já não é concebível. Tudo isso não deixa de induzir a uma forma de solidariedade específica: já não é no desenvolvimento histórico que se molda o etos pós-moderno, mas na natureza reapropriada no espaço compartilhado, na participação coletiva no mundo dos objetos[86].

Perscruta-se que individualismo impera, porém tudo concorre para mostrar o contrário. Por isso, ainda é muito arriscada a condição de conceituar o que apenas se vislumbra para esclarecer e repensar a realidade vivida.

---

86   Ibid., p. 75-76.

Nessa ebulição transitória de grande complexidade, é ainda frágil o reconhecimento, que dirá a compreensão, embora diante de contundentes manifestações de autores dedicados, especialmente europeus, como Gilbert Durant, Carl Gustav Jung, Gastón Bachelard, Étienne Bloch, que se debruçam e contribuem com discussões como as estabelecidas por Maffesoli, o qual explica que falta ainda a esta época a luz que Michel Foucault espalhou sobre a modernidade. Logo, é prudente aguardar.

O sonho norte-americano certamente é uma especificidade cultural, mas está enredado no sonho da co-humanidade com feições renovadas, ainda que consistentes, para o qual todas as nações precisam orientar suas rotas no sentido de um futuro que está à porta, para um global tão diversificado quanto inclusivo e agregador: se o futuro é desafiador e urgente, somente a agregação multicultural autêntica poderá dar conta dos problemas que exigem e exigirão soluções criativas e singulares, com a contribuição das diferenças, permanentemente. A globalização precisa deixar de ser "privilégio" do mundo dos negócios para tornar-se aliada na busca por um mundo melhor, a fim de que a humanidade deixe de ser um mero conceito vazio.

Essa questão não somente polêmica, mas mais atual do que nunca neste novo milênio e extremamente ampla, tem merecido atenção de "discursos" nos mais diversos âmbitos, tanto acadêmicos quanto organizacionais e governamentais em países importantes, porém estão longe de ser suficientes. O desafio, a cada ano, torna-se mais impactante. O estudo de B. Moon, "The United States and globalization", e a discussão citada a seguir merecem leitura e reflexão, em busca de equilíbrio. A sugestão é: Bruce E. Moon, Lehigh University, USA, Capítulo 28 (Parte 4: Responses to globalization), Richard Stubbs e Geoffrey R. D. Underhill (eds.), disponíveis nas referências bibliográficas. Além disso, o artigo sugerido pela reflexão que oferece é da autoria de J. Geoffrey Garrett, "The causes of globalization". Para fortalecer o alerta e os debates, o site Center of Law, incluído nas referências, merece atenção.

CAPÍTULO 16   **Universidade pública e a questão da autonomia**

John Millett fez um comentário irônico, porém bastante realista em relação ao conceito de autonomia para uma universidade pública: "na verdade", comenta ele, "o conceito de autonomia institucional para uma universidade do Estado diz ao governo: dê-nos o suporte que estamos precisando e, depois, deixe-nos por nossa conta"[1]. E o autor continua, apresentando suas incertezas diante do problema dos limites de decisão para aquelas instituições e seus órgãos.

A tradição norte-americana do *Board of Trustees* tem oferecido solução organizacional para o problema, de maneira mais eficiente no passado do que hoje em dia. A complexidade da estrutura de uma universidade na atualidade, especialmente em termos de ensino-pesquisa, complicou a questão[2].

---

1   John D. Millett, *Politics and higher education*, pp. 27-28.

2   John D. Millett, *Politics and higher education*, pp. 27-28.

A composição daquele colegiado prevê a participação de leigos que não poderiam conhecer a profundidade dos problemas do ensino superior em suas metas, programas, procedimentos, etc. Em decorrência, acontecia de "algumas justas causas" acabarem levando o colegiado a vetar proposições do corpo docente.[3] Não poderia ser fácil a relação entre os *Boards of Education* e os *Boards of Trustees*, duas naturezas de atividades e compromissos contrastantes, que, todavia, são indispensáveis um ao outro. Como não poderia ser uma relação delicada e, por vezes, áspera? Por mais dedicados que sejam, as expectativas, necessidades e, em especial, aspirações e preocupações são muito diferentes. Nesse ponto, o tom da postura, das políticas, da cultura e dos valores institucionais conta muito para dar a todos um sentimento de algo fundamental, comum.

O que se espera é que todos trabalhem pelo benefício e interesse da universidade diante do público, como conclui o autor, ainda que reconheça que nem sempre este é um ponto pacífico, além de apresentar-se como uma questão muito complexa[4].

O modelo norte-americano de administração e direção das faculdades e universidades diferiu muito da tradição europeia de origem medieval, fundada na tradição do clero. As universidades europeias nascidas na clausura desenvolveram um colegiado, em grande parte leigo, tornando-se, de maneira lenta, eminentemente leigo, aliado à figura do presidente da universidade. Como o *board* não estava sempre presente e aos professores coubessem mais as questões ensino-pesquisa, ao presidente competiam as atividades administrativas e, também, a orientação dos problemas acadêmicos. Segundo Boorstin, era esperado do presidente de uma universidade que ele aplicasse seus conhecimentos aos problemas do dia a dia e que exercitasse julgamento empresarial sobre o mundo do conhecimento[5].

---

3   John D. Millett, *Politics and higher education*, pp. 20-30.

4   John D. Millett, *Politics and higher education*, pp. 20-30.

5   Daniel J. Boorstin, *The Americans. The colonial experience*. pp. 176-178.

Clark Kerr, em seu ensaio "Destiny not so manifest", comenta que a educação superior nos Estados Unidos vem sendo governada por vários elementos – o estudante, o corpo docente, a alta administração, o colegiado de *trustees*– e que a dificuldade de consenso é tão evidente quanto os inúmeros interesses em jogo na questão educacional[6]. Kerr compara as incertezas decorrentes dessa conjuntura atual às incertezas do efervescente período entre 1820 e 1870. Quando faz essa comparação, refere-se a contestações inúmeras, de novas ideias, como: disciplinas eletivas *versus* currículo fixo, luta por mais elevados padrões intelectuais nas universidades, libertação das prescrições das denominações religiosas, colégios mistos, universidades públicas. O autor enfatiza a responsabilidade dos que tomarão as decisões complexas e diversificadas hoje[7].

Além das denominações religiosas, não se pode ignorar os mórmons, vistos com certa estranheza por imigrantes desconhecedores da cultura. Na verdade, causaram algumas polêmicas em sua história e mantêm templos imponentes, em especial o localizado nos arredores de Washington D.C. Apreciam espetáculos musicais, corais e orquestras, e as fundações subterrâneas do templo, que é iluminado artisticamente aos finais de ano, impressionam.

A ideia de destino, conforme revela Boorstin sobre os primeiros anos na vida da nação, em *The colonial experience*, obra muito citada neste livro, é antiga e retorna em contextos os mais diversos. Um bom exemplo é o decorrente da disputa tecnológica União Soviética *versus* EUA durante o mandato do presidente John F. Kennedy, conceito empregado por ele ao dirigir-se ao Congresso, em maio de 1961, na expectativa de que o homem pisasse na Lua antes do final da década – projeto para o qual, embora os custos fossem elevados, obteve receptividade e aprovação. Naquele momento, narra Boorstin: "o senador Robert S. Kerr explicou: isso permitirá aos Estados Unidos o encontro com seu próprio destino"[8].

---

[6] Clark Kerr, "Destiny not so manifest", *New Teaching, new learning, issues in higher education*, pp. 245-252.

[7] Clark Kerr, "Destiny not so manifest", *New Teaching, new learning, issues in higher education*, pp. 245-252, p. 250.

[8] Daniel Boorstin, *The Americans. The democratic experience*, p. 596.

A preocupação com o futuro da educação decorre claramente da consciência bastante generalizada sobre o importante papel que a educação vem desempenhando nos Estados Unidos.

O que tem sido alvo de contestações, aplauso, cautela ou severas críticas refere-se muito mais ao mérito de diferentes posicionamentos filosóficos diante da educação a preocupações com a sua eficácia. O radicalismo de Karier, por exemplo, caracterizou o sistema educacional nos Estados Unidos como um terrível sucesso.

Mesmo o impacto do Sputnik soviético sobre a imagem do sistema educacional, segundo os norte-americanos, foi percebido e tratado como necessidade de redirecionamento às ciências exatas e à tecnologia, e não como imputação de fracasso. As mudanças foram assumidas com confiança e determinação, mas, como de costume, acompanhadas de críticas e exigências, tanto da parte dos usuários quanto dos educadores e do governo, especialmente no caso do ensino público de primeiro e segundo graus.

O direcionamento de uma nova era dependerá especialmente das decisões tomadas hoje, afirma Kerr, em tom grave[9].

A antiga preocupação da sociedade norte-americana, quanto à interferência do Estado em assuntos considerados de interesse local, como a educação, retardou a adesão popular à causa da universidade pública. Tal zelo por condições de detenção do poder de decisão desenvolveu nos vários segmentos da sociedade a noção de responsabilidade por dotar o ensino, principalmente o de terceiro grau, com fundos significativos para o atendimento às necessidades comunitárias.

A questão sobre o significado da autonomia da universidade e do papel do Estado na educação ainda persiste. No estabelecimento de metas para a década de 1980, o problema é novamente formulado:

A mais significativa questão quanto à política de educação superior para a década de 1980 é se o governo federal deve tentar influenciar no resultado do esforço por matrículas e recursos ou manter-se oficialmente neutro e acima de

---

[9] Clark Kerr, "Destiny not so manifest", *New teaching, new learning, issues in higher education*, p. 252.

qualquer rixa. Mas, quando a questão é fundos, cada governante assume uma posição diante da educação nacional que herdou de um predecessor, sempre que <u>fundos</u> estiverem <u>envolvidos</u>.

Contudo, neutralidade às instituições é notoriamente difícil de atingir, particularmente quando a questão de ajuda financeira ao estudante, em que os interesses de instituições públicas e privadas, geralmente conflitam; há uma significativa razão para pensar que o governo federal irá e deverá evitar a tentação de moldar o futuro da educação superior. Em razão da diversidade da educação superior nos 50 estados, é improvável que mesmo um esforço federal bem intencionado pudesse ser politicamente aceito nos estados. Por isso, o argumento de que "a parte das instituições, individualmente, é melhor ser deixada aos governos estaduais, às organizações privadas e aos indivíduos"[10] é uma posição recorrente.

Em contraste com a preocupação pela possível interferência federal nas decisões educacionais, surgiram também pressões para ampliar e fortalecer o sistema educacional público. Essas iniciativas partiram não somente de cima para baixo na pirâmide governamental, mas da comunidade às lideranças políticas. Elas não se constituíram em ações raras e isoladas, quer altruístas, quer financeiras, de lideranças poderosas, mas representaram, também, aspirações das classes trabalhadoras[11].

Norman Matlin demonstra que a educação foi se democratizando por meio das reivindicações de chefes de família das classes trabalhadoras, desde a época em que passaram a aspirar para seus filhos o prestígio de estudar, por exemplo, grego e latim[12]. É importante observar, porém, o seguinte argumento desse autor: o atendimento a essas classes começou

---

10   David W. Breneman e Suzan C. Nelson, "Education for the 1980", *Setting national priorities for the* 1980, Joseph Packman (ed.) (Washington, D. C.: The Brooking Institution), p. 242, ênfase adicionada.

11   Norman Matlin, *The educational enclave, coercive bargaining in colleges and universities* (New York: Funk Wagnalls, 1969), p. 65.

12   Norman Matlin, *The educational enclave, coercive bargaining in colleges and universities*, p. 65.

a tornar-se realidade a partir de 1840, em razão do interesse dos políticos pelo grande eleitorado reivindicador[13].

Tanto os interesses políticos na educação intensificaram-se, a partir da emergência de uma classe política, quanto a educação desse grupo passou a despertar o interesse das instituições de ensino superior. A possibilidade de comunicação entre os dois grupos passou a ser vista por ambos como mecanismo de viabilização de aspirações, de posição social e programas especializados, de acordo com os interesses de ambas as partes.

Formas e Mecanismos de Apoio Financeiro

A antiga tendência a manter decisões educacionais vinculadas às localidades levou os norte-americanos à criatividade em relação a levantar fundos e a formular procedimentos flexíveis para serem utilizados no ensino e na pesquisa. Da mesma forma, a concretização de um governo federal gerou outras tantas maneiras de incentivar programas educacionais de abrangência nacional.

Muitos mecanismos, hoje, não somente tradicionais, mas solidamente institucionalizados, permitem à universidade pública condições de desempenho muito boas. Isso, porém, não significa que os posicionamentos diante desse assunto sejam muito harmônicos. Esses mecanismos, tidos por alguns como excelentes, causam efeitos que levam a debates bastante polêmicos em vários grupos. Essa realidade parece reforçar a ideia de que nem as localidades nem as instituições privadas tinham abdicado de suas posições e diretrizes diante dos programas governamentais, mas que se vinham somando a esses.

Existem inúmeras formas de beneficiar e ser beneficiado por doações públicas, privadas, individuais ou institucionais na área da educação nos Estados Unidos. Elas podem ser, a grosso modo, reunidas em duas categorias: *grants* e *contracts*.

Além disso, os empréstimos individuais representam um importante papel, embora muito criticados sempre que superam o percentual de concessão de bolsas a fundo perdido.

---

13 Norman Matlin, *The educational enclave, coercive bargaining in colleges and universities*, p. 65.

Em virtude dos numerosos tipos de retorno proporcionados pelo apoio financeiro do empresariado ao ensino e à pesquisa, a palavra que melhor substituiria "doação" seria investimento. As formas de retorno cobrem desde prestígio político e social até prosperidade econômico-financeira, inovações na produção ou vanguarda na pesquisa. Contudo, esse conceito é muito mais complexo do que se possa imaginar, exigindo compreensão de como a organização doadora, por exemplo, oferece condições de trabalho aos seus trabalhadores, desde a qualidade de equipamentos e sistemas dos quais dispõe até a remuneração e o treinamento que oferece aos seus empregados, além da qualidade dos profissionais que seleciona para seu funcionamento. Envolve também o conhecimento das necessidades, opções, expectativas e iniciativas dos receptores das doações.

Tão incrustado na cultura norte-americana, a única coisa que esse tema não é: algo banal, simples de lidar e compreender. Muito tem sido escrito em livros e artigos impressos e/ou disponíveis na internet, que merecem ser conhecidos por quem, antes de criticar movido por simplismo ou aplaudir apenas por euforia, precisa conhecer melhor; sejam organizações públicas, sejam privadas, doadores em potencial ou os avessos a tal prática, mesmo individualmente.

Muitas seriam as sugestões de leitura, mas ficam aqui breves sugestões para um possível início de conversa, para ilustrar o assunto com um estudo disponível virtualmente em *Stanfords Social Innovation Review* (Edição comemorativa de 10º aniversário) (2009).[14]

Instituições e mecanismos para o provimento de fundos são inúmeros e significativos, tanto no setor público como no privado.

Técnicos em fundos explicam a diferença entre *grants* e *contracts*, formas institucionalizadas pelo governo para prover fundos. Ambas são

---

14   Ann Goggins Gregory e Don Howard, "The nonprofit starvation cycle", *Stanfords Social Innovation Review*, n. 24, Fall, 2009. Disponível em: http://www.ssireview.org/articles/entry/the_nonprofit_starvation_cycle/; Nathalie Laidler-Kylander e Christopher Stone, "The role of brand in the nonprofit sector", *Stanford Social Innovation Review*, Spring, 2012. Disponível em: http://www.ssireview.org/articles/entry/the_role_of_brand_in_the_nonprofit_sector Acesso em: 18 maio 2015.

direcionadas mais ou menos às mesmas finalidades, como demonstrado na Tabela 14.

TABELA 14 Emprego de fundos

Atividades	Áreas	Exemplos	Recursos físicos	Custos operacionais
Congressos	Educação	Saúde	Construções	Equipamentos
Expedições	Treinamento	Bem-estar social		
Apresentações artísticas				

Fonte: Inspirada em Virginia White, *Grants:* how to find out about them and what to do next (New York: Plenum Press, 1979), pp. 10-15.

Nem mesmo há grandes diferenças quanto à intensidade do direcionamento e/ou ao controle exercido sobre as ações do beneficiado, embora as duas grandes modalidades possam apresentar peculiaridades. Os beneficiados, como se poderia prever, sempre desejam e esperam o maior grau de liberdade possível.

Quanto aos critérios para seleção de benefícios, também não são muito diferentes entre as duas modalidades, mas apresentam panorama amplo e diversificado. Os critérios mais comuns são os de originalidade, significância, habilidade comprovada do solicitante, competência e facilidade de acesso aos canais de execução.

A modalidade *grants* leva fortemente em consideração direitos civis, proteção à pessoa humana e respeito à propriedade. Essa postura não somente é respeitada, como vem sendo assumida por outras instituições não públicas.

Relatórios de despesa e do progresso no andamento não são de muito interesse para a maioria dos doadores; em compensação, no caso de renovação do benefício, relatórios do progresso são vitais à nova concessão.

As empresas em geral são muito meticulosas na elaboração de contratos quanto à matéria propriedade. Por sua vez, as instituições governamentais também o são, em especial quanto à compra de equipamentos[15].

---

15   Virginia P. White, *Grants:* how to find out about them and what to do next, pp. 9-11.

Embora o termo "contrato" receba uma conotação negativa por parte de alguns pesquisadores que o percebem como um risco à liberdade para a pesquisa científica, os contratos são indicados pela vantagem de seus mecanismos, como a facilidade com que podem ser sistematicamente incrementados financeiramente, de acordo com as necessidades decorrentes do progresso no desenvolvimento de estudos experimentais e projetos.

Virginia White explica que o termo *grant* não deve ser tomado ao pé da letra, pois é muito abrangente, cobrindo inclusive as bolsas de estudo *scholarships*. O que interessa, diz a autora, não é o título da modalidade de benefício, mas que todo mundo deseja ser beneficiário de algumas delas[16]. Daí surgirem orientações tanto em relação ao lugar onde procurar apoio quanto sobre a atitude ao abordar o problema. William Coleman, por exemplo, aconselha que "interessados em obter suporte financeiro para pesquisa precisam ter em mente que a abordagem ao processo de assegurar o financiamento é similar ao de qualquer outro negócio. Isto é, gastar o tempo necessário à arte de obtenção de fundos"[17].

Além do trabalho de lidar com os interesses dos beneficiários diretos, quer em ação, quer em potencial, as instituições governamentais precisam enfrentar as críticas da sociedade quanto a possíveis interferências do Estado por meio de doações.

David Breneman e Susan Nelson, em "Education for the 1980", explicam que a ideia de neutralidade das agências governamentais, na decisão sobre fundos para o ensino superior, dificilmente se realize, pois a pesquisa universitária vem sendo considerada fundamental para o país. As áreas prioritárias são muitas e amplas. Entre os interesses governamentais, encontram-se: ciências médicas, tecnologia e educação das minorias, em especial dos indivíduos de etnia negra[18].

---

16   Virginia P. White, *Grants*: how to find out about them and what to do next, p. 17.

17   William Coleman, *Grants in the humanities* (New York: Neal-Schuman Publishers Inc., 1984).

18   David W. Breneman e Suzan C. Nelson, "Education for the 1980", pp. 242-243.

Quanto ao último problema, os autores comentam a má administração dos fundos, tanto pelos *colleges* como pelas próprias agências do governo. Além disso, embora poucos discutam as razões para o interesse governamental nesse assunto, visualizam essas ações como um perigoso precedente à interferência do Estado[19].

Espaço para as Humanidades

Mesmo nesta era em que a tecnologia vem ganhando prestígio, principalmente em decorrência da torrente de produtos e meios gerados por ela, cuja utilização tem revolucionado a vida das pessoas com incrível rapidez e muito conforto, as ciências humanas não foram esquecidas.

Coleman apresenta um breve retrospecto da situação de apoio financeiro à área de humanidades, partindo de 1966, para revelar que o ano de 1980 representou o ápice do apoio financeiro às pesquisas dos humanistas. Logo depois, correlaciona a administração do presidente republicano Ronald Reagan a um drástico declínio nesse tipo de apoio governamental, enquanto fala do esforço da iniciativa privada para equilibrar as deficiências. Segundo esse autor, o orçamento do National Endowment for the Humanities (NEH), em 1980, foi de 185,5 milhões de dólares, decrescendo para 115,8 milhões de dólares em 1982. Em decorrência, o número de projetos foi reduzido de 2.842, em 1980, para 2.143 em apenas um ano. Coleman complementa suas explicações dizendo que pressões das mais diversas levaram as instituições de apoio aos estudos e pesquisas humanistas à revisão de suas modalidades, o que gerou um acréscimo no número de programas de *grants*, que passaram de uma lista de aproximadamente 140 para quase 200, de 1982 a 1984[20].

Implicações do provimento de fundos

Para que se possa perceber as inúmeras interferências às quais as instituições de ensino/pesquisa ficam expostas, em razão do provimento de fundos, a compreensão da complexidade da população de uma universidade é vital.

---

19 David W. Breneman e Suzan C. Nelson, "Education for the 1980", p. 243.

20 William Coleman, *Grants in the humanities*, pp. V-VII.

Vale observar aqui a necessidade de contar, entre os membros da comunidade universitária, com administradores hábeis a preservar as missões e os objetivos institucionais, enquanto levantam e administram recursos financeiros.

Balderston, ao explicar o que ele chama de *constituency*, fornece, de forma didaticamente organizada, algumas ideias que facilitam a compreensão de causas para discussões em torno de fundos e influências. Ele divide o conjunto de participantes que desempenham papéis importantes na universidade em dois subgrupos, distinguindo esses grupos de interesse a partir da definição do que deveriam fazer pela universidade, bem como o que receberiam dela. A primeira divisão desses grupos poderia ser sintetizada da seguinte forma: internos e externos[21]. Essas explicações levarão a verificar que as interferências na universidade não se restringem às do Estado.

- Interno: composto por estudantes, corpo docente, administrativo, técnico e colegiado. Cada um dos tipos de membros faz parte de organizações, como a Associação Norte-Americana de Professores Universitários, da sociedade que reúnem administradores de negócios, contabilistas, administradores de orçamentos, a National Association of College and University Business Offices, para citar algumas.

As conexões podem ainda envolver instituições religiosas e os membros do *board of trustees*, que trabalham em tempo parcial nas universidades e representam a comunidade local nos seus mais variados segmentos[22].

- Externo: o primeiro elemento da lista que forma a composição do grupo externo, conforme apresentado por Balderston, está no que ele chama de mercado de representação. Este decorreria dos estímulos provocados pelos membros do corpo docente, em várias áreas profissionais. As influências advêm do *status* dos professores sobre decisões de todo tipo, desde a respeito dos alunos novos até aquelas com muita significância financeira. Os outros são os governos estaduais, que provêm fundos necessários ao trabalho das universidades estaduais e apoio a

---

21   Frederick E. Balderston, *Managing today's university*, pp. 38-40.

22   Frederick E. Balderston, *Managing today's university*, p. 39.

programas em várias universidades privadas, fundações e doadores individuais que apoiam instituições públicas e privadas e, ainda, as poderosas associações de ex-alunos, que, muitas vezes, apoiam tanto suas instituições que isso se torna vital para elas. Além dos laços de amizade, saudosismo ou admiração sincera, há interesses em jogo e a integração se faz para beneficiar ambas as partes, tanto os ex-alunos e seus empreendimentos quanto as instituições onde estudaram.

Por último, Balderston cita a comunidade que envolveu uma universidade, com a qual ela interage, mesmo financeiramente, das mais diversas formas. Assim como a associação de ex-alunos se interessa por programas especiais e prestações de serviço, a comunidade que a rodeia reage[23] apresentando seus interesses e necessidades.

A conclusão dessa complexa relação de atores é simples: se todas essas inter-relações existem e tudo leva a crer que isso é de fato verdade, então a complexidade e a força das influências sobre uma universidade assumem amplas dimensões e o equilíbrio necessário à harmonia de todas essas forças pede muita habilidade de cada uma das partes. Por essa razão, esse equilíbrio nunca foi fácil de se obter e dificilmente o será.

A identificação dessa realidade deve ter contribuído para o interesse norte-americano pelas funções administrativas e gerenciais mesmo no ensino superior e na pesquisa. Apesar das críticas de professores-autores preocupados com a possível transformação da universidade em meras empresas, bem como de desvio no foco da docência para priorizar a gestão e a substituição da postura de educador para a de assalariado voltado para os negócios[24], o interesse administrativo e gerencial está presente em todas as instituições de renome nos Estados Unidos.

---

23   Frederick E. Balderston, *Managing today's university*, pp. 40-41.

24   J. McKeen Cattell, *University control* (Arno Press). Psicólogo e antropólogo e chefe de departamento, com grande número de artigos publicados, foi demitido da Universidade de Columbia por ter se oposto publicamente ao envio de jovens soldados para a Primeira Guerra Mundial, remetendo duas cartas ao Congresso sobre a questão. Thornstein Veblen, "The higher learning in America", *The emerging university and industrial America*, Hugh Hawkins (ed.), pp. 53-59.

Muitas são, pois, as implicações da atuação das diferentes *constituencies* citadas por Balderston.

O sociólogo Matlin, em sua teoria do acordo *bargain* nas faculdades e universidades, enfatiza a importância do prestígio de professores pelas condições de influir no *status* dos alunos. É claro que o autor não julga este processo como simples e compreende a transferência de prestígio institucional para os alunos como um processo formal e rigoroso. Assim, quanto mais elevada a reputação institucional, mais exigente ela costuma ser quanto à decisão sobre quem será merecedor do prestígio decorrente da transação educacional. Quando o prestígio institucional é reconhecido, a principal característica dessas instituições é a qualidade[25]. No artigo citado anteriormente, Thorstein Veblen discute, também, a questão do carisma e do prestígio, considerando-os um possível risco.

Matlin e Balderston concordam quanto ao valor do prestígio do corpo docente para o desenvolvimento e a prosperidade institucional. O impacto causado pela competência dos professores em várias esferas facilitaria a obtenção de diversos tipos de vantagens, visando a decisões privadas ou governamentais, além de muitas outras, como atração de maior número de alunos, aperfeiçoando a seleção, liberação de fundos de toda espécie de solicitação e de consultorias, além de convites para participação em colegiados de estudos.

Visto, nesse ciclo, o prestígio torna o sistema educacional fechado, pois ele próprio gera, utiliza e se beneficia do produto "prestígio"[26]. Essa retroalimentação é sempre muito desejada por possibilitar, simultaneamente, qualidade e prosperidade institucional. No entanto, o que fica claro na literatura a respeito é o peso dos debates sobre a gestão das organizações educacionais.

Expectativa sobre comunicação-política na Educação

Além das influências internas no país, como já tivemos oportunidade de analisar, há os fatos externos, que interferem nas decisões.

---

[25] Norman Matlin, *The educational enclave, coercive bargaining in colleges and universities*, pp. 150-152.

[26] Norman Matlin, *The educational enclave, coercive bargaining in colleges and universities*, p. 151.

Quando se fala em influências no desenvolvimento do ensino superior nos Estados Unidos, fatos como o sucesso russo com o Sputnik, a Segunda Guerra Mundial e a energia nuclear são mencionados pela grande maioria dos educadores.

Isso talvez ajude a explicar a origem do que Millett chama de "medo de controle político, de interferência política", no momento em que lamenta o isolamento das universidades norte-americanas do processo político. Para o autor, a função da eficiente ação de políticos esclarecidos na educação é essencial. "O futuro do ensino superior dependerá grandemente dessa interação", afirma Millett, "pois as universidades, especialmente as públicas, necessitarão cada vez mais de porta-vozes e políticos que traduzam a linguagem educacional para a sociedade, mas que isso seja realizado dentro da coerência e da ética que o comprometimento com as necessidades e os interesses da educação nos Estados Unidos exige, especialmente nestas últimas décadas"[27].

A necessidade de um esforço na comunicação com o meio político para o benefício da educação é enfatizada por muitos, além de Millett e Robert C. Andriga, por exemplo, durante suas atividades como diretor do Grupo de Minorias, no Comitê em Educação e Trabalho na U.S. House of Representatives, que insiste na necessidade de professores e membros da comunidade enviarem dados aos membros dos *lobby*, a fim de possibilitar-lhes uma argumentação convincente, por ser fundamentada na realidade dos problemas. Ele reitera que a apresentação de dados não deve ser privilégio de especialistas ou de pequenos grupos, mas que precisa contar com a contribuição de toda a comunidade[28]. Outro exemplo é o de Albert H. Quie, que, em 1972, desabafa em um artigo contundente seu desencanto quanto à falta de comunicação com os representantes do ensino superior, instituição a qual supunha que se esforçasse por defender essas questões no Congresso.

---

27   John D. Millett, *Politics and higher education*, pp. 141-143.

28   Robert D. Andriga, "Congressional staff and higher education policy", *The future in the making. Current issues in higher education*, Dyckman W. Vermilye (ed.) (San Francisco, Jossey-Bass, Publishers, 1973), pp. 13-20.

Os profissionais do ensino superior reconhecem o quanto eles são ineficazes junto ao Congresso e "eu não acho que esforços suficientes tenham sido feitos para remediar esta falta de comunicação". É muito rara a presença de alguém do ensino superior para contar o que está ocorrendo e discutir propostas administrativas relativas à legislação do ensino superior. "É necessário conversar com os administradores, com o corpo docente, com os estudantes e membros dos *board of trustees* (mantenedores), a fim de que eu possa cumprir o meu dever"[29].

Além do desabafo, Quie[30] procura explicar como percebe e procura exercitar suas funções, para que serve um *lobby* e as vantagens do ensino superior em manter os membros dos *lobbies* bem informados[31].

A preocupação com o controle sobre as universidades hoje envolve aspectos mais amplos e críticos do que as decisões financeiras e os interesses locais da época colonial ou até meados do século XIX. No século XX, as razões para esse tipo de preocupação são mais profundas e envolvem a própria aspiração de paz mundial. O medo decorrente da possibilidade da aplicação bélica do conhecimento científico e tecnológico está presente nas universidades, o que é perfeitamente compreensível tendo em vista a tendência belicista norte-americana, coerente com a cultura centenária de busca de soluções rápidas e definitivas para problemas, em geral. No novo milênio e com os avanços tecnológicos explosivos, esse tema só pode ter se tornado ainda mais polêmico.

O questionamento sobre o reconhecimento da importância de pesquisadores voltados a humanidades e ciências sociais foi reforçado em 1985. A verificação da necessidade da "saúde cívica da nação", um traço

---

29 Albert H. Quie, "The view from the hill", *The future in the making*, p. 4.

30 Albert H. Quie, "The view from the hill", *Current issues in higher education*, pp. 3-12. Governador de Minnesota, recebeu homenagem de despedida de seu mandato em dezembro de 1982, em virtude do *Leadership Program at the Humphrey Institute on the campus* da University of Minnesota.

31 Albert H. Quie, "The view from the hill", p. 5.

cultural republicano e considerada tão vital quanto ciência e tecnologia, deve ter contribuído para isso[32].

A confiança depositada no produto das ciências sociais, especialmente quanto ao desenvolvimento de valores que permitam a aplicação da ciência e da tecnologia em benefício da nação, continua sendo demonstrada. Além disso, as implicações éticas e morais da aplicação da ciência e da tecnologia, somadas à conflitada realidade internacional, levam a expectativas maiores quanto à contribuição das humanidades: o desenvolvimento de consciência e de responsabilidade social acaba aparecendo na academia.

Se esse papel for desempenhado pelos humanistas, o trabalho será intenso, pois o número de estudantes envolvidos em ciência e tecnologia é significativo.

Para ilustrar essa realidade, escolheu-se como exemplo a Engenharia. O número de PhD em Engenharia, conferidos em 1982, nos Estados Unidos, chegou a 2.644, 221 a mais do que em 1978, data que marcou a ascendência desses números ano a ano[33].

Em relação à Ciência da Computação, a evolução tem se dado de forma inversa. Os dados mostrados na Tabela 15 demonstraram inclusive as razões da preocupação com o decrescente número de cidadãos norte-americanos que optaram por essa especialização (dados de 1983)[34].

TABELA 15 PhD em ciências da computação

	1975	1976	1977	1978	1979	1980	1981	1982
Cidadãos	60	65	75	40	36	28	29	21
Não cidadãos	42	51	48	36	41	34	41	50

Fonte: Sloan Commission on Government Report, p. 115.

32 Frank Newman, *Higher education and the American Resurgence. A Carnegie Foundation Special Report*, p. 111.

33 Frank Newman, *Higher education and the American Resurgence. A Carnegie Foundation Special Report*, p. 47.

34 Frank Newman, *Higher education and the American Resurgence. A Carnegie Foundation Special Report*, pp. 48-49.

Um terceiro dado bastante interessante é a verificação de que não havia motivo para preocupação com a evasão dos PhD nessas duas áreas, deixando a universidade em direção à indústria e aos órgãos governamentais, pois eles vêm deixando essas instituições pela universidade, praticamente na mesma proporção: há uma troca de posições[35].

Voltando-se ao conceito de autonomia para a universidade, verifica-se que a discussão se intensifica sempre que relacionada à burocracia. O primeiro é geralmente reivindicado diante das amarras do segundo.

Em 1985, um dos relatórios da Sloan Foundation resume a situação das universidades públicas e opina a respeito do controle governamental sobre elas.

Análises sobre a questão da parceria entre governo e universidades são abordadas pela Comissão Sloan[36]. O relatório explica a necessidade de essas instituições aprenderem a lidar com uma imensa gama de normas, formas e pessoal exercendo supervisão e controle sobre elas. Em 1980, apesar de as matrículas começarem a decrescer no ensino superior público, o controle tornou-se maior e a tendência à normatização foi evidente. O resumo conclui que as dificuldades financeiras levaram à maior rigidez no controle sobre os procedimentos administrativos, visando a assegurar o emprego eficiente das quantias alocadas. A tendência é aumentar a regulamentação seja legislativa, pelos *boards*, seja em consequência do próprio desenvolvimento de cada Estado. O exemplo do estado da Califórnia é apresentado como típico. Lá, centenas de regulamentações têm sido adicionadas ao controle de fundos para a educação a cada ano. Além disso, as instituições privadas estavam na mira do controle governamental[37].

---

35   Frank Newman, *Higher education and the American Resurgence. A Carnegie Foundation Special Report*, p. 49.

36   Para ilustrar essas atividades: Sloan Commission on Government and Higher Education. The Report of The Sloan Commission on Government and Higher Education. A Program for Renewed Partnership. Massachusetts, Ballenger Publishing Company, 1980.

37   Sloan Commission on Government Report, p. 115.

O relatório de autoria de F. Newman, datado de 1985, para a Carnegie Foundation, alerta para o fato de que a crescente burocracia nas universidades vem prejudicando o desenvolvimento da pesquisa científica[38].

A história da educação de terceiro grau nos Estados Unidos revela que a prosperidade e a viabilização dos objetivos de faculdades e universidades estão diretamente relacionadas com a capacidade e a disposição para atender às necessidades.

Essas necessidades são decorrentes tanto de conjunturas locais quanto da conjuntura nacional, como é o caso do desenvolvimento tecnológico. O ciclo se fecha ao formularem suas filosofias e objetivos em metas fundadas nos anseios percebidos, para transformá-los em ação. Nesse ponto, é evidente que essa afinidade de interesses favoreça todos os envolvidos no processo, porém seria ingenuidade pensar em equilíbrio. A consciência de que fundos são necessários às condições de qualidade na educação é não somente clara, mas cultivada e facilmente verificável na prática.

Por essas razões, a função da política na educação tem sido muito prestigiada, e a necessidade de compreensão de sua importância vem sendo salientada por inúmeros economistas e educadores. A política é citada tanto em relação ao mérito de determinadas alternativas e prioridades quanto em relação à viabilização de programas de ensino/pesquisa/educação.

O papel das Comissões

Instituições nacionais vêm tradicionalmente congregando universidades e faculdades para, por meio de comissões e relatórios, desempenharem o papel de posicionar-se filosófica e politicamente diante da educação superior.

As três mais poderosas entre essas instituições congregam universidades e faculdades em regiões e/ou estados. São elas a American Association of State Colleges and Universities (AASCU), a National Association of State Universities and Land Grant Colleges (NASULGO) e a American Association of Community and Junior Colleges (AACJC). Essas instituições

---

38   Sloan Commission on Government Report, p. 115; Frank Newman, *Higher education and the American Resurgence. A Carnegie Foundation Special Report*, p. 117.

vêm assumindo, por cerca de 30 anos, a liderança do sistema público de ensino superior nos Estados Unidos; o número de instituições de grande porte associadas à AASCU, em 1986, por exemplo, era de 372.
Essas instituições propõem-se a promover:
- educação liberal e profissional para o primeiro emprego;
- formação teórica para redirecionar o segundo e o terceiro empregos e o prosseguimento da carreira de cada indivíduo;
- formação ética profissional e humana para que as habilidades adquiridas sejam empregadas adequadamente;
- educação permanente em humanidades, ciências e ciências sociais, para que o indivíduo possa melhor entender o mundo;
- apoio ao desenvolvimento pessoal e ao amadurecimento do aluno.

Os trabalhos dessas comissões têm gerado com frequência uma síntese anual. As mudanças de governo têm estimulado os relatórios e as recomendações dessas comissões, sua análise crítica e suas proposições.

A prática de organizar-se em comissões para analisar a situação da educação e da pesquisa no ensino superior do país e a habitual formulação de recomendações para esse sistema têm trazido pelo menos três vantagens evidentes. Em primeiro lugar, vem permitindo o permanente acompanhamento à problemática educacional, em segundo, facilitado a avaliação do desempenho daquele sistema, das recomendações anteriores e das medidas tomadas, para, finalmente, gerar tanto a análise crítica desse sistema quanto dados quantitativos. Essa rotina tem aperfeiçoado a avaliação de novas etapas do processo de política de educação superior e pesquisa universitária no país.

Além das comissões federais e de relatórios de fundações e instituições públicas e particulares, os estados da federação têm trabalhado em comissões e relatórios. Alguns exemplos dessas instituições e seus relatórios estão listados na bibliografia.

Expectativas sobre a articulação política-educação
É importante lembrar que as reações geralmente denunciam o fraco desempenho dos políticos na educação, bem como a falta de integração entre educadores e administradores educacionais e a classe política. Indubitavelmente, dessa interação dependerá, em grande parte, a viabilização das aspirações da universidade, autônoma ou não.

A expectativa da Comissão Nacional para o Papel e o Futuro das Faculdades e Universidades Públicas sobre um esforço conjunto das lideranças educacionais e dos formuladores de políticas governamentais é muito elevada. Em 1986, essa comissão responsabilizou esses dois fatores pela "vitalidade dos Estados Unidos e pela 'estabilidade' mundial"[39].

A comissão considera fundamentais para qualquer aspecto da vida nacional o conhecimento e as habilidades que a educação superior oferece e reconhece a eficácia de atos legislativos, como a "G. I. Bill", o "National Defense Education Act", a decisão "Brown V. Board of Education", da Corte Suprema, o "Higher Education Act" e outros que se seguiram, objetivando democratizar a educação nos Estados Unidos. Por essas razões, reafirma a importância de ações políticas coerentes entre educadores e políticos[40].

É quase inevitável retomar o presidente Kennedy em discussões dessa natureza, pois ele, por exemplo, declarou na Universidade da Califórnia:

nenhuma nação tem a possibilidade de mover-se para a frente, nenhuma sociedade livre tem possibilidade de sustentar-se, a não ser que tenha uma cidadania educada cuja qualidade de mentalidade e do coração a permita tomar parte em complicadas e sofisticadas decisões que são demandadas não somente do presidente e do Congresso, mas de todos os cidadãos que servem ao poder máximo[41].

Para Kennedy, além da crença na educação, a questão da cultura norte-americana de pelo povo, para o povo e com o povo era inerente a qualquer uma de suas decisões e atos, isso de forma que dificilmente não tenha sido um dos pontos mais fortes da respeitabilidade de sua vida pública, interna e internacionalmente, e de poder ter contribuído para seu trágico assassinato, mas também para a sobrevivência dessa fundamental característica

---

39   National Commission for the Role and Future of Colleges and Universities, "To the blessing", p. 39.

40   National Commission for the Role and Future of Colleges and Universities, "To the blessing", p. 8.

41   John F. Kennedy, *The burden and the glory*, pp. 258-259.

cultural dos norte-americanos, isto é, a agregação nacional, porém com liberdade para grandes debates públicos autênticos. Esse ponto é debatido por autores civis e militares no atual milênio sobre até que ponto o povo estaria consciente quanto à nova cultura de guerra do país ou teria entregue a especialistas ou abdicado a solitárias decisões do político da vez.

Sua firme e versátil posição contribuiu para que os Estados Unidos não fossem simplesmente interpretados como um país beligerante. Com suas ações e ponderações elevadas à reflexão, por um lado, a níveis mais sutis e, por outro, mais límpidos, diante da complexidade do tema e da realidade histórica. Em suas palavras reveladas por Nevins, proclamava:

Eu quero discutir hoje com vocês o status de nossa força e nossa segurança porque esta questão claramente apela para a maior responsabilidade da qualidade de liderança e o mais iluminado produto da escolaridade. Pois a força e a segurança não são facilmente obtidas, nem de forma barata, muito menos explicada facilmente. Há muitos tipos de força e nenhum será suficiente. O açambarcador poder nuclear não pode parar a guerrilha. Pactos formais de alianças não param subversão interna. Demonstração de poder material não pode interromper a desilusão de diplomatas sujeitos à discriminação.
Acima de tudo, somente palavras não são suficientes. Os Estados Unidos são uma nação pacífica. E onde nossa força e determinação forem claras, nossas palavras precisam simplesmente servir à convicção, e não à beligerância. Se formos fortes, nossa força falará por si mesma; se formos fracos, palavras não servirão de nada[42].

A retrospectiva às falas e à vida do presidente Kennedy revelam, a cada episódio, seu permanente compromisso com a congruência entre discurso e ação, algo tão caro aos norte-americanos, o que certamente causou esperanças aos que contaram com ele e que dificilmente não tenha trazido temor aos que não concordaram com suas posições. E, para reforçar essa congruência, ele a revela ainda nos seguintes termos:

Uma nação não pode ser forte no exterior se ela não o for internamente[43].

---

42   John F. Kennedy, *The burden and the glory*, p. 272.

43   John F. Kennedy, *The burden and the glory*, p. 276.

CAPÍTULO 17 # Posicionamento e ação política na educação norte--americana: impactos no desenvolvimento econômico, científico e tecnológico

No início do século XX, período que precedeu as duas grandes guerras mundiais, não havia experiência suficiente para avaliar os riscos decorrentes das decisões sobre as aplicações do conhecimento científico e tecnológico gerado nas universidades. Slosson[1], como muitos educadores de sua época, apresentava opinião altamente positiva sobre o futuro da aplicação da ciência e antevia melhores condições de vida para a sociedade, progresso e tranquilidade.

"Alguns reclamam", enfatiza o autor, "que a ciência está sendo muito comercializada". Isso pode ser verdade, mas ciência comercializada trouxe muito mais progresso que a filosofada jamais permitiu: muito progresso, destaca ele, "mesmo aos seus ramos mais abstratos"[2].

---

1   Edwin E. Slosson foi professor de química e, em 1909, viajou pelo país analisando a situação das universidades. Obra citada, p. 60.

2   Edwin E. Slosson, "Great American universities", p. 62.

Edwin Slosson apresenta, de forma simples e objetiva, o ciclo de aplicação do conhecimento científico, tomando como exemplos as atividades do matemático e do engenheiro.

"A loja", diz ele, "está empurrando o estudo. O matemático trabalha... pelo puro prazer do que a mente humana pode fazer..., mas agora o engenheiro espera impacientemente à sua mesa, como um *office-boy* na editora, a fim de arrancar a fórmula dele, antes que a tinta seque, para construir um novo dínamo"[3].

Por meio de cursos em Política da Educação Superior, algumas universidades nos Estados Unidos procuram oferecer aos seus alunos envolvidos em programas de pós-graduação em educação oportunidades para discutir esses assuntos, após ouvirem tanto os membros de várias universidades públicas e privadas quanto os vários representantes de agências governamentais. Nesse caso, encontra-se a The George Washington University, em Washington, D.C., tradicionalmente conhecida por seu trabalho direcionado ao desenvolvimento de recursos humanos para o setor público. Dr. Anthony Marinaccio, em 1980/1981, ofereceu um curso em Educação e Política, nesses moldes. O interesse de alunos norte-americanos e de diferentes países pelo ciclo de palestras e oportunidades de debater, ler e produzir nesse campo foi evidente. Abriram-se oportunidades não somente para a compreensão da problemática dos Estados Unidos, mas habilidades para analisar a realidade da política educacional em qualquer país.

Uma das previsões do experiente Prof. Marinaccio que, hoje, podemos verificar é a da popularidade do presidente Reagan entre os norte-americanos. "Reagan", afirmou ele no início de 1981, "conquistará os norte-americanos como aconteceu na Califórnia. Ele apresenta extrema habilidade em sensibilizar as pessoas e em cativá-las. Eu o observei em sua campanha para o governo daquele estado, quando em visita a várias universidades por lá"[4].

---

[3] Edwin E. Slosson, "Great American universities", p. 62.

[4] Politics and Higher Education. Curso. Professor Anthony Marinaccio, GWU (Washington, D. C., Summer, 1981).

Na verdade, não têm faltado eventos desastrosos e situações melindrosas durante os mandatos Reagan. Mesmo assim, a sua popularidade resistiu.

Tanto as palestras como as leituras recomendadas naquele curso permitiram verificações como esta: na América do Norte, o relacionamento entre os que ensinam e os que doam não foi conflitante nem destrutivo; em paralelo a razões para desentendimento, houve sempre outras tantas para aproximação.

Os homens de negócio e os detentores de grandes fortunas faziam imagem positiva dos educadores, apreciavam livros e valores intelectuais. Por sua vez, as fraternidades acadêmicas também acolhiam os doadores com gratidão, enfatizando o espírito público que os levava a doações[5]. Distorções e desconfianças de ambas as partes também ocorreram, mas não foram muito significativas.

É curioso que esse estado de espírito tenha se desenvolvido e algumas razões são apontadas para isso por alguns críticos educacionais, como é o caso de Metzger. Segundo ele, a "confusão ideológica reinante fortaleceu a ciência social". As ciências sociais foram vistas como instrumentos para aliviar problemas sociais. Até mesmo se acreditou que alguns grupos fossem vinculados a ideologias, mas que os cientistas sociais estavam livres delas. Os preceitos das ciências sociais eram tidos como baseados em fatos e leis sociais[6].

Se os empresários e membros da comunidade, em geral, respeitavam o papel do educador, Metzger tinha razão ao afirmar que, embora se acusasse o *board of trustees* de corromper as instituições, e nunca de a Congregação de Professores influenciar os membros dos *boards*, as influências eram recíprocas. O que ocorreu, afirma, foram discussões acirradas, mas em um convívio produtivo de fiscalização recíproca[7].

---

[5] Walter P. Metzger, "Two historical interpretations of universities and business", *The emerging university and industrial America*, p. 72.

[6] Walter P. Metzger, "Two historical interpretations of universities and business", *The emerging university and industrial America*, pp. 71-72.

[7] Walter P. Metzger, "Two historical interpretations of universities and business", *The emerging university and industrial America*, pp. 77-78.

À difícil tarefa de analisar para compreender e interpretar as funções da educação superior, em coerência com as aspirações da sociedade, em curto e longo prazo, muitos dedicaram anos de reflexão, ações e trabalhos editados. A América do Norte é rica em bibliografia educacional, especialmente sobre uma visão macro da educação naquele país. Alguns críticos também enfocaram problemas específicos, mas de grande interesse, como a atuação do professor.

Van Hise dedicou-se ao assunto a partir das múltiplas atividades de um professor. Compara então a importância do serviço desses profissionais fora da universidade com o trabalho criativo de suas funções educacionais precípuas. Reflete sobre as atividades do professor dentro da universidade, formando pesquisadores e promovendo discussões em seminários, mas pensa também na função e na responsabilidade social do cientista. "Afirmo sem hesitar", diz Hise, "que não há hoje investigação ou força intelectual que possam trazer progresso imediato, mas amanhã tornar-se-ão de inestimável valor prático. Isso pode ser comprovado por meio de várias pesquisas realizadas aqui", referindo-se à universidade[8] em que trabalhava.

Em lugar de ilustrar sua afirmação com exemplos da Universidade de Wisconsin, à qual se dedicava inteiramente, utiliza-se de exemplo histórico, invocando a luta do grande físico Faraday para que seus projetos fossem compreendidos.

O autor lembra o esforço e a pertinácia de ambos, mostrando que, além das dificuldades inerentes à própria investigação da energia elétrica, os inventores tiveram que sensibilizar o Estado quanto à significância de suas pesquisas, empenhando-se por explicar o quanto seus estudos reverteriam ao bem comum. "Ninguém imaginaria", disse Franklin, "a utilidade resultante da transformação da força elétrica na mais dócil das formas de energia; é por isso que precisamos continuar a investigação de outras forças, mesmo daquelas ainda tão sutis, a ponto de não termos sequer condições de definir"[9].

---

8   Van Hise, "Inaugural address", p. 32.

9   Van Hise, "Inaugural address", pp. 32-33.

Hise ainda complementa sua argumentação demonstrando que a realidade dos benefícios da aplicação das ciências é mundial e envolve todos os ramos da ciência. Falando da França, relembra Pasteur e Koch para comprovar "quanto sofrimento humano foi aliviado" por meio da aplicação das descobertas científicas[10].

Em um ciclo que transcorre de forma bastante natural, verifica-se, a partir dessas descobertas, as inúmeras e fortes razões para a aproximação entre a universidade, a indústria, o comércio e os órgãos governamentais.

Da clara compreensão dos investidores, quanto ao ritmo pouco previsível das atividades de pesquisa e de sua confiança na possibilidade de valiosos subprodutos que se originam dos tortuosos e inusitados trajetos de uma investigação científica, dependerá, em grande parte, a própria viabilização do desenvolvimento científico e tecnológico de um país.

Apesar de todo o esforço para interação ensino-pesquisa-educação, o relacionamento nos Estados Unidos entre as agências governamentais e as universidades não tem sido considerado bom nas últimas décadas, em virtude especialmente dos cortes nos fundos e do controle exercido sobre as mais diversas atividades universitárias[11].

Isso demonstra o fundamento da análise de Millett sobre este tipo de dificuldade e a importância, para o desenvolvimento do ensino superior, da habilidade de ambas as partes para lidar com esse assunto[12].

Quando se fala em relacionamento governo-universidades, invariavelmente recai-se sobre um ponto tão significativo quanto crítico: a nevrálgica questão da autonomia.

Embora diretamente relacionadas, liberdade acadêmica e autonomia institucional são coisas diferentes, alerta Millett, embora frequentemente sejam confundidas. Liberdade acadêmica refere-se ao privilégio do corpo docente em conduzir suas pesquisas, buscando eficiência, de acordo com seus próprios padrões e competência profissional, apoiado

---

10   Van Hise, "Inaugural address", p. 33.

11   David W. Breneman e Suzan C. Nelson, "Education for the 1980", pp. 242-243.

12   John D. Millett, *Politics and higher education*, p. 28.

pelos demais colegas. Autonomia institucional é outro problema ligado ao privilégio de que objetivos institucionais perseguirá, que programas oferecerá, que estudantes orientará, que procedimentos de instrução adotará, que parâmetros de desempenho manterá[13].

Como visto, demonstra Millett que "autonomia é uma grande ideia. O problema é que o conceito de autonomia não é realista", pois a instituição está sempre solicitando apoio financeiro ao governo[14].

A expectativa para a década de 1980 continua a mesma: que os órgãos governamentais examinem bem o que apoiarão financeiramente, a fim de não incentivarem e proverem fundos para programas e práticas questionáveis.

Seria importante, afirmam Breneman e Nelson, que as universidades não caíssem no descrédito, como está ocorrendo com o ensino primário e secundário[15].

Durante a campanha do presidente Reagan e o período de escolha de seus colaboradores, em 1981, muito se discutiu sobre esse tema. Surgiram ideias tão radicais quanto à má qualidade do ensino público de primeiro e segundo graus entre os republicanos naquele período, que os comentaristas políticos publicavam e declaravam pela televisão que a demora de Reagan para tornar público o nome do ministro da Educação devia-se à sua dificuldade de encontrar alguém para indicar que assumisse aquele ministério para praticamente desativá-lo – em realidade, isso não ocorreu, prevalecendo o bom senso[16].

Se, de um lado, as expectativas para a década de 1980 quanto à educação superior não mudaram muito, por outro, se deu o mesmo com as prospecções. O que se espera, declaram Breneman e Nelson, são poucas mudanças, pois tudo indica que as decisões continuarão a ser geradas nos

---

13   John D. Millett, *Politics and higher education*, pp. 27-28.

14   John D. Millett, *Politics and higher education*, pp. 27-28.

15   John D. Millett, *Politics and higher education*, p. 241. Essa época correspondeu ao final do governo de Carter e início do primeiro mandato Reagan, quando se discutiram veementemente a situação e o mérito do ensino público, especialmente de primeiro e segundo graus.

16   David W. Breneman e Suzan C. Nelson, "Education for the 1980", p. 242.

mesmos níveis, como tradicionalmente ocorre, partindo dos estados, das instituições e dos indivíduos, privadamente[17].

Para Millett, a decisão de prioridades financeiras é sempre difícil, em uma abordagem macro ou micro. É tão difícil decidir quais universidades ou áreas de estudo devem merecer fundos mais consistentes quanto se um estudante brilhante ou outro com muitas dificuldades é o que deve precisar de mais dinheiro para seus estudos[18]. Millett se questionava se os estudantes morando em casa deveriam ter maiores oportunidades para recreação social ou se aqueles morando fora de casa deveriam estar dispostos a pagar por recreação, por terem decidido por morar fora, por exemplo. No entanto, "o importante para mim", diz Millett, é que "estudantes participando de um programa de ensino similar, tanto faz que morem em um estado ou outro da federação, sejam tratados da mesma maneira", [...] "isto é ética"[19]. Diga-se de passagem que Millett, quem o conheceu falando ao vivo, era simultaneamente discreto e apaixonado pelo tema, uma realidade concreta à qual dedicou sua vida.

Finalizando a discussão desse ponto, o autor esclarece reconhecer e respeitar diferenças individuais e que essas diferenças não são privilégio dos alunos. O que ele advoga é um tratamento equitativo a todos os programas, independentemente de tipo ou lugar.

Essas discussões têm gerado inúmeros artigos e livros. O que seus autores, em geral, esperam é que se compreenda a significância da reflexão e das decisões políticas sobre alternativas educacionais.

Apesar da difícil seleção, as alternativas não devem ser unicamente coerentes com a postura política em exercício, embora, deste aspecto, dependa, em geral, a própria condição de viabilização de tais alternativas educacionais.

Nesse ponto, recai-se na velha questão deweyana – discutida por Brubacher[20], inclusive no Brasil, a convite de Anísio Teixeira, em palestra

---

17   David W. Breneman e Suzan C. Nelson, "Education for the 1980", p. 245.

18   John D. Millett, *Politics and higher education*, pp. 101-102.

19   John D. Millett, *Politics and higher education*, p. 101.

20   John Brubacher, "Dez equívocos a respeito da filosofia educacional de Dewey". Conferência. Arquivos do INEP, Brasília, s.d. 195? S.D, pp. 16-17.

no Instituto Nacional de Estudos e Pesquisas –, no sentido de a educação não ter objetivos e a nada dever estar "subordinada".

A questão maior encontra-se, segundo a maioria dos observadores de política na educação, no resultado dessas tomadas de decisão, na condição de prospecção, na capacidade de construir o futuro.

Nesse caso, a habilidade de tornar uma universidade legível ao leigo com poder de decisão sobre conjunturas mais amplas transforma-se em uma condicionante vital ao sucesso. Um bom exemplo é o caso das universidades federais.

Em razão da diversidade de tipos de instituições de ensino superior, especialmente quanto ao regime jurídico, as formas de investimento na educação tanto públicas quanto privadas também variam muito. Do mesmo modo, as necessidades dos estudantes e de suas famílias também são peculiares a cada situação, o que exige diversos tipos de mecanismos de apoio.

Essa é uma questão prática crucial quando se retoma a educação como um direito de autogestão, conforme a posição deweyana exposta anteriormente. A dificuldade está em manter, na realidade concreta, a democracia como Dewey a entende: respeito mútuo em qualquer âmbito, e não simplesmente a ditadura da maioria.

De grande atualidade, essa questão global extrapola o enfoque dos sistemas educacionais. Quando se observa o comportamento das grandes potências, as diversas manifestações de expansionismo e domínio nesta era em que os avanços tecnológicos perscrutados por Dewey se multiplicam exponencialmente, as suas preocupações com consequências parecem premonição.

Voltando à educação, o importante é que os investimentos e mecanismos de apoio existiram e continuam a existir nos EUA e trazem retorno às partes envolvidas. O problema continua o mesmo: consequências precisam ser consideradas em termos éticos.

Após essa breve discussão, parece adequado situar os Estados Unidos na realidade mundial quanto aos resultados do sistema educacional, o que é ilustrado no Gráfico 1, no qual se observa que o único país da América do Sul inserido nesse rumo é o Chile. Convém atentar para a observação a respeito da China.

Vivian Stewart, em *World class education*, indica que Barack Obama, durante sua presidência, revela total empenho diante das questões educacionais, com visão em termos globais e procurando comprometimento com o acompanhamento ao desenvolvimento educacional que ocorre em diversas extensões, desde o interior do Texas, por exemplo, até Nova Deli.

Considera tanto o quantitativo quanto o qualitativo no ensino e na aprendizagem, reduzindo as desaprovações e desistências e afirmando que não permitir que nenhuma criança fique desamparada pelo sistema educacional não é ambição excessiva, e deseja os Estados Unidos no topo, porque disso dependeriam a economia e a qualidade de vida em sociedade, diante de desafios imprevisíveis do futuro, sob o compromisso de preparar gerações futuras para um novo mundo.

À época colonial, o "Novo Mundo", de acordo com os colonos, bem como segundo a sinfonia do mesmo nome, de autoria do erudito Antonin Dvorák da antiga Tchecoslováquia, referia-se a um recorte delimitado pelo atual território político-geográfico dos Estados Unidos da América do Norte; porém, com a era de consciência global, o Novo Mundo é a inclusão de todas as nações no planeta em sua complexidade e possibilidades.

Com esse *e-book* premiado, a especialista contribui destacando algumas questões que merecem atenção:
- Como o sistema educacional dos Estados Unidos sustenta financeiramente os parâmetros internacionais de excelência?
- Crescentes implicações globais estão transformando as necessidades de habilidades dos estudantes e moldando o conjunto de talentos globais requeridos.
- Políticas e práticas de um melhor desempenho do sistema educacional.
- Os fatores de sucessos comuns que atravessam a alta *performance* do sistema.
- Lições que esse sistema de alta *performance* assegura aos Estados Unidos[21].

---

21 Vivien Stewart, "A World-Class Education: Learning from International Models of Excellence and Innovation" (ASCD Premium Member book, February 2012). Disponível em: http://www.ascd.org/Publications/Books/Overview/A-World-Class-Education. ASCD-Books. EBOOK. Acesso em: 9 out. 2014. Ver também: Lessons from PISA for the United States, Strong Performers and Successful Reformers in Education, OECD Publishing. Disponível em: http://dx.doi.org/10.1787/9789264096660-en; http://www.oecd.org/pisa/46623978.pdf.

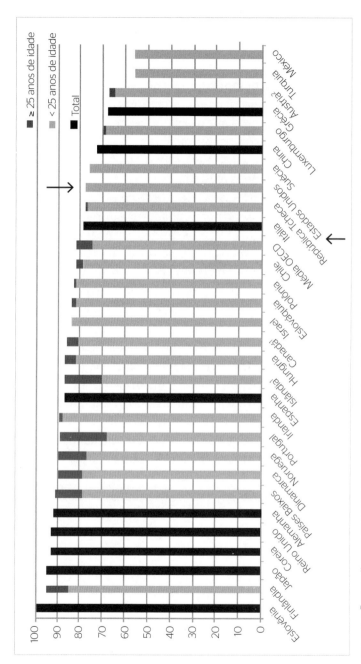

GRÁFICO 1 Breve olhar ao segundo grau – Taxas de graduação do ensino secundário (2011) – Educação da Organisation for Economic Co-operation and Development (OECD) em 2013.

Fonte: PISA 2009 survey results. Disponível em: https://ourtimes.wordpress.com/2008/04/10/oecd-education-rankings/. Acesso em: 18 jun. 2015.

TABELA 16 Um primeiro comparativo internacional: áreas de conhecimento
(Programme for International Student Assessment – resultados dos testes [2009])

País	Leitura – geral	País	Matemática	País	Ciências
China: Shanghai #1	556	China: Shanghai #1	600	China: Shanghai #1	675
Coreia #2	539	Singapura #2	562	Finlândia #2	554
Finlândia #3	536	Hong Kong #3	555	Hong Kong #3	549
Hong Kong #4	533	Coreia #4	546	Singapura #4	542
Singapura #5	526	Taipé Chinesa #5	543	Japão #5	539
Canadá #6	524	Finlândia #6	541	Coreia #6	538
Nova Zelândia #7	521	Liechtenstein #7	536	Nova Zelândia #7	532
Japão #8	520	Suíça #8	534	Canadá #8	529
Austrália #9	515	Japão #9	529	Estônia #9	528
Países Baixos #10	508	Canadá #10	527	Austrália #10	527
Estados Unidos #17	500	Estônia #17	512	Eslovênia #17	512
Taipé Chinesa #23	495	Eslováquia #23	497	Estados Unidos #23	502
Portugal #27	489	República Tcheca #27	493	França #27	498
Itália #29	486	Hungria #29	490	Suécia #29	495
Grécia #31	483	Estados Unidos #31	487	Letônia	494
Chile #44	449	Sérvia #44	442	Chile #44	447
Uruguai #47	426	Uruguai #47	427	Romênia #47	428
Romênia #49	424	Chile #49	421	Tailândia #49	425
Colômbia #52	413	Trindade e Tobago #52	414	Trindade e Tobago #52	410
Brasil #53	412	Cazaquistão #53	405	Brasil #53	405
Indonésia #57	402	Brasil #57	386	Tunísia #57	401
Argentina #58	398	Colômbia #58	381	Cazaquistão #58	400
Peru #63	370	Peru #63	365	Azerbaijão #63	373
Azerbaijão #64	362	Panamá #64	360	Peru #64	369
Quirguistão #65	314	Quirguistão #65	331	Quirguistão #65	330

Fonte: PISA: resultados de pesquisa de 2009. Alguns programas não incluem a grande área rural da China. A OECD conduz uma comparação internacional de desempenho educacional a cada três anos. Os resultados de três anos foram publicados em 2009. Programa para o International Student Assessment; dados foram publicados em dezembro de 2010. Fonte e contato para maiores informações: http://www.pisa.oecd.org/; http://ourtimes.wordpress.com/2008/04/10/oecd-education-rankings/.

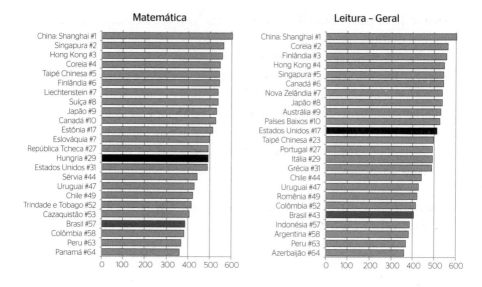

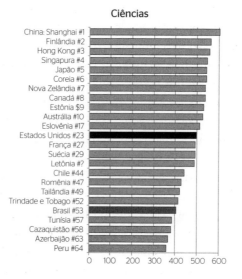

GRÁFICO 2 Um olhar sobre testes globais (Programme for International Student Assessment – resultados dos testes [2009]).

Fonte: PISA 2009 | Disponível em: http://ourtimes.wordpress.com/2008-04-10/oecd-education-rankings/accessed oct 06, 2014. O gráfico mostra o desempenho por países em leitura, matemática e ciências[22].

Diante desse panorama e dos exemplos citados, consultas ao Programme for International Student Assessment (PISA)[22], com as facilidades virtuais disponíveis, serão sempre oportunas para cada um situar-se na atualidade mundial da educação. Os Gráficos 1 e 2 e a Tabela 16, que foram extraídos dessa fonte e elaborados para este livro, podem exemplificar o que é possível acessar, favorecendo o contato com dados para reflexão.

Os comentários do relatório a respeito do que se refere a desempenho por áreas de conhecimento foram considerados pela especialista norte-americana lamentavelmente desencantadores.

Diferentes Regimes de organização e tipos de benefícios individuais e institucionais

Além das diferenças de vocações, objetivos, finalidades e posicionamentos filosóficos apresentadas no Capítulo 11 – "Currículo como orientação para a vida", as instituições de ensino superior se distinguem quanto ao regime jurídico sobre o qual se organizaram. Essas instituições se apresentam como privadas, públicas federais, como as criadas pelos *Morrill Acts* ou as chamadas, sob o regime de terras doadas, *land grants*, ou, ainda, públicas, como as estaduais, as citadas ou não pelas constituições de seus estados (*charted*) e as instituições municipais.

Entre as estaduais, encontram-se tanto instituições de médio porte quanto grandes universidades. Alguns exemplos desse tipo de instituição são: New York; Boston; Temple; Buffalo; Rochester; Rutherdorf; Saint Louis; Maryland; Washington D.C.; e Cleveland.

Entre as municipais, também se encontram tanto pequenas instituições como grandes e significativas universidades norte-americanas: Howard em Washington D.C. (não confundi-la com a Harvard em Massachusetts, a primeira instituição que abrigou estudantes de etnia negra); Columbia, Ohio; Johns Hopkins, Pensilvânia; Stanford, Califórnia; Chicago; e Illinois.

Entre as nascidas privadas, algumas ainda se mantêm privadas, como a Universidade de George Town e a Catholic University, em Washington D.C., ambas católicas.

---

22 Para mais informações: http://www.pisa.oecd.org/. Acesso em: 6 out. 2015.

É importante compreender que não existe exclusividade na origem dos fundos, mesmo para as universidades públicas. Elas se classificam assim pelo âmbito de seu vínculo maior, especialmente o que originou cada uma delas – se o maior peso foi federal, estadual ou municipal.

Em relação aos *community junior colleges*, o mesmo pode ocorrer. Alguns recebem muito apoio da comunidade ou do estado ou do município, enquanto outros, bem menos.

O Northern Virginia Community College, por exemplo, é constituído de mais de dez diferentes *campi* e é apoiado na base de 80% pelo governo; já o Montgomery College, em Maryland, que é composto de três bem equipados *campi*, recebe apoio da comunidade empresarial e apenas cerca de 20% de fundos do governo, segundo dados da década de 1980.

Comprovando, mais uma vez, o espírito empreendedor e a tendência à organização que a comunidade norte-americana vem apresentando em sua história, atualmente encontram-se práticas e instituições que os revelam no que tange à obtenção e administração de fundos para o ensino superior.

Além de um grande número de tipos de ajuda financeira aos estudantes de terceiro grau, individualmente, e da ênfase especial de apoio aos estudantes dos *community junior colleges*, há a presença de fortes associações para levantamento de fundos a instituições de ensino superior.

Em paralelo, existem programas que sistematizam essas experiências, transformando-as em cursos profissionalizantes, especificamente voltados à formação profissional, visando a *expertise* em levantamento financeiro e à administração de fundos institucionais.

Os programas de apoio aos estudantes se traduzem pelas mais diversas formas e por posicionamentos filosóficos diversos. Os *remedial courses*, por exemplo, muito exercitados nos *community junior colleges*, conforme comentado, fundamentam-se na responsabilidade da sociedade em relação aos jovens de grupos sociais menos privilegiados. Esses programas, bastante onerosos para quem os financia, a comunidade e/ou o governo ou ambos, procuram elevar o nível de desempenho acadêmico e/ou desenvolver hábitos de estudo compatíveis com as exigências acadêmicas que o estudante enfrentará.

Os empréstimos, por sua vez, fundamentam-se na responsabilidade individual, nos contratos dos mais diversos tipos e com inúmeras finalidades.

Além de empréstimos em curto, médio e longo prazos, costumam encontrar-se disponíveis na forma de empréstimos de emergência, sob certas condições de caracterização. Por exemplo: alguns só estão disponíveis após o início dos períodos letivos; outros servem a estudantes que estiverem matriculados em determinadas áreas de formação; outros, menos específicos, não discriminam áreas, mas exigem que o curso leve à terminalidade e que prepare para o trabalho de forma mais imediata.

As principais diferenças desses empréstimos de emergência em comparação com os rotineiros são:
- a inexistência de taxas de juros;
- o curtíssimo prazo para a restituição, entre 30 e 90 dias;
- a rapidez com que são obtidos.

Empresas de todo tipo participam desses programas, algumas conhecidas no Brasil, como a Sears Roebuck, que atua por meio de sua Foundation Student Emergency Loan Fund Program. Alguns desses programas são muito antigos e outros surgiram na década de 1960 ou 1970.

São muito raros os programas de apoio financeiro de instituições norte-americanas a estudantes estrangeiros, mas eles existem nessa modalidade. É o caso da Emergency Loan Fund, orientada pelo Montgomery College, em Maryland[23].

Os estudantes norte-americanos podem recorrer a inúmeras formas de apoio financeiro, a fim de viabilizar seus planos de estudo – alguns exemplos serão abordados neste capítulo. Esse apoio, porém, poderá atender ao estudante indiretamente, por meio de fundos a instituições na condição de provedoras ou de receptoras, podendo ser públicas ou privadas.

Com o objetivo de desempenhar o papel de levantar e administrar fundos para instituições de ensino-pesquisa, existem, contudo, inúmeros tipos de agências de médio ou de grande porte, como é o caso da CASE. Ela reuniu a American Alumni Council e a American College Public Relations, formando uma organização poderosa.

---

23 Montgomery College, Emergency Small Loan Program, Student Financial Aids Office (Rockville Campus, Md, 1981).

Seu presidente, em 1981, Dr. James Fisher, descreve assim a organização:

A instituição tem por finalidade ajudar seus membros e seus representantes a desenvolver-se profissionalmente, a fim de servirem a causa do desenvolvimento da educação. Aproximadamente 2.100 universidades e faculdades independentes são membros da CASE. Há aproximadamente 9.000 profissionais representando essas instituições nas atividades de administração e de associações de ex-alunos, levantamento de fundos educacionais, relações governamentais, informações sobre prestações de serviço, publicações em geral e administração de programas avançados. Um grande número de presidentes de universidades, diretores de faculdades e chefes de setores de matrícula são também representantes dessa instituição.

O apoio aos processos de regulamentação e reconhecimento de instituições de nível superior também é intenso pela CASE. Dr. Fisher cita que, em dez anos, a partir de 1978, 15 mil cursos foram reconhecidos nas mais diversas áreas[24].

Como citado inicialmente, essas atividades exigem um *know-how* bem específico, e programas de desenvolvimento de recursos humanos, nesse sentido, não foram esquecidos. Em Washington D.C., a The George Washington University, por meio de seu College of General Studies, uma espécie de Instituto Independente voltado à Formação para o Trabalho, oferece um programa chamado Administrador de Levantamento de Fundos, que se propõe a levar os interessados a tomarem contato com conhecimentos específicos e necessários às atividades da profissão, bem como facilitar-lhes o desenvolvimento de habilidades vitais ao bom desempenho[25].

O curso consta de teoria e prática e cobre: Pesquisa e Atingimento de interesses e necessidades; Seleção e Avaliação de técnicas de levantamento de fundos; Organização Anual de Capital de Campanhas; Técnicas de Planejamento regional e várias formas de doações; Compreensão

---

24   Council for Advancement and Support of Education, CASE (Eleven Dupondt Circle, Washington, D. C., 1981).

25   CEW Center, "The Fund Raising Administrator Program", *College of General Studies* (GWU, Washington D.C., 1981).

Psicológica da Motivação e Impacto Sociológico das Doações; História, Filosofia e Regulamentos de Fundações Privadas e Empresas; Propostas de Doação e sua formulação legal; Negociações, Manutenção de Fundos e Desenvolvimento de Recursos Financeiros; Estudos Fiscais, Financeiros e Econômicos; Marketing e Comunicação Social[26].

Na verdade, nenhum mecanismo de fundos teria sido planejado e executado, nem a formação de técnicos em levantamento e administração de fundos teria utilidade na América, se não houvesse a tradicional e continuada disposição para investir e também de doar. Que motivações e razões incentivam a disposição de doar? É uma questão que intriga a alguns. Há casos de busca de prestígio e outros, de manifestação de princípios presentes em situações diversas na vida dessas pessoas, vantagens indiretas nos negócios e imagem – contudo, investigar mais detalhadamente seria oportuno.

Além do idealismo e do altruísmo, um mecanismo de retroalimentação parece ter se estabelecido quase naturalmente, entre doadores e sociedade, comunidade empresarial e governo.

Para compreender melhor a questão do impacto das doações, tanto sobre o doador quanto sobre o beneficiário, ou sobre os seguimentos da sociedade, seria interessante considerar o raciocínio de Matlin.

Segundo o autor, a teoria do prestígio seria de interessante aplicação na análise das razões que levam doadores a desfazer-se de elevadas somas para a causa da educação[27]. Parece importante identificar aqui o interesse pelo prestígio principalmente pelas vantagens que poderá trazer aos doadores, inclusive financeiramente. Matlin conclui: "a filantropia tornou os doadores de fortunas à educação nos Estados Unidos mais ricos do que provavelmente teriam ficado se não tivessem disposto de fundos e bens à causa da educação"[28].

---

26 CEW Center, "The Fund Raising Administrator Program".

27 Merle Curti e Roderick Nash, *Philanthropy in the shaping of American higher education* (New Brunswick, N.J.: Rutgers University Press, 1965).

28 Norman Matlin, *The educational enclave, coercive bargaining in colleges and universities*, traduzido, ênfase adicionada, p. 217.

E a cultura das doações continua atualmente, pois Bill Gates não é, em absoluto, o único exemplo gritante.

Há muitos indícios de que os primeiros doadores devem ter sido levados por uma forte dose de altruísmo. No entanto, a tradicional confiança nos resultados da educação, como preparação para a vida, parece ter sido o principal ingrediente da determinação de doar. Essa mesma confiança na formação, especialmente do caráter, tanto segundo as denominações religiosas quanto as posições ideológicas e filosóficas, parece haver facilitado, por sua vez, a confiança nos resultados dos investimentos, especialmente na educação de nível superior e na pesquisa.

Conforme se observou, o incômodo das consequências está sempre presente como sinal, um alerta.

É importante reconhecer, igualmente, que incertezas relativas às possibilidades de retorno para qualquer investidor tornaram as experiências de vida dos primeiros investidores norte-americanos bastante diferentes entre si. Além disso, posicionamentos políticos representativos de determinadas fases conjunturais levaram a privilegiar de maneira coerente determinadas áreas de pesquisa e desenvolvimento.

Pesquisa e, também, desenvolvimento são atividades que exigem o desempenho de diferentes papéis e representam grandes desafios aos envolvidos no processo. Esses desafios vão muito além daqueles inerentes à capacidade, tenacidade e inventividade do pesquisador, mas cobrem a responsabilidade social, o impacto na opinião pública, a problemática do retorno ao investidor e, entre muitos outros aspectos, a concorrência e a pressão dos detentores de conhecimentos similares.

No caso de Thomas Edison, considerado o rei dos inventores, contou com a cobertura do jornal *New York Times* sobre suas atividades e com a respeitada e favorável opinião de C. H. Eliot, presidente da Universidade de Harvard, à época. Mesmo assim, precisou dedicar-se a estimular os que investiram em seus projetos, bem como teve de empenhar-se na demonstração das vantagens da energia elétrica sobre sua mais séria concorrente, a energia a gás[29].

---

29 Daniel J. Boorstin, *The Americans. The democratic experience*, pp. 491, 533-537.

No entanto, essa conjuntura mais favorável a Edison nem sempre esteve presente na realidade dos investidores. Muitos deles envolveram suas famílias na luta pela concretização de suas ideias. E eles próprios tiveram que realizar o seu invento, demonstrá-lo, fazer o marketing para os fabricantes em potencial ou decidir-se eles mesmos por fabricá-lo, enfim, correr todos os riscos[30].

É interessante lembrar, nesse ponto, a polêmica personalidade de Nikola Tesla, envolvido com energia elétrica, muito procurado pela mídia em razão do marketing pessoal de seus inventos e excentricidades. Há, inclusive, um estudo de W. Bernard Carlson, cujo currículo é respeitável e, em livro, o critica profundamente, acusando-o de vender ilusões, pois chegava a falar, à época, em forma inovadora de derrubar aeronaves[31].

Certamente, a cultura de ação dos norte-americanos não permitiu que isso ocorresse muito frequentemente, e o resultado dessa determinação aparece na potência que conseguiram construir.

Contudo, a característica norte-americana de investir na educação e na pesquisa, dentro e fora da universidade, é recorrente, com maior ou menor força durante toda a trajetória histórica dessa nação, e gerou um modelo cujos componentes e dinâmicas podem ser resumidos da seguinte forma:

- Educação formal – educação para a vida (responsabilidade individual, social, liderança, competência); educação; investimento (curto, médio, longo prazo); prosperidade econômica;
- Investimento em educação formal e pesquisa – desenvolvimento econômico e social, condições de excelência educacional, retroalimentação. A questão do prestígio poderá estar presente em todas essas modalidades.

Esse resumo serve, a grosso modo, para descrever a dinâmica nacional: a do empresário, que investe em educação-pesquisa, e a do próprio indi-

---

30 Daniel J. Boorstin, *The Americans. The democratic experience*, p. 339.

31 W. Bernard Carlson, The School of Engineering and Applied Science. Professor de História na University of Virginia. *Technology in world history* and *innovation as a social process*: Elihu Thomson and the Rise of General Electric, 1870-1900.

víduo, na condição de estudante. As expectativas, independentemente da origem e da abrangência, macro ou individual, situam-se geralmente na relação direta investimento-retorno socioeconômico, por meio dos resultados da educação.

Educação como *Commodity versus* Educação para todos
Enquanto alguns setores, especialmente políticos, relutam ciclicamente em concordar com o custo decorrente do posicionamento "educação para todos", um grupo significativo advoga que a educação deve ser prioritariamente financiada, pois seria, por exemplo, uma alternativa menos onerosa que a desastrosa escolha de despender em guerras fora do território norte-americano, por exemplo[32].

Segundo Louis Benezet, essas opiniões conflitantes geram dois problemas que ele considera lamentáveis para a educação. O primeiro é que a educação se transforma em discussão financeira. O segundo é que reduz a educação a um produto que cada um compra para seu próprio benefício, de acordo com o conceito de educação como *commodity*[33].

Entre as consequências do posicionamento que reduz a educação a um luxo, percebe-se a ênfase ao individualismo e ao apoio financeiro a cada estudante em particular, em detrimento de apoio às necessidades de recursos para pesquisa e desenvolvimento de programas institucionais, direcionados a objetivos mais amplos do que interesses e necessidades individuais. O ex-presidente Richard Nixon, em 1970, quando proferiu mensagem ao ensino superior, colocou esse ponto de forma bastante clara e objetiva.

É interessante observar que os mesmos argumentos dos que advogam a educação para todos foram usados por Henry Ford quando o alertaram para a possibilidade de criar, com seus automóveis, um problema social. Nesse ponto, Ford reagiu com o argumento de que democratizaria o automóvel, tornando-o acessível a todos. Para isso, reduziria os custos, por

---

32   Louis T. Benezet, "Is higher education a commodity?", *New teaching, New learning, Current issues in high education*, p. 241.

33   Louis T. Benezet, "Is higher education a commodity?", pp. 241-272.

meio de produção em massa[34]. Ford previu que o automóvel se tornaria, consequentemente, rotineiro na vida dos norte-americanos[35].

Há, pois, os que acreditam no papel da educação como um processo gerador de mudanças sociais e percebem implicações e possibilidades mais amplas do que finanças e interesses individuais. A educação, para esses, é um investimento em prol do bem comum, do desenvolvimento socioeconômico, político e cultural de um país. Em geral, argumentam que os custos da educação são elevados para as instituições, mas não devem ser para os alunos, por isso propõem orçamentos públicos generosos para essa causa. Acreditam que apoiar apenas a opção por pagamento de mensalidades nas organizações públicas não representaria uma boa forma de facilitar à universidade o exercício de sua missão, como promotora de desenvolvimento e de mudanças sociais[36].

Essa posição, todavia, não representa a clássica tradição norte-americana, em razão especialmente do ônus colocado sobre o setor público.

Os empresários que compreendem essas dificuldades das universidades procuram a integração empresa-escola com o objetivo de solucionar o problema de ambas as partes. Acreditam que, enquanto o empresariado facilitar a realização da função social da universidade, assegurará sua própria condição de crescimento e sofisticação na produção, em virtude dos recursos humanos disponíveis.

Na opinião de Matlin, os interesses governamentais costumam ser interpretados como sociais e altruístas, enquanto os dos indivíduos é frequentemente tomado como interesse egoísta. Diante disso, o autor comenta que, se isso fosse real, o altruísmo governamental estaria sendo mal-empregado, pois o beneficiário da educação seria um egocêntrico indivíduo. Assim, conclui ele, que "é melhor acreditar que todo indivíduo possua

---

34   O conceito de Ford para fabricação em massa constituía-se de vários outros componentes, além da quantidade. Precisão, economia, sistematização, continuidade, rapidez e repetição são os principais. Daniel J. Boorstin, *The Americans. The democratic experience*, p. 550.

35   Daniel J. Boorstin, *The Americans. The democratic experience*, pp. 548-549.

36   Louis T. Benezet, "Is higher education a commodity?", p. 244.

uma boa dose de altruísmo e que além de buscar seus interesses venha a dedicar-se ao bem comum, contribuindo para o desenvolvimento social"[37].

Para o autor, o que aconteceria é que, em geral, os estudantes não deliberariam isso muito claramente, mas em grande parte seria o que acabaria acontecendo.

Millett demonstra que as dificuldades sobre o assunto se iniciam com a própria conceituação de autonomia para uma universidade pública.

Quando a universidade pública, simultaneamente, ganhar autonomia e obtiver um apoio financeiro governamental cada vez mais consistente, tornar-se-á evidente a necessidade de coerência entre a política governamental, os objetivos dessas universidades e os interesses e necessidades da comunidade[38]. Como tudo, essa é uma questão bastante complexa, pois cada setor recebe inúmeras interferências e impactos da conjuntura socioeconômica, o que mantém as discussões tendendo a muita intensidade. Apesar dos conflitos consequentemente gerados, há também, nessa realidade, um aspecto muito positivo, que é representado pela motivação para a manutenção do diálogo que leva à integração empresa pública ou privada e escola.

Pode também ser claramente observado o constante estado de alerta dos governos para os fatos e dados que revelem a situação psicossocial e econômica da sociedade, ao planejarem e agirem no sistema educacional como um todo.

Dados demográficos, por exemplo, têm levado os governos de qualquer nível a programar ações abrangentes, desde o ensino fundamental até a universidade.

Esses debates são, muitas vezes, barulhentos e há autores que investem em posições e falas contundentes. Por exemplo, Michael Katz, em *Class bureaucracy and schools: the illusion of change in America*, ao citar John Spring[39] em um ensaio intitulado "Educação como fórum de controle social", diz que, para este, a educação tem servido para: "manter a ordem

---

37   Louis T. Benezet, "Is higher education a commodity?", p. 216.

38   John D. Millett, *Politics and higher education*, p. 27, ênfase adicionada.

39   Michael B. Katz, *Class bureaucracy and schools*: the illusion of change in America (New York: Holt, Rinehart Dan Winston, 1975), pp. 180-181.

social diferenciando alunos por suas origens sociais e distinções ocupacionais" e consideraria essa função a primeira a que as escolas têm servido no século 20, quando elas se tornavam o agente responsável pela manutenção da ordem social e coesão e, ainda, introdutoras, gradualmente, de valores individuais e sociais, bem como códigos de conduta que possam assegurar a estabilidade das relações sociais existentes.

Essa suposição mantém exames minuciosos de que "no início do século 20, a industrialização e urbanização teriam desgastado a influência da família, da igreja e da comunidade no comportamento individual". Katz comenta ainda que, acatando esses fundamentos, Spring adota as premissas de sociólogos que ele critica e diz que elas devem ser equivocadas. Ele considera que a postura das famílias seja "mais elástica", a vida de imigrantes e pobres mais organizada e metódica do que os nativos gostariam que se acreditasse; além disso, cogita que as "vilas do século anterior não fossem tão estáveis" quanto narrados pela "nostalgia", e, para finalizar essa discussão, afirma que "é errado argumentar com eles em seus próprios termos [...], deveria começar-se com as premissas deles"[40].

Katz, por sua vez, comenta a crítica de Karrier sobre a educação norte-americana como um instrumento político para as elites, cuidando de normas necessárias para ajustamento ao sistema econômico, isto é, "treinar, testar, mudando segundo necessidade de mão de obra", considerando que seria difícil, em um breve ensaio, concluir tão fortemente sobre a história norte-americana. No entanto, aquele autor continua, em "Liberalismo e a busca por mudança ordenada", falando sobre "obsessão por resultados, preocupação com engenharia social, deferência à *expertise* tecnológica – e concomitantemente, com o denegrir de considerações filosóficas e morais [...]". Consequentemente, Katz cita Karrier:

Nem ciência nem tecnologia foram efetivamente empregadas ao fortalecimento democrático (dirigir o povo). Em lugar disso, ciência e tecnologia tornaram-se ferramentas eficazes com as quais o poder controla o sistema social. Talvez, a

---

40 Michael B. Katz, *Class bureaucracy and schools*: the illusion of change in America, pp. 180-181.

fé liberal na ciência e na tecnologia não seja uma substituta adequada à filosofia do Homem[41].

Katz ainda comenta sobre o referido livro de Karier, considerando-o um livro *angry*, desafiador a posições políticas, profissionais e dos que deveriam lê-lo. Muitos aspectos indicam que, em boa parte, ele esteja certo; porém, provar é difícil, tanto para os que pensam que o sistema educacional é injusto quanto para os que o defendem.

 Nesse ponto, o que fica claro é que os debates não foram suaves e que há posições extremadas, contraditórias, e não somente pluralistas, mas críticas, por vezes, exacerbadas. E Katz, não liberado de seu ceticismo sobre mudanças na educação, fala da obra de Silberman[42], dizendo que ele simplifica a história e as necessidades futuras, contentando-se com apenas pensar mais lucidamente sobre educação.

In Barack Obama's America public works is once again a part of the national dialogue. Today it is offered as a solution to the economic downturn and to the public infrastructure crisis. This timely book examines the reasons for the economic crisis facing Main Street, and connects them to why the nation has structurally deficient bridges, weak levees, poorly maintained dams, and dilapidated schools. This book explores the new emerging dominant paradigm that will govern the nation, with a particular focus on the federal government s new emphasis to create jobs and build infrastructure. The book analyzes the history of U.S. public works, drawing upon and updating lessons from the New Deal, to understand the most effective way to organize a modern U.S. civic works project, as well as a civic works pilot project for the Gulf Coast. The pilot project is based on the Gulf Coast Civic Works Act, which would create a minimum of 100,000 prevailing wage jobs and training opportunities for local and displaced workers on infrastructure projects and restoring the coastal environment using emerging green building technologies. One chapter features new contributions from Howard Zinn, Angela Glover

---

41 Clarence Karrier, "Liberalism and the quest for orderly change, pp. 57-70.

42 Charles Silberman, *Crisis in the classroom* (Aug 12, 1971).

Blackwell, and other leading scholars, public policy advocates, and community organizers weighing in on how an U.S. civic works project might solve our economic, infrastructure, and environmental crises. Issues discussed in this section include using civic works to create green jobs, to alleviate poverty, to train the next generation of Rosie the Riveters, to organize Gulf Coast residents, to end the human rights crisis in the region, and to implement a national government-run public works project[43].

Uma reflexão sobre individualismo – o que reporta à questão da missão e desvios

É interessante observar reações de educadores norte-americanos diante desse conceito e da relação que estabelecem entre ele e a questão do público e do privado na educação. Preocupados no sentido de que o conceito de individualismo esteja precariamente definido e de que o conceito de comunitário também possa estar sendo prejudicado, Nash e Griffin consideram o individualismo uma característica cultural norte-americana, uma herança política necessária ao bem-estar de cada pessoa, bem como à saúde da comunidade. Os autores argumentam sobre a necessidade do desenvolvimento de qualidades individuais e predileções que se comprometam com uma forma de individualismo que consideram autêntico, isto é, pessoal e socialmente produtivo.

Os autores procuram esclarecer que não se trata de relegar a comunidade, ao contrário. Enfatizam que o compartilhamento de preocupações institucionais importa enormemente, que a vida coletiva é de valor indiscutível. O que eles discutem, em seu estudo, é o outro lado da questão, isto é: "a missão pública e o contexto refletem os seres humanos únicos que os compõem"... E continuam argumentando:

Agimos quando vemos melhor, em quais consequências resultarão. As instituições são construídas por nós, elas são feitas de nós. [...] É nossa tarefa como indivíduos fazer algo de nós mesmos. É o desafio que nós seres humanos temos

---

43 Scott Myers-Lipton, *Rebuild America:* solving the economic crisis through civic works (Nov 30, 2009).

que enfrentar. [...] *Reconciliar o conceito de individualismo com o conceito de comunidade*[44].

Esta é, certamente, uma forte característica da cultura norte-americana nem sempre explicitada, discutida e justificada, como no artigo de Griffin e Nash. Todavia, ela é recorrente tanto nas expressões e ideias de suas personalidades públicas quanto nas manifestações dos valores do povo na vida cotidiana, na escola, na vizinhança, nos movimentos comunitários, na política, na religião – o convívio possibilita perceber o quanto é forte e presente.

Os conceitos de destino e missão também são fortes na linguagem cultural norte-americana e a história deixa suas pegadas nesse sentido, muitas vezes sendo retomada por diversos autores. Interessante é o seguinte exemplo.

Em 2013, a poderosa Fundação Carnegie publicou em um de seus periódicos a provocante questão "Quem conhece a América?". E a conclusão foi a de que "ninguém conhece, nem mesmo os legisladores, jornalistas, líderes cívicos, diplomatas, professores e outros", ficando o tema em aberto a mais pesquisas, buscando entendimento. O referido texto discute a questão nos termos a seguir.

Da leitura da referida matéria foi possível apreender o que se segue.
De acordo com algumas interpretações, os norte-americanos são o povo mais materialista da Terra; outros os veem como idealistas e mesmo quixotescos na busca por seus fabulosos sonhos. Enquanto isso, críticos reclamam do conservadorismo norte-americano; conservadores lamentam a mania de mudança que eles consideram uma tendência revolucionária. Outros observadores classificam essa república como autossuficiente ou pretenciosa, como individualista ou agregadora, ou isolacionista, ou intervencionista, dependendo da percepção de vantagem ou prejuízo pelo qual é vista sua história intelectual e social.

O autor acredita que o ponto central da América é o senso de missão que tem ocorrido como um fio de ouro na maior parte de sua história. Em

---

44   Robert S. Griffin e Robert J. Nash, "Individualism, community, and education: an exchange of views", *Educational Theory*, v. 40, n. 1 (Winter, 1990), pp. 1-7.

grande parte, os norte-americanos têm concebido sua nação como ordenada de certo extraordinário modo, para alcançar grandes realizações no mundo. Por outros líderes, essa missão tem sido interpretada como ética e religiosa. Em razão de suas virtudes, teriam sido escolhidos por Deus para guiar e orientar outras nações em lições de justiça e direito. Por outros, foram chamados a levar a civilização a lugares distantes, ainda selvagens, da terra, no sentido de seu bem. Para a maioria de seus oradores, a missão da América é, provavelmente, a dupla responsabilidade de atingir o máximo de liberdade e democracia na própria sociedade e, simultaneamente, ajudar de forma muito construtiva o restante da humanidade a beneficiar-se com o exemplo.

Contudo, o artigo retoma com crítica veemente exemplos que considera líderes retrógrados, com respeito a males como escravidão, com William Lloyd Garrison, ou o que chama de interpretações antediluvianas da ciência, de William Jennings Bryan, ideias imperialistas e racistas, Albert J. Beveridge, ou isolacionistas e xenofóbicas, como George W. Norris e Robert M. La Follette, temendo a Liga das Nações.

O autor considera que nenhuma das afirmações ou a falta delas tenha afetado a ideia de missão na cultura norte-americana, pois a maioria dos expoentes considera a preservação das tradições herdadas como valiosas. Alguns, reportando-se a Roma, como Hamilton, ou à democracia ateniense, como John C. Calhoun, mantendo apoio escravo. Lincoln considerava-se discípulo de Jefferson, enquanto Theodore Roosevelt e Woodrow Wilson, discípulos de Lincoln – Franklin D. Roosevelt referia-se a Jefferson e Jackson em suas batalhas judiciárias, bem como a Wilson e os progressistas, por seus protestos diante do poder dos monopólios. A tradição de que a livre-competição seria a "alma da república" e que "a soberania individual" seria o "propósito da política". Essas ideias tradicionais seriam, segundo o autor, simultâneas "à consequência e ao ingrediente da ideia nacional de missão", de acordo com o citado artigo.

Muito oportuna é a sugestão de leitura de Edward Burns sobre esse tema, aos que desejarem aprofundar-se nessa palavra-chave no vocabulário cultural norte-americano – MISSÃO –, lembrando as esperanças de John Adams às vésperas da guerra em 1812, com sua crença de que o país continuaria a crescer para multiplicar e prosperar enquanto as pessoas manifestassem associação, poder, sabedoria e felicidade, superando o que já havia sido visto pelo homem[45].

Contudo, na atualidade, a contundência que caracteriza Noam Chomsky e que se manifesta na entrevista a The Stone[46] pode contribuir para perceber, talvez, até mesmo com certa surpresa, algumas posições de personalidades ícones nacionais que tornam complexas, em especial, a interpretação de valores, quando a questão das etnias negras está envolvida em discussões históricas.

Chomsky enfatiza que Jefferson, segundo ele próprio, pelo menos reconhecia que a escravidão, na qual ele teria participado, pois tinha escravos em sua propriedade, havia sido "o mais imperdoável despotismo de uma parte, e de degradante submissão, da outra –"the most unremitting despotism on the one part", segundo suas palavras expostas no Jefferson Memorial, em Washington, dizendo "Indeed I tremble for my country when I reflect that God is just: that his justice cannot sleep forever". Segundo Chomsky, palavras que precisam manter-se sonoras em nossa consciência, referindo-se ao seu povo, com reflexões de John Quincy Adams diante desse crime dos fundadores, por séculos de crueldade como "o odioso crime desta nação"[47]. Da mesma forma, Chomsky reporta-se aos atos praticados diante da "that hapless race of native Americans, which we are exterminating with such merciless and perfidious cruelty... among the heinous sins of this nation, for which I believe God will one day bring [it] to judgment".

---

45   Edward Mcnall Burns, "The American idea of mission", *Concepts of National Purpose and destiny* (Rutgers, New Brunswick: New Jersey: University Press, 1957), p. 1, cap. 6. O Capítulo 13 trata da questão armamentista e suas implicações. Disponível em: http://archive.org/stream/americanideaofmi012327mbp/americanideaofmi012327mbp_djvu.txt. Acesso em: 24 fev. 2015.

46   George Yancy e Noam Chomsky, "Noam Chomsky on the roots of American racism", *The Stone* (March 18, 2015). Disponível em: http://opinionator.blogs.nytimes.com/category/the-stone/. Acesso em: 1 abr. 2015. Aos estudiosos, convém saber que é um fórum aberto a filósofos contemporâneos e outros pensadores, tanto atuais quanto de qualquer época.

47   George Yancy e Noam Chomsky, "Noam Chomsky on the roots of American racism".

Ainda perguntado sobre o atual racismo presente no mundo em geral, Chomsky responde que não haveria muita variação, girando em torno de educação, trabalho, colaboração de organizações que assumam postura comum, diante do desastre; e considera o racismo longe de estar resolvido, com longos caminhos a percorrer, sem possibilidades mágicas.

Seria uma lacuna lamentável não incluir, nas possibilidades desta discussão, uma série editada pela Routledge, oportunizando o conhecimento de trabalhos editados por E. Nathaniel Gates, em quatro volumes, que tratam do tema racial em períodos marcantes, começando à época colonial e prosseguindo para a presença jacksoniana na presidência do país (volume 1). Prosseguindo, vai em direção à política internacional e à expansão de mercado do país, entre 1840 e 1900 (volume 2). O terceiro volume aborda a política racial durante o período da Segunda Guerra Mundial, debate que se estende ao quarto volume, tratando da mesma questão, porém cobrindo o período da Guerra Fria[48].

Crescimento da população estudantil

O aumento populacional que caracterizou o período pós-guerra (Segunda Guerra Mundial), a *baby boom generation*, entre 1947 e 1961, provocou enorme aumento de matrículas no primeiro grau, o que, consequentemente, elevou, a partir de 1960, o número de vagas no segundo grau de 9,7 milhões para 15,7 milhões, em 1976. O mesmo ocorreu com os ingressos no ensino superior, passando de 3,6 milhões de matrículas, em 1960, a 11,4 milhões, em 1978[49].

Alguns dados anteriores poderão oferecer melhores condições à avaliação da expansão do ensino superior nos Estados Unidos.

Em 1830, a proporção de graduados em terceiro grau era de um a cada 3.200 estudantes. Em 1870, esse percentual elevou-se para 1,7, dentro da faixa etária de 18 a 21 anos. Por volta de 1890, a proporção elevou-se para 3%, passando para 4% em 1900. Em 1920, esse percentual passou para

---

[48] F. Gates Nathaniel (ed.). *Race and U.S. Foreign Policy from Colonial Times through the Age of Jackson*. New York: Routledge. 1998, series, v. 1-4.

[49] David W. Breneman e Suzan C. Nelson, "Education for the 1980", p. 203.

8%. Em 1930, a proporção de estudantes graduados elevou-se para 12%. Finalmente, por volta de 1945 a 1946, essa proporção elevou-se para 18% dentro da mesma faixa etária dos dados anteriores[50].

Em números absolutos, os diplomados pelo ensino superior nos Estados Unidos somaram 238 mil em 1900 e, em 1964, cerca de 4 milhões de estudantes frequentavam o ensino superior[51].

Durante os anos de 1950 e 1960, fatos e posicionamentos políticos direcionaram a política educacional de forma bem clara. Nesse período, enquanto a população crescia em 8%, os universitárias cresciam em 40%[52].

O orgulho ferido dos norte-americanos, diante do sucesso soviético com o Sputnik, intensificou, como já comentado, a busca da excelência no ensino-aprendizagem, em todos os níveis[53].

Outra fase conjuntural importante para os destinos da educação para todos revela-se nos ideais democráticos do presidente Kennedy. Esse período gerou legislação de apoio à educação para todos, por meio de iniciativas como:

- "Manpower Development and Trading Act", 1962;
- "Vocational Education Act", 1963 (Profissionalizante);
- "Neighborhood Youth Corps and Job Corps", 1964;
- "Elementary and Secondary Education Act", 1965;
- "Higher Education Act", 1965[54].

---

50   John S. Brubacher e Willis Rudy, *Higher education in transition*: a history of the American colleges and universities, p. 257.

51   John S. Brubacher e Willis Rudy, *Higher education in transition*: a history of the American colleges and universities, p. 257.

52   John S. Brubacher e Willis Rudy, *Higher education in transition*: a history of the American colleges and universities, p. 257.

53   John S. Brubacher e Willis Rudy, *Higher education in transition*: a history of the American colleges and universities, p. 207.

54   John S. Brubacher e Willis Rudy, *Higher education in transition*: a history of the American colleges and universities, p. 206.

Essa legislação causou reações positivas em muitos estados da federação, levando-os a reforçar verbas para a educação, enfatizando programas que visaram ao atendimento aos estudantes de classes sociais menos favorecidas.

O poder que o governo federal detém, assegurando o cumprimento da legislação em vigor, seja por meio de ameaças, seja por sanções, vem sendo comprovado por situações como as geradas pelo "Civil Rights Act", em 1964, ou a legislação chamada *affirmative action*.

Ambas foram propostas na expectativa de acabar com qualquer tipo de discriminação, quer no trabalho, quer na educação. Em razão da lentidão de universidades como Columbia, Harvard, Cornell Michigan e outras em cumprir as determinações legais, quanto a cortar toda e qualquer forma de discriminação a professores e alunos, o governo federal ameaçou-as de reter os fundos federais alocados para aquelas instituições.

Muito se discute sobre os efeitos dessa legislação quanto a padrões de qualidade educacional, mas elas foram amplamente cumpridas. As críticas referem-se especialmente a como diferenciar entre discriminar – racial ou socialmente – e selecionar adequadamente, para fins de bom desempenho acadêmico.

Seguiram-se os programas do presidente Lyndon Johnson, na mesma linha, ampliados pelas ações do Ministério do Trabalho. Em razão das altas taxas de desemprego, à época, e à verificação de baixa produtividade, percebeu-se a necessidade permanente de eficiência na profissionalização dos jovens. O crescimento de tais programas pode ser verificado pelo número de participantes entre 1964 e 1978, que de 77 mil elevou-se a 650 mil[55].

É interessante observar uma característica da cultura norte-americana referente à educação independentemente de sua organização em estados na federação, aliás uma divisão geopolítica inquestionável, porém deixando emergir tanto o localismo tendendo ao confederativo quanto à união federativa. Essa é uma postura que reporta à leitura fenomenológica da realidade que articula a singularidade ao todo e convive com essa estrutura complexa e dinâmica ao analisar a vida humana sobre a Terra.

---

55   John S. Brubacher e Willis Rudy, *Higher education in transition*: a history of the American colleges and universities, pp. 78-79.

Governo Reagan: alternativa Educação-Pesquisa

As discussões em torno do ensino público e da pesquisa marcaram fortemente o início do primeiro mandato do presidente Ronald Reagan. Sua origem republicana levou vários segmentos da sociedade a elevado grau de ceticismo quanto a investimentos na educação. Em 1984, o documento "The Nation Responds"[56] revelou conclusões da "Comissão Nacional para a Excelência Educacional" sobre a situação da educação nos Estados Unidos, informações do Departamento de Educação e a síntese dos esforços dos Estados da Federação em prol da educação. Surgiram respostas, conclusões e recomendações, por meio de inúmeros relatórios de comissões educacionais a partir de então.

O documento "A Nation at Risk" foi solenemente apresentado na Casa Branca, alertando para os riscos da realidade educacional nos seguintes termos: "as fundações educacionais de nossa sociedade estão sendo corroídas atualmente pela crescente maré de mediocridade que ameaça seriamente o futuro de nossa Nação e de nosso povo"[57].

Novamente, o gerenciamento em torno das medidas sugeridas e a dinamização da divulgação do documento "A nation of risk: the imperative for educational reform" assemelharam-se a um movimento de mobilização diante de conflito bélico.

Mais de 70 mil cópias foram analisadas pelos grupos privados, que ainda reproduziram cerca de 500 mil cópias a mais para os seus próprios administradores[58].

A comissão que analisou o ensino de pós-graduação e pesquisa deixou clara a necessidade de participação imediata e significativa, tanto do setor público quanto do privado, visando ao investimento sobre a educação, o ensino e a pesquisa.

---

56   United States Department of Education, *The nation responds. Recent efforts to improve education* (Washington, D.C.: U.S. Department of Education, 1984).

57   United States Department of Education, *The nation responds. Recent efforts to improve educations*, p. 5.

58   Ira Shor, "Equality in excellence: transforming teachers education and learning process", *Harvard Education Review*, v. 56, n. 4, Nov. 1980.

O acompanhamento à evolução da política educacional nos Estados Unidos, quer democrata, quer republicana, leva a concluir que, embora as alternativas educacionais difiram coerentemente com cada posição, as expectativas sobre os resultados da educação têm se mantido fortes. Da mesma forma, movimentos revigoradores da educação e da pesquisa não vêm sendo privilégio de um ou de outro grupo.

A própria expectativa da comunidade quanto às realizações educacionais do partido da situação ou da oposição tem gerado uma competição permanente e saudável, que redunda em benefício social.

Um número elevado de comissões dedicadas ao ensino de segundo grau advogou a reforma da escola daquele nível e o trabalho, nesse sentido, passou a ritmo acelerado, em 1983.

O mapa das iniciativas, cobrindo tanto o Distrito Federal quanto os estados, parte de um *checklist* de aspectos educacionais, alguns em fase de análise e desenvolvimento[59]:

- reforma curricular;
- requisitos para graduação;
- admissão ao terceiro grau;
- avaliação e teste para estudantes;
- livros-texto e material de ensino;
- reconhecimento de programas acadêmicos;
- tempo de instrução;
- extensão do dia escolar;
- extensão do ano letivo;
- escolas especializadas;
- programas de enriquecimento acadêmico;
- disciplina na escola;
- políticas de lotação e promoção;
- atividades extracurriculares e políticas de atletismo;
- formação de professores e permissão para lecionar;
- desenvolvimento salarial;

---

[59] Ira Shor, "Equality in excellence: transforming teachers education and learning process", p. 144.

- aperfeiçoamento de professores e plano de carreira;
- escassez de professores;
- desenvolvimento profissional/professores;
- desenvolvimento profissional/administradores.

Essa lista reflete claramente a visão integrada de pontes-chave em qualquer sistema educacional no momento em que uma reforma seja considerada a melhor solução. Os itens listados cobrem alunos, professores e administradores, no caso do elemento humano e sua problemática. Quanto ao conteúdo, a partir da reforma curricular, o processo educacional é analisado desde a admissão, passando pela conclusão dos cursos e indo além, para planejar a transição para o ensino superior[60].

Mas educação é uma atividade complexa, cujas decisões exigem muita reflexão. Assim, mesmo essa verdadeira mobilização gerou críticas e alertas, tanto em relação ao mérito das conclusões das comissões quanto às medidas sugeridas.

Ira Shor, por exemplo, adverte para o risco de atentar para problemas periféricos, em vez de ouvir os próprios professores[61]. Também desconfia de medidas de aparência muito democrática, como cortar exames, mantendo a pedagogia mecanicista no processo. Desconfia de argumentos

---

60   A leitura de "The nation responds, recent efforts to improve education", editado pelo The U.S. Department of Education, oferece sugestões úteis aos profissionais do sistema educacional em geral, especialmente em razão da síntese descritiva de iniciativas e medidas tomadas pelos mais diversos tipos de instituições, como a Boston Compact, parte do Conselho da Indústria Privada de Boston; o California Educational Initiatives Fund (CEIF), fundado por quatro empresas privadas; a Association for Educational Communication and Technology (AECT), que apoia recursos audiovisuais para o ensino da Língua oficial, Matemática e Ciências; a U.S. Chamber of Commerce, que custeia publicações como *Small Business Exchange News Letter*, com 42 milhões de leitores, entre pessoas físicas e jurídicas, além de outras publicações periódicas sobre educação, que atingem de 200 mil a 850 mil leitores.

61   Ira Shor, "Equality in excellence: transforming teachers education and learning process", pp. 407-408.

para estender a formação de professores para cinco anos, como pretexto de inclusão de mais conteúdos humanísticos, mantendo uma filosofia educacional extremamente tradicionalista[62].

Em contrapartida, Shor propõe: pedagogia participatória, experimentalidade, espírito de pesquisa, interdisciplinaridade, espírito crítico, educação multicultural orientada para valores e centrada no estudante[63].

Além das questões acadêmicas, há outras mais amplas que vêm contribuindo para a viabilização de obras e programas educacionais. Os norte-americanos parecem ter desenvolvido a compreensão sobre o fato de tanto as medidas governamentais interferirem na economia privada quanto as ações da economia privada causarem impacto nas decisões governamentais.

O que vem facilitando grandemente o desenvolvimento do ensino superior nos Estados Unidos é o entendimento do que homens de negócio e indústrias têm apresentado quanto à interdependência do setor educacional aos demais setores da realidade nacional. A partir dos anos de 1950, parecem estar se tornando cada vez mais claras as relações entre a prosperidade econômica do país, o produto nacional bruto, a saúde mental do povo, a interação empresa-escola, com ênfase entre a empresa e o *campus* universitário[64].

Dados demográficos e a distribuição de classes sociais que esses dados revelam são fatores que desafiam a criatividade e a habilidade administrativa de instituições públicas e privadas. Isso em razão das diferenças culturais de imigrantes, após os conflitos no Oriente, da presença das minorias de etnia negra e de um considerável número de adultos buscando educação permanente dos mais diversos tipos e nos mais variados níveis.

---

62   Ira Shor, "Equality in excellence: transforming teachers education and learning process", pp. 446-447.

63   Ira Shor, "Equality in excellence: transforming teachers education and learning process", p. 418.

64   David W. Breneman e Suzan C. Nelson, "Education for the 1980", p. 235, ênfase adicionada.

Para ilustrar a forma pela qual dados demográficos continuam interferindo nas decisões educacionais, observa-se o seguinte exemplo: a população em torno de 20 anos elevou-se a 29,5 milhões (1981), segundo Breneman e Nelson, lembrando que a distribuição é bastante diferente, para cada região, naquele grande território. Complementando, o Centro Nacional de Estatística da Saúde revela um declínio no percentual de integrantes de etnia branca nessa faixa populacional, em que se incluem os originados na América Latina de origem espanhola. Além desses fatos, verifica-se que a população de outras etnias, que não a branca, aumentou de 14,2 para 19,3 do total, nessa faixa etária[65].

Esses dados foram apresentados para adequar programas, os mais diversos, em tipos e números. As verificações citadas têm causado impacto até mesmo na formação de professores. Vêm sendo reivindicados para esses programas conteúdos de antropologia cultural, etnografia e comunicação intercultural[66], visando à instrumentalização pedagógica.

Esses dados permitem antever muitas discussões sobre clássicas questões educacionais, como quem arca com os custos de programas de recuperação, *remedial courses* e serviços à comunidade. Também revelam elevada probabilidade de necessidade e intensificação das atividades de apoio, como aconselhamento e ajuda financeira aos estudantes de baixa renda, além de programas de educação de adultos.

O Relatório do National Advisory Council on Adult Education, de 1984, portanto durante o primeiro mandato do presidente Ronald Reagan, apresentou a evolução das matrículas nos programas de educação para adultos, entre 1965 e 1984, revelando um aumento de 2.555.553 novos estudantes naquele período. Diante dessa realidade, em outubro de 1984, o *Adult Education Act* foi estendido até 1988, com algumas revisões, como a inclusão da obrigatoriedade de frequência à escola mesmo dos jovens de 16 anos de idade[67].

---

65 David W. Breneman e Suzan C. Nelson, "Education for the 1980", p. 235.

66 Ira Shor, "Equality in excellence: transforming teachers education and learning process", p. 421.

67 National Advisory Council on Adult Education (NACAE), "Annual Report to the President of the United States" (Washington, D.C., NACAE, 1985), pp. 7-8.

A alocação de verbas para alguns aspectos do programa, como pesquisa, desenvolvimento, demonstração e divulgação, somente deveria ser realizada se o total das apropriações federais, para fins desse programa, fosse menor do que a meta estabelecida, em cada ano fiscal. Esse é um bom exemplo do estado de alerta gerencial e do hábito de controlar custos *versus* benefícios.

Decisões tomadas a partir de dados complexos têm definido o comportamento governamental, independentemente de quem esteja na situação. A política educacional tem mantido em permanente atualidade as fundamentais discussões: Educação para quê? Para quem? Como? Custos? Resultados? Implicações?

Exemplos de conteúdo do Relatório do NACAE

Após esses dados mais genéricos, alguns exemplos que esse relatório contém sobre programas específicos, desenvolvidos e acompanhados poderão ilustrar algumas atividades direcionadas às populações carentes. A executora do programa para adultos, chamado *Operation Mainstream*, definiu-o como "o sucesso de levar uma pessoa de onde ela se encontra até onde ela deseja ir"; dessa forma, procurou explicar que o programa objetiva transformar adultos analfabetos em pessoas aptas a entrarem no fluxo de atividades da sociedade, como cidadãos alfabetizados e produtivos.

O voluntariado facilitou a viabilização desse programa, cuja dinâmica prevê o ensino do inglês a norte-americanos e a estrangeiros, como segunda língua. A operacionalização previu o aproveitamento da proximidade de residência dos instrutores e de seus alunos para facilitar os encontros[68].

O segundo programa, dessa vez ilustrando formas de educação e apoio aos refugiados, é o *China Town Resources Development Center* (CRDC), dedicado a treinar e encaminhar para o trabalho os imigrantes da Ásia, entre 16 e 55 anos de idade[69].

---

68   National Advisory Council on Adult Education (NACAE), "Annual Report to the President of the United States", p. 19.

69   National Advisory Council on Adult Education (NACAE), "Annual Report to the President of the United States", p. 21.

Além disso, um programa especial para deficientes mentais, com idades entre 18 e 65 anos, faz parte das iniciativas: Educação Compensatória. A fundamentação desse programa coloca essas pessoas na situação de ter direito à igualdade de oportunidades, compartilhando dificuldades e benefícios da vida na comunidade[70].

Simples e criativo é o último exemplo citado no referido relatório: apoio educacional à população carcerária. O programa chamado *Newspapers in Education Project* teve como criadora e organizadora Janet Fenholt. Trata-se de um programa que leva os encarcerados a aprenderem e a ensinarem seus colegas a ler, utilizando jornais. "O povo não precisa pagar impostos para este fim", diz ela, e "o pouco material necessário é doado por grupos religiosos e cívicos".

O referido relatório contém endereço e telefone da coordenadora desse programa, para os que desejarem mais detalhes.

A situação do governo, diante das decisões de política educacional, dificilmente é confortável, pois elas causam impacto no setor privado, o que ainda pode acarretar maior ônus para o Estado. Não é possível separar os dois setores na prática, pois medidas que o governo toma em relação ao setor público dificilmente não modificam a conjuntura do setor privado. Por isso, pequenos programas eficientes e criativos podem, a baixo custo, minimizar algumas dessas implicações problemáticas.

Todavia, o atendimento a adultos, estudantes não tradicionais e famílias de menor renda não se restringe à chamada educação para adultos, incluindo o ensino profissionalizante. É nesse momento que os *community junior colleges* desempenham um papel preponderante.

Contribuição dos *Community Junior Colleges*

Em relação aos jovens que buscam ensino superior de curta duração, o problema também parece não ser simples.

---

70 National Advisory Council on Adult Education (NACAE), "Annual Report to the President of the United States", pp. 22-24.

O sucesso dos *Community Junior Colleges*[71] tem sido visto, mais recentemente, por alguns autores, como ameaçado. A necessidade de fundos parece ser a razão principal.

Em março de 1986, foi editado o volume "Controvérsias e tomada de decisões em tempos de dificuldade econômica", no qual são apontados e discutidos problemas enfrentados pelos *junior colleges* em seus programas de dois anos. Pontos críticos, como os citados nos parágrafos anteriores, são colocados de forma categórica, como "não há mais condições de arcar com o idealismo dessas instituições abertas a qualquer estudante"[72], ou sugerindo soluções, como a contratação de cada vez maior número de professores em tempo parcial[73].

Em sua cativante introdução ao volume citado, Billie Dziech demonstra que dificuldades econômicas não são novidades e que elas nunca levaram os educadores a abdicar de sua crença na educação. Também acredita que a criatividade deve ser exercitada e a necessidade costuma facilitar isso. Define o livro como um exemplo de levantamento de dificuldades e de sugestões, visando a sugerir soluções realistas.

Para ele, a realidade nunca chega a ser insuportável, mas assusta pelo seu dinamismo. Conclui que o difícil, em relação à realidade, é que "ela muda muito mais rapidamente do que nós"[74].

---

[71] Conforme abordado, o *community junior colleges* oferece cursos que se assemelham à nossa formação de tecnólogos, além de servir de transição a alunos que desejam ingressar em cursos de longa duração nas universidades. A formação visa, essencialmente, à preparação para o trabalho, tanto no setor público quanto privado, dos quais essas instituições recebem solicitações e recursos de toda ordem. Além disso, oferecem vários tipos de serviços e programas de reciclagem para profissionais, das mais diversas áreas.

[72] Billie W. Dziech (ed.), *Controversies and decision making in difficult economic times* (San Francisco, Jossey-Bass Inc., Publishers, 1986), pp. 33-41.

[73] Billie W. Dziech (ed.), *Controversies and decision making in difficult economic times*, pp. 7-14, 23-32.

[74] Billie W. Dziech (ed.), *Controversies and decision making in difficult economic times*, pp. 1-2.

Quando se comenta o impacto de qualquer medida governamental sobre o setor privado, mesmo que ela tenha sido destinada diretamente ao setor público, é necessário completar que este representa apenas um tipo de impacto.

Os doadores privados, quer individuais, quer institucionais, não têm ficado imunes a um grande número de interferências, vantagens de retorno e, também, de alguns ônus, além dos financeiros, como: compromissos de contrato, responsabilidade social, vínculos políticos, etc. A polêmica é permanente e as pesquisas sobre o tema são constantes. Interpretações sobre as reais intenções e os efeitos das doações também são muito discutidas. Matlin, por exemplo, cita interpretações como: "há um preponderante número de análises que não parecem livres de certa maquilagem de interesse pessoal. [...] Em certas ocasiões, as doações filantrópicas têm deixado o doador mais rico do que se ele tivesse sido menos generoso"[75].

É, pois, possível concluir que as inúmeras inter-relações que Balderston cita quanto às instituições de ensino superior e seus elementos internos e externos ocorrem na mesma intensidade com relação aos doadores. Tais inter-relações poderiam produzir vantagens e interesses em um fluxo circular que acabaria beneficiando todos os elementos envolvidos.

Para alguns, o altruísmo seria uma característica do espírito empresarial. Talvez, o próprio conceito de espírito empresarial inclua uma dose de altruísmo que a visão empresarial gere. O importante, na verdade, são as vantagens que essas interações têm trazido às partes envolvidas, não excluindo a prosperidade.

O que parece bastante claro é que a educação esteve e está incluída no projeto do estado e da nação norte-americana, bem como das instituições privadas. De alguma forma, medidas para melhoria da economia e da vida em geral historicamente passaram pela questão da educação.

---

[75] Norman Matlin, *The educational enclave, coercive bargaining in colleges and universities*, p. 217.

Alternativas diante das dificuldades financeiras

Há, tradicionalmente, disponibilidade de diversas publicações que listam e oferecem várias informações sobre fundações que trabalham com numerosas modalidades de apoio a instituições ou a indivíduos. Para se ter uma ideia do quanto elas são numerosas e a que causas se dedicam, seguem alguns exemplos. Segundo o guia editado por Margaret T. de Bettencourt, em 1972, Washington D.C. contava com direcionadas a apoiar as seguintes atividades:[76]

Bem-estar social	Religião
Educação	Internacional
Humanidades	Ciências
Saúde	

Fundações desse tipo espalham-se por todo o território do país. A seguir, há alguns exemplos a título ilustrativo. Entre os estados em que as fundações são numerosas, um bom exemplo é o estado do Maine. O número de suas fundações públicas é de 249 e privadas, 92[77], conforme dados relativos ao início da década de 1980.

O estado de Michigan, em 1973, contava com 553 fundações, divididas em dois tipos, as que forneciam quantias superiores ou inferiores a 50 mil dólares[78].

O estado de Connecticut conta com 853 fundações privadas, que geralmente trabalham com *grants* e dão muita ênfase à educação[79].

Há também fundações católicas que, em 1973, somavam 336, distribuídas por 48 estados, com exceção de Alaska e Vermont. Em Washington D.C., contavam-se 12 fundações, entre grandes e pequenas.

---

76 Virginia White, *Grants:* how to find out about them and what to do next, p. 143.

77 Virginia White, *Grants:* how to find out about them and what to do next, p. 143.

78 Virginia White, *Grants:* how to find out about them and what to do next, p. 145.

79 Virginia White, *Grants:* how to find out about them and what to do next, p. 143.

As instituições católicas geralmente se organizam para apoiar as seguintes áreas: Saúde, Bem-estar Social e Educação[80].

Escolas Católicas e Escolas Públicas
As instituições católicas também vêm encabeçando a lista das que se dedicam à educação. A ênfase da participação do catolicismo na educação encontra-se na infância. Para avaliar a abrangência dessa atuação, mais de 75% das escolas privadas dedicadas ao primeiro grau são católicas.

Ao leitor interessado na organização das instituições educacionais católicas, o livro de Francis Cassidy é uma boa opção[81].

O interesse por matricular crianças nas escolas privadas sofre oscilações e, segundo o National Center on Education Statistics e os estudos de George Gallup desde 1969, há uma correlação entre o nível de insatisfação em torno do ensino público e a procura pelo ensino privado[82].

No entanto, as matrículas em escolas católicas também têm oscilado[83]. De 1965 a 1975, por exemplo, houve um declínio de 6,3 milhões para 4,5 milhões no número total de matrículas nas escolas privadas, a maioria nas escolas católicas[84].

As pesquisas revelam que as populações das cidades pequenas vêm demonstrando maior confiança no setor de ensino público do que os residentes nos grandes centros urbanos. Além das críticas ao ensino propriamente dito, George Gallup revela uma mudança de atitudes da população em sustentar o ensino público. No final da década de 1970, início de 1980, muito se discutiu se os idosos e as pessoas sem filhos deveriam contribuir

---

80   Virginia White, *Grants*: how to find out about them and what to do next, pp. 145-146.

81   Francis Cassidy, *Catholic college foundations* (Washington, D.C.: Catholic University of America, 1924).

82   David W. Breneman e Suzan C. Nelson, "Education for the 1980", p. 211.

83   Em 1981, o professor Walter William, da Universidade de George Mason, ressaltava a eficiência do ensino nas escolas católicas.

84   David W. Breneman e Suzan C. Nelson, "Education for the 1980", p. 211.

ou não, por meio de impostos, para a rede de escolas públicas[85]. Aliás, essa atitude não se restringiu ao ensino público, mas se revelou em relação a algumas outras, como o metrô na área de Washington capital. Entrevistas pela TV e discussões pelos jornais abordavam o tema, quem deve pagar a obra do metrô, o cidadão que não é usuário?

Contudo, em toda essa celeuma, Gallup atenta para o fato de os cidadãos, em geral, não apresentarem mais uma boa disposição em assumir o ônus do ensino público, a não ser que diretamente interessados[86]. Talvez, isso indique mais uma meta aos educadores: conseguir uma nova mudança de atitudes, no sentido de reforçar a compreensão da necessidade e do valor de uma rede de ensino público eficiente e disponível a todos.

Fundos para Educação e Pesquisa, tipos e opiniões

Retomando as instituições provedoras de fundos, torna-se importante esclarecer que essas instituições não se restringem ao território norte-americano, mas também se localizam no exterior. Exemplos disso são instituições localizadas no Canadá, na Europa, na Áustria, na França, na Alemanha, no Reino Unido e na Suécia. Podem ainda ser citadas instituições na América Latina e na Nova Zelândia[87].

Há autores que se dedicaram ao estudo de essas instituições, entre eles, publicados para leitura, os citados a seguir.

A quem interessar um relato sobre a vida das primeiras fundações de apoio ao ensino superior, o livro de Ernest V. Hollis, intitulado *Philanthropic foundations and higher education*, é muito indicado[88].

Para os que desejarem compreender que críticas são feitas a essas instituições, o livro de Joseph C. Goulden, *The money givers*, será útil[89].

---

85 David W. Breneman e Suzan C. Nelson, "Education for the 1980", p. 209.

86 David W. Breneman e Suzan C. Nelson, "Education for the 1980", p. 209.

87 Virginia White, *Grants: how to find out about them and what to do next*, pp. 148-50.

88 Hollis Ernest V., *Philanthropic foundations and higher education*; Frederick P. Keppel, *The foundation it's place in American life*, Transaction Publishers (January 1, 1988).

89 Joseph C. Goulden, *The money givers* (New York: Random House, 1971).

O ex-presidente da famosa Carnegie Corporation, de Nova Iorque, também escreveu sobre o assunto. Seu nome é Frederick P. Keppel e o livro é *The foundation it's place in American life*[90].

Além de análises cobrindo 33 das maiores fundações abordadas por Waldemar A. Nielsen, em *The big foundations: twentieth century fund study*, há livros que se propõem a projetar a atuação dessas instituições, como *The foundation in the year 2000*, de Alan Pifer[91].

Editado em 1970, o livro de Thomas Reeves seleciona mais de 20 trabalhos, tanto de críticos como de promotores de fundações, falando sobre propaganda, política, taxas, responsabilidade pública, capital de risco, entre outros aspectos, na história dessas fundações.

Principalmente a partir de 1940, percebeu-se que os industriais começaram a verificar a interdependência entre os recursos humanos que as instituições de ensino superior poderiam gerar e as necessidades e os interesses deles próprios quanto à mão de obra especializada. Isso contribuiu para um considerável aumento no apoio ao ensino superior. Virginia White transforma esse apoio em dólares e apresenta os seguintes dados: o apoio financeiro ao ensino superior de 24 milhões de dólares, em 1947, subiu para 375 milhões de dólares, em 1969. Conhecendo-se as baixas taxas de inflação nos USA, verifica-se o grande salto ocorrido. No entanto, a autora também explica que o ano de 1972 caracterizou-se pelo escasso apoio, enquanto 1974 revelou-se um ano recorde, elevando a quantia de 365 milhões para 425 milhões de dólares, em apenas um ano. Assim, Virginia White procura estabelecer uma expectativa de relação direta entre necessidade de mão de obra e apoio ao ensino superior para as próximas décadas[92].

Por mais surpreendente que possa parecer – considerando-se as redes de informação e o nível de informatização do país –, a legislação de incentivo a doações para a educação não é considerada eficiente nos Estados Uni-

---

90   Frederick P. Keppel, *The foundation it's place in American life*, Transaction Publishers (January 1, 1988).

91   Alan Pifer, *The higher education of blacks in the United States* (New York: Carnegie Corporation of New York, 1973).

92   Alan Pifer, *The higher education of blacks in the United States*, p. 160.

dos. Já na época do presidente Lyndon Johnson, essa opinião era bastante comum. O próprio Johnson, até mesmo, citou a incrível existência de leis que limitavam o apoio financeiro que a indústria e o comércio poderiam dar à causa da educação. Contudo, ele fez um apelo para que os empresários analisassem a realidade, pois, em 1973, eles estariam utilizando apenas 75% da possibilidade de isenção de impostos a que teriam direito por aplicações na educação. Na atualidade, essas questões continuam sendo retomadas, inclusive quanto às reações de Lyndon Johnson contra a pobreza e a discriminação racial, além dessas mesmas reações contra a pobreza pelo prefeito de Nova Iorque, em 2013, e em pesquisa pela Universidade de Michigan, especialmente em "lares monoparentais". A essas graves questões, somam-se as preocupações de Barack Obama com a gritante má distribuição de renda e as difíceis soluções ao seguro desemprego, segundo publicação da Agence France-Presse (AFP), em 7 de janeiro de 2014.

O que se confere é que democratas e republicanos continuam a não se sintonizar diante dessas questões sociais, para as quais a solução sempre apontada foi a educação, como caminho para a qualificação educacional. Johnson já apontava que, em muitos casos, ainda "nem a possibilidade de dedução de impostos" estimulava associação[93] à causa, embora a cultura norte-americana tenha histórica tendência a doações.

O que se pode concluir é que o cenário continua desafiador. Daí muito trabalho político e educacional pela frente, além de muitos procedimentos criativos, legais e precisos para a categoria profissional a que Virginia White se dedica.

Virginia White, porém, não acredita na fidelidade de dados sobre doações baseados apenas em dinheiro, explicando que "doações em espécie, como equipamentos, por exemplo, elevariam consideravelmente as estatísticas"[94].

É importante conhecer o apoio da iniciativa privada, mas não se deve esquecer a atuação governamental.

---

93 "Pobreza persiste nos EUA 50 anos após guerra declarada por Johnson". Disponível em: http://www.em.com.br/app/noticia/internacional/2014/01 jul. interna_internacional,485594/pobreza-persiste-nos-eua-50-anos-apos-guerra-declarada-por-johnson.shtml. Acesso em: 22 fev. 2015.

94 Virginia White, *Grants*: how to find out about them and what to do next, pp. 160-61.

Quanto a *grants* federais, por exemplo, atingiram mais de 80 bilhões de dólares em 1980[95].

George Break comenta que *grant*, na modalidade de *categorical grant*, representa para o Congresso mecanismos que facilitam direcionar metas, apoiando determinados programas. Além disso, tornaria fácil o controle objetivo de fundos. Break conclui que essa forma parece muito mais eficaz em termos de controle político sobre os beneficiados do que o seria a alternativa não desejada de um corte.

Poderá interessar ao leitor o conhecimento dos programas que cobrem a maioria dos mecanismos de apoio financeiro, quer institucionais, quer individuais, no âmbito do Departamento de Educação e âmbito Federal, em geral. Esses programas são:[96]

- Basic Grants (BEOG);
- Supplemental Grants (SEOG);
- Federal Matching Grants States (SSIG);
- College Work – Study (CWS)[97];
- National Educational Local Bank (NELB);
- Federal Direct Lending (NDL);
- Insured Lending (GSL);
- Title III. Strengthening Developing Institutions;
- Special Remedial Programs (TRIO);
- Federal Merit Scholarship Programs;
- Social Security Education Benefits for Students in College;
- Veteran's Education Benefits[98].

---

95 George Break, "Inter-governmental fiscal relations", *Setting National Priorities for the 1980s*, p. 250.

96 Sloan Commission on Government and Higher Education, "A program for renewed partnership", p. 160.

97 Essa modalidade vem sendo muito utilizada. O estudante presta serviço de diversos tipos à própria instituição em que estuda em troca de instrução, e o Estado apoia o programa.

98 A participação dos Estados Unidos em vários conflitos, especialmente no Oriente, levou o governo federal a legislar sobre a educação para os veteranos de guerra. A partir

Peculiaridades dos *Grants*

Embora a modalidade de *grants* seja considerada levando a diretrizes políticas e servindo a interesses nacionais, os benefícios previstos devem ser locais e, por isso mesmo, uma parte do dinheiro é usada para cobrir custos dos programas.

Esse ponto é muito bem colocado, em nível institucional, por Balderston. O autor alerta quanto a um erro muito comum em gerenciamento. Segundo ele, é comum pensar que "um programa qualquer será montado com os recursos existentes e que ele não vai custar nada" para a universidade que o receber. Para exemplificar, o autor cita programas de doutorado, profissionalizantes, experimentais e tantos outros, com fundos de empresas, experimentais, etc., para então concluir: "a implementação de qualquer programa produz elevação de custos e isso precisa ser computado em todo planejamento educacional, em qualquer ocasião"[99]. Essa elevação acontece, por exemplo, pelo simples fato de estar sendo realizado naquele local ou por envolver seu pessoal, independentemente do nível, ou pelo fato de utilizar equipamento, material e serviços complementares, por mínimos que sejam.

Break explica que, nesse ponto, o controle começa a ficar complicado e, na prática, as implicações não são tão claras quanto na teoria. Quando o apoio é dado por meio de fundos federais, as necessidades e os interesses são locais, mas há política federal atuando em todo o país por esses mecanismos. No momento operacional, costumam surgir muitas questões sobre justificativas econômicas e políticas dessas transações. Assim, explica Break: "se o desenvolvimento de eficiência operacional local é por si próprio uma meta nacional, subsídios federais fazem sentido; caso contrário, eles são decididamente questionáveis"[100].

---

da década de 1960, os *community junior colleges* tiveram grande expansão, sobretudo em virtude dessa necessidade.

99   Frederick E. Balderston, *Managing today's university*, pp. 143-144.

100   George Break, "Inter-governmental fiscal relations", p. 251.

De qualquer forma, George F. Break considera os *federal grants* "o sangue vital do federalismo fiscal na democracia". Ele explica esse mecanismo como um complexo de pragmatismo, política e princípios[101]. Por meio dele, de seu posicionamento e de criatividade para exercícios e finalidades diferentes, observam-se tanto habilidade gerencial diante da burocracia pública como nítido e amplo espaço para a iniciativa privada.

Algumas peculiaridades das contribuições privadas
Entre as fundações privadas, há aquelas que são patrocinadas e gerenciadas sob responsabilidade exclusiva de uma empresa. Quanto a essas instituições, não há padronização nos procedimentos, cada uma delas trabalhando em estilo próprio. Essas instituições representam uma forma direta de efetuar doações, tanto em apoio a trabalhos individuais quanto institucionais. Quando o fazem a instituições, porém, raramente apoiam as privadas e algumas dessas fundações são proibidas de fazê-lo. A posição adotada, em geral, é a seguinte: elegem instituições que gozam de isenção de taxas e beneficiam-se por meio de dedução de impostos.

As vantagens que Virginia White enumera para cada empresa promotora, em relação a essas fundações empresariais, são, em resumo:
- Podem estabilizar suas doações desvinculando-as de flutuações de seus lucros anuais;
- Facilitam uma melhor administração, por colocarem a responsabilidade das doações sobre indivíduos em específico;
- Oferecem maior amplidão ao desenvolvimento de programas, facilitando planejamento a longo prazo;
- Permitem benefícios nas taxações;
- Beneficiam a imagem da empresa[102].

Embora o conhecimento desses benefícios não seja considerado bom, vários são os fatores que, durante o tempo, vêm estimulando o interesse pela educação. Além das lições das guerras sobre a responsabilidade so-

---

101 George Break, "Inter-governmental fiscal relations", p. 249, ênfase adicionada.

102 Virginia White, *Grants:* how to find out about them and what to do next, pp. 161-162.

cial da indústria, existe a possibilidade das vantagens do retorno para a empresa, tanto em isenções quanto em disponibilidade de mão de obra, especializada em desenvolvimento de programas de pesquisa do interesse de cada indústria, com o apoio da universidade.

O tema guerras, no contexto norte-americano, é recorrente entre autores de formações as mais diversas, o que justamente pode fortalecer uma melhor compreensão da complexidade que envolve uma leitura socioeconômica, política e cultural, implicando todas as áreas da atividade e do pensamento humano, com suas consequências, em geral, devastadoras. O artigo de Ruggie, publicado na *International Regimes* citado nas referências, é uma opção interessante.

A diferença de opiniões entre os críticos educacionais também é muito evidente quando se trata da questão: interesses e atuação das empresas na educação. Enquanto alguns aplaudem as iniciativas, outros as observam com parcimônia, analisando os dois lados da questão, o altruísmo e o retorno financeiro. Outros, ainda, adotam posicionamentos radicais, visualizando amplos interesses das empresas na criação de fundações como forma de influenciar profundamente no desenvolvimento do sistema educacional norte-americano[103].

Para adeptos dessa posição, a função que a escola vem exercendo seria "terrível": a "manipulação dos futuros cidadãos" para transformá-los em meras peças de um maquiavélico "jogo de massificação", visando ao desenvolvimento de uma sociedade envolvida pelo "ciclo produção/consumo"[104].

Embora posições radicais tenham ocorrido durante toda a trajetória histórica da educação nos EUA, os exemplos nessa direção não têm sido numerosos. Contudo, tanto radicalismos de direita quanto de esquerda têm frequentemente encontrado fortes opositores, tornando os debates acirrados e públicos.

Há retornos verificáveis para as empresas, em isenções e em disponibilidade de mão de obra especializada e desenvolvimento de progra-

---

103 Clarence Karier, *Shaping the American educational state*, p. 9.

104 Clarence Karier, *Shaping the American educational state*, p. 9, ênfase adicionada.

mas de pesquisa específicos de cada indústria, em decorrência do apoio à universidade.

Os pronunciamentos sobre esses pontos têm sido claros, tanto enfatizando a responsabilidade social quanto afirmando que há muitas formas de apoiar as universidades para programas de interesse mais imediatos e, também, para projetos de pesquisa a longo prazo. Há, ainda, os que indicam o fato de que o setor público não poderia arcar com todo o ônus, ao mesmo tempo em que alertam para a questão do quanto as empresas necessitam da universidade[105].

Na verdade, por mais que a experiência venha facilitando a integração empresa-escola, o governo venha aprofundando sua conscientização quanto ao seu papel na educação e a energia e determinação que a sociedade venha empregando em suas reivindicações, colaborações e iniciativas, a problemática educacional não se torna facilmente equacionável. A complexidade, a amplidão e a diversificação de sua realidade, aliadas ao dinamismo que a conjuntura socioeconômica vem lhe impondo, não permitem soluções simples.

Além disso, seria ingênuo apostar na homogeneidade da cultura norte-americana – a divisão política bipartidária; na verdade, as duas grandes frentes são apenas a ponta do *iceberg*.

Soma de esforços Públicos e Privados

Aparece, como elemento comum aos estudiosos de política na educação, aos órgãos governamentais e a significativos representantes da classe política norte-americana, a consciência de que educação é vital ao país e às pessoas. Além de ser vista como importante, é compreendida como atividade complexa. Apesar de ser, por um lado, dispendiosa, de outro, é considerada necessária à saúde da economia do país. Diante do reconhecimento desse contraste, e de muita discussão – chegando por vezes a severas críticas e a ataques bem direcionados –, a ação final tem sido somar esforços do setor público aos do setor privado. Enquanto isso, especialmente durante a formação profissional, educadores trabalham na aber-

---

105 Clarence Karier, *Shaping the American educational state*, p. 164.

tura de novos espaços para diferenças individuais, novos conhecimentos, formas e métodos de abordá-los, no ensino e na pesquisa.

Diante dos inúmeros tipos de apelos representados pelas mais diversas formas de apoio financeiro, sintetizadas neste livro, o peso e a diversificação das interferências recaindo sobre as instituições de ensino superior, em geral, não parecem nada desprezíveis. Daí poder concluir que especialmente duas características serão essenciais à manutenção da missão de cada instituição de ensino superior: por um lado, a viabilidade de seus objetivos; por outro, a competência para concretizá-los.

Tudo indica que a compreensão da missão de cada instituição pelo seu próprio pessoal facilitará a neutralização de interferências indesejáveis e reforçará a argumentação junto aos provedores de fundos. O grau de confiabilidade da instituição solicitante, quanto à clareza de seus objetivos e metas, aliado a um passado de realizações e aos valores que orientam suas ações, será o argumento mais eficiente na sensibilização do investidor, público ou privado.

Eficiência Administrativa e Gerencial

Propósito claramente formulado por políticas governamentais, nos três níveis, posicionamentos claros e determinados de educadores em instituições privadas e objetivos bem definidos pelo setor empresarial vêm sendo constantemente buscados, visando à liberação e a administração de fundos para o ensino superior.

Além da criatividade, quanto a numerosos mecanismos de suporte financeiro à educação e à pesquisa – minimizando os entraves burocráticos e aliviando as limitações naturais do setor público –, a capacidade gerencial vem se revelando uma característica cultural do povo norte-americano. Esse tipo de habilidade tem permitido um bom grau de eficiência no emprego desses fundos.

Boorstin ressalta a tendência do norte-americano à ação e à atividade executiva, o que se verifica em cada empreendimento que a história revela. Em relação à educação, a fase preliminar de qualquer programa sempre gerou muitos debates e os posicionamentos filosóficos diante de cada questão sempre suscitaram polêmica, mas não prescindiram de uma aguda percepção administrativa que cobrisse o gerenciamento detalhado de cada proposta, nos mais diversos níveis de execução.

Essa habilidade gerencial vem permitindo que, mesmo na dinâmica dos ciclos conjunturais que levam as instituições educacionais a oscilarem entre a plena prosperidade e vários tipos de dificuldades, inclusive financeiras, a situação tenha sido mantida sobre controle.

A qualidade do gerenciamento em algumas áreas econômicas também foi apresentada como motivação para o desenvolvimento de novas áreas de formação acadêmica.

Por exemplo, Hofstadter acredita que, quando as faculdades de Agricultura surgiram pela legislação de doação de terras (*land grants*), dois aspectos dificultaram a sua eficiência, nos primeiros anos. Em primeiro lugar, o fato de a medida ter partido do Estado, de forma normativa, de cima para baixo, deixando consequentemente o ônus e as iniciativas de dinamização da nova alternativa concentradas nas mãos do governo. A segunda causa citada pelo autor é a situação de atraso e desorganização do setor agrícola nos estados antes da Primeira Guerra Mundial. O próprio estímulo a uma melhor formação para os alunos de segundo grau nas áreas rurais ficou diluído, em virtude do atraso do contexto em que essas escolas estavam inseridas. A partir do momento em que os envolvidos, como o setor agrícola, começaram a perceber condições para bons negócios, em termos de lucro e expansão, o seu interesse por conhecer novas técnicas, tanto em agricultura quanto em gerenciamento, os levou a comparar suas atividades às de comerciantes prósperos e experientes. A partir de então, o desejo e o empenho por conhecimentos, práticas, procedimentos e habilidades, diante das novas perspectivas de melhores dias, geraram condições e clima estimulante, que impulsionaram o crescimento e o aperfeiçoamento das faculdades de Agricultura no país[106].

Esses fatos demonstraram, mais uma vez na história da educação superior nos Estados Unidos, a importância do papel desempenhado pelo empresariado; nesse caso específico do empresário do setor agrícola, assegurando o sucesso de novas alternativas curriculares. A interação empresa-escola originada da necessidade de dominar técnicas, processos e procedimentos, aliada à confiança no suprimento dessas necessidades,

---

106   Richard Hofstadter, "The transition from college to university", p. 7.

por meio do ensino, fortaleceu novamente ambos os setores, a educação e a economia. Consequentemente, foram evidentes os benefícios decorrentes para o país, os agricultores e seus filhos.

Por volta de 1850, além das atividades agrícolas e manufatureiras, outras tomaram lugar e em ritmo acelerado. Dentre elas, especialmente a mineração[107].

Em vários pontos do território, a atração por esses empreendimentos levou muita gente nova a inúmeras localidades. Embora a máquina governamental tenha sido bastante reduzida, em contraste com a aglomeração de pessoas em busca de trabalho ou ganhos mais fáceis, os índices de criminalidade não foram elevados[108].

É interessante que essa é uma correlação histórica. Na noite de 14 de agosto de 2003, no canal Globo News, o jornalista Alexandre Garcia convidou dois especialistas em criminalística, inclusive um professor doutor na área, para um debate ao vivo, e este narrou que, nos Estados Unidos, quando a situação econômica não era favorável, a criminalidade tendeu, historicamente, a baixar.

A forma encontrada para administração pública foi a de atribuições e funções temporárias, para o atendimento de um grande número de necessidades. Passada a permanência, as funções eram desativadas[109].

Essa prática de não inflar o setor público irreversivelmente caracteriza a cultura de gestão norte-americana.

Contudo, a iniciativa das próprias comunidades permitiu uma organização bastante boa, mesmo nos casos de justiça. Julgamentos eram frequentes e ocorriam dentro de princípios e critérios estabelecidos. A participação da população era intensa, punições eram aplicadas e sentenças cumpridas estritamente. A tranquilidade das vilas era considerada de valor inestimável[110].

---

107 Daniel J. Boorstin, *The Americans. The national experience*, p. 83.

108 Daniel J. Boorstin, *The Americans. The national experience*, pp. 85-86.

109 Daniel J. Boorstin, *The Americans. The national experience*, pp. 85-86.

110 Daniel J. Boorstin, *The Americans. The national experience*, pp. 86-88.

Uma frase pode sintetizar a realidade da situação: "os crimes eram raros, mas punições eram certas"[111].

As exigências de cumprimento estrito das normas e o respeito a tradições e valores da sociedade, tão exercitados pelas dominações religiosas e, consequentemente, nos antigos *colleges*, foram aplicados no dia a dia das novas comunidades e suas organizações de trabalho.

As aspirações dos norte-americanos em estimular o surgimento de uma classe trabalhadora, cuja mobilidade social e geográfica fosse uma característica, acabou por gerar novos tipos de empreendimentos. A busca de trabalho dos mais diversos tipos oportunizou o desenvolvimento dos transportes e da hotelaria. Boorstin, em *The national experience*, comenta os efeitos psicossociais dos meios de transporte sobre a sociedade, oferecendo oportunidade de interação entre pessoas dos mais diversos pontos do país e de diferentes condições socioeconômicas. Para os mais aristocráticos, isso pareceu inadequado e desconfortável, mas aquela sociedade, que já não trazia experiência feudal, foi reforçando características cada vez mais distintas daquelas da sociedade europeia.

Nesse sentido, Daniel Boorstin recomenda o livro *North America*, de Anthony Trollope, pela riqueza de informações e curiosas passagens referentes aos hotéis da época, isto é, a partir de meados do ano de 1800. Trollope qualificou aquelas instituições como um caso à parte, em termos de empreendimentos, tanto pelo número quanto pela qualidade e diversificação de serviços oferecidos, inclusive de lazer[112].

O espírito empresarial e a capacidade gerencial dos norte-americanos têm sido características que independem da época.

Em razão desse fator, o desconforto diante do estrondoso sucesso japonês dos anos de 1980, especialmente em administração e gerenciamento industrial, passou a representar um novo desafio na competição econômica dos Estados Unidos. Na verdade, o que parecia em jogo era mais uma questão de prestígio.

---

111   Daniel J. Boorstin, *The Americans. The national experience*, p. 86.

112   Daniel J. Boorstin, *The Americans. The national experience*, p. 141.

Desse passado não tão remoto de construção de um país, algumas conclusões podem ser tiradas para a compreensão de questões educacionais.

A rigidez de costumes impostos pelas denominações e o exercício da cidadania e da participação comunitária na época colonial devem ter facilitado, por um lado, a cobrança disciplinar e, por outro, a iniciativa de auto-organização e administração de cada localidade.

Criticadas ou apreciadas, todas essas experiências gerenciais e administrativas foram levadas, desde muito cedo, ao setor educacional.

Isso deve ter facilitado tanto a troca de experiências empresa-escola quanto a abertura das portas de faculdades e de universidades à administração por empresários, governadores e prefeitos. Esse foi o caso de Josiah Quincy, prefeito de Boston entre 1823 e 1828, que se tornou presidente da renomada Harvard, por 12 anos subsequentes[113]. O inverso também foi verdadeiro, pois empresários e governo habituaram-se a contar com a assessoria de professores e pesquisadores, bem como de instituições, especialmente de ensino superior, visando à eficiência de empreendimentos públicos e privados.

Capacidade gerencial é um elemento crítico em qualquer empreendimento. Em geral, a euforia gerada pelas ideias criativas e por posicionamentos idealistas, quando não chegam a concretizar-se, é porque se perderam nas malhas do gerenciamento deficitário. Quando esses insucessos levam os administradores ao raciocínio simplista de colocar a razão do insucesso sobre a estrutura organizacional, sem a ter dinamizado, as instituições correm o sério risco de se manterem ineficientes. Nessa situação, independentemente do mérito de novas diretrizes propostas ou de reestruturações organizacionais, mesmo que fundamentadas em teorias atuais e confiáveis, dificilmente produzirão os efeitos desejados. A própria compreensão dos conceitos de administração e gerenciamento

---

[113] Josiah Quincy foi tido como um administrador dinâmico, corajoso e eficiente. Enfrentou reformas polêmicas, como de presídios, exploração de menores e jogo. Além disso, administrou os serviços públicos com economia, transformando as ruas de Boston em agradáveis e limpos locais públicos. Daniel J. Boorstin, *The Americans. The national experience*, p. 44.

é importante para a correta atribuição de funções. Diferenças culturais também costumam afetar esses conceitos.

Administração, por exemplo, é um termo que costuma cobrir supervisão, governança e execução.

Educação, gerência e administração representam funções que, entre os norte-americanos, são bastante distintas.

Funções executivas costumam caracterizar-se por ações em direção ao atingimento de planos previamente formulados e regulamentados. Tais funções variam em nível hierárquico. Como exemplos de diferentes níveis de funções executivas, podem ser citados a presidência de um país, de uma universidade ou empresa, em contraste com a função executiva do negociante, que não se encontra na alta administração empresarial ou que dirige o seu pequeno estabelecimento. A esses, costuma-se tocar em atribuições como a execução de contratos, acordos ou contratos preliminares de negócios, que poderão resultar em futuras transações.

Funções gerenciais são mais frequentemente relacionadas à indústria e ao comércio do que ao setor público ou educacional. Carregam um peso menor de poder de decisão e menor complexidade de atribuições e papéis do que as funções executivas e administrativas.

O gerenciamento assume características diferenciadas nas instituições voltadas à pesquisa. O gerenciamento de projetos de pesquisa vem desafiando as habilidades de administrar pessoas e tempo. Essas atividades envolvem fases e etapas pouco previsíveis, dificultando os cronogramas. Além disso, há peculiaridades referentes a equipes multidisciplinares, nas quais a participação é ativa e de cuja autodisciplina, percepção de atribuições e papéis dependerá, em grande parte, o sucesso dos empreendimentos.

Todavia, as principais características do gerenciamento, em geral, são: o controle de custos, de direcionamento das ações, da forma de lidar com elas para atingir objetivos e metas bem específicos, acompanhamento constante do fluxo dessas ações e de sua eficiência, até os resultados. O hábito de retroalimentação fecha o ciclo.

Em virtude do fato de que a troca de experiências empresa-escola nos Estados Unidos tem sido historicamente intensa, modelos administrativos, incluindo procedimentos e mesmo atitudes similares, vêm sendo vivenciados por ambos os setores. Assim, o gerenciamento tem se tornado uma atividade comum nas universidades, em vários níveis e graus de complexidade, buscando eficiência e condições favoráveis ao bom andamento das atividades ensino/pesquisa.

Funções administrativas costumam ser bem mais amplas do que os dois conceitos anteriores. Caso se estabelecesse uma hierarquia de abrangência, viria a administração em primeiro lugar, depois a execução e, finalmente, a gerência. No entanto, se o critério da hierarquia for o *status*, os dois primeiros conceitos poderão, em alguns casos, inverter-se, por exemplo, a presidência de uma universidade, empresa ou país poderá ser mais importante em muitos aspectos do que seus colegiados, e vice-versa.

O que é certo é que a palavra administração refere-se a uma complexa função organizacional, que engloba de gerenciamento a execução. O grau de importância de cada uma dessas funções varia tanto quanto o grau de poder decisório que a administração possa deter de acordo com o tipo de organização na qual essa função seja exercitada.

Algumas características da administração tradicional são a simplicidade, o isolamento, a concentração ou centralização de decisão em um indivíduo ou pequeno grupo autoritário, a rigidez, o alheamento à opinião do grupo e a visão essencialmente técnica da função.

Em contraposição, podem ser citadas, como principais características de uma administração renovada, a flexibilidade, a ênfase no relacionamento humano, a consciência da importância da opinião do grupo sobre necessidades e papéis institucionais, sensibilidade aos problemas de qualquer área, compartilhamento no planejamento e tomada de decisões, liderança democrática e participatória e a sofisticação das atribuições da alta administração. A hierarquia, nesse caso, significa essencialmente responsabilidade.

Embora difíceis de definir e de apresentar de forma didática, se bem compreendidos na prática, estes três conceitos causam efeitos surpreendentes.

O papel de Eliot, Gilman e White[114] na presidência de grandes universidades no início da história dessas instituições, por exemplo, comprova o valor de uma eficiente *governance*.

---

114 Andrew D. White, *Autobiography* (London: Macmillan, 1905).

Foi também evidente, nesse sentido, a atuação de alguns presidentes dos Estados Unidos, como Kennedy e Reagan, embora as posições fossem quase opostas.

Quando o presidente democrata John F. Kennedy resolveu desafiar a inaceitabilidade de certos tipos de medidas, tradicionalmente consideradas pelo povo norte-americano interferências, ele confirmou o prestígio de seu governo e a clareza do papel do Executivo diante da administração governamental. Um bom exemplo foi a sua ordem às instituições governamentais diante da alta de preços do aço, para que "não recebessem as propostas de preço da U.S. Steel"[115]. A despeito do *status* daquela empresa e da amplidão de seus recursos, a U.S. Steel preferiu baixar os preços a enfrentar o corte.

O presidente dos Estados Unidos eleito, em 1980, foi o republicano Ronald Reagan, que sucedeu Jimmy Carter, o qual se empenhou por enfrentar pacificamente a crise com o Irã e que, segundo os republicanos, trouxe prejuízos à imagem dos EUA, em virtude da falta de liderança, mas que, no novo século, têm sido chamados, justamente em decorrência dessa postura, para mediar conflitos internacionais.

Reagan também surpreendeu um considerável número de analistas políticos, passadas as primeiras reações a algumas de suas medidas e posicionamentos, diante de aspectos como política externa, corrida armamentista e conflitos no Oriente Médio. Apresentando popularidade e boas condições para governar, mesmo com o impacto de problemas tão críticos quanto o caso Watergate, acabou por reeleger-se e eleger seu vice-presidente Bush, um novo presidente republicano. Na sequência, foi eleito um democrata, que gerou polêmica e mobilizou a mídia em torno de seus problemas particulares, enquanto governou com reconhecida habilidade, em termos de diplomacia internacional, somada a um clima interno de prosperidade econômica e de melhorias sociais.

O que se pode observar, por meio da história, é a importância da capacidade de liderança dos altos executivos e administradores em geral, em

---

[115] Norman Matlin, *The educational enclave. Coercive bargaining, in colleges and universities*, p. 35.

DESFILES Ronald Reagan Presidential Inauguration Parade, janeiro de 1981, Washington D. C. Desfiles são uma tradição do povo norte-americano, em grandes capitais ou pequenas cidades com intensa participação ativa ou assistência massiva. São elegantes, coloridas e vibrantes.

DESFILES Ronald Reagan Presidential Inauguration Parade, janeiro de 1981, Washington D. C. O entusiasmo pelos desfiles leva à participação jovens das mais diversas faixas etárias, bem como de assistentes, onde quer que ocorram no território nacional.

qualquer época ou lugar, mesmo que as ideias e motivações sejam muito distintas, como nos casos anteriormente citados.

Em decorrência da significância do fator "liderança" no sucesso em funções que envolvem responsabilidade e poder de decisão, as recomendações da National Commission on Higher Education Issues deixam bem clara a correlação estabelecida entre liderança e competência administrativa/escassez de recursos financeiros. Enquanto alerta sobre os riscos da qualidade do ensino superior, em virtude de cortes orçamentários previstos, em 1982, tanto no setor público quanto no privado, enfatiza a necessidade de um sistema de seleção e recrutamento eficientes, especialmente quanto à contratação para alta administração, funções executivas e gerenciais[116].

O capítulo sobre o papel da universidade na pesquisa tecnológica do relatório especial da Carnegie Foundation, publicado em 1985, introduz o assunto nos seguintes termos: "universidades não somente educam os líderes profissionais e gerenciais dos Estados Unidos, mas são o lar dos pesquisadores que produzem mudança social e tecnológica"[117].

A tradição de vincular viabilização e concretização de missões e objetivos institucionais à capacidade administrativa e gerencial, sobre as quais o fator liderança desempenha importante papel, é uma característica que vem acompanhando o desenvolvimento dos empreendimentos norte-americanos desde o período colonial.

Valor computado à formação empresarial

Um exemplo adequado para ilustrar essa posição é o do plantador Turner que, em meados do século 19, tratou de conscientizar seu estado de Illinois para a causa da educação. Seus argumentos baseavam-se na convicção de que toda sociedade civilizada era composta de duas classes distintas, mas não antagônicas: a dos profissionais (médicos, advogados, intelectuais e

---

116 National Commission on Higher Education Issues, "To strengthen quality in higher education", p. 1.

117 Frank Newman, *Higher education and the American resurgence. A Carnegie Foundation Special Report*, p. 111.

religiosos), que compreendiam 5% da população; e a classe dos empresários, que representava o restante. Turner computava grande parte de seu sucesso empresarial à contribuição da universidade e advogava que cada estado criasse uma universidade para a classe empresarial, aberta a todos, em uma concepção que entendia ser altamente democrática[118].

Simultaneamente ao respeito e à deferência diante da formação academicamente aprimorada em ciências, humanidades e tecnologia, o povo norte-americano foi desenvolvendo a consciência da necessidade de habilidades administrativas e gerenciais mesmo nas instituições educacionais. Embora os fortes indícios de aversão de muitos professores diante de medidas e práticas gerenciais no meio acadêmico, a necessidade frequente de fundos para ensino/pesquisa/educação modificou sensivelmente esses sentimentos. Na atualidade, parece bastante claro que da competência administrativa e gerencial dos profissionais que atuam no setor educacional depende, em grande parte, a própria qualidade da formação acadêmica.

Vale comentar, nesse momento, que, apesar da presença e da atuação clara, em especial dos *board of trustees*, na gestão das universidades, a figura de "presidência também tinha grandes responsabilidades relacionadas a fundos, quando as habilidades de gestão de alto nível eram altamente esperadas e atuantes. Embora o simbólico e substantivo representante legal fosse essencial à presidência, o foco predominante era encontrar mecanismos de apoio para definir a confiança em mudanças na instituição obtendo recursos, tornando aceitável o ritmo de seu desenvolvimento"[119].

Na verdade, essa posição parece ser ambígua, mas precisa ser muito bem compreendida, pois, nesse ponto, a cultura e as reações sociais eram tão fortes para aplaudir quanto para uma derrocada. Por um lado, certamente, a administração de uma universidade era composta por colegiados e departamentos tradicionalmente reconhecidos, atuantes e com funções claras, em especial os chamados *boards*; por outro, o que é preciso salientar é a importância de o prestígio, a comunicação, os contatos, o relacionamento e a postura do presidente serem insubstituíveis, pois

---

[118] Daniel J. Boorstin, *The Americans. The Democratic experience*, p. 483.

[119] Frederick Balderstone, *Managing Todays University* (San Francisco: Jossey-Bass, 1974).

ele também era considerado insubstituível se eventualmente algo fosse mal, em dado momento. A função de presidente era de grande *status* e até mesmo de esperada visibilidade, porém de grande risco, pois sua gestão, enfatizando a postura, era vital em qualquer universidade[120].

Essa expectativa e possível reação também eram percebidas em diferentes atividades na iniciativa privada, além de, obviamente, nas instituições públicas em geral. *Mismanagement*, uma palavra que não existe no idioma português, sempre foi interpretada como um alvo de alerta para altíssimo risco pelos norte-americanos em qualquer época ou campo de atuação.

A atenção toda especial a transações e administração, desde as primeiras propriedades e os *colleges* coloniais, avançando pela sociedade cada vez mais complexa de gerir, com sua economia diversificada e ágil, industrialização e pesquisa, certamente estimulou estudos em teoria e em prática na área, bem como farta literatura em *Management* e Estratégia em Gestão foi produzida, o que tornou seus autores conhecidos, lidos e discutidos no mundo inteiro e suas sugestões, casos, reflexões, métodos e ferramentas, empregados. Desde os vestígios da globalização com os movimentos portuários nos primórdios coloniais, seguidos da determinação e das necessidades de avanços para o Oeste, no imenso território, somados aos preparativos e às ações de guerras internas, foram exigidas dos norte-americanos disciplina e determinação, o que não foi praticado nem interpretado como ao estilo europeu, mas próprio ao contexto do Novo Mundo, algo a ser construído e administrado segundo os valores presentes na gente que assumia a nova terra.

O filósofo francês da atualidade, Paul Ricoeur, reconhece: "*college* o que de melhor existe no sistema norte-americano. [...] Quando pensamos no sistema norte-americano, pensamos geralmente nas universidades, [...] mas sua grande força reside em ter criado a instituição *college*"[121].

---

120 Ao leitor interessado na relação entre Estado e organizações de ensino superior, sugere-se: John S. Whitehead, *The separation of college and state*: Columbia, Dartmouth, Harvard, and Yale, 1776-1876 (New Haven: Yale University Press, 1973).

121 Paul Ricoeur. *A Crítica e a Convicção*: conversas com François Azouvi e Marc de Launay. Tradução de Antonio Hall. Lisboa: Edições 70, 2009, p. 74.

A lista de propostas de significativo número de autores, entre práticas, críticas e autocríticas, gerou farta literatura nos mais diversos aspectos e estilos de gestão, como: Argyris, Barnard, Bennis, Collins, Drucker, Fayol, Festinger, Ford, Gardner, Golleman, Handy, Herzberg Peters, J. Kotter, Kahn, Katz, Maslow, MAYO, McGregor, Porter, Schein, Schon, Simon, Taylor, além de vários outros. Isso tornou esse conhecimento rotineiro nas organizações de trabalho e de estudo, deixando na literatura internacional a marca indelével da cultura norte-americana em gestão e liderança.

Não ignorando as artes: contribuições
Em futura abordagem à cultura norte-americana, será necessário enfocar, com a devida amplitude, o espaço ocupado pelas artes, desde a arquitetura da Opera House do Texas até a disponibilização do Lincoln Center em Nova Iorque, a National Gallery of Art em Washington D.C., os acervos de museus em áreas as mais diversas, seus compositores eruditos, em música contemporânea, balé, teatro, e, sem dúvida, as artes cinematográficas – um mundo próprio de tecnologia e sensibilidade viajando pelos quatro cantos da terra, levando a fantasias, reflexões e cruas realidades.

O complexo do museu e pesquisa The Smithsonian, com suas 19 unidades, é o maior do mundo, contando com nove centros de pesquisa e o parque Zoológico Nacional. É composto por: African American History and Culture Museum; African Art Museum; Air and Space Museum; Air and Space Museum Udvar-Hazy Center; American Art Museum; American History Museum; American Indian Museum; Anacostia Community Museum; Arthur M. Sackler Gallery; Freer Gallery of Art; Hirshhorn Museum and Sculpture Garden; National Zoo; Natural History Museum; Portrait Gallery; Postal Museum; Renwick Gallery; Smithsonian Institution Building; The Castle; e Arts and Industries Building, localizado em Washington D.C.

Tendo em vista os limites deste livro, deixa-se, pelo menos, um breve registro sobre alguns desses importantes aspectos da cultura como arte.

Os norte-americanos são um povo musical. Tanto em gêneros populares, quando as inspiradas melodias dos negros, com seus *blues*, ganharam o mundo, bem como as *brass bands* e os pianos, trazendo tantos outros ritmos próprios e instrumentalistas que conquistaram fama internacional. Além disso, é preciso reconhecer compositores de música erudita que vão desde o clássico mais tradicional até os contemporâneos exuberantes, como nós brasileiros tivemos o nosso Villa-Lobos. Sensibilizados com as belezas naturais, as personalidades e os momentos históricos, compuseram peças que encantam o mundo da música em qualquer local do planeta.

Pródigos, em termos de casas de espetáculos populares e clássicos que vão dos musicais ao teatro clássico, chegando a 125 *opera houses*[122], destacando-se o Metropolitan Opera House em Nova Iorque, a mais antiga e maior *opera house*, fundada em 1880, localizada no Lincoln Center, oferecendo 3.800 lugares. O Lincoln Center, em Nova Iorque, é composto por um conjunto de casas de espetáculos em sofisticados arranjos arquitetônicos e recursos sonoros sutis, que oportunizam a divulgação das obras com refinamento[123].

Há a tradição de concertos ao ar livre não somente populares, mas eruditos.

É difícil apontar nomes dada à qualidade e quantidade dos eruditos contemporâneos, porém, a seguir, não poderiam ficar fora de qualquer indicação: Ferde Grofé, Aaron Coplan, Macdowell, Virgil Thomson, Leonard Bernstein, Gershwin, para citar uns poucos exemplos de compositores inspirados na natureza do país, como o Grand Canyon e Niagara Falls, em personalidades como Ford, momentos marcantes da história, como The Gettysburg Address, de Lincoln, além da cultura indígena ou o trabalho na nova terra, com o *The plow that broke the plains de Thomson* – um número elevado de compositores espalhou sonoridade pelo país desde os primeiros séculos até a atualidade.

A arte norte-americana pode partir de uma grande variedade de tambores indígenas, de uma flauta cujo design é próprio do país que inspira compositores e instrumentalistas, além de tradições militares, como a

---

122   "Opera houses in America". Disponível em: http://www.americanoperatheater.org/opera-houses/. Acesso em: 31 ago. 2014.

123   Os amantes de música e arquitetura certamente apreciarão as imagens do site a seguir. Disponível em: https://www.google.com.br/search?q=architecture+project+opera+house+texas&client=firefox-a&hs=GKU&rls=org.mozilla:en-US:official&channel=np&tbm=isch&tbo=u&source=univ&sa=X&ei=IUsDVPS-PHc7MsQTH14H0CA&ved=0CCEQsAQ&biw=1280&bih=887. Acesso em: 31 ago. 2014.

United States old gard fife and drums corps, sempre aplaudida em apresentações, cerimoniais e paradas festivas, com seus trajes vermelhos com plumas brancas, tradicionais da Revolução Norte-americana.

Museus dos naturalistas, como o Arizona Desert Museum, com plantas e animais da região, até o majestoso Smithsonian Institution, cobrindo inúmeras áreas em acervo de história à tecnologia, também oferecem mostras e concertos, incluindo o Museu dos Indígenas Norte-americanos, em que músicos, como o pianista Jerod Impichchaachaaha' Tate, da nação Achickasaaro, apresentam sua *performance* e tradições.

Fundada em 1929, a segunda maior *opera house* é a The Civic, em Chicago. Seu estilo *art-decô*, em construção de calcário de 45 andares, lembra uma cadeira gigantesca. O War Memorial Opera House, em São Francisco, na Califórnia, datado de 1932, foi construído em homenagem aos que lutaram na Primeira Guerra Mundial, acomodando 3.100 pessoas. Sua beleza interior conta com um candelabro e um artístico arco modelando o palco. Seu projeto possibilita assistir a três óperas diferentes em três noites seguidas. O John F. Kennedy Center for the Performing Arts, inaugurado em 1971, à beira do rio Potomac, acolhe 2.300 pessoas. É decorado com cortinas de seda vermelha e dourada e ostenta candelabro de cristal, ambos presentes do Japão e da Áustria, respectivamente. Ainda, vale incluir aos amantes da arte o Nancy Lee and Perry R. Bass Performance Hall, construído em 1998, o prédio mais importante do centro de Fort Worth. Para encerrar, o Bass Performance Hall, no Texas, e as edificações de *opera houses* nos Estados Unidos constituem um acervo de variada qualidade arquitetônica, além da considerável quantidade.

A arquitetura sempre destacou a cultura norte-americana desde a criatividade colonial para os *barns*, celeiros, nas cidades e fazendas, até chegar à imponência do Empire State Building em Nova Iorque, para ser enriquecida por novos e inusitados projetos. Destacam-se os de I M Pei, , filho de imigrantes chineses e nascido nos USA, internacionalmente reconhecido[124],

---

124   Ieoh Ming Pei, nascido aos 26 de abril de 1917, em Guangzhou, China, formado pelo MIT, pós-graduado por Harvard, recebeu prêmios e condecorações como Medal, AIA Gold Medal, Presidential Medal of Freedom, Pritzker Prize, Premium Imperial.

com obras arquitetônicas premiadas no país e no exterior, como a John F. Kennedy Library, a Ala Leste da National Art Gallery, em Washington D.C., a famosa Dallas City Hall, que, para ele, deveria revelar a imagem de seu povo, além de obras internacionais, como a China Tower, em Hong Kong, a Pirâmide de Cristal do Louvre, em Paris, e o Museu de Arte Islâmica, em Doha.

Além disso, seria necessário pelo menos um capítulo sobre as artes cinematográficas que movimentaram a população globalmente, tanto pelo conhecimento técnico e tecnológico desenvolvido e aplicado quanto pelas temáticas culturais as mais diversas, embrenhando-se pelo mundo. Somada à TV, esse tipo de arte traz tanto beleza e sonhos da arte quanto cruas manifestações da crueldade presente na realidade concreta. Essa etapa fica como sugestão para a retomada futura.

No entanto, como ignorar a poesia, os poetas, com suas mensagens peculiares tentando sacudir o espírito? Um fato que pode surpreender alguns é a receptividade do norte-americano aos poetas, seu reconhecimento e suas críticas, as tantas academias e premiações, o volume e a qualidade da produção, amplamente disponível ao leitor digital.

Para não ser redundante, apenas registro alguns poucos que chamaria de "inevitáveis", mesmo em um relance, como T. S. Elliot, com seu *background* profundo e amplo da poesia universal, da antiguidade à vanguarda, causando impactos e intrigando, em contraste com a semeadura de beleza e estímulo à reflexão sobre que mundo é esse em que vivemos, afinal?! Ultrapassando a poesia como compreendida tradicionalmente, vai à filosofia e religião do Ocidente ao Oriente, com maestria e fundamentação, deixando a herança de *The wast land*.

O grandiloquente Walt Whitman, em tom açambarcador de energia e paixão, busca mistérios da vida e de compreensão de seu país, com sua natureza pródiga enredada em suas pessoas, as mais distintas e, simultaneamente, as mais comuns. Com seu inspirado e único *Leaves of grass*, enriquece seu grande legado atemporal. Provavelmente, tenha cativado Anísio Teixeira, o emérito professor brasileiro, discípulo de John Dewey, conhecedor da literatura norte-americana, pelo trabalho da aranha, metáfora que usava ilustrativamente.

Elizabeth Bishop, órfã ao nascer e que conviveu com a tragédia da mãe abalada mentalmente, sempre muito produtiva em sua escrita, inicialmente pouco lida, conquistou leitores no país e no mundo, oportunizando a críticos *experts* uma leitura além de qualquer expectativa, como em *One art*, quando, com seu talento argumentativo, disse: "a arte de perder não é difícil de administrar", passando a ser um texto sugerido à obrigatória reflexão. Apaixonada por música, sua inicial tentativa de carreira de maestra deixou espaço para seus alunos em quase uma dezena de anos, distribuídos entre a University of Washington e Harvard, New York University e Massachussets Institute of Technology. Viajou muito, estando, inclusive, no Brasil, desenvolvendo interesse por idiomas diversos, como os latinos.

É tão vasta e densa a literatura poética disponível naquela cultura que gera certo desconforto restringir-se a essa introdução; porém, o leitor precisa também ser respeitado quanto ao escopo do livro aqui oferecido, deixando estímulo para consultar a telinha da virtualidade e ingressar na riqueza da cultura poética amplamente disponível.

Além da arte humana, há as artes da própria natureza, em que o estado do Arizona é pródigo. O Painted Desert, a Petrified Forest e o Chiricahua National Monument, com sua estatuária recebida da mãe da natureza com as erosões nas rochas, conhecido como o "País das Maravilhas das Rochas", somados ao impactante Grand Canyon, no Noroeste do Arizona, nos limites com os estados de Utah e Nevada, deixando qualquer visitante sem fôlego, são bons exemplos.

Beleza se produz, mas também se ganha nesse pouco zelado planeta Terra, tão generoso.

BARNS Nos caminhos interioranos, à beira das estradas, celeiros imponentes com telhado inspirados nos Duch Gambriel Barn aparecem ao lado de unidades antigas e modestas. Os estilos dessas construções revelavam *origens culturais na Colônia*.

CAPÍTULO 18 ## Panorama resumido de uma cultura de educação, trabalho e pesquisa como estilo de vida

> Universities will survive in the service of good society, for despite their crankiness and their unsettling qualities, they are essential to it. They operate by internal processes that require high personal motivation on the part of scholar and student and confer a great deal of individual latitude. This gives them a character that may be a hopeful portent for other kinds of organizations of the postindustrial society.
> FREDERICK BALDERSTON

Transição do Milênio: aspectos econômicos e sociais
Indicadores divulgados em 1980 permitiram visualizar alguns aspectos do panorama dessa década.

A diminuição de matrículas no ensino de primeiro e segundo graus forçaria a decisão sobre a questão: manutenção da qualidade e diminuição de gastos correspondentes ou o incentivo à qualidade, com a manutenção daqueles custos[1].

Para o ensino do terceiro grau, também foram previstos problemas financeiros decorrentes igualmente da diminuição de matrículas, em virtude das mudanças populacionais, como o decréscimo de 21% da população na faixa etária entre 18 e 21 anos, nos primeiros cinco anos da

---

1 Joseph Peckman (ed.), *Setting national priorities for the 1980s*, p. 13.

década de 1980[2]. O surgimento de problemas financeiros na rotina das universidades parece inevitável. Preocupações com contratação de pessoal para pesquisa e a manutenção dos ideais de excelência educacional aparecem como dois problemas desafiadores. A história mostra que essas questões são cíclicas.

Problemas para os próximos anos relacionados ao desenvolvimento do corpo docente também foram previstos pela Fundação Carnegie. A principal causa seria o significativo aumento na proporção de professores com estabilidade. Em 1978, cerca de 64% dos professores universitários haviam adquirido estabilidade no emprego. Para 1986, confirmou-se um aumento nesse percentual, passando a 77%. Por sua vez, o declínio previsto até o ano 2000 foi considerado pequeno, o que deveria redundar em escassez de oportunidades de carreira para novos professores, no ensino superior[3].

Algumas dessas previsões já estão se configurando, de acordo com publicações mais recentes.

Em 1985, Meyer revelou dados sobre a redução de matrículas nos *colleges* de dois anos, quando apresentou as dificuldades consequentes dessa drástica diminuição e da própria viabilidade de manter a *open door policy* em vigor[4].

O relatório Carnegie, anteriormente citado, ainda comenta alguns agravantes à situação do ensino superior. Ele relaciona a rapidez das mu-

---

2 Joseph Peckman (ed.), *Setting national priorities for the 1980s*, p. 14. Além dessa fonte, o Suplemento B do documento do Carnegie Council on Policy Studies in Higher Education, listado na bibliografia, dará detalhes esclarecedores sobre essas previsões.

3 The Carnegie Council in Policy Studies in Higher Education. *Three Thousand Futures. The next twenty years for higher education* (San Francisco: Jossey-Bass Publishers, 1980), pp. 314-315.

4 J. T. Meyer, "Two year colleges facing serious enrollments deckling", *Chronicle of Higher Education*, November 7, 1985, p. 3. *Open door policy* é a política educacional que advoga educação para todos e que, no terceiro grau, tornou-se polêmica, em virtude do risco de baixar os padrões de qualidade de ensino.

danças socioeconômicas, políticas, sociais, científicas e tecnológicas à necessidade de acompanhamento pelas universidades, o que geraria necessidades contrastantes de novos cursos. Como decorrência dessa diversidade de acompanhamentos, é citada a necessidade de um corpo docente apto a cobrir novas áreas e abordagens de novos conhecimentos. O relatório questiona a disposição e a viabilidade de esses profissionais mudarem seu campo de atuação, mesmo que dentro da mesma área. As dificuldades não pareceram desprezíveis. Esses fatores, aliados a normas que proíbem a aposentadoria compulsória antes dos 70 anos, sem dúvida, desafiam a criatividade dos administradores. Uma das soluções que o relatório prevê é a alternativa de oferecer condições atraentes aos que optarem pela aposentadoria mais cedo[5]. Na verdade, uma prática nada inovadora. Interessante, porém, é o manual com as leis que os contratos de membros do corpo docente devem seguir. A Associação dos Professores Universitários (AAUP) recomenda conhecer os contratos, explicando que as leis variam de acordo com o estado da Federação. Trata-se do *Guide book*, também disponível *online*, mas que é recomendável ser discutido ao contratar o compromisso de trabalho[6]. A AAUP também revela, em 1985, dados muito significativos sobre a situação salarial dos professores universitários.

Esses dados representam mais problemas para as instituições de nível superior, pois tanto a AAUP quanto a Fundação Carnegie concordam quanto ao risco à qualidade do ensino e da pesquisa diante de dificuldades de retenção e contratação de professores competentes. O artigo da AAUP demonstra que o poder aquisitivo dos professores universitários, em 1985, apresentava-se 18,9% abaixo do poder de compra do período referente a 1970 e 1971.

O Relatório Carnegie, de 1980, apresenta a evolução dessa situação considerada preocupante, desde os anos de 1960 até 1979. O relatório procura descrever a situação dos professores em instituições de diferentes tipos, bem como detalha a situação de professores em diferentes níveis

---

5   The Carnegie Council, pp. 315-316.

6   AAUP, *Guide Book*. Disponível em: http://www.aaup.org/i-need-help/responding--financial-crisis/legal-considerations. Acesso em: 18 maio 2015.

de desenvolvimento de carreira, como instrutores, assistentes, adjuntos e titulares. Os salários são apresentados em tempos reais, em dólares constantes, após a soma com benefícios adicionais (que diferem entre as instituições) e, finalmente, comparados ao Índice de Preços ao Consumidor, do período correspondente[7].

É interessante observar que a Carnegie analisa, nesse documento, os dados da AAUP quanto à perda real nos salários somada a benefícios dos professores como mais drástica do que a exibida pela AAUP. Embora a perda de poder aquisitivo, em 1985, tenha sido referida pela AAUP como menor que a do período 1970-1971, poderá ser ainda identificada como mais baixa do que os 18,9% apresentados. Algumas dessas dificuldades têm sido constantes, variando apenas quanto à intensidade. Outras, porém, representam novos desafios.

Atualmente, o impasse no Congresso, decorrente do programa pró-assistência à saúde proposto pelo presidente Barack Obama, tem causado também discussões no âmbito de professores. Alguns de etnia negra consideram a questão um caso de racismo e outros organizam-se em comitês para tentar apoio à saúde para professores em tempo parcial, que são muitos, e reivindicam uma proteção que não os beneficiaria nesse sentido. Durante o momento crucial de 2013, a American University, a George Town University e a The George Washington University, todas em Washington D.C., mobilizaram-se em relação ao problema salarial com várias outras nesse sentido, quando as reações virtuais são divulgadas.

Um breve olhar sobre Orçamento: cruzamento entre valores Econômico-Financeiros e Culturais
Tema complexo técnico-financeiro, político-econômico e sociocultural sobre o qual cabe um estudo especializado, amplo e profundo, o que não está incluído no projeto deste livro, mas que fica como sugestão para, pelo menos, um artigo que apresente esse panorama norte-americano, fundamental a qualquer país ontem, hoje e sempre.

---

7 Carnegie Council on Policy Studies in Higher Education, *Supplement H*, pp. 229-301.

Diante dessa questão, torna-se oportuna uma pergunta de cunho fenomenológico: qual o sentido do orçamento na cultura norte-americana, isto é, para onde está orientado?

A Tabela 17 apresenta em linguagem que se qualificaria como telegráfica, atualmente "celular", sobre como esse cruzamento se mostra ao leitor e pode situá-lo naquela realidade.

TABELA 17 Rol de despesas

Total de despesas por função – 2014	
Função	Ano 2014 (em dólares)
Dispêndio total	6,5 trilhões
Pensões	1,2 trilhão
Saúde	1,3 trilhão
Educação	1 trilhão
Defesa	0,8 trilhão
Bem-estar	0,5 trilhão

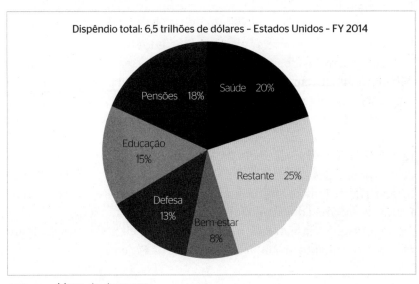

GRÁFICO 3 Mapa de despesas.
Fonte: http://www.usgovernmentspending.com/include/usgs_chart_pie1.png. Acesso em 7 jun. 2015. Ver também os períodos entre 2012/2016.

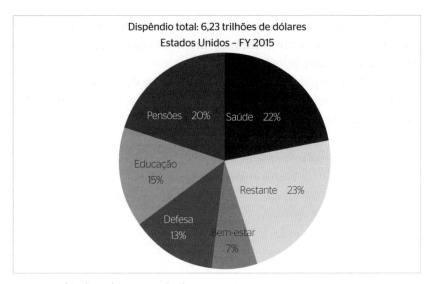

GRÁFICO 4 Atualizando o mapa de despesas.
Fonte: http://www.usgovernmentspending.com. Acesso em 7 jun. 2015.

Percebe-se que há oscilações, porém a distribuição tem um forte sentido educacional, o que revela uma tradição de valores. A quantidade e a qualidade de dados disponíveis favorecem a estudos futuros.

Em uma realidade social na qual a educação está sempre presente no debate, momento em que se aponta a questão dos fundos, não se poderia deixar sem alguma atenção um tema crítico e revelador do que chamamos de sentido da cultura: a educação especial.

Nesse ponto, a alocação de verbas em educação para a população caracterizada como apoiada pelo projeto legal IDEA – Lei para Indivíduos com Dificuldades Especiais (*disabilities*) – é a chave. Os doutores Marie Ficano, Nicole Boivin, Andrea Rieger e o técnico Tom Dempsey são autores de um esclarecedor artigo sobre o tema[8], apresentando seus aspectos legais em sequência histórica, mostrando pontos vitais da questão, tanto para pessoas quanto no âmbito dos estados da Federação.

---

8   Disponível em: http://www.napsec.org/NAPSEC-Early-Childhood-Preschool-031215.pdf. Acesso em: 6 e 9 jun. 2015.

Para concorrer aos fundos, os estados precisam apresentar projetos fundamentados. Percebe-se claramente, no artigo de Clare McCann[9], uma analista de política pública especialista no tema, formada pela GWU, que a preocupação legal abrange desde o período anterior ao escolar, argumentando a significância de tratamento nesse período pré-escolar como vantagem para a criança, a família e a sociedade em geral, bem como cuidados para que a formação docente seja adequada, visando a não confundir baixo rendimento escolar com necessidades especiais, *disabilities*, o que traria danos individuais, sociais e para a gestão educacional.

Segundo Christina Samuels[10], em janeiro de 2015, a proposta de 40% correspondente ao excedente em despesas com estudantes e bebês com necessidades especiais, tentado desde 1975, está a caminho, liderada por um grupo de políticos democratas e republicanos de diversos estados da Federação.

Os já citados doutores Ficano, Boivin, Rieger e o técnico Dempsey[11] mostram o quanto o legislador foi ambicioso, empenhando-se para que os preceitos legais possibilitassem que a IDEA, em sua parte "c", possibilitasse maximizar os potenciais de habilidades para uma vida independente, no futuro. Isso a partir de um presente que favorecesse as famílias, no sentido de serem atendidas as necessidades especiais de seus filhos, desde a mais tenra idade, logo após o nascimento e a confirmação das *disabilities*, em um *continuum* de opções, da educação geral a acomodações, hospital, suplementos residenciais em serviços e recursos de apoio terapêutico, calendário escolar, serviços itinerantes e outros.

Nesse ponto, cabe reiterar que o sentido que circula na cultura daquela sociedade inclui fortemente as questões educacionais, em geral manifestando permanentes e severas críticas, o que sugere avanços.

---

9 Disponível em: https://www.newamerica.org/education-policy/federal-funding-for-students-with-disabilities. Acesso em: 7 jun. 2015.

10 Disponível em: http://blogs.edweek.org/edweek/speced/2015/01/supporters_of_idea_full-fundin.html. Acesso em: 7 jun. 2015.

11 Disponível em: http://www.napsec.org/NAPSEC-Early-Childhood-Preschool-031215.pdf. Acesso em: 9 jun. 2015.

Parênteses para o impasse político: Obama *versus* Congresso em 2013

Essa meteórica passagem por esse tema tem também por objetivo uma mínima parada nos dias atuais, já que não fazem parte do escopo deste livro, em decorrência da postura inicialmente adotada de discutir apenas o que, pelo menos, se teve uma ideia em discussões ao vivo com nativos, especialmente no âmbito educacional. A realidade virtual e as leituras estão impregnadas desse conteúdo, logo é difícil ignorá-las totalmente.

Essa pequena inserção, ao final, justifica-se por reforçar um aspecto cultural que, provavelmente, não tenha recebido a devida atenção no transcorrer da jornada: o equilíbrio buscado na disputa interna ou a divisão equilibrada pelo fiel da balança política governamental interna com o Congresso.

O impactante título do livro de Thomas E. Mann e Norman J. Ostein, de 2012, *It's even worse than it looks: how American constitutional system collide with the new politics of extremism*[12], foi o inspirador, contudo pode levar o leitor apressado à interpretação equivocada da mensagem. Não que ela seja mais leve, mas é tão contundente quanto à realidade transcrita e interpretada, porém traz o tom da cultura para afinação da ação determinada, insistente e rude das celeumas congressistas, para mostrar a representação social em equilíbrio ou não, dos blocos em oposição e, por vezes, à beira do abismo, ainda que conscientes de que está ali o povo que representam.

Os autores argumentam o desconcertante episódio "saúde 2013", um dos muitos desconfortáveis no Congresso, a ponto de poder ser interpretado como não profissional, porém que não caberia culpar, julgando desproporcional a disputa por qualquer dos lados, democratas ou republicanos; apenas os estilos seriam diferentes. Os pesquisadores frequentemente mostram esse aspecto de que os dois lados estão, proporcionalmente, implicados. Muitos atores não adeptos do bipartidarismo, pensando em reformas, buscam avanços na política, de forma a favorecer um *common ground*.

A leitura dos autores não tem o tom acadêmico dos pesquisadores, sendo mais crua. Eles consideram que: "essa assimétrica polarização

---

12   Publicado em Nova Iorque por Perseus Books.

partidária é forte e tem enormes consequências para a habilidade do país em termos de lidar com desafios existenciais que o confrontam". Democratas seriam quase liberados de culpa, mas têm sua extremada ala, com sua própria predileção por fortes jogadas políticas. Simultaneamente, republicanos no posto têm feito ambos: alargado o *gap* ideológico entre os partidos, ignorando as considerações da demanda; adotado estratégico hiperpartidarismo em problemas cruciais, como estabilidade financeira, recuperação econômica, déficits e dívidas; reforma na saúde, desde mudanças climáticas até mudanças na produção de energia[13].

Os autores comentam que, desde a Depressão de 1930[14], os líderes de partido e seus correligionários externos, de modo unilateral, adotam a visão do suprimento, do crescimento econômico, desconsiderando o lado da demanda.

Um breve olhar sobre a literatura educacional à época, como é o caso das políticas educacionais, pode ampliar a compreensão do período[15].

Em seguida, E. Mann e Ornstein citam uma série de conhecidos líderes congressistas para questionar "quando restaurarão o partido, no sentido de suas pragmáticas raízes conservadoras?". E como isso se relacionaria especificamente com as escolhas eleitorais para além de 2011, 2012, 2013? Ainda citam tanto o respeitado comentarista Bloomberg, que comenta: "nesse meio tempo, os mesmos erros cometidos dos anos Bush continuam a ser feitos", quanto o jornalista Hayward, afirmando sobre "a possibilidade de modernizar o conservadorismo sem diluir sua forte filosofia"[16].

O toque final do referido livro, com expectativas de E. Mann e Ornstein antevendo 2013, diz: "terminamos como começamos: é pior do que parece. Porém, somos confiantes de que, se o pior ainda não

---

13 Publicado em Nova Iorque por Perseus Books.

14 Tom Shactman, *The day America crashed. A narrative account of the great stock market crash on October 24, 1929* [New York: GP Putnam's Group (T)], 1979.

15 Education Policies, *The unique function of education in American democracy* (Washington, D.C.: The National Education Association, 1937).

16 Education Policies, *The unique function of education in American democracy*, pp. 186-188.

colidiu, tempos melhores e retorno ao sistema político estejam, na verdade, aguardando à frente".

Essa expectativa já está se realizando.

O impasse no Congresso, decorrente do plano de saúde proposto pelo presidente Barack Obama, incluindo a expansão do limite de débito do governo, está resolvido, segundo a seguinte manchete do *Washington Post*, de 17 de outubro de 2013: "A assinatura de Obama da lei que aumenta o limite de débito reabre o governo"[17].

Apesar do impacto dessa reação forte e longa, ela está longe de ter sido a única na história política norte-americana. Como a história tem condições de trazer à tona a cultura envolvida, é possível dizer que essas reações extremadas não são novidades, além de, e principalmente, revelarem, por um lado, o radicalismo das negociações e, por outro, que, chegados os impactos à beira do abismo, as soluções têm sido pelo benefício do povo. Essa história de reações nesses dois sentidos é uma constatação da presença, no país, de intangíveis culturas que contribuem para que se classifique como de Primeiro Mundo, e não apenas por indicadores econômicos.

Contudo, essa notícia não deve ser interpretada de forma ingênua, pois há ainda muito pela frente, após esse fundamental passo de um aumento de 16,7 trilhões no limite de débito, com a participação dos dois líderes, o da maioria democrata, Harry M. Reid, e da minoria republicana, Mitch McConnell.

Resolvida a paralisação do governo Obama, enfrentarão o *olho do furacão*: o tamanho do governo e o nível de impostos federais
Enquanto isso, começa a ser discutido o retorno de milhares de servidores a seus postos de trabalho após "este que foi o segundo maior impasse dessa natureza, na história norte-americana"[18].

---

17   Lori Montgomery e Rosalind S. Helderman, "A assinatura de Obama da lei que aumenta o limite de débito reabre o governo", *Washington Post*, publicado em 16 de outubro de 2013.

18   Lori Montgomery e Rosalind S. Helderman, "A assinatura de Obama da lei que aumenta o limite de débito reabre o governo", *Washington Post*, publicado em 16 de outubro de 2013.

Além dessas questões mais pragmáticas, esse parece ser um momento oportuno para uma questão que reporta à possibilidade de apreender o rumo tradicionalmente forte da cultura norte-americana, quando líderes atores práticos e grandes pensadores da nação começam a incomodar-se com certas manifestações que, muitas vezes, tomam a forma de uma falta – que, no dizer da fenomenologia, o que se mostra por si mesma como uma falta. Dessa vez, reportamo-nos a Robert Nisbet, por Ross Douthat, em 2012, em busca da comunidade, essa instituição concreta, virtual e atual, mas tão antiga quanto as origens da nação, com as ainda pequenas colônias, no momento em que Douthat trata da obra de Nisbet, *The quest for community: the study of ethics and order of freedom*[19], à qual Ross acrescenta: "in the Age of Obama: Nisbet's Prescience".

Na introdução ao livro de Nisbet, Ross alerta sobre a disputa entre individualismo e coletivismo, duas categorias que Geert Hofstede[20] tanto prezou em diferenças culturais e que refletem bem as raízes desse povo, desde os pioneiros norte-americanos. Ainda na introdução, Ross declara: "ignorando o impulso humano em direção à comunidade, torna-se o totalitarismo desejável". Essa fala reporta a Dewey, que essa autora cita em artigo, no mesmo sentido, porém ainda mais forte com sua posição filosófica mais complexa do que alguns conseguem perceber: um chamado pragmatismo, que tem um sentido fenomenológico, que enreda o natural ao espiritual: "não há lógica em perguntar como os indivíduos tornam-se associados. Eles existem e operam em associação"[21].

Comentando a significância do livro de Nisbet e lamentando que não fosse mais lido, Ross estimula que se conheça a sua sequência, o que pode contribuir para aproximar-se de seu foco central: Comunidade e o

---

19 Robert Nisbet, *The quest for community*: the study of ethics and order of freedom (Wilmington, Delaware: ISI Books, 2010).

20 Geert Hofstede, *Cultures and organizations*: software of the mind (New York: McGraw-Hill, 1976), Part II.

21 Valderez F. Fraga, "Negociação é encontro e conversa", *Comércio Exterior-Informe BB*, n. 40, abril/2002, p. 5.

problema da ordem; A perda da Comunidade; A imagem da Comunidade; A comunidade Política; A Comunidade total; Comunidade e o problema da liberdade; O problema do Liberalismo; O contexto da individualidade e o contexto da democracia.

O que se ilumina, nessa breve discussão, com a retomada das preocupações e manifestações de norte-americanos eméritos, em épocas diversas, é que a cultura comunitária continua forte; se se enfraquece nas ações de determinado período, é reclamada nas ideias de debates e falas e obras, alertando para o indesejado isolamento governamental, partidário, do Executivo, do Congresso ou de ambos. A presença da família e da comunidade é reclamada em suas participações concretas.

Provavelmente, a declaração mais importante dessa discussão, em relação à ideologia e à cultura, seja a que aborda os sentidos da comunidade e do totalitarismo como alternativas naturalmente excludentes, porque contribuem para compreender um pouco melhor a natureza e o espírito norte-americano em seu pensar, acreditar e agir.

Conforme Nisbet e Ross, por exemplo, a singularidade do individual ao comunitário e o todo são, por um lado, distinguíveis e, por outro, enredados, ponto em que a ambiguidade que John Dewey muito manifestou torna a emergir para o "eu", como poderia dizer Carl Rogers, sobre o norte-americano: se mostre como ele é.

Logo, não parece ser nada casual o discutido artigo de Ross Douthat, em 2012, quando se iniciam as posições governamentais com a presença de Barack Obama *e as reações do Congresso*.

Retomando o tema educação, voltando ao ritmo dos investimentos educacionais para o terceiro grau e a pesquisa, confirma-se a previsão de Joseph Peckman em 1980: "a consolidação e o desenvolvimento de programas já existentes", principalmente[22]. Segundo esse autor, o governo deveria continuar a utilizar o recurso legal da *categorical grants*, para suas diretrizes políticas, permitindo o acompanhamento e o controle sobre suas metas específicas, de acordo com contratos assinados. Já por meio de *block grants*, em virtude da flexibilidade que este tipo de mecanismo

---

22   Joseph Peckman (ed.), *Setting national priorities for the 1980s*, traduzido, p. 14.

permite, deve continuar a apoiar o desenvolvimento de metas estaduais e locais, especialmente para educação, desenvolvimento comunitário e treinamento de pessoal, nos moldes de uma das mais apreciadas tradições norte-americanas: respeito e apoio a prioridades locais.

Quanto à prioridade à educação, também não se percebem grandes saltos nas mudanças. A educação continua a sofrer permanentes críticas, porém em um sentido que reflete a determinação de aperfeiçoar o setor, e não de enfraquecê-lo; na verdade, as melhorias podem ser consideradas constantes.

O governo Obama também apresenta suas peculiaridades, que reportam à questão das etnias negras, conforme relatado a seguir:

A agenda das políticas de minha administração é dedicada à educação de todos os empenhados e cobre desde a infância. Porém, o fato é que há alguns norte-americanos que, na agregação, estão fazendo o pior em nossa sociedade. [...] Grupos que têm visto poucas oportunidades, o que tem abalado gerações. E, em praticamente todos os sentidos, o grupo que enfrenta os desafios mais severos no século 21, neste país, são rapazes e homens jovens de cor[23].

Nesse momento, lançou a política chamada *My brother keeper*, assegurando oportunidade a esse grupo em específico. Nessa direção, criou uma força-tarefa, segundo a qual os setores públicos e privados desenvolveriam medidas mensuráveis de educação que evidenciassem resultados. O fato ocorreu na Casa Branca, em 27 de fevereiro de 2014, quando um memorando foi expedido formalizando a medida. Em 90 dias, já apareceram as primeiras iniciativas do processo. A fundação referente à essa política injetou 150 milhões de dólares no trabalho para o desenvolvimento educacional dessas crianças e jovens adultos. À frente desse desafio, foram colocados Broderick Johnson, como assistente do presidente, o secretário do gabinete da Casa Branca e o diretor do referido programa, além de Jim Shelton, secretário de Educação e diretor-executivo da força-tarefa[24].

---

23   Barack Obama (2014), Fala no Congresso. W. D. 2014.

24   "HBCUs and 2020 goal" e "National Center for Building Community Trust and Justice: Improving the Justice System by Enhancing Procedural Justice, Reducing Bias,

A oposição tem reagido ao fato de Obama ter recorrido ao chamado *presidential memorandum* em 2014, comentada em sua entrevista à *ABC News*, em 23 de novembro, alternativa que não é uma mera manobra, mas uma alternativa legítima e empregada por vários presidentes anteriores.

Em comentário final a este item, parece válido retomar, mesmo que brevemente, a questão da cultura dos negros norte-americanos, conforme vem se revelando na segunda década de 2000, para observar que as pessoas comuns em suas comunidades se organizam, como o fizeram sempre os norte-americanos brancos, para reivindicar ou indicar injustiças ou o que consideram abusos. Entretanto, como acontece na maioria dos países, tais movimentos várias vezes já nascem ou passam a apresentar-se com violência. Nesses episódios, a postura de equilíbrio do presidente Barack Obama tem contribuído para distinguir claramente entre racismo e legalidade, procurando alertar para a questão da justiça como saída honrosa para administrar reações exacerbadas, em paralelo, a punir os comprovadamente culpados.

É possível esperar que as reações a fatos confusos se tornem pacíficas ao estilo da cultura negra e por seus representantes. Nesse ponto, incidentes em Baltimore, em 2015, são ilustrativos, porém convém que os administradores públicos reflitam para agir adequadamente, distinguindo até que ponto a situação de pobreza da área pode favorecer tais reações, dedicando-se a políticas públicas de educação e trabalho que recuperem a marca de desfavorecimento lamentável que a vem caracterizando, desrespeitando a memória dos que muito lutaram no passado, inclusive pelo desenvolvimento universitário na área.

Breve retomada da década de 1980: situação acadêmica e profissional feminina

Decorridos os primeiros anos da década de 1980, alguns dados apresentados, em documento originado pela National Commission on Student

and Supporting Racial Reconciliation", 2014. Disponível em: http://www.ed.gov/edblogs/whhbcu/ e http://www.ojjdp.gov/grants/solicitations/FY2014/NCBCTJ.pdf. Acesso em: 13 abr. 2014.

Financial Assistance, ao presidente Ronald Reagan retratam o andamento e os montantes envolvidos no apoio a estudantes de graduação e pós-graduação, quanto a programas federais.

A Fundação Nacional de Ciências, segundo dados de 1983, tem sustentado anualmente 1.390 estudantes em Ciência e Engenharia. O National Institute of Health apoia cerca de 10 mil alunos, entre estudantes de graduação e de pós-graduação, em Ciências Biomédicas e comportamentais e, ainda, em Pesquisa Clínica[25].

Uma alternativa considerada bastante eficaz no apoio a estudantes de pós-graduação é por meio do programa de assessoramento. O estudante adquire experiência e recebe auxílio financeiro para continuar seus estudos. Os dados de 1981 revelam que 27 mil estudantes usufruíram desses benefícios.

De acordo com dados de 1983, a Fundação Nacional de Ciências apoiou cerca de 9.600 estudantes por ano, a partir de 1981. Estudantes de pós-graduação também podem candidatar-se à assistência, por meio de empregos, como: professores de terceiro grau, orientadores ou instrutores de laboratório. Esses mecanismos vêm beneficiando indivíduos e instituições. Estima-se que 54 mil estudantes foram beneficiados por essa modalidade em 1981[26].

Além desses, o Governo Federal mantém programas de empréstimo, como o Empréstimo Garantido ao Estudante e ao Programa Nacional de Empréstimo Direto ao Estudante[27].

Os programas de bolsas são também significativos e, em 1983, as recomendações da Comissão enfatizaram o incremento das bolsas nas áreas de Ciência e Engenharia; na área Biomédica e Comportamental, foi

---

25   National Commission on Student Financial Assistance, *Signs of trouble and erosion*: a report on graduate education in America (Washington, D. C.: NCSFA, 1983), p. 45.

26   National Commission on Student Financial Assistance, *Signs of trouble and erosion*: a report on graduate education in America, p. 47.

27   National Commission on Student Financial Assistance, *Signs of trouble and erosion*: a report on graduate education in America, p. 47.

recomendada, pelo menos, a manutenção do apoio existente. Além disso, ocorreu aumento de 750 bolsas/ano para Humanidades, Artes e Ciências Sociais, acrescidas ainda de 500 novos prêmios para dissertação nessas últimas áreas.

Falar em educação naquela realidade, artes estarão incluídas, nas organizações de ensino e em espetáculos públicos e privados, havendo aumentado em número e sofisticação com a tecnologia, porém presente desde os tempos coloniais com apresentações teatrais e concertos ao ar livre, mesmo em pequenas cidades, procurando desenvolver talentos elevar conhecimento sensível à população em geral.

Conjuntura acadêmica e profissional das mulheres graduadas

A Comissão de Assistência aos Estudantes dedicou espaço significativo à análise da situação acadêmica e profissional das mulheres.

As recomendações finais[28] tratam do incremento generalizado no apoio à pós-graduação e no interesse e necessidade de pós-graduados. Além disso, a comissão demonstra claro interesse pelo apoio à participação das mulheres em qualquer programa.

A Fundação Carnegie oferece dados que facilitam a observação da mudança ocorrida entre 1971 e 1977, em relação à diferença salarial entre homens e mulheres com diploma de curso superior. Enquanto, no período de 1971, as mulheres percebiam salários abaixo dos percebidos pelos homens que tivessem completado o segundo grau, conseguindo apenas atingir o salário deles na faixa etária de 50 anos ou mais, em 1977, as diferenças praticamente desapareceram na maioria das ocupações. Por exemplo, a média nacional de salário mensal oferecida aos graduados do sexo feminino e do masculino, em 1977, era como descrito na Tabela 18.

---

[28] National Commission on Student Financial Assistance, *Signs of trouble and erosion*: a report on graduate education in America, pp. 47-48.

TABELA 18 Masculino *versus* feminino *versus* salário

Áreas	Salário (em dólares)	
	Homens	Mulheres
Contabilidade	1.065	1.060
Engenharia	1.279	1.328
Economia e finanças	936	227
Indústria manufatureira ou operacional	1.212	1.122
Matemática/estatística	1.016	1.016
Pesquisa científica	1.119	1.062

Fonte: Extraída e adaptada de National Research Council, por meio de sua Comissão em Recursos Humanos, sobre "Doctorate Recipients from United States Universities", de 1979. Carnegie Council on Policy studies in Higher Education. Three Thousand Futures, p. 272.

As estatísticas revelam, ainda, que o número de graus de mestre conferidos tem se mantido estável após 1970. Os graus de doutor, porém, têm decrescido e o decréscimo refere-se ao sexo masculino, o oposto do que tem ocorrido com as mulheres. O número de diplomas de pós-graduação entre os homens decresceu, entre 1971 e 1972, 19%, enquanto entre as mulheres elevou-se para 51%.

Sem dúvida, esses dados tanto estimulam as mulheres[29] a concentrar esforços em sua própria educação como oferecem fortes argumentos para que o governo também insista no apoio à formação das mulheres, como tem ocorrido evolutivamente a partir de então. Caso se mantenha viva a cultura norte-americana, esses dados também servirão para estimular novos empreendimentos privados direcionados aos interesses femininos, bem como estimularão novas doações.

Outras recomendações

A Comissão Nacional para Assistência Financeira aos Estudantes ainda recomenda:

---

[29] Um sobrevoo à formação das mulheres parece oportuno nesse ponto: Thomas Woody, *History of women's education in the United States* (Lancaster: Pa. Science Press, 1919), v. II, pp. 137-140.

- apoio às minorias;
- manutenção dos estudos de pós-graduação e pesquisa, como prioridade nacional;
- investimento em laboratórios, equipamentos e instrumentação de alta qualidade;
- investimento em bibliotecas e conservação das curvas de valor;
- esforço para reter e contratar novos e talentosos professores e pesquisadores;
- atendimento às necessidades nacionais, em termos de *experts* em diversas áreas;
- aperfeiçoamento do processo de avaliação do impacto das decisões governamentais sobre as necessidades de pós-graduados, tanto do sexo masculino quanto do feminino;
- o desenvolvimento da qualidade e da quantidade de informações sobre ensino e pesquisa, nos programas de pós-graduação[30].

Estado da Ciência e da Tecnologia[31]

As diretrizes para o futuro da educação continuam assentadas na aspiração de uma economia forte, que permita melhores condições de vida à sociedade como um todo.

Outro fator que vem historicamente impulsionando o ensino, a educação e a pesquisa nos Estados Unidos é o desejo de manter o seu *status* internacional quanto à economia e ao conhecimento.

Se não é considerada tarefa simples avaliar a situação do conhecimento, em ciência e tecnologia, nas décadas de 1980 e 1990, que dirá no início de um novo século, de um novo milênio.

---

30 National Commission on Student Financial Assistance, *Signs of trouble and erosion:* a report on graduate education in America, p. 49.

31 Jacob Bigelow foi o primeiro a empregar o termo "tecnologia" nos Estados Unidos e o fez para intitular seu livro-texto, *Elements of technology*, editado em Boston, pela Hilliard, Gray, Little and Wilkins, em 1831. John S. Brubacher e Willis Rudy, *Higher education in transition:* a history of the American colleges and universities, p. 421.

Alguns autores consideram pouco adequadas as formas até hoje encontradas para tentar avaliar a situação da pesquisa, em determinado país, em um dado momento. Essas avaliações têm sido baseadas em critérios cobrindo número e qualidade de publicações, prêmio Nobel, patentes e outros indicadores complementares[32].

Liderança em pesquisa tem se demonstrado relacionada com talento, moral elevado, ambição, liberação de cadeias burocráticas, conjuntura favorável e outros fatores tanto abstratos[33].

Por essa razão, Newman optou por um tipo de análise de situação, através de indicadores, que lhe pareceram mais objetivos, gerando, assim, uma lista de áreas de atuação em que os países mais se destacam.

Embora a liderança norte-americana já não atinja a supremacia dos anos de 1960, nas décadas de 1980 e 1990, a pesquisa e a tecnologia, como um todo, nos Estados Unidos, pareciam ir muito bem.

Quando as invenções nos Estados Unidos passaram por uma fase tenaz e amadorística, em virtude do espírito de homens como Eli Whitney, ao qual este livro já dedicou alguns parágrafos, bem como Oliver Evans, Gail Borden e John W. Hyatt[34], a que se seguiu uma etapa de pesquisa industrial organizada, quando Willis R. Whitney da General Eletric, por volta de 1900, alertou para o risco de os Estados Unidos ficarem conhecidos como produtores do melhor produto obsoleto.

A determinação de desenvolver e produzir o melhor levou o empresariado norte-americano a perceber mais claramente as vantagens

---

32 Frank Newman, *Higher education and the American resurgence. A Carnegie Foundation Special Report*, p. 115.

33 Frank Newman, *Higher education and the American resurgence. A Carnegie Foundation Special Report*, p. 115.

34 Oliver Evans viveu de 1755 a 1819 e desenvolveu *know-how* em máquinas de alta pressão e técnicas de automação. Nasceu em Newport, Delaware, USA. Gail Borden, inventor do processo para condensar leite, viveu entre 1801 e 1874, nascido em uma fazenda perto de Norwich, nos Estados Unidos. John W. Hyatt viveu entre 1837 e 1920 e criou um método muito utilizado para purificação de água.

da pesquisa e do desenvolvimento, bem como a implementar sua capacidade de prospecção, a partir de novas descobertas. Essa reação poderia ser esperada antes de cientistas e professores do que de industriais, mas as reações foram simultâneas: tanto Eliot, em Harvard, quanto Whitney, na General Eletric, previram a grandiosidade do potencial da energia elétrica para a humanidade, desde o conforto até a saúde. Esta última iniciou-se com o emprego de calor artificial para o tratamento de sífilis, artrite e bursite[35].

Nessa linha analítica, F. Newman apresentou o estado da arte de forma objetiva. Ele vai além da situação norte-americana, passando a identificar quais as áreas específicas lideradas por outros países, conforme o relatório de 1985.

Na área de Geofísica, em pesquisas sobre a costa terrestre e a região Ártica, a liderança estaria com a União Soviética. A Europa lideraria pesquisas em Física de altas energias, destacando-se o Consórcio Europeu para Pesquisa Nuclear (CERN); Alemanha e França estariam na vanguarda em Química do estado sólido[36].

Os campos disputados entre Japão e Estados Unidos foram sintetizados assim:
- cerâmica avançada;
- Circuitos Integrados em Larga Escala (LSI);
- supercomputador;
- inteligência artificial;
- fibra óptica;
- tecnologia de máquinas – ferramenta;
- robótica;
- projetos com auxílio do computador[37].

---

35 Daniel J. Boorstin, *The Americans. The democratic experience*, pp. 339-344.

36 Frank Newman, *Higher education and the American resurgence. A Carnegie Foundation Special Report*, p. 116.

37 Frank Newman, *Higher education and the American resurgence. A Carnegie Foundation Special Report*, p. 119.

São campos que os países europeus tendem a dominar:
- geração de energia nuclear;
- tecnologia de vidros planos;
- tecnologia de fabricação de papéis;
- tecnologia têxtil manufatureira[38].

O grande sucesso dos Estados Unidos esteve historicamente vinculado à tecnologia, muito mais do que à pesquisa. A avaliação da situação tecnológica também é considerada muito difícil de realizar. Ela também tem gerado confusões interpretativas, como a mistura de dois conceitos – o estado do desenvolvimento tecnológico e o estado do desenvolvimento de novos produtos[39].

A partir de meados do século XX, tanto o governo quanto o empresariado tornaram-se conscientes da importância da pesquisa e do desenvolvimento do conhecimento científico para a produção. Antes da Depressão de 1930, essa consciência apenas despontava.

Embora a evolução dos investimentos para pesquisa na indústria e na educação demonstre a ênfase na pesquisa e no desenvolvimento industrial, o que ocorreu, na verdade, foi uma constante interação. O caso da defesa não foi um exemplo isolado.

Para se ter uma ideia dos investimentos, eles evoluíram do modo como está descrito na Tabela 19.

TABELA 19 Educação superior: investimentos

Ano	Bilhões (em dólares)
1960	7
1965	13
1970	23

Fonte: Extraída de Daniel J. Boorstin, The Americans. The democratic experience, cap. 57.

38 Frank Newman, *Higher education and the American resurgence. A Carnegie Foundation Special Report*, p. 120.

39 Frank Newman, *Higher education and the American resurgence. A Carnegie Foundation Special Report*, pp. 117-118.

Enquanto isso, as aplicações em pesquisa e desenvolvimento mantiveram-se em níveis sempre mais elevados. Em 1956, apenas nas áreas de Ciências Naturais o montante chegou a 8,5 bilhões de dólares e as aplicações em pesquisa e desenvolvimento para 1970, em geral, chegaram a 27 bilhões, logo 5 bilhões acima dos investimentos na educação de nível superior[40].

Na verdade, a tradição de relacionar desenvolvimento econômico e social com a capacidade de instruir e educar é ainda muito forte nos Estados Unidos, e os estudos do Migration Policy Institute indicam que sempre o será, pois o volume de imigrantes formais acolhido pelo país mantém-se historicamente elevado, embora com oscilações, o que orienta para a formação de mão de obra e necessidade de qualificação diversificada.

O parágrafo seguinte, traduzido de um artigo do Dr. Lawrence P. Grayson, presidente do Comitê de Educação Pré-Universitário, revela claramente essa postura:

O declínio do compartilhamento de mercado entre manufatureiros norte-americanos, primeiro no aço, depois nos automóveis e, mais recentemente, nos semicondutores, entre outros produtos, e a consequente perda de empregos pelos trabalhadores norte-americanos têm alertado muitos norte-americanos quanto à importância da educação para o futuro dessa nação. "Na economia global de hoje, uma força de trabalho bem treinada e educada é essencial para pesquisa e desenvolvimento, produção e marketing de produtos de alta qualidade" que atendam às necessidades dos consumidores, a preços mínimos e que possam ter sucesso na competição com produtos similares, originados de outras nações[41].

Nesse ponto em que conhecimento/pesquisa, produção, produtos e produtividade emergiram fortemente na discussão enredada na cultura norte-americana, é fundamental a reflexão de Horace M. Kallen, que alerta severamente quanto aos *Rumos Culturais da Constelação USA*, com determinada laboriosidade, uma força que pode ser uma vitória socioindividual, no sentido moral e ético, ou um fracasso arrasador, tanto diante

---

40   Daniel J. Boorstin, *The Americans. The democratic experience*, pp. 537-538.

41   Lawrence P. Grayson, "Education and America's future, professional perspective", *The Institute*, Aug., 1986, traduzido, p. 6c.

das aspirações constitucionais quanto das expectativas dos denominados, com admiração e respeito, *the founding fathers*.

Em seu memorável livro *Indiviualism an American way of life*, de 1932, dedica-se à crítica/autocrítica sobre essa forte característica cultural de transformar o inútil em produto valioso, a partir de maquinaria, como no caso de E. Whitney, quando, lamentavelmente, com o *cotton gin*, surge o risco da concepção de energia humana como algo de pouca valia ou mesmo de um insumo qualquer, absolutamente dissociado de direitos, um "princípio" acatado e aplicado na escravidão e, ainda, segundo alerta a contundência de Kallen, transformando pessoas em peças de equipamentos com a industrialização, em geral.

Em uma direta, abrangente e profunda leitura da realidade cultural, relembra aos norte-americanos a postura assumida por John Quincy Adams quando, em desabafo, salienta:

Para muitos, embora herdeiros da tradição de privilégio, conforme a América entende privilégio, isso foi uma ironia blasfemadora contrária à lei de Deus e às leis feitas pelos homens para cumprir a vontade de Deus. "A total extinção da escravidão através do mundo", segundo escreveu o sexto presidente dos Estados Unidos, John Quincy Adams, "was the great transcendent earthly object of the mission of the redeemer... the Declaration of Independence was a leading event in the progress of the gospel dispensation... its principles lead directly to the abolition of slavery and war... it is the duty of every free American to contribute to the establishment of these principles..."[42].

Kallen, analisando as transformações de um perfil de país agrário para a industrialização, alerta sobre as origens e os novos rumos perigosos da cultura norte-americana, com o que se poderia chamar de progresso. Cuidado com o que se chama de livre-competição, eficaz suprimento e

---

42 Horace M. Kallen, *Individualism an American way of life* (New York: Liverlight, Inc. Publishers, 1933). As citações incluídas no parágrafo citado foram extraídas por Kallen de *The declaration of democratic dogma*, Brooks Adams (ed.), p. 29. Aos interessados na relação homem máquina, lucro, trabalho, o prosseguimento do parágrafo 28, do referido livro de Kallen, pp. 187-192 pode ser muito interessante.

demanda, consideração de excelência, e a conquista de qualidade de vida para os descendentes, tudo o que parece estar em risco, a começar por glorificar o trabalho e condenar o lazer, porém mantendo uma tradicional classe do lazer em paralelo à tirania dos produtores, "glorificando a liberdade de contrato, mas, somente, quando oferece vantagem desigual".

Logo, o que estaria em risco de emergir seria: enquanto "seus princípios são os do pioneirismo norte-americano, padrões são aristocraticamente europeus". O que Kallen descortina é o permanente risco do aborto da igualdade social norte-americana, com sua mobilidade ameaçada pelo estático, revelando, porém, suas esperanças na juventude que, enquanto estuda ciências, mantenha "coragem e sabedoria" (...) diante do perigo, buscando "o espírito de liberdade que é a tradição dos *fathers*"[43].

Competição USA/Japão - retrospectiva a um período interessante
Da mesma forma que os primeiros sucessos russos nas atividades espaciais levaram os norte-americanos a investir fortemente no ensino da Ciência em todos os níveis, o sucesso da economia japonesa e o crescente domínio da tecnologia naquele país pressionaram os norte-americanos à análise de sua situação quanto ao ensino e à competição econômica, um fato que se renova.

O Japão também estabeleceu a mesma relação que os Estados Unidos há pelo menos 45 anos, quando o Conselho Econômico Japonês declarou: "a competição econômica entre as nações é uma competição técnica e a competição técnica tornou-se uma competição educacional"[44].

Para alguns autores, porém, a competição dos Estados Unidos no mercado internacional não se restringia ao desafio japonês. Para C. F. Bergsten e William Cline, por exemplo, o problema é muito mais amplo e grave, envolvendo muitos outros países. Por sua vez, a competição educacional entre as nações não tem tomado rumos educativos, mas competitivos.

---

[43] Horace M. Kallen, *Individualism an American way of life*, pp. 77-78, 227, 235.

[44] Horace M. Kallen, *Individualism an American way of life*, pp. 77-78, 227, 235, ênfase adicionada.

A recuperação da Alemanha reunificada, no início do milênio, mais uma competição à vista, somou-se à disposição da China em industrializar-se e a investir em educação, indicando mais uma crescente renovação do fenômeno de competição global.

Em 1985, Bergsten e Cline compararam o enorme "déficit" norte-americano, em virtude da supervalorização do dólar, com o decrescente "déficit" japonês, simultaneamente ao excesso de poupança em relação aos investimentos deste país.

Segundo esses autores, os grandes superávits japoneses só não existiam em decorrência de produtos primários[45].

Há um fator que deve estar contribuindo para a ênfase dada à condição de competitividade dos produtos norte-americanos e que não restringe esse problema ao comércio internacional, mas cobre a problemática do mercado interno norte-americano. Trata-se de evidências sobre as razões que geram pouco entusiasmo nos japoneses pelos produtos importados. Segundo estudos, as razões da preferência do consumidor japonês pelos seus próprios produtos estariam assentadas nas qualidades destes, e não em mero nacionalismo[46].

Harold Geneen também comenta que, além da competição com o Japão, especialmente na indústria eletrônica e de automóveis, há competições reais somadas à possibilidade de outras tantas, que ele previu para breve. Entre as atuais, ele cita a indústria têxtil e as confecções em Hong Kong e a indústria naval coreana.

Entre as futuras competições, ele alerta para as pesquisas em andamento nos países da Europa Ocidental. Segundo Geneen, os produtos resultantes competirão não somente com os congêneres dos USA, mas também com os do Japão[47].

---

45   C. F. Bergsten e William Cline, "The United States: Japan economic problem" (Washington, D.C.: Institute for International Economics, oct., 1985), p. 127.

46   C. F. Bergsten e William Cline, "The United States: Japan economic problem", pp. 127-128.

47   Harold Geneen, *Managing* (New York: Doubleday and Company, Inc., 1984), pp. 24-25.

Essa realidade deve levar ambos os países a reforçarem seu permanente comportamento diante da competitividade, o qual está assentado no investimento na formação de recursos humanos, visando a condições de competitividade científica e tecnológica. A competição econômica viria consequentemente atrelada.

No início do ano de 1987, após todo o levantamento realizado pelas Comissões de Ensino/Pesquisa solicitado pelo governo Reagan, o presidente fez um incisivo apelo aos empresários quanto à excelência também na produção. Esse apelo foi transmitido pelo noticiário televisionado, inclusive no Brasil.

Provavelmente, a ênfase dada ao desafio japonês esteja justamente assentada nas semelhanças de enfoque e de correlações ensino/pesquisa/educação/saúde econômica/bem-estar social, entre os dois países.

Grayson ainda cita que, mais recentemente, o presidente da Nippon Telephone and Telegraph declarou: "elevada inteligência é o único recurso de competitividade". É interessante verificar, por meio desses discursos, a confiança do setor de produção no "produto educacional", também no Japão. Grayson declara, ainda, que à mesma conclusão chegaram os países europeus quanto à União Soviética, à China e à Coreia, para citar nações em acelerado processo de industrialização[48].

No verão de 1981, o então ministro da Educação da Coreia do Sul, em visita a Washington D.C., durante palestras proferidas aos estudantes de pós-graduação em Educação e Desenvolvimento Humano da GWU, enfatizou o enfoque de seu país na conquista de uma economia estável e de um setor industrial progressista, por meio de investimento quantitativo e qualitativo no sistema educacional.

Geneen expõe sua opinião tanto sobre a referida competição quanto sobre a fundamentação teórica para o desenvolvimento de recursos humanos, em ambos os países, confiante no lado positivo da questão[49].

Para o ex-presidente da, então grandiosa, ITT: "nunca se observou tanta inovação nos automóveis norte-americanos, nem a indústria eletrô-

---

48 Lawrence P. Grayson, "Education and Americas future, professional perspective", p. 6.

49 Harold Geneen, *Managing*, cap. 1, "The 'G' theory on management".

nica do país esteve mais alerta do que hoje, quanto à tecnologia avançada e à sofisticada demanda da atualidade mundial"[50].

Em relação à fundamentação em desenvolvimento de recursos humanos, Geneen lamenta que alguns tentem "introduzir a teoria 'Z' japonesa, sem analisar as diferenças históricas e culturais dos dois contextos e, ainda, tentando menosprezar os sucessos gerenciais norte-americanos"[51].

A etapa futura para a pesquisa e a tecnologia norte-americana é definida como competência para "o pleno emprego de seus frutos à indústria, ao meio ambiente e à sociedade".

Muitos serão os requisitos e as mudanças previstas na busca dessas realizações, que, por sua vez, estão diretamente relacionadas ao papel da universidade[52].

Provavelmente, estará incluída, nessas mudanças, uma nova posição da universidade, quanto ao grau de envolvimento com a pesquisa aplicada e com a transferência de tecnologia. Isso em razão do reconhecimento de que é preciso "otimizar a aplicação prática dos frutos à pesquisa, [...] explorar o potencial tecnológico para aplicação prática no setor de produção"[53].

A questão ambiental poderá trazer mais e mais discussão entre o Congresso, os pesquisadores e os empresários, em virtude de suas implicações políticas de amplo espectro. Depois da explosão da informatização do mundo, embora ainda se tenha que admitir que haja um mundo paralelo ao industrializado, cuja precariedade de informação e informatização é lamentável, a aceleração da disseminação de conhecimento exigirá muito estudo sobre seus impactos presentes e futuros. Nesses estudos, a análise da cultura norte-americana nessa conjuntura, para a qual ela contribui expressivamente para criar, passa a ser fundamental para pensar esse novo futuro para o mundo.

---

50   Harold Geneen, *Managing*, p. 25.

51   Harold Geneen, *Managing*, pp. 22, 24, 25.

52   Frank Newman, *Higher education and the American resurgence. A Carnegie Foundation Special Report*, p. 111.

53   Frank Newman, *Higher education and the American resurgence. A Carnegie Foundation Special Report*, p. 111.

Aqui, surgem renovados velhos e críticos questionamentos. Será que a universidade estará disposta a assumir uma nova posição ou a opinião de grande parte dos administradores e do corpo docente continuará a argumentar em favor da pesquisa básica, buscando inovações? Ou será que, no momento em que a pesquisa aplicada for mais assumida pelas universidades, os mecanismos de premiação e os critérios de promoção não mais discriminarão aqueles que se envolverem com uma ou outra modalidade e com tecnologia?[54] Até quando essa dicotomia será referendada nem tanto na teoria, mas na prática?

Eric Hobsbawm considera que as universidades norte-americanas, "com notáveis exceções", eram bastante provincianas até a revolução digital, quando se redescobriram como "geradoras de riqueza econômica e progresso técnico"[55].

A competição econômica é uma experiência que se renovou e se renovará como ocorreu com o Japão, e as novas potências emergentes poderão proporcionar estímulos aos Estados Unidos, apesar de sua supremacia no início do milênio.

É interessante observar que, no caso do Japão, as posições dos dois países estão fundamentadas nos mesmos alicerces: pesquisa/tecnologia/ educação. Esta última cobre atitudes e valores, competência técnica, científica e administrativa, em bases culturais e em estilos distintos.

Nesse ponto, é inevitável pelo menos lembrar novos sinais nas decisões da China, em que pesem as imensas diferenças culturais e políticas com o que vem revelando em aceleração na produção, avanços no ambiente rural e grandes metrópoles, disposição para geração de emprego e empenho educacional. Esse país está se encaminhando para ocupar um espaço não apenas geográfico e tradicional.

Com a ocorrência da Plenária do PCC e o plano de reforma chinesa:

---

[54] Frank Newman, *Higher education and the American resurgence. A Carnegie Foundation Special Report*, p. 111.

[55] Eric Hobsbawm, *Tempos interessantes:* minha vida no século XX, Trad. S. Duarte (São Paulo: Companhia das Letras, 2002). p. 438.

Especialistas estrangeiros acreditam que a plenária e seu documento detalhado sobre "temas importantes relacionados ao aprofundamento integral da reforma"' são de grande importância tanto para a China como para o mundo inteiro [...] para a economia global, disse a Xinhua Cheng Li, o diretor de pesquisa do Centro John Thornton da China do Instituto Brookings, em uma entrevista recente. Além disso, Yukon Huang, alto pesquisador da Fundação Carnegie para a Paz Internacional, um centro de estudos com sede em Washington, assinalou em um comentário no jornal Financial Times que: "o futuro da China depende muito tanto da manutenção da estabilidade política como da realização de um crescimento rápido". As reformas fiscais e a reduzida dependência dos bancos melhorarão a transparência e promoverão a responsabilidade. Reduzir o poder das empresas estatais e racionalizar os procedimentos governamentais restringirá as oportunidades para a busca de renda. A promoção de uma economia orientada aos serviços reduzirá a dependência nas indústrias de consumo intenso de energia e ajudará a "mitigar a degradação ambiental". Concluiu que tudo isto dará substância ao "Sonho Chinês"[56].

Somando-se a essas expectativas e medidas, o *premier* chinês insiste em redução de burocracia, pedindo que as autoridades adotem a mentalidade de eliminar a burocracia e delegar poderes para níveis inferiores, buscando revigoramento do mercado, mas compreende o peso das mudanças prometendo para o início do ano de 2015 cancelar ou delegar mais de 200 aprovações administrativas, em 2014[57].

Na verdade, a questão chinesa, não bastassem sua cultura milenar e porte trazendo extrema complexidade, ainda enfrenta uma questão moderna que exige alerta diplomacia e capacidade de gestão governamental e diplomática habilidosa, quando se trata de Hong Kong. Todavia, esse desafio também está sendo cautelosa e habilmente manejado.

---

56   Disponível em: http://br.china-embassy.org/por/szxw/t1100899.htm. Acesso em: 14 jun. 2012.

57   Eric Hobsbawm, *Tempos interessantes*: minha vida no século XX, Trad. S. Duarte (São Paulo: Companhia das Letras, 2002). p. 438.

Exatamente em 11 de junho de 2014, o chefe do Executivo de Hong Kong, C. Y. Leung, indicou a prática da política de "Um país, Dois sistemas" em Hong Kong. Favorecendo as comunidades – local e internacional – a entender melhor a política, o governo central chinês publicou um "livro branco" detalhando a prática da política de "Um país, Dois sistemas" na Região Administrativa Especial de Hong Kong (RAEHK), enfatizando o princípio como uma política básica do país, apesar de novas circunstâncias.

O documento, em capítulos importantes, inclui progresso compreensivo feito em diversas áreas em Hong Kong, esforços do governo central para garantir a prosperidade e o desenvolvimento da região, entendimento e implementação completos e exatos da política de "Um país, Dois sistemas".

Reza que a "autonomia de alto nível" significa a autonomia estipulada na Lei Básica e declarada no livro branco, bem como declarada anteriormente por muitos membros da comunidade regional e internacional e "não significa a autonomia completa por parte de Hong Kong. Isto é, uma alta autonomia conforme estipulada na Lei Básica desde que foi publicada em 1990". Afirmou que o livro branco não excedeu a Lei Básica, mas revê as implementações sucedidas do princípio de "Um país, Dois sistemas", em Hong Kong, nos últimos 17 anos, e também anseia que este princípio possa ser implementado futuramente para benefícios tanto de Hong Kong quanto do país[58].

Como relegar a educação em algum ponto da discussão?
Pelo menos um breve olhar sobre o trabalho da Organização de Cooperação Econômica e Desenvolvimento (OECD), que sistematicamente traz ao mundo os resultados do programa internacional de testes de estudantes de 15 anos de idade, conhecido como PISA, para enfocar o resultado do relatório conhecido como "Medindo inovação em educação: uma nova perspectiva em pesquisa educacional e inovação", é básico para situar-se no ambiente educacional no mundo.

A OECD apresentou, em 2014, uma medição em inovação. Em medição, seus métodos e fundamentos importam, logo a crítica é parte do

---

58   Disponível em: http://br.china-embassy.org/por/szxw/t1164616.htm. Acesso em: 13 jun. 2012.

processo e começa com o argumento de que educação não é negócio. Seriam usadas métricas utilizadas para essa atividade, sendo que escolas não deveriam ser operadas segundo esses padrões. Nesse ponto, os articulistas em educação questionam: no que exatamente se constituiria essa inovação no âmbito educacional? E como ela é vista pela OECD?

Para começar, a OECD quer saber: os professores inovam? Em Pedagogia, abordagens, práticas em sala, estratégias, mudanças organizacionais?

Mesmo que essas questões surjam, à primeira vista, como vagas, provavelmente porque carregam muita complexidade, passando por severo escrutínio, mereceriam muita atenção, e os dedicados à área questionam a postura adotada pelos Estados Unidos. Fazendo crítica e autocrítica diante da prática nacional, articulistas renomados consideram a postura norte-americana cronicamente reduzida à superada postura de testes estandardizados, o que, diante dos achados da OECD, representaria um atraso global e gritante em relação, por exemplo, à China e aos países asiáticos, em geral. Daí a pergunta apresentada no artigo do *Washington Post*: onde estaria a inovação?[59]

Se, por um lado, a habilidade de medição é inegavelmente importante, por outro, há uma densa fase anterior constituída da teoria e prática educacional a ser analisada; sobre que mudanças e quais avanços estariam realmente sendo obtidos no ensino dos jovens estudantes. Os Estados Unidos encontraram 24% de diferença de progresso, entre os anos de 2000 e 2009, em jovens de 15 anos de idade, constituindo 97% dos estudantes de segundo grau daquele país matriculados em escolas que seguiam a prática chamada de política e prática de inovação, cujos cinco fundamentos básicos são apresentados a seguir:

1   Uso de determinação do monitoramento do progresso escolar;
2   Maior uso de determinação do monitoramento do progresso escolar;
3   *Benchmarking* nacional ou distrital; maior determinação de dados para informar o progresso dos estudantes aos pais;

---

59   Diante do exposto, convém visitar o site, a seguir, e conhecer a produção ali apresentada. Disponível em: http://www.oecd.org/education/measuring-innovation-in-education.htm. Acesso em: 6 jun. 2015.

4   Mais avaliação externa às salas de aula do segundo grau;
5   Mais serviços aos pais nos comitês das escolas secundárias da comunidade.

Cinco inovações pedagógicas mais importantes em prática nos EUA:
1   Mais observação e descrição nas lições de ciências nas escolas secundárias;
2   Mais orientação individualizada à leitura nas aulas do primeiro grau;
3   Maior uso de respostas explanatórias na Matemática para o primário;
4   Mais estreita relação entre as lições da escola primária e a realidade da vida diária;
5   Mais interpretação de textos na escola primária.

Diante dessas alternativas, o articulista questiona: Há algo de genuinamente inovador? E continua citando a ausência da tecnologia e da computação no contexto. Questiona como estaria situada a educação nos EUA em relação a outros países e sugere a leitura do relatório do Centre for Educational Research and Inovation (CRI)[60], para saber, por exemplo, as inovações em política educacional em Hong Kong, como mais avaliação pelos pares entre professores do ensino primário e secundário, da mesma forma que a Coreia e em Singapura o emprego de maiores incentivos aos professores do ensino secundário e, além disso, o caso de Shanghai que se dispõe a retirar a ênfase em testes estandardizados.

Após essa brevíssima incursão pela ampla e complexa realidade chinesa, voltando o olhar para o modo de administrar questões, antes de tudo, pessoas envolvidas, e retornando também a breve discussão USA/Japão iniciada, retoma-se a experiência e sensibilidade de Harold Geneen.

Diante desses desafios, salienta ele que capacidade gerencial existe tanto entre os japoneses quanto entre os norte-americanos e que ele jamais diria que a teoria "Z" não é eficiente, mas que teorias representam apenas uma parcela das condições de sucesso, na prática. Além disso, lembra que

---

60   Disponível em: http://www.oecd.org/edu/ceri/measuring-innovation-in-education.htm#ES. Acesso em: 28 jul. 2014.

"teorias em DRH precisam estar sintonizadas com os valores culturais das pessoas"[61]. Consequentemente, não é algo a ser copiado. Tanto os primeiros sucessos quanto as primeiras reações ao norte-americano Deming, *The man who taught the Japanese about quality*, ilustram essa interpretação[62].

Na mesma direção, Hobsbawm critica as tentativas de imitação da realidade norte-americana, seu estilo de vida e de solução de problemas. Seus argumentos estão baseados justamente em cultura, declarando que "simplesmente não se prestam a ser copiados"[63]. Ao que se pode acrescentar a postura sobre a qual a literatura em educação e gestão é pródiga em exemplos.

Não deverá transcorrer muito tempo até que essas novas investidas chinesas também venham a revelar suas vivências originais, a partir desse período de forte renovação em vários aspectos de gestão.

Em decorrência desses valores básicos convergentes, os resultados de Japão e EUA dependerão dos mesmos requisitos: capacidade de gerenciar os próprios propósitos, em especial, os educacionais.

Entretanto, a globalização traz à cena nova ameaça à imagem das potências: a responsabilidade pelas consequências de suas estratégias, sobre as quais Dewey não se cansou de alertar. Isso implica valores relacionados às bases do prestígio que cada nação pretenda conquistar.

Essa questão envolve o valor do "em comum", cuja análise exige muita cautela. Observando o panorama do início deste milênio, Dewey continuaria a questionar a relação entre resultado e consequências de teorias e práticas de potências ditas democráticas.

Finalmente, se o novo interesse por diferenças culturais, tão manifestadas nos discursos e litcratura nessas últimas décadas[64], e o empenho

---

61   Harold Geneen, *Managing*, p. 22.

62   Rafael Aguaio, *The man who taught the Japanese about quality* (New York: Fireside, 1991). Em *Talking about Deming*, Andrea Gabor também aborda o assunto de forma interessante.

63   Eric Hobsbawm, *Tempos interessantes*: minha vida no século XX, p. 446.

64   Philip R. Harris; Robert T. Moran, *Managing cultural differences* (Houston: Gulf Publishing, 1996).

pela comunicação internacional tiverem sido inspirados pelo desejo de compreensão e respeito ao ser humano, então a humanidade toda tem chances de iniciar uma nova era. O bem comum deixaria de ser privilégio interno dos países desenvolvidos.

Contudo, a inusitada e caótica invasão terrorista ao território e ao símbolo de poder norte-americano, em 2001, reavivou, com extrema energia, a cultura das soluções definitivas, enredada no espírito bélico historicamente constatado.

O sucesso diplomático internacional do anterior governo democrata de Clinton, a euforia do sucesso socioeconômico e o diálogo internacional pela paz e pela vida planetária, inclusive na China, em 1998, parecem haver sido diluídos pelo pânico e pela tensão de possíveis ameaças crescentes.

Aqui vale a pena conferir a polêmica constatação de Hobsbawm de que, na atualidade, se convive com uma geração que não acredita nem no capitalismo individualista, nem em sistemas políticos de democracia liberal, nem, ainda, na alternativa comunista[65].

É tempo de vazio, de novas manifestações de prepotência, de medo, de ameaças, de novas e velhas violências, não chegando a extremos de Hiroshima e Nagasaki, do inusitado de Pearl Harbor, da rudeza de Iwo Jima e Okinawa. Será tempo de transição, e não de retorno ao passado, conforme reforçam os chineses na atualidade. Talvez de rumo para o longínquo "em comum" ou em extremo contraste de novas versões de violações de novas ordens?

A procura pela fenomenologia, mesmo nos Estados Unidos, pode ser um tênue prenúncio de que, a iniciada discussão de Merleau-Ponty, com seu *The primacy of perception*, siga com uma nova geração como a de Jack Reynolds[66], para que a compreensão do "outro" possa ser retomada, quando a visibilidade da demonstração de que o ser humano está abandonando sua essência humana, com a mesma rapidez com que o avanço tecnológico reflete a época.

---

65   Eric Hobsbawm, *Tempos interessantes:* minha vida no século XX, p. 450.

66   Jack Reynolds, *Merleau-Ponty and Derrida: intertwining embodiment and alterity*.

Será que o fato de Hobsbawm considerar o governo Bush um episódio descolado da tradição cultural norte-americana reduz a possível catástrofe de intermináveis conflitos mundiais?

Provavelmente, a humanidade esteja precisando que se deixe de lado a primazia do conhecimento, "suspendendo nossas afirmações sobre o mundo", segundo Merleau-Ponty, para poder retornar a ele como realmente o é, para compreender os conflitos e abrir um horizonte onde os espaços da Ciência e da Filosofia sejam mutuamente constitutivos e que o legítimo tempo e o espaço de cada cultura sejam mutuamente respeitados[67].

O sonho de resgatar o controle sobre seu próprio destino

Na análise de Boorstin, os norte-americanos acabaram gerando uma força superior que os vem controlando. Essa incongruência, diante do espírito norte-americano sempre avesso a controles externos ao indivíduo e à sua comunidade, surgiu como resultado da própria tenacidade e empenho dessa sociedade. O produto da ciência e da tecnologia gerou a energia que ameaça as aspirações de decisão dos norte-americanos sobre os rumos de seu próprio destino[68]. Essa concepção de América, estreitamente ligada a essa leitura cultural de destino, é expressa por Boorstin de forma límpida. Ele diz:

A civilização norte-americana, desde seu início, tem combinado uma confiança dogmática no futuro com um ingênuo quebra-cabeças sobre o que o futuro poderia trazer. Os puritanos acreditavam na Divina Providência, a qual manteria o mundo em ordem e sua crença era profunda, porque eles duvidavam fortemente que eles pudessem saber o que a Providência teria planejado. Quando os norte-americanos mais recentes afirmaram o Destino da Nação, mesmo quando algumas vezes o chamavam de "manifesto", sua fé era novamente firme, porque o acesso ao destino norte-americano nunca seria agudamente definido. A América do século XX viu um futuro mais cheio de novidades do que qualquer

---

67 Merleau-Ponty, *The primacy of perception* (London: Routledge, 1964), p. 94.

68 Daniel J. Boorstin, *The Americans. The democratic experience*, p. 598.

futuro de nação jamais havia sido visto anteriormente. Ainda, a novidade, ela própria estava se tornando um produto planejado, previsível e familiar[69].

Por reconhecer, nesse sentimento, a força de uma cultura, optou-se por apresentar uma citação selecionada por Boorstin, *ipsis litteris*, visando a ilustrar a fé nesse grandioso destino, enredado no compromisso com sua sempre aberta concretização.

> *The American Journey has not ended. America is never accomplished, America will always still to build... West is a country in the mind, and so eternal.*
> ARCHIBALD MACLEISH[70]

Essa não é uma posição isolada e muitas outras poderiam ser citadas, além das já comentadas neste livro, como a posição do reconhecimento de algumas alterações na concepção de guerra com os avanços tecnológicos quanto à energia nuclear[71], a de Karier, quando compara o iluminismo ao liberalismo do século 20[72] ou, ainda, a posição de Michael Katz, quanto aos efeitos da ciência e da tecnologia sobre o homem[73] – certamente, não pelos artefatos e conhecimentos, mas pelo seu pensar sem tempo disponível para reflexão.

Nesse ponto, a tradicional confiança no exercício das atitudes que revelam o sistema de valores dos norte-americanos surge novamente, diante do impacto causado pelo desenvolvimento científico e tecnológico. Percorrendo a linha ideológica da esquerda à direita, os valores sobrevivem quase imutáveis, porém muitas vezes velados, quando poderiam ser audíveis e ativos.

Em virtude dessa posição realista ou idealista, as expectativas refletem as mesmas aspirações da época colonial. Apesar do sofisticado e arris-

---

69 Daniel J. Boorstin, *The Americans. The democratic experience*, p. 523.

70 Daniel J. Boorstin, *The Americans. The democratic experience*, p. 523.

71 Ver opiniões de Henri Kissinger nas pp. 469-470; 475, deste livro.

72 Ver opinião de Clarice Karier, p. 284, deste livro.

73 Ver opinião de Michael Katz, nas pp. 77-78, deste livro.

cado contexto atual sobre as atitudes do homem, os avanços tecnológicos e a concepção de guerra, em especial, continuam vivos na expectativa da formação nas universidades a uma linha que ainda deseja a responsabilidade pelo bem comum. Consciente ou inconscientemente, a cultura tem mostrado sua força, porque os embates continuam e a sociedade não tem abdicado de seu papel participante.

Retomando a questão da tradição norte-americana de ser uma nação de imigrantes, a par da riqueza de possibilidades que a diversidade oferece, há também, o desafio que repousa sobre a sociedade e o governo quanto a como conviver com dramas como o que ocorreu em Orlando ao final do mandato Obama, em 2016. A tragédia implica decisões que poderão até redirecionar uma cultura bem estabelecida. O fato é que decisões a respeito tenderão a carregar fortes emoções e por mais que a tradição imigratória esteja bem estabelecida, o impacto é considerável, com incógnitas sobre possíveis revisões de postura nacional enquanto sociedade e governo.

Pontuando a postura deweyana

É interessante observar que os valores fundamentais das instituições de ensino superior foram sintetizados pela Comissão Nacional para o Papel e o Futuro das Faculdades e Universidades Estatais da seguinte forma: "a educação é a oportunidade de melhorar-se como indivíduo e de melhorar a sociedade, por meio do conhecimento, pois as pessoas são responsáveis pelos seus semelhantes"[74].

Esta é, na verdade, uma aspiração que ainda pode ser chamada de um desafiador problema antigo, em especial, na educação de segundo grau. Com o entusiasmo pelo desenvolvimento dos mais dotados, após o segundo grau, foi concebido como uma tradição democrática o ensino da alfabetização ao ensino básico para todos, independentemente da situação econômica ou social, à linha jeffersoniana e, também, segundo a postura de Eliot, entusiasmado com a reforma importante nas disciplinas do terceiro grau que promoveu. Entretanto, sem uma revisão radical de postura, o segundo grau acabou sendo uma forma de seleção, em prejuízo das

---

[74] The National Commission for The Role, p. viii.

classes menos favorecidas, quanto ao ingresso no ensino superior. Nesse ponto, manifestaram-se duas posições concorrentes e historicamente discutidas – uma labuta até hoje presente – apesar dos avanços conquistados.

Considerando os padrões europeus criticados, porém, em boa parte, seguidos por Eliot, do segundo grau como preparador para a universidade, era favorável ao oferecimento dessa organização curricular para todos, o que levava dificuldades aos alunos menos privilegiados, em razão das condições sociais desfavoráveis. Nesse sentido, John Dewey, gerando polêmica, foi inegavelmente o mais influente educador norte-americano e o mais representativo filósofo nacional. Seu empenho era em derrubar barreiras para os estudantes de famílias de baixa renda e situação menos privilegiada, não como mera reação emocional, mas a partir de muita revisão curricular, estrutura de funcionamento do ensino revigorada para atender a essa população, com métodos que não apenas levavam ao conhecimento nas disciplinas, mas à vivência de seus princípios, como laboratórios de exploração de materiais naturais ou produzidos e atitudes ativas, e não apenas reativas e muito menos simplesmente atividades de memorização. Embora sua conhecida preocupação com postura, resultados e consequências, precisou contribuir para ser entendido, trabalhando sobre novas formas de comportamento dos alunos na aprendizagem, estranhas, à época, e até mesmo vistas como indisciplina. Para ele,

... não podemos subestimar o fator disciplina e a construção do caráter envolvido no treinamento do hábito da ordem e da indústria e nas ideias de responsabilidade, obrigações ao fazer algo, produzir alguma coisa para o mundo. [...] Há sempre algo a fazer em cooperação com outros. [...] Educação, Dewey professava, "é um processo vivencial, e não uma preparação para vida futura"[75].

Aqui, começa o desafio de G. Stanley Hall e do mais influente expoente da "Nova Educação" nos Estados Unidos, John Dewey.

O contraste entre as posições desses proeminentes professores era gritante: enquanto Hall e Dewey não aceitavam a ideia de abdicar de pro-

---

75 Daniel J. Boorstin, *The Americans. The democratic experience*, p. 497.

curar recuperar os estudantes menos privilegiados pela sorte de "berço", a outra linha, de Eliot, considerava uma questão de seleção natural. A visão revolucionária deweyana de uma educação revolucionária, que removeria o rumo da educação "de uma educação de segundo grau oferecendo ensino especializado para poucos, em algo mais árduo de ser definido, uma expressão de uma nova 'religião' na América, A Nova Educação, *'growth is education and education is growth'* [...], crescimento humano que nunca pode ser fixo, mas constantemente desenvolvido"[76].

Essas preocupações que persistem na atualidade, em busca permanente, foram presença firme no início da década de 1960, quando Dewey oferecia uma obra memorável, um legado à cultura educacional do país.

Nesse ponto, vale lembrar e sugerir a leitura do artigo de Horace Kallen, Randolph Bourne, Louis Adamic e Leonard Covello, retomando o tema mais recentemente, no qual se expressam:

Pluralismo cultural é parte da quase perdida herança progressista, cuja retomada poderia ajudar grandemente as minorias culturais a mais efetivamente alcançar seus direitos à igualdade, contra forças que, em nome da segurança nacional, tentam apagar as diferenças. Hoje em dia, mais do que antigamente, o pluralismo cultural é parte da agenda progressista. É uma questão de equidade, mas, também, uma interminável labuta pela concretização de uma ampla democracia, [...] apoiando imigrantes para que, enquanto aprendem Inglês, mantenham e desenvolvam seus próprios idiomas e culturas, integrando-se à sociedade[77].

---

76   Daniel J. Boorstin, *The Americans. The democratic experience*, pp. 492, 498-499.

77   Horace Kallen, Randolph Bourne, Louis Adamic e Leonard Covello, *The Cultural Pluralist Response to Americanization*. Posted on March 7, 2011. Disponível em: http://sdonline.org/48/the-cultural-pluralist-response-to-americanization-horace-kallen-randolph-bourne-louis-adamic-and-leonard-covello/. Aos interessados na fonte, a informação a seguir é útil: "Subscriptions and Back-Issue Orders: Socialism and Democracy" é publicado três vezes no ano – março, julho e novembro. É produzido por Research Group on Socialism and Democracy (RGSD) e publicado por Taylor & Francis (disponível em: http://sdonline.org/subscribe/ ou www.tandfonline.com/action/pricing?journalCode=csad).

Esse artigo é encabeçado por uma citação que, na verdade, ilustra a cultura canadense, sua postura diante dos diferentes naquele país rico em imigrantes, embora a intenção do autor seja referir-se aos Estados Unidos, ou, pelo menos, propor como uma cultura em construção: "Here is not merely a nation but a teeming nation of nations" – Walt Whitman, prefácio de *Leaves of Grass* (1855)[78].

Talvez, as ideias que essa citação resume sejam, além da aspiração multicultural harmoniosa, um forte impacto que se manifesta em certo temor de que diferenças possam instituir-se, em paralelo, como uma força desagregadora. Nesse ponto, os fenomenólogos norte-americanos, como Robert Sokolowski, da Universidade Católica, em Washington D.C., podem contribuir com a concepção do ser em comum, embora as diferenças, pois, em lugar de desagregar, poderão continuar a enriquecer a realidade, inclusive alimentando uma crescente possibilidade de novas e diferentes ideias para o desafiador volume e rapidez com que problemas de toda natureza surgem no horizonte, em especial de países grandes e complexos, como os Estados Unidos da América.

Complementando, cabe alertar sobre o papel da leitura de Dilthey como aproximadora dos fenomenólogos, no sentido da reflexão norte-americana, quando Sérgio de Gouvêa Franco, em 1995, apresentava, com lúcida simplicidade, em seu livro *Hermenêutica e psicanálise na obra de Paul Ricoeur* (disponível nas referências), que a ciência explica, enquanto a hermenêutica compreende. Diante disso, é quase inevitável o estímulo a pesquisas futuras.

O período deweyano não foi nada ameno, porém rico em ideias que buscavam avanços em muitos sentidos.

Quando John Fitzgerald Kennedy assume a presidência do país, após o solene juramento tradicional, fala ao povo como, segundo ele, um cidadão norte-americano, um democrata que encerrara sua campanha, estava comprometendo-se e buscando uma postura solidariamente comprometida com a dos cidadãos norte-americanos naquele

---

78   Famous Prefaces. Walt Whitman, Preface to *Leaves of Grass* (1855).The Harvard Classics. 1909–14.

momento. Em tom muito peculiar, procura esse mesmo sentido em relação às demais nações do mundo e profere algo não apenas grandiloquente, mas grandioso, não delimitado pelo sonho norte-americano, mas aberto ao sonho da humanidade, para o qual ele propõe: "*a new endeavor, the peace on earth*"[79].

Enfatizando valores tradicionais da cultura norte-americana, "*imagination, courage and persistency*", enfatiza a decisão dos cidadãos sobre "*what do you want this country to be*", conclamando-os a, então, "*you have to move*". Enfatiza os desafios da pobreza e dos direitos humanos, dizendo que "*at home or around the world, for freedom, we shall pay any price*". Voltando à questão da pobreza, ele insiste que é preciso ajudar, simplesmente, "*because it is right*"[80].

Um presidente católico, em um país fortemente protestante, foi aclamado novamente em seu discurso de posse, como o foi durante sua campanha disputada com Nixon, que veio a ser seu vice-presidente.

Enfatizando que não estava apenas assumindo o governo com a tradicional fala inaugural, mas que se tratava de "*the celebration of liberty*", despediu-se, dirigindo-se fortemente ao seu povo e ao mundo com as famosas frases: "*Ask not what America can do for you, but what you can do for your country*" e, prosseguindo, conclamou às nações do mundo, dizendo: "*Ask not what America can do for you, but what we can do together*"[81].

Fica evidente que Kennedy compreendeu profundamente o terror da Segunda Guerra Mundial e suas consequências fragilizando povos, buscando contribuir para a inauguração de uma nova era global.

---

79 John F. Kennedy, "Inaugural address", Jan. 20, 1961. *Memorial album. A memorial tribute*. Produzido e transmitido pela estação de rádio na sexta-feira, dia 22 de novembro de 1963, WMCA, Nova Iorque. Narrado por Ed. Brown, produzido por Martin Plissner e Ed. Brown. Roger W. Turner, diretor de notícias e relações públicas, material do discurso gravado a partir dos arquivos da Radio Press International.

80 John F. Kennedy, "Inaugural address".

81 John F. Kennedy, "Inaugural address".

Kennedy: além do drama
Na segunda sessão do Congresso, em 11 de janeiro de 1962, J. F. Kennedy expressava-se da seguinte forma:

esta nação deve crescer em sabedoria e força, então cada graduado em escola de segundo grau precisa ter oportunidade de desenvolver seu talento. Todavia, a metade não tem fundos ou condições para frequentar a graduação. As inscrições dobrarão no curto tempo de dez anos. O custo anual, por estudante, está subindo a níveis astronômicos. [...] Eles não podem mais aguentar tais custos, mas a Nação não pode gastar para manter seu poder militar e negligenciar seu poder cerebral. Além disso, a excelência na educação precisa começar no primeiro grau. Eu enviei ao Congresso, no ano passado, uma proposta de apoio federal a escola pública, construções e salário de professores. Acredito que a proposta legal, a qual passou no Senado e recebeu aprovação da Comissão, ofereça o mínimo necessário permitido por nossa constituição, por isso eu não vejo razão para enfraquecer ou derrubar essa lei e eu espero urgência para ela, nessa seção. "Civilização", disse H. G. Wells, "é uma corrida entre educação e catástrofe". Está com os senhores, neste Congresso, determinar qual será a vencedora dessa corrida[82].

Na verdade, os norte-americanos seguem apostando em suas atitudes e valores coloniais, da mesma forma que o milenar sistema de valores e exercício de atitudes dos japoneses continua evidente: educação é prioridade, apenas atualiza-se em muitos sentidos.

Uma jornada permanente
Não parece provável que a conhecida competição tecnológica, assentada no conhecimento, e a atual supremacia econômica dos EUA evoluam desse tipo de disputa, apenas de certa forma desigual, para tomar um rumo equivocado. O que já pareceu disputa é mais um exercício de competição em qualidade, quando todos podem sair beneficiados. Seria a realização de um sonho se todas as disputas se tornassem competições apenas nesse sentido, um paraíso mais do que uma utopia, lamentavelmente, mera fantasia.

---

82 J. F. Kennedy, *The burden and the glory*, pp. 3, 10.

Contudo, a busca pela paz passa por algo que se aproxima de competição pelo menos saudável, em que os emergentes consigam emergir e os pobres alcancem o *status* de emergentes, sempre sob as bases da educação, não somente do conhecimento, conforme preocupação de Frederick Rudolph em *Curriculum*.

No passado recente, indícios dessa possibilidade puderam ser observados por meio de habilidades administrativas e gerenciais presentes no cenário norte-americano e tomaram considerável peso entre os japoneses também, levando-os ao sucesso na produção, no comércio e nos contratos internacionais[83], embora o tradicionalismo milenar ainda os isole de certa forma, mais em estilo do que na prática, por um lado e por outro, surpreendendo forte e permanentemente o Ocidente com suas verdadeiras vitórias em muitos sentidos na era global. Eles avançam mesmo em seu território pequeno e perseguido por muita violência da natureza, os mestres em miniaturização altamente tecnológica fazem usos crescentes de sua habilidade, poder de concentração, inventividade e pertinácia orientais.

O exercício de atitudes, partindo de sistemas de valores diferentes e bem definidos, em ambos os contextos, redirecionou a antiga disputa para uma competitividade além do conhecimento. Os idealistas vislumbraram o que já acontece: ambas as nações acreditam que somente elevados padrões de desenvolvimento humano podem permitir o pleno emprego do produto científico e tecnológico, para o benefício da sociedade, além dos índices quantitativos.

China e Índia são também casos significativos a conhecer de perto: populações densas, territórios tão grandes quanto seus problemas e de possibilidades de toda ordem a enfrentar, algumas milenares. No entanto, a percepção da significância da educação vai avançando. A industrialização e os negócios internacionais, em meio a vacilações e conflitos nas relações interculturais decorrentes, tecem também relações humanas diplomáticas, educacionais e negociais.

Seria o milagre do milênio que os emergentes e ágeis em mudanças também tentassem e fossem reinventando-se a cada dia, no sentido da prosperidade aliada à justiça social?

---

83   Don Hellriegel, John W. Slocum e Richard W. Woodman, *Organizational behavior* (St. Paul: West Publishing Company, 1983), pp. 522-526.

Uma crença cultural norte-americana tem sido a percepção do trabalho como possibilidade de liberdade, o que o período da escravidão e da discriminação ostensiva encaminhavam para a destruição.

O que parece animador em não haver mudado e estar se encaminhando para o futuro com energia, em especial, em nações como China e Índia, é a efervescência do valor do trabalho; cada povo à sua maneira própria de cultuá-lo, praticá-lo e preparar-se para colocar talentos em prática. A forma de se organizar em sociedade de trabalho e de usufruir de seus frutos, já é, ela própria, pura manifestação de cultura, daí mais um forte contraste entre as duas nações nesse movimento.

Interrompendo esta jornada em aberto

Conhecer a cultura, a história de cada nação, é procurar compreender e reconhecer o que o humano pode construir com seus saberes e poderes distintos próprios. Não é um espelho no qual todos se refletem igualmente, com suas peculiaridades, mas luz no espelho de cada uma das realidades decorrente dos reflexos das outras.

Como são os norte-americanos..., quem são os norte-americanos..., quem é norte-americano...? São questões que se intercomplementam e avançam no sentido de perscrutar: para onde segue essa constelação de estados norte-americanos? Seria mais sensato dizer, segundo autores estudiosos profundos e sensíveis, que os norte-americanos são assim... Mais um estado de espírito que ultrapassa a naturalidade, apesar do respeito e do reconhecimento aos pioneiros. Seria prudente dizer, como Kallen, que os "norte-americanos são anglo-saxões, irlandeses, judeus, alemães, italianos, e assim por diante", "para significar que *norte-americanos* seria um adjetivo de similaridade [...] e que o sentido de nacionalidade, segundo o modelo europeu, não significa nada, que não se aplica à realidade norte-americana, mesmo no início da formação da nação e que continua a não se aplicar", pois isso sim pareceria mais verdadeiro[84].

---

84 Horace M. Kallen, "Democracy *versus* the melting-pot. A study of american nationality", *The Nation*, Feb. 25, 1915. Parte I, IV. Disponível em: http://www.expo98.

Um argumento forte sobre essa interpretação mostrar-se-ia como o mais sensato desde os primórdios até a atualidade, conforme dito neste livro: 42,2% da população norte-americana é formada por imigrantes, considerando-se somente os legais, que assumem seus papéis na constituição da sociedade do país.

Segundo enfatiza a Parte I, item IV, do já citado estudo sobre o *melting pot*, os casamentos entre diferentes já eram vistos nesse estudo de Kallen como crescentes, todavia isso não teria nada a ver com uma nacionalidade norte-americana, tanto quanto seria remota a ideia de universalização para conceituar aquela realidade.

Nesse ponto, pelo fato de a questão não ser nada simples, por exemplo, cabe um olhar retrospectivo à história da Nova Inglaterra, que desempenhou um importante papel social nessa jornada formativa, levando a se considerar um grupo étnico importante ou apenas uma coincidência positiva com a industrialização, que, na verdade, é derivada da cultura, gerando, no caso, um ambiente cultural próprio. Há sempre uma mutualidade de fatores em jogo e a pergunta que se mantém é: até que ponto coincidindo? A ideia que Kallen indica como uma tendência à estratificação social e a de atividade andando juntas é interessante. Certamente, os pioneiros trouxeram tradições, levando a uma complexa e própria aristocracia: a americanização. Para Kallen, aquela ancestralidade já se foi, suas moradas viraram museus, como Harvard e George Washington, mas até que ponto aí haveria vestígios de uma ancestralidade anglo-saxônica na chamada tradição norte-americana? Realmente, uma questão sutil que dará ainda muita possibilidade de inspiração a pesquisadores, em especial em virtude da multiplicidade de raízes europeias em solo norte-americano, desde os primórdios e em contínuo fluxo do mundo inteiro.

Diante dessa questão intrigante, emerge a cultura no que Kallen aponta: uma mesma mentalidade (*like-mindedness*) de cada origem, decorrente de cada história, lugar no planeta, natureza e estilo de vida, crenças e valores. Não se poderia sequer minimizar a presença dessa fundamental

---

msu.edu/people/kallen.htm. Acesso em: 27 mar. 2015. Contudo, haveria muito a ser analisado.

bagagem que cada nacionalidade traz consigo. Todavia, daí à metáfora de um *melting pot* há uma imensa distância. Talvez, a outra metáfora, a *salad bowl*, a qual Millet se refere[85], seja menos distante, porém não mais do que isso.

A dinâmica parece convergir para uma realidade na qual, enquanto cada fonte cultural traz sua contribuição à constituição da sociedade norte-americana, mesmo no caso de gritantes dificuldades, como com etnias negras e indígenas, cuja distância antropológica é imensa, cada grupo procurou assumir seu papel na construção da sociedade, muitas vezes sofrendo e o exigindo contundentemente, mas constituindo o americanismo em sua riqueza de características, não sem deixar perplexidade.

Considerações finais
Este livro não tem a pretensão de ter compreendido ampla e, menos ainda, profundamente a cultura da sociedade norte-americana e desenvolvido a competência de transmitir tal aprendizado, mas apenas oportunizado uma reflexão trazida com dados, posturas e também vivências naquela realidade, algumas vezes compartilhadas com aquela sociedade, inclusive em períodos críticos, como as mortes na família Kennedy, as manifestações pela morte de Martin Luther King e o início do drama com o Irã, o qual, hoje, ressurge em completa tentativa de reversão com Barack Obama, porém assistida de longe pela autora.

Ao lançar os últimos olhares verde e amarelos sobre os rumos culturais da constelação USA, aventura-se a uma tradução de Walt Whitman, zelando por seu espírito e estilo literário inconfundíveis, que pareceu necessário para encontrar em que termos ele retrata, com sua perspicácia e sensibilidade, seu país, seu povo:

Outros países se explicam a partir de seus representantes, mas a singularidade dos Estados Unidos não está tanto em seus executivos ou legisladores, nem em

---

85   Joyce Millet, "From melting pot to salad bowl". Disponível em: http://www.culturalsavvy.com/understanding_american_culture.htm. Acesso em: 21 mar. 2015.

seus embaixadores ou autores, faculdades, igrejas ou celeiros, tampouco em seus jornais ou inventores..., mas sempre, principalmente, no homem comum[86].

Nesse ponto, torna-se coerente dizer que os Estados Unidos sejam uma cultura forte, cujo povo, enquanto trabalha e estuda, discute tudo o que suas autoridades propõem, realizam ou deveriam realizar, em um sentido de permanente busca por construir a que pertencer em sua plurifacetada culturalidade, cujo semblante se mantém em permanente transformação.

Os Estados Unidos da América do Norte, em decorrência de seu porte internacional, são um país frequentemente interpretado com lirismo ou de forma demonizada. Por parecer tão evidente, em consequência de sua visibilidade mundial, é ingenuamente diagnosticado como óbvio, sem mais nada a "declarar" ou ser pesquisado. Seus movimentos de origens, supostamente conhecidos, são superficializados e suas questões culturais, banalizadas. Solitário, embora presença marcante e global, pouco acolhido, mas muito atraente a milhões, para viver, estudar ou negociar, continua bastante desconhecido em sua cultura, em seu sentido como nação.

Desafiado por sua própria condição de destaque, sustenta uma cultura que divulga produtos, descobertas, realizações, mantendo seu sentido e sua orientação ainda consideravelmente dispersos em sua vastidão espacial e de ideias em obras que, embora permeando o mundo, transformando muitas rotinas, em especial na gestão, além de hábitos nas sociedades, nem sempre têm conseguido levar sua mensagem cultural mais forte: a de trabalho e determinação. Tampouco conseguiu ainda banir preconceitos internos, *once and for all*, atingir o ideal para acolher diferenças com toda a dignidade possível, uma vez que recebe o mundo para ficar dentro de suas fronteiras, o que desafia a postura e a criatividade em condições merecedoras de muito estudo e agilidade de decisões dos governantes.

Assim, o direito individual é o que vem motivando a agregação para a força do "nós" e o trabalho, o valor "sagrado", mantendo os elementos-

---

[86] Walt Whitman, Walt Preface to Leaves of Grass (1855). *Journals Famous Prefaces*. The *Harvard Classics*. 1909-1914. Disponível em http://www.bartleby.com/39/45.html. Acesso em: 8 jun. 2015.

-chave para conquistar a democracia, que, historicamente, empenha-se em avançar na construção em *up and down*, parecendo considerar o que já dizia Kallen, em 1933:

a democracia não falhou, porque a democracia ainda não teve uma livre chance de fazer o bem. A falha não está na democracia; a falha está na fraqueza de seus devotos, aos quais faltam fé e lealdade e coragem nesses novos tempos para defendê-la e avançar em sua causa contra os seus inimigos. Eterna vigilância não é somente o preço da liberdade, mas de todo o bem que os homens cultuam e ampliam e preservam. Deixar democratas e individualistas, mas clarear suas mentes e energizar seus corações e, então, manter sua guarda, então deixando-os reescrever a Declaração da Independência para o mundo, no qual máquina e ciência são mestres [...]. A tarefa do espírito liberal hoje em dia é tanto reconstruir o velho instrumental quanto encontrar novos, os quais derrubem a tirania e a opressão e usem a economia industrial para assegurar a vida do indivíduo, sua liberdade e sua busca por felicidade[87].

Consciente da complexidade e da significância de tudo que foi e está sendo exposto, e a partir desta prevista, mas desconfortável interrupção no tempo deste livro, fica a expectativa de retomada do caminho semi-iluminado – apreendido, convivido, sonhado, obtido, descartado, pesquisado, discutido para aprender. E espera-se que algum sustento tenha ficado para reflexão sobre a caçarola, a qual ilustra o mesmo fenômeno empregado em trocas educacionais e singularizado pelo *melting pot*, trazido dos pioneiros e, ainda, apreciado à época da *fast-food*, porém com a devida cautela cultural. Isso sem esquecer a atual variação da *salad bowl*, que Millet emprega com tranquilidade[88].

Reconhecendo que há muito o que fazer e que o papel da educação e da gestão pública e privada se agiganta em desafios às sociedades, percebe-se que, além dos preconceitos, há violências fortemente organizadas

---

[87] Orace Kallen, *Individualism an American way of life*, pp. 183-186.

[88] Joyce Millet, "From melting pot to salad bowl". Disponível em: http://www.culturalsavvy.com/understanding_american_culture.htm. Acesso em: 21 mar. 2015.

no mundo que ainda devem ser discutidas: o narcotráfico e o tráfico de pessoas, as pseudoideologias e as desvirtuadas religiões, os preconceitos ativos, a corrupção, os fundamentalismos de diferentes coloridos, todos disputando decisões sobre ameaças e massacres, com uso de tecnologia pelo mundo para o horror – em lugar da paz.

Um exemplo "carne e espírito" é a necessidade de banir a exploração e a escravidão nesse nosso mundo, explícitas ou engenhosamente disfarçadas, porque essa moléstia milenar e universal ainda está fortemente presente na pós-modernidade, ocorrendo, em geral, pela falta ou pela fraqueza da postura na educação, já trazida como um grilhão cultural de atraso pela ganância ou pela resposta à questão: por que guerra?, tanto utilizada para justificar a barbárie, há muito sofisticada pela tecnologia, quanto travestida de desafio ao tentar bani-la da agenda de solução de problemas internos ou internacionais das nações.

Extrapolando o âmbito de cada uma das maiores economias mundiais para a Terra, esse belo e maltratado planeta azul, nosso berço, percebe-se que as preocupações de John Dewey, lamentavelmente, permanecem atuais.

Há os que confundem realidade com força física, com sensações de poder e de ganhos. Há os que tiram proveito de tudo e os que acreditam que a lição da guerra para a humanidade é que a ciência e a industrialização são as culpadas e advogam o retorno à simplicidade[89].

Nesse ponto, percebe-se que a falta de lucidez diante das questões humanas continua a ser a grande ameaça à dignidade e à própria vida no planeta.

O controle sobre seu precioso produto, o conhecimento – com a sociedade e para ela –, é um problema para o qual todas as nações precisam estar orientadas.

A grande incógnita continua resumida na seguinte questão:

---

89 John Dewey, *Reconstruction in philosophy*, p. 110.

Quando o produto da tenacidade, da sabedoria e da criatividade humana terá chances de cumprir a nobre missão de devolver ao próprio homem a sua dignidade em qualquer nação sobre a terra?
E até que ponto nossos poderosos vizinhos do Norte poderão contribuir?

Trata-se de um questionamento de um jovem esperançoso, aluno em tecnologia aeroespacial, fazendo coro com engenheiros, gestores públicos e privados, médicos, advogados, juristas, professores, literatos, jornalistas, artistas, políticos, religiosos – pessoas atuando no mundo, ávidas por inovação, na expectativa de que seu bom uso seja a única razão do valor da inventividade humana, no sentido da ética... No Brasil também.

Posfácio

O tema central da obra é os Estados Unidos da América. O objeto em exame, contudo, é o cidadão estadunidense, cujas dimensões socioeconômicas, políticas e culturais são tratadas pela professora Valderez de modo original e com *background* próprio. Com metodologia adequada, manifestações teleológicas brotam por toda a obra, singularizando o sistema de valores daquela sociedade.

O conhecimento "verde e amarelo" da autora mesclado com o "azul, vermelho e branco" da *the stars and stripes*, granjeado durante sua vivência naquele país, remete-nos de imediato a repensar nosso sistema educacional, por exemplo, e ao reconhecimento legítimo da dimensão cultural para as negociações do setor privado e contatos diplomáticos com aquela nação.

Talvez sem querer, querendo, a professora demonstra que a simplicidade analítica do livre jogo das forças de mercado, cujo princípio humanista de "ao vencedor, as batatas" – expressão máxima da competição –, posto pelo nosso Machado de Assis, é categoria analítica insuficiente para explicar atitudes e comportamentos de múltiplas dimensões como resulta ser a sociedade norte-americana: articulando economia, educação, trabalho, liberdade e cidadania, singularmente.

Edson Peterli Guimarães
Professor Doutor pela UFRJ-IE e Coordenador do ECEX

Referências bibliográficas

ABBAM, Eban. *Heritage civilization and the Jews.* New York: Summit Books, 1984.
ABENDROTH, Wolfgang. *A história social do movimento trabalhista europeu.* Rio de Janeiro: Paz e Terra, 1977.
ADAMS, Charles. *When in the course of human events:* arguing the case for Southern Secession. Lanham: Rowman & Littlefield Publishers, 2000.
ADAMS, Henry. *The degradation of the democratic dogma.* Nabu Press, 2011.
AGUAIO, Rafael. *The man who taught the Japanese about quality.* New York: Fireside, 1991.
ANGELL, James B. *Reminiscences.* New York: Mc Kay, 1912.
ARONOWITZ, Stanley; Giroux, Henry. *Education under Siege:* the conservative, liberal and radical debate. Massachusetts: Berging & Garvey, 1985.
AWKINS, Hugh. *The emerging, university and industrial America.* Lexington: D. C. Heath and Company, 1970.
BABBITT, Irving. The humanities. In: HAWKINS, Hugh (ed.). *The emerging university and industrial America.* Lexington, Mass: D. C. Heath and Company, 1970.
BALDERSTON, Frederick E. *Managing today's university.* San Francisco: Jossey-Bass Publishers, 1978.

BALES, Robert F; Cohen, Stephen P. *SYMLOG:* a System of Multiple Levels Observation of Groups. New York: The Free Press, 1979.

BARRET, Marvin. *Meet Thomas Jefferson.* New York: Random House, 2001.

BARTON, David. *Benjamin Rush:* signer of the Declaration of the Independence. Aledo, Texas: Wallbuilders Press, 1999.

BASS, Hyman. Notes on the origin and character of the Yiddish Press. *The World of Yiddish*, bulletin n. 4, winter 1974. New York: Congress for Jewish Culture Inc., 1974.

BEACH, Mark. Professional *versus* professorial control of higher education. In: HAWKINS, Hugh (ed.). *The emerging university and industrial America.* Lexington, Mass: D. C. Heath and Company, 1970.

BENEZET, Louis T. Is higher education a commodity? In: SMITH, Kerry (ed.). *New teaching new learning. Current issues in higher education.* San Francisco: Jossey-Bass Inc. Publishers, 1971.

BERGSTEN, C. F.; Cline, William. *The United States* – Japan economic problem. Washington, D. C.: Institute for International Economics, 1985.

BISHOP, Elizabeth. *North & South.* Boston, MA: Houghton Mifflin, 1946 e 1964.

BISHOP, Elizabeth. *One Art:* Letters. New York: Farrar, Straus and Giroux, 1994

BISHOP, Elizabeth. *The complete poems, 1927-1979.* New York: Farrar, Straus, 1983.

BLATNER, Adam. M. D. *Lecture 4:* the discovery and invention of anesthesia. (Stories in the History of Medicine.) Disponível em: http://www.blatner.com/adam/constrans/historyofmedicine/4-anesthesia/hxanesthes.html. Acesso em: 10 jun. 2015.

BLEVINS, Win. *Give your heart to the hawks:* a tribute to the mountain men. Los Angeles: Nash, 1983.

BLOCK, Fred L. *The origins of international economic disorder.* Berkeley: The University of California Press, 1977.

BLUM, Laurie. *The complete guide to getting a grant:* how to turn your ideas into dollars by grants for the arts. John Wiley & Sons: E BOOK, 2008.

BOAS, Franz. *Race, language and culture.* Toronto: Free Press, 1966.

BOISAUBIN, Eugene. *Medical care and learning during the American civil war:* the horror and the hope. Houston History of Medicine Society. (MD Lecture) Society of Civil War Surgeons and the Society of Civil War Programming e Houston Civil War Roundtable. Disponível em: http://hhom.org/abstracts.htm. Acesso em: 15 maio 2015.

BONOMI, Patricia U. *Under the cope of heaven:* religion, society, and politics in colonial America. New York: Oxford University Press, 1988.

BOORSTIN, Daniel J. *The Americans. The colonial experience.* New York: Random House, 1965.

BOORSTIN, Daniel J. *The Americans. The democratic experience.* New York: Random House, 1974.

BOORSTIN, Daniel J. *The Americans. The national experience.* New York: Random House, 1965.

BOURDIEU, Pierre. Outline of a theory of practice. Ernest Geller; Jack Godoy (eds.). Trad. R. Nice. Cambridge: Cambridge University Press, 2002.

BOYER, Ernest L. College. The Carnegie Foundation for the advancement teaching. New York: Harper and Row, 1987.

BROWN, Dee. *Bury my heart at Wounded Knee:* an Indian history of the American West. New York: Henry Holt and Co. LCC, 1970.

BROWN, Dee. *Bury myheart at Wounded Knee:* an Indian history of the American West. London: Vintage, 1991.

BROWN, Jay, M. *From the shtetl to the tenement:* the East European Jews and America, a social history 1850-1925. Yale-New Haven Teachers Institute. Disponível em: http://www.yale.edu/ynhti/curriculum/units/1979/2/79.02.02.x.html. Acesso em: 15 fev. 2015.

BRUBACHER, John S. *On the philosophy of higher education.* London: Jossey-Bass, 1978.

BRUBACHER, John S., & Rudy, Willis. *Higher education in transition.* Revised Third Edition, New York: Harper and Row, 1976.

BRUBACHER, John S. *Dez equívocos a respeito da filosofia de Dewey.* Conferência. Brasília: Arquivos do INEP,S/D, 1961.

BRUBAKER, Rogers. *Citizenship and nationhood in France and Germany.* Cambridge, MA: Harvard University Press, 1992.

BULLOCK, Henry A.*A history of negro education in the South, from 1969 to the present.* Cambridge, Mass.: Harvard University Press, 1967.

BURNS, Chester R. History in medical education: the development of current trends in the United States. *Journal of Urban Health.* Bull N Y Acad. Med. v. 51, n. 7, pp. 851-869, 1975. Disponível em: http://www.ncbi.nlm.nih.gov/pmc/articles/PMC1749558/. Acesso em: 15 fev. 2015.

BURNS, Edward Mcnall. *The American idea of mission. Concepts of National Purpose and destiny.* Rutgers, New Brunswick: New Jersey University Press, 1957. (Library of Congress Catalogue Number: 57-10961). Disponível em: http://archive.org/stream/americanideaofmi012327mbp/americanideaofmi012327mbp_djvu.txt. Acesso em: 24 fev. 2015.

BUSCAGLIA, Leo. *Love*. New York: Fawcett Crest, 1972.

BUTLER, Jon. *Religion in colonial America*. New York: Oxford University Press, 2000.

BUTTERFIELD, L. H. (ed.). *Letters of Benjamin Rush*. Princeton, NJ: Princeton University Press, 1951.

CALVERT, Monte A. *The Mechanical Engineer in America 1830-1910*: professional culture in conflict. Baltimore, Md.: Johns Hopkins Press, 1967.

CARLETON, William G. *Technology and humanism*. Nashville, Tennessee: Wanderbilt University Press, 1970.

CARLETON, Willian G. "The ungenerous approach to Woodrow". In: _____. *Technology and humanism*. Nashville: Vanderbilt University Press, 1970.

Carlson, W. Bernard. *Technology in world history and innovation as a social process*:Elihu Thomson and the rise of General Electric, 1870-1900. Cambridge: University of Cambridge Press, 1991.

CARNEGIE COUNCIL ON POLICY STUDIES IN HIGHER EDUCATION. *Three thousands futures:* the next twenty years for higher education. San Francisco: Jossey-Bass, 1980.

CASHIN, Sheryll. *The failure of integration:* how race and class are undermining the American dream. New York: Public Affairs, Perseus Books, 2004.

CASSIDY, Francis. *Catholic college foundations.* Washington, D. C.: Catholic University of America, 1924.

CEW CENTER, College of General Studies. *The Fund Raising Administrator Program.* Washington D. C.: GWU, 1981.

CHANG, Iris. *The Chinese in America:* a narrative history. New York: Penguin Books, 2004.

CHANG, Iris. *The Rape of Nanking:* the forgotten Holocaust Of World War II. Rev. Robert E. Entenmann, Department of History, St. Olaf College, Published on H-Asia (October, 1998).Disponível em: https://networks.h-net.org/node/22055/reviews/22093/entenmann-chang-rape-nanking-forgotten-holocaust-world--war. Acesso em: 26 abr. 2015.

CHANG, Iris. *The Rape of Nanking:*the forgotten Holocaust of World War II. New York: Basic Books, 1997. (The New York Times best seller.)

NICHOLAS, Culpeper.*The English physician.*Flannery, Michael A. (ed.). Boston: Published Nicholas Boone, 1708. 94 p.

CLINE, Duane A. Cline. *Medical Arts on the Mayflower.* The Pilgrims & Plymouth Colony, p. 1620, par. 1-5. Disponível em: http://www.rootsweb.ancestry.com/~mosmd/medart.htm.Acessoem: 11 maio 2015 e 12 maio 2015.

COHEN, I. Bernard. *Some early tools of the American science*. Cambridge, Mass.: Harvard University Press, 1950.

COLE, G.D.H. *A short history of the British working class movements (1789-1947)*. London: G. Allen & Unwin, 1966.

COLEMAN, William E. *Grants in the humanities*. New York: Neal-Schuman Publishers, 1984.

COLL, Steve. *Ghost wars*: the secret history of the CIA, Afghan Laden, from the Soviet Invasion to September 10, 2001. New York: Penguin Books, 2004.

COMMAGER, Henry Steele. The crisis of the university. In: HOOOK, S(ed.). *Defense of academic freedom*. New York: Pegasus, 1971.

COTTERILL, R. S. *The Southern Indians:* the story of the civilized tribes before removal. Norman, OK: University of Oklahoma Press, 1954.

CREMIN, Laurence A. *American education:* the colonial experience, 1607-1783. New York: Harper and Row, 1970.

CURTI, Merle; NASH, Roderick. *Philanthropy in the shaping of American higher education*. New Brunswick, N.J.: Rutgers University Press, 1965.

DAY, Clive. *Economic development in Europe*. New York: The Macmillan Company, 1948.

DENAUD, Patrick. *Iraque, a Guerra permanente*: entrevista com Tarek Aziz: a posição do regime iraquiano. Trad. Maria Inês D. Menemdez. Rio de Janeiro: Qualitymark, 2003.

DESCARTES, René. *Philosophical essays.* Trad. Laurence J. Lafleur. Indianapolis: The library of Liberal Arts. Bobbs Merrill Educational Publishing, 1980.

DETHLOFF, Henry C. *Thomas Jefferson and the American democracy*. Lexington, MA: Heath and Company, 1971.

DEWEY, John. *Intelligence in the modern world. John Dewey's Philosophy*. Joseph Ratner (ed.). New York: The Modern Library, Random House, 1939.

DEWEY, John. *Collapse*: how societies choose to fall or succeed. New York: Penguin Group, 2005.

DEWEY, John. *Reconstruction in philosophy*. New York: The New American Library, 1954.

DEWEY, John. *The quest for certainty. A study of the relation of knowledge and action*. New York: First Paragon Books, 1979.

DIAMOND, Jared. *Collapse*: how societies choose to fall or succeed. New York: Penguin Group, 2005.

DIAMOND, Jared. *Guns, germs and steel*: fates of human society. New York: Northon, 1999. Pulitzer Prize.

DOWER, John W. "Three narratives of our humanity". In: Linenthal, Edward T.; Engelhardt, Tom. *History wars:* the Enola gay and other battles for the American past. New York: Henry Holt, 1996.

DOUGLAS, Mary; WILDAVSKI, Aaron. Risco e cultura: um ensaio sobre a seleção de riscos tecnológicos e ambientais. Rio de Janeiro: Campus/ Elsevier, 2012.

DRUCKER, Peter F. *Inovação e espírito empreendedor (entrepreneurship):* prática e princípios. São Paulo: Pioneiras, 1986.

DRUCKER, Peter F. *O homem, sociedade, administração.* São Paulo: Nobel, 2002.

DUNIGAN, David R. *History of Boston College.* Milwaukee: Bruce Pub Co., 1962.

DYKEMAN, Wilma, STOKELY, James. *Neither black nor white.* New York: Rinehart, 1957.

DZIECK, Billie W. *Controversies and decision making in difficult economic times.* San Francisco: Jossey-Bass, 1986.

EGER II, Edmond I; SAIDMAN, Lawrence; WESTHORPE, Rod (eds.). *The wondrous story of anesthesia.* New York: Springer, 2014.

EISENHOWER, John S. D. *Florestas amargas.* Tomo 1. Rio de Janeiro: Biblioteca do Exército Editora, 1972.

ELIOT, Charles W. *Educational reform.* Englewood Cliffs, N.J.: Prentice-Hall, 1898.

ELIOT, T. S. *Notas para uma definição de cultura.* Trad. Geraldo Gerson de Souza et al. São Paulo: Perspectiva, Debates 215, 1988.

ELIOT, T. S. *The waste land.* New York: Boni&Liveright, 1922.

ENAND, Louis. *The metaphysical club.* A story of ideas in America. New York: Farrar, Straus and Giroux, 2002.

EMERSON, Ralph W. *The selected writings of Ralph Waldo Emerson.* Brooks Atkinson (ed.). New York: The Modern Library, 1968.

ENTENMANN, Robert E. Revisão de CHANG, Iris, *The Rape Of Nanking:* the forgotten Holocaust Of World War II. H-Asia, H-Net Reviews. October, 1998. Publicado em H-Asia (October, 1998) (Department of History, St. Olaf College). Disponível em: http://www.h-net.org/reviews/showrev.php?id=2447. Acesso em: 4 nov. 2014.

FEDERICI, P. Michael; GAMBLE, Richard M.; MITCHELL, Mark T. *The culture of immodesty in the American life and politics:* the modest republic. New York: Palgrave Macmillan, 2013.

FERLING, John. *A wilderness of miseries:* war and warriors in early America. Westport, Conn.: Greenwood Press, 1980.

FERLING, John. *Setting the world ablaze:* Washington, Adams, Jefferson, and the American Revolution. New York: Oxford University Press, 2000.

FINNEMORE, Martha. *National interest in international society*. Ithaca: Cornell University Press, 1996.

FLEXNER, Abraham. *Medical education in the United States and Canada*. A Report to the Carnegie Foundation for the Advancement of Teaching. Bulletin n. 4, 1910, The Merrymount Press, Boston.

FOREMAN, Grant. *The five civilized tribes*. Norman: University of Oklahoma Press, 1934.(The Civilization of the American Indian)

FORRESTER, Williams G. *The memorial war book*. New York: Lowell Bros, 1979.

FOX, Emmet. *The sermon of the mount*. San Francisco: Harper Collins, 1989.

FRAGA, Valderez F. *Gestão pela formação humana*: uma abordagem fenomenológica. 2. ed. São Paulo: Manole, 2003.

FRANCIS A. Lord. *Civil War Collector's Encyclopedia*. Secaucus. vol. 3, 4, 5. New Jersey: Blue & Grey Press/Unabridged edition, 1995.

FRANKLIN, Benjamin. *The autobiography of Benjamin Franklin and selections from his other writings*. New York: The Modern Library, Random House, 1944.

FREDRICKSON, George M. *Racism a short history*. Princeton: Princeton University Press 2002.

FROST, John. *Indian Wars of The United States:* from the discovery the present time. With accounts of the origins, manners and superstitions of the aborigines. Veröffentlicht: Nabu Press, 2010.

GASSET, Ortega Y. *Mission of the university*. London: Torutlege & Keagan Paul, 1946.

GATES NATHANIEL, F. (ed.). *The concept of race in natural and social sciences*. (Critical Race Theory). New York: Routledge, 2013.

GATES NATHANIEL, F. (ed.). *Race and U.S. Foreign Policy from Colonial Times through the Age of Jackson*. New York: Routledge, 1998, series, v.1.

GATES NATHANIEL, F. (ed.). *Race and U.S. Foreign Policy in the Ages of Territorial and Market Expansion, 1840-1900*. New York: Routledge, 1998, series, v.2.

GATES NATHANIEL, F. (ed.). *Race and U.S. Foreign Policy from 1900 through World War II*. New York: Routledge, 1998, series, v.3.

GATES NATHANIEL, F. (ed.). *Race and U.S. Foreign Policy during the Cold War*. New York: Routledge, 1998, series, v.4.

GAVIN, James M.*War and space in the space age*. New York: Harper and Row, 1958.

GENEEN, Harold. *Managing*. New York: Doubleday Company, 1984.

GEORGE, Sheldon. Freud upside down: African American literature and psychoanalytic culture. *Symploke*,v. 19, n. 1-2, 2011, pp. 402-404. Disponível em:

https://muse.jhu.edu/login?auth=0&type=summary&url=/journals/symploke/v019/19.1-2.george.pdf. Acesso em: 21 maio 2015.

GILMAN, Daniel C. *Launching of a university*. New York: Dodd Mead, 1906.

GLEAZER, Edmund Jr. *The community college. Values, vision and vitality*. Washington, D. C.: American Association Community Colleges, 1980.

GOULDEN, Joseph C. *The money givers*. New York: Random House, 1971.

GREGORY, Ann G.; HOWARD, Don. The nonprofit starvation cycle. *Stanford Social Innovation Review*.24, Fall, 2009. Disponível em: http://www.ssireview.org/articles/entry/the_nonprofit_starvation_cycle/. Acesso em: 29 set. 2014.

HACKETT, John. *The third world war, August 1985*. New York: Macmillan, 1979.

HALE, Nathan G.*The rise and crisis of psychoanalysis in the United States:* Freud and the Americans, 1917-1985, Freud and the Americans 1971. v. 1.

HALE, Nathan G. *The rise and crisis of psychoanalysis in the United States:* Freud and the Americans, 1917-1985 Freud and the Americans, 1995. v. 2.

HARLAN, Louis R.; BOOKAR, T. *Washington. The making of a black leader, 1856-1906*. New York: Oxford University Press, 1973.

HARPER, William R. *The trend in higher education*. Chicago: University of Chicago Press, 1905.

HARPERS, National Park Service.U.S. Department of the Interior. Folder, Harpers Ferry, Superintendent of Documents Printing Office. Washington, D.C., 1980.

HARRIS, Philip R.; MORAN, Robert T. *Managing cultural differences*. Houston: Gulf Publishing, 1979.

HASKINS, Charles Homer. *The rise of universities*. New York: Cornell Paper Backs, 1979.

HAWKE, F. David. *Everyday life in America 1607-1699*. Richard Balkin (ed.). New York: Harper and Row, 1988.

HAWKINS, Hugh (ed.).*The emerging university and industrial America*. Lexington, Mass., D. C.: Heath Company, 1970.

HEINDL, Brett S. Debating the embargue: transational political activity in Cuban-American community, 1959-1997. *Berkeley Journal of Sociology*, v. 47, Special Issue: University of California, Berkeley, CA, ETATS-UNIS, 1959 (Revue).

HELLRIEGEL, Don; SLOCUM, John W.; WOODMAN, Richard D. *Organizational behavior*. St. Paul: West Publishing Company, 1983.

HERBST, Jürgen. *The German historical school in Amerce scholarship:* a study in the transference of culture. New York: Cornell University Press, 1965.

HERMAN, Daniel J. Revisado por Charles Adams. *When in the course of human events:* arguing the case for Southern Secession. Lanham: Rowman & Littlefield Publishers, 2000. Central Washington University Published on H-CivWar (July), 2000. Disponível em: http://www.h-net.org/reviews/showrev.php?id=4316. Acessoem: 29 set. 2014.

HIRSCHLAND, Mattew J. *Corporate responsibility and shaping of global public policy*.New York: Palgrave Macmillan, 2006.

HOBSBAWN, Eric. *Tempos interessantes*: minha vida no século XX. Trad. S. Duarte. São Paulo: Companhia das Letras, 2002.

HOFSTADTER, Richard. The transition from college to university. In: *The emerging university and industrial America*. P.A.C. Series, Heath, Massachusetts: DC Heath and Company, 1970.

HONEYWELL, Roy J. *The educational*. Work of Thomas Jefferson. Cambridge, Mass: Harvard University Press, 1931.

HOSKINS, G. *At America's gates:* Chinese immigration during the exclusion era, 1882-1943 [A book review from: Journal of Historical Geography] [Digital] Disponívelem: http://www.amazon.com/Book-Review-Immigration-Exclusion-Historical/dp/B000RR49DA. Acesso em: 28 abr. 2015.

HOWE, Daniel, W. *What hath God wrought*: the transformation of America, 1815-1848 (Oxford History of the United States). Oxford: Oxford University Press, 2007.

HUTCHINS, Robert Maynard. *The higher education in America*. New Heaven: Yale University Press, 1936.

INDIAN WARS BATTLES TIME TABLES AND PICTURES. Disponível em: http://www.warpaths2peacepipes.com/the-indian-wars/indian-wars-battles.htm. Acesso em: 8 out. 2014.

JAEGER, Werner. *Paidéia, a formação do homem grego*. Trad. Artur M. Parreira. São Paulo: Martins Fontes, 1989.

JAMESTOWN YORKTOWN FOUNDATION. Medicine Settlement, Colonial Medicine. Williamsburg, Virginia. Post Office Box 1607. USA. pp. 2, 20-24. Disponível em: http://www.historyisfun.org/pdfbooks/colonial_medicine.pdf. Acesso em: 11 e 12 maio 2015.

JASPERS, Karl.*Introdução ao pensamento filosófico*. São Paulo: Cultrix, 1965.

JASTROW, Joseph, "The academic carrer". In: HAWKINS, Hugh (ed.). *The emerging university and industrial America*. Lexington Mass.: D C Heath, 1970.

KANT, Immanuel. *Prolegomena to any future metaphysics*. Indianapolis: The Library of Liberal Arts, Bobbs Merril Educational Publishing, 1980.

KALLEN, Orace M. *Individualism: an American way of life*. New York: Liveright Inc, 1933.

KALLEN HORACE, Bourne Randolph; ADAMIC, Louis; COVELLO, Leonard. *The Cultural pluralist response to Americanization*. Disponível em: http://sdonline.org/48/the-cultural-pluralist-response-to-americanization-horace-kallen-randolph-bourne-louis-adamic-and-leonard-covello/. Acesso em: 8 fev. 2015.

KARIER, Clarence J. *Shaping the American educational state*. New York: Free Press, 1975.

KATZ, Michael B. *Class bureaucracy and schools. The illusion of educational change in America*. New York: Holt Rinehart and Winston, 1975.

KAUFMANN, Walter. *Existentialism from Dostoyevsky to Sartre*. New York: New American Library, 1975.

KENNEDY, John F. *The burden and the glory. The hopes and purposes of President Kennedy's second and third years in office as revealed in his public statements and addressees*. Alan Nervins (ed.). New York: Harper and Row Publishers, 1964.

KENNEDY, John F. *Profiles in courage*. New York: Harper and Row, 1964.

KENNEDY, Randall. *For discrimination:* race, affirmative action, and the law. New York: Pantheon Books, Random House, 2013.

KERNELL, Samuel. *Going public. New strategies of presidential leadership*. Washington, D.C.: Congressional Quarterly, Inc., 1986.

KERR, Clark. Destiny not manifest. In: SMITH, KERRY G. *New teaching, New learning, Current issues in higher education*. Washington, D. C.: American Association for Higher Education, 1971.

KERR, Clark. *The uses of the university*. Cambridge: Harvard Press, 1962.

KISSINGER, Henry A. *Nuclear weapons and foreign policy*. New York: Harper and Row, 1957.

LATOURETTE, Kenneth S. *The great century, 1800-1914*. London: Eyre and Spottiswoode, 1941.

LEWIS, Adrian. *The American culture of war:* a history of US Military Force from World War II to Operation in Iraqui Freedom. New York: Routledge, 2007.

LEWIS, Arthur. *Teoria do desenvolvimento econômico*. São Paulo: Zaar, 1960.

LEWIS, Arthur. *The theory of economic growth*. London: Allen and Unwin, 1955.

LOPES, Alice; CASIMIRO, Macedo Elizabeth (orgs.). *Políticas de currículo em múltiplos contextos*. São Paulo: Cortez, 2006.

MAFFESOLI, Michel. *Notas sobre a modernidade:* o lugar faz o elo. Trad. Vera Ribeiro. Rio de Janeiro: Atlântica Editora, 2004.

MANN, Thomas E; ORSTEIN, Norman J. *It's even worse than it looks*. New York: Basic Books, 2012.

MARCEL, Gabriel. *Os homens contra o homem*. Porto: Educação Nacional. s/d (1952).

MARINACCIO, Anthony, & MARINACCIO, Maxime. *Human relations in education, administrations and management*. Dubunque, Kendal Hunt Publishing Company, 1978.

MARLONE, Jefferson Dumas. *The Virginian*. v. 1. Boston: Little Brown Company, 1948.

MATLIN, Norman. *The educational enclave*. New York: Funk Wagnalls, 1969.

MEYER, Clarence. *American folk medicine*. Publisher: Crowell, 1973. 296 p.

MAYER, Joseph Mayer. *The herbalist*. Glenwood, Illinois: Meyerbooks, 1988.

MEISTER, Jeanne C. *Educação corporativa. A gestão do capital intelectual através das universidades corporativas*. Trad. Maria Claudia S. R. Ratto. São Paulo: Makron Books, 1999.

MENDES, Gabriel. "An underground extension of democracy: The Lafargue Clinic and the Promise of Antiracist Psychiatry". *Transition*, n. 115, Mad (2014), pp. 4-22. Indiana University Press on behalf of the Hutchins Center for African and African American Research at Harvard University Stable. Disponível em: http://www.jstor.org/page/info/about/policies/terms.jsp. Acesso em: 10 abr. 2015.

METZGER, Walter. "Academic freedom and big business". In: HAWKINS, Hugh (ed.). *The emerging university and industrial America*. Lexington, Mass, DC Heath and Company, 1970.

MILLER, Perry. *The life of the mind in America from the revolution to the Civil War*. New York: Harcourt Brace and World, 1965.

MILLER, Perry. *The New England mind*: from colony to province. Cambridge, Mass.: Belknap Press of Harvard University Press, 1953.

MILLETT, John D. *Politics and higher education*. Alabama: The University of Alabama Press, 1974.

MINNESOTA WELLNESS. *The history of Medicine in America*. The Settlers Arrive, M. W. Publications, Inc.(organização sem fins lucrativos). Disponível em: http://www.mnwelldir.org/docs/history/history01.htm. Acesso em: 13 maio 2015.

MORIN, Edgar. *Os sete saberes necessários à educação do futuro*. São Paulo: Cortez, 2004.

MORISON, Samuel E. *The Oxford history of the American people*. v.3, 1869-1963. New York and Scarborough: New American Library, 1972.

MORISON, Samuel E. *Three centuries of Harvard*. Cambridge, Mass.: Harvard University Press, 1936.

MORISON, Samuel E. *The Oxford history of the American people*: prehistory to 1769. New York: Meridian Book, 1994.

NADLER, Leonard. *International education and training*. Lecture. Prof. Angus Reynolds, GWU, Washington, D. C., Primavera, 1981.

NEWMAN, Frank. *Higher education and the American resurgence. A Carnegie Foundation Special Report*. Princeton, New York: The Carnegie Foundation, 1985.

NEWMAN, John Henry. *The idea of a university rethinking the western tradition assumption*. New Haven, Connecticut: Yale 1996.

NISBET, Robert. *The declaration of the academic dogma*. New York: Basic Books, 1971.

OATES, Stephen B. *With malice toward none*:the life of Abraham Lincoln. New York: The New American Library, "The collection of biography and autobiography", 1985; Harper & Row, 1977.

OLIVER, Melvin L.; Shapiro, Thomas M. *Black wealth/white wealth*. A new perspective on racial inequality. New York:Routlege, 2006.

ORWELL, George. *1984*. Trad. Heloisa Jahn e Alexandre Hubner. Rio de Janeiro: Companhia da Letras, 2009.

OSBORN, William, M. *The wild frontier: atrocities during the American-Indian war*: from Jamestown colony to Wounded Knee. New York: Random House, 2000.

PARTON, James. *The presidency of Andrew Jackson*. New York: Harper and Row, 1967.

PECKMAN, Joseph A. Editor. *Setting national priorities. Agenda for the 1980s*. Washington, D.C.: The Brookings Institution, 1980.

PERRY, Nicky; SHERLOCK, David. *Quality improvement in adult vocational education and training*. Kogan Page, e-book, 2009.

PETER, J. Laurence. *A competência ao alcance de todos*. Trad. Carlos Lage. Rio de Janeiro: José Olímpio, 1974.

PIFER, Alan. *The higher education of blacks in the United States*. New York: Carnegie Corporation of New York, 1973.

PLATÃO. *Plato's Republic*. Trad. GMA Grube. Indianapolis. Indiana: Hackett Publishing Company, 1980.

PLOCHMANN, George Kimball. (Compiled by) *Plato's Republic*. Trad. GMA Grube. Indianapolis, Indiana: Hackett Publishing Company, 1980.

POUND, Ezra. *Selected poems*. New York: New Directions, 1957.

POWER, Edward J. *Education for American democracy*. New York: McGraw-Hill, 1958.

PRICE, William H. *Civil war*: handbook. Fairfax, VA: Prince Lithograph Co. Inc., 1961.

RANDALL, Kennedy. *For discrimination*: race, affirmative action, and the law. New York: Pantheon Books, Randon House, 2013.

RATNER-ROSENHAGEN, Jennifer. *American Nietzsche*: a history of an icon and his ideas. Chicago: University of Chicago Press, 2012.

REYNOLDS, Jack. *Merleau-Ponty and Derrida:* intertwining embodiment and alterity. Ohio: Ohio University Press, 2004.

RICKS, Thomas E. *Fiasco:* the American military adventure in Iraq. New York: Penguin Books, 2006.

RODRIK, Dani. *Has globalization gone too far?* Washington: Institute for International Economics, 1997.

ROGER, Daniels and Otis L. Graham, Debating American Immigration, 1882 – Present. Lanham, MD: Rowman and Littlefield, 2001.

ROSENCRANCE, Francis C. *The American college and its teachers.* New York: Macmillan, 1962.

ROSTOW, W.W. *Etapas do desenvolvimento econômico.* 6. ed. Rio de Janeiro: Zahar, 1978.

ROUSSEAU, Jean-Jacques. *Emílio, ou da Educação.* Trad. Sérgio Milliet. São Paulo: Difusão Européia do Livro, 1973.

ROYCE, Josiah. *Present ideals of the university.* In: The emerging university and industrial America. Lexington: D.C. Heath and Company, 1970.

ROZVENC, Edwin C. *The meaning of jacksonian democracy.* Lexington, Mass.: Heath and Company, 1963.

RUDOLPH, Frederick. *Curriculum.* San Francisco: Jossey-Bass, 1977.

RUDOLPH, Frederick. *Curriculum:* a history of American undergraduate course of studies since 1636. San Francisco: Jossey-Bass, 1978.

RUDOLPH, Frederick (ed.). *Essays on education in the early republic.* Cambridge, MA: Harvard University Press, 1965.

RUDY, Willis. *The evolving liberal arts curriculum:* a historical review of basic themes. New York: Teachers College Columbia University, 1960.

RUGGIE, D. John. *International regimes, transactions, and change:* embedded liberalism in the postwar economic order. International Organization, n. 36, v.2, pp. 385-398, Spring 1982.

RUSH, Benjamin. *Essays, literary, moral, and philosophical.* Philadelphia: Thomas & William Bradford, 1806.

SANDFORD, Charles L. *Benjamin Franklin and the American character.* Massachusetts D.C.: Heath and Company, PAC.

SAVITT, Todd I. *Fevers, agues and cures.* Richmond: Virginia Historical Society, 1990.

SAYLOR, Galen J.; Alexander, William M.; Lewis, Arthur J. *Curriculum planning for better teaching and learning.* New York: Holt Rinehart and Winston, 1981.

SCHILPP, Paul Arthur (ed.). *The library of living philosophers:* Volume I: The philosophy of John Dewey. Evanston, Illinois: Northwestern University Press, 1939.

SCHIMIDT, George P. *The liberal arts college, Brunswick*. New Jersey: Rutgers University Press, 1957.

SHACTMAN, Tom. *The day America crashed*. A narrative account of the great stock market crash on October 24, 1929. New York: GP Putnam's Group (T), 1979.

SHIM J. P.; WARKENTIN, Merrill; COURTNEY, James F.; POWER, Daniel; SHARDA, Ramesh; CARLSON, Christer. *Past, present and future decision support technology decision support systems*, v. 33, n.2, pp. 111-126, June 2002.

SLOAN COMMISSION ON GOVERNMENT AND HIGHER EDUCATION. *The report of the Sloan commission on government and higher education. A program for renewed partnership*. Massachusetts: Ballenger Publishing Company, 1980.

SLOAN, Douglas. *The great awakening and the American education*: a documentary history. New York: Teachers College Press, 1973.

SLOSSON, Edwin E. Great American universities. In: *The emerging university and the industrial America*. Lexington, Mass.: D. C. Heath and Company, 1970.

SMITH, Wilson. *Professors and public ethics*: studies of northern moral philosophers before the Civil War. Ithaca, New York: Cornell University Press, 1956.

SOKOLOWSKI, Robert. *Introduction to phenomenology*. Cambridge: University of Cambridge, Press, 2000.

SOUZA, Suzana Coelho de. *A ética de Michel Foucault*: verdade, o sujeito, a experiência. Belém: Cejup, 2000.

SPEER, Albert. *Inside the Third Reich*. New York: Little, Brown Book, 1997.

STANFFORD, Charles L. *Benjamin Franklin and the American character*. Massachusetts: D. C. Heath and Company, 1955.

STEINFELS, Margaret O'Brien. Catholics in America: antipathy and assimilation. In: *American catholics, American culture*: tradition and resistance, ed. 3-26. New York: Sheed and Ward, 2004.

SUCHEN, Chang; SPENCER, Olin. *Major problems in California history*: documents and essays. Boston: Wadsworth Cengage Learning, 1997.

TAPPAN, Henry P. *University education*. New York: Putnam, 1851.

TAWNEY, R. H. *Religion and rise capitalism*. New Brunswick, NJ: Hard Court Brace Co., 1998.

TEWKSBURY, Donald. *Founding of colleges and universities before the Civil War*. Teachers College. New York: Columbia University, 1932.

THE CARNEGIE CORPORATION OF NEW YORK. From building libraries to undermining American society CRC Staff | April 3, 2013. Disponível em: http://capitalresearch.org/2013/04/the-carrnegie-corporation-of-new-york-from--building-libraries-to-undermining-american-society/.

THE INDIAN WARS. Disponível em http://www.warpaths2peacepipes.com/the-indian-wars/. Acesso em: 30 set. 2014.

THOREAU, Henry David. *The last days of John Brown.The Liberator*. July 27, 1860.

THOREAU, Henry David. *Works of Henry David Thoureau*. Liby Owens (ed.). New York: Avenel Books, 1981.

THORNTON JR., James W. *The community junior college*. New York: John Wiley & Sons, 1972.

TOCQUEVILLE, Alexis; (Trans.) Goldhammer, Arthur. *Democracy in America*. New York: The Library of America, 2004.

TRUNER, Frank. *Ballou*. New York: Vail-Ballou Press, 1996.

U.S. NEWS& WORD. Medical pioneers who aren't holding back. Building hearts, mapping memories, restoring vision – these researchers aim high and don't give up. *Report Health*, 14. June 30, 2009. EDT. Disponível em: http://health.usnews.com/health-news/articles/2009/06/30/14-medical-pioneers-who-a-rent-holding-back. Acesso em: 11 maio 2015.

UNITED STATES DEPARTMENT OF EDUCATION.*The nation responds. Recent efforts to improve education*. Washington, D.C.: U.S. Department of Education, 1984.

VAUGHAN, Alden T. *Roots of American racism*: essays on the colonial experience. New York: Oxford University Press, 1995.

VEBLEN, Thorstein. *The higher learning in America*. New York: Cosimo, 2005.

VEYSEY, Laurence. Stability and experiment in American undergraduate curriculum. In: HAYSEN, Carl (ed.). *Content and context*. New York: McGraw-Hill, 1973.

VEYSEY, Laurence. *The emergence of the American university*. Chicago: University of Chicago Press, 1968.

WALLER, George M. (ed.). *Puritanism in early America. Problems in American civilization*. 2. ed., DC & Heat, 1973.

WAYLAND, Francis. *The education demanded by the people of the United States*. Boston: Phillips Sampson, 1855.

WEAVER, Mary Jo. (ed.). "Catholicism in the United States and the problem of diversity: the view from history". In: *What's left?*: liberal catholicism in American culture. Bloomington: Indiana University Press, 1999.

WEBER, Max. *A ética protestante e o espírito do capitalismo*.Trad. Irene Szmrecsányi. São Paulo: Thomson Learning, 2001.

WECHSLER, Harold S. *The qualified student*: a history of selective college admission in America. New York: Wiley, 1977.

WEIGLEY, Russel T. *The American way of war. A history of the United States military strategy and policy*. New York: Macmillan, 1977.

WHITE, Andrew D. *Autobiography*. London: Macmillan, 1905.
WHITE, Lee M. *The American Revolution in notes, quotes and anecdotes*. Fairfax, VA.: J. B. Prince Company, 1975.
WHITE, Virginia. *Grants:* How to find out about them and what to do next. New York: Plenum Press, 1979.
WHITEHEAD, John S. *The separation of college and state:* Columbia, Darthmouth, Harvard, and Yale, 1776-1876. New Haven: Yale University Press, 1973.
WHITMAN, Walt. *Leaves of grass*. Mineola, New York: Dover Publications, 2007.
WHITMAN, Walt. *The complete poems*. Francis Murphy (ed.). New York: Penguin Classics, 2005.
WILDAVSKY, Aaron; CHAI, Sun-Ki; SWEDLOW, Brendon; LOCKHART, Charles. *Culture and social theory.*Piscataway, NY: Transaction Publishers, 1996.
WILIAMS, George F. *Major. The memorial war book*. New York: ARNO Press, 1979.
WILLIAMS, Juan. *Eyes on the prize:* America's Civil Rights Years, 1954-1965. New York: Viking Penguin Inc., 1987.
WILSON, Richard W. *The moral state. A study of political socialization of Chinese and American children*. New York: The Free Press, 1974.
WINSOR, Justin (ed.). *French explorations and settlements in North America and those of the Portuguese, Dutch and Swedes, 1500-1700*. Boston: Houghton Mifflin, 1884.
WOLODYMYR, Zyla T.; AYCOCK, Wendell M. (eds.). *Ethnic literatures since 1776:* the many voices of America. Volume: 2. Lubbock, T X: Texas Tech University, 1978.
YANCY, George; CHOMSKY, Noam."Noam Chomsky on the roots of American racism". *The Stone*. Disponível em: http://opinionator.blogs.nytimes.com/category/the-stone/. Acesso em: 18 mar. 2015.

ARTIGOS E LIVROS
Sugestões para leitura: sobre três grandes questões implicadas à Guerra Civil: os negros, os indígenas e a guerra em si mesma
BREITMAN, Richard; Kraut, Alan M. *American refugee policy and European Jewry, 1933-1945*. Bloomington: Indiana University Press, 1987.
FOREMAN, Grant. *Indian removal:* the emigration of the Five Civilized Tribes. Norman: University of Oklahoma Press, The Civilization of the American Indian Series, 1957/Lancaster, Pa., The Science Press, 1929
FOWLER, Arlen L. *The black infantry in the West, 1869-1891*. Norman: University of Oklahoma Press, 1996.
FRANKLIN, John Hope; MOSS JR., Alfred A. *From slavery to freedom:* a history of African-Americans. New York: A "Borzoi Book" from Alfred A. Knopf, Eighth Edition, 2002.

FRANKS, Kenny A. The implementation of the Confederate Treaties with the Five Civilized Tribes. *The Chronicles of Oklahoma*, n. 51, Spring 1973, pp. 21-33.

FREEHLING, William W. *The road to disunion, volume II*: secessionists triumphant – 1854-1861. New York: Oxford University Press, 2007.

GALLMAN, J. Matthew. *The Civil War chronicles*: the only day-by-day portrait of America's tragic conflict as told by soldiers, journalists, politicians, farmers, nurses, slaves, and other eyewitnesses. New York: Crown Publishing, 2000.

GENIZI, Haim. *America's fair share*: the admission and resettlement of displaced persons, 1945-1952. Detroit: Wayne State University Press, 1993.

GOODING, James (autor); Adams, Virginia M. (ed.). *On the altar of freedom*: a black soldier's Civil war letters from the front. Amherst: University of Massachusetts Press, 1991.

HARGROVE, Hondon B. *Black union soldiers in the Civil War*. Jefferson, North Carolina: McFarland and Company, 1998.

HIGGINSON, Thomas Wentworth. *Army life in a black regiment*. Richmond, Virginia: Time-Life, Inc., Collectors Library of the Civil War, 1982. (Facsimile reprint of 1870 edition.)

HOFF, Rhoda. *America's immigrants*: adventures in eyewitness history. New York: Henry Z. Walck, Inc., 1967. (An anthology of articles by various immigrants recounting their early experiences.)

HOIG, Stanley W. *The Cherokees and their chiefs*: in the wake of empire. (Fayetteville: University of Arkansas Press, 1998.)

JOHNSON, Mark W. *That body of brave men*: The U.S. Regular Infantry and the Civil War in the West. Cambridge, Massachusetts: Perseus Books Group, DaCapo Press, 2003.

JONES, Trevor. Defense of Sovereignty: Cherokee soldiers, white officers, and discipline in the Third Indian Home Guard. *The Chronicles of Oklahoma*, n. 82, Winter 2004-2005, pp. 412-427.

KATZ, William Loren. The Civil War to the last frontier: 1850-1880s. A history of multicultural America, vol. 5. Austin, Texas: Steck-Vaught Co., 1993.

KLEIN, Maury. Life on the lower East Side, American history illustrated. *A brief look at the Lower East Side during the period of Eastern European migration*, v. VII, n.7, November 1972. Gettysburg, Pa.: Historical Times, Inc.

KODANSHA ENCYCLOPEDIA OF JAPAN. 9 vols. Tokyo: Kodansha, 1983.

LANGELLIER, John P. The American Indian in the U.S. Armed Forces: 1866-1945. *G.I. the illustrated history of the American, soldier, his uniform and his equipment*,n.

20. Mechanicsburg, Pennsylvania: Stackpole Books, 1996; London: Greenhill Books, 1995.

LEISCH, Juanita. *Introduction to Civil War civilians*. Gettysburg, Pennsylvania: Thomas Publications, 1994.

LOWELL, Waverly B. (comp). *Chinese immigration and Chinese in the United States*: records in the regional archives of the National Archives and Records Administration. Disponível em: http://www.archives.gov/research/chinese-americans/guide.html. Acesso em: 23 abr. 2015.

MCGREAL, Chris. The Native Americans of South Dakota: a history in pictures. *The Guardian*, Friday 8 January 2010. Disponível em: http://www.theguardian.com/theguardian/gallery/2010/jan/08/usdomesticpolicy. Acesso em: 25 maio 2015.

MCPHERSON, James M. *For cause and comrades*: why men fought in the Civil War. New York: Oxford University Press, 1997; Wooster #7.

MCPHERSON, James M. *The Negro's Civil War*: how American Negroes felt and acted during the War for the Union. New York: Random House "Vintage Books", 1965.

MCPHERSON, James M.; COOPER JR., William J. *Writing the Civil War*: the quest to understand. Columbia: The University of South Carolina Press, 1998.

METZKER, Isaac (ed.). *A bintel brief*. New York: Ballantine Books, 1972. (An annotated selection of articles and letters from the pages of The Jewish Daily Forward. Vividly portrays the Jewish immigrant experience in America.)

MORRISON, Michael A. *Slavery and the American West*: eclipse of manifest destiny and the coming of the Civil War. Chapel Hill: The University of North Carolina Press, 1997.

MCPHERSON, James M. Ordeal of the union (Vol. 3-4). NEVINS, Allan. *The emergence of Lincoln*: Douglas, Buchanan, and Party Chaos, 1857-1859. Prologue to Civil War, 1859-1861. New York: Macmillan Publishing, 1992; two volumes reprint of Charles Scribner's Sons, 1950; Eicher #749.

OATES, Stephen B. *With malice toward none*: the life of Abraham Lincoln. New York: The New American Library, The Collection of Biography and Autobiography, 1985; Harper & Row, 1977.

PERDUE, Theda. *The Cherokee Nation and the trail of tears*. London: Viking, a division of The Penguin Group, 2007.

SCHOENER, Allon (ed.). *Portal to America*: the lower East Side, 1870-1925. New York: Holt, Rinehart, Winston, 1967. (Collection of contemporary newspaper articles and pictures: on the East Side.)

THAROOR, Ishaan. *The dark side of Winston Churchill's legacy no one should forget*. Disponível em: http://www.washingtonpost.com/blogs/worldviews/wp/2015/02/03/the-dark-side-of-winston-churchills-legacy-no-one-should-forget/. Acesso em: 4 fev. 2015.

RECOMENDAÇÕES ESPECÍFICAS
Triângulo Estratégico > Política/Defesa/Comércio/Tecnologia

The Trilateral Dynamics of China-Japan-US Relations Getting the Triangle Straight: China, Japan, and the United States in An Era of Change [pdf 176kb] Gerald Curtis, Burgess Professor of Political Science, Columbia University.

The Trilateral Dynamics of China-Japan-US Relations
1. Getting the Triangle Straight: China, Japan, and the United States in An Era of Change [pdf 176kb]

Gerald Curtis, Burgess Professor of Political Science, Columbia University
2. The China–Japan–United States Triangle: A Power Balance Analysis

WANG JISI, Dean, School of International Studies, Peking University
3. The China-Japan Relationship, East Asia Community, and the Dynamics of Trilateral Relations

RYOSEI KOKUBUN, Dean, Faculty of Law and Politics, Keio University
Trilateral Relations and Regional Security
4. China-US-Japan Relations and Northeast Asia's Evolving Security Architecture

GUI YONGTAO, Associate Professor, Peking University
5. Prospects for Trilateral Security Cooperation

ANDREW L. OROS, Associate Professor, Washington College
Managing Challenges to Trilateral Relations
6. Taiwan in the China-Japan-US Triangle

YASUHIRO MATSUDA, Associate Professor, Tokyo University
7. Explaining Stability in the Senkaku (Diaoyu) Islands Dispute

M. TAYLOR FRAVEL, Associate Professor, Massachusetts Institute of Technology [pdf 384kb]
8. Addressing Climate Change: Why US-China Cooperation Lags behind China-Japan Cooperation

ZHANG HAIBIN, Associate Professor, Peking University
Economic Integration and Trilateral Relations
9. Asianism Rising: Assessing China-Japan-US Dynamics in Regional Trade and Investment Realities

SAADIA M. PEKKANEN, Professor, University of Washington
10. Cooperation and Competition in the Chinese Automobile Industry: The Emerging Architecture of China-Japan-US Economic Relations

KATSUHIRO SASUGA, Associate Professor, Tokai University
Mutual Perceptions in China-Japan-US Relation
11. Changing Japanese Perceptions and China-Japan Relations

RUMI AOYAMA, Professor, Waseda University
12. Chinese Public Perceptions of Japan and the United States in the Post–Cold War Era

FAN SHIMING, Associate Professor, Peking University
Copyright © 2010 Japan Center for International Exchange. ISBN 978-4-88907-080-4; 297 pages. Washington DC (bibooks@brook.edu)

Indicações bibliográficas pontuais: evolução das relações China/USA

1. Michel Oksenberg, Robert B. Oxnam Dragon and Eagle: United States-China Relations: Past and Future. Basic Books, 1978. Disponível em: https://www.questia.com/library/100318977/dragon-and-eagle-united-states-china-relations.
2. Zalmay M. Khalilzad, Abram N. Shulsky, Daniel L. Byman, Roger Cliff, David T. Orletsky, David Shlapak, Ashley J. Tellis. Strategic and Military Implications. Project Air Force Rand. Rand, 1999. Disponível em: https://www.questia.com/library/104078367/the-united-states-and-a-rising-china-strategic.

3. Robert S. Ross, Barry Naughton, Marcus Noland, Robert G. Sutter, Steven M. Teles. After the cold Domestic Factors and U.S.-China Relations. Sharpe, 1998. Disponível em: https://www.questia.com/library/7262964/after-the-cold-war-domestic-factors-and-u-s-china.[1]
4. David M. Lampton. Same Bed, Different Dreams: Managing U.S. China Relations, 1989-2000.University of California Press 2001. Buscar acesso total. https://www.questia.com/read/106193072/same-bed-different-dreams-managing-u-s-china-relations.
5. Kevin Pollpeter. U.S. China Security Management. Assessing the Military-to-Military Relationship. Prepared for the United States Air Force. Approved for public release; distribution unlimited. Questia, a part of Gale, Cengage Learning. Disponível em: www.questia.com.
6. Publication information: Book title: U.S. China Security Management: Assessing the Military-To-Military Relationship. Contributors: Kevin Pollpeter-Author. Publisher: Rand. Place of publication: Santa Monica, CA. Publication year: 2004. Disponível em: https://www.questia.com/read/102790337/u-s-china-security-management-assessing-the-military-to-military.

---

[1] Nota. Este livro aborda, em especial, o período da Guerra Fria, momentos sensíveis com impactos em ambos os países, além de considerar a crucial questão de Taiwan, o que contribui para um melhor entendimento dos cuidados em torno da realidade de 2015.

Índice remissivo

11 de setembro de 2001 172, 186, 499
105 mil cientistas e engenheiros 522

A
A duração do exército 180
Abolição da escravidão e da guerra 321
    não submissão à abolição 374
Abusos 75, 86, 213, 215, 457, 660
Academia 31, 143, 240, 242, 256, 263, 267, 291, 333, 417, 500, 570, 643
Administração
    deficiências na gestão 247
Afastamento da religião 382

Affirmative action 444, 447, 607
Africanos 92, 160, 166, 257, 364, 372, 454
Agilidade dos cirurgiões 166
Alternativas de energia 499
Alunos
    da Ásia e da América do Sul 248
    bons e sábios 349
Alvoroço reformista 242
Ambiciosa e vigilante população 291
Americano-chinês 107
Análise mais abrangente 86
Analista médico 267
Anestesia 160, 161, 163, 165
    tornou-se dependente 164

Anestesiologista 162
Animal pecuniário 326
Anti-intelectualismo 351
Apoio a instituições 617
    337 fundações 617
Apoio financeiro 199, 254, 370, 432, 482, 524, 560, 582, 620
Aposentadoria 535, 649
Aristocracia britânica 171
Assuntos espaciais 488
Assuntos Militares e Pesquisa 28
Astronomia 43, 158
Atitudes éticas 365, 370, 540
Ativistas 260
Atmosfera
    das bibliotecas 338
    de pluralidade 470

Atores práticos 657
Autocrítica 111, 404, 669, 677
Autodisciplina 48, 56, 97, 225, 405, 542, 632
Autoestima 226
Autonomia institucional 555
Avançada escola de *Arts and Sciences* 251
Avanços
    científicos 545
    cirúrgicos 163
Aventura existente nas ideias 348

B

Barbárie 33, 108, 695
Bargain 567
Batalhas 157, 173, 177, 205, 261, 278, 603
Bazar de Harper, o 361
Bebida 165, 432
Belicismo 117, 483, 517
Benefícios
    adicionais 650
    nas taxações 624
Biologia molecular 525
Bipartidário 451
Bolha habitacional 448
Bolsas de estudos 450
Bomba nuclear 219
Braços castristas 478

C

Caligrafia oriental 537
Caminho da ciência e da tecnologia 220
Capitalismo 56, 58, 60, 95, 155, 227, 228, 352

Cara pálida 282, 363
Carreira 96, 134, 165, 204, 376, 393, 421, 460, 474, 610, 644
Carta de reconhecimento do Estado 71
Categorias 28, 148, 155, 159, 167, 241, 384, 446, 560, 657
Católicos e judeus 133
Cautela 239, 255, 349, 353, 458, 474, 521, 558, 679, 694
Cenário norte-americano 553
    altar 553
Chinês 107, 112, 642, 675
Chinesa(s) 105, 114, 214, 587, 678
Chineses 99, 105, 106, 113, 363, 445, 680
Cidadãos 333, 104, 148, 173, 194, 205, 241, 274, 357, 413, 467, 502, 686
Ciência
    da computação 570
    e a arte da guerra 170
    versus humanismo 519
Civilização e morte 261
Clareza didática 149
Classe
    de comerciantes 290
    média baixa 537
    média negra 448
Colcha de retalhos 38, 115, 363, 373
Coletivismo 657
Colleges 382, 405, 437, 490
Colonização
    adjacências de Serra Leoa 92
Comércio Exterior e em Relações Internacionais 28

Comércio internacional 81, 124, 151, 373, 523, 671
Compartimentos da mente 313
Competência administrativa e gerencial 638
Competição 30, 52, 87, 188, 326, 421, 668, 670, 671, 672, 674, 518, 603
Complexa família humana 35
Comportamento masculino 223
Compreensão do mundo 523
Comprometimento governamental 490
Comunidade industrial 83, 397
Comunidades norte-americanas 199
    autonômas 199
Conceito de defesa
    banalizado 112, 494
Concertos ao ar livre 641
Condição
    de consumidor 462
    de imigrantes 101
Condições dignas de vida e trabalho 121
    mais promissoras 94
Condições psicossociais 448
Confederação 35, 50, 120, 135, 151, 397
Confiança da comunidade 243
Confiança e fé 338
Confronto público/privado 288
Conhecimento e intelecto 35, 352
Consciência 39, 54, 130, 202, 259, 286, 326, 335, 402, 528

Conscientização da sociedade 343, 356
Conservadores 260
Constituency 565
Construção do futuro 397
Contra a imigração chinesa 214
Contracts 560, 561
Contrastantes 193, 249, 385, 415, 558
Controle
    da educação pelo Estado 344
    pelo poder público 286
    político 46, 568, 622
Convite a T. H. Huxley 241
Convívio do idealismo humanista com o utilitarismo 312
Corpo diplomático iraniano 32
Corpo docente 133, 136, 251, 329, 396, 412, 422, 511, 546, 648
Corrida do ouro 114, 278
Corrupção 219, 304, 388, 694
Cortes orçamentários 637
Cotton gins 79
Crença cultural 689
Criatividade 80, 82, 113, 154, 162, 186, 202, 222, 305, 353, 368, 385, 459, 523, 611, 693
Crimes 53, 97, 108, 217, 259, 349, 630
Criminalidade 497, 629
Criminologia e higiene mental 266
Crise educacional 359
    pensar claro e correto 359
Cristãos 43, 49, 62, 100

Crueldade 174, 604, 643
"Culpar" a ciência 352
Cultura
    da participação forte 148
    do concreto ao simbólico 35
    dos nativos 281
    mais complexa e ambígua 27
Cura para tuberculose 164
Currículo 228, 383
    mudança 383, 390, 410, 434

D

Debates permanentes 31
Decisões
    complexas 555
    sobre a escola pública 140
Declaração da Independência 220
    Samuel quanto John Adams 220
Declarações de vários industriais 95
Declínio das faculdades isoladas 235
Defensores da ciência 237, 319
Déficit 191, 489, 655, 671
Democracia dentro do lar 461
Democratas 185, 204, 296
    mais seculares e multirraciais 88
Democratização 492
Dependência no povo 517
Deprived of the equal protection of the laws 89
Derrota e indecisão 471

Desagregação 275, 446
Desenvolvimento
    de programas de pesquisa específicos 625
    econômico e social 30, 83, 668
    nacional 318, 332
Desigualdades de renda 190
Deterrance 475
Dialetos 115
Diferença salarial 662
Diferenças culturais 92, 113, 115, 186, 273, 362, 434, 611, 632, 674, 679
Dimensão humana 211, 226, 348
Diplomacia e defesa 475
Direitos civis 219, 275, 562
Direitos inalienáveis 294
Diretrizes 237, 294, 297, 338, 385, 397, 413, 459, 548, 560, 623, 658
Disciplinas eletivas 242, 289, 342, 351, 386, 412, 418, 434
Discriminação 272, 275, 440, 446
    na Europa e nos Estados Unidos 92
    racial 371
Dispersão 99
Disposição de doar 593
Disposição para autocrítica 404
Distinção entre a indústria e o mero negócio 355
Distinções europa/américa do norte 41
Diversidade 98, 134, 345, 350, 448, 452, 476, 515, 649
Do together 687

723

Docência, gestão, liderança, treinamento, cultura, ações sociopolíticas 26
Dogmas religiosos 131
Domínio da Inglaterra 120
Dramaticidade 108, 186, 472

E

Economia privada e do governo 30
    melhorias econômicas e sociais 500, 634
Economia saudável 518
Educação
    cívica 439
    democrática 337
        conceituar 337
        responsabilidade de quem 367
    dos indígenas 131
    liberal 73, 93, 137, 302, 304, 314, 350, 398, 411, 424, 541
    no Brasil 33
        casos e descasos 33
    para o povo 253
    para quê? 613
    "verdadeira" 96
Educadores 359
    melhorias 359, 659
    norte-americanos 357
        irônicos 357
Educar para o futuro 138, 444, 446
Education is growth 684
Education tomorrow 550
Egocentrismo 227

Emenda 89, 247, 325
Empreendimento humano 335, 356
Empreendimentos 31, 136, 205, 225, 366, 481, 566, 629
    inacabados 366
Empregos 97, 199, 354, 442, 457, 500, 518, 573, 661
Empresariado em educação/ pesquisa 27
Energia de cada ser humano 133
Energia
    espiritual 259
    nuclear 463, 484
Ênfase no povo 151
Engenharia
    e agricultura 248
    mecânica 245
Ensino teórico frágil 162
Equilíbrio e avanço 316
    a mente separada do corpo 316
Escalpos 276, 277
Escravatura/emancipação 259
Escravidão 258, 263, 302, 372
    não faltaram abolicionistas 258
Escravo(s)
    de um sistema 472
    não livres 258
Espírito
    capitalista 57, 58, 227
    crítico 30, 347, 357, 360, 365, 611
    da clausura 541
    da universidade 310, 338

    de classe estimulado pela igreja 78
    empresarial 30, 616, 630
    realista 350
Esporte e arte 328
Estado único 123
Estado-nação 191
Estereótipos 29
Estilo
    de vida 62, 83, 93, 115, 122, 141, 175, 244, 281, 339, 471, 513, 669
    gerencial 30, 200
    napoleônico 171, 184
Estudantes estrangeiros 362, 591
Estudos de línguas 537
Éter sulfúrico 165
Etnia negra 91, 141, 226, 256, 257, 262, 272, 341, 372, 400, 415, 443, 563, 589, 611, 650
Etnias negra e indígena 27, 274, 282, 453
Europeus 45, 58, 64, 74, 79, 86, 93, 121, 172, 218, 242, 296, 305, 399, 435, 554, 667, 683
Excelência 19, 333, 429, 585, 606, 648, 672
Expectativa na educação 93
Experiência 33, 50, 58, 79, 84, 123, 135, 149, 156, 159, 224, 248, 297, 305, 319, 345, 362, 457, 511, 630, 678
Expressão *calling* 59
Extremos 112, 359, 473, 532, 680
    catastróficos 473

F

Fábricas americanas 85
    aparência nova e fresca 85
Falta de compartilhamento 34
Fanático 259, 345, 402
Farol puritano 345
Fator justiça social 77
Fé 88, 132, 137, 194, 236, 251, 295, 308, 338, 405, 600, 681
    no cidadão comum 249
Fenomenologia 29, 267, 486, 539, 657
Filósofos 30, 41, 153, 243, 306, 352, 399, 405, 524, 543, 604
Finanças internacionais 191
Física de Newton 135
Foguete 216, 487
Fome e doenças 178
For human kind 217
Forças
    asiáticas 65
    confederadas 201
Formação
    acadêmica 297, 342, 374, 628, 638
    aprimorada 157, 213, 527
    militar 169, 170, 256
    moral do povo norte--americano 50
    na frança 171
    superior em agricultura 254
    universitária, anteriormente a 1646 45
Fortuna 242, 294, 302, 544, 579
Franchise 194
Fronteira infinita 526

Fundações católicas 617
Fundos públicos 195, 197, 288

G

Gangrena e tétano 161
Gays 266
Generais ou recrutas 202
General welfare 551
Geografia Política e Física 239
Give me your tired, your poor 103
Global management 135
Gospels 262
Governos estaduais 497, 559, 565
Gramática, Lógica e Retórica 313
Grande depressão 116, 214
Grandes diferenças culturais 277
Grau de mestre 107, 392
Grupo humanista 319
Guerra(s)
    Civil, após 135, 169, 262, 305, 338, 382, 434
    não somos inimigos 173
    perda de milhares de novas vida 201
    Fria 479
        não faz mais sentido 479
    internas e externas 30
    tecnológica 184

H

Habilidade manual 74, 94
    os menos dotados e os analfabetos 94
Healings 158
Herança cristã 35
Heroísmo 32, 201, 269

Heterogeneidade de valores 130
Higher education 195
High school 459
História de vicissitudes 272
Holandeses 39, 46, 257, 371
Home sweet home 409
Homem
    comum 429, 530, 692
    diligente 227
Horário de trabalho era algo impensado 92
Hostages 32, 408, 466
Hostilidade 46, 177, 272
Humanismo 30, 237, 303, 311, 334, 354, 375, 382, 414, 519
    clássico e elitista 293
Humanista, científico ou tecnológico 335

I

"*I have a dream*" 272
Idealismo nacional e desenvolvimentista 244
Idiomas 39, 46, 164, 229, 365, 397, 455, 514, 644
Ignorância 95, 332, 402, 471
Igreja(s) 49
    "casas de reunião" 49
    episcopal 91, 183
    secular 40
Igualitariamente 214
Imagem da empresa 624
Imigração 45, 99, 101, 106, 214, 258, 277, 345, 445, 512
    para Shangai 101
Imigrantes 691

42,2% da população norte-
americana 691
Immigrants 99, 445
Immodesty 515
Império Romano 212
   que a oratória não possa
   212
Importadores de livros 327
Inalador "letheon" 165
Incapazes 456
Inculcar 48, 459, 460
Independências 123, 133, 152,
   220, 404, 479, 517
   "nós começamos com
   liberdade" 123
Indianos 454
Índice de mortalidade das
   faculdades católicas 68, 70
Inerte 93, 535
Inflação 185, 496, 620
Infundado 256
Início da industrialização 78, 80,
   86, 92, 124, 137, 243, 290, 302,
   353, 519
Impacto na formação de sistema
   de valores 65
   evidência 65
Instituição Cultural Brasileira 33
Instrumentos de avaliação 358,
   388
Integração familiar 438, 462
Interação sociedade-universi-
   dade 31
Interconnections 377
Interesse(s)
   femininos 663

pelo que funciona 61
Interferência federal nos estados
   254
Interpretações ingênuas e
   polarizadas 33
Interpretando 376, 405
Intolerância 38, 276, 329
   religiosa 38
Inventividade humana 695
Inversão 211, 370, 386, 388, 530
   de valores 211
Investidor-pesquisador-
   administrador 330
Investigações científicas e
   tecnológicas 420, 480
Investimento em educação 595
Iranianos 363, 454
Isolamento
   academicista 26
   geográfico das colônias 122

J

Jogadores de *football* 451
Jornada de trabalho 85, 87
Judeus 43, 46, 52, 99, 101, 102,
   133, 371, 443, 690
   breve espaço 99
Justiça social 77, 214, 272, 417,
   449, 689
Justificar a barbárie 695
Laboratórios 166, 219
   implementando de
   bibliotecas 133
   federais 494

L

Laissez-faire 87, 351

Latino-americanos 80, 366, 454
Lazer 321, 326, 439, 534, 630, 670
   com concertos 327
Leitor 33
   contexto social em que se
   vive 33
   enfocado não é o
   especialista 28
Leste europeu 99, 191
Liberal e humanista 462
Liberdade 26, 32, 39, 46, 53, 63,
   85, 88, 122, 123, 125, 134, 138,
   139, 142, 204, 468, 500, 516,
   528, 545, 550, 562, 575, 581,
   603, 658, 670, 693
   à diversidade 345
Libertação de escravos 91
Lição intercultural 66
Líderes
   apontados pela
   comunidade 49
   do setor privado 389
   religiosos 61, 236, 241
Lista de "virtudes" de Benjamin
   Franklin 56
Livro premiado 375
Lobby 478, 502, 568
Longe da concepção de imposto
   de renda 154
Lucros fáceis 137
Luxo 348, 402, 489, 596, 613

M

Mãe da criatividade 162
Maioria democrata 656
Manifesto 683

Manifestação(ões)
concretas 26
de norte-americanos 658
discussão e retomada 658
Maquinaria industrial norte-americana 81
Mármore para macerar 160
Massas 414, 427
Mayflower 38, 100, 155
passageiros do referido 157
Medicamentos considerados confiáveis 157
Mercado de trabalho 271, 273, 370, 381, 427, 461, 530
Mexican-americans 364
Microscópio 159
Milícias 53, 96, 276
Minas de ouro 276
Minoria(s) 297, 341, 369
republicana 656
Miseráveis 202
Missão indígena em Dartmouth 131
Mobilidade social 235, 236, 249, 290, 343, 358, 415, 524, 630
Modern world is willing to learn 129
Molécula orgânica do éter 163
Morrer rico 194, 196
Motivações propulsoras 30
Movimento pela criação da universidade norte-americana 342
Mulheres nos campos de batalha 136

Multiversity 335, 361
Mundo e negócios internacionais 187
Muskets 80, 82, 83, 172

N

Nasce outra constelação 552
Nation of nations 685
Nazistas 473, 515
Negócio de soldado 182
Negócios 186, 198, 213, 245
não a salvação de almas 39, 372
Negros nos EUA 275
não banalizar 275
Negros e índios 88
pareciam estranhos e inferiores 88
Nível local 148
Norte-americano 470, 495
própria-verdade 470
solução de seus problemas 183
Nothing will stop us 217
Nova(s)
educação 684
Inglaterra 81
praticidade foi forte 81
manifestações culturais 26
Novo(s)
currículo 414
padrões de conforto e estilo de vida 93
Núcleo colonial 46
multicultural 46
Número

de imigrantes e refugiados 362
de voluntários 175

O

Obama *understands, but* 282
Observando outros médicos 156
Once and for all 403, 499, 693
Opções de vida e trabalho 29
Oportunidade é um direito 357
Oportunizado uma reflexão 692
Orçamento 148, 370, 422, 482, 496, 517, 564, 650
para as escolas distritais 148
Organismo vivo 33, 383, 523
Organizações
de ensino superior 158
curso em Ciências 158
religiosas ou militares 225
Origem Ashkenasi 99
Os dois Roosevelts 213
Outros crimes 349
Oxford e cambridge adotavam testes doutrinários 52

P

Pacifista 31, 50, 226, 260, 274, 408, 477
Padre francês 229
Pai da medicina na américa 143
Pais fundadores 325
rebelado 326
Palavra "liberdade" 125
Papéis na sociedade 28
Papel
da comunidade 548
do empresariado 169, 396

do setor privado na
educação 30
social 225, 413
Patchwork 367
Pátio da igreja 431
Pátria 65, 113, 299, 544
Pay any price 687
Paz 75, 171, 173, 179, 219, 275, 278, 294, 365, 399, 408, 488, 525, 688, 694
e o progresso social 527
Pecado(s) 33, 409, 524
Pecaminoso 31, 53
Pelo que se é 406
Pelotões de guerra 180
nada é mais norte-
-americano 180
Pequenos *colleges* 66
Percepção mais ampla do mundo 364
Perdendo a guerra internamente 129
Perigo da dicotomia 334
Permanente seminário de debates 463
Permeando o mundo 693
Perplexidade 108, 191, 408, 446, 526, 692
Personalidade imperial 515
Pesquisadores civis e militares 284
Pesquisas 540
pedagógicas 462
polarizadas 540
Pessoa educada 269, 354, 381, 411

Pioneiros
em anestesia 163, 164
trouxeram tradições 691
Place, not race 448
Plantas medicinais 160
Pluralismo à norte-americana 408
Pluriculturalismo 112
Poder de síntese 296, 323
Poderio 225, 342, 518
militar 487
Poderosas associações de ex-alunos 566
Poema 33, 103
Polêmica 34, 77, 109, 112, 113, 132, 143, 174, 215, 308, 440, 520, 616, 634, 680
Política
econômica 191
e prática de inovação 677
97% dos estudantes de 2º grau 677
Por lei, indicar professores 28
Porto livre 101
Possibilidade de discutir 136
Potencialidades 59, 314, 354, 385, 440
Preconceito 213, 415, 420, 444, 512, 694
Precursores da anestesia 164
Pre-medical 166
Prêmios a inventores 81
Preocupações atuais da humanidade 317
Presença da França 120
Presença de grandes indústrias 93
Presidente da universidade 300

Presidente do Egito, anuar Sadat 32
Primavera árabe 466
Primeiro *board of education* no país 95
Primeiro membro judeu de Oxford 100
Princípio(s)
biológico darwiniano 87
quakers 55, 329
Problemas
domésticos 473
financeiros 647
Problemática
curricular 534
educacional 626
amplidão e diversificação 626
Prodigioso apetite 522
Produtivo ecletismo 329
Professor das universidades medievais europeias 48
Programas aeroespaciais 489, 494
Promoção da abolição da escravidão 302
Proposta de Van Hise 333
pela equidade e pela excelência 333
Prosperidade 171
Provedores de fundos 482, 627
Psicologia 242, 314, 459, 531, 542
Punição 202, 392, 433
Purista 464

Q

Q.I. 358, 440, 442, 457, 458

Quakers 33, 54
    autoexigentes e pacifistas 31
    nada mais que a verdade 54
Qualidade de vida dos operários 85
Quebrando o isolamento dos estados 122
Questão(ões)
    incômoda 474
    racial 372
        profundidade merecida 372
    urgentes 502

R

Raça 89, 121, 202, 444, 447
    humana 345, 488
Racismo e legalidade 660
Radical(is)
    da ciência ou do humanismo 30
    impertinência 311
Radicalismo 259, 304, 404, 558, 625, 656
Raízes europeias 524, 691
Reação(ões)
    de Thoreau 307
    violentas contra a presença da máquina 85
Realidade norte-americana
    não se prestam a ser copiados 679
    pluralidade 470, 553
Recíproca entre produtividade *versus* poder aquisitivo 93

Recursos
    de todos os tipos 178
    naturais 193, 537
    tecnológicos no ensino 353
Redefinição
    do conceito científico 237
    do conceito de futuro 551
    do ensino superior 354
Reforma sexual e cultural 266
Relações
    interculturais 454, 457, 689
        árabes 454
    internas e mundiais 408
        mudanças 408
Relevância do humano 538
Religião 42, 46, 55, 80, 119, 133, 236, 319, 382, 411, 544, 602, 617, 643, 684
    educação, política e gestão pública 144
Rendição 206, 218
Repúdio 370
Responsabilidade cívica 461, 524
Resultados e consequências 33, 191, 352, 679, 684
Revisitado pelo olhar verde e amarelo 26
Ridícula modéstia 301
Rigidez 46, 52, 171, 202, 371, 398, 405, 432, 571, 631
Riqueza de alternativas 246, 470
Robotização 319

S

Sabedoria 34, 162, 269, 331, 356, 381, 485, 492, 528, 604, 670

Salad bowl 116, 691
Satélites 535
Saudável interdependência 519
Saúde e boa forma física 462
Scholarships 563
Seceded 150
Secessão 122, 130, 139, 150, 374
Seleção 25, 51, 52, 87, 147, 202, 289, 292, 315, 339, 388, 396, 429, 437, 440, 482, 546, 562, 583, 637, 684
Self made man 339
Seminário 324, 413
Sentido da cultura 295, 325, 367, 494, 652
Sentir dos povos primitivos 34
Separados, porém iguais 89
Setor público 80, 389, 547, 629
    não inflar 629
Setting national priorities 647
Severidade 56, 432
Símbolo 394, 455, 512, 680
Simplismo 257, 323, 464, 561
Sindicato 96, 148, 192
Singularidade 19, 29, 35, 149, 408, 607, 658
Sistema
    de eletivas 424
        priorizar a pesquisa 424
    de escola pública único 141
    de valores 21, 27, 31, 37, 65, 244, 409, 540
    uniforme de fabricação de armas 79
Sociedades 331, 394
    mudança 343, 345, 374, 377

Solução(ões)
    para problemas sociais 286
    não manipuladoras 460
Solucionar problemas rápido e definitivamente 31
Sonho norte-americano 554, 686
Sotaque nacional 303
Sputnik soviético 518
Status do "trabalho" 97
Sujeira e desorganização 177
Sun dial 154

T

Tabaco 153, 154
    má digestão, dor de dente, prevenir infecções 153
Tartaruga americana 153
Tecelagem, cigarros, sapatos e componentes industriais 116
Tecnologia nuclear 218, 470
Tenacidade
    espírito comunitário e empreendedor 38
    retidão de caráter 97
Tendência
    do século passado 145
    esquerdista 366, 524
Tenra idade 652
Teoria
    darwiniana 46, 339
    versus prática 471
    consequências 471
Terra
    culpada 259
    selvagem 38

Terrível preâmbulo 322
Terrorismo 172, 409, 470
Teses de doutorado 266
The forgotten holocaust 112
The man who taught the japanese about quality 679
The peace on earth 686
Termômetros 159
Tipos de colaboradores 134
Tolerância
    à prática de diferentes crenças 39, 46, 371
    do protecionismo europeu 191
Trabalhador(es)
    do campo e da cidade 80
    europeus 86
    anos de submissão 86
    aprisionamento 86
Trabalho
    não mais artesanal 93
    prosperidade e contribuição 97
    que é custoso 255
Tradicional *gentleman* 313
Tradição(ões)
    democrata 499
    evidência 490
    hebraicas e bíblicas 28
    norte-americana 305
    peculiares àquela cultura 305
Tráfico de pessoas 372, 694
Trajes típicos 115
Trânsito livre entre as diferenças 111

Tratamentos espirituais 158
Trustees 358, 416

U

Universidades 41, 43, 71, 105, 195, 231
    menos corrupta 41
    meras empresas 566
    mudanças 398
    pleno vigor qualitativo 344
Urnas 405

V

Valores
    básicos comuns 246
    individuais 410, 599
Valorização do homem 353
Vanguardismo das ideias 286
Varíola 189
Vasos eram retirados 161
Velhos e críticos
    questionamentos 674
    a universidade 674
Vencer distâncias para estudantes 47
Verdade 47, 48, 53, 63, 79, 87, 91, 96, 107, 116, 150, 196, 211, 221, 242, 308, 363, 416, 490, 502, 577, 616, 683
Vertentes de pensamento 31
Viagens espaciais 521
Vicissitudes e privações 32
Vida independente 539
Violência em alto estilo 32
Virtude 34, 50, 56, 65, 78, 86, 88, 102, 142, 172, 183, 206, 273, 362, 422, 535, 628, 647

Visão bastante diferente 64
Vivência de seus princípios 353
Vivência
    multicultural 25
    presencial da autora 26

Vizinhança 439, 448, 470, 501, 602
Volúveis 532
Voz
    do povo 393
    solitária 151

W

War is a cultural endeavor 127
We can play rockets too 217
Weber exemplifica a diferença 58

Índice de nomes

3ª Guerra Mundial 483

A

Aaron Coplan 643
AASCU 574
ABC News 662
Abdulla Al Rumaithi 454
Abolicionismo 376
Abolicionista Richard Hallowell 260
Acima do Bem e do Mal 263
Acordo Geral de Tarifas e Comércio 188
Address 204
Adrienne Kennedy 265, 267
Adult Education Act 612
    a felicidade 138
AFP – Agence France-Presse 621

Ahad 265, 267
Air Force 455
    ajustada para emprego Público 39
Ala Leste da National Art Gallery em Washington DC 643
Alaska 550, 617
Albert H. Quie 568
Albert J. Beveridge 603
ALCA 34
Alemães 690
Alemães Revivalists Reformists – Rutgers 131
Alemanha 66, 75, 77, 99, 201, 218, 302, 303, 318, 401, 424, 486, 494, 515, 619, 666, 671
Alfred Binet 440

América Latina 612, 619
American Alumni Council 591
American College Public Relations 591
American Colonization Society 91
American Folk Medicine 160
American Immigration Council\ Imigration Policy Center 450
American Jewish Historical Society 103
American Nietzsche 263
American University 650
Anglo-Saxões 690
Angus Reynolds 454
Anísio Teixeira 583, 643
Anthony Trollope 630

733

Arcebispo John Hughes 269
Archibald Macleish 682
Argentina 401, 523
Aristóteles 44, 297, 543
Arizona 280, 375
Arizona Desert Museum 642
Army 455
Aronovitz e Giroux 365
Artes 39, 265, 426, 434, 662
Artes Cinematográficas 662
Ártica 666
Associated Press e The Chicago Tribune 107
    assunto Formação Militar nos Estados Unidos 171
    atenção do país 368
    atividades extraclasse 326, 328
    atrocidade 112
Augustus Tolton 272
Áustria 619, 642
Aziz 467, 468

B

Babilônia 228
Badia Sahar Ahad 265, 267
Baia dos Porcos 491
Balderston 532, 565, 565, 567, 616, 623, 647
Bali 215
Ballet 662
Baltimore 154, 241, 268, 272, 660
Baltimore Catechism 273
Bandung 215
Barack Obama 207, 405, 408, 450, 479, 584, 660, 621, 650, 658, 6942

Bass Performance Hall no Texas 642
Behaviorismo 314, 411
Belikpapun 215
Benchmarking 677
Benjamin Fine 488
Bergsten e Cline 670, 671
Bigelow H J 165
Bill Gates 170, 594
Bispo e General Polk 226
Bispo John J. Keane 229
Bispo Leônidas Polk, da Igreja Episcopal 183
Black Colleges 271, 282
Black Hawk 278
Black Wealth/White Wealth 449
Block Grants 658
Board of Trustees 358, 439, 555, 565, 569, 579
Bob Goodlatte 452
Boletim do General Pope 201
Boorstin 50, 61, 61, 65, 74, 78, 79, 80, 97, 134, 180, 201, 204, 218, 220, 231, 255, 256, 258, 260, 296, 305, 306, 326, 327, 345, 373, 392, 408, 488, 489, 492, 556, 557, 627, 630, 681, 682
Borneu 215
Born in Secession 373
Boston 141, 157, 264, 307, 327, 328, 589, 631
Breneman e Nelson 563, 582, 612
Bringle e Hatcher 511
British Columbia 280
Brooks Farm Community 264

Brown V. Board of Education 574
Brubacher e Rudy 47, 171, 196, 228, 241, 275, 329, 393, 405, 432, 437
Budismo 115
Buffalo 589
Bull Run 171, 181
Burke 520
Burlington 182, 261

C

Califórnia 106, 114, 248, 277, 279, 429, 430, 444, 446, 570, 578, 589, 642
California University Long Beach 280
Cambodja 349
Campus Compact 446, 501, 502, 503
Canadá 72, 619
Cape Cod, Massachusetts 38
cardeal Newman 520
Cardial James Gibbons 273
Carl Gustav Jung 554
Carl Rogers 531, 658
Carl Sagan 158
Carl Zeiss 495
Carta de Atlanta 408
Casa Branca 212, 299, 608, 659
CASE 591, 592
Castiglione 520
Categorical Grants 658
Catholic University 228, 589
Católicas 70, 71, 228, 229, 268, 271, 278, 273, 589, 618
Centre for Educational Research and Inovation – CRI 678

734

Centro John Thornton da China do Instituto Brookings 675
Cerâmica Avançada 666
Ceres e Baco 435
Charles Nisbet 432
Charles R. Van Hise 335, 361
Charles S. Peirce 377
Charles William Eliot 341, 386
Charles Williams Eliot 289
Chefe do Comitê Judiciário (R-ID) 452
Chefe do Executivo de Hong Kong, C Y Leung 676
Cherokee 275, 276, 278
Cheyenne 275, 276, 279
Chicago 96, 218, 248, 263, 342, 351, 361, 394, 438, 589, 642
China 105, 113
China Town Resources Development Center 613
China Towns 115
Chinese Immigration and the Chinese in the United States 105
Chiricahua National Monument 644
Chris Mcgreal 282
Church Colleges of the Old Youth 71
Churchill 215, 216, 217
cidadão armado 204
Ciências Biomédicas 661
Ciências Sociais 324, 569, 662
Circuitos Integrados em Larga Escala, LSI 666
Civil Rights Act (1964) 447
Civil War Hand Book 153

Clarence Mayer 160
Clark Kerr 350, 354, 355, 428, 429, 528
Class Bureaucracy and Schools 358, 598
Cleveland 265, 589
Cliford Geertz 128
Clinton 207, 495, 496, 680
Código Morse 195
Coleman 563, 564
Collin Powell 455
Colorado 148, 280
Columbia 29, 219, 237, 239, 248, 342, 344, 439, 589, 607
Comanche 275, 279
Comissão da Paz Indígena 278
Comitê de Educação Pré-Universitário 668
Commodity 596
Common Ground 654
Commonwealth Fund 198
Community Junior Colleges 273, 415, 535, 536, 537, 538, 590, 614
Companhia das Índias Ocidentais 39, 121, 155, 371, 372
Congresso 102, 104, 132, 133, 165, 177, 189, 203, 253, 254, 256, 277, 295, 298, 355, 478, 488, 491, 492, 502, 557, 568, 569, 574, 622, 650, 654, 656, 658, 673, 687, 688
Consórcio Newberry 280
Constelação Norte-Americana 32, 149
Continental Army 123, 175, 178, 179, 199, 203, 224

Convenção de Genebra 401
Coréia 465, 475, 672, 678
Coréia do Norte 470
Coréia do Sul 671
Cornell 72, 237, 240, 241, 248, 280, 315, 318, 339, 340, 342, 382, 455, 607
Coroa Inglesa 39, 46, 122, 123, 220, 241, 294, 295
Corpo Docente 251, 648
Corporações de Artesãos 86
Corpo Telegráfico da União Militar 153
Council of Baltimore in 1884 273
Crazy Horse 276
Crisis and Redefinitions\em Curriculum 237
Crisis in the Class Room 359, 360
Cristianismo 58, 245, 262, 543
Cristóvão\suporte de Deus 88
Crítica da Razão Pura 308
Cultures of War Pearl Harbor, Hiroshima, 9-11, Iraqi 129
Currículo 42, 47, 358, 382, 383, 384, 385, 394, 396, 428, 532, 549, 589
Custer 224, 276, 279

D

D. A. Cline 155
Dallas City Hall 643
Daniel e Laurel Tamer 383
Dartmouth 29, 420
Dartmouth Coll 344
Dartmouth College 288
Darwin e Spencer 237

David Rittenhouse 301
Declaração da Independência 41, 120, 123, 144, 220, 292, 294, 295, 321, 325, 694
Declaration on the Civic Responsibility of Higher Education 501
Defesa 113, 114, 463, 481, 495, 496, 498, 517, 522, 667
Delaware 375
Deming 679
Democratas 41, 87, 185, 204, 215, 296, 470, 478, 489, 497, 621, 653, 655
Democratas e Republicanos 30
Denaud 467
Denominações religiosas 27, 31, 37, 42, 55, 59, 65, 91, 131, 144, 149, 200, 222, 225, 228, 245, 257, 287, 289, 322, 327, 432, 461, 470, 514, 528, 540, 547, 557, 594
Departamento de Defesa 523
Departamento de Guerra 256
Depressão de 1930 351, 541, 655, 667
Descartes 135, 543, 544
Desenvolvimento de Recursos Humanos para o Setor Público 578
Destino e Missão 602
Deus 39, 43, 46, 50, 53, 59, 60, 97, 242, 244, 246, 251, 321, 371, 382, 393, 402, 403, 405, 408, 535, 544, 603, 669
Dick Cheenye e Runswelt 401

Dickens, Scott, Cooper, Thoureau, Emerson e Hawborne 328
Dilthey 686
Diretor da Escola Austríaca 372
Disabilities 653
Divina Providência 42, 294, 681
Doutrina Monroe 479
Dra. Dorothy Moore 453, 454
Dr. Crawford Williamson Long 165
Dream Act 451
Dr. Fuller 157
DRH 453, 531, 673, 679
Dr. L. Nadler 454
Drucker 273 274, 482, 484, 485, 486
Dr. William Brewster 157
Dutch 372

E

Early student life 432
Ecce Homo 263
Echevarria 469
Educação Internacional 186, 363, 364, 369, 453, 551
Educação para a Vida 595
Educação para todos 29, 289, 595
Edward Ross 546
Edwin Slosson 246, 310, 323, 521
Egito 194, 228, 466
Eisenhower 203, 219, 226, 465, 476, 477, 489, 493, 499
Elementary and Secondary Education Act 606
Eliot 33, 239, 286, 310, 340, 341, 342, 343, 389, 394, 395, 398, 400, 412, 413, 418, 419, 434, 594, 633, 666, 683, 684

Eliot em Harvard 342
Eliphalet Nott 419
Emergency Loan Fund 591
Emerson 123, 260, 262, 263, 264, 297, 304, 309, 328, 405, 419, 520
Emma Lazarus 103
ensino prático 412
Ensino Superior 30, 38, 41, 42, 44, 51, 52, 55, 59, 64, 65, 70, 94, 134, 135, 197, 199, 226, 244, 245, 285, 286, 288, 292, 302, 310, 326, 331, 333, 337, 338, 343, 353, 354, 382, 385, 399, 424, 425, 430, 437, 439, 457, 462, 494, 461, 531, 532, 550, 563, 564, 573, 581, 590, 596, 619, 620, 627
Episcopal 41, 226
Era Progressista 214, 243, 247, 408
Escola Primária 678
Escolas Públicas 462
Estado de Michigan 617
Estado e Organizações de Ensino Superior 639
Estátua da Liberdade 103
Estudos Sulistas 152
Étienne Bloch 554
Europa 36, 42, 43, 44, 50, 59, 63, 65, 72, 75, 77, 82, 83, 86, 88, 93, 102, 143, 166, 170, 178, 194, 227, 255, 263, 296, 308, 431, 494, 524, 542, 619, 666, 671
Ezra Cornell 240, 244, 338, 382
Ezra Stiles 131, 298, 432

F

Faculdades de Agricultura 628
Família Kennedy 289, 692
Faraday 580
Father Charles Sewall 268
Ferde Grofé 641
Feudalismo 86
Fibra Óptica 666
Fidel Castro 475, 477
Forbes 259, 450
Fourteenth Amendment 89
Fox 61, 278
França 75, 77, 78, 80, 160, 164, 171, 178, 303, 364, 582, 619, 664
Francis Bacon 159
Francis Wayland 290, 419, 431
Franklin D. Roosevelt 203, 216, 226, 603
Frank Newman 523
Franz Alexander 266
Frederich Henry Hedge 419
Frederick P. Keppel 620
Frederick Rudolph 93, 235, 313, 346, 351, 379, 381, 388, 435, 530
Free School 358
Freiberg 264
Freud and the Americans 264
Freud Upside Down 262
Frieden & Rogowski 190
Friedericksburg 200, 260
Fundação Carnegie 196, 366, 435, 548, 603, 648, 649, 662, 677
Fundação Nacional Cuba América (CANF) 478
Fundação Nacional de Ciências 661
Fundações Públicas 617

G

Gabriel Marcel 401, 406, 528
Galileo Galilei 159
Gastón Bachelard 554
GATT 188, 189
General Eletric 665, 666
General Francis A. Walker 277
General Gavin 464, 465
General Jackson 249
General Sherman como feroz 152
General Thomas Francis Meagers 221
Gen. Sir John Hackett 474
Geofísica 666
George Bush 129, 130, 306, 364, 401, 407, 478
George F. William 258
George Gallup 618
George Orwell 526, 539
George Ripley 263
George Town College 268
George Town University 650
Geração de Energia Nuclear 667
Gershwin 641
Gettysburg 157, 204, 205, 208, 269
Gilbert Durant 554
Gilman 229, 239, 329, 332, 338, 342, 351, 633
Gleazer 535, 536
Goethe 520
Governo Federal 199, 255, 522, 558, 559 607, 661

Grand Canyon 641, 644
Grandes marcas nos USA 102
Gratidão aos mestres 321
Great Awakening 129, 130
Grego 229, 321, 394, 559
Grupo de Minorias 568
Guam 550
Guerra da Independência 120, 122, 130, 136, 139, 176, 186, 200
Guerra da Secessão 150, 156, 176, 177, 206, 258, 371, 372, 373, 375
Guerra do Vietnã 476, 519
Guerra Fria 605
Guerras Mundiais 124, 577
Gulf Coast Civic Works Act 600

H

Hackett 484
Hallowells 261
Hamilton 603
Hannah Arendt 104
Harlem 264, 265, 267
Harold Geneen 85, 540, 671, 678
Harpers Ferry 83, 260
Harvard 28, 29, 43, 47, 51, 64, 136, 141, 187, 197, 237, 250, 263, 266, 280, 289, 291, 303, 310, 318, 324, 330, 340, 341, 344, 351, 386, 389, 394, 395, 398, 400, 410, 412, 413, 418, 419, 425, 426, 431, 434, 457, 520, 589, 594, 607, 631, 644, 666, 691
Harvard School of Public Health, Boston 266
Haskins 433
Hawaii 550

Hayward 655
Henry Barnard 307
Henry Ford 495, 596
Henry Wadsworth Longfellow 265
Herbert Spencer 520
Herder 521
H. G. Wells 688
Higher Education Act 574, 606
Hill 281
hipocrisia 89, 227, 401
History of Warfare of Science with Theology Christendom 240
History of Women's Education in the United States 143
Hitler 104, 201, 216, 217, 473, 484
Hobsbawm 674, 679, 680, 681
Hofstadter 237, 241, 340, 385, 628
Holly Ghost 272
Holy Cross 228
Homem 401, 530, 600
Horace Kallen 41, 321, 685
Horace Mann 95, 286, 289, 293, 307
Hora Tomio, Honda Katsuichi e Tanaka Yuki 109
Houston Civil War Roundtable 156
Howard 457, 458, 498, 589, 600
Hubble 156
Humanidades 98, 308, 315, 332, 549, 562, 567, 568, 660
Hume 149, 306
Hunkpapas 276

I
IDEA 652, 653
Ideia de Wisconsin 532
Igreja Unitária 263
Illinois 107, 193, 248, 278, 280, 375, 589, 637
Iluminismo 142, 241, 682
I. M. Pei 642
Indiana 375, 392, 502
Indiana University 280
Indian Country, the Indian Intercourse Act 278
Índice de Preços ao Consumidor 650
Indígena no eleitorado 280
Indiuualism, an American way of life 321, 669
INEP 584
Inteligência Artificial 666
International Monetary Fund - IMF 192
International Student Assessment 587, 584, 589
Intervenção direta da mão humana 74
In the Age of Obama 657
IQ Dysgenics and Racism 441
Iraque 129, 184, 217, 241, 349, 466, 499
Iris Chang 107, 112
Irlanda 221, 268, 269
Irlandeses 700
Iroshima 700
Irving Babbitt 303, 310, 386, 520
Italianos 700
Italian People 217

ITO - International Trade Organization 189
It's even worse than it looks 654
ITT 85, 672

J
James B. Angell 338, 343
James Perkins Mars 419
Jamestown 372
James W. Thornton Jr. 300, 535
Japão 30, 109, 111, 213, 218, 220, 403, 470, 518, 642, 666, 670, 671, 672, 674, 678, 679
Jaqueline de Rose 368
Jaques Chirac 408
Jardins suspensos da Babilônia 402
Jaspers 541, 542, 543, 544
Jay M. Brown 445
Jefferson e Benjamin Franklin 285
Jennifer Ratner-Rosenhagen 263
J. F. Kennedy 271, 272, 274, 687
Jimmy Carter 26, 32, 241, 407, 408, 466, 477, 495, 634
John Adams 78, 120, 142, 143, 220, 294, 295, 297, 321
John Brown 83, 258, 253, 260, 261
John Brown Fort 83
John Brown University U.S. 259
John C. Calhoun 603
John Dickinson na Convenção Federal 123
John D. Rockefeller 188
John Fitzgerald Kennedy 491, 686
John F. Kennedy Center for the Performing Arts 642

John F. Kennedy Library 643
John Fothergil, membro do London Yearly Meeting 54
John Hackett 483
John Henry 268, 520
John Quincy Adams 321, 395, 604, 669
Johns Hopkins 29, 107, 229, 239, 241, 248, 251, 318, 324, 329, 330, 331, 338, 340, 342, 351, 474, 589
John W. Dower 129
Jonathan Letterman 157
Jon Baptist van Helmont 159
Just a War - or a Just War 407
J. W. Bush 469

K
Kaiser Wilhelm Institute 495
Kallen 322, 328, 668, 669, 670, 690, 691, 693
Kant 304, 307, 308, 543
Karier 286, 292, 357, 358, 360, 414, 441, 442, 472, 526, 546, 558, 600, 682
Karl Jaspers 542
Katleen Mahoney 268
Khrushchev 475
Kiowa 272, 279
Kissinger 403, 464, 469, 472, 477
Klu-Kux-Klan 88
Koch 581
Kolb 510, 511
Koons 520, 521

L
Lafargue Mental Hygiene Clinic 267

La Fontaine 304
Latim 44, 101, 229, 321, 430, 559
Lawrence Lowell 398
LDC, Least Developed Countries 192
Leão XIII 228, 273
Lee M. White 120, 202, 276
Lei Básica 676
Lei de Gresham 422
Lei para Indivíduos com Dificuldades Especiais 652
Leitura antropológica 128
Leonard Bernstein 641
Letter to a new PhD 348
Lewis 128, 129, 130, 307, 384, 468, 533, 537, 538, 541, 550
Liberalismo 318, 457, 658, 682
Liberdade Acadêmica e Autonomia Institucional 581
Liberty 551, 687
Liga das Nações 133, 603
Limits to Growth 530
Lincoln Center 640, 641, 662
Lindon Johnson 491
Lord Lowdown 177
Luiz Alberto M. Bandeira 495
Lyndon Johnson 477, 607, 621

M
Macdowell 641
Made of Arts 426
Maffesoli 552, 553, 554
Mähren 266
Maimonides 28
Major C. F. Williams em seu The Memorial War Book 180

Major Problems in California History 105
Malinowski 128
Mandarim 108
Manhattan 39, 187, 372
Manpower Development and Trading Act 606
Manual de Frases Úteis 431
Mar de Java 215
Margaret Mead 127, 128, 266
Marie Ficano, Nicole Boivin, Andrea Rieger e o Técnico Tom Dempsey 652
Mariners 455
Mark Hopkins 323, 395
Martin Luther King 226, 272, 273, 281, 692
Marxismo 457
Maryland 91, 157, 197, 258, 272, 455, 589, 590, 591
Massachusetts Bay Colony 29, 725
Matlin 212, 415, 418, 421, 422, 427, 559, 567, 593, 597, 598, 616
Matthew Arnold 520
Mechanical Engineer in America 1830-1910\Professional Culture in Conflict 139
Medicina Colonial nos Estados Unidos 158
Medicina em Primeiros Socorros 168
Medicina especializadas em Pesquisa 167
Medindo Inovação em Educação 676

739

Meio Ambiente 193
Melting Pot 116, 121, 363, 691, 694
Mercosul 34
Meritocracia 77, 293, 414, 416,
    429, 530
Merleau-Ponty 680, 681
Metzger 198, 342, 579
Michel Foucault 58, 556
Michigan 248, 280, 324, 342, 374,
    375, 395, 419, 420, 607, 621
Milênio 26, 98, 139, 149, 282, 298,
    306, 309, 397, 341, 406, 407, 402,
    429, 455, 478, 500, 551, 554, 569,
    575, 647, 664, 671, 674, 679, 689
Millett 555, 568, 581, 582, 583, 598
Minessota 280
Minnesota Wellness Publications
    Inc. 156
Missionário Jesuíta 268
Missouri 33, 426
MIT, Massachusetts Institute of
    Technology 420
Monróvia 92
Montana 280
Montgomery College 590, 591
Moor's Charity School em
    Lebanon, Connecticut 131
Mormons 557
Morrill Act 257, 256, 257, 413, 490
Música Contemporânea 662
My Brother Keeper 659

N

Nagasaqui 680
Nancy Lee and Perry R. Bass
    Performance Hall 642

Nanking 107, 108, 113, 112
Nash e Griffin 600
NASULGO 572
Nathaniel Hawthorne 263
National Advisory Council on
    Adult Education 612
National Association of College
    and University Business
    Offices 565
National Center on Education
    Statistics 618
National Commission on Student
    Financial Assistance 661
National Defense Education
    Act 574
National Gallery of Art 640, 662
National Institute of Health 485,
    661
National Science Foundation
    (N.S.F.) 482
NATO 483
Navy 455
NBT Nashville of Board of
    Negroes 274
NEH (National Endowment for
    the Humanities) 564
Neighborhood Youth Corps and
    Job Corps 606
Neutralidade 467, 519, 559, 563
Nevada 280, 644
Nevins 575
New Deal 98, 600
New England 29, 74, 307, 375,
    418, 430
New Freedom 214
New Mexico 219, 280

New York 219, 241, 260, 589, 621,
    640, 641, 644, 662
New York and Newton Centre,
    Massachusetts 103
Niágara Falls 641
NIH 167, 485
Nippon Telephone and
    Telegraph 672
Nixon 477, 596, 687
Nordeste dos Estados Unidos
    224, 291, 437
North América 630
North Carolina Chapplel 281
North Dakota 280
Nortistas 151, 161, 174, 177, 186,
    260, 272, 277, 375, 376
No século XXI 659
Nova cultura 468, 575
Nova Educação 684
Nova Zelândia 619
Noviços 520
Novo México 280, 375
Novo Mundo 37, 40, 42, 43, 59,
    74, 81, 88, 100, 101, 585
Novos Presbiterianos – Princeton
    130

O

O Anticristo 263
Obedientes e leais 182
OECD – Organization for
    Economic Co-Operation and
    Development 192, 677
Office of Naval Research 481
Ohio 197, 375, 589
Oklahoma 280, 375

Oliver Wendell Holmes 376
One Art 644
Open Door Policy 648
Ópera House 662
Operations Analysis 463
Organização Católica 271
Organização de Cooperação Econômica e Desenvolvimento 676
Oriente 124, 166, 368, 458, 634
Osni Mubarack 466
Os primeiros judeus eram portugueses e espanhóis 102
Otto Rank 266

P

Painted Desert 644
Paradoxalmente 73
Partido Democrata 400, 417
Parton 249
Pasteur 581
Pat Buckana 486
Paul Ricoeur 480, 639, 686
Pearl Harbor 129, 171, 186, 215, 680
Pedagogos 426
Pennsylvania 83, 268, 375
Pennsylvania-Kentucky 83
Pensilvânia 53, 51, 58, 124, 134, 138, 196, 214, 287, 302, 441, 588
Pesquisa Nuclear, CERN 666
Peter F. Drucker 273
Petrified Forest 644
Pew Research Center 87
Philanthropic Foundations and Higher Education 619
PISA 590, 676

Platão 293, 297, 520, 543
Plenária do PCC 674
Política da Educação Superior 578
Política Racial 605
Português 455
Prêmio Nobel da Paz 408
Presidente Stiles 521
Prestígio institucional 567
Primeiro e Segundo Graus 647
Primeiro Ministro de Hussein 467
Princeton 29, 51, 64, 104, 132, 133, 218, 237, 280, 320, 344, 400, 497
Programa Nacional de Empréstimo Direto ao Estudante 661
Progressistas 603
Projetos com Auxílio do Computador 666
Prolegômena 307, 308
Protestantes e as Católicas 70
provedoras de fundos 482
Psicanálise 264, 266

Q

Química do Estado Sólido 666

R

Reagan 26, 32, 207, 211, 212, 241, 349, 400, 401, 403, 461, 477, 478, 495, 516, 564, 578, 579, 582, 608, 612, 634, 661, 672
Red Cloud 276
Região Administrativa Especial de Hong Kong (RAEHK 676
Reino Unido 92, 196, 619
Relatório Carnegie 648
Remedial Courses 369, 538, 590
Rene Descartes 159

Republicanos 41, 87, 129, 185, 207, 213, 296, 452, 470, 486, 489, 582, 621, 634, 653, 654, 655
República Tcheca 266
Research Group on Socialism and Democracy (RGSD) 685
Reverendo Eleazar Wheelock 131
Revividos Batistas – Brown 131
Revolução Americana 120, 135, 174, 178, 179, 203, 461
Revolução Intelectual 528
Revolutionary War 120, 124, 159, 170, 176, 206, 226, 373
Richard Hofstadter 236
Richard Rothstein 447
Richard W. Wilson 409
Rio Shenandoah 83
Risco e Cultura 112
Risk and Culture 501
Robert Boyle 159
Robert Marion Berry 449
Robótica 666
Rochester 589
Rockfeller 170
Romance 455
Rosencrance 249
Rousseau 289, 293, 304, 305, 322, 399, 520, 521
Rozvenc 269
Russell Weigley 464, 469
Rutgers New Brunswick 344
Ruth Benedict 368, 403
Rutherdorf 589

S

Saint Louis 589

Samuel Gridley Howe 260
Samuel Slater 81
San Francisco University 280
Saturno 521
Saylor 384, 533, 538, 541, 550
Schelling 543
Science and Medicine in Colonial America 158
Século XIX 150, 244, 268, 314, 520, 569
Século XV 431
Século XX 85, 115, 139, 215, 244, 268, 309, 314, 319, 350, 361, 386, 400, 409, 411, 412, 423, 425, 519, 551, 569, 577, 599, 667, 682
Segunda Guerra Mundial 100, 113, 114, 157, 179, 184, 185, 187, 200, 219, 283, 402, 408, 443, 463, 481, 484, 486, 518, 525, 528, 542, 568, 605, 687
Self-made man 93
Seminole 276, 278
Sensibilidade para compreender 321
Service Learning 501
Sétimo Presidente 249
Shain e Finnemore 478
Sherman 173, 174, 278, 279, 298
Sidney 520
Sigmund Freud 266
Singapura 215, 678
Sioux 276, 277, 278, 279, 281
Sitting Bull 276
Sloan 390, 485, 571
Social Conformity And Nationalism in Japan 111

Sociedades Literárias 328, 434
Society of Civil War Surgeons and the Society of Civil War Programming 156
Sócrates 485, 543
Sokolowski 149, 686
Sonho Chinês 675
Spencer Olin 105
Stamp Act 121
Stanford 240, 286, 349, 358, 392, 394, 417, 482, 502, 546, 589
Stanley Aronowitz e Henry A. Giroux 360
Starr Jordan 286, 348, 417, 546
Student Life in Nineteenth Century 433
Suécia 619
Suffield Academy 540
Sulistas 47, 151, 174, 177, 186, 227, 248, 255, 259, 272, 374, 375, 376
Supercomputador 666
Swarthmore College 315, 396
SYMLOG 454

T

Talcott Parsons 407
Taoismo 115
Tarek Aziz 467
Teatro 662
Technology and Humanism 305
Technology in World History and Innovation as a Social Process\ Elihu Thomson and the Rise of General Electric, 1870-1900 93
Tecnologia de Fabricação de Papéis 667

Tecnologia de Máquinas - Ferramenta 666
Tecnologia de Vidros Planos 667
Tecnologia Têxtil Manufatureira 667
Temple 589
Teoria do Desenvolvimento Econômico 222
Teoria \"Z\" 673, 678
Texas Ten Percent Plan 452, 453
The American Journey 684
The Americans 62, 326, 408
The American Way of War 152, 464, 469
The Big Foundations 620
The Central Pacific Railroad Company 114
The English physician 167
The first medical book published in the American colonies 167
The Foundation in the Year 2.000 620
The Foundation It's Place in American Life 620
The Founding Fathers 669
The Gettysburg Address 206, 641
The Gimbel Brothers, The Macy (family) e Levi Straus 102
The Guardian's 282
The Institute for the Study of Southern History Culture and Governance 174, 259
The Lafargue Clinic and the Promise of Antiracist Psychiatry 265

The memorial war book 206
The Money Givers 619
The Moral State 409
The National Defense Research Committee (NDRC) 526
The National Experience 65, 74, 630
The Nation Responds 608
Theodore Roosevelt 213, 214, 273, 413, 603
The Pacific War 109
The plow that broke the plains 641
The Primacy of Perception 680
The Quest for Community\the study of ethics and order of freedom 657
The Rape of Nanking 109
The Rise and Crisis of Psychoanalysis in the US 265
The royal Society of London 158
The Settlers Arrive 156
The Smithsonian 640
The Stone 604
The Surgeon's Mate 155
The United States and Globalization 554
The United States an Outline of Political History, 1492-1871 72
Thomas E 207
Thomas Edison 594
Thomas Ehrlich 502
Thomas E. Mann e Norman J. Ostein 654
Thomas Jefferson 65, 83, 125, 142, 149, 294, 299, 321, 327, 341, 369, 389, 414, 418, 490, 527

Thomas Woody 143
Thorndike 314, 411, 442
Thorstein Veblen 304, 326, 350, 567
Thorstein Weblen 326
Tocqueville 520
Tokyo War Crimes Trials 108
Tom Braden 486
Tony Blair 130, 217, 403
Tory Col. Butler 277
To the Blessing of Liberty 369
Tradição Americana 305, 411
Transcendentalista 259, 260, 263, 306, 307, 419
Transcontinental Railroad 114
Transylvania University 197, 419
Triângulo China, Japão, USA 116
Tribuna do Povo 306
Trivium e do Quadrivium 427
Truman 101, 218, 475, 477
T. S. Eliot 33
Tustegee Airmen 283

U

União Soviética 476, 477, 489, 518, 557, 666, 672
Union College 419, 432
United States Military Academy 420
United States old gard fife and drums Corps 642
Universalista 41
Universidade da Califórnia 105, 218, 429, 574
Universidade de George Town 589
Universidade de Sydney 393

Universidade de Vermont 419
Universidade de Wisconsin 413, 580
Universidade do Alabama 412
Universidade Pública 199, 236, 243, 253, 343, 385
Universidades de South Dakota 280
University of Arizona 280
University of North Carolina 280
University of Washington D. C 589
U.S. Army Air Corps (USAAC) 283
Utah 509, 642

V

Vanderbilt 281
Veneza 160
veteranos de guerra 483
Veteran's Education Benefits 622
Veysey 250, 310, 329, 341
Victor Hugo 467, 552
Vietnã 465
Virgil Thomson 641
Virginia White 620, 621, 624
vitória total 403, 467
Vostok 491

W

Walden University 280
Walter Lippmann 266
Walt Whitman 263, 643, 685, 692
War and Peace in the Space Age 464
War Memorial Opera House 642
Washington Consensus 191
Washington Post 113, 447, 451, 466, 498, 656, 677

Watergate 349, 634
W. Bernard Carlson 595
Weapons and Foreign Policy 464
West Point 170, 256, 420, 464
West Virginia 83, 375
What Every Woman Should Know about Citizenship 103
White 121, 122, 136, 154, 178, 194, 195, 197, 240, 311, 315, 337, 338, 339, 342, 343, 344, 563, 633
Whitman 521
Whitney 78, 79, 82, 350, 665, 669
William Carleton 211
William Ewart Gladstone 194
William James 376, 377, 411
William Lloyd Garrison 603
William Raspberry 498
William Shockley 442
William Thomas Green Morton 164, 165
Willis R. Whitney 665
Wisconsin 244, 269, 333, 342, 361, 375, 413
Wisconsin Idea, The University's Service to The State 269
Wolfgang Abendroth 85
Women's Colleges 70
Woodrow Wilson 133, 203, 207, 211, 240, 400, 526, 603
Wordsworth 521
World Class Education 584
World Trade Organization, WTO 192

X

Xinhua Cheng Li 675

Y

Yale 29, 39, 47, 51, 64, 136, 197, 228, 240, 248, 281, 298, 315, 320, 328, 344, 382, 396, 398, 410, 439, 521
Yale Report 94, 95, 412
Yale Report de 1828 320
Ying Choo 497
Yorktown Foundation Medicine Settlement 159

Sobre a autora

Doutora em Educação pela Universidade Federal do Rio de Janeiro (UFRJ). *Master in Education and Human Development* pela The George Washington University/ Washington, D.C. Especializações: Universidade de Brasília (UnB) e Universidade Estadual Paulista (UNESP). Formação básica em Direito pelo Centro de Ensino Unificado de Brasília (CEUB). Experiências acadêmicas em coordenação e docência no CESUP-MS/UNESP, Instituto Tecnológico de Aeronáutica (ITA), Pós-graduação em Comércio Exterior,ECEX/UFRJ e Escola Brasileira de Administração Pública e de Empresas da Fundação Getulio Vargas (EBAPE/ FGV). Consultoria para órgãos, universidades públicas e privadas e empresa públicas e privadas,nacionais e multinacionais pela Valore-RH Ltda. Autora de *Gestão pela Formação Humana*, 2.ed., artigos em revistas, jornais, anais, periódicos nacionais e internacionais.